BIOGRAPHIE

NOUVELLE

DES CONTEMPORAINS.

Les soussignés déclarent que les Exemplaires non revêtus de leurs signatures seront réputés contrefaits.

DE L'IMPRIMERIE DE PLASSAN, RUE DE VAUGIRARD, N° 15,
DERRIÈRE L'ODÉON.

BIOGRAPHIE NOUVELLE

DES

CONTEMPORAINS,

OU

DICTIONNAIRE

HISTORIQUE ET RAISONNÉ

DE TOUS LES HOMMES QUI, DEPUIS LA RÉVOLUTION
FRANÇAISE, ONT ACQUIS DE LA CÉLÉBRITÉ

PAR LEURS ACTIONS, LEURS ÉCRITS, LEURS ERREURS OU LEURS CRIMES,

SOIT EN FRANCE, SOIT DANS LES PAYS ÉTRANGERS;

Précédée d'un Tableau par ordre chronologique des époques célèbres et des événemens remarquables, tant en France qu'à l'étranger, depuis 1787 jusqu'à ce jour, et d'une Table alphabétique des assemblées législatives, à partir de l'assemblée constituante jusqu'aux dernières chambres des pairs et des députés.

PAR MM. A. V. ARNAULT, ancien membre de l'Institut; A. JAY;
E. JOUY, de l'Académie française; J. NORVINS, et autres
Hommes de lettres, Magistrats et Militaires.

ORNÉE DE 240 PORTRAITS AU BURIN,
D'APRÈS LES PLUS CÉLÈBRES ARTISTES.

TOME SECOND.

A. PÉTER,
Directeur de pensionnat.

PARIS;

A LA LIBRAIRIE HISTORIQUE, RUE SAINT-HONORÉ, N° 123,
HÔTEL D'ALIGRE, OU RUE BAILLEUL, N° 12.

1821.

BIOGRAPHIE
NOUVELLE
DES CONTEMPORAINS.

B

BAADER (Joseph), ingénieur et mécanicien, né à Munich le 30 septembre 1763, étudia la médecine et fut reçu docteur; mais ayant montré d'heureuses dispositions et bientôt un talent supérieur pour la technologie, il fut nommé en peu de temps directeur des machines, conseiller des mines, et, en 1808, conseiller particulier de la direction générale des mines et salines de Bavière. Voulant augmenter et perfectionner ses connaissances, M. Baader entreprit plusieurs voyages en France et en Angleterre, et profita de son séjour à Paris pour présenter à la société d'encouragement un mémoire sur la restauration de la machine de Marly, mémoire que cette société accueillit avec distinction, et fit imprimer dans son bulletin. Il soumit, en 1810, au jugement de l'institut impérial de France, une nouvelle manière d'employer la machine à colonnes pour communiquer le mouvement à de grandes distances par le moyen de l'eau. Cette machine, que l'auteur proposait pour remplacer celle de Marly, consiste en une roue à aubes, portant une pompe aspirante et foulante, au moyen de laquelle l'eau est forcée de passer dans un tube horizontal, se prolongeant à une grande distance, et de là dans un réservoir d'air d'où elle ressort ensuite pour entrer dans un corps de pompe, tantôt dessus, tantôt dessous le piston qu'il renferme. M. Baader est auteur d'un grand nombre de mémoires insérés dans divers journaux de physique et de technologie, qui se publient en Allemagne. Il a donné aussi la *Description d'un nouveau soufflet pour la fonderie*, Gœttingue, 1793, in-4°, avec 5 planches; une *Théorie complète des pompes*, Bayreuth, 1797, in-4°, avec 6 planches; *Inventions pour l'architecture hydraulique, appliquées aux mines et salines*, Bayreuth, 1800, in-4°, avec 16 planches; *Discours lu à l'académie de Munich, sur les progrès immenses que la techno-*

logie a faits dans ce siècle en Angleterre, Munich, 1798, in-4°; *Description complète de diverses machines nouvellement inventées ou perfectionnées, et surtout de la pompe à feu*, 1800, in-8°; *Description et théorie du soufflet à cylindre anglais, pour les forges*, Munich, 1805, in-4°.

BAADER (CLÉMENT-LOUIS), frère aîné du précédent, chanoine à Freisingen, conseiller du consistoire, commissaire des études, né à Munich le 8 avril 1762, auteur de différens ouvrages, dont voici les principaux : *Voyage en diverses contrées de l'Allemagne*, Augsbourg, 1795 et 1797, 2 vol. in-8°; la *Bavière littéraire, ou Dictionnaire des écrivains bavarois du 18me siècle*, Sultzbach, 1804, in-4°; des sermons, des éloges et notices biographiques, des poésies, et la description du ballon de l'armée du général Moreau, en 1796.

BAADER (FRANÇOIS-XAVIER), frère cadet de Joseph, médecin, conseiller des monnaies et des mines de Bavière, né le 27 mars 1765, s'est beaucoup occupé d'économie politique. Il avait fait une étude particulière de la partie des mines, et parcouru, pour augmenter ses connaissances dans cette science, l'Angleterre et l'Écosse. Il a publié les ouvrages suivans : *du Calorique*, Vienne, 1786, in-4°; *sur le prétendu système de liberté dans l'économie politique*, Munich, 1802, in-4°; *Fondemens du droit naturel contre le système de Fichte*; quelques mémoires insérés dans les journaux allemands, etc.

BABBET (N.), né à Tours en 1770, entra jeune encore dans la congrégation des oratoriens. Lorsque la révolution commença, il était professeur à Arras. Ayant adopté les nouveaux principes avec enthousiasme, il fut l'un des orateurs de la société populaire qui, à cette époque, se forma dans cette ville; arrêté en 1792, il n'obtint sa liberté qu'à l'approche du 10 août. Babbet fut envoyé à Bapaume en qualité d'administrateur du district, et séjourna dans cette ville jusqu'en 1794. De retour à Paris, après le 9 thermidor, il passa des bureaux du directeur Rewbel, où il était employé comme sous-chef, dans l'administration de la loterie, et fut inspecteur dans le département de la Dyle, pour la même administration. Il a fait paraître, en 1805, la *Relation du voyage de Napoléon dans la Belgique*. Il avait publié antérieurement une *Notice* sur le général Pichegru.

BABEUF (FRANÇOIS-NOEL), plus connu sous le nom de GRACCHUS-BABEUF, homme qui n'était ni de son siècle ni de son pays. Démocrate enthousiaste, s'il paya ses erreurs de son sang, du moins n'en fit-il pas verser : à l'époque où il a vécu, ce mérite était rare dans un chef de faction. Il naquit à Saint-Quentin en 1764. Son père, ancien militaire, avait été major en Autriche, où il séjourna trente ans, et où il fut l'un des professeurs de Léopold. De retour en France, il se livra à l'éducation de ses fils, qui eurent le malheur de le perdre dans leur première jeunesse. Comme il ne leur avait point laissé de fortune, François-Noël, qui était l'aîné, entra à l'âge de seize ans chez un architecte-arpenteur, où il apprit la géométrie et l'algèbre; fit ensuite un ouvrage sous le titre de *Cadastre perpétuel*, 1 vol. in-8°, 1790, dédié à l'assemblée constituante, et qui fut favorablement accueilli. Babeuf avait eu des discussions d'intérêt qui amenèrent un procès avec le marquis de Soyecourt : celui-ci l'accabla de son influence et lui fit perdre sa cause. Babeuf habitait alors Roye, arrondissement de Montdidier (Somme), où il s'était établi en qualité de *commissaire à terriers*. Les approches de la révolution donnèrent à ses idées une direction politique qui devait l'appeler sur un plus grand théâtre, direction qu'il suivit avec une persévérance qui ne se démentit jamais. Dès 1789 il essaya en quelque sorte ses forces, en écrivant contre les aides et gabelles, en demandant la suppression du régime féodal, et le partage des biens communaux. Le *Correspondant Picard*, feuille dans laquelle il développait ses principes démocratiques, attira sur lui l'attention de l'autorité; il fut arrêté et conduit à Paris; mis en jugement et rendu à la liberté le 14 juillet 1790, il revint dans son département après la première fédération, et refusa un emploi considérable dans les fermes. Nommé, au mois de septembre 1792, administrateur du département de la Somme, il parvint à déjouer un complot qui tendait à livrer Péronne aux troupes prussiennes, avancées alors sur le territoire français. André Dumont, qui avait été son concurrent pour la représentation nationale, le destitua de ses fonctions peu de temps après. Il fut dès lors aux prises avec un parti royaliste qui s'était glissé dans chacune des autorités locales. Élu ensuite administrateur du district de Montdidier, il fut accusé d'avoir, dans une adjudication qui se faisait aux bougies, et à laquelle il présidait en qualité d'administrateur du district, substitué un nom à un autre, fait qui, prouvé, constituait le crime de faux. Dans cette accusation, dont la fausseté fut juridiquement démontrée par la suite, Babeuf reconnut l'influence de ses ennemis, et ne se sentant point assez fort pour leur résister, il se réfugia à Paris : on le condamna par contumace. Il remplit bientôt après, avec le plus grand désintéressement, les fonctions de secrétaire-général de l'administration des subsistances du département de la Seine : emploi qui exigeait beaucoup d'activité, et dont le travail était très-pénible. Il dénonça alors à la France entière, par un placard affiché dans Paris, un système de famine, dont il imputa l'organisation au fameux Manuel, procureur-général de la commune; celui-ci, pour s'en venger, réveilla l'affaire qui avait fait encourir à Babeuf une condamnation, et le fit arrêter. Mais bientôt un jugement du tribunal de cassation renvoya le contumace devant le tribunal du département de l'Aîne, qui reconnut hautement son innocence. De retour à Paris, en thermidor an 2 (juillet 1794), il contribua puissamment à la chute de Robespierre, s'éleva contre le régime de la terreur, et fit paraître, après le supplice de Carrier, un ouvrage ayant pour titre : *du Système de dépopulation, ou la vie et les crimes de Carrier*, un vol. in-8°. Il créa ensuite un journal intitulé le *Tribun du Peuple*, avec cette épigraphe empruntée à J. J. Rousseau : « *Le but de la société est le bonheur commun* ». Dans ce journal qu'il signait *Caius-Gracchus Babeuf*, il professait les principes de la démocratie la plus absolue. Ce fut lui qui, le premier, donna aux partisans de la terreur le nom si célèbre de *terroristes*. Sa haine contre les jacobins réacteurs se manifestait avec une grande véhémence ; sans ménagemens pour les proconsuls, dont le pouvoir avait survécu à la terreur, il leur rappelait leurs cruautés, leurs débauches, leurs rapines, leurs dilapidations. Des reproches sévères, mais justes, adressés à l'assemblée, furent présentés comme un outrage fait à la représentation nationale : et bientôt on vint annoncer officiellement à la convention, que son audacieux ennemi, dénoncé par Tallien, avait été arrêté et transféré dans les prisons d'Arras ; il recouvra la liberté par l'événement du 13 vendémiaire, qui termina le règne de la convention. Le nouveau gouvernement, composé des conseils des *anciens* et des *cinq-cents*, et du *directoire exécutif*, avait laissé sans fonctions, sans autorité, un grand nombre de conventionnels montagnards, et de patriotes, auxquels se rattachaient des hommes dont les principes exaltés étaient bien connus, mais qui, d'accord en apparence avec ces conventionnels et ces patriotes, voulaient renverser le directoire ; tous désiraient une révolution, afin d'en recueillir les fruits, chacun dans l'intérêt de son parti. Babeuf, connu par son enthousiasme, son désintéressement, et même aussi par sa crédulité, Babeuf, qui suivait de bonne foi la doctrine d'Antonelle, leur parut l'homme qu'ils pouvaient opposer sans aucun danger pour eux, au pouvoir existant ; ils se rapprochèrent de lui, ranimèrent son exaltation républicaine, trompèrent sa bonne foi, l'éblouirent sur le rôle qu'il pouvait jouer, et l'engagèrent vivement à faire reparaître son *Tribun du Peuple*, qui avait eu une grande influence sur la multitude. Quelque expérience que Babeuf eût retirée de ses malheurs, il ne vit pas le piège ; plein de confiance et croyant marcher à son but, il arriva au bord de l'abîme, où il ne devait pas tarder à se précipiter. Babeuf voulait introduire en France cet esprit de liberté et d'égalité, qui, dans sa conviction, constituait la prospérité d'une nation et le bonheur de chaque citoyen. Toutes ses idées étaient dirigées par cette illusion, et tous les moyens, hors ceux que réprouve l'humanité, lui eussent paru excellens pour les réaliser. Incessamment tourmenté de cette pensée, la méditant sans cesse, l'envisageant dans les seuls avantages qui pouvaient en résulter, il se livrait, pour la faire partager aux autres, à tout l'enthousiasme qu'elle lui inspirait. Ces rêveries démocratiques égarèrent son jugement ; il ne calculait ni les changemens à opérer, ni les mesures à prendre, ni aucune des

nombreuses difficultés qui existaient. Il croyait que pour parvenir à une révolution, telle qu'il se la figurait, et qui, dans son imagination, eût rendu à la France les beaux temps des républiques anciennes, il suffisait d'avoir des intentions pures, de préparer la génération par une éducation uniforme, à recevoir des institutions populaires. Son langage tenait de sa conviction; énergique, impétueux, il était fait pour frapper et entraîner les esprits : mais le temps de l'exaltation était passé. Il ne fut entendu que de quelques hommes sans influence ; ils échouèrent contre la politique d'un gouvernement qui feignit de craindre une conspiration, pour en sacrifier les auteurs. Le directoire, qui avait su introduire des agens provocateurs parmi les conjurés, pratique que les gouvernemens, qui lui ont succédé, n'ont pas dédaigné de suivre, le directoire avait besoin de ce simulacre de conspiration pour frapper les républicains. Babeuf se montra le ferme défenseur de la cause qu'il avait embrassée. Arrêté dans le mois de mai 1796, avec Vadier, Ricord, Laignelot, et autres prévenus comme lui d'avoir cherché à anéantir la constitution de l'an 3, et tramé un complot contre le gouvernement directorial, il déclara au ministre de la police, Cochon (devenu comte de Laparent), devant lequel il fut traduit, qu'il était auteur d'un plan d'insurrection ; il déclama contre la tyrannie directoriale, et refusa de nommer ses complices. Transféré au Temple, il écrivit au directoire le 23 floréal an 4 (12 mai 1796), cette lettre singulière, où se montre une exaltation qui appartient bien au caractère tribunitien qu'il professait avec une témérité peu commune « Regarderiez vous au-
» dessous de vous de traiter avec
» moi, comme de puissance à puis-
» sance ? Vous avez vu de quelle
» vaste confiance je suis le centre;
» vous avez vu que mon parti peut
» bien balancer le vôtre. Vous avez
» vu quelles immenses ramifica-
» tions y tiennent. J'en suis plus
» que convaincu : cet aperçu vous
» a fait trembler. Qu'arrivera-t-il de
» cette affaire lorsqu'elle paraîtra
» au grand jour ? que j'y jouerai le
» plus glorieux de tous les rôles. On
» pourrait me condamner à mort,
» mais mon jugement serait aus-
» sitôt réputé prononcé par le crime
» puissant contre la vertu faible.
» Mon échafaud figurerait glorieu-
» sement à côté de ceux de Barne-
» veldt et de Sidney. Vous irrite-
» riez toute la démocratie et la ré-
» publique, à qui vous devez votre
» puissance et qui peut en un ins-
» tant vous la retirer. » Un esprit de cette trempe pouvait-il écrire autrement à un gouvernement qui trois mois auparavant, cherchant à acheter sa plume, lui avait fait offrir le ministère des finances par le citoyen Fouché (duc d'Otrante), lequel n'avait pas craint de dire à la tribune nationale, sur les reproches qui lui furent faits de ses liaisons avec Babeuf, qu'il s'honorait de *son alliance avec la vertu*. Le directoire convoqua une haute cour de justice criminelle à Vendôme, et y fit traduire Babeuf et soixante-cinq autres prévenus. Les procédures commencèrent en

vendémiaire an 5 (octobre 1796). Babeuf récusa la haute cour, comme n'étant pas compétente pour le juger. Ce moyen préjudiciel n'ayant pas été accueilli, il développa dans sa défense autant de talent que d'énergie, et refusa de nouveau de dénoncer aucun complice. « On me connaît bien mal, » dit-il, si on me croit assez lâche » pour devenir le dénonciateur des » amis de la patrie. » Dès le commencement des débats, il se dévoua à la mort, en attirant sur lui seul toute la culpabilité pour sauver ses compagnons, et en excitant la haine des juges par des discours pleins de hardiesse et de courage. Il se défendit constamment d'après ces principes, à l'appui desquels il invoquait l'autorité des Mably, Montesquieu, Jean-Jacques Rousseau et Diderot. L'instruction de ce procès devint dangereuse. Ce *Gracchus* avait retrouvé une tribune. Le peuple l'entendait, et lui répondait à la fin de chaque séance par des hymnes patriotiques. Les militaires eux-mêmes lui témoignaient assez d'intérêt pour qu'on se crût obligé de changer continuellement la garnison. Le gouvernement frappa au cœur le parti républicain par l'affaire de la fausse attaque du camp de Grenelle, et ne gardant plus aucune mesure, osa retirer la parole aux accusés. Après avoir dépensé des sommes immenses pour bâtir des cachots, déployer un grand appareil de terreur, solder des dénonciateurs, et après de longs débats, malgré les talens de son défenseur, M. Réal (aujourd'hui ex-conseiller d'état), malgré la déclaration du jury qu'il n'y avait *point eu de conspiration*, sur une *question incidente*, Babeuf et un nommé d'Arthé furent condamnés à mort le 5 prairial an 5 (25 mai 1797). Lorsqu'on leur eut fait connaître cet arrêt, ils se frappèrent de plusieurs coups de poignards. On laissa celui de Babeuf dans la plaie, par un raffinement de cruauté qui prolongea sa vie et ses douleurs; on les traîna le lendemain au supplice. Babeuf supporta ces derniers momens avec le plus grand courage; il les consacra à écrire à sa mère, à sa femme, à ses fils, en les priant d'assister à son supplice. Les corps restés sans sépulture, ne furent recouverts de terre que quelques jours après, par la pitié des paysans, qui les inhumèrent la nuit. Il existe six volumes in-8° des pièces saisies chez Babeuf, et des débats de cette procédure, imprimés par ordre du gouvernement directorial. On a fait la remarque, dans un dictionnaire dont les auteurs montrent généralement de l'exactitude, et beaucoup de bonne foi, que Babeuf avait toujours été persuadé que sa carrière serait orageuse, et sa mort violente. Constamment en opposition hostile avec les différens gouvernemens de la révolution, il fut constamment proscrit, ou incarcéré. Le directoire n'ayant pu le corrompre, le sacrifia. Si Babeuf malheureux et dans les fers, vit ses amis s'éloigner de lui ou rester dans une inaction peut-être forcée, deux d'entre eux se montrèrent cependant nobles et généreux : le comte Félix Lepelletier de Saint-Fargeau adopta Émile, l'aîné de ses fils; le général Turceau prit soin, avec une sollicitude toute particulière, de Camille, le second, qui se donna la mort en se précipitant du haut de la colonne de la place de Vendôme, en 1815, lors de la deuxième entrée des troupes étrangères, à Paris. Caïus-Gracchus, le dernier des enfans de Babeuf, né à Vendôme au milieu des larmes et du sang, fut élevé par son frère aîné (Émile) jusqu'à l'âge de 18 ans. Sa destinée est inconnue depuis 1814 qu'il a disparu.

BABEUF (ÉMILE), né le 29 septembre 1785, fils du précédent. Lors du procès de Vendôme, Émile était âgé de 12 ans. L'accusateur public, Vieillard, voulut se prévaloir de sa correspondance, saisie dans les papiers de la conspiration, comme circonstance agravante ; l'accusé appela l'indignation publique sur cette atroce intention de rendre un fils témoin à charge contre son père ; ce fut ce même fils qui lui apporta, au milieu des gendarmes, le poignard avec lequel il se frappa mortellement, en faisant des vœux pour que *ses enfans n'héritassent point de son amour pour la patrie*. M. Félix Lepelletier qui avait adopté Émile, le mit en pension, où il resta jusqu'à la déportation de son bienfaiteur. Privé de tout appui, il entra chez un libraire de Paris, et y demeura pendant six ans; voyageant pour la maison de librairie de Tourneisen, de Bâle, il eut occasion de parcourir presque toute l'Europe. Il rencontra, en Espagne, le dénonciateur de son père, l'appela en duel et le tua; mais il reçut dans le combat une blessure grave, qui l'obligea de cesser ses voyages ; il se fixa à Lyon, où il fut reçu libraire. En 1814, il prit une part active à la défense de cette ville, et en sortit avec le corps d'armée du maréchal Augereau. Témoin des dangers de Napoléon, dans le Midi, il accompagna ce prince à l'île d'Elbe. Au retour de Napoléon, Émile Babeuf se rendit à Paris, et reprit sa profession de libraire; il fut le seul qui, à cette époque, publia des brochures contre l'*Acte additionnel*, moins parce qu'il y était porté par sa profession que parce que cet acte n'était point dans ses principes. Dans le même temps, il adressa une *lettre au comte Carnot, ministre de l'intérieur*, où il propose d'ouvrir *une souscription en faveur des victimes de la dernière invasion*. Cette idée fut accueillie avec transport, et la lettre, réimprimée en lettres d'or, à Troyes. Arrêté, le 26 février 1816, comme éditeur du *Nain tricolore*, Émile Babeuf refusa d'en nommer les rédacteurs, et s'exposa ainsi volontairement à la plus haute peine, infligée par la loi du 9 novembre, celle de la déportation. Il demanda, au bout de deux ans de captivité à la Conciergerie de Paris, l'exécution de son jugement, et fut, ainsi que ses compagnons d'infortune, conduit au Mont-Saint-Michel, où, pendant le voyage, plusieurs déportés parvinrent à s'évader, et à se retirer dans les pays étrangers. Resté seul à une lieue de Vire, Babeuf ne voulut point compromettre son escorte ; il continua sa route, arriva au Mont-Saint-Michel, où il passa environ une année. En novembre 1818, il reçut l'autorisation de revenir à Paris, où il continue le commerce de librairie.

BABEY (ATHANASE-MARIE), avocat du roi, à Orgelet, en 1789, embrassa avec chaleur le parti de la liberté. Les caméléons politiques, qu'il détestait et qu'il avait si souvent forcés au silence, en ont fait un homme ignorant et brutal. Babey possédait, au contraire, cette austère vertu qui faisait les grands citoyens dans les beaux siècles de la Grèce et de Rome. Il s'était trompé d'époque. Nommé député aux états-généraux, par le tiers-état du bailliage de Laval, il montra dans cette assemblée beaucoup de fermeté, et fit observer plusieurs fois d'une manière très-vive à MM. les présidens, qu'ils ne devaient se permettre aucune partialité. En 1790, il s'opposa au remercîment voté au département de la Meurthe, pour sa conduite dans les événemens malheureux qui avaient eu lieu à Nanci, et le fit révoquer. Le roi, usant du droit qui lui était accordé, différait d'envoyer son acceptation à la constitution civile du clergé; Babey voulut que l'assemblée attendît, sans désemparer, l'explication qu'elle avait fait demander à ce prince. En 1791, il réfuta l'opinion de l'abbé Maury sur l'échange du Clermontois; vota contre la suspension des assemblées primaires, et réclama la présentation d'un projet de loi contre l'émigration. Lorsque le roi quitta Paris, il appuya la proposition de Vernier, insistant pour que l'assemblée fût investie de tous les pouvoirs. Le 15 juillet de la même année, il demanda la déchéance de Louis XVI, s'il se refusait à accepter la constitution, et la suspension provisoire du pouvoir royal. La session terminée, Babey retourna dans sa famille; il y resta jusqu'en 1792, époque à laquelle il fut nommé député à la convention nationale par le département du Jura. Il vota dans le procès du roi la réclusion et le bannissement, et proposa la convocation des assemblées primaires. Peu de temps après, décrété d'arrestation, comme signataire de la protestation contre les 31 mai, 1er et 2 juin 1793, il fut du nombre des soixante-treize députés incarcérés à cette occasion. Babey, compris dans les deux tiers des conventionnels, qui, en 1794, entrèrent au conseil des cinq-cents (d'où il sortit en floréal an 5), mourut en décembre 1815.

BABEY (FRANÇOIS-LAZARE), né à Orgelet, dans la Franche-Comté, en 1740, frère du précédent, était, à l'époque de la révolution, lieutenant-général de bailliage. Nommé, en 1793, membre du comité de salut public établi à Lons-le-Saulnier, il fut obligé, après la révolution du 31 mai, de quitter la France. La mort de Robespierre lui ayant permis de revenir dans sa patrie, il devint membre du collége électoral de son département (Jura), et fut depuis membre du conseil-général.

BABEY (FRANÇOIS), fils de François-Lazare, est né Orgelet, vers 1778. Parti pour l'armée, comme réquisitionnaire, il fit une campagne à l'armée du Rhin. Au mois d'octobre 1814, *Monsieur*, qui voyageait dans le département du Jura, accorda la croix de la légion-d'honneur à M. Babey, alors maire d'Orgelet, et membre du conseil d'arrondissement de Lons-le-Saulnier. M. Babey fut aussi nommé député en 1815.

BABEY (ÉTIENNE), ex-oratorien, parent des précédens, est né à Salins, département du Jura. Ayant émigré en 1792, il se rendit en Angleterre, où il passa plusieurs années, puis voyagea longtemps dans diverses contrées européennes, avec des familles anglaises, auxquelles il s'était attaché. Rentré en France, après le traité d'Amiens, M. Babey accompagna, comme secrétaire, M. Fouché, duc d'Otrante, quand Napoléon appela ce ministre auprès de lui, à Dresde, à l'époque de la tenue du congrès de Prague. M. Babey suivit aussi, à Leybach, ce même ministre, devenu gouverneur-général des provinces illyriennes, et, au mois de mars 1814, revint avec lui en France, où il resta sans emploi. En mars 1815, lorsque Napoléon reprit le pouvoir, le duc d'Otrante ayant reçu de nouveau le portefeuille de la police-générale, M. Babey entra dans les bureaux de ce ministère, en qualité de secrétaire-interprète, et fut chargé spécialement de la traduction des papiers publics d'Angleterre. Depuis quelque temps, il s'occupe de traduire de l'anglais les ouvrages les plus intéressans qui paraissent sur l'économie politique; personne ne pourrait remplir cette tâche d'une manière plus utile que M. Babey, qui, par un long séjour dans les îles britanniques, et par la société des hommes les plus marquans de ce pays, a été à même de bien étudier les mœurs, la langue et la politique des Anglais.

BABEY (MADAME), sœur de M. Bureau de Puzi, se rendit célèbre au commencement de la révolution par un trait de courage digne d'être conservé. Les habitans d'Auxonne se portèrent sur un château, habité seulement par une femme avancée en âge et par sa nièce. Mlle de Puzi rassemble aussitôt ses domestiques, se met à leur tête, et court s'opposer à cet acte de brigandage. Armée d'une hache, elle terrassa un des assaillans, et imposa aux autres, étonnés de tant de fermeté de la part d'une jeune personne de 17 ans : plusieurs des assaillans se retirèrent, et le plus grand nombre se réunit à elle pour seconder ses généreux efforts.

BABI (JEAN-FRANÇOIS), né à Tarascon, département des Bouches-du-Rhône, propriétaire dans le département de l'Arriège, commandait l'armée révolutionnaire de Toulouse. Clausel, député de l'Arriège, l'accusa, vers la fin de frimaire an 2 (décembre 1793), d'avoir continué de commander une armée dissoute par le gouvernement, et fit rendre contre lui un décret d'arrestation; il vint aussitôt à Paris, se justifia auprès du comité de salut public, et repartit quelque temps après, chargé de surveiller secrètement les contre-révolutionnaires du département où il avait des propriétés. L'active et rigoureuse vigilance qu'il déploya dans cette circonstance, lui fit des ennemis irréconciliables. Le 9 thermidor an 2 (27 juillet 1794) mit un terme à sa mission; il fut arrêté, et traduit devant le tribunal criminel de Foix, comme accusé d'actes arbitraires et de concussions; le 4 brumaire an 4 (26 octobre 1795) lui rendit la liberté. Pendant sa captivité, ses propriétés ayant été entièrement dévastées, il se présenta au conseil des cinq-cents pour y réclamer des indemnités. Le député Borde fit rejeter sa juste demande. Babi fut du nombre de ceux qui, dans la nuit du 23 au 24 fructidor an 4 (9 au 10 septembre 1796), se portèrent à la plaine de Grenelle; fait prisonnier dans cette malheureuse affaire, il fut condamné à mort; il était âgé de 37 ans.

BABIÉ DE BERCENAY (François), petit-neveu de l'abbé de Radonvilliers, est né à Lavaur, département du Tarn, le 29 mars 1761. Destiné dès son enfance à l'état ecclésiastique, mais n'ayant pris que les ordres mineurs, il se maria. Ses principaux ouvrages sont : 1° *Éducation militaire nationale*, ouvrage dédié à M. de La Fayette, commandant de la garde nationale parisienne, 1789, in-8°; 2° *Mémoire sur les consulats*, publié par ordre du ministre de la marine *Truguet*: imprimerie nationale, 1798; 3° *L'antique Rome*, ouvrage orné de figures, par Grasset-Saint-Sauveur : le texte est de M..Babié, 1798. 4° *L'Homme de la nature, ou voyages chez les peuples sauvages, d'après les mémoires de l'abbé Richard*, 1802, 3 vol. in-8°: l'ouvrage primitif de cet ecclésiastique avait été composé pour des missionnaires; M. Babié le refondit pour l'usage de toutes les classes de la société. 5° *Histoire de Louis XVI, roi de France et de Navarre*, 1802, 2 vol. in-8°; 6° *Vie de Marie-Antoinette d'Autriche*, 1802, 3 vol. in-12. 7° En société avec L. Beaumont : *Galerie militaire, ou Notices historiques sur les généraux, amiraux, etc., qui ont commmandé les armées françaises, depuis le commencement de la révolution jusqu'à l'an 13* (1805), 7 vol. in-12. 8° En société avec Grasset-Saint-Sauveur : *Archives de l'honneur, ou notices historiques sur les généraux, officiers et soldats qui ont fait la guerre de la révolution*, 1806, 4 vol. in-8° : cet ouvrage devait former huit volumes; mais les circonstances orageuses du temps obligèrent les auteurs de suspendre leur travail. 9° *Muséum de la jeunesse*, en 24 cahiers avec gravures : le libraire Achard a rédigé quelques articles de ce recueil. 10° *Dictionnaire des Non-Girouettes*, 1816, in-8° : cet ouvrage a été saisi, et la vente en a été prohibée par la police. 11° *Voyage en Russie, sur les bords du Wolga, pendant les années 1812, 13, 14 et 15* : cette relation pleine d'intérêt, a été écrite d'après les notes d'un officier français qui, en 1812, fut fait prisonnier en Russie, et qui a aujourd'hui un commandement dans la garde royale. On attribue à M. Babié, 1° en société avec Imbert de la Platière, *Correspondance de Louis XVI*, avec des notes, par Mlle Williams, 1805, 2 vol. in-8°; 2° *la Préface de l'Ana des Anas*, par Saint-Sauveur; 3° *les Titres de Bonaparte à la reconnaissance des Français*, an 10, in-8° : cette brochure, en forme de *mémoire*, fut imprimée sous le nom d'Imbert de la Platière, pour qui l'auteur l'avait composée, et à qui elle valut le privilége d'un journal pour les colonies. Depuis 1791, M. Babié a été successivement attaché à la rédaction des journaux le *Point du jour*, le *Mercure universel* et le *Courrier de Paris;* enfin, pendant vingt-deux ans, il a rédigé la partie littéraire et dramatique du *Journal des indications*. M. Babié est encore auteur de plusieurs ouvrages inédits, tels que *l'Observateur sentimental,* qui doit former 3 vol. in-8°, etc.

BABILLE, né à Ferrières, département du Loiret, était avocat à Paris, lorsqu'en 1791, il fut élu juge d'un des six arrondissemens de cette ville, fonctions desquelles il se démit peu d'années après, pour se livrer à sa première profession. Nommé juge à la cour de cassation par le gouvernement consulaire, M. Babille, lors de la nouvelle organisation de cette cour par Napoléon, reçut, comme ses collègues, la décoration de la légion-d'honneur, et en fut nommé officier par le roi, lors de la première restauration. Il signa toutes les délibérations collectives de la même cour, tant en faveur des Bourbons que de Napoléon; il donna sa démission en mai 1816. On ignore le motif de la retraite volontaire de M. Babille, que le gouvernement royal avait maintenu dans ses fonctions.

BACCIOCHI (Félix), d'une famille noble, né en Corse le 18 mai 1762, dut à l'alliance qu'il contracta avec la sœur aînée de Napoléon Bonaparte son illustration et sa fortune. Lorsque M. Bacciochi devint, en floréal an 5 (mai 1797), l'époux de Marie-Anne-Élisa Bonaparte, il n'était encore que capitaine d'infanterie, bien qu'il fût entré fort jeune au service. Bonaparte, alors général en chef de l'armée d'Italie, que sa mère avait consulté sur ce mariage, l'ayant désapprouvé, comme peu conforme à ses espérances pour sa famille, Mme Bonaparte mère usa de finesse. Elle lui écrivit à Léoben, où il traitait des préliminaires de paix avec l'Autriche, que, n'ayant reçu aucune réponse à la demande qu'elle lui avait faite, et ne doutant pas qu'il ne fût favorable, elle avait conclu ce mariage. L'alliance contractée, Bonaparte, tout mécontent qu'il en était, ne s'occupa plus que de la fortune de son beau-frère. Il le fit nommer colonel du 26me régiment d'infanterie légère. La fortune de M. Bacchiochi grandit depuis en proportion de celle de Napoléon; en messidor an 12 (juin 1804), il l'envoya présider le collége électoral du département des Ardennes, qui l'élut candidat au sénat conservateur. M. Bacciochi fut nommé membre de ce corps le 29 décembre 1804; peu de temps après général, officier de la légion-d'honneur, et grand-cordon de l'ordre, lorsque Mme Bacciochi reçut de Napoléon la principauté souveraine de Piombino, et, presque immédiatement après, celle de Lucques. Les deux époux en prirent possession, et furent couronnés le 10 juillet 1805. C'est à l'article de madame Bacciochi qu'il faut renvoyer l'histoire de leur gouvernement. Le prince Félix ne fut guère que le premier sujet de sa femme. A la suite des événemens politiques de 1814 et de 1815, ils se retirèrent d'abord en Allemagne, puis à Trieste,

BACCIOCHI (MARIE-ANNE-ÉLISA BONAPARTE, Mme), épouse du précédent, et sœur de Napoléon, née à Ajaccio le 8 janvier 1777, fut élevée à la maison royale de Saint-Cyr. Après avoir habité Marseille pendant le temps le plus orageux de la révolution, avec sa famille qui avait été obligée de quitter la Corse quand cette île passa sous la domination anglaise, elle vint à Paris vers 1799, et demeura d'abord chez son frère Lucien Bonaparte. C'est de lui qu'elle prit le goût des lettres et des beaux-arts. Comme lui elle rechercha les hommes qui les avaient cultivés. En proportion de l'accroissement et de l'élévation progressive de sa fortune, elle les combla de faveurs; elle les accabla de ses bienfaits. A Paris, sa société n'était composée que d'hommes recommandables; en tête, il faut placer le chevalier de Boufflers, le poète La Harpe, M. le vicomte de Châteaubriand, qu'elle obligea avec tant de générosité, et M. le marquis de Fontanes, qu'elle a mis dans le chemin de la fortune, et sur qui elle a sans cesse appelé l'inépuisable bienveillance de Napoléon. Mme Bacciochi, qui n'était pas une femme ordinaire, craignait surtout de passer pour telle. Ce sentiment l'a portée quelquefois à dédaigner certaines bienséances dont l'exacte observation est cependant très-compatible avec un grand caractère. Fort différente en cela de sa sœur CAROLINE, qui, nommée reine de Naples, voulut que son mari régnât; elle a paru trop se complaire à faire ressortir sa propre grandeur par l'état d'infériorité duquel son mari s'est contenté. C'est surtout à Florence qu'elle s'est prévalu des droits qu'elle tenait de la complaisance de l'empereur. Princesse de Lucques et de Piombino, et grande-duchesse de Toscane, elle gouverna par elle-même autant qu'une femme peut gouverner; mais l'ambition de rivaliser avec les reines les plus célèbres, l'a peut-être jetée dans quelques travers. Son mari ne venait qu'après elle dans les cérémonies publiques, et ne remplissait que les fonctions d'aide-de-camp lorsqu'elle passait les troupes en revue. Un des écrivains les plus spirituels de l'époque, l'appelle la *Sémiramis de Lucques*. A cela près qu'elle n'était pas veuve, et qu'elle n'avait pas construit les murs de sa capitale, ce nom lui convenait assez. Mme Bacciochi a fait du bien dans les états où elle a régné. Elle en eût fait davantage si tous les agens qu'elle honora de sa confiance en eussent été dignes, et fussent entrés de bonne foi dans ses intentions bienfaisantes. Quand la fortune changea pour elle, Mme Bacciochi, trahie par ceux même qu'elle avait le mieux traités, reconnut trop tard à quel point elle s'était abusée. Lors des événemens politiques de 1814, cette princesse espérait trouver dans MURAT un protecteur ou du moins un souverain qui ne se prononcerait pas contre sa famille. La défection de ce prince trompa son attente. Elle avait fixé sa résidence à Bologne, mais en

1815, elle fut forcée d'accepter une retraite en Allemagne. Elle se rendit d'abord près de la reine CAROLINE, sa sœur, qui s'était elle-même réfugiée en Bohême. Depuis elle a obtenu la permission d'habiter Trieste, où elle est morte au commencement du mois d'août 1820. M. et Mme Bacciochi ont une fille, NAPOLÉON-ÉLISA, née le 3 juin 1806.

BACCIOCHI-ADORNO, né en Corse, parent de Félix BACCIOCHI, entra au service en 1761, fut fait chevalier de Saint-Louis en 1788, et lieutenant-colonel des chasseurs-royaux-corses en 1789. La révolution française n'eut aucune influence sur les sentimens de M. Adorno, qui resta constamment attaché à la cause des Bourbons. Il émigra avec ses trois frères en 1792, et eut le malheur de combattre contre les troupes françaises au siége de Toulon, en 1793, et à l'armée de Condé, en 1799, 1800 et 1801. Les efforts des étrangers et des émigrés n'ayant pas eu alors le succès qu'ils espéraient, et le licenciement de l'armée de Condé s'étant effectué, M. Adorno retourna en Corse avec ses frères. Établi postérieurement à Montpellier, il y exerça l'emploi d'inspecteur aux revues, dont il se démit volontairement à la nouvelle des événemens du 20 mars 1815. Après la seconde restauration, il fut rétabli dans ses fonctions, et nommé, en mai 1816, officier de la legion-d'honneur.

BACH, médecin de Paris, électeur du département de la Seine, en l'an 6 (1798), l'un des partisans les plus enthousiastes et les plus exaltés de la révolution, fut arrêté par ordre du gouvernement directorial, et traduit devant un jury d'accusation, comme auteur d'un écrit satirique contre les membres du directoire, et plus particulièrement contre les auteurs de la loi du 22 floréal an 7 (11 mai 1799), qui annulait une partie des élections des colléges électoraux. Mis en liberté, Bach n'en continua pas moins d'attaquer avec véhémence les directeurs et tous les ennemis de la révolution. En juin 1799 (prairial an 7), il prononça, à la tribune des Jacobins, rue du Bac, un discours très-violent, dans lequel il s'élevait de nouveau contre le directoire, exposait les dangers qui menaçaient la patrie, et proposait la création d'un gouvernement exclusivement démocratique. Il termina ce discours par la lecture d'un projet de constitution, où il donnait à la démocratie une telle extension, que la constitution de 1793, surnommée le *code de l'anarchie*, n'aurait été qu'une œuvre aristocratique. La révolution du 18 brumaire an 8, et l'élévation du général Bonaparte au consulat, troublèrent sa raison déjà fort ébranlée; il se donna la mort au pied de la statue de la *liberté*, qui avait remplacé celle de Louis XV, sur la place de la Révolution.

BACHE, neveu de Franklin, héritier des manuscrits les plus importans de son oncle, n'est connu que comme fondateur et rédacteur d'un journal intitulé l'*Aurore*. Bache est mort victime de la maladie épidémique qui, en 1798, affligea les États-Unis de l'Amérique septentrionale.

BACHELAR, avocat, auteur d'un poëme sous le titre de la *Naissance du roi de Rome*, Paris, 1811, in-8°; et d'une pièce de vers intitulée : *Hommage à S. M. l'empereur de Russie*, Paris, 1814, in-4°.

BACHELERIE, conseiller en la cour impériale de Limoges, nommé, en mai 1815, par le collége électoral du département de la Haute-Vienne, membre de la chambre des représentans.

BACHELERIE (GUILLAUME), maire de Brives-la-Gaillarde, département de la Corrèze, remplit successivement les fonctions de juge et d'administrateur, et fut nommé, le 14 mai 1806, président du collége électoral de cet arrondissement.

BACHELET-D'AMBILLE, adjudant-commandant, était peu connu avant la bataille de Gébora en Espagne, donnée par le maréchal Soult le 19 février 1811; mais les services importans qu'il rendit dans cette affaire déterminèrent le maréchal à demander pour lui le brevet d'officier de la légion-d'honneur. La belle conduite militaire de cet officier fut encore récompensée par le grade de général de brigade, dans lequel il servit sous les ordres du maréchal Macdonald, commandant le 10me corps de la grande-armée, dans la campagne de Russie. La défection du général prussien d'York ayant forcé ce corps à se mettre en retraite, M. Bachelet-d'Ambille se retira avec l'arrière-garde sur Dantzick, et s'enferma dans cette place, dont le général Rapp était commandant supérieur. Ses nouveaux services pendant la longue durée du siège le firent nommer général de division.

BACHELIER (JEAN-MARGUERITE). Voici un de ces hommes devant lesquels l'histoire s'arrête incertaine. Ce que l'on sait d'eux est horrible; mais ce qu'on leur attribue est incroyable. Comment ajouter foi à un rédacteur de Mémoires qui dit : *cet homme était notaire, et pour augmenter le nombre de ses clients, il a frappé de mort tous les notaires de sa ville natale!* Ce que l'on sait de certain sur Bachelier, c'est qu'il était né et qu'il fut notaire à Nantes, et membre du comité révolutionnaire de cette ville; qu'il se dévoua, en 1793, aux proconsuls qui faisaient peser sur la France leur terrible niveau; qu'il fut mis en jugement *comme complice du féroce Carrier*, et qu'il périt avec lui sur le même échafaud. Un nommé BACHELIER D'AGÈS a publié, sur l'art d'être heureux, un volume in-8°, intitulé : *de la Nature de l'homme, et des moyens de le rendre heureux*, 1800.

BACHELU (GILBERT-DÉSIRÉ-JOSEPH), né à Dôle, département du Jura, le 9 février 1777. Fils d'un conseiller-maître à la cour des comptes de Dôle, le jeune Bachelu fut reçu, en 1794, à peine âgé de 17 ans, élève sous-lieutenant à l'école du génie à Metz; il annonça, dès ce moment, les talens et le courage auxquels il allait devoir un avancement rapide. Capitaine en 1795, il fait la campagne du Rhin, et suit le général Moreau dans cette retraite, digne de Xénophon; en 1796, passe le Rhin à Gambsceim avec le même général, et fait ensuite la campagne d'Égypte. Nom mé chef de bataillon par Kléber, au siége du Caire, il se bat successivement à Damiette, à Alexandrie, à Cosseir sur la mer Rouge, etc. En 1802, lorsque tant d'hommes braves et habiles, envoyés à Saint-Domingue, sous la conduite du général Leclerc, furent dévorés par un climat meurtrier, M. Bachelu, qui servait comme colonel du génie, et comme aide-de-camp du général en chef, fut un de ceux qui furent épargnés. Ils étaient en petit nombre. La jeune et belle veuve du général Leclerc revint en France, apportant dans une urne les cendres de son mari : M. Bachelu montait le même vaisseau qu'elle. De retour en France, il fut, de 1803 à 1805, chef de l'état-major du génie au camp de Boulogne, sous les ordres du maréchal Soult. Nommé, en 1805, au commandement du 11me régiment d'infanterie de ligne, qui faisait partie de l'armée de Hollande, commandée par le général Marmont, il a fait toute cette campagne, et est resté à la tête de son régiment jusqu'au 5 juin 1809, qu'il fut promu au grade de général de brigade : il venait, faisant partie de l'armée de Dalmatie, d'exécuter, à travers la Croatie, une de ces brillantes marches, si communes dans les annales militaires de la révolution. A la bataille de Wagram, il commandait une brigade du 11me corps, de la division Clausel. En 1811, il commande en second la place de Dantzick; en 1812, il fait la campagne de Russie, comme général de division, sert sous le maréchal Macdonald, et commande l'arrière-garde dans la retraite de Tilsitt à Dantzick. Il fut employé dans cette dernière ville, jusqu'au moment où elle se rendit (1er janvier 1814). En 1815, il commandait la 1re division du 2me corps, dont le comte Reille était général en chef. Le général Bachelu s'est battu aux *Quatre-Bras*, le 16, et à Waterloo, le 18 juin. Arrêté, le 15 octobre 1815, sur l'ordre du ministre de la police, il languit quatre mois dans les prisons par mesure extra-judiciaire, et fut ensuite exilé de France, où il ne put rentrer qu'en 1817.

BACHER (Alexandre-André-Philippe-Frédéric), fils de Georges-Frédéric Bacher (inventeur des pilules toniques qui portent son nom), naquit à Thann (Haut-Rhin), vers 1730. Il commença par exercer la profession de son père, et continua les observations de ce dernier sur les hydropisies. Ses ouvrages sur le traitement de ces maladies, et ses articles insérés dans le *Journal de Médecine* de M. Demangin, lui acquirent une réputation méritée de talent et de savoir. Plus tard, les doctrines de la révolution, qu'il adopta, firent germer dans sa tête des systèmes philanthropiques, mais d'une conception bizarre. Se jetant dans la route des *Thomas More*, des *Hobbe*, il se mit à réédifier dans sa pensée toute la machine sociale. Il fit *table rase* de tout ce qui est, et sur de nouvelles bases posa de nouvelles théories. Son premier plan, pour exécuter cette conception, était d'établir un *cours de droit public*, dans lequel il eût développé ses idées principales. Mais cette chaire ne put être fondée. Bacher fit imprimer son système, sous ce titre : *les Opinions écartées par l'évidence*, 1796, in-8°. En 1803, parurent deux volumes du *Cours de droit public*, qui devait en avoir cinq. Ces derniers furent imprimés, mais ne furent pas mis en vente, ce qui les rend extrêmement rares. Les vues de Bacher sont d'une métaphysique trop subtile, pour être appliquées jamais aux usages de la vie commune, et son style est à la fois dur et diffus. Bacher est mort en 1807.

BACHER (François-Marie), secrétaire d'ambassade sous M. Barthélemy, à l'époque où ce pair de France était ambassadeur près des cantons suisses, se rendit dans ce pays porteur des dépêches du comte de Montmorin, alors ministre des affaires étrangères. Ce fut M. Bacher qui, en 1795, eut la mission de traiter de l'échange entre *Madame*, fille de Louis XVI, et les commissaires de la convention nationale que Dumouriez avait si indignement livrés au gouvernement autrichien. M. Bacher se fit un devoir de montrer pour cette princesse, qu'il remit au prince de Gavres, tous les égards dus à son sexe et à ses malheurs. Les liaisons qui avaient existé entre lui et M. Barthélemy, qu'il avait remplacé auprès des cantons suisses, lorsque cet ambassadeur fut nommé membre du directoire-exécutif de France, donnèrent de l'ombrage au gouvernement ; les doutes qu'on eut sur le compte de M. Bacher, l'examen sévère qu'on fit de ses papiers, mis sous les scellés après l'événement du 18 fructidor (4 septembre 1797), ne diminuèrent pas son attachement à sa patrie ; il continua de lui donner des preuves de son zèle et de son dévouement. Plusieurs officiers suisses, au mépris des traités, facilitèrent aux Autrichiens les moyens de se porter à l'attaque du pont d'Huningue ; il demanda leur arrestation, et protesta contre l'annulation des procédures, prononcées par le conseil badois. Il déploya non moins de fermeté que de talens diplomatiques à la diète de Ratisbonne, auprès de laquelle il était ministre pendant le congrès de Rastadt. Le prince Charles, après la catastrophe qui suivit le congrès (l'assassinat de Roberjot, Bonnier et Jean du Bry, ministres plénipotentiaires de la république française), fit conduire M. Bacher aux avant-postes français. Peu de temps après son retour à Paris, ce diplomate fut chargé de différentes missions pour Naples et la Toscane. Le gouvernement consulaire l'envoya de nouveau à Ratisbonne, d'où il ne revint qu'à la fin de 1805, lorsque la guerre éclata entre la France et l'Autriche. Nommé membre de la légion-d'honneur, il resta attaché au ministère des relations extérieures, jusqu'au premier retour des Bourbons, époque à laquelle, après tant de longs et utiles services, il fut mis au nombre des employés en retraite.

BACHER (N.), négociant napolitain, était le chef d'une conspiration qui se tramait en 1799, tant contre les généraux de l'armée française, qui occupait alors le royaume de Naples, que contre les Français qui s'étaient établis dans cette ville. Les scènes affreuses des vêpres siciliennes se fussent infailliblement renouvelées, si les chefs de l'armée française n'avaient été avertis à temps du danger qui les menaçait. Les pièces qu'on trouva sur lui au moment de son arrestation ne permirent pas de douter de son infâme projet; il fut mis en jugement, ainsi que plusieurs des conjurés. Les nombreux renseignemens qu'on recevait de toutes parts, et qui prouvaient que la conspiration s'étendait dans presque tout le royaume, firent retarder ce jugement; et ce ne fut que lorsqu'on eut une entière connaissance des faits, tant par les révélations des prévenus que par la saisie de leurs papiers et de leurs plans, que Bacher et ses complices furent jugés, et condamnés à mort.

BACHIÈNE. Trois prédicateurs hollandais, de ce nom, se sont fait une réputation méritée. L'aîné, Guillaume-Albert, naquit en 1712, et mourut en 1783. Son frère cadet, Jean-Henri BACHIÈNE, né en 1708, fut prédicateur et ministre à Driel, Almelo, Amersfort et Utrecht, et mourut en 1789. Ses ouvrages, écrits en hollandais, traitent de la théologie et de la morale : deux choses que Jean BACHIÈNE a su allier, malgré le peu de rapport qu'elles ont entre elles. Philippe-Jean BACHIÈNE, son fils, eut moins d'éloquence, mais plus de succès dans la partie de l'enseignement théologique. Pasteur à Jutphay, puis à Utrecht, il mourut dans cette dernière ville, en 1797.

BACHMANN (JACQUES-JOSEPH-ANTOINE-LÉGER DE), né dans le canton de Glaris, en Suisse, entra de bonne heure au service de France, devint major-général des gardes-suisses, et défendit en vain le château des Tuileries attaqué par le peuple le 10 août 1792. Arrêté quelques jours après, et conduit à l'Abbaye, puis à la Conciergerie, il fut traduit devant le tribunal révolutionnaire, dont il voulut, comme étranger, décliner la juridiction : mais la commune de Paris, alors toute-puissante, fit passer outre. Condamné à mort, il marcha tranquillement à l'échafaud le 3 septembre 1792; il était âgé de 59 ans.

BACHMANN-ANDERLETZ (NICOLAS-FRANÇOIS, BARON DE), né à Nafels, canton de Glaris, en Suisse, entra dès l'âge de neuf ans au service de France, fut fait capitaine pendant la guerre de *sept ans*, devint, en 1768, major dans le régiment de Boccard, et se distingua bientôt par une habileté rare pour les manœuvres. Ce fut lui qui, en 1769, fit manœuvrer les troupes suisses devant Louis XV, au camp de Verberie, et qui, en 1788, après la mort de M. de Salis, obtint le commandement du régiment de ce nom. Dans les commencemens de la révolution, il joua un rôle fâcheux et qui eût pu lui être nuisible. Cantonné avec son régiment, par ordre de la cour, dans le faubourg de Vaugirard, il se trouva exposé à l'animadversion d'un peuple irrité; campa en juin suivant, dans le Champ-de-Mars, où il se réunit aux régimens suisses de Châteauvieux et de Diesbach, et dans la nuit du 12 au 13 juillet, alla stationner sur la place de Louis XV, et soutenir deux bataillons de la garde suisse, campés dans les Champs-Élysées. Il est merveilleux que ces postes difficiles n'aient point mis en danger la vie ou la liberté du baron de Bachmann. Il retourne en Suisse après le licenciement, lève un régiment pour le roi de Sardaigne, est nommé major-général en avril 1794, et placé dans le val d'Aoste, à la tête de l'armée dont le duc de Montferrat était le chef apparent. Le Piémont devint français, et les troupes suisses que le baron de Bachmann commandait furent incorporées dans l'armée d'occupation, en 1798. Alors M. de Bachmann passa en Angleterre, où il fut autorisé à lever un nouveau régiment à la solde de cette puissance, et vint à Zurich, où il fut battu par Masséna. Il se trouva au combat de Felkirk, commanda bientôt après l'avant-garde du corps intermédiaire du Tyrol et de la Suisse, formé par le général Auffenberg, surprit dans la nuit du 7 au 8 décembre 1800, l'avant-garde des Français retirés à Scampfen et Zutz, et voulut poursuivre son avantage; mais son général s'y opposa : le régiment fut licencié. Le baron de Bachmann se retira dans son pays, et fut mis à la tête des forces confédérées des petits cantons. Il eut d'abord quelques succès, mais il ne tarda pas à céder à l'ascendant victorieux des troupes françaises, et se vit forcé de se retirer en Souabe. En 1814, *Monsieur* l'appela à Paris, pour lui donner le commandement en chef des troupes suisses au service de France. Les événemens forcèrent M. de Bachmann à rentrer en Suisse, où une armée forte de 30,000 hommes, avec 15,000 de réserve, lui fut confiée pour marcher contre la France. Mais cette armée, tenue en respect par le général Lecourbe, ne fut qu'une armée d'observation. Après la bataille de Waterloo, M. de Bachmann marcha sur Besançon, facilita aux Autrichiens l'entrée de la France, et reçut plusieurs décorations en récompense de tant de services. Il est âgé aujourd'hui de 81 ans. Sa patrie lui a fait présent d'une épée en or avec cette glorieuse inscription : Patria grata. C'est dans le pauvre canton de Glaris qu'il voit aujourd'hui s'écouler sa robuste et paisible vieillesse.

BACKRI (N.), né en France, alla chercher la fortune dans un autre hémisphère. Ayant amassé de grandes richesses, et s'étant établi avec ses frères à Alger, il se fit un devoir de visiter les bagnes africains, et de consacrer ces mêmes richesses à délivrer ou à secourir ses compatriotes qui étaient esclaves. En 1799, il vint à Marseille, y équipa plusieurs navires pour Malte ; et vit s'accroître considérablement, par cette entreprise, une opulence dont il faisait un si noble usage. Un de ses frères vint en France, sous le directoire, comme secrétaire de l'envoyé d'Alger, et, victime d'une défiance dont le gouvernement d'alors donnait trop souvent des preuves, il fut incarcéré, sous de vains prétextes. Ayant recouvré sa liberté quelques mois après, il partit pour Alger, reconduit jusqu'aux frontières de France, par ordre du gouvernement.

BACLER D'ALBE (LOUIS-ALBERT-GUISLAIN), né le 21 octobre 1761 à Saint-Pol, département du Pas-de-Calais. Son père était ancien trésorier du régiment de Toul (artillerie). Deux penchans rarement unis, le goût de la peinture et la passion de l'histoire naturelle, déterminèrent le jeune Bacler d'Albe à passer une partie de sa jeunesse au milieu des glaces des Alpes suisses. Cependant la révolution pénètre dans les vallées solitaires du Mont-Blanc et trouble la tranquillité du jeune peintre; il se fait militaire, et suit volontairement un bataillon des chasseurs de l'Arriège. Nommé capitaine de canonniers au siége de Lyon, il passe ensuite au siége de Toulon, où son zèle le fait remarquer; il sert à Nice, en 1794 et 1795, et en Italie, en 1796, comme adjoint à l'état-major d'artillerie. Des reconnaissances militaires exécutées avec bravoure et succès, des dessins exacts de machines militaires, le firent remarquer du général en chef Bonaparte, qui se l'attacha comme chef de son bureau topographique. Cet officier prit part à toutes les actions de cette époque mémorable, et se distingua surtout à la bataille d'Arcole. Chargé, après la paix de Campo-Formio, de faire la carte militaire de l'Italie, il compléta, en sept années, cet ouvrage immense, après des travaux difficiles et assidus. Il fut nommé directeur du dépôt de la guerre de la république Cisalpine, et ne quitta l'Italie que lors de l'évacuation, en 1799. Il revint à Paris, et fut fait chef des ingénieurs-géographes du dépôt de la guerre, le 20 décembre 1800. Attaché, le 23 septembre 1804, au cabinet topographique de l'empereur Napoléon, il suivit ce prince dans toutes ses campagnes. Son activité, ses connaissances topographiques, son habileté, la franchise de son caractère, le rendirent aussi utile à l'armée que cher à ses compagnons d'armes. Adjudant-commandant en 1807, général de brigade en 1813, il fut forcé, par suite du délabrement de sa santé, de quitter l'armée active. Nommé directeur du dépôt de la guerre, à Paris, il perdit cette place le 10 juillet 1815. Sa *Carte militaire d'Italie*, en cinquante feuilles, est très-estimée et d'un prix très-haut. Il n'a pas cessé de cultiver la peinture : la *Bataille d'Arcole* et la *Veille d'Austerlitz*, deux tableaux que l'on doit à ses talens, ont été, lors de leur exposition au salon de Paris, cités avec éloge. Le premier, important par son échelle et par son exécution, a orné longtemps le palais de Trianon; le second était dans la galerie de Diane à Paris. Le général Bacler vient d'obtenir un succès populaire en publiant des *Souvenirs pittoresques, ou Vues lithographiées* de la Suisse, du Valais, etc. La lithographie lui doit des perfectionnemens importans.

BACMEISTER (HARTMAN-LOUIS-CHRISTIAN), fut un des nombreux savans qui portèrent dans la Russie le fruit de leur érudition et de leurs travaux. Né en 1736, à Hernhorn en Wétéravie, dans la principauté de Nassau-Dillenbourg, il fit ses études en Allemagne, et fut appelé en Russie vers 1770; nommé directeur du collége allemand de Saint-Pétersbourg, il étudia la topographie, l'histoire sanglante et barbare, et la littérature informe de ce vaste pays, où il mourut en 1806. Ses principaux ouvrages sont: 1° *Histoire de la Nation suédoise*, Leipsick, 1767. Cette histoire se fait plutôt remarquer par l'exactitude des faits que par la mise en ordre des matériaux et la nouveauté des vues de l'auteur. 2° *Abrégé de la Géographie de l'empire russe*, Pétersbourg, 1773; 3° *Recueil des mémoires sur Pierre Ier*, Riga, 1785; 4° *Bibliothèque russe*, 11 vol., 1777 à 1788. C'est le seul livre où l'on puisse trouver des renseignemens précis sur la langue des russes, sur leurs poètes, et sur le peu d'institutions littéraires qu'ils avaient alors. En général, les ouvrages de Bacmeister sont moins connus que ceux de Pallas, de Georgi, de Muller, etc.; mais ils donnent sur la Russie des renseignemens assez importans pour que les personnes qui écrivent sur cet empire citent Bacmeister comme une autorité. Membre de l'académie de Saint-Pétersbourg, et décoré de l'ordre de Saint-Wladimir, il a joui, pendant sa vie, d'une assez grande considération.

BACO (N.), auteur anglais, l'un de ces littérateurs sans originalité, de ces poètes sans couleur, que le talent d'écrire avec pureté ne sauve pas de l'oubli. Il a fait des *Fables* médiocres, et des *Réflexions morales*, qui ne présentent aucun aperçu nouveau. Il est l'auteur de l'inscription gravée sur le tombeau de Chatam. Baco, né à Manchester vers 1720, est mort à Londres en 1799.

BACO DE LA CHAPELLE (N.), se montre au second rang parmi ces hommes qui, dans la révolution, ont payé de leur repos une certaine célébrité. Il échappa, comme par miracle, aux dangers qui l'entouraient, et que la fermeté de son caractère devait encore multiplier. Procureur du roi à Nantes, il fut député par cette sénéchaussée aux états-généraux, en 1789, travailla long-temps dans les comités, et ne parut à la tribune que le 13 novembre 1790, jour de l'émeute causée par le duel de MM. de Lameth et de Castries, et où l'on vit un chanoine de Péronne se présenter armé de deux pistolets, au milieu des législateurs: c'était l'abbé Maury. Baco s'éleva contre cette violence de la part d'un ecclésiastique, et il le dénonça comme le moteur des troubles. Nommé, en 1792, maire de Nantes, il contribua à préserver la ville de l'invasion des Vendéens, et se prononça ensuite contre les événemens du 31 mai. Accusé par Fayau, de *fédéralisme*, il vint à Paris, se défendit avec beaucoup de violence, et finit par donner à son accusateur un démenti formel, dont l'expression injurieuse fut le motif ou le prétexte d'une punition sévère. Baco, envoyé à l'Abbaye, y jouit quelque temps d'une assez grande liberté; mais Thuriot s'en étant plaint à la convention, elle lui fut ôtée. Le Gendre, et Carrier, d'exécrable mémoire, l'accusèrent pour le même fait aux Jacobins. Cependant il échappa: le 9 thermidor le rendit à la liberté.

Envoyé par le directoire aux îles de France et de la Réunion, en qualité de commissaire du gouvernement, il y trouva des autorités indépendantes, qui refusèrent de le reconnaître, et qui le déportèrent aux Manilles. Un débat s'éleva entre l'assemblée coloniale et l'agent du directoire. Mais le tribunal était trop éloigné, et le pouvoir de l'agent était trop faible. On s'occupa, pour la forme, de cette affaire difficile à régler : on ne décida rien. Baco, à son retour, dirigea l'Opéra pendant quelque temps; chargé ensuite d'une mission à la Guadeloupe, il s'en acquitta sans obstacle, et mourut à la Basse-Terre, en 1801.

BACON, simple cultivateur du département du Pas-de-Calais, fit partie de l'assemblée électorale de ce département, et fut député au conseil des anciens. Éliminé le 18 fructidor, il retourna dans ses foyers, où il se livra de nouveau à l'agriculture. Cet honnête homme, né dans une classe qui semblait devoir protéger les opinions les plus démocratiques, se montra modéré au sein d'une assemblée que tourmentait la violence révolutionnaire.

BACON, colonel du 63.me régiment d'infanterie de ligne, se signala en plusieurs rencontres, et particulièrement dans la première guerre d'Espagne. On le remarqua surtout à la prise de Bilbao et à celle de Saint-Ander, le 30 octobre et le 7 novembre 1798.

BACON (John), ajouta une illustration nouvelle à ce nom déjà si célèbre, en prenant un rang honorable parmi les statuaires de son pays. Il avait de la facilité dans le travail, et savait donner aux sujets qu'il traitait, une expression piquante et toujours neuve, qui formait le caractère particulier de son talent. Mais il ne s'était pas assez pénétré des grands modèles. Quand il employait l'allégorie, il tombait dans l'obscurité; ses groupes offraient de la confusion et de l'incohérence; ses draperies contournées, présentaient des ondulations bizarres, sans simplicité et sans grâce. Ses meilleures compositions furent des figures isolées : *Mars armé; la Grande-Bretagne lançant la foudre; un Orphelin abandonné; la Paix*. Les statues des personnages modernes, dont l'exécution lui fut confiée, ont essuyé de nombreuses critiques. On lui a reproché l'emploi ridicule des costumes modernes; et il faut avouer que son Henri VI en fraise, son Blackstone en perruque, et son Johnson en bas de soie, font un effet bizarre; mais ne voyons-nous pas les mêmes inconvenances déparer plusieurs monumens de Paris. Le mausolée de lord Chatam, à Westminster, a le grand défaut d'être une énigme compliquée; ceux d'Halifax et de Pearson, plus simples, sont plus estimables. Mais on doit rendre à Bacon la justice de dire qu'il a travaillé d'après les idées de Shéridan; et cet homme d'esprit est seul coupable de l'inintelligible prétention des divers sujets traités par l'artiste. Le monument d'Éliza Draper, mieux inspiré, est digne de celle dont le sort fut d'être aimée de trois hommes de génie; de recevoir de Sterne les lettres les plus tendres, d'être pleurée par Raynal, et célébrée par Diderot. Né en 1740, à Southwark, qui alors était un bourg voisin de Londres, et qui aujourd'hui en fait partie, John Bacon fut d'abord peintre sur porcelaine; il apprit à modeler, s'essaya en sculpture, et obtint, en 1766, le prix de la société d'encouragement. Il mérita encore, en 1768, le prix de l'académie royale. Sa réputation alla toujours en croissant : il remporta successivement neuf autres prix. On lui doit deux inventions utiles : les *statues de marbre artificiel*, et l'*instrument destiné à transporter sur le marbre les formes du modèle*, et suivant l'expression consacrée parmi les artistes, *à faire les points*. John Bacon, mort en 1799, était instruit; il a laissé des essais estimés, et quelques poésies, médiocres il est vrai, mais qui annoncent du goût. Ce sculpteur appartenait à cette secte enthousiaste, qui fait tous les jours de nouveaux progrès en Angleterre, le *Méthodisme*. Sa vie, écrite par Richard Cécil, méthodiste comme lui, est peu intéressante quoique exacte.

BACON DE LA CHEVALERIE, envoyé en mission à Saint-Domingue par la société des *Amis des noirs*, séant à l'hôtel de Massiac, et dont il était président, fut accusé, par Mirbeck, d'avoir entravé les mesures des commissaires du roi, et causé les malheurs de la colonie. Il n'avait fait que soutenir les intérêts de l'humanité : l'esprit public le protégea. Il vécut depuis tranquille et ignoré.

BACON-TACON (PIERRE-JEAN-JACQUES), né à Oyonnaz en Bugey (département de l'Ain) le 18 juillet 1738. Ayant fait un voyage en Russie, il eut part aux bienfaits que l'impératrice Catherine II accordait aux gens de lettres étrangers qui avaient l'honneur de lui être présentés, ou sur lesquels on appelait sa munificence. M. Bacon-Tacon demeura plusieurs années à Saint-Pétersbourg, et vint à Paris au commencement de la révolution. Son séjour dans sa patrie s'annonça sous de tristes et honteux auspices. D'abord accusé de falsification d'assignats, il fut ensuite convaincu d'avoir escroqué de l'argent en matière de conscription, et condamné à 600 francs d'amende et à trois mois de prison. Son temps expiré, le directoire exécutif le chargea en l'an 5 (1796) de remplir dans le département du Rhône une de ces missions secrètes, qui appellent le mépris sur celui qui les accepte, mais qui en même temps exigent de la part de cet individu de l'intelligence, de l'adresse, et un front d'airain : M. Bacon s'acquitta bien de sa mission, et fut à son retour à Paris attaché à la police secrète jusqu'au 18 brumaire, que le gouvernement consulaire mit fin à ses services, et lui ordonna en l'an 9 (1801) de s'éloigner de la capitale, où il ne reparut qu'en 1815. M. Bacon-Tacon a publié divers ouvrages : Son *Manuel du jeune officier*, 1782, a été réimprimé plusieurs fois. On connaît aussi de lui : un *Manuel militaire*, 1789; plusieurs ouvrages sur l'*équitation*, sur les *assignats*, sur les *circonstances*; une *Histoire numismatique ancienne et moderne*, publiée à l'occasion de l'émission des assignats; une *Opinion sur le traité de Campo-Formio*, 1798; des *Recherches sur les antiquités celtiques*, où M. Bacon-Tacon rapporte tout au Bugey, pays où il est né (il y a deux éditions de ce livre), et quelques ouvrages anonymes. Ce qu'il a publié de mieux écrit, est, sans aucun doute, le *Discours sur les mœurs*, 3 vol. in-8°. Malheureusement cet ouvrage, qui porte le nom de Bacon-Tacon, appartient à l'avocat-général Servan, et n'est qu'une réimpression frauduleuse: c'est peut-être pousser un peu loin la piraterie littéraire.

BACOT (Claude-Réné), fils d'un commerçant de Tours, est né dans cette ville, vers 1780. Il reçut une bonne éducation, et voyagea en Allemagne et en Italie pour y étudier les mœurs, les usages et les arts. A son retour en France, il fut nommé auditeur au conseil-d'état, puis sous-préfet à Tours. A l'époque de la restauration, il continua d'exercer ces fonctions; mais, en mars 1815, quand Napoléon revint de l'île d'Elbe, M. Bacot, prétextant une maladie, obtint un congé pour aller prendre les eaux, et se rendit secrètement à Paris. Cette maladie se trouvant parfaitement guérie à la rentrée du roi, M. Bacot fut nommé préfet de Loir-et-Cher. Bientôt après, au mois d'août de la même année, les électeurs d'Indre-et-Loire le députèrent à cette chambre de 1815, qui s'est rendue si malheureusement célèbre; il y vota constamment, avec la majorité, toutes les mesures anti-libérales. On a remarqué néanmoins qu'il avait eu la prudence de ne jamais monter à la tribune pour porter la parole. En janvier suivant, il a été nommé préfet d'Indre-et-Loire, et trois mois après, en mai 1816, le roi a signé son contrat de mariage, et l'a fait en même temps baron.

BACOT (César), frère puîné du précédent, remplissait depuis long-temps les fonctions de major dans la garde impériale, à l'époque de la restauration. Il perdit alors son emploi, et devint, après le retour de Napoléon, commandant des côtes maritimes de Dieppe et d'Abbeville. Lorsque le duc de Castries voulut s'enfermer dans la place de Dieppe pour la conserver au roi, M. Bacot, qui, en prenant le commandement des côtes, avait répondu de toutes les places, ne crut pas devoir y consentir. Le 17 avril 1815, à l'installation du sous-préfet de Dieppe, le major Bacot, chargé de complimenter ce fonctionnaire public, au nom des autorités civiles et militaires, demanda, aussi en leur nom, que le drapeau tricolore fût rétabli sur la tour de Saint-Jacques; ce qui s'exécuta aussitôt. Après la rentrée du roi, M. Bacot n'a plus été employé.

BADEN-ZOEHRINGEN (Charles-Louis-Frédéric, grand-duc de Bade), né le 8 juin 1786, à Carlsruhe. En avril 1806, il se maria à Stéphanie-Louise-Adrienne Tascher de la Pagerie, fille adoptive de Napoléon, et cousine de l'impératrice Joséphine. Quelques mois après son mariage, il quitta sa femme pour suivre, à la tête des troupes badoises, l'empereur Napoléon, dans la campagne de Prusse. Il se battit à Iéna, fit la campagne de Pologne, et servit au siége de Dantzick, où il perdit beaucoup de monde. Son grand-père, Charles-Frédéric, devenu grand-duc par l'acte de la confédération du Rhin du 12 juillet 1806, le nomma général d'infanterie, et chancelier de l'ordre du mérite-militaire. Après la paix de Tilsitt, il se rendit à Paris pour y assister aux fêtes brillantes qui eurent lieu au 15 août, et ensuite au mariage de Jérôme Bonaparte avec la princesse Frédérique-Catherine, fille du roi de Wurtemberg. Peu de temps après la campagne d'Autriche de 1809, la mort de son aïeul le rendit grand-duc de Bade. Il résolut alors de ne plus quitter ses états, et confia le commandement de ses troupes à son oncle, le comte de Hochberg. Celui-ci fit la campagne de Russie avec le corps auxiliaire badois, qui éprouva, ainsi que toute l'armée, des pertes considérables; mais le grand-duc voyant que la fortune abandonnait Napoléon, fit avec les puissances étrangères un traité secret, par lequel il s'assurait la possession des pays que l'alliance et la protection de la France avaient fait acquérir au grand-duché de Bade. Il réunit alors ses troupes à l'armée commandée par le prince de Schwarzemberg, et publia en même temps une proclamation dans laquelle il annonçait que le bonheur de son peuple ayant toujours été le but auquel il tendait, l'espérance que la paix, en maintenant l'intégrité de ses états, viendrait mettre un terme à ses maux, l'avait engagé à remplir avec exactitude les obligations contractées envers la France; que les victoires remportées par les armées alliées sur cette puissance, l'avaient d'abord porté pour le bien-être de ses états, à solliciter une neutralité qui lui avait été refusée; qu'il se trouvait, en conséquence, contraint de réunir ses efforts à ceux des puissances alliées; que le voisinage de la France exigeait de ses sujets de plus grands sacrifices que de ceux des autres nations; qu'enfin, ils devaient faire tout leur possible pour parvenir à une paix générale, qui rendrait à ses états une prospérité dont ils étaient depuis long-temps privés. Il alla, en 1814, au congrès de Vienne pour y faire confirmer les nouveaux titres de possession qu'il avait acquis, et obtint, en indemnité des cessions qu'il fit à la Bavière et au Wurtemberg, le pays de Deux-Ponts, quelques autres districts situés sur la rive gauche du Rhin, plusieurs autres dans le pays de Darmstadt, les droits régaliens sur Mayence, et une population de 326,000 habitans. Lorsqu'en 1815 Napoléon rentra en France, le grand-duc consentit à tous les traités de la coalition, et en fit un particulier avec l'Angleterre, pour l'entretien de 16,000 hommes. Ces troupes ne pénétrèrent en France que dans le mois de juillet, mais elles eurent le temps de dévaster le territoire: ce fut toute leur campagne. Après la bataille de Waterloo, lord Wellington, sans doute d'après le protocole de la coalition, reçut du grand-duc de Bade le grand-cordon de l'ordre de la Fidélité, avec une boîte ornée de son portrait, et enrichie de diamans. Le 29 août 1818, ce prince eut le bon esprit de consolider son pouvoir, en accordant à son pays une constitution, établie sur les mêmes bases que celle de Wurtemberg. La même année, le 8 décembre, il mourut à 32 ans, après une maladie lente et douloureuse, dont les symptômes avaient paru affecter sa première jeunesse. Il a pour successeur son oncle le margrave Louis, veuf, sans enfans, mais dont l'héritage à la souveraineté du grand-duché, a été dévolu, au congrès d'Aix-la-Chapelle, par la protection spéciale de l'empereur Alexandre, aux comtes de Hochberg, fils du feu margrave Charles-Frédéric, père du grand-duc régnant. Il y a peu de maisons souveraines aussi anciennes et aussi illustrées que la maison de Bade. Le feu grand-duc, dont nous traçons la notice, était frère de six princesses, dont l'aînée est impératrice de Russie, et la seconde reine de Bavière; la troisième le fut de Suède; la quatrième est grande-duchesse de Hesse-Darmstadt. Le grand-duc a laissé deux filles de son mariage avec la princesse Stéphanie Napoléon. Il en avait eu deux fils, dont la mort laisserait la souveraineté de Bade sans héritiers, après le grand-duc actuel, si les comtes de Hochberg n'avaient été reconnus membres de la famille ducale. La grande-duchesse douairière, livrée tout entière à l'éducation des jeunes princesses, leur inspire ces vertus douces et ces sentimens généreux, qui la rendront chère à jamais à ses anciens sujets.

BADEN (JACQUES), célèbre littérateur danois, naquit en 1735, à Vordingborg, dans la Sélande, île de la mer Baltique. Ses parens n'ayant point de fortune, il eut recours, pour perfectionner son éducation, aux *stipendia* ou bourses de l'université de Copenhague, qui lui procurèrent les moyens de voyager en Allemagne. A Gœttingue, il fut bien accueilli par le célèbre professeur Heyne, qui l'engagea à y séjourner pendant quelques années. En 1760, Baden étant revenu à Copenhague, y fit un cours de belles-lettres, en danois; ce qui n'avait jamais eu lieu dans cette langue. Après avoir rempli successivement plusieurs fonctions dans l'instruction publique, il fut appelé à l'académie des belles-lettres, en 1767. Treize ans plus tard, en 1780, Baden fut nommé professeur d'éloquence à l'université de Copenhague, et il mérita l'estime générale dans l'exercice de cette place. Voici la note de ses ouvrages : 1° *Journal critique,* depuis 1768 jusqu'en 1779. Dans cet écrit périodique, vraiment utile, l'auteur eut le bon esprit de donner de sages conseils aux écrivains dont il censurait les fautes, et surtout de ne jamais franchir les bornes que la décence impose aux critiques. 2° *Journal de l'université,* pendant les années 1793 à 1799. Bien que l'auteur fut toujours animé des mêmes principes, ce nouveau journal n'eut point le succès du premier : on lui en préféra d'autres, qui étaient écrits d'un stile plus piquant. 3° Plusieurs *Grammaires* pour les langues grecque, latine, allemande et danoise, avec des *Chrestomathies* ou choix de morceaux à traduire, extraits des meilleurs auteurs dans ces diverses langues : la manière dont ces ouvrages élémentaires sont exécutés les a rendus fort utiles. 4° *Dictionnaires latin-danois* et *danois-latin*, 1786, 4 vol. in-8°. L'excellente méthode qui a présidé à ces dictionnaires, fort estimés, fait regretter qu'ils ne soient pas plus complets. 5° *Les Annales de Tacite, traduites en danois,* 1773 à 1778, 2 vol. C'est une des meilleures traductions qui existent dans cette langue. 6° *Les OEuvres d'Horace, traduites en danois,* avec le texte en regard, et un commentaire, 1791, 2 vol. Cette traduction, écrite en prose, est bien inférieure à celle de Tacite ; mais ce défaut doit être imputé en partie à la langue danoise, qui se prête mieux à rendre la mâle austérité de l'historien de Néron, que le piquant et gracieux abandon de l'ami de Mécène, de l'amant de Lydie et de Lalagé. Au reste, on a reconnu généralement le mérite des notes du traducteur. 7° *La Cyropédie de Xénophon, traduite en danois,* 1766. Cette traduction est plus estimée que celle d'Horace. 8° *Les Institutions de Quintilien,* liv. x et xi, traduites en danois. Cette excellente traduction a été mise en parallèle avec celle de Tacite. 9° *Opuscula latina,* 1 vol. Philologue savant, l'auteur, qui écrivait bien en latin, a traité dans ces opuscules, avec beaucoup de talent, divers objets qui étaient du ressort de ses connaissances particulières. Baden mourut, en 1804, dans la 70ᵐᵉ année de son âge. Sa vie a été publiée par M. Nycrup, comme lui, professeur très-distingué.

BADEN (Charles, baron de), général autrichien, fut nommé, en 1815, gouverneur des départemens français de la Côte-d'Or, de la Haute-Marne et de la Haute-Saône. Il publia aussitôt une proclamation par laquelle il invitait les *bons citoyens* à l'aider de leurs lumières, afin d'adoucir les calamités suscitées par la guerre, et *menaçait* en même temps de punir les *fédérés* qui ne s'empresseraient pas de rentrer dans leurs foyers. Du reste, M. le baron de Baden administra ces départemens avec assez de modération, et dès qu'il en eut reçu l'ordre, il se hâta de déposer l'autorité qui lui avait été confiée, et en donna sur-le-champ l'avis à MM. les préfets.

BADENY (de), chambellan polonais ; ami de la liberté et de l'indépendance de son pays, il manifesta d'une manière éclatante son attachement à la constitution que la diète avait donnée à la Pologne en 1791. Le 1ᵉʳ janvier de l'année suivante, une cérémonie religieuse fut célébrée avec beaucoup de pompe, à l'occasion de la mise en activité de cette nouvelle constitution. Badeny, qui assistait à l'office divin, avec un grand concours de peuple, s'avança auprès de l'autel, et d'une voix mâle et assurée, il parla ainsi à la multitude : « Polonais, jurons devant » l'autel du Tout-Puissant, d'être » fidèles au système du 3 mai 1791, » et de le défendre de toutes nos » forces ». Cette allocution énergique et inattendue produisit la plus vive impression sur l'assemblée, qui répéta aussitôt le serment avec enthousiasme, aux cris mille fois répétés de *Vive le roi Stanislas Auguste! vivent les illustres États! vive la nation!* l'assemblée se sépara ensuite au milieu des acclamations et des applaudissemens de tout le peuple.

BADIA-Y-LEBLICH (Domingo) dit Ali-Bey, connu aussi sous le nom de *Castillo*, savant espagnol, naquit en 1766. Il perfectionna son éducation dans les cours de l'université de Valence, et étudia avec ardeur la langue arabe, et les usages musulmans, au point de passer pour un vrai et fidèle sectaire de Mahomet. En 1802, il voulut mettre à profit ces connaissances, pour se procurer une existence aisée, au lieu de l'état de gêne où il se trouvait réduit. Il sollicita en conséquence du prince de la Paix, premier ministre de Charles IV, l'autorisation d'entreprendre un voyage en Afrique et en Asie, dont les résultats seraient avantageux pour l'Espagne. Il pensa que pour inspirer plus de confiance aux mahométans, chez lesquels il se proposait de voyager, il devait se présenter parmi eux comme s'il était musulman lui-même. Après avoir obtenu du gouvernement espagnol une pension viagère de trois mille francs pour sa femme et sa fille, il se rendit en Angleterre pour y prendre des notions indispensables au voyage qu'il méditait. Il resta à Londres, sans que le gouvernement anglais pût rien soupçonner de ses desseins; ce fut là qu'il se fit circoncire, afin que dans quelque situation où il se trouvât chez les mahométans, on ne pût suspecter sa foi. Ce fut de Londres aussi qu'il partit pour l'Afrique, avec des lettres de crédit pour une somme d'environ 3,000,000. Il débarqua en Afrique sous le nom d'Ali-Bey, prince de la race des Abbassides, et étala tout le luxe asiatique. Dans les états du roi de Maroc, il fut d'abord soupçonné d'avoir usurpé un nom et une qualification qui ne lui appartenaient point; mais il parvint à dissiper tous les doutes, en produisant des titres écrits en ancien arabe, avec les caractères alors en usage, et revêtus de signatures et de sceaux qui parurent authentiques; enfin la grande facilité qu'avait Badia pour s'exprimer en langue arabe, ne contribua pas peu à le faire reconnaître comme fils d'Ottoman-Bey, prince des Abbassides. Avec cette qualité empruntée, il fut bien accueilli successivement par l'empereur de Maroc, le pacha de Tripoli, les beys du Caire, le chérif de la Mecque, et le pacha d'Acre. Il obtint même ce qu'on n'accorde qu'à un petit nombre de croyans, la faculté de pénétrer dans des lieux dont l'accès est absolument interdit aux *infidèles*, et il observa avec une avide curiosité les cérémonies les plus mystérieuses de l'islamisme. Badia ayant à peu près rempli l'objet de son voyage, repassa en Europe par Constantinople, et ce ne fut qu'à Munich, qu'il apprit l'abdication de Charles IV, et tous les changemens politiques survenus dans sa patrie. Il était arrivé en mahométan dans la capitale de la Bavière; il en sortit en espagnol, se rasa la barbe, quitta le turban, et se rendit à

Bayonne, où il donna connaissance à Napoléon de la mission que lui avait confiée Charles IV. Badia demanda à son nouveau maître 20,000 hommes pour faire la conquête des régences barbaresques. On prétend qu'il y eut discussion pour la souveraineté de ces états. Quoi qu'il en soit, cette proposition n'eut d'autre suite que la nomination de Badia à une préfecture en Espagne. Joseph Bonaparte le fit d'abord intendant de Ségovie, en 1809, puis préfet de Cordoue, en 1810, fonction qu'il continua d'exercer jusqu'à l'évacuation de la péninsule par les Français. Il se réfugia alors en France, et vint habiter Paris, où sa fille épousa, en 1815, Delile-de-Salles, membre de l'institut. L'année précédente, Badia avait fait paraître son important ouvrage sous ce titre : *Voyages d'Ali-Bey, en Asie et en Afrique, pendant les années 1803 à 1807*, précédés d'une lettre au roi de France; Paris, 1814, 3 vol. in-8°, avec un atlas composé de 89 vues, plans et cartes géographiques. Outre des conjectures fort ingénieuses sur l'Atlantide, et d'autres plus probables sur l'existence d'une mer dans l'intérieur de l'Afrique, ce voyage présente des particularités très-curieuses. Nous citerons particulièrement des détails pleins d'intérêt sur l'île de Chypre, sur le pèlerinage de la Mecque, sur le temple de Kaaba ou maison de Dieu, sur les Wehhabis, sur les vains efforts que fit Badia pour parvenir à Médine, sur son voyage à Jérusalem, où il visita le temple dont l'entrée est interdite aux chrétiens, enfin sur Damas et sur Constantinople. A la fin de 1818, Badia enhardi par le succès de ses voyages dans l'Orient, ne put résister au désir d'en entreprendre un nouveau dans la Syrie. Il emprunta cette fois le nom de *Hali-Othman;* mais cette dernière tentative, loin de lui réussir, lui fut funeste; il mourut subitement en 1819. Le pacha de Damas ayant fait saisir et enlever ses effets, ses papiers et tout ce qui appartenait à cet infortuné, on a eu lieu de soupçonner que la mort de Badia pouvait bien n'avoir pas été naturelle. Si cette mort n'est point le résultat de la cupidité du pacha, peut-être les musulmans informés du déguisement nouveau de Badia, ont-ils voulu le punir d'une curiosité qu'ils ne pardonnent pas aux *infidèles*.

BADOUVILLE (Pierre), naquit à Pressy-le-Sec, dans le département de l'Yonne. Il s'engagea en 1792, et obtint un avancement rapide. Il sut, dans les campagnes sur le Rhin, se faire remarquer du général en chef Pichegru, qui se l'attacha en qualité d'aide-de-camp, le fit nommer adjudant-général, et lui accorda une telle confiance, que, par la suite, il n'employa que lui pour traiter avec le prince de Condé et l'ambassadeur anglais Wickam. La prise des équipages de M. de Klinglin, ex-général français au service de l'Autriche, et agent du prince de Condé, fit découvrir cette intrigue. Le nom de *Coco*, par lequel on désignait Badouville dans la correspondance du général, inquiéta singulièrement la police; on ne savait à qui il se rapportait. Le rôle de niais auquel sa figure convenait assez, et qu'il savait d'ailleurs remplir parfaitement, sauva l'adroit Badouville dans cette circonstance; arrêté et mis au Temple à la suite du 18 fructidor (4 septembre 1797), il subit différens interrogatoires, pendant lesquels il ne répondit, à toutes les questions qui lui furent faites, que ces mots : *Je ne suis pas Coco; qu'est-ce que Coco? Je ne connais pas Coco.* Il échappa ainsi à la déportation, à laquelle Pichegru et ceux qui servaient la même cause furent condamnés. Badouville fut renvoyé; cependant arrêté de nouveau, quelques mois après, il fut conduit à Strasbourg pour y être jugé par la commission militaire qui devait prononcer sur l'accusation d'espionnage et de trahison intentée contre les agens de Pichegru. Ce tribunal, n'ayant pu obtenir d'eux aucun aveu, les acquitta tous ensemble. Badouville fut mis en liberté en nivôse an 8 (janvier 1800). Il sollicita ensuite du service, qu'il obtint en 1803, mais non dans le grade qu'il occupait; nommé chef d'escadron, il se rendit en cette qualité à sa destination, où il resta peu; instruit que Pichegru était à Paris, il se hâta de le rejoindre, et fut arrêté avec lui, mais il eut encore le bonheur qu'on ne put trouver aucun indice de sa participation aux projets de Pichegru. Après l'issue du procès de ce général, Badouville fut mis en liberté; il eut ordre cependant de se tenir éloigné à quarante lieues de la capitale.

BAECK (ABRAHAM), président du conseil de médecine de Stockholm, chevalier de l'Étoile-Polaire, etc., naquit en Suède, en 1713. Son amour pour l'humanité, et ses travaux assidus, qui lui firent acquérir de hautes connaissances en médecine, ne tardèrent pas à lui mériter une réputation digne de ses talens. Il avait été lié intimement avec le célèbre Linné, et personne plus que lui n'était capable de faire son éloge : il en fut chargé par l'académie des sciences de Stockholm, dont il était membre, ainsi que de celui d'Olaüs Celsius. Baeck est mort en 1795. On trouve dans les *Mémoires de l'Académie de Suède*, des dissertations dont voici la note : 1° sur la couleur des nègres; 2° sur un narwal qui, avec sa corne, avait traversé la carène d'un vaisseau; 3° sur une plante du Brésil, appelée *vichurim;* 4° sur le genet à balai. Il existe encore de lui une traduction en latin du discours de Linné intitulé : *Oratio de memorabilibus insectis.* Ce savant naturaliste a dédié à Baeck un genre de plante de la famille des salicaires, auquel il a donné le nom de *Baeckea*.

BAËR (FRÉDÉRIC-CHARLES), littérateur et professeur de théologie, naquit à Strasbourg, le 15 novembre 1719. Après avoir, pendant quelques années, rempli les fonctions d'aumônier de la chapelle royale de Suède à Paris, il obtint, par son savoir, la chaire de professeur de théologie à l'université de Strasbourg, et fut nommé associé correspondant de l'académie royale des sciences de Paris. Les ouvrages qu'il a fait paraître sont : 1° *Oraison funèbre du maréchal de Saxe,* prononcée à

Paris, 1751, in-4°; 2° *Essai sur les apparitions*, traduit de l'allemand de Meyer. On trouve ce traité dans le *Recueil de dissertations sur les apparitions*, que l'abbé Lenglet Dufresnoy donna à Paris en 1751; 3° *Lettre sur l'origine de l'imprimerie*, Strasbourg (Paris), 1761, in-8°. L'auteur y réfute les *Observations critiques* de Fournier jeune, relatives aux *Vindiciæ typographicæ* de Schœpflin. Mais l'histoire et la pratique de l'imprimerie n'étaient pas assez familières au défenseur de Schœpflin, ainsi que Fournier le démontra dans des *Remarques* qu'il publia, la même année, sur cette lettre. 4° *Essai historique et critique sur les Atlantiques*, Paris, 1762, in-8°. Cette dissertation a pour objet d'établir une identité assez vraisemblable entre les Atlantides de Platon et les Juifs de Moïse. 5° *Dissertation philologique et critique sur le vœu de Jephté*, Strasbourg (Paris), 1765, in-8°. L'auteur y prétend que le juge-commandant des Hébreux n'immola point sa fille, comme on a pu le croire, d'après le texte même de la Bible; mais que cette vierge innocente, au lieu d'être livrée à un sacrifice sanglant, fut consacrée au service des autels. Cette dissertation a été reproduite par l'éditeur du Dictionnaire abrégé de la Bible, M. l'abbé Sicard. 6° *Oraison funèbre de Louis XV*, prononcée à Paris, 1774, in-4°; 7° *Sermon sur les devoirs des sujets envers leur souverain*, composé en allemand, et traduit en français par l'auteur lui-même, Genève et Paris, 1775, in-4°. 8° *Recherches sur les maladies épizootiques, sur la manière de les traiter*, etc., traduit du suédois en français, Paris, 1776, in-8°. 9° *Recueil de cantiques*, en allemand, Strasbourg, 1777, in-8°; 10° *plusieurs Mémoires*, insérés parmi ceux de l'académie des inscriptions et belles-lettres. 11° Enfin, Baër a laissé en manuscrit une bonne traduction française d'un livre allemand fort estimé, sur les *Vérités de la religion*, par l'abbé Jérusalem, président du consistoire à Munich. Cette traduction est jugée bien supérieure à une autre qui l'avait précédée long-temps auparavant. L'abbé Baër, qui s'était retiré à Strasbourg, vers 1784, y mourut le 23 avril 1797, dans la 78ᵐᵉ année de son âge.

BAERT (Charles-Alexandre-Barthélemy-François de); il parcourut l'Angleterre en 1787 et 1788, passa de là en Espagne, et revint, en 1789, à Saint-Omer, où il était né. Il s'occupait uniquement de littérature, lorsque la révolution vint l'arracher à ses paisibles travaux. La modération avec laquelle il en embrassa les principes le fit nommer, en 1791, député à l'assemblée législative. Fidèle à l'opinion qu'il avait manifestée, il se montra autant l'ennemi de l'anarchie que le partisan d'une sage liberté. Le 21 octobre, il proposa de faire constater la naissance et le décès des citoyens par des officiers civils, et d'établir la liberté des cultes. Le 20 avril 1792, il vota contre le décret qui déclarait la guerre au roi de Bohême et de Hongrie. Lors des événemens du 20 juin, il était auprès de la personne de

Louis XVI. Cherchant à rassurer S. M. sur les craintes que lui inspirait une multitude furieuse, il essayait de lui persuader que l'assemblée maintiendrait ses droits : le prince répondit à M. de Baert, en lui montrant la populace armée : « Je le crois; mais vous, » qui avez voyagé, que pensez- » vous que les étrangers diront de » nous ? » M. de Baert avait constamment voté avec la minorité; il avait même essayé de rédiger un journal intitulé l'*Indicateur*, dans lequel il s'efforçait de faire prévaloir les idées de modération qui l'animaient. Après l'affaire du 10 août, ce député, inquiet de l'effervescence qui allait toujours croissant, et voulant s'y soustraire en quittant momentanément sa patrie, se retira à Saint-Omer, où il ne resta que le temps nécessaire pour les préparatifs de son voyage, et s'embarqua pour l'Amérique. Rentré en France après la révolution du 18 brumaire, il publia un ouvrage intitulé : *Tableau de la Grande-Bretagne, de l'Irlande, et des possessions anglaises dans les quatre parties du monde*, 4 vol. in-8, avec figures et cartes, Paris, 1800. Cet ouvrage, généralement estimé, même des critiques anglais, prouve les talens et les lumières de l'auteur, et sa connaissance parfaite des pays dont il parle. M. de Baert a épousé la petite-fille de M. de Malesherbes, Mlle de Montboissier. En août 1815, son mérite et la sagesse de ses opinions le firent nommer par le département du Loiret, à la chambre des députés, où, comme en 1791, il se montra opposé à une majorité avide de privilèges et de vengeances.

BAFFA ou BAFFI, célèbre helléniste napolitain, s'était fait un nom par ses talens littéraires, et surtout par ses connaissances dans la littérature grecque. Lorsqu'en 1799, les troupes françaises pénétrèrent dans le royaume de Naples, leur présence donna lieu à une révolution, à la suite de laquelle on établit un nouveau gouvernement. Baffa, qui par son caractère et par ses lumières jouissait de l'estime générale, fut appelé à des fonctions publiques, qu'il ne dut pas refuser. L'estime qu'on lui portait causa sa perte. Le roi de Naples, qui s'était réfugié en Sicile, étant rentré cette année même dans sa capitale, que les Français venaient d'évacuer, Baffa, accusé d'avoir pris part à la révolution, fut traduit devant une commission royale, qui le condamna à mort. Les nombreuses réclamations que firent en sa faveur ses concitoyens les plus distingués, l'intérêt même que la société avait de conserver un homme de ce mérite, ne purent le soustraire à la rigueur de son sort. On ne voulut point considérer qu'il y a une grande différence entre prendre part à un complot qui amène la ruine du gouvernement établi, et prendre part à un nouvel ordre de choses, succédant au gouvernement qui déserte; que la fuite secrète et inopinée du roi, ayant laissé Naples dans l'anarchie, les citoyens avaient été obligés de chercher leur conservation dans une organisation nouvelle. La commission royale fut implacable, et ne se borna pas à sacrifier le seul Baffi.

Quiconque avait accepté des fonctions dans le gouvernement républicain fut condamné ; et Naples, dans cette cruelle réaction, eut à pleurer la mort de ses plus illustres citoyens ; tels que le célèbre Filangieri, père du général à qui le royaume de Naples doit en partie son heureuse révolution ; tels que l'amiral Caraccioli, patriote aussi dévoué que militaire distingué, qui fut pendu aux vergues même du principal vaisseau de la flotte qu'il avait commandée ; tels que l'habile et docte Cerillo, médecin, dont tous les intérêts de l'humanité sollicitaient la grâce, qu'à la vérité il dédaigna de demander. Les Napolitains parlent toujours du *famoso novanta nove*, ce qui veut dire, pour eux, l'exécrable époque de 1799.

BAGDELONE, général de division. Il s'empara, le 4 avril 1793, de 20 bouches à feu dans les postes inexpugnables du mont Valsain, du mont Saint-Bernard et de la Tuile, étant alors employé à l'armée des Alpes. Le 20 juin, il se distingua de nouveau par la prise du petit Saint-Bernard. Il mourut en juin 1795 (prairial an 3), par suite des fatigues de la guerre. La carrière de l'honneur n'avait pas été, pour ce général, celle de la fortune ; il laissa sa veuve dans le plus grand besoin. Elle n'échappa à la misère qu'en obtenant une pension qu'elle dut à la protection du député Dupont, en 1799.

BAGE (Robert), écrivain anglais, a composé des romans, et a mérité dans ce genre de littérature une certaine réputation. Né, en 1728, à Darley, village du comté de Derby, en Angleterre, il remplaça son père qui dirigeait une papeterie. Mais bientôt, cette profession lui inspirant de la répugnance, il fit quelques romans, et, séduit par leur succès, continua de cultiver ce genre facile pour la médiocrité, difficile pour les imitateurs heureux des Edgeworth et des Richardson. Bage, sans se placer au premier rang des romanciers d'un pays où l'illusion, bannie de la vie ordinaire, se réfugie avec tant de succès dans les créations de l'esprit, sut répandre dans ses ouvrages de l'intérêt, par la vérité des caractères, par la peinture délicate des mœurs, et se faire pardonner ainsi un style sans grâce, sans originalité, et quelquefois sans naturel. La plupart de ses romans ont été traduits en français. On distingue parmi ces productions, *l'Homme tel qu'il est* ; *l'Homme tel qu'il n'est pas* ; *James Wallace* ; *le mont Hennet* ; mais surtout *Barham Downs*, où l'on trouve une sensibilité vive et un art assez remarquable dans le développement des passions. Bage est mort en 1801.

BAGET (J), né, en 1743, à Romagne, département de la Haute-Garonne, entré au service dans la cavalerie, en 1759, fit avec distinction les campagnes de cette époque en Allemagne. Il était capitaine, lorsque la révolution éclata. En 1792, il devint successivement chef d'escadron de carabiniers, et chef de brigade dans la même arme. Il fut blessé à la bataille d'Arlon, en 1793, dans une charge à la tête des carabiniers. Nommé général de brigade, à la suite de cette affaire, il commanda, pendant tout le temps de la campagne, la cavalerie d'avantgarde de l'armée de la Moselle ; il la conduisit souvent à la victoire dans la conquête du Palatinat, et se distingua surtout à la bataille de Vissembourg et au déblocus de Landau. Le général Baget, admis au traitement de réforme, fut employé de nouveau comme inspecteur-général des remontes, puis comme commandant du département du Gers. Sous le gouvernement impérial, il fut nommé commandant de la légion-d'honneur.

BAGOT (Louis), fils de lord Bagot, étudia à Westminster, et au collége du Christ, à Oxford, et obtint, en 1784, l'évêché de Bristol. Nommé ensuite aux évêchés de Norwich et de Saint-Asaph, il mourut à Londres en 1802. Évêque tolérant et éloquent théologien, ses *Sermons sur les prophéties* méritent d'être distingués dans le grand nombre de sermons que l'Angleterre a vus éclore dans ces derniers temps. Sa *Lettre au docteur Bell sur le sacrement de l'Eucharistie* est toute dogmatique, et, par la profondeur abstruse de ses raisonnemens, elle est au-dessus de la portée du vulgaire des croyans.

BAGRATION (LE PRINCE), général russe issu d'une famille géorgienne, entra de bonne heure dans la carrière des armes ; il fit, en Pologne, les campagnes de 1793 et 1794, et commença dès lors à donner les brillantes espérances qu'il a réalisées depuis. En 1799, il fit la campagne d'Italie sous les ordres du maréchal Souvarow ; élève de ce célèbre capitaine, il mérita plus d'une fois d'être appelé par lui *son bras droit*. Aux batailles de l'Adda, de la Trébia et de Novi, Souvarow lui confia les postes les plus importans. En 1805, il faisait partie du corps d'armée que le général Koutouzof était chargé de conduire au secours des Autrichiens. Koutouzof s'avançait pour faire sa jonction avec l'armée autrichienne, lorsqu'il apprit que le génie de Napoléon l'avait anéantie à Ulm; Mack et ses soldats étaient prisonniers ; la retraite devenait difficile devant une armée française dont les succès inouïs doublaient la force. Ce fut à Bagration que le général Koutouzof confia le soin de protéger la retraite; il s'en acquitta en habile capitaine. Enveloppé à Hollabrun, il parvint à s'ouvrir un passage à travers l'armée française, et dans toute cette retraite qu'il était chargé de couvrir, le corps russe qu'il commandait, affaibli par elle, ne fut jamais désorganisé. Bagration ne se distingua pas moins dans les campagnes de 1806 et 1807 en Prusse; il commanda un corps d'armée dans la campagne de Finlande, et il accrut encore sa réputation. En 1808, il se préparait pour une expédition inouïe dans les annales militaires; il devait traverser le golfe de Bothnie par les îles d'Aland, pour aller porter la guerre jusque dans Stockholm; déjà son avant-garde, sous les ordres du brave général Koulnef, avait effectué cet audacieux passage, lorsque la paix de Fridrichsham, par laquelle toute la Finlande, les îles d'Aland et Tornis, tombaient sous le sceptre de la

Russie, vint interrompre l'expédition. En 1812, l'empereur confia au général Bagration le commandement de la seconde armée. Dès le commencement de la campagne, pressé par les corps du roi de Westphalie et du maréchal Davoust, défendant pied à pied le territoire russe, il parvint à effectuer, sous les murs de Smolensk, sa jonction avec la première armée. A la bataille de la Moskowa, où les vaincus eux-mêmes se couvrirent de gloire, le général Bagration commandait l'aile gauche de l'armée russe, contre laquelle furent dirigés les plus terribles efforts de l'armée française. C'est à cette bataille que le prince Bagration donna les dernières preuves de son talent et de son courage. Il y fut blessé, et mourut quelques mois après des suites de ses blessures, emportant avec lui les regrets de sa patrie et la réputation d'un des plus habiles généraux de l'armée russe.

BAHRDT (CHARLES-FRÉDÉRIC), né à Bischoffs-Werda, dans la Haute-Saxe, le 15 août 1741. Bahrdt est moins célèbre par ses talens comme professeur de théologie, que par les persécutions que lui ont attirées ses opinions religieuses hétérodoxes, et son esprit inquiet et turbulent. Fils d'un ministre du saint évangile, il commença ses études dans la maison paternelle, et les acheva à l'université de Leipsick. Maître-ès-arts en 1761, il devint catéchiste en 1762, et, quelques années après, suppléa son père, professeur de philologie sacrée. Un talent remarquable pour la prédication, de l'instruction, de l'éloquence, faisaient concevoir de lui les espérances les plus favorables, lorsqu'une aventure scandaleuse, à laquelle donna lieu le déréglement de ses mœurs, le força de quitter Leipsick en 1768. Il se réfugia à Erfurt, où il fut nommé professeur d'antiquités bibliques. Ayant acheté, en 1769, le titre de docteur en théologie, pour donner plus de consistance à ses doctrines, il professa pendant quelque temps à Erlangen. De retour à Erfurt, il publia un *Essai dogmatique biblique*, et les *Vœux du patriote muet*, ouvrages qui lui attirèrent l'inimitié des théologiens, dont il attaquait les doctrines, et que la faculté de théologie de Wirtemberg condamna comme hérétiques. Les mêmes opinions religieuses, le même déréglement de mœurs qui l'avaient mis dans la nécessité de quitter Leipsick, l'obligèrent de s'éloigner de Giessen, où il enseignait la théologie; il passa à Marschlin, pays des Grisons, pour contribuer à la formation et à la direction d'un nouvel établissement d'instruction publique; mais l'inconstance de son caractère s'opposa à ce qu'il y restât plus d'une année. Il accepta les propositions qui lui furent faites de se fixer dans les états du prince de Linanges-Dachsbourg, avec l'emploi de surintendant-général et le titre de prédicateur de la cour; ces fonctions honorables ne satisfirent point son ambition; il sollicita et obtint, en 1777, le château inhabité de Heidesheim, près de Worms, afin d'y fonder un établissement d'éducation semblable à celui où il avait passé une année. Le défaut d'ordre, d'économie et de soins, ne permit pas à Bahrdt de soutenir cet établissement, dans lequel d'ailleurs il n'avait pu réunir des élèves en assez grand nombre, malgré les voyages qu'il avait faits en Hollande et en Angleterre pour s'en procurer. Les ennemis de Bahrdt, qui étaient nombreux et puissans, avaient profité de son absence et de la publication de son livre des *Nouvelles révélations, ou traduction du Nouveau Testament,* pour obtenir un décret impérial qui lui défendait d'exercer aucune fonction ecclésiastique jusqu'à ce qu'il eût fait une rétractation publique de ses erreurs. Bahrdt préféra se retirer en Prusse. Il se fixa dans une maison de campagne près de Halle en 1779, où il ouvrit des cours particuliers de philosophie, de rhétorique et de langues anciennes; mais, comme dans ses leçons et dans ses écrits il continuait à montrer peu de ménagemens pour le clergé, et une extrême hardiesse dans ses principes religieux, on l'accusa de tenir une école d'athéisme. On avait particulièrement remarqué qu'il rejetait les miracles, et qu'il n'enseignait pas même positivement l'immortalité de l'âme. Les ecclésiastiques le persécutèrent avec acharnement; il fut mis en prison en 1788. Une espèce de comédie, sous le titre d'*Édit de religion,* dans laquelle il ridiculisait l'édit de religion du roi de Prusse, et un pamphlet intitulé *l'Union allemande,* qui présentait un plan d'association religieuse et politique, fixèrent l'attention des théologiens et celle du gouvernement. Condamné, pour cette double publication, à deux années de détention dans la forteresse de Magdebourg, il ne resta détenu que pendant un an, le roi de Prusse ayant réduit de moitié la durée de la peine. C'est pendant cette privation de sa liberté qu'il composa *l'Histoire de sa vie, de ses opinions et de ses destinées.* Après sa détention, il se fixa de nouveau dans sa maison de campagne, près de Halle, et y vécut à peu près tranquillement jusqu'à sa mort, qui eut lieu le 24 avril 1792. Tous les ouvrages théologiques de Bahrdt « tendent à saper les fon-»demens de la révélation, et à é-»tablir un déisme pur, qui n'ait »pour appui que la seule raison.» Il a publié les ouvrages suivans, théologiques, moraux, littéraires ou polémiques : 1° *Recueil de sermons sur les vérités fondamentales de la religion,* 1764, in-8°, Leipsick; 2° *Essai d'un système de dogmatique biblique,* 1769 et 1770, 2 vol. in-8°, Erfurt et Gotha; 3° *Idées pour servir à l'explication et à la défense de la doctrine de notre Église,* 1771, in-8°, Riga; 4° *Appendice à cet ouvrage,* in-8°, 1773; 5° *Considérations sur la religion, pour les lecteurs pensans,* 1771, in-8°, Halle : cet ouvrage a été réimprimé sous le titre de *Considérations libres sur la religion de Jésus,* 1785, in-8°, Leipsick; 6° *Nouvelles révélations de Dieu, en lettres et en récits,* 4 vol. in-8°, 1773, Riga : deuxième édition de cet ouvrage, 1774 : troisième édition sous le titre de *Nouveau Testament,* 1783, Berlin; 7° *Profession de foi occasionée par un arrêt de la cour impériale,* 1779, in-8°, Berlin; 8° *Traduction de Tacite*, 1781, 2 vol., Halle; 9° *Satires de Juvénal* traduites en vers, in-8°, 1781, Dessau; 10° *Apologie de la raison, appuyée sur les principes de l'écriture*, 1781, in-8°, Zullichau; 11° *Institutiones logicæ*, 1782, in-8°, Halle; 12° *Institutiones metaphysicæ*, 1782, in-8°, Halle; 13° *Rhétorique à l'usage des prédicateurs*, in-8°, 1785 et 1792; 14° *Exposé complet des dogmes de la religion, fondé sur la doctrine pure et sans mélange de Jésus*, 1787, in-8°, Berlin; 15° *de la liberté de la presse et de ses limites*, 1787, in-8°, Zullichau; 16° *Histoire de la vie, etc.* (de Bahrdt), 1791, 4 vol. in-8°, Berlin; 17° *Catéchisme de la religion naturelle, etc.*, 1795, in-8°, Goërlitz; 18° *Bibliothéque de théologie universelle*, 1774 et 1795, 4 vol. in-8°, Mittau.

BAIGNOUX (Pierre-Philippe), était homme de loi à Tours. A l'époque de la révolution il devint administrateur du district de cette ville, et fut ensuite député de son département à l'assemblée législative. Il fit partie du comité des contributions, et parla souvent sur des objets relatifs à ses fonctions. Le 15 novembre 1791, il annonça qu'une église ayant été ouverte à Tours, pour les prêtres qui n'avaient point prêté serment, cette infraction avait excité une émeute dans la ville. A la fin du mois de mars 1792, il vota pour que le maximum de la contribution foncière fût fixé au sixième du revenu net. Le 14 mai, il fit décréter des fonds pour le paiement des rentiers de la ville de Paris. Le 6 du même mois il proposa et obtint la suppression du traitement d'un million pour les frères du roi, ainsi que le paiement de leurs créanciers en rentes viagères. Dans le courant de juillet il demanda qu'une somme de 3,000,000 fût appliquée aux besoins des villes menacées de siége. Le mois suivant, il provoqua la mise en accusation de Barnave et d'Alexandre Lameth, auxquels on reprochait de conspirer avec la cour, dans le dessein de détruire la liberté du peuple. Le 23 et le 24 août, il fit décréter le paiement des sommes réclamées pour les hôpitaux, les colléges, etc., ainsi que celui des gages dus aux cidevant pensionnaires de Louis XVI ou des princes, enrôlés comme volontaires. Le 1er septembre, il fit refuser des brevets d'invention aux auteurs d'établissemens pour des objets de finance. Rentré à Tours lorsque la convention remplaça l'assemblée législative, M. Baignoux y exerça d'abord les fonctions de magistrat de sûreté, puis celles de juge d'instruction.

BAILLEUL (Jacques-Charles), né le 12 décembre 1762, à Bretteville, arrondissement du Havre, département de la Seine-Inférieure, fils d'un cultivateur. Il a été membre des assemblées nationales pendant dix années, sans interruption. Avocat au parlement de Paris, lorsque la révolution éclata, les circonstances et la désorganisation des tribunaux le forcèrent, en 1790, de retourner dans son pays natal, où il exerça la profession d'avocat, d'abord à Montivilliers, puis au Havre. En 1792, il fut nommé l'un des juges de paix de cette dernière ville. Devenu électeur, au mois de septembre de la même année, il fut nommé, par l'assemblée électorale de son département, à la presque unanimité des voix, député à la convention nationale. Dans le procès de Louis XVI, il vota la réclusion, l'appel au peuple, et la déportation à la paix. Il fut l'un des soixante-treize membres de la convention proscrits au mois d'octobre 1793, pour avoir protesté contre la journée du 31 mai, dans laquelle l'inviolabilité de la représentation nationale reçut une forte atteinte, par la mise en accusation d'un certain nombre de membres de cette assemblée, signalés sous la dénomination de *Girondins*. Outre la protestation que M. Bailleul signa avec ses collègues, il en avait, peu de jours auparavant, fait et publié une, en son nom seul. Arrêté à Provins, il fut amené à Paris, avec les fers aux mains et aux pieds, que lui avait fait mettre Dubouchet, membre de la convention, en mission dans ces contrées pour organiser des comités révolutionnaires, et opérer des arrestations. M. Bailleul n'a tiré, dans la suite, d'autre vengeance de cet acte quelque peu révolutionnaire, que d'appeler Dubouchet son *maréchal ferrant*. Le comité de sûreté générale l'envoya à la Conciergerie, où il fut accueilli de la manière la plus affectueuse par Vergniaux, Ducos, en un mot, par les vingt-deux députés qui portèrent, peu de temps après, leur tête sur l'échafaud. Après ce déplorable événement, il fut cité deux fois devant le tribunal révolutionnaire; mais ayant réclamé auprès de la convention, un décret rendu sur la proposition de Danton, l'affaire fut renvoyée devant les comités de salut public et de sûreté générale réunis; elle n'eut pas d'autres suites. Transféré quelques mois après au Luxembourg, puis successivement dans d'autres prisons, il resta détenu pendant seize mois. Rentré au sein de la convention, il parla en faveur de ses collègues mis hors de la loi par suite du 31 mai, et demanda qu'ils fussent rappelés à leurs fonctions, ce qui eut lieu; il obtint aussi la mise en liberté du célèbre peintre David, membre de la convention, et emprisonné comme complice de Robespierre. Il monta à la tribune le 19 mars 1795, pour demander la cessation du régime provisoire; il rappela à l'ordre Lecointre de Versailles, qui faisait l'apologie du 31 mai, et demandait la mise en activité de la constitution de 1793. Élu membre du comité de sûreté générale, le 5 juillet suivant, il fit divers rapports, dans lesquels il s'attacha à signaler les conspirateurs, sous quelque masque qu'ils se montrassent; en même temps qu'il provoquait des mesures contre quelques terroristes, il faisait traduire Cormatin et plusieurs autres chefs vendéens devant un tribunal militaire. Après le 13 vendémiaire, il fut réélu membre du conseil des cinq cents par son département, et par vingt-trois ou vingt-quatre autres départemens; une troisième élection, qui eut lieu en l'an 6, le maintint dans les mêmes fonctions, qu'il a remplies jusqu'à la dissolution des conseils. Il fit accorder, en l'an 4, une pension de 2,000 francs aux veuves et enfans de Pétion, Carra, Gorsas, Brissot et Camille Desmoulins. A l'approche de l'événement du 18 fructidor, il publia un écrit sous ce titre : *Déclaration à mes commettans*. Il fit le rapport sur cette fameuse journée, rapport qui a été diversement jugé, et qui appartient à l'histoire. Lors d'une autre crise qui avait un caractère tout opposé, celle du 30 prairial an 7, il fit imprimer de même un écrit intitulé : *des Finances et des factions considérées comme causes de discrédit*. Élu président, il inaugura la salle du palais Bourbon ; comme membre de la commission des finances, il présenta divers rapports qui fixèrent l'attention, notamment un sur le *Crédit public;* parmi plusieurs projets de loi qu'il fit adopter, on remarqua principalement celui qu'il présenta dans les premiers mois de l'an 7, et qui avait pour objet le paiement des arrérages des rentes sur l'État, et le mode de transfert. Le système qu'il proposa fut adopté ; c'est celui que l'on suit encore aujourd'hui, et qui a donné au crédit public et à l'administration des finances une direction absolument nouvelle, tout-à-fait conforme aux principes d'honneur et de fidélité qui conviennent à une nation telle que la France. Appelé au tribunat, lors de sa formation, il s'attacha spécialement aux matières fiscales, et combattit avec beaucoup d'indépendance plusieurs mesures proposées par le gouvernement d'alors, surtout en ce qui touchait la dette publique. Au renouvellement du tribunat, en 1802, il fut compris dans les vingt premiers éliminés. Devenu, en 1804, directeur des droits-réunis dans le département de la Somme, il est resté onze années à Amiens, et a su, dans ce poste difficile, se concilier l'estime et l'affection de ses administrés, tout en remplissant scrupuleusement ses devoirs envers le gouvernement. Il a exercé ces fonctions jusqu'à l'époque de la seconde restauration. La conduite politique qu'a tenue M. Bailleul, est celle d'un homme dont les principes sont positifs et stables, qui a pu se tromper quelquefois, mais qui n'a jamais eu que le bien public en vue. Dans le cours de sa carrière législative, outre des écrits de circonstance en assez grand nombre, et qui obtinrent le suffrage du public, on a imprimé de M. Bailleul, comme député, beaucoup de discours et de rapports, notamment sur l'administration et sur les finances. Depuis sa retraite, il a publié plusieurs ouvrages, dont quelques-uns ont été particulièrement remarqués des bons citoyens. De ce nombre sont : 1° *l'Esprit de la révolution;* 2° *les Royalistes de M. de Châteaubriant*, écrit d'une centaine de pages ; 3° *Examen critique des Considérations de M*^{me} *de Staël sur la révolution française*, 2 vol. in-8°; 4° *Situation de la France, considérée sous les rapports politiques, administratifs et commerciaux*, 1 vol. in-8°.

BAILLEUL (N.), était avant la révolution président du tribunal de l'élection de Belesme. En 1789, le bailliage du Perche le nomma député aux états-généraux. Il assista rarement aux séances. Après la session, il retourna dans le département de l'Orne, dont le ci-devant Perche faisait partie. En 1797, il entra au conseil des cinq-cents, mais il en fut éloigné par l'événement du 18 fructidor. Depuis ce temps M. Bailleul n'a exercé aucune fonction législative.

BAILLON (Emmanuel), naturaliste, correspondant du muséum d'histoire naturelle, membre de plusieurs sociétés savantes. Sans avoir quitté les bords de la Manche, Baillon a fourni beaucoup de matériaux pour l'ornithologie, et pour la physiologie végétale, sciences dans lesquelles il s'est montré un excellent observateur. Il a étudié avec le plus grand soin les habitudes des oiseaux de mer qui fréquentent les côtes de la Picardie. On lui doit la connaissance d'un grand nombre d'espèces, et des renseignemens précieux sur plusieurs autres. Buffon a cité avec éloge ce naturaliste, qui lui faisait habituellement part de ses recherches. C'est lui qui a fourni la première notice publiée par Buffon sur la *Barnache;* mais depuis, il a décrit cet oiseau dans un mémoire particulier beaucoup plus détaillé. Il avait un talent rare pour préparer les oiseaux; le muséum de Paris, auquel il envoyait tous les ans des oiseaux aquatiques vivans, lui doit la plus grande partie de ceux des côtes de l'Océan dont il s'est enrichi. Son *Mémoire sur les causes du dépérissement des bois, et les moyens d'y remédier,* in-4°, 1794, lui mérita le prix qui avait été proposé par l'assemblée constituante. On a de lui un *Mémoire sur les sables mouvans qui couvrent les côtes du département du Pas-de-Calais, et les moyens de s'opposer à leur invasion.* Cet ouvrage prouve que l'auteur a su porter dans l'étude des végétaux cet esprit d'observation qui lui avait fait un nom distingué dans une partie moins directement utile de l'histoire naturelle. Baillon y donne aussi la manière de fixer les sables des dunes, et de les rendre fertiles; il pense que le roseau des sables, vulgairement appelé *hoya,* pourrait être cultivé avec succès sur les bords de la Manche. Il mourut à Abbeville, en 1803.

BAILLON aîné (Jean-Antoine-Joseph), il était officier municipal de la ville du Quesnoy, lorsqu'en l'an 7, le collége électoral du département du Nord le nomma au conseil des anciens. Baillon eut assez de prudence pour ne prendre aucune part aux divisions de cette assemblée Après la révolution du 18 brumaire, il entra au corps-législatif. N'ayant pas été réélu en 1807, il fut nommé maire du Quesnoy. En mai 1811, le sénat le choisit pour député.

BAILLOT (Pierre), professeur de violon au conservatoire royal de musique, est un de nos plus célèbres exécutans. Élève de Viotti, il a conservé cette méthode large et franche, ce style classique, qui forment le caractère particulier du talent de son maître, et auxquels d'autres écoles commencent à substituer des ornemens stériles et une fatigante prétention à la difficulté vaincue. Il est né, en 1771, à Passy, près de Paris. Son père, qui avait été, en 1768, procureur du roi à Ajaccio, était revenu en France, et avait fondé, à Passy, une maison d'éducation. Ce fut chez son père que le jeune Baillot reçut les premières leçons de violon; à 9 ans, il avait pour maîtres Polidori, Florentin, et Sainte-Marie, Français. En 1783, Baillot père, nommé substitut du procureur-général du conseil supérieur à Bastia, emmena avec lui sa famille, et mourut presque aussitôt après son arrivée dans l'île, laissant sa femme et ses enfans dans une situation pécuniaire des plus pénibles. Ce fut M. de Boucheporn, intendant de l'île, qui, touché de l'infortune de cette famille, se chargea de l'éducation du jeune Baillot, surveilla ses études, l'éleva comme s'il eût été son fils, et l'envoya à Rome où il resta treize mois, et eut pour dernier maître, n'étant encore âgé que de 14 ans, Pollani, de l'école de Nardini. En 1791, il passa les Pyrénées, revint à Paris, et fut présenté à Viotti, qu'il étonna par la hardiesse et la fermeté de son exécution. Ce grand maître lui offrit une place dans l'orchestre de *Monsieur*, qu'il dirigeait alors, et qui se faisait remarquer par la réunion des plus beaux talens. M. Baillot accepta cette place, mais ayant obtenu un emploi au ministère des finances, il la quitta, sans cesser de cultiver le violon. En 1803, enveloppé dans une réforme, il fut obligé de chercher de nouveau des ressources dans son talent. Il se présenta au conservatoire, et y fit admirer son archet, toujours hardi, et devenu plus brillant par l'exercice. Le célèbre Rode ayant demandé un congé, M. Baillot fut nommé professeur par intérim. Le séjour à l'étranger du professeur en titre se prolongeant, le professeur suppléant fut nommé à sa place. C'est pendant qu'il exerçait en cette dernière qualité, qu'il a rédigé les excellentes méthodes de violon et de violoncelle, adoptées par le conservatoire: les musiciens en admirent la composition; les hommes du monde lisent avec autant d'étonnement que de plaisir le texte joint aux leçons, écrit d'un style que ne désavoueraient pas les plumes les plus exercées. En 1805, M. Baillot voyagea en Russie et dans le nord de l'Europe, et justifia partout sa haute réputation. Il revint en 1808, reprit ses fonctions au conservatoire, et fit plusieurs élèves distingués. Il a publié jusqu'ici trente-un œuvres de musique pour le violon. Sa composition, peut-être plus originale que gracieuse, et qui est souvent grave et mélancolique, se fait surtout remarquer dans *l'Andante*.

BAILLOT (Antoine-Raymond), de simple soldat devint général de brigade, et servit particulièrement sous le général Hoche, commandant en chef de l'armée de l'Ouest, dirigée contre les Vendéens. Ce fut le général Baillot qui s'empara du général vendéen Stofflet, et le fit traduire à un conseil de guerre, le 23 février 1796. Mis à la réforme à la fin de cette guerre, le général Baillot ne paraît pas avoir repris du service. Il fut fait chevalier de la légion-d'honneur, le 25 novembre 1803 (4 frimaire an 12).

*Sylvain Bailly
Maire de Paris*

BAILLY (Jean-Sylvain), maire de Paris, membre de l'académie française, de celle des inscriptions et belles-lettres et de l'académie des sciences, garde honoraire des tableaux du roi, né à Paris le 15 septembre 1736. Son père ne lui fit point faire d'études : il se bornait à lui donner des leçons de dessin, lorsqu'il prit chez lui comme élève de peinture le fils de Moncarville, mathématicien, à la simple condition que ce dernier donnerait des leçons au jeune Bailly. Celui-ci ne tarda pas à montrer les plus heureuses dispositions, et, en peu de temps, il égala son maître. Il continua ensuite les mêmes études sous le célèbre professeur Clairaut. Un des amis de Bailly, dont les essais en littérature avaient obtenu du succès, l'engagea à donner quelques ouvrages. Il composa alors deux tragédies, l'une sous le titre de *Clotaire*, et l'autre sous celui d'*Iphigénie en Tauride*. Le comédien Lanoue, qu'il consulta sur ces productions, l'engagea à abandonner la carrière dramatique, et à s'appliquer plus particulièrement à l'étude des sciences, pour lesquelles il montrait une véritable vocation. Le conseil du comédien Lanoue avait quelque chose de prophétique, et l'infortuné Bailly a pu se le rappeler, quand, obligé par la force des choses de sacrifier ses goûts à ses devoirs, il dut quitter les sciences pour la politique, et les lettres pour les affaires. L'abbé La Caille, qu'il avait vu plusieurs fois chez un de ses amis, offrit de lui donner des leçons. Ce grand astronome, dont il sut captiver l'affection par la bonté de son caractère et par l'aptitude de son esprit, le mit bientôt à même de faire sur la lune des observations savantes, qui furent accueillies par l'académie des sciences. Il publia peu après ses calculs sur l'orbite de la comète de 1759. Reçu membre de l'académie après la mort de l'abbé La Caille, il donna plusieurs ouvrages astronomiques qui eurent beaucoup de succès, et fit paraître, en 1771, un *Mémoire sur la lumière réfléchie des satellites de Jupiter*. Toujours épris de la gloire littéraire, Bailly voulut concourir pour un éloge de Charles V, proposé par l'académie française, et il obtint une mention honorable. Il fit successivement les éloges de Pierre Corneille, de Cook, de Gresset, de Lacaille et de Leibnitz. Le discours sur Leibnitz remporta le prix à l'académie de Berlin. On y trouve de profondes recherches et l'on y remarque un style brillant. Il publia ensuite l'*Histoire de l'astronomie*, ancienne et moderne. Le succès de cet ouvrage, dont le mérite fut apprécié dès qu'il parut, fit nommer Bailly, en 1784, membre de l'académie française, en remplacement du comte de Tressan. Le rapport qu'il fit relativement à la doctrine de Mesmer sur le magnétisme, fut approuvé par tous les physiciens, et ajouta beaucoup à sa réputation. En 1785, l'académie des inscriptions et belles-lettres le reçut au nombre de ses membres. Il fut, peu de temps après, désigné par l'académie des sciences pour faire un rapport sur la construction des hôpitaux. Ce rapport, dont toutes les parties laissaient entrevoir une véritable sollicitude, un amour éclairé de l'humanité, lui mérita l'estime et la vénération des gens de bien. La révolution vint surprendre Bailly au milieu de ses succès académiques. L'estime publique appela à la législation cet homme célèbre, en qui de nouvelles circonstances avaient développé une nouvelle capacité. La liberté de sa patrie devint l'idole de cette conscience noble et délicate, qui avait entouré de l'estime universelle le caractère de cet homme de bien, et la vertu qui lui avait inspiré les principes philosophiques dont il faisait profession, embellissait encore pour lui l'œuvre de la régénération de son pays. La révolution se présenta à lui comme une carrière où l'honneur prescrivait à tout bon Français de travailler au bonheur commun. Mais profondément et invariablement pénétré du sentiment de la prééminence du gouvernement représentatif pour la France, il n'aborda jamais l'idée du bouleversement de la monarchie; il voulut ce que nous voulons à présent, ce que nous voudrons toujours; il voulut que cette monarchie fût constitutionnelle. Son âme, juste et indépendante, ne transigea jamais avec aucune autre opinion, et ne comprit jamais autrement la liberté publique à laquelle il se dévoua tout entier. Député en 1789 aux états-généraux, Bailly en fut nommé président, et occupa encore cette place quand les communes se constituèrent en assemblée nationale. Le roi ayant, le 20 juin, fait défendre au tiers-état de s'assembler, Bailly conduisit les députés au Jeu-de-Paume. Ce fut lui qui répondit au maître des cérémonies qui donnait, de la part du roi, l'ordre de sortir de la salle. « La nation assemblée n'a point » d'ordres à recevoir. » La grandeur de cette réponse donne l'idée de l'élévation que les nouveaux principes occupaient dans l'âme de ce bon citoyen. Il voulut prêter le premier, en sa qualité de président, le serment de ne se point séparer avant d'avoir établi une nouvelle constitution. Il fut nommé maire de Paris par le conseil permanent, le 16 juillet 1789, reçut, le lendemain, le roi à l'Hôtel-de-Ville, et lui présenta la cocarde tricolore, qui fut nationale pendant vingt-cinq ans. Le 25 août, il prêta serment au roi; et lorsque, le 6 octobre suivant, ce prince revint de Versailles entouré d'une foule immense de peuple, Bailly alla recevoir S. M. à la porte de la ville, et l'assura du dévouement des habitans. Le roi ayant juré de maintenir et de défendre la constitution à la séance du 4 février 1790, le maire de Paris alla le lendemain le complimenter, au nom de l'assemblée nationale. Heureuse époque dont la mémoire, toujours sacrée, survit aux malheurs et à la gloire qui l'ont suivie! Le maire de Paris acquit de nouveaux droits à l'estime générale, par la justice et l'économie de son administration; il reçut de nombreux et touchans témoignages de la reconnaissance du peuple. Mais, troublée bientôt par les intrigues de la cour et par la violence des partis, la capitale devint le théâtre des plus graves agitations. Bailly, étranger par caractère et par sentiment aux orages politiques, commença à douter de lui-même. Ami de l'ordre et de la paix, sans lesquels il ne croyait point à la liberté, il se sentit effrayé de l'opposition que l'indocilité du peuple mettait à la sagesse de ses mesures et à l'obéissance due aux règlemens. Après le retour du roi de Varennes, les plus chauds révolutionnaires voulaient qu'on déclarât la déchéance de Louis XVI, et s'étaient portés au Champ-de-Mars. Un concours prodigieux de peuple les accompagnait; tous étaient venus pour signer, sur l'autel de la patrie, une pétition où cette volonté était exprimée de la manière la plus impérative. Bailly, qui craignait qu'on n'attentât à la liberté des délibérations de l'assemblée, qui est la première garantie de la liberté d'une nation, se rendit au Champ-de-Mars avec plusieurs corps de la garde nationale, et commença par sommer les insurgés de se retirer. Comme ils s'y refusaient obstinément, et que cette réunion prenait un caractère séditieux, le conseil municipal pressa le maire de les faire disperser par la force. Bailly ne pouvait se décider à employer ce moyen. Cependant le trouble croissait. On représenta à Bailly que bientôt il ne pourrait plus arrêter le désordre causé par son peu de fermeté. Enfin, sollicité à la fois par tous ceux qui l'entouraient, il ordonna des mesures de rigueur, et commanda aux gardes nationales de tirer sur les rebelles. Les deux premières décharges qu'on fit, pour les intimider, n'atteignirent personne, et ne produisirent aucun effet : ce ne fut qu'à la troisième qu'ils se retirèrent. L'assemblée constituante approuva la conduite qu'avait tenue le maire de Paris. Malheureusement pour lui, le peuple ne devait pas l'oublier. Le peuple ne pardonne jamais qu'on l'exécute même légalement, à moins que le gouvernement ne soit despotique. Mais ce gouvernement lui-même n'est point légal, et le peuple n'y est pas légalement obéissant. Dès ce moment, Bailly perdit une partie de sa popularité. Les désagrémens qu'il prévoyait devoir être la suite de cette défaveur, l'engagèrent à présenter sa démission au corps municipal en septembre 1791; mais, à la sollicitation de quelques personnes, et séduit par l'espoir de pacifier les esprits, il eût la faiblesse de continuer ses fonctions jusqu'au 18 novembre, époque bien remarquable, puisqu'il présenta Pétion pour son successeur. Bailly prononça, à l'Hôtel-de-Ville, un discours à la fois simple et élégant, et rempli de cet atticisme qu'une grande propriété d'expressions rendait plus remarquable. Retiré des affaires, il résolut de reprendre ses études, et se retira dans les environs de Nantes, où il resta près de deux ans. Peu habitué à la solitude, elle ne tarda pas à lui devenir insupportable. Il écrivit à un de ses amis, M. Laplace, qui demeurait à Melun, pour le prier de lui donner un logement chez lui. Celui-ci ayant répondu qu'il se ferait un plaisir de le recevoir, Bailly se préparait à partir pour Melun, quand une nouvelle lettre de son ami lui annonça que des émissaires et des troupes ayant été envoyés dans cette ville par les jacobins pour y faire des arrestations, il l'engageait fortement à différer son voyage, qu'il ne pouvait alors entreprendre sans courir les plus grands risques. Il semble que la fatalité entraînait Bailly à sa perte, car il trompa son caractère naturellement faible, en négligeant l'avis de son ami, et il partit pour Melun. Il était à peine arrivé aux portes de cette ville, qu'un soldat de l'armée révolutionnaire, qui l'avait reconnu, ameuta autour de lui une populace effrénée. On le conduisit à la municipalité. Le maire, qui trouvait illégale l'arrestation de Bailly, voulait le mettre en liberté, mais il fut contraint de le retenir prisonnier. Transféré peu après à Paris, Bailly fut mis en jugement le 10 novembre 1793; les griefs portés contre lui reposaient principalement sur les événemens du Champ-de-Mars, où il avait été contraint de faire respecter la loi qu'il avait sanctionnée et jurée, comme maire et comme président de l'assemblée. On lui imputait aussi des intelligences avec la famille royale, inculpation motivée par les réponses qu'il avait faites comme témoin dans le procès de la reine. Il avait déclaré avec sa franchise ordinaire que les accusations portées contre cette princesse étaient entièrement fausses, et en cela il s'était conduit comme un Français, et comme un honnête homme. Il fut condamné à mort. Le 12 novembre, jour fixé pour son exécution, on l'amena sur la place de la Révolution; le drapeau rouge qu'il avait fait arborer lors des événemens du Champ-de-Mars, fut mis derrière la charrette; une troupe de forcenés la suivait, accablant d'injures et couvrant de boue l'infortuné Bailly, dont les membres, déjà glacés par l'âge, souffraient horriblement d'une pluie froide qui n'avait pas cessé de tomber pendant tout le fatal trajet; arrivé au lieu indiqué, le sinistre cortége annonça, par des cris tumultueux, qu'il voulait que le condamné expirât sur ce même Champ-de-Mars, où il avait fait exécuter la loi contre la rébellion. Quelle horrible représaille? L'échafaud fut démonté. Le drapeau fut brûlé et agité tout enflammé sur la figure du malheureux Bailly, qui, accablé par tant de barbarie, perdit connaissance. Lorsqu'il revint à lui, il regarda fixement l'échafaud, et pria ses bourreaux d'un ton ferme de terminer ses souffrances. Comme ses membres continuaient à être agités d'un tremblement causé par la pluie et par l'extrême rigueur du froid: « Tu trembles, Bailly? lui dit un » d'entre eux. — Oui, mais c'est » de froid, » répondit avec dignité le vieillard. On croit lire la vie d'un des plus grands hommes de Plutarque! Au moment de l'exécution, la cruauté des misérables qui l'entouraient prolongea encore son supplice; ils prétendirent alors que le sang d'un tel coupable ne devait pas *souiller* le champ de la fédération des Français, et forcèrent le bourreau à démonter encore l'échafaud, qui fut dressé au milieu d'un amas de boue et de fumier. Le trop infortuné Bailly monta sur cet échafaud avec un courage héroïque, et sans qu'on aperçût sur son visage la moindre altération. Dans une grande solennité, en présence des grands corps de l'état, un de nos collaborateurs, M. Arnault, traça ainsi le portrait moral de ce magistrat, qui appartenait aux trois académies. « Tu » as les regrets de toutes les trois, » modeste et malheureux Bailly ! » toi, qui réunissais à la science » d'Aristote l'éloquence de Platon, » le stoïcisme de Zénon, la sim- » plicité de Socrate! d'un œil éga- » lement tranquille tu envisageas » les dignités, où l'estime natio- » nale t'a porté, et l'échafaud, où » te traîna la fureur populaire. *Au* » *milieu des atrocités, ta mort pa-* » *rut atroce.* Elle fut une époque » de deuil pour les sciences, les » lettres et la vertu. Elle appelle- » ra l'horreur sur tes bourreaux, » l'admiration sur leur victime, » tant que ma patrie ne sera pas » redevenue la proie de l'igno- » rance et de la férocité. » Bailly était d'une taille élevée, et avait de grands traits; sa physionomie grave et mélancolique portait l'empreinte de l'habitude méditative, et de la constante direction d'un esprit austère. Il ne manque rien à l'histoire du vertueux Bailly, pas même la pauvreté. Sa veuve, restée dans l'indigence, dut à M. Pastoret le secours d'une pension qui ne lui fut payée pour la première fois, qu'à cette fameuse époque du 18 brumaire, qui consola tant de douleurs privées. Mme Bailly, morte en 1800, n'en jouit que pendant quelques mois. On a de son mari : 1° *Essai sur la théorie des satellites de Jupiter*, auquel sont jointes les tables de Jupiter, par Jeaurat, in-4°, 1766; 2° *Histoire de l'astronomie ancienne, depuis son origine jusqu'à l'établissement d'Alexandrie*, in-4°, 1775; 3° *Éloges de Charles V, de Molière, de Corneille, de l'abbé Lacaille, et de Leibnitz*, in-8°, 1770; 4° *Lettres sur l'origine des sciences et sur celle des peuples d'Asie*, in-8°, 1770; 5° *Lettre sur l'Atlantide de Platon*, in-8°, 1779; 6° *Histoire de l'astronomie moderne*, 3 vol. in-4°, 1778 et 1783 : il existe un abrégé de ce dernier ouvrage, fait par Victor Comeyras, sous le titre d'*Histoires de l'astronomie ancienne et moderne*, 2 vol. in-8°, 1806; M. Voiron est auteur d'une *Histoire de l'astronomie, depuis 1781 jusqu'à 1811, pour servir de suite à l'histoire de l'astronomie, de Bailly*, Paris, in-4°, 1811; Lalande avait publié auparavant une *Histoire abrégée de l'astronomie*, de 1781 à 1802, cette production est jointe à la *Bibliographie astronomique* du même auteur. 7° *Histoire de l'astronomie indienne et orientale*, in-4°, 1787; 8° *Discours de réception à l'académie française*, in-4°, 1784; 9° *Rapport des commissaires chargés par l'académie des sciences de l'examen du magnétisme animal*, in-4°, 1784; 10° *Rapport secret sur le mesmérisme* (il fait partie du *Conservateur* de François de Neuchateau, 2 vol. in-8°, an 8); 11° *Rapport des commissaires chargés par l'académie des sciences de l'examen du projet d'un nouvel Hôtel-Dieu*, in-4°, 1787; 12° *Procès-verbal des séan-*

ces et délibérations de l'assemblée générale des électeurs de Paris, 3 vol. in-8°, 1790; cet ouvrage fut composé avec M. Duveyrier; 13° *Discours et mémoires*, 2 vol. in-8°; *Éloge de Gresset*, 1785, in-8°, Genève; 15° *Essai sur les fables et sur leur histoire*, 2 vol. in-8°, 1798, ouvrage posthume; 16° *Mémoires d'un témoin de la révolution, ou Journal des faits qui se sont passés sous ses yeux, et qui ont préparé et fixé la constitution française* de 1791, 1804 : ces mémoires s'arrêtent au 2 octobre 1789, et n'ont été publiés qu'en 1804, Paris, 3 vol. in-8°. 17° *Recueil de pièces intéressantes, sur les arts, les sciences et la littérature*, in-8°, 1810 : ouvrage posthume, accompagné d'une vie privée et politique de Bailly, composée par l'éditeur, M. Cubières-Palmezeaux. 18° *Justification de Bailly*, dans le tom. II des *Procès fameux*.

BAILLY (Nicolas), né vers 1756, à Charleville, département des Ardennes, exerça d'abord la profession d'avocat. Désigné pour être substitut de l'accusateur public à la haute-cour de Vendôme, il déploya beaucoup de talens dans le procès de Babeuf. Postérieurement à cette époque, il fut nommé membre de la cour de cassation, et le 10 janvier 1812, président du collège électoral de Mézières. En avril 1814, M. Bailly adhéra, avec les autres membres de la même cour, à la déchéance de l'empereur Napoléon; dans le mois d'août suivant le roi le nomma officier de la légion-d'honneur. En 1815, il signa l'adresse de la cour de cassation à Napoléon, et trois mois après celle que la même cour présenta au roi, après la seconde restauration.

BAILLY DE JUILLY (Edme-Louis-Barthélemy), né à Troyes en 1760, était, lors de la révolution, oratorien et professeur au collège de Juilly; de là sa dénomination. Reçu, en 1790, avocat au parlement de Paris, il devint, peu de temps après, administrateur du département de Seine-et-Marne, qui le nomma, en 1792, député à la convention nationale. Bailly se prononça dans le procès de Louis XVI pour l'appel au peuple, le bannissement, et ensuite pour le sursis. En mai 1794, il fut nommé secrétaire de la convention. Envoyé en mission à Strasbourg après le 9 thermidor, il rendit compte à cette assemblée des maux que la ville avait soufferts pendant le règne de la terreur, et lui annonça qu'il venait d'éliminer tous les employés attachés à la faction de Robespierre. Dans la journée orageuse du 1er prairial an 3 (20 mai 1795), Bailly occupa le fauteuil en remplacement de Vernier, dont le grand âge supportait difficilement les fatigues attachées à la présidence. En août suivant, il s'éleva avec chaleur contre Dubois de Crancé, qui signalait à la convention les progrès de la faction royaliste. Comme les députés jacobins applaudissaient vivement au discours de ce dernier, Bailly se retourna vers eux, et leur dit avec véhémence, « Messieurs de la ci-devant Montagne, vous n'êtes pas encore les maîtres. » Devenu ensuite membre du comité de sûreté générale, il se rendit vraiment digne d'en remplir les fonctions par sa modération et par la force de caractère qu'il opposa constamment aux jacobins. Le 19 fructidor, il annonça à l'assemblée que le comité de sûreté générale venait d'expédier l'ordre d'arrêter aux frontières les prêtres non assermentés, et s'éleva avec force contre leur incarcération. Il passa ensuite avec les deux tiers des membres de la convention dans le conseil des cinq-cents, où il parut se ranger du parti clichien. Les liaisons qu'il avait formées avec les principaux membres de ce parti le firent comprendre sur la liste de déportation, lors de la journée du 18 fructidor an 5. Mais le député Malès ayant fait observer qu'il était prêtre *assermenté et marié*, parvint à obtenir sa radiation. Bailly fit encore partie du corps-législatif en 1798. Il y fut attaqué ouvertement par Gauran, son collègue, qui le dénonça à l'assemblée comme *un royaliste échappé à la déportation de fructidor, et comme un lâche*. Après les événemens du 18 brumaire, il fut nommé préfet du département du Lot. Une grande modération, la plus intègre probité, caractérisent son administration, qui fut essentiellement paternelle. Il paraît néanmoins qu'elle n'a pas été exempte de reproches. Des agens indignes de la confiance de ce préfet le compromirent. Bailly se justifia. L'honnête homme était inattaquable, mais non l'administrateur. Bailly fut remplacé par M. Petit de Beauverger, en 1813. Depuis cette époque, retiré à la campagne, il ne s'occupa plus que des intérêts de sa famille et de l'éducation de ses enfans, à la tendresse desquels un accident déplorable l'a ravi dans le courant de 1819. Comme il revenait de Rouen par une des messageries récemment établies, un assaut de vitesse qui s'engagea entre le cocher qui le conduisait et celui d'une voiture qui appartenait à une administration rivale, la voiture où il était fut versée, et dans la chute, il eut les deux bras brisés. On crut le sauver par une double amputation, mais en vain. Il mourut à 59 ans, après avoir supporté ce nouveau supplice. Il était officier de la légion-d'honneur.

BAILLY (Louis), né à Bligny près de Beaune, fut pendant vingt-cinq ans professeur de théologie à Dijon, devint chanoine de la cathédrale, et à la fois principal du collége, et promoteur du diocèse. Lors de la révolution, il se réfugia en Suisse, ne revint en France qu'à l'époque du concordat, et refusa la place de grand-vicaire pour consacrer sa vie au service des pauvres : en 1808, la mort enleva Bailly à l'hospice de Beaune, qui regretta en lui un bienfaiteur recommandable par ses mœurs et par ses travaux ecclésiastiques. On remarque parmi plusieurs ouvrages de piété qu'il a laissés : 1° *Tractatus de verâ religione*, 2 vol. in-8°; 2° *Tractatus de ecclesiâ*, 1771 et 1776, 2 vol. in-8°; 3° *Theologia dogmatica et moralis*, 8 vol. in-8°, 1789. Une nouvelle édition, adaptée à la discipline établie par le concordat, a été donnée à Lyon en 1804, 8 vol in-8°; une troisième, faite à Paris, a été le sujet d'un procès, et a fini par être longtemps défendue dans les séminaires sous le règne de Napoléon, comme étant imbue des principes de Loyola. 4° *Principes de la foi catholique*, qu'il publia en Suisse.

BAJOT, né à Paris en 1775, chef du bureau des lois au ministère de la marine et des colonies, et sous-commissaire de la marine, a publié, en 1801 (an 9), *Revue de la marine française, depuis son origine jusqu'à nos jours;* en 1804, in-8°, *Répertoire de l'administrateur de la marine;* en 1806, in-8°, *Éloge de la paume et de ses avantages sous le rapport de la santé;* 1810, in-8°, *Discours* couronné par l'académie de la Rochelle, sur les questions suivantes qu'elle avait mises au concours : *Quel est le genre d'éducation le plus propre à former un administrateur? Jusqu'à quel degré les sciences et les lettres lui sont-elles nécessaires? Quel secours l'administrateur et l'homme de lettres peuvent-ils et doivent-ils se prêter?* M. Bajot a fourni des articles aux quatre derniers volumes du *Recueil des lois de la marine et des colonies*, et a continué ce travail dans l'ouvrage périodique intitulé : *Annales de la marine et des colonies*.

BAJOT, maréchal-de-camp, président du collège électoral de l'arrondissement de Castel-Sarrazin en 1810; chevalier de Saint-Louis, en juillet 1814.

BAKER (Antoine-Jean), ambasseur de S. M. britannique près des États-Unis, rendit publique, vers le mois de décembre 1815, une déclaration portant que par suite de la convention faite avec les puissances alliées, il avait été décidé entre elles qu'aucun vaisseau, à l'exception de ceux de la compagnie des Indes-Orientales, n'aurait la faculté de jeter l'ancre à l'île Sainte-Hélène, résidence actuelle de Napoléon; que de cette clause résultait la nullité de l'article 3 du traité, qui permet de mouiller dans ce port pour y faire des provisions; qu'ainsi les États-Unis d'Amérique étaient invités à se conformer aux conditions de ce nouveau traité.

BAKEWELL (Robert), fermier anglais, né, en 1726, à Dishley, dans le Leicestershire, s'est particulièrement occupé d'améliorer la manière d'élever les bestiaux. Les notions qu'il recueillit à cet égard dans ses voyages en Irlande, en Angleterre et en Hollande, eurent des résultats véritablement extraordinaires : un seul de ses béliers lui rapporta, en un an, pendant la fécondation, la valeur de 1200 guinées (24,000 fr.). Le troupeau de Dishley s'est toujours fait remarquer par des qualités qui lui sont particulières, telles entre autres qu'une grande délicatesse dans les os et dans la chair, l'extrême légèreté des intestins, etc. L'ouvrage anglais *Domestical Encyclop.*, tom. I, 1802, donne la méthode d'engrais employé par Bakewell, qui mourut en 1795.

BAKKER (Pieter-Huysinga), poète hollandais, né à Amsterdam en 1715; a donné plusieurs ouvrages estimés, et notamment un poëme sur l'inondation de 1740. Ses œuvres mêlées ont été rassemblées en huit volumes in-8°, et ses satires contre les Anglais, imprimées en 1 volume in-4°. On remarque, dans ces dernières, beaucoup de véhémence et un style soutenu. Il est aussi auteur d'une traduction en hollandais des *Poésies latines de Hight, sur le printemps*. Comme membre de l'académie de Leyde, il a fait insérer dans le cinquante-unième volume des *Mémoires* de cette société, une *Dissertation* très-estimée sur la poésie hollandaise. Bakker mourut à Amsterdam le 22 octobre 1801. Il était ami et parent du célèbre Wagenaer, historiographe d'Amsterdam, sur lequel il a laissé une notice biographique.

BALARD (MADAME D'ALBI), est auteur d'un poëme anonyme ayant pour titre : *l'Amour maternel*, 1810, in-18, et d'une ode sur la *Restauration du trone de France*, in-8°.

BALBATRE (CLAUDE), organiste célèbre, né à Dijon le 8 décembre 1729, reçut les premières notions de musique de son oncle, organiste dans cette ville. Ce parent étant mort, Balbatre lui succéda, et prit des leçons de Rameau, son compatriote, avec lequel il était intimement lié. Étant venu à Paris quelque temps après, il y étudia encore son art pendant plusieurs années, et se fit entendre au concert spirituel, en 1755. Le genre de *concerto* qu'il exécuta sur l'orgue, et dont il était l'inventeur, obtint le plus brillant succès. Nommé, peu après, organiste de l'église de Saint-Roch, il y attira, par ses Noëls, un si grand nombre d'auditeurs, que l'archevêque de Paris fut obligé de lui défendre de toucher l'orgue à certains jours de fête. Balbatre, dont la réputation s'était constamment soutenue, mourut à Paris, le 9 avril 1799; il était âgé de 70 ans, et n'avait jamais été malade. Il a laissé des compositions pour le clavecin, qui sont très-estimées. On se plaisait à observer l'extrême mobilité de son doigté et la grâce de son jeu, quand il exécutait ses *variations* sur l'*hymne des Marseillais* et sur la *bataille de Fleurus*. Balbatre a perfectionné plusieurs instrumens, et notamment le forté-piano et le clavecin.

BALBE (PROSPER, COMTE DE). Envoyé du roi de Sardaigne près la république française, il parut, en 1796, au corps-législatif, et prononça un discours dans lequel il priait l'assemblée d'être persuadée de l'amitié que portait à la France le roi de Sardaigne, et d'excuser les hostilités qui avaient eu lieu, en ce qu'elles avaient été commandées par la seule force des circonstances. Le directoire lui accorda peu après une audience publique. Le roi de Sardaigne, contre lequel les Piémontais s'étaient révoltés, chargea M. de Balbe d'annoncer au directoire les tentatives qui avaient été faites pour le chasser de sa capitale, et de le prévenir qu'il était disposé à abdiquer la couronne, si un second mouvement avait lieu. Quand le roi de Sardaigne fut détrôné par les Français, M. de Balbe se retira en Espagne jusqu'après le 18 brumaire, qu'il rentra dans son pays, où il fut nommé ministre des finances du gouvernement provisoire du

Piémont. L'académie des sciences de Turin ayant été rétablie, en 1816, M. de Balbe en fut nommé président; il s'occupa alors de travaux littéraires, et donna ses loisirs à l'étude. Il est auteur de plusieurs opuscules et de mémoires historiques assez estimés.

BALBI (Jacques-François-Marie, marquis de Piovera, comte de), Génois, de la famille des doges de ce nom, fut, en 1792, membre du petit conseil de la république de Gênes. Chargé, la même année, de communiquer à la cour de Vienne les alarmes que donnait à sa patrie la révolution française, il rapporta l'assurance du vif intérêt que prenait l'Autriche à la république, et la promesse de ses secours aussitôt que les circonstances l'exigeraient. Peu de temps après, M. Drak ayant engagé l'état de Gênes à entrer, à l'exemple du roi de Sardaigne, dans la coalition contre la France, M. de Balbi, sans adopter entièrement les vues du ministre anglais, vota pour qu'on gardât une neutralité armée avec cette nation; il ne fut pas longtemps à s'apercevoir que son opinion avait beaucoup déplu aux partisans que les Français s'étaient faits à Gênes. Lors de l'élection des trente magistrats appelés *viri probi*, l'usage était de réélire les membres de l'année précédente. M. de Balbi fut le seul d'entre eux qui ne fut point réélu; alors, prévoyant l'envahissement du territoire génois par l'armée française, et ne voulant pas en être témoin, il voyagea dans différentes contrées, et bientôt vint se fixer à Paris. La république ligurienne établie, M. de Balbi fut déclaré émigré; on séquestra ses biens, et ils furent mis en vente, mais l'attachement qu'on lui portait était encore si profond, si général, qu'on ne trouva personne qui voulût acheter ses biens-fonds. Quelques partisans de la révolution génoise, ennemis personnels de M. de Balbi, découvrirent le lieu de sa retraite, dénoncèrent cet honorable citoyen au gouvernement français, et parvinrent à le faire emprisonner à Sainte-Pélagie. Quoique le gouvernement l'eût fait mettre en liberté quelque temps après, il le considérait toujours comme dévoué aux intérêts britanniques. M. de Balbi crut devoir s'éloigner, et retourner en Italie, où il parvint à se faire rendre une grande partie de sa fortune. Lorsque la France fut pacifiée, et que le gouvernement eut cessé toute surveillance à son égard, il revint habiter Paris. Menacé récemment, par le gouvernement piémontais, de perdre ses propriétés paternelles, s'il ne rentrait pas dans son pays, M. de Balbi s'est vu obligé de vendre celles qu'il avait en France, notamment près de Versailles, et de renoncer à la résidence qu'il avait choisie.

BALCARRAS (Alexandre Lindsay, comte de), homme d'un sang très-noble sans doute, mais qui s'est toujours opposé à la liberté de ses semblables, en Europe par ses intrigues, en Amérique par ses armes, en Afrique par les moyens combinés du bambou et des *bloody-hounds* (chiens de sang). Ce n'est pas sans frémir que l'on se détermine à tracer une vie consacrée tout entière à étouffer la liberté. Né en Écosse, dans ce comté de Tife, où tant d'hommes courageux avaient péri pour l'indépendance de leur pays, lord Balcarras servit d'abord sous Burgoyne, aux États-Unis; repassa en Europe, devint un des seize pairs d'Écosse, et reçut, en 1795, le commandement de l'ile de Jersey, ainsi que la commission spéciale d'établir des communications avec les mécontens et les Vendéens, de répandre l'or, et de préparer la descente que devait diriger lord Moira. Il s'acquitta avec zèle de cette honorable mission : quand Jersey fut menacé, il exhorta les émigrés qui s'y trouvaient, à se défendre vigoureusement, et ne fut pas moins empressé à mettre des armes entre les mains des prêtres eux-mêmes. On ne dit point si les serviteurs de Jésus-Christ refusèrent cette nouvelle fonction : toutefois les évêques s'y opposèrent, en citant le passage de l'Évangile, où il est dit que l'Église abhorre le sang. Un peu d'érudition les eût décidés s'ils se fussent rappelés que l'évêque Talbot, armé d'une massue, allait à la guerre et assommait les adversaires qu'il se serait fait un scrupule d'égorger. Lord Balcarras fut ensuite envoyé à la Jamaïque, et nommé commandant en chef de cette colonie. Ce fut lui qui imagina de lâcher contre les nègres marrons ces chiens de Cuba, dressés à la chasse des noirs, et habitués à dévorer leur proie. Il en avait fait venir exprès cent, qui marchaient à l'arrière-garde, dirigés par quarante hommes, plus féroces que les animaux qu'ils conduisaient. Quelque temps après, les insurgés épouvantés proposèrent un accommodement; on les accueillit, on leur promit tout ce qu'ils demandèrent; mais sans doute dans les principes d'une certaine politique, les traités faits avec des gens dont la nature a noirci l'épiderme, sont de nulle valeur. A peine le traité fut-il conclu, que les malheureux nègres furent envoyés en Acadie, sous un ciel glacé, sur une terre humide, marécageuse, malsaine : c'était envoyer à la mort des hommes nés sous les feux de l'équateur. Les grands propriétaires offrirent à Balcarras une épée de 7,000 guinées (168,000 francs), qu'il n'avait que trop bien gagnée. Walpole, son collègue, à qui l'on offrit aussi un présent, le refusa, en exprimant son horreur profonde du service et de la récompense. Lord Balcarras est lieutenant-général et colonel du 63me régiment d'infanterie, et possède une belle sucrerie à la Jamaïque, où il exploite sans doute avec plaisir l'esclavage des malheureux noirs échappés à ses fureurs.

BALDINGER (ERNEST-GODEFROY), homme ardent, grossier, mais studieux et infatigable; il porta dans ses études et dans ses relations sociales toute la fougue de son caractère. Un penchant irrésistible l'entraîna vers la médecine, à laquelle il consacra cinquante années de sa vie : ses parens, qui le destinaient à l'état ecclésiastique, contrarièrent d'abord un penchant, dont la force s'accrut de tous les obstacles qu'on lui opposa, et qui rendit Baldinger un des hommes les plus justement célèbres de son temps. Né près d'Erfurt, le 13 mai 1738, il fit ses études à Laugensalz, et ne porta que momentanément le petit collet. Frédéric-le-Grand, habile à discerner les hommes de mérite, appela bientôt Baldinger à des fonctions honorables, dans lesquelles il put développer tous ses talens. Chargé, pendant sept années, de la direction des hôpitaux militaires, il se livra sans partage à l'étude et à la cure des maladies qui s'y traitent, donna des leçons publiques, suivies avec empressement, et ne craignit pas, dans le double intérêt de l'humanité et de la science, d'altérer sa santé en observant, près du lit des malades, les progrès des maladies les plus contagieuses. Plusieurs ouvrages, où il déposa les résultats de son expérience, établirent sa réputation. Il était professeur à Gœttingue, lorsque le landgrave de Hesse l'appela à Cassel, et lui donna le titre de médecin de la cour, et de directeur-général des établissemens de médecine. En 1785, résidant à Marbourg, il coopéra à la réorganisation de l'université de cette ville. Mais sa santé étant depuis long-temps délabrée, il mourut, le 2 janvier 1804, d'une attaque d'apoplexie, laissant des ouvrages les meilleurs peut-être qui aient été publiés sur les maladies du soldat. Baldinger était extrême dans ses travaux comme dans ses plaisirs, défaut sur lequel a un peu trop insisté le professeur Kreutzer, qui prononça son éloge funèbre. Parmi les ouvrages de Baldinger, on doit citer, 1° *Dissertation des maladies des soldats*, Wirtemberg, 1762; 2° *Traité des maladies qui règnent dans les armées*, in-8°, Laugensalz, 1774; 3° *Magasin du médecin*, Clèves, in-12; 4° *Nouveau magasin*, 2 vol., 1779, Leipsig; 5° *Litteratura universæ materiæ medicæ*, Marbourg, 1793; et plusieurs ouvrages de botanique pleins de vues neuves et d'observations importantes.

BALDWIN (GEORGES), consul et résident anglais au Caire (de 1786 à 1796), accompagna sir Ralph Abercromby dans son expédition en Égypte, et publia les résultats de ses observations sous le titre de *Souvenirs politiques relatifs à l'Égypte, etc.* Il a recueilli, sur le gouvernement, et sur les ressources intérieures et extérieures de la Turquie, des renseignemens précieux; mais beaucoup moins étendus que ceux qui se trouvent dans le grand ouvrage français sur l'expédition d'Égypte.

BALGUY (THOMAS), fils du théologien anglais Jean Balguy, naquit en 1716, fut élevé au collége de Saint-Jean, à Cambridge, et y prit ses degrés en théologie. Devenu prébendaire, puis archidiacre de Winchester, il donna un exemple rare de véritable humilité, en refusant l'évêché de Glocester. Les ouvrages théologiques qu'il a publiés n'ont rien de supérieur à cette foule de dissertations et de prônes que chaque membre du clergé anglican se croit obligé, par état, de donner au public. On distingue cependant un *Discours* de ce pasteur *sur le gouvernement de l'église*, in-4°, et une dissertation intitulée la *Bonté de Dieu prouvée et vengée*. Dans la *bonté vengée* il se plaît à démontrer que la *bonté* est de

Dieu, et la *vengeance* des hommes. Thomas Balguy est mort en 1795. On a imprimé, in-8°, ses *Exhortations, Discours*, etc.

BALIVET (N.), honnête homme, et homme instruit, fut membre de la convention nationale, dès le mois de septembre 1792; il était né à Gray, département de la Haute-Saône, en 1755. Dans le procès de Louis XVI, il vota la réclusion jusqu'à la paix; plus tard il entra au conseil des anciens, puis au corps-législatif, et fut commissaire du directoire près l'administration centrale de son département: il perdit sa place après le 18 brumaire, et se retira dans une maison de campagne, où il mourut en avril 1813.

BALLA (N.), conventionnel, a échappé à tous les orages de la révolution. Député par le département du Gard, à la convention, il ne parut à la tribune, dans le procès de Louis XVI, que pour voter l'appel au peuple, et demander la détention de ce prince, jusqu'à ce que la sûreté publique permît de le bannir. Nommé membre du tribunal civil du Vigan, par le directoire, il devint juge d'instruction, et l'était encore en 1815.

BALLAINVILLIERS (LE BARON DE), fils de M. de Ballainvilliers, intendant d'Auvergne, fut d'abord mousquetaire noir, puis chercha à obtenir quelques succès littéraires; bientôt quittant l'épée et la plume, il entra dans la magistrature. Avocat du roi, à 17 ans, il devint ensuite conseiller aux requêtes de l'hôtel, fit quelques rapports pour les ministres Necker et de Calonne, épousa la nièce de ce dernier, et obtint l'intendance du Languedoc. De retour à Paris, en 1791, quand la nouvelle division territoriale eut chassé de leurs places tous les intendans, il fut nommé conseiller-d'état, fit partie de l'émigration, obtint la survivance de M. de Monthion, chancelier du conseil de *Monsieur*, et fut nommé intendant-général de l'armée des princes. Il rentra en France, après le 18 brumaire an 8, se livra de nouveau à des occupations littéraires, et traduisit en vers les *Odes d'Horace;* il ne fit point oublier même les faibles imitations de Vanderbourg. La restauration lui rendit sa place de chancelier du conseil de *Monsieur*, et le fit rentrer au conseil-d'état. Le roi lui accorda la décoration de la légion-d'honneur, et lui fit momentanément présider le conseil des ministres, en l'absence du président titulaire.

BALLANCHE (PIERRE-SIMON), imprimeur-libraire, a récemment publié des ouvrages, où quelque esprit d'indépendance se trouve mêlé à la défense des vieux préjugés, et à une exaltation singulière d'idées religieuses. Né à Lyon le 4 août 1776, il fut longtemps éditeur et propriétaire du *Bulletin de Lyon,* journal où il insérait divers articles. On a de lui : *Du Sentiment, considéré dans ses rapports avec la littérature et les arts* 1802, in-8°; *Antigone,* 1815, in-8°, espèce de poëme en prose, ou plutôt roman en prose poétique. Quelque riche qu'il soit en fictions, un ouvrage ne peut prendre le titre de poëme si elles ne sont revêtues du charme de la versification. M. Ballanche a aussi publié quelques romans politiques, qui peuvent être fort poétiques car ils offrent peu de pages écrites pour les amis de la vérité.

BALLAND (N.), homme instruit et probe, ne s'est cependant fait connaître par aucun ouvrage ni par aucun fait marquant. Membre de la congrégation de l'Oratoire, il traversa la révolution sans en être froissé, fut nommé sous l'empire conseiller titulaire de l'université, et mourut très-âgé, vers la fin de 1814.

BALLAND (CHARLES-ANDRÉ), membre de la convention, fit partie de cette assemblée, à peu près comme le grain de sable fait partie du rivage. Procureur-syndic à Bruyères (Vosges), il fut nommé, par l'assemblée électorale de ce département, membre suppléant à l'assemblée législative, où il ne siégea pas, et ensuite député à la convention, où il vota la détention de Louis XVI, *sauf à le mettre à mort si le peuple le voulait*. Il ne s'occupa ensuite que de finances, passa au conseil des cinq-cents, obtint un emploi dans les bureaux de la comptabilité, et retomba, en 1797, dans la profonde obscurité d'où il avait été tiré et d'où il n'est plus sorti.

BALLAND (ANTOINE), général de division, né le 27 août 1751, s'engagea dès l'âge de 15 ans, et devint presque aussitôt sous-officier. Cependant sous l'ancienne monarchie, ce brave eût eu quelque peine à sortir de l'obscurité. La révolution, qui commençait à ouvrir toutes les routes des distinctions au seul mérite, fut propice au jeune Balland. Il devint rapidement lieutenant, capitaine, et lieutenant-colonel. Fait colonel sur le champ de bataille de Jemmapes, il attacha son nom aux brillantes campagnes de l'armée du Nord. En 1796, il passa en Italie, où il servit sous les ordres du général en chef Bonaparte, qui le fit général de brigade. Mis à la retraite, il se retira près de Vervins, où l'on croit qu'il vit encore.

BALLARD (PHILIBERT) était procureur-syndic du département de la Nièvre, au commencement de la révolution. Il se prononça en faveur des *girondins*, fut poursuivi, parvint à se mettre en sûreté, et se montra de nouveau quand l'orage parut s'apaiser. Député au conseil des anciens, il se fit peu remarquer. On se souvient seulement qu'en 1799, il vota l'impôt du sel. Conseiller de la cour d'appel de Bourges, après le 18 brumaire, il fut, en 1806 et en 1812, président du collège de cet arrondissement. Nommé candidat au corps-législatif, il ne fut point appelé à y siéger.

BALLESTEROS (FRANÇOIS), né à Saragosse en 1770; il était premier lieutenant dans le régiment d'infanterie légère des volontaires d'Aragon, lorsqu'en 1793, après la mort de Louis XVI, l'Espagne déclara la guerre à la France. Il se distingua particulièrement dans cette campagne, et fut fait capitaine. En 1804, on l'accusa d'avoir soustrait à son profit trois mille rations, dans un achat considérable de fourrages; c'était sous le ministre de la guerre Caballero, qui ne passait point pour aimer les militaires, et qui n'était pas militaire lui-même. Le prince de la Paix, premier ministre de Charles IV, qui sans doute rendait plus de justice à Ballesteros, voulut le dédommager de cette destitution, en lui faisant du moins obtenir, dans les Asturies, l'emploi de commandant des douaniers (*del resguardo*). L'invasion des Français, en 1808, décida la junte des Asturies à lui donner un régiment. Bientôt, sous les titres de brigadier des armées, et de maréchal-de-camp, il réunit sa division à l'armée de Castille, commandée par les généraux Black et Castanos. Dans plusieurs occasions il commanda en chef; et dans toutes, il acquit une grande réputation de talent et d'intrépidité. Mais bientôt les troupes espagnoles se virent sous les ordres d'un étranger; l'Angleterre accordait, à cette condition, ses secours indispensables. Ballesteros, entre autres, s'opposait fortement à une telle humiliation pour l'Espagne; mais les cortès voyant que la péninsule, abandonnée à elle-même dans sa lutte contre la France, ne pouvait point se promettre des succès réels, consentirent à donner le commandement supérieur au général anglais Wellington. Ballesteros se soumit à cette décision; mais les revers que l'on éprouva d'abord firent accuser le général espagnol d'écouter beaucoup moins l'intérêt de sa patrie, que son ressentiment contre les cortès, et il crut nécessaire de publier un mémoire pour sa justification. Ferdinand VII, remonté sur le trône, parut lui être entièrement favorable, et le fit ministre de la guerre : mais on sait que la fortune avait choisi cette cour pour y donner les exemples d'inconstance les plus frappans. Une entière disgrâce éloigna Ballesteros; et trop heureux de rester libre, il alla recevoir un traitement de demi-solde à Valladolid, partageant ainsi l'honorable, mais bizarre infortune de ceux qui avaient tout fait pour l'indépendance du territoire espagnol. Ballesteros s'était distingué au milieu d'eux non-seulement par des succès brillans, mais aussi par la discipline et le bon esprit des troupes qu'il commandait vers la fin de la guerre, et qu'il avait formées lui-même. Cette modération était surtout remarquable dans un temps où la plupart des autres généraux n'étaient plus que des chefs de parti, dont les bandes se livraient au brigandage. Les habitans de l'Andalousie l'aimaient beaucoup; ils avaient en lui une confiance qui contribuait à les abuser sur les suites probables de cette guerre dont le terme dépendait, sans qu'ils le sussent, de ce qui se passait à sept cents lieues du camp espagnol. Malgré sa valeur, Ballesteros n'était pas toujours heureux; son habileté ne le préservait pas toujours du chagrin de voir fuir ses troupes, bien qu'elles fussent très-supérieures en nombre. On prétend qu'il ambitionnait la gloire de rendre Gibraltar à l'Espagne, et que vivement poursuivi par une division française, dans les montagnes, près de Ronda, il supposa que la retraite lui était coupée, et que cette forteresse devenait son seul refuge : il s'en approchait, dans l'espoir que le gouverneur l'y recevant, il pourrait s'en rendre maître par des moyens à peu près semblables à ceux que jadis les Anglais avaient trouvés licites à cause de l'importance d'un tel poste. Ce général a eu dernièrement d'autres occasions de servir son pays. Il contribua puissamment à la résolution prise par le roi, d'accéder au vœu général; mais en même temps, comme vice président de la junte provisoire, il s'attachait à prévenir les maux de l'anarchie, en faisant respecter l'autorité de Ferdinand, jusqu'à ce que les cortès fussent assemblées. Il n'est point de vertu dont l'Espagne ait plus besoin aujourd'hui, que de cette indulgence magnanime qui concilie les intérêts, et réunit les cœurs : Ballesteros paraît animé de ces sentimens généreux. Puisse l'influence des hommes qui les partagent, maintenir le calme après de si grands changemens, et compléter l'ouvrage de cette régénération espagnole, qui a pu surprendre et qui doit instruire l'Europe !

BALLET (Jean), avocat avant la révolution, prit peu de part aux premiers événemens de cette époque. Nommé, en 1791, juge au tribunal civil d'Évreux, il fut, quelques mois après, député à l'assemblée législative; fit partie du comité des finances, et s'occupa presque exclusivement des travaux de ce comité. Ce fut lui qui, en avril 1792, fit rejeter les dons offerts par la caisse Potin de Vauvineux; demanda que la valeur des assignats en circulation fut portée à 1,656,000,000; et, le 28 août suivant, fit rendre plusieurs décrets, dont l'un ordonnait le remboursement d'une partie de l'emprunt de 1782, et l'autre l'envoi des premières pages du livre rouge aux quatre-vingt-trois départemens, pour qu'elles servissent de preuves des dilapidations de la cour. Nommé, sous l'empire, membre de la légion-d'honneur, et en 1805, procureur-général près la cour d'assises de Limoges, il devint, en 1811, avocat-général près la même cour; conserva cette charge sous la restauration, et fut élu membre de la chambre des représentans, en 1815. C'est là qu'on le vit s'élever contre les honneurs de la statue accordée au monarque vivant, et recommander une circonspection excessive, dans les discussions relatives au budget.

BALLEYDIER (N.), né à Annecy, département du Mont-Blanc, le 12 février 1763, commanda, en 1793, les volontaires du district d'Annecy, et servit ensuite sous Kellermann et Dugommier. Il refusa le titre de général de brigade, qui lui fut offert, et fit avec de brillans succès les campagnes d'Italie et celles de l'an 7. Ce fut lui qui fit prisonnier les 1500 Esclavons du général autrichien Sommariva. Nommé une seconde fois général de brigade, une seconde fois il refusa ce grade. L'ordre du jour proclama cette modestie extrême. Balleydier a servi sous Augereau, en Franconie. En l'an 9, il fut nommé commandant de l'île d'Elbe, puis colonel du 18ᵐᵉ régiment d'infanterie légère. Il fit les guerres de Hollande, de Russie, etc., etc., et reçut la croix de la légion-d'honneur.

BALLIÈRE DE LAISEMENT (Denis), cultiva la musique, les lettres et la chimie : il montra de l'aptitude pour toutes ces connaissances, et ne se fit un nom dans aucune. Né à Paris, vers 1730, il alla s'établir à Rouen, fit représenter sur le théâtre de cette ville plusieurs opéras-comiques, au succès desquels il dut la place de vice-directeur de l'académie ; publia quelques ouvrages utiles, et mourut en 1804. Ses opéras-comiques sont : *Deucalion et Pyrrha*, 1751, non imprimé ; *le Rossignol*, id. ; *le Retour du printemps*, 1753 ; *Zéphire et Flore*, 1754 ; *la Guirlande*, 1757. On lui doit l'*Éloge de Lecat*. Rouen, 1769, in-8° ; la nouvelle édition du *Gazophylacium Græcorum* de Philippe Caltier, Paris, Didot, 1790, in-8°, et une *Théorie de la musique* ; ce dernier ouvrage est concis, bien écrit, méthodique, mais trop élémentaire, et incomplet en quelques parties, Paris, 1764, in-4°.

BALLOIS (Louis-Joseph-Philippe), écrivain publiciste, parcourut dans les orages et le malheur une courte et pénible carrière. Il naquit à Périgueux, en 1778, et rédigea à Bordeaux un journal républicain, qui se fit remarquer par l'exaltation des principes qui y étaient professés. En 1798, Ballois, choisi pour secrétaire d'ambassade par son compatriote Lamarque, ambassadeur en Suède, fut destitué par le directoire, que sa véhémence politique inquiétait. Profondément affligé de cet événement, et voyant toutes ses espérances de fortune et de patriotisme déçues, il résolut de se tuer ; mais, au moment d'exécuter ce funeste projet, sa main trembla, et la balle du pistolet, qui devait terminer sa vie, ne lui fit qu'une douloureuse blessure. Pour trouver des moyens d'existence, il se fit commis ; mais le malheur ne lui avait pas donné la modération, et il fut supprimé après le 18 brumaire. Ballois se livra alors aux sciences exactes, fonda les *Annales statistiques*, fut un des premiers propagateurs de cette utile et nouvelle science, et devint membre de plusieurs académies. Il mourut à Paris le 4 décembre 1803, à peine âgé de 25 ans, après avoir supporté avec assez de résignation toutes les souffrances d'une maladie lente, et avoir été en proie à tous les besoins.

BALLUE (N.), notaire et juge de paix à Péronne, fut membre de l'assemblée-législative, et ne se fit remarquer qu'une seule fois (le 26 août 1792), en apprenant à l'assemblée que plusieurs royalistes, sortis de son sein, avaient demandé des passe-ports pour parcourir les pays que les principes révolutionnaires n'avaient pas détachés encore de la vieille monarchie. Depuis cette époque, on n'a plus entendu parler de ce député.

BALME (Claude), né à Belley, (Ain), médecin à Lyon. Il est auteur des ouvrages suivans : 1° *de l'Utilité de l'exercitation du corps dans différentes maladies*, in-4°, Montpellier, an 10 ; 2° *Observations et Réflexions sur le scorbut*, 3° *Extrait des annotations de médecine pratique, sur diverses maladies*, par Bréra, Lyon, in-8°, 1808 ; 4° *Éloge de M. Balme, médecin au Puy*, prononcé dans la séance publique de la société de médecine de Lyon, le 16 mai 1808; 3° *de Actiologiâ generali contagii pluribus morbis*, in-8°, *Lugduni*, 1809; 6° *Compte rendu des travaux de la société de médecine de Lyon, pendant les années* 1809 *et* 1810; 7° deux *Mémoires, dont l'un sur les forces vitales, et l'autre sur les indications et contre-indications de la saignée, soit dans les fièvres intermittentes, soit dans les fièvres continues*. Ils ont obtenu une mention honorable, le 2 novembre 1812, dans une séance extraordinaire de la société académique de médecine de Paris. 8° *Répertoire de médecine*, in-8°, Lyon, 1814: première partie du premier volume d'un ouvrage immense auquel M. Balme travaille depuis trente ans. 9° *Traité pratique et théorique du scorbut chez l'homme et les animaux, suivi de plusieurs considérations sur les qualités, les devoirs et les prérogatives du vrai médecin*, in-8°, Lyon, 1819.

BALMIS (FRANÇOIS-XAVIER) doit être compté au nombre des bienfaiteurs de l'humanité. Il propagea la vaccine dans l'Amérique et dans l'Asie, depuis la Corogne jusqu'aux bords du fleuve Jaune. Chirurgien de la chambre du roi d'Espagne, M. Balmis partit de la Corogne en 1803, vaccina plusieurs nouveau-nés qui se trouvaient sur le vaisseau qu'il montait, toucha aux îles Canaries, à Porto-Rico, s'arrêta quelque temps sur la côte de Caracas, envoya son adjoint Salvani dans l'Amérique méridionale, visita la Havane et la presqu'île d'Yucatan, fit partir don Francisco Pastor pour la province de Tabasco, parcourut lui-même toute la Nouvelle-Espagne, se rendit sur les bords de la mer Vermeille, revint à Acapulco, franchit la mer Pacifique, et porta en Asie le vaccin salutaire, dont il introduisit la pratique en Chine; il relâcha aux îles Philippines, revint par Sainte-Hélène, et arriva en Europe en 1804. Il trouva le continent bouleversé, quitta le service, resta quelque temps à Cadix, et fut placé de nouveau lors du retour de Ferdinand VII. Il a dessiné et colorié lui-même les plantes que les Chinois regardent comme les plus utiles; cette belle collection est déposée au musée de Madrid. On peut regarder la bienfaisante expédition dont M. Balmis était chef, comme une légère expiation des ravages et des cruautés des Espagnols conquérans de l'Amérique. Si dans les siècles de superstition et de fanatisme, on a massacré l'espèce humaine en l'asservissant, dans le siècle de la philosophie, on n'a cherché qu'à la conserver et à l'affranchir.

BALSAC DE FRIMY (JACQUES), l'un des adversaires de la liberté naissante en France, fut victime de son opposition à la volonté générale. Né à Senergue, en 1734, il devint conseiller au parlement de Toulouse. Quand la révolution éclata, il se montra l'un des plus ardens de son corps à désavouer les opérations de l'assemblée constituante. Dénoncé en 1793, comme royaliste, il fut conduit à Paris, et traduit au tribunal révolutionnaire de cette ville. Condamné à mort, il fut exécuté quelque temps avant la chute de Robespierre.

BALTHASAR (JOSEPH-ANTOIne-Félix de). Il fit de l'histoire de la Suisse, son pays, l'étude de sa vie entière. Fils de François Balthasar, fameux patriote suisse, il naquit à Lucerne en 1737, commença ses études dans cette ville, et les continua à Lyon; il revint dans sa patrie, où il occupa plusieurs fonctions dans la magistrature, et sut, au moment où les idées de la révolution agitaient toutes les têtes, concilier tous les partis. Devenu président de l'administration municipale de Lucerne, il se démit de cette place deux ans avant sa mort, arrivée en 1800. Cette vie de magistrat, de patriote, d'homme public, de savant et d'écrivain, rappelle ces belles vies de l'antiquité, toutes dévouées à la patrie. Balthasar a laissé, outre des notes en grand nombre pour servir à l'histoire de son pays, plusieurs ouvrages remarquables : *Musæum virorum Lucernatum*, Lucerne, 1777, in-4°; *de Helvetiorum Juribus circa sacra*. Cet ouvrage, traduit en français par M. Viend, sous ce titre : *les Libertés de l'Eglise helvétique*, Lausanne, 1790, a excité les réclamations de la cour de Rome; l'évêque de Constance en demanda la suppression, et les foudres du Vatican tonnèrent contre Balthasar, qui n'avait fait que prouver par les faits que la Suisse avait joui depuis des siècles des mêmes libertés que l'Église gallicane. Balthasar a enrichi la bibliothèque suisse de Haller d'un grand nombre de bonnes notices. Son *Histoire de la Nonciature à Lucerne*, c'est-à-dire, des intrigues du cabinet papal dans ce pays, est restée manuscrite, ainsi que le *Code diplomatique*, et la *Défense de Guillaume Tell*, où l'existence de ce grand homme, ses vertus, sa patrie, sont protégées contre les écrivains vendus, qui ont cherché à les révoquer en doute ou à les outrager.

BALZA (Alexandre), patriote belge, prit part aux premiers mouvemens qui, en 1792, agitèrent la Belgique. Dès que les Français se furent emparés de Mons, il y établit un club, se rendit à Bruxelles, et devint président de l'assemblée populaire qui s'y forma aussitôt après son arrivée. Comme président des représentans du peuple de Bruxelles, il signa cette proclamation courageuse, où les Belges déclaraient rompus tous les liens qui attachaient la Flandre à la maison d'Autriche. M. Balza vint ensuite à Paris, et en rapporta dans sa patrie un plan pour la réorganisation du gouvernement belge. Mais Dumouriez, qui disposait de toutes les forces militaires du Nord, désapprouva le plan, qui resta sans exécution. M. Balza ne se fit plus remarquer depuis cette époque.

BAMPTON (N.), capitaine de vaisseau anglais, est connu par une relation de son passage à travers le détroit de Torrès, ouvrage accompagné d'une excellente carte, qui en indique les bas-fonds, les écueils et les difficultés souvent insurmontables. Le capitaine Bampton, lui-même, ne traversa le détroit qu'avec la plus grande peine, et en s'exposant à mille dangers. Ce fut là que Ganda se perdit en 1791, deux ans auparavant.

BANAU (J. B.), médecin de la garde suisse attachée au comte

d'Artois. On a de lui : 1° *Observations sur les différens moyens propres à combattre les fièvres putrides et malignes*, in-8°, 1779; deuxième édition, 1784, et 1786, troisième édition. 2° *Mémoires sur les épidémies du Languedoc*, in-8°, 1787; 3° *Histoire naturelle de la peau, et de ses rapports avec la santé et la beauté du corps*, in-8°, 1802.

BANCAL (Henri), notaire à Clermont-Ferrand à l'époque de la révolution, fut député à la convention nationale, et devint membre du conseil des cinq-cents. La vie politique de ce législateur offre un contraste continuel de modération, de justice et de courage, avec l'époque orageuse où il parut pour la première fois dans les affaires publiques. Inaccessible à l'ambition comme à la crainte, il offrit à la convention le spectacle peu commun d'un homme de bien qui veut donner à la politique de sa patrie le désintéressement et la probité de son caractère privé. Il monta à la tribune, en 1792, pour voter contre la réunion de la Savoie à la France, et son érection en département. Par une erreur qui ne prend sa source que dans un excès de modération, il soutint qu'on devait laisser à cette contrée le soin de se donner un gouvernement. En songeant à l'enthousiasme qu'inspira généralement la première gloire militaire de la révolution, on est frappé du sentiment qui inspira à ce député une proposition d'une politique aussi réservée. Le 10 janvier 1793, nommé membre du bureau, il eut le courage de demander si la convention avait le droit de juger Louis XVI, et il s'attacha à prouver combien serait fatal l'abus qu'elle allait faire de son pouvoir. Il vota, dans le procès, pour l'appel au peuple, la détention, ou le bannissement jusqu'à la paix. Au mois de février suivant, il s'éleva contre Marat, proposa son exclusion de l'assemblée, et demanda qu'il fût informé d'office pour vérifier sa folie : ce ne fut certainement pas le vote le moins courageux ni le moins honorable de ce député. Peu de temps après, s'adressant au pouvoir lui-même, il s'opposa à ce que les ministres fussent pris dans le sein de la représentation nationale, et osa combattre la création du trop fameux *comité de salut public*. Mais forcé, dans cette mémorable discussion, de céder à la majorité, il demanda que le pouvoir de ce comité se bornât à surveiller les opérations du conseil exécutif, *et que ses membres fussent changés deux fois par mois*. On ne peut trop admirer le sentiment de patriotisme et le don de prévoyance qui caractérisèrent l'opinion de M. Bancal à cette affreuse époque. Par une circonstance qui le fit, contre le droit des gens, prisonnier de la maison d'Autriche, il échappa à la proscription, qui bientôt envoya à la mort les hommes de son caractère. Un décret de la convention avait mandé à la barre le général en chef Dumouriez, pour venir rendre compte de sa conduite. Les députés Beurnonville, Camus, Quinette, Lamarque et Bancal furent envoyés à ce général pour lui signifier l'ordre de la convention. Dumouriez, qui pressentit justement le sort qu'on lui réservait, railla les commissaires et leur dit, « qu'ils » couraient en cette occasion plus » de dangers que lui-même. » Le député Camus lui signifia avec force, pour toute réponse, de se rendre à Paris; et, sur son refus, lui dit : « Je vous suspends de vos » fonctions : vous n'êtes plus géné-» ral. J'ordonne qu'on s'empare de » vous. » L'ordre fut exécuté autrement. Dumouriez appela quelques hussards, fit prendre les commissaires, et les envoya au quartier-général autrichien. Dumouriez, qui trahissait la république, trouva qu'il était prudent de ne pas obéir aux commissaires; mais il dépassa toutes les bornes de la justice, en les livrant à l'ennemi. L'illégalité et la violence déposent également contre lui et contre le gouvernement autrichien. Les commissaires français furent détenus depuis le 3 avril 1793, jusqu'au mois de décembre 1795, époque du traité de Bâle, en vertu duquel ils furent tous échangés contre la princesse Marie-Charlotte de France, actuellement duchesse d'Angoulême. M. Bancal retrouva, à son retour, l'estime et la confiance de ses concitoyens, et fut appelé, en 1796, au conseil des cinq-cents. A son arrivée dans l'assemblée, il fut porté en triomphe jusqu'à la place du président. Il fit le récit de toutes les circonstances de sa longue captivité, et l'impression en fut ordonnée par le conseil. Peu de jours après, un decret déclara que le citoyen Bancal avait dignement rempli la mission dont la convention l'avait chargé. Sorti du corps-législatif en 1797, M. Bancal s'est retiré dans sa ville natale, où il consacre à l'étude et à la littérature la suite d'une existence si honorablement vouée à sa patrie pendant les orages de la révolution.

BANCAL (femme). *Voyez* FUALDÈS.

BANCAREL (François). On a de lui : 1° *Collection abrégée des voyages anciens et modernes autour du monde*; 12 vol. in-8°, 1808 et 1810; 2° *Table alphabétique et raisonnée des matières contenues dans les quinze volumes de Plutarque*, traduits par Amiot, avec les notes de Brotier, Dacier et Vauvilliers, in-12, Paris, Dufart. Cette table complète l'ouvrage, et forme le seizième volume.

BANCROFT (Édouard-Nathaniel), médecin anglais au service de France, est auteur des ouvrages suivans : 1° *Essai sur l'histoire naturelle de la Guiane, dans l'Amérique méridionale*, in-8°, 1796; 2° *Histoire de Charles Wentworth*, 1770, 3 vol. in-12; 3° *Essai sur la fièvre jaune*, 1811, in-8°; 4° *Recherches expérimentales sur les couleurs et la teinture*, etc., 2 vol. in-8°, 1794. M. Bancroft fait partie de la société royale de Londres et du collège royal des médecins.

BANDETTINI (Thérèse), improvisatrice italienne, est née vers 1756, à Lucques, où elle reçut une bonne éducation. Privée de fortune, elle débuta au théâtre de Florence, en qualité de danseuse; mais elle renonça bientôt à une carrière pour laquelle elle se sentait peu de vocation. Elle s'adonna entièrement à l'étude des lettres, et son goût pour la poésie ne tarda pas à se manifester dans une occasion singulière. Assistant à une séance publique, où un fameux improvisateur Véronnais faisait admirer son talent, elle en reçut une impression si vive, qu'elle improvisa elle-même sur-le-champ l'éloge en vers de l'improvisateur. Ce poète, lui trouvant de grandes dispositions, l'engagea à les cultiver. Elle s'exerça avec tant de zèle et de bonheur dans l'improvisation, genre, à la vérité, facile dans la langue italienne, qu'en peu de temps elle parvint à pouvoir faire à l'instant des impromptu en vers sur tous les sujets qui lui étaient proposés. Bien que Thérèse ne fût pas douée d'une belle voix, elle donnait cependant la plus touchante expression à ses vers, quand elle les récitait avec modulation, suivant l'usage des improvisateurs italiens. Elle alla se faire entendre successivement dans différentes villes d'Italie, où elle obtint le plus grand succès, soit dans les séances publiques, soit dans les sociétés particulières. On rapporte qu'en 1794, chez le prince Lambertini, à Bologne, Thérèse, après avoir improvisé sur divers sujets, chanta la mort de Marie-Antoinette, dont elle rappela les grâces, les souffrances et la fin déplorable. On ajoute qu'elle partagea si vivement l'émotion que ses chants causaient aux auditeurs, qu'il lui fut impossible d'achever cette improvisation. Ses talens et sa réputation engagèrent plusieurs académies d'Italie à s'associer cette improvisatrice. Mais tant de succès et d'honneurs littéraires ne lui procurèrent pas l'aisance dont elle aurait eu besoin, dans un âge avancé, lorsqu'elle se retira, en 1813, à Lucques, sa ville natale. Thérèse Bandettini a publié en italien un *Essai de poésie improvisée*, belle édition de Bodoni. La pièce la plus intéressante de ce recueil est *l'Entrevue de Pétrarque et de Laure à l'église*, morceau plein de verve et de sensibilité.

BANDINI (Ange-Marie), philologue et antiquaire italien, naquit à Florence, le 25 septembre 1726. Orphelin dès l'enfance, il eut pour mentor son frère Joseph, jurisconsulte distingué, qui le fit étudier chez les jésuites. Le jeune Bandini manifesta un goût décidé pour les langues anciennes et les antiquités; il s'exerça aussi dans la poésie, mais il y renonça bientôt, et ne s'occupa plus que de l'histoire littéraire, dans l'étude de laquelle il fut dirigé par les soins affectueux du célèbre antiquaire Jean Lami. L'évêque de Volterra se l'étant attaché, en qualité de secrétaire, l'emmena avec lui, dans un voyage qu'il fit à Vienne, en 1747, et ce fut alors que Bandini obtint de l'empereur la permission de lui dédier son histoire de la littérature florentine, qu'il faisait imprimer à Florence, sous le titre de *Specimen litteraturæ Florentinæ sæculi XV*, etc. Il se lia avec beaucoup de savans de l'Allemagne, et eut les mêmes liaisons avec ceux des principales villes d'Italie, où il passa l'année suivante, en revenant dans sa patrie. Sa pas-

Banks

Alp. Boilly.

sion pour les sciences l'engagea bientôt à se rendre à Rome : c'est dans cette ville qu'il embrassa l'état ecclésiastique. Il ne s'occupa plus que de recherches savantes, qu'il faisait sans relâche dans les bibliothèques les plus riches en livres et manuscrits précieux, et particulièrement dans celle du Vatican. A cette époque, en fouillant dans les ruines du Champ-de-Mars, on découvrit l'obélisque d'Auguste, qui jadis avait servi de gnomon pour les observations astronomiques. Le pape Benoît XIV chargea l'abbé Bandini de faire la description et l'explication de ce monument antique. Après avoir consulté les premiers astronomes de l'Europe sur l'usage que les Romains faisaient de ce gnomon, le savant antiquaire inséra leurs réponses dans sa dissertation, qu'il écrivit d'abord en italien, et que, par ordre du pape, il traduisit ensuite en latin, sous ce titre : *De obelisco Augusti Cæsaris, è Campi Martii ruderibus nuper eruto,* 1750, in-f°. Dans la même année, l'abbé Bandini fut nommé, par Alexandre Marucelli, garde de la bibliothèque précieuse que son oncle, l'abbé François Marucelli, avait, en mourant, destinée à devenir publique; munificence qu'on ne voit nulle part qu'en Italie, où elle n'est point rare. Déjà il s'occupait à mettre en ordre cette bibliothèque, quand Alexandre Marucelli mourut, le 1ᵉʳ décembre. Non moins bienfaisant envers les lettres que son oncle, il avait institué la bibliothèque même son héritière universelle, voulant que tout son bien servît pour l'entretenir et l'augmenter; il avait nommé, en même temps, l'abbé Bandini son exécuteur testamentaire et bibliothécaire perpétuel. Celui-ci employa deux années, tant pour régler les affaires de la succession, que pour dresser le catalogue de ce vaste dépôt de connaissances, dont le public commença à jouir en 1752. Quatre ans après, le célèbre littérateur Biscioni, chanoine à Florence, et garde de la bibliothèque Médicéo-Laurentienne, étant mort, l'abbé Bandini obtint son canonicat et sa place de bibliothécaire en chef. Il exerça dignement jusqu'à sa mort, arrivée en 1800, un poste où il se rendit constamment utile aux gens de lettres. Ce savant estimable consacra, en mourant, toute sa fortune à des actes de bienfaisance, et entre autres, à la fondation d'une école publique dans la *villa di Sant' Antonio,* qu'il possédait près de Fiesoli. Indépendamment des deux ouvrages que nous avons cités, l'abbé Bandini publia, dans le cours de sa longue carrière, la vie et l'éloge de divers personnages célèbres, quelques catalogues bibliographiques, plusieurs dissertations et d'autres opuscules, écrits les uns en latin, les autres en italien, imprimés séparément ou dans des recueils littéraires et scientifiques.

BANKS (Joseph), célèbre naturaliste anglais, naquit en 1740, d'une famille illustre de Suède. Son aïeul étant allé s'établir en Angleterre, y exerça la médecine avec le plus grand succès, et acquit ainsi une fortune considérable, que le père de Joseph sut conserver; il vivait dans une belle terre du comté de Lincoln. Le jeune Banks, qui avait fait de brillantes études au collége d'Éton et à l'université d'Oxford, s'adonna particulièrement à l'histoire naturelle, où il fit de grands progrès, et manifesta de bonne heure le désir de contribuer au perfectionnement d'une des parties les plus intéressantes des connaissances humaines. Sa passion pour cette science lui fit entreprendre plusieurs voyages de long cours. L'Amérique, renfermant une foule d'objets d'histoire naturelle fort peu connus alors, et par conséquent plus curieux que ceux de l'ancien monde, devait appeler les recherches des plus zélés naturalistes, qui s'empressaient à l'envi d'explorer la Jamaïque, les Barbades et la Virginie. Leur exemple détermina Banks à entreprendre, en 1763, dès l'âge de 25 ans, et en sortant de l'université, un voyage sur les côtes de Terre-Neuve et de Labrador. S'il courut de grands dangers, il recueillit le fruit de ses peines, soit par les connaissances qu'il acquit, soit par les objets intéressans qu'il rapporta dans sa patrie. En 1768, le gouvernement anglais chargea le lieutenant Cook, depuis capitaine, de continuer les découvertes entreprises successivement dans la mer du Sud, par Anson, Biron, Wallis et Carteret; il le chargea particulièrement d'observer, à la hauteur de l'île d'Otaïti, le passage de Vénus sur le disque du soleil. Banks s'offrit pour accompagner Cook dans une expédition dont les sciences naturelles devaient tirer de grands avantages. Le dévouement de ce jeune naturaliste fut généralement admiré, et bien accueilli du gouvernement, qui, en acceptant sa proposition, s'empressa de lui offrir tout ce qui pouvait lui être utile dans le voyage. Mais Banks, loin de rien accepter, voulut au contraire contribuer, de tous ses moyens, au succès de cette entreprise importante. Il engagea, à ses frais, le docteur suédois Solander, disciple distingué de Linné, pour diriger avec lui les recherches relatives à l'histoire naturelle; il emmena également deux dessinateurs-peintres, un secrétaire et quatre domestiques. Il ne négligea pas d'emporter les instrumens nécessaires aux observations, et tout ce qui était propre à conserver les objets précieux qu'il recueillerait; enfin, pour parvenir plus aisément à se concilier la bienveillance des sauvages qu'il devait visiter, il porta la prévoyance jusqu'à se munir d'une quantité d'objets de première utilité, qui pussent contribuer à améliorer leur sort, et leur donner du goût pour la civilisation. À la hauteur de Madère, Banks et le docteur Solander découvrirent plusieurs poissons qui n'avaient encore été décrits ni même observés par aucun naturaliste. Ils firent aussi des observations intéressantes dans la traversée de cette île à Rio-Janeiro. Mais, dans cette capitale du Brésil, la jalousie des Portugais ne leur permit pas de se livrer à des recherches qui, sans doute, n'auraient pas été infructueuses pour la science. Banks et le docteur Solander, étant allés explorer les côtes de la Terre-de-Feu, pour en reconnaître les productions, faillirent être engloutis dans un tourbillon de neige. Ils passèrent toute une nuit dans les angoisses de la mort, et ce ne fut qu'après avoir vu périr trois de leurs compagnons, qu'ils parvinrent avec des peines inouïes à regagner le navire. L'*Endeavour*, vaisseau sur lequel l'expédition était partie de Plimouth, le 26 août 1768, arriva à Otaïti, le 10 avril 1769. Les voyageurs séjournèrent trois mois tant dans cette île que dans les îles voisines, soit pour faire des observations astronomiques, soit pour recueillir des objets curieux d'histoire naturelle et pour lever le plan des îles, soit enfin pour étudier la langue, les mœurs et les usages des insulaires. L'*Endeavour* ayant quitté ce groupe d'îles, le 15 août 1769, fit voile vers la Nouvelle-Zélande, où il mouilla le 6 octobre suivant. Comme les habitans parlaient la même langue qu'à Otaïti, un prêtre de cette île avait accompagné volontairement les voyageurs, pour leur servir de trucheman. Malgré la difficulté qu'on eut d'établir des relations avec les naturels de la Nouvelle-Zélande, Banks y fit néanmoins une ample moisson de productions naturelles et industrielles : celles-ci offrirent des curiosités dignes d'orner un musée. L'expédition se dirigea quelque temps après vers la Nouvelle-Hollande. Elle suivit la côte septentrionale jusqu'à Botany-Bay, ainsi nommé par Cook, à cause des richesses végétales que les naturalistes y recueillirent : ils y découvrirent aussi des animaux dont les espèces étaient inconnues. Cook et ses compagnons visitèrent ensuite les côtes orientales de ce vaste territoire, auxquelles ils donnèrent le nom de Nouvelle-Galles méridionale. Dans cette course, le vaisseau ayant échoué sur un banc de corail, une large ouverture se fit à fond de cale. Les voyageurs n'échappèrent à la mort que par un bonheur inespéré, et Banks montra dans le danger un courage et une présence d'esprit admirables. Le vaisseau étant enfin entré dans l'embouchure d'une rivière, que Cook nomma l'*Endeavour*, on s'occupa aussitôt de le réparer. En le mettant en carène, on reconnut l'imminence du péril auquel on avait été exposé : la pointe du rocher sur lequel le navire avait touché, était restée dans l'ouverture qu'elle avait faite, et avait ainsi empêché le naufrage. La situation dans laquelle on mit le bâtiment pour pouvoir le radouber, fit pénétrer l'eau tout à coup jusqu'à l'endroit qui renfermait la riche collection de Banks, qui se vit réduit à en sacrifier une partie pour sauver l'autre. En poursuivant ses recherches vers le nord de la côte, il recueillit de nouveaux poissons, de nouveaux coquillages, et fit la découverte intéressante du kanguroo, joli quadrupède jusqu'alors inconnu aux Européens. Le 23 août 1770, l'expédition fit voile de cette côte pour la Nouvelle-Guinée, et bientôt après pour Batavia, où l'*Endeavour* mouilla, le 21 septembre. Un séjour de trois mois dans cette île fut bien funeste à l'équipage, qui perdit plus de trente matelots, ainsi que le prêtre otaïtien dont il a été question plus haut : Banks et le docteur Solander furent dangereusement malades. Enfin l'expédition quitta Batavia, le 27 décembre de la même année; et, après avoir relâché au cap de Bonne-Espérance, elle arriva dans la rade des Dunes, le 21 juin 1771, et prit terre à Déal le même jour. A son retour en Angleterre, Banks fut accueilli avec un vif intérêt par ses compatriotes. Les savans surtout lui surent gré du noble motif qui lui avait fait entreprendre son voyage, des observations qu'il avait consignées dans son journal, et des trésors dont il avait enrichi l'histoire naturelle. Quelque temps après, le gouvernement voulant renouveler la même entreprise, Banks se présenta des premiers pour ce voyage; mais ses amis le détournèrent de donner suite à ce projet, alors il se borna à offrir des conseils et des instructions aux nouveaux voyageurs. Cependant la passion de Banks pour les voyages et pour l'histoire naturelle ne s'était pas éteinte. Il résolut de visiter l'Islande, où il avait l'espérance de découvrir et de recueillir beaucoup de curiosités naturelles. Il loua un navire, et fit voile pour cette île avec son ami le docteur Solander, et un nouveau voyageur, le docteur Vontroil, savant ecclésiastique danois. Les Hébrides, qui forment un groupe d'îles à l'occident de l'Écosse, se trouvaient sur leur passage. Les navigateurs s'empressèrent de les visiter. Ils y remarquèrent surtout la magnifique grotte de Staffa, qui se compose d'un immense lit de rochers taillés en colonnes rangées par couches les unes sur les autres. Ce phénomène, qui jusqu'alors avait échappé à tous les regards, éveilla la curiosité des savans de l'Europe, dès que Banks en eut donné la description, et, depuis cette époque, beaucoup de voyageurs se sont empressés de le visiter. Les trois naturalistes étant arrivés en Islande, examinèrent avec soin les montagnes volcaniques, les sources d'eau chaude, les rochers de silex, les animaux, les végétaux, et tout ce qui leur parut digne de fixer leur attention; ils emportèrent une riche collection d'objets et d'individus des plus curieux. Le docteur Vontroil, à son retour en Danemark, remit les observations de Banks au gouvernement, qui en profita pour améliorer l'agriculture et le commerce de l'Islande. Revenu en Angleterre, Banks vécut alternativement dans son domaine de Lincoln, et à Londres, dans la société des gens de lettres et des hommes les plus distingués. En correspondance avec les philosophes les plus célèbres de l'Europe, il s'occupait sans relâche à rassembler des matériaux pour l'histoire naturelle, et s'attachait particulièrement à appliquer cette science aux usages ordinaires de la vie. En 1777, sir John Pringle s'étant démis de la présidence de la société royale de Londres, la considération publique et le suffrage des académiciens appelèrent Banks à ce poste honorable, qui exige d'éminentes qualités. Il fut bientôt après, en 1781, élevé à la dignité de baronnet. Après avoir exercé pendant quatre ans, à la satisfaction de tous ses confrères, les fonctions de président, auxquelles il avait été réélu annuellement, Banks fut en butte au blâme des membres les plus distingués. Ils lui reprochaient d'introduire dans leur société des hommes qui n'avaient d'autre mérite que la naissance et la fortune, tandis qu'il en excluait les savans, les gens de lettres, et les auteurs de découvertes. On lui reprochait encore sa qualité d'étranger, son aversion pour les mathématiques, et sa trop grande prépondérance, que l'on qualifiait de despotisme. Plusieurs membres proposèrent même de faire scission, et le docteur Huton donna sa démission de secrétaire. Mais enfin les mécontentemens s'apaisèrent, la scission n'eut point lieu, et le président conserva son poste. Ce n'est pas seulement comme président de cette société, que Banks a rendu de grands services aux sciences. Depuis long-temps sa maison était le rendez-vous des hommes les plus distingués par leurs talens. Tous les dimanches, elle était ouverte aux savans nationaux et étrangers, qui y discutaient les nouvelles relatives aux sciences et aux lettres, et qui s'y communiquaient mutuellement leurs recherches et leurs découvertes. Son riche cabinet d'histoire naturelle, et sa bibliothèque, la plus complète de l'Europe dans cette partie, étaient également ouverts à tous les amateurs, quelle que fût leur qualité ou leur situation. Le catalogue de cette bibliothèque, dressé en latin par Jonas Dryander, qui avait la garde de ce dépôt précieux, formait déjà, en 1800, cinq volumes in-8°, et l'auteur s'est occupé, jusqu'à sa mort arrivée en 1810, de lui donner un supplément considérable, que son successeur, sir Robert Brown, ne tardera pas sans doute à terminer et à publier. Les instructions de Banks ont dirigé la plupart des voyageurs anglais qui, depuis plus de quarante ans, ont tenté de faire des découvertes; et c'est lui qui a, pour ainsi dire, fondé l'association africaine. On doit à Banks le succès avec lequel l'arbre à pin a été transplanté dans les îles d'Amérique; on lui doit aussi la prospérité de la colonie anglaise à la Nouvelle-Galles méridionale. Enfin, il a donné des preuves d'un patriotisme éclairé, en améliorant les races de brebis, en desséchant les marais du Lincolnshire, et en perfectionnant les instrumens aratoires. Pour le récompenser de ces utiles travaux, le roi d'Angleterre le nomma membre actif de son conseil privé, et chevalier de l'ordre du Bain, honneur qui, jusqu'alors, n'avait été accordé qu'aux princes, aux pairs et aux généraux. On a de Banks une foule de mémoires sur l'histoire naturelle, l'agriculture et les arts, qui sont imprimés dans les *transactions philosophiques*, dans l'*archæologia*, et dans les autres collections périodiques, anglaises ou américaines. Il a aussi publié séparément, sur les maladies du blé, un opuscule intitulé : *A short account of the cause of the disease in corn, called by farmers the Blight, the Mildew, and the Rust*, 1805, in-8°, avec figures. Nous ne devons pas omettre de dire que c'est aux vives instances de Banks que les

Français durent la restitution des papiers relatifs au voyage de l'infortuné Lapeyrouse, lesquels étaient tombés au pouvoir du gouvernement anglais : procédé à la fois noble et généreux, qui porta l'institut de France à s'associer, comme membre étranger, sir Banks, dont il appréciait d'ailleurs tout le mérite. Cet illustre savant était grand, bien fait et robuste. Un esprit supérieur et un grand fonds de savoir acquis par l'étude et par les voyages, rendaient sa conversation aussi intéressante qu'instructive. Attaqué de la goutte depuis environ vingt ans, Banks n'a eu aucune autre infirmité jusqu'à sa mort, arrivée au mois d'août 1820, dans la 80me année de son âge.

BANKS (THOMAS), célèbre sculpteur anglais, est né vers 1750. Après avoir étudié en Angleterre les principes du dessin et de la sculpture, il voyagea en Italie pour se perfectionner dans son art, par l'étude des beaux modèles de l'antiquité. Deux de ses ouvrages, *Caractacus* et *Cupidon*, lui ont assigné un rang honorable parmi les statuaires du second ordre. En 1779, il quitta Rome, où il avait fait ses statues, et transporta à Londres celle de *l'Amour*, son meilleur ouvrage, dans l'espérance de le céder à quelque riche amateur. N'ayant pas réussi, il partit en 1781 pour la Russie, où il obtint la protection de l'impératrice Catherine II : cette princesse fit placer la statue de *l'Amour*, qui avait encore accompagné son auteur, dans les jardins de Czarskozelo, maison de plaisance de S. M., à huit lieues de Saint-Pétersbourg. En général les groupes et les sujets un peu compliqués ne paraissent pas aussi favorables au talent de cet artiste, que les figures isolées, où il montre du goût et de la correction.

BANNAKER (BENJAMIN), africain, astronome et mathématicien, dans le Maryland, ne reçut pas une éducation différente de celle des autres nègres : cependant il sut se faire remarquer par sa politesse, par ses manières agréables, et plus encore par ses connaissances profondes en mathématiques et en astronomie. Il n'avait eu, pour se guider dans ses études, que les ouvrages de Fergusson et les Tables de Tobie Mayer; mais il possédait ce que les plus habiles maîtres ne donneraient pas, une exactitude et une patience qui, sans être le génie, mènent quelquefois à de grands résultats. Bannaker aimait singulièrement la lecture de l'Écriture-Sainte ; il avait autant de modestie que de savoir et de talens : aussi a-t-il cru ne devoir publier que ses *Éphémérides sur le Maryland et les états voisins*. Ses autres traités sont manuscrits; il les a légués, avec sa bibliothèque, à un de ses amis. Bannaker est mort en 1807.

BANTI (LA SIGNORA), célèbre cantatrice italienne, surnommée la *virtuose du siècle*, à cause de la belle voix dont la nature l'avait douée, était née en 1757, à Crema, ville de la Lombardie vénitienne. De Vismes rapporte dans ses *Mémoires*, qu'en 1778, époque où il était entrepreneur-général de l'Opéra, il fut un soir émerveillé d'entendre une voix à la fois éclatante et mélodieuse dans un café des boulevarts : c'était celle de la signora Banti. Le lendemain, il fit venir chez lui cette cantatrice, qui après avoir entendu deux fois un des airs les plus difficiles et les plus brillans de Sacchini, le chanta aussitôt avec une justesse et un goût admirables. De Vismes l'engagea dès lors dans la troupe de l'Opéra-Buffa, qui était également sous sa direction, dans la salle de l'académie royale de musique. La signora Banti débuta entre le second et le troisième acte de l'opéra français d'*Iphigénie en Aulide*, en chantant un air italien, et reçut des applaudissemens unanimes. Elle obtint bientôt de pareils suffrages sur les principaux théâtres de l'Europe, de l'Italie même, et pendant neuf années, elle fit les délices des *Dilettanti* de l'Opéra-Buffa de Londres. La signora Banti mourut à Bologne le 18 février 1806, dans sa 50me année : on ouvrit son corps pour rechercher les causes physiques de la grande étendue de sa voix, et l'on reconnut que ses poumons étaient extraordinairement volumineux.

BAOUR - LORMIAN (Louis-Pierre-Marie-François), fils d'un imprimeur, est né à Toulouse vers l'an 1772. Il aima la poésie dès sa première jeunesse, mais le genre satirique paraissait avoir le plus d'analogie avec son caractère. On peut juger de ses talens à cet égard, et de sa facilité, par le *Recueil des Satires toulousaines*, auxquelles paraît avoir contribué M. Trajan Tajan, avocat et journaliste à Toulouse ; on y trouve la critique des membres de l'Athénée de cette ville, et de plusieurs hommes de lettres des départemens du Midi. En 1795, M. Baour publia une traduction en vers de la *Jérusalem délivrée*. Cet ouvrage fut plus critiqué que loué. M. Baour, revenant à son premier genre, publia bientôt et successivement les satires réunies depuis sous le titre des *Trois Mots*, et adressées à M. Despaze, qui était satirique et gascon comme lui. Il faut l'avouer, les jugemens injustes, les sarcasmes non mérités, dont ces trois pièces sont remplies, sont souvent exprimés en vers piquans. Une lutte s'établit à cette époque entre M. Baour et le poète Lebrun, et le public s'amusa beaucoup de leurs épigrammes, qui se succédaient avec une singulière rapidité. M. Baour-Lormian avait dit :

Lebrun de gloire se nourrit;
Aussi voyez comme il maigrit.

Son célèbre adversaire répondit sur-le-champ :

Sottise entretient l'embonpoint;
Aussi Baour ne maigrit point.

Les imitations en vers des poëmes attribués à Ossian, valent mieux que ces saillies, et obtinrent à M. Baour d'honorables encouragemens ; il en témoigna sa reconnaissance au général Bonaparte, en célébrant ses victoires durant les campagnes d'Italie. M. Baour travailla ensuite pour le théâtre. En 1807, il donna la tragédie d'*Omasis, ou Joseph en Égypte*. Cette pièce, où se trouve un rôle des plus heureusement conçus, celui de *Benjamin*, renferme des beautés de style : elle obtint un grand succès, quoiqu'elle manque généralement de la force dramatique; mais la grâce rachète presque tout. Quelques années après, M. Baour fit donner *Mahomet II*, autre tragédie, où le même défaut n'est pas racheté par les mêmes beautés. Cet ouvrage obtint peu de succès. L'auteur, depuis, s'est occupé principalement à refaire sa traduction de la *Jérusalem*, qu'il ne reprit cependant que d'après le conseil de l'abbé Delille. Les opinions ne sont pas encore fixées sur le degré d'estime dû à cet important ouvrage, auquel on ne peut contester le mérite d'une versification savante et mélodieuse. Quant à celui de la fidélité, c'est autre chose : l'abbé Delille ne s'en pique pas toujours, quand il traduit *Milton* ; mais il tâche d'indemniser le lecteur des sacrifices qu'il fait subir au texte, par les beautés dont il l'enrichit. M. Baour, qui prend souvent les mêmes licences, les rachète-t-il par les mêmes indemnités? Telle est la question à résoudre. Au reste, il n'a pas de censeur plus sévère que lui-même : on le voit par la différence qui existe entre cette nouvelle édition et la première. On a encore de lui : *le Rétablissement du culte*, poëme in-8°, 1802; les *Fêtes de l'hymen*, poëme à l'occasion du mariage de Napoléon et de Marie-Louise. Cet ouvrage est suivi du *Chant nuptial*, in-8°, 1810; les *Veillées poétiques et morales*, qui ont eu trois éditions; un poëme en quatre chants, sous le titre de *l'Atlantide, ou le Géant de la montagne bleue*, suivi de *Rustan*, ou *les Vœux*, et de trente-huit *Songes* en prose, in-8°, 1812; *la Jérusalem délivrée*, opéra en cinq actes, 1813; l'*Oriflamme*, opéra en un acte, fait conjointement avec M. Étienne, en février 1814; enfin beaucoup de pièces dans le recueil intitulé *Hommages poétiques*, ou dans celui qui a pour titre l'*Hymen et la naissance*. M. Baour-Lormian a été nommé, pendant les *cent jours*, membre de l'institut, à la place du chevalier de Boufflers; cette nomination a été confirmée le 21 mars 1816; à la fin de cette même année, il adressa une *Épître* au roi.

BAPTISTE aîné, comédien-français, ne doit pas, comme l'avance une Biographie, sa célébrité au mauvais rôle qu'il joua dans la mauvaise pièce de *Robert, chef de Brigands*, ni à celui du *Capitaine*, dans le drame médiocre des *Deux Frères* de Kotzebue, mais à son intelligence et à une excellente méthode de déclamation. Sa taille très-haute et toujours disproportionnée auprès de celle de ses interlocuteurs, est un défaut physique dont la malveillance de quelques journalistes a cruellement abusé contre cet acteur estimable à tant d'égards. En 1816, il était professeur au Conservatoire. La scène française lui doit quelques bons élèves.

BAPTISTE cadet, un des meilleurs acteurs comiques français de la dernière époque. Sa charge est spirituelle, et sa niaiserie piquante. Il débuta au théâtre Montansier, passa au théâtre de la République, s'engagea à Feydeau, puis entra aux Français. A la vieille tradition du *Malade imaginai-*

re, il a su ajouter les nuances de son propre talent; original, vrai, naïf, il n'entre pas en scène que le rire ne s'empare des spectateurs.

BAPTISTE (N.), jeune domestique du général Dumouriez, le suivit à l'armée, et eut quelque part au gain de la bataille de Jemmapes. Des escadrons autrichiens, placés en embuscade dans un bois qui se trouvait au centre de la position française, avaient porté dans les colonnes, chargées de ce point d'attaque, du désordre par leur apparition subite. La ligne, ainsi rompue au centre, rendait incertain le sort de la journée. Baptiste, par un mouvement subit dont l'histoire doit consacrer l'inspiration, court à cet endroit, rallie l'infanterie en supposant un ordre de son maître, fait avancer sept escadrons qui s'étaient arrêtés devant cet échec, et rétablit le combat. La convention nationale, à qui Dumouriez de retour présenta ce jeune homme, récompensa sa belle action. Devoué à son maître, Baptiste resta fidèle à sa fortune.

BAR (JEAN-ÉTIENNE), député à la convention nationale, par le département de la Moselle en septembre 1792. Il siégea toujours à la Montagne. Dans le procès de Louis XVI, il vota la mort sans appel, et sans sursis. A la fin de la même année, il fut envoyé en mission à l'armée du Nord, puis nommé secrétaire de la convention après le 9 thermidor an 3 (27 juillet 1794). Il proposa la cassation du jugement portant peine de mort contre le représentant Dechézeau par la commission militaire de Rochefort, et il demanda que toute radiation de la liste des émigrés fût suspendue. Bar vota toujours selon ses propres idées, et non d'après l'influence des chefs de partis avec lesquels il évita de se lier particulièrement. Le 6 brumaire an 4 (28 octobre 1795), il entra au conseil des anciens avec les deux tiers des membres de la convention.

BARA, membre du tribunat et du conseil des cinq-cents, avait rempli au commencement de la révolution différentes fonctions publiques, et avait été nommé commissaire près l'administration centrale des Ardennes. C'est en l'an 6 qu'il entra au conseil des cinq-cents, où il ne se fit remarquer que par la faible part qu'il prit à la révolution du 18 brumaire: pendant cette journée il était au bureau des secrétaires. Il passa au tribunat après avoir fait partie de la commission intermédiaire établie pour organiser le nouveau gouvernement. A la fin de 1800, la confiscation des biens des émigrés ayant été maintenue, Bara, qui regardait cette mesure comme une garantie de l'existence de la république, en félicita le gouvernement; mais il parut ensuite changer d'opinion. Il vota toujours avec la minorité, aussi fit-il partie du renouvellement du tribunat en 1802.

BARAFIN (N.), avocat à Bruxelles, s'est fait connaître par un petit ouvrage sur des questions littéraires et politiques d'un grand intérêt; elles y sont traitées avec autant de sagacité que de talent. Cet ouvrage a pour titre: *Question sur la langue nationale, ou dissertation sur ces questions : les idiomes hollandais et flamand forment-ils la même langue ? avons-nous une langue nationale proprement dite? quelle était, avant la conquête des Français, en 1794, la langue du gouvernement, et celle de l'administration publique? quelle langue convient-il d'adopter dans les conjonctures actuelles, pour la gestion des affaires administratives?* 1816. Après un examen étendu de ces diverses questions, l'auteur décide en faveur de la langue française, opinion d'autant plus raisonnable, que cette langue, qui dans les Pays-Bas est appelée langue Walonne, est celle que parlent les deux tiers de la population du royaume, à laquelle non-seulement l'usage, mais la connaissance du Hollandais est tout-à-fait étrangère. En 1817, M. Barafin a encore donné l'*Exposé sommaire de la législation des impositions indirectes.* Cet ouvrage contient une analyse claire et méthodique de cette partie de la législation française.

BARAGUAY D'HILLIERS (Louis), d'une famille noble, naquit à Paris, en 1751; il y fit ses études, et s'attacha particulièrement aux sciences exactes; entré de bonne heure au service, il n'était encore, à l'époque de la révolution, que lieutenant au régiment d'Alsace : c'est en 1790 qu'il fut fait capitaine. Après avoir été successivement aide-de-camp des lieutenans-généraux Crillon et Labourdonnaye, il fut chargé de l'organisation du bataillon des Alpes, et passa à l'armée du Rhin avec le titre de colonel-aide-de-camp. Il reçut plusieurs blessures dans la campagne du Palatinat. En 1793, le général Custine le fit chef de son état-major; il était alors général de brigade, et il fut proposé pour ministre de la guerre. La sagesse de son administration n'avait pas été moins remarquable que ses talens militaires et son courage; c'est à lui qu'on avait dû l'approvisionnement des villes du Rhin, et c'est par ses soins que le corps d'armée où il commandait, avait été porté à 60,000 hommes. Son attachement pour le général Custine lui fit perdre en partie ces avantages; défendant courageusement son ami, condamné à mort par le tribunal révolutionnaire, il fut arrêté; mais, un an après, la journée du 9 thermidor (27 juillet 1794) lui rendit la liberté. C'est Baraguay d'Hilliers qui, un peu plus tard, commanda la force armée de Paris contre les insurgés du faubourg Saint-Antoine. Il était chef de l'état-major de l'armée de l'intérieur, lorsqu'on l'accusa de coupables intelligences avec la section Lepelletier, dans l'affaire du 13 vendémiaire; mais l'intervention du général Bonaparte le fit bientôt disculper. Avant de se rendre en Italie, Baraguay d'Hilliers servit quelque temps dans l'armée des côtes de Cherbourg, puis sous le général Hoche. Dès qu'il eut passé les Alpes, il prit le commandement civil et militaire de la Lombardie; et, bientôt après, chargé de s'emparer de Bergame, il s'en rendit maître par une ruse de guerre. A la tête de la 58me demi-brigade, il fit 4,000 prisonniers dans la seconde bataille de Rivoli ; et, le lendemain, n'ayant que 500 hommes du même corps, il enleva les importantes batteries de Puisona, événement qui rendit complète la déroute des Autrichiens. Il ne se distingua pas moins lorsqu'il conduisit l'avantgarde de l'armée du Tyrol, après sa jonction avec celle qui, en Italie, marchait de victoire en victoire. Il fut nommé général de division, et il commanda dans Venise, dont ses négociations, non moins que ses succès, lui avaient ouvert les portes. Lorsqu'on prépara l'expédition d'Égypte, après le traité de Campo-Formio, il embarqua sa division sur 75 bâtimens qu'il équipa dans le port de Gênes. Arrivé devant Malte, il reçut l'ordre d'attaquer, ou plutôt d'enlever la partie occidentale de l'île ; et, sous le feu soutenu de 200 pièces de canon, il remplit les intentions du général Bonaparte, qui ensuite le chargea de porter au directoire les drapeaux conquis sur l'ordre de Malte. La frégate la *Sensible* qu'il montait, mais où il n'avait aucun commandement, et sur laquelle il se battit en soldat, fut prise à l'abordage par le *Saint-George*, bâtiment d'une force de beaucoup supérieure. Il perdit à cette occasion la totalité de ses équipages. Relâché peu de temps après sur sa parole, il apprend néanmoins, en rentrant en France, qu'il est destitué, comme prévenu d'avoir empêché que la frégate ne fît une vigoureuse résistance, et cela dans le dessein de sauver des sommes considérables qu'il possédait à bord. Il demande à être jugé par un conseil de guerre, et il est acquitté après de scrupuleuses informations. Réintégré dans son grade, il passa à l'armée du Rhin en qualité de chef d'état-major ; mais il cessa ces fonctions après la retraite de Manheim, pour prendre le commandement de l'aile gauche de l'armée, sous les ordres du général Lecourbe. Baraguay d'Hilliers commandait dans Landau, à l'époque de l'explosion du magasin d'artillerie. Son intrépide activité empêcha que le feu ne se communiquât au magasin des poudres, qui en contenait 60 milliers, et prévint ainsi l'entière destruction de la ville. Le 5 floréal an 8, il prit le commandement d'une division de l'armée de Moreau ; il contribua à la victoire d'Engen, ainsi qu'à la prise de Biberach, et passa, après la reddition de Landshut, à l'armée des Grisons ; il y obtint des succès, malgré le manque de vivres, la rigueur de la saison, et les positions que les Autrichiens avaient prises dans ces montagnes presque impraticables, où ils avaient d'ailleurs sur les Français l'avantage du nombre. En l'an 8, le gouvernement consulaire le fit inspecteur-général d'infanterie, dans les 14me, 15me et 16me divisions militaires ; et, en l'an 11 (1803), il fut désigné comme candidat au sénat-conservateur par le collège électoral du département de l'Eure, dont il était président. Baraguay d'Hilliers ne tarda pas à être nommé grand-officier de la légion-d'honneur, et colonel-général des dragons. Durant la campagne d'Austerlitz, il rendit des services importans à la tête de la réserve de cavalerie. En 1808, il eut le commandement de la ville de Venise : l'ayant quitté, l'année suivante, pour marcher contre l'Autriche, il se distingua à la bataille de Raab, en Hongrie. Peu de temps après, il partit pour l'Espagne, où il donna de nouvelles preuves de valeur, surtout près de la forteresse de Figuières, en enlevant sous les murs même un convoi de 1,200 voitures. Enfin, malgré son âge avancé, il fit la campagne de Russie, au retour de laquelle il mourut à Berlin.

BARAILLON (JEAN-FRANÇOIS). Avant la révolution, il était médecin à Chambon, département de la Creuse. Les principes qu'il adopta le firent nommer d'abord juge de paix de cette ville, et, en septembre 1792, député à la convention. Vers la fin de la même année, il osa braver le parti dominant; accusa le ministre Pache d'une mauvaise organisation des armées; et, peu de temps après, il ne craignit pas de reprocher à Robespierre lui-même, des prétentions arrogantes et une ambition mal dissimulée. Dans le procès de Louis XVI, il vota pour la détention et pour l'exil, quand la guerre serait terminée. « Je ne » crois pas, ajouta-t-il, être ici pour » juger des criminels : ma cons- » cience s'y refuse. » Quant à la question sur l'appel au peuple, il était absent lorsqu'on la décida. Plus tard, il fit demander compte au pouvoir exécutif des contre-ordres donnés aux gardes nationaux qui allaient au secours de la Vendée, et proposa une amnistie en faveur des habitans de ce pays qui mettraient bas les armes. Au commencement de l'an 3, il invoqua l'humanité de la convention en faveur des prêtres détenus; demanda qu'on mît en arrestation les dilapidateurs publics; qu'on poursuivît les successeurs de Robespierre, et qu'on décrétât en même temps une fête anniversaire du 21 janvier. Le 25 avril 1795, il devint membre de la commission d'instruction publique, et, en cette qualité, il présenta différens rapports ; à la fin de cette même année, il demanda qu'on rapportât la loi du 10 juin 1793, relative au partage des biens communaux. M. Baraillon fut un des députés qui pansèrent les blessés de la journée du 13 vendémiaire an 4 (10 octobre 1795). Le 9 brumaire, il proposa, comme emblèmes pour le sceau de l'état, le bonnet de la liberté et le niveau. Lorsque la convention fut dissoute, il entra au conseil des cinq-cents, et en devint secrétaire. Il n'eut aucune part à la journée du 18 fructidor : il était alors absent ; mais, le 23 vendémiaire an 6, il adressa à ses collègues une lettre dans laquelle il les engageait à sévir contre les prêtres fanatiques, les ci-devant nobles, les agens des princes et les fonctionnaires infidèles. Le 27 décembre 1797, tout en louant le patriotisme de l'abbé Grégoire, il l'accusa d'exciter le fanatisme par sa correspondance épiscopale, reproche qui aujourd'hui paraîtra étrange à certains esprits. Il parla encore sur le recrutement de l'armée et sur plusieurs autres sujets; enfin il entra, en l'an 7, au conseil des anciens. Ce député, dont les intentions étaient sincères, aima toujours la liberté, en faveur de laquelle il proposa quelquefois des moyens dont l'énergie ressemblait à la violence. Ce fut sans doute par une suite des mêmes principes, qu'à cette époque il devint le défenseur du pouvoir. Il fit passer à l'ordre du jour sur la demande d'envoyer une députation aux funérailles de l'ex-ministre Lecarlier. A l'occasion des tentatives des jacobins du Manége, il prononça un discours dans lequel il s'éleva contre les partisans de la terreur. Il combattit ensuite la résolution qui retirait au directoire le droit de faire entrer des troupes dans le rayon constitutionnel; enfin il prit part à la journée du 18 brumaire, après laquelle il siégea au corps-législatif, où, en 1801, il remplit les fonctions de président; il fut député jusqu'en 1806. Après avoir vécu retiré pendant un certain temps, M. Baraillon fut nommé substitut du procureur impérial, et enfin procureur impérial près le tribunal civil de Chambon. Il présida, en 1815, le collége électoral du département de la Creuse, et, en cette qualité, fut chargé de présenter une adresse à Napoléon. Il a publié des *Recherches sur plusieurs monumens celtiques et romains du centre de la France*, in-8°, Paris, 1816.

BARANTE (Prosper-Brugière, baron de), ex-membre de la chambre des députés, pair de France, est né à Riom en 1783, d'une famille qui s'était illustrée dans la magistrature et dans les lettres. Sous le gouvernement impérial, M. de Barante fut d'abord auditeur au conseil d'état, puis sous-préfet à Bressuire, où il connut Mme de Larochejaquelein, qu'il aida, dit-on, dans la rédaction de ses mémoires. Il fut ensuite nommé successivement préfet de la Vendée et de la Loire-Inférieure. Il signala son administration dans ce dernier département par l'achèvement de plusieurs monumens utiles que le baron de Celles, son prédécesseur, avait eu l'honneur de commencer, et qu'il lui laissa l'honneur de finir. En novembre 1809, l'empereur signa son contrat de mariage avec la petite-fille de la comtesse d'Houdetot, dont l'éloge se trouve dans le vif attachement que lui avait voué J. J. Rousseau, dans celui que Saint-Lambert lui conserva jusqu'à la mort, et dans les regrets et les hommages que ses nombreux amis paient à sa mémoire. En 1814, à l'époque de la restauration, M. de Barante ayant été maintenu par le roi dans ses fonctions, donna sa démission en avril 1815, après le retour de Napoléon. Aussi, à la seconde restauration (8 juillet 1815), fut-il nommé conseiller d'état et secrétaire-général du ministère de l'intérieur, dont il tint même le portefeuille pendant quelques jours, en attendant le nouveau ministre, M. de Vaublanc. M. de Barante ne tarda pas à remplacer, comme directeur-général de l'administration des droits-réunis, ou contributions indirectes, M. le conseiller-d'état Bérenger, qui, pendant la courte durée de son administration, ne s'était pas plus concilié l'affection de ses employés que celle des contribuables. A la même époque, M. de Barante fut élu, par le département du Puy-de-Dôme, membre de la chambre des députés, session de 1815 à 1816. Il y fit constamment partie de la minorité ministérielle qui, de concert alors avec le peu de libéraux qui s'y trouvaient, combattait les mesures arbitraires et tyranniques auxquelles cette époque désastreuse doit sa déplorable célébrité. Le 28 novembre 1815, il réfuta victorieusement la proposition de M. Hyde de Neuville, tendante à suspendre l'institution des juges. Le mois suivant, il soutint avec une sorte de ténacité et presque sans succès, les divers articles du budget qu'il avait dressés pour les contributions indirectes, et il demanda que la loi sur cette matière fût concédée pour plusieurs années. Après la clôture de la session, M. de Barante adressa une circulaire à ses employés pour les rassurer sur leur sort; mais, à l'époque où cette assurance fut donnée, on avait déjà, sur des délations odieuses, réformé une foule de pères de famille que la privation de leur emploi jeta dans le désespoir : plusieurs même n'y survécurent pas. La réduction du territoire français n'avait été que le prétexte de ces nombreuses réformes ; car la plupart des malheureux destitués furent bientôt remplacés par des individus dont les seuls titres étaient la protection inconsidérée que des hommes trop puissans leur avaient accordée. En janvier 1818, M. de Barante, en qualité de commissaire du roi, soutint à la chambre des députés le projet de loi sur le recrutement de l'armée, en établissant que la charte donne au roi le droit de nommer à tous les emplois civils, militaires et religieux. Plus tard, il défendit le système du monopole du tabac, et parvint à faire adopter le projet de loi qui ordonnait la fabrication et la vente exclusive de cette denrée au profit de l'état. A la chambre des pairs, où il fut appelé par l'ordonnance du 5 mars 1819. il combattit la proposition de M. le marquis Barbé de Marbois, tendante à faire substituer une autre peine à celle de la déportation, et cette peine fut maintenue. Dans la discussion du projet de loi relatif à la répression des crimes et délits commis par la voie de la presse, ou par tout autre moyen de publication, M. de Barante défendit l'article 8, portant que tout outrage à la *morale publique et religieuse* (mots dont l'association paraît assez singulière) sera puni d'un emprisonnement et d'une amende. Il déclara cependant qu'il regardait comme inutile le mot *religion*, que quelques pairs voulaient voir introduire dans cet article, et il combattit le système de ceux qui croient que la charte a voulu, dans les articles 6 et 7, établir la prééminence de la religion chrétienne, et la déclarer religion dominante. M. de Barante a conservé la direction générale des contributions indirectes jusqu'au mois de juillet 1820, époque où cette administration est restée sans directeur-général. Il est auteur d'un ouvrage qui a pour titre : *De la Littérature française pendant le* 18me *siècle* : sujet mis au concours par l'institut. Cette dissertation obtint quelques suffrages, et les dut aux causes même qui l'ont fait rejeter par la majorité de ses juges. Elle n'est pas dénuée de mérite : on y trouve des aperçus fins et quelques vues métaphysiques développées avec adresse; mais le talent n'y domine pas de manière à en compenser les défauts, ni à faire pardonner les opinions erronées qu'on y rencontre trop souvent, et qui ne compromettent pas le jugement de l'auteur en matière de goût seulement. L'esprit dans lequel cet ouvrage a été conçu, et le talent avec lequel il a été exécuté, ont été appréciés au reste avec beaucoup de justesse par M. Garat. M. de Barante fit aussi imprimer un opuscule intitulé : *des divers projets de constitution pour la France*, 1814, in-8°. Cet écrit politique, qu'il distribua à ses amis et aux hommes d'état, ne fut pas mis en vente. On connaît encore de M. de Barante, plusieurs articles qu'il a fournis à la *Biographie universelle*, tels que ceux de *Bossuet*, de *Frossard*, de quelques chefs vendéens, etc.

BARANTE (ANSELME DE), frère du précédent. Il fit ses premières études au collége de Juilly, chez les oratoriens, et acheva son éducation à l'École-Militaire de Fontainebleau. Il embrassa aussitôt la carrière des armes, devint officier de dragons, et fit avec distinction les campagnes d'Espagne, de Pologne et de Russie. Grièvement blessé dans un combat avec les Russes, M. de Barante fut obligé de renoncer à la profession militaire. Il remplit diverses missions dans les départemens, et devint, le 14 janvier 1811, sous-préfet à Luxembourg, où il se maria. Cette ville ayant cessé de faire partie du territoire français, M. de Barante fut dédommagé de la perte de son emploi par celui d'inspecteur des forêts de la couronne, auquel il fut nommé par le roi, en 1815 : il avait obtenu la croix de la légion-d'honneur, le 11 octobre de l'année précédente.

BARANTE (N. DE), père des précédens, ancien préfet de Genève, où il paraît ne pas avoir pu se concilier l'affection de ses administrés, a publié : 1° une *Géographie élémentaire*, assez estimée, et réimprimée plusieurs fois à Clermont-Ferrand; 2° une *Introduction à l'étude des langues*, 1792, in-8°. Il a en outre fourni à la *Biographie universelle* quelques articles philosophiques, entre autres ceux de *Théodore de Bèze*, de *Jean Calvin*, du chancelier *Duprat*, etc. Il mourut en 1812.

BARATTIERI (CHARLES, COMTE), naquit à Plaisance vers 1738, d'une famille illustre. Il avait une parfaite connaissance des langues anciennes, et des principales langues modernes de l'Europe. En sa qualité de cadet de famille, il se trouva condamné au célibat, et fit de longs voyages pour se distraire d'une privation qui sans doute affligeait son cœur. Après avoir parcouru l'Allemagne, la Prusse et la France, il se rendit en Angleterre. Il vit à Westminster le monument élevé à la mémoire de Newton, et sentit naître son goût pour les sciences physiques, auxquelles il s'adonna exclusivement. Il publia plusieurs dissertations curieuses sur ces matières, et combattit, peut-être mal à propos, le savant système de Newton. Il adopta même l'opinion des antagonistes de ce savant illustre, qui réduit à trois les couleurs solaires. Tel fut l'objet de sa dissertation, intitulée *Conghiettura sulla superfluità della materia colorata, o de' colori nella luce, e del supposto intrinseco suo splendore*. L'auteur y établit que les couleurs et la splendeur ne sont point inhérentes à la lumière, dont il explique l'action sur l'organe de la vue, et prétend qu'il n'existe pas une seule couleur qui ne soit composée. Il développa ces opinions dans plusieurs mémoires successifs, imprimés, soit séparément, soit dans les *Opusculi scelti di Milano,* et dans d'autres collections scientifiques. Le comte Barattieri mourut à Plaisance, vers 1806, dans la 68me année de son âge.

BARBANÈGRE (LE BARON), général de brigade, né le 22 août 1772, à Pontacq, petite ville de Béarn. Il commença sa carrière dans la marine, mais, en 1793, il prit du service dans l'armée de terre, et fut bientôt après nommé capitaine dans le 5me bataillon *bis* des Basses-Pyrénées à l'armée d'Espagne. Il passa, par suite d'amalgame, dans la 17me demi-brigade de ligne, de là dans la garde des consuls, où il fut nommé chef de bataillon en l'an 12, puis il devint colonel dans le 48me régiment de ligne. A la bataille d'Austerlitz, cet officier supérieur reçut l'ordre d'attaquer un corps de 1,800 grenadiers russes qui occupaient les hauteurs de Sokolnitz; il les chargea à la baïonnette, enleva la position, et s'empara de trois drapeaux et de quatre pièces de canon. L'empereur lui donna le témoignage le plus flatteur de sa satisfaction, en le nommant commandant de la légion-d'honneur. Il ne se distingua pas moins à la bataille d'Iéna : coupant, au commencement de cette journée, l'extrême droite de l'armée, il manœuvra sur le flanc, et tint en échec la réserve ennemie composée de troupes de la garde royale, qui paraissait vouloir déboucher sur le village d'Auerstaedt; le soir, il chargea cette réserve, la mit en déroute, et s'empara de ses canons. Pendant la campagne de Pologne, il enleva, à la tête de son régiment, la belle position de Nazielsk, qu'avaient successivement et vainement attaquée plusieurs corps de dragons; il y prit deux pièces de canon. A la bataille d'Eylau, ses vêtemens furent criblés de balles. Le général qui commandait la division, ayant été mis hors de combat, il reçut l'ordre de le remplacer dans le commandement. Pendant les conférences de Tilsitt, il reçut, en présence de toute l'armée, les éloges des souverains alliés, au moment où ils passèrent son régiment en revue. Peu de temps après, il fut nommé général de brigade, et, pendant la campagne de 1809, il contribua en cette qualité au gain des batailles d'Eckmühl, de Ratisbonne et de Wagram, dans le 3me corps d'armée sous les ordres du

Le Gal Barbanègre.

Alp. Boilly, fils

maréchal Davoust. En 1810, commandant à Cuxhaven, il fut chargé de faire fortifier la côte de l'Elbe, et de s'emparer de l'île de Newerck, à deux lieues en mer, où les Anglais avaient établi un entrepôt de contrebande, et d'où ils ne cessaient d'entretenir des communications avec Hambourg et le continent. L'ennemi instruit des préparatifs du général Barbanègre pour cette expédition, ne crut pas devoir l'attendre, et évacua l'île. La garnison française y fut établie; en peu de jours elle se trouva en état de défense, et des batteries formidables s'élevèrent en même temps sur la côte. En 1811, le général Barbanègre licencia les troupes des villes anséatiques et du duché d'Oldenbourg, et organisa, au 1er corps d'armée, trois régimens d'infanterie et un de cavalerie, qui firent la campagne de 1812. En Russie, il établit la régence de Minsk, commanda à Borisson, à Smolensky, et déploya dans ces diverses missions, le grand talent de créer des ressources là où elles paraissaient ne pas exister. A la retraite de Moscow, sa brigade faisait partie du corps d'arrière-garde qui, sous les ordres du maréchal Ney, s'immortalisa à Krasnoé et au passage du Borysthène; le général Barbanègre y fut blessé grièvement, et parvint néanmoins à se rendre à Stettin, en Prusse. Sa santé s'étant améliorée, il y prit le commandement des troupes du 1er corps d'armée dont il forma une division, avec laquelle il s'enferma dans cette place qu'il défendit vaillamment pendant toute la campagne de 1813. Rentré dans sa patrie après la paix, il vécut retiré jusqu'au moment où l'Europe arma de nouveau contre la France. Rappelé sous les drapeaux, il mit le comble à une réputation déjà bien honorable par l'admirable défense d'Huningue. Les plus grandes difficultés semblaient s'opposer à ce que cette place fût défendue : l'insuffisance des moyens, en matériel, en approvisionnemens, et surtout en personnel, le mauvais état des ouvrages, la destruction des retranchemens de l'autre côté du Rhin, et le défaut d'argent, n'étaient pas les moindres obstacles que le général Barbanègre devait rencontrer. Les réparations des fortifications et les approvisionnemens devaient se faire en quelque sorte sous les yeux de 150,000 Autrichiens qui étaient cantonnés dans le voisinage de Bâle, et malgré la défiance et la crainte que cherchaient à inspirer une foule d'agens secrets qui, répandus dans cette ville, dans tout le pays environnant, dans Huningue même, comprimaient le zèle des autorités. D'un autre côté, les Suisses réparaient les remparts de Bâle, et élevaient, pour couvrir cette place, des redoutes et un camp retranché. Le général Barbanègre n'avait cependant, pour composer sa garnison, que deux compagnies d'artillerie de cinquante hommes chacune, trente-cinq soldats de différens régimens de ligne, cinq gendarmes à cheval, quelques douaniers, un petit nombre de militaires pensionnés, et ce qui restait des quatre bataillons de gardes nationales qu'on devait organiser dans Huningue, et qui, loin de se compléter, s'affaiblirent par de continuelles défections. Il considéra de sang-froid des moyens si faibles de son côté, et si formidables du côté de l'ennemi; loin de s'en épouvanter, et ne consultant que son devoir, il trouva dans son courage des forces suffisantes pour le remplir. Déjà les communications avec l'étranger étaient interrompues. Le 25 juin, la nouvelle du désastre de Waterloo parvint officiellement au général; il l'annonça à l'instant même à la garnison avec ce calme qui naît de la résolution et qui doit l'inspirer. La garnison jura unanimement de conserver la place à la patrie, en attendant les ordres du gouvernement. Le lendemain, les Autrichiens et les Suisses attaquèrent l'avant-garde de l'armée du Jura, qui, trop faible pour tenir la campagne, fit sa retraite en bon ordre et sans cesser de combattre. Huningue fut aussitôt investi par l'armée de l'archiduc Jean. Les Suisses, que tant de motifs auraient dû attacher à la France, non contens de s'être déclarés ses ennemis, eurent la lâcheté, quand ils virent qu'ils n'avaient plus à redouter l'armée française, de venir ravager nos campagnes : semblables à ces hordes barbares que le Nord vomissait dans les 3me et 4me siècles, ils se précipitèrent par torrens sur nos villages qu'ils incendièrent après les avoir pillés. Les habitans de Bâle, enchérissant sur les soldats, parcoururent les campagnes avec des chariots, et enlevèrent aux malheureux Français ce que les militaires n'avaient pu emporter, ou ce qui n'avait point été la proie des flammes. Indigné de tant d'atrocités, le général Barbanègre fit bombarder Bâle. Furieux de ces représailles, les Suisses, qui ne pouvaient triompher ni par leurs machinations, ni par leurs attaques toujours infructueuses, recommencèrent de ravager la campagne. Leur rage était telle, qu'ils chargeaient leurs armes avec des lingots; un soldat français, en sentinelle avancée, reçut trente-quatre blessures d'un seul coup de fusil. Ils détruisirent, en coupant ses câbles, un moulin construit sur le Rhin, non que, pendant les hostilités, il pût être de quelque utilité à l'un ou à l'autre parti, mais uniquement parce qu'il appartenait aux habitans d'Huningue. Les Français n'ayant pu obtenir satisfaction de cette nouvelle lâcheté, s'en vengèrent en recommençant à bombarder la ville de Bâle : déplorables vengeances réprouvées par les usages de la guerre, ravages qui, hors le cas de représailles, rendaient les combats journaliers plus acharnés, et n'avaient d'autre résultat que de faire périr plus d'hommes et de détruire plus de fortunes. Alors l'archiduc Jean essaya d'intimider ceux qu'il n'avait pu vaincre; il leur fit plusieurs sommations, et les menaça des traitemens les plus terribles, s'ils ne suivaient l'exemple des autres places qu'il prétendait avoir subi le joug du vainqueur. Mais, voyant que de pareilles suppositions étaient inutiles, et excité par les Suisses, il se détermina à ouvrir le siège, projet pour l'exécution duquel il avoit fait d'avance, aux dépens des villages français, un amas de matériaux de tout genre. Le général Barbanègre jugea le dessein de l'ennemi aux efforts qu'il faisait pour obliger les Français, qui tenaient toujours la rase campagne, à rentrer dans leurs ouvrages, et il mit alors la dernière main à ses dispositions de défense. Le 14 août, les assiégés aperçurent la tranchée ouverte sur les deux rives du fleuve, et l'ennemi ayant fait de nouvelles propositions insidieuses, qui n'eurent pas plus de succès que les précédentes, commença à bombarder en même temps la place et la redoute de Custine, redoute détachée des fortifications, dont elle est éloignée de près de deux cents toises : cet ouvrage était gardé par trois canonniers et par un peloton de manœuvres qu'on croyait fidèles, mais qui désertèrent au premier coup de canon. Cependant la position du général Barbanègre devenait des plus critiques : ce qui restait des quatre bataillons de gardes nationales, retenu par force dans la place pour des terrassemens et des travaux indispensables, était même dangereux. Les douaniers réfugiés, après avoir servi les intelligences de l'ennemi et favorisé la désertion, dont plusieurs d'entre eux avaient donné l'exemple, donnaient aussi celui de la sédition. L'argent manquait. Aucun genre de service n'était payé, pas même la solde : la misère accablait toute la population ; l'incendie et la mort s'offraient de toutes parts. Au dedans, il fallait contenir les traîtres et les factieux, et au dehors combattre l'armée assiégeante, qui, avec des forces immenses et toutes sortes d'avantages, faisait nécessairement des progrès. Le général Barbanègre pourvut à tout : les habitans furent recueillis dans une vaste caserne mise à l'épreuve de la bombe par un blindage fait avec le plus grand soin. On en forma 14 compagnies pour le service des incendies et des diverses branches de l'administration, qu'il avait fallu créer dès l'instant de l'investissement de la place, les entrepreneurs accrédités l'ayant abandonnée secrètement. La majeure partie des citoyens était dans la consternation ; mais l'autre, remplie de courage, supportait toutes les privations, voyait de sang-froid ses maisons détruites, et ne songeait qu'à vaincre. Parmi ceux-ci, les uns servaient d'auxiliaires aux canonniers, les autres alimentaient les remparts de munitions ; et, malgré le danger imminent, ils étaient jour et nuit partout où les appelait le besoin du service de l'artillerie et du génie ; ils faisaient enfin cause commune avec le petit nombre des combattans. Honneur à ces braves Français qui, sans espoir de secours et certains de succomber dans cette lutte trop inégale, préférèrent de s'exposer à tous les périls, à tous les excès de la vengeance, à la mort même, plutôt que de survivre à la honte d'avoir trahi les intérêts de la patrie! La privation de nourriture, le feu meurtrier de l'ennemi, l'abandon de ceux qui devaient concourir à la défense commune, rien ne put ébranler leur courageuse constance. Malgré leur activité, les assiégés ne rendaient pas, à beaucoup près, aux assiégeans, le mal qu'ils en recevaient. Les maladies et les attaques de l'ennemi affaiblissaient de moment en moment leur faible garnison. Les ressources diminuaient dans une progression effrayante; nul secours à attendre du dehors, nulle communication avec le gouvernement, aucune nouvelle même du reste de la France... Le général Barbanègre ayant tout fait pour conserver une place qu'il ne pouvait plus défendre, crut devoir sauver un reste de braves, dont la mort ne pouvait plus être utile à la patrie. Le 25 août, après avoir célébré la fête de Saint-Louis par une salve de cent un coups de canon, il fait porter à l'ennemi des propositions qui tendaient à conserver la place au roi; elles ne furent pas acceptées. Néanmoins une capitulation d'après laquelle la garnison devait se retirer sur l'armée de la Loire, fut signée le 26 au soir. Le 27 au matin, les deux pelotons de canonniers, celui des soldats de ligne, et les cinq gendarmes, ayant à leur tête le général Barbanègre avec les officiers d'état-major, suivis d'une partie des blessés, sortirent de la place, tambour battant, en présence de l'armée ennemie et d'une foule immense de personnes de toutes conditions, étonnées qu'une si faible troupe, qui n'était pas de plus de *cinquante hommes valides*, eût pu faire une défense si extraordinaire, et traiter d'égal à égal avec une armée de 25,000 hommes. La conduite des assiégeans ne fut point à l'abri de tout reproche; quelques manœuvres et des gardes nationaux qui suivaient la garnison, furent dépouillés par eux; mais peut-on s'étonner de ce défaut de générosité dans des étrangers, quand des Français se sont rendus coupables d'une spoliation bien autrement importante? Ce n'est pas la fortune, c'est la réputation même des assiégés qu'ils ont tenté de leur enlever : la *Biographie des Hommes vivans* ne se contente pas de dire que le général Barbanègre avait célébré la fête de Napoléon; mais ajoutant la diffamation à la calomnie, elle transcrit un article de l'*Observateur autrichien*, où il est dit « que le commandant de » la place, après s'être signalé par » un blocus de deux mois, par le » bombardement gratuit d'une vil-» le ouverte, et par les plus inso-» lentes bravades, n'a tenu que » cinq jours de tranchée ouverte » et deux jours de bombardement, » dans une place parfaitement for-» tifiée, garnie de 125 bouches à » feu, abondamment pourvue de » vivres et de munitions, défendue » par près de 20,000 hommes, etc.» Et c'est sur une pareille autorité que cette biographie juge les choses et les hommes! et c'est en Autriche, qu'elle va chercher ce qu'elle doit penser de la France et des Français! Le roi Jacques, dont les espérances furent détruites par la défaite de la flotte française à La Hogue, applaudissait, comme Anglais, à une victoire qui le ruinait comme roi; il était patriote en dépit de lui-même. On peut quelquefois admirer ce qu'on déplore et ce qu'on déteste. Le patriotisme n'est pas inconciliable avec l'esprit de parti, mais c'est seulement dans les âmes élevées. Le général Barbanègre en trouva de cette trempe dans le conseil d'enquête qui, convoqué à Strasbourg, en 1815, pour juger sa conduite pendant le siége d'Huningue, déclara, à l'unanimité, ce général et son conseil de défense, exempts de tout reproche. La défense d'Huningue n'a pas été moins glorieuse que celle de la tête du pont de la même ville, qui a immortalisé le général Abbatucci, à la mémoire duquel la France a consacré un monument que des étrangers ont aussi outragé, mais que tout ce qui est français en France, à commencer par les Princes, s'empresse en ce moment de relever. L'opinion publique n'est pas moins juste envers le général Barbanègre; il vit pour le moment à Paris, sans emploi, mais amplement dédommagé par l'estime générale, d'une calomnie qui ne put obtenir de crédit que chez les ennemis de la gloire française, Français ou étrangers

BARBANÈGRE (JEAN), frère du précédent. Au moment où il achevait ses études, l'Europe coalisée menaçait d'envahir la France. Animé de l'amour de la patrie, il s'enrôla, en 1793, dans la légion nationale des Pyrénées : il se distingua aux batailles du Boulou et des Albères, et fut fait officier à la fin de la campagne, après avoir passé par tous les grades inférieurs. Il fut alors envoyé à l'armée des Alpes, et il partagea les travaux de la glorieuse campagne d'Italie; sa rare valeur le fit remarquer surtout à Arcole, à Rivoli et à Crémone, où il reçut six coups de sabre ou de lance, et fut atteint d'une balle qui lui perça la poitrine. Le grade de lieutenant dans les guides du général en chef fut sa récompense. Bientôt l'expédition d'Égypte ouvrit une carrière nouvelle à tant de braves dont l'Orient gardera à jamais le souvenir; il sut se distinguer au milieu d'eux, et il obtint le grade de capitaine. Rentré en Italie avec la garde consulaire, il exécuta une charge à la tête des grenadiers à cheval à Marengo, et culbuta les Hongrois, qu'un succès momentané venait d'enhardir. Blessé dans cette mémorable affaire, le sabre d'honneur lui fut décerné, et il ne tarda point à être nommé chef d'escadron, premier aide-de-camp du général Bessières. Il fit, en cette qualité, la campagne de 1805, si célèbre par la bataille d'Austerlitz. Colonel du 9me régiment de hussards, dans la campagne de Prusse, les champs d'Iéna virent ses derniers efforts. La bataille était gagnée; il venait d'enfoncer le corps de cavalerie qui avait fait la plus longue résistance, lorsqu'un boulet le frappa au cœur. Du moins ses yeux se fermèrent dans une journée heureuse, et il ne put même prévoir les désastres qui suivirent tant d'exploits. Mais le temps vint de déprécier en France et de punir la gloire française; les restes de Barbanègre, que l'empereur avait fait transporter à Paris et déposer à l'hôpital militaire de la garde, situé au Gros-Caillou, pour être ensuite reçus dans un monument honorable, en ont été arrachés en 1816, et scandaleusement exposés à tous les regards dans le cabinet d'anatomie de l'École de Médecine. Le corps de Barbanègre y resta jusqu'en 1818; mais alors l'indignation publique se manifesta si fortement, qu'on crut devoir le retirer et le rendre à sa famille.

BARBANTANE-PUJET (Paul-François - Hilarion - Bienvenu, marquis de), né à Paris le 20 mars 1754. Il embrassa la cause de la liberté, avec une ardeur qu'il manifesta dans quelques écrits, en 1789 et en 1791. En 1790, il avait été nommé maréchal-de-camp, et en 1792, employé dans la 8me division militaire; il se déclara en faveur des habitans de Marseille, dans la discussion qui s'éleva entre eux et le régiment suisse d'Ernest, au désarmement duquel on prétend qu'il contribua. Quoi qu'il en soit, le général Barbantane reçut les plus grands honneurs civiques des patriotes du midi; mais il fut destitué et traduit devant un conseil de guerre, qui l'acquitta. Il fut alors nommé commandant de la même division, et chargé de l'organisation du comtat d'Avignon, que divers commissaires royaux et nationaux avaient entreprise inutilement. Il y coopéra avec le plus grand succès, sans qu'il y eût une goutte de sang répandu, ce qui lui valut le grade de lieutenant-général. Il obtint ensuite le commandement d'une division à l'armée des Pyrénées-Orientales. Il se distingua, dès le commencement de cette guerre, dans le commandement en chef de l'armée, qu'on lui confia provisoirement à la mort du général Deflers. Les Espagnols étaient très-forts, et l'armée française, faible et dépourvue de moyens; il sauva Perpignan par l'activité, le zèle et l'intelligence qu'il mit à organiser un nouveau corps d'armée à Salces; il illustra les armes françaises à la journée de Peirestorte, contint l'ennemi, et l'empêcha de se développer dans le midi de la France. Différentes contrariétés qu'on lui fit éprouver, soit comme noble, soit comme partisan d'Antonelle, le contraignirent à donner sa démission. Il fut incarcéré à Toulouse, et conduit à Paris. Sauvé par le plus heureux hasard, il obtint sa liberté après le 9 thermidor, vécut long-temps dans la retraite, eut enfin le commandement successif des 2me, 9me et 8me divisions militaires. Partout, il montra les mêmes principes et le même zèle à contenir les partis, et à prévenir toute espèce de réaction. Mais également dégoûté de l'esprit machiavélique du directoire, et du despotisme militaire de Napoléon, il se retira tout-à-fait des affaires, malgré les offres de places brillantes qui lui furent faites. En 1815, il fut témoin de la révolution du Midi, et après l'assassinat encore impuni du maréchal Brune, il dut abandonner sa retraite, située entre Avignon et Nîmes, pour se fixer à Paris, où son patriotisme est sans doute moins exposé qu'il ne l'était au milieu des réactions furibondes qui ont si souvent ensanglanté les départemens méridionaux.

BARBARON (N.), né le 24 mai 1758, à Sauveterre, département de la Gironde, entra au service en 1776, et obtint l'avancement que pouvait espérer alors un militaire qui n'avait pour recommandation que du courage, du zèle, et la connaissance parfaite de son état. En 1788, un congé lui avait permis de se retirer dans ses foyers; mais lorsque la France se vit menacée d'une invasion et d'une guerre générale, il se hâta de se joindre à ses défenseurs. Le 5 février 1792, il eut le commandement d'un bataillon de la Gironde, et se distingua, en 1792 et 1793, à l'armée du Nord, et ensuite, jusqu'en l'an 6, aux armées de l'Ouest et des côtes de l'Océan. Doué de talens réels, il donna des preuves de la valeur la moins équivoque, au milieu des difficultés d'une périlleuse retraite. Il faisait partie, en l'an 7, des armées d'observation du Danube et du Rhin; obligé de se retirer de Bruchsal devant un corps d'infanterie bien supérieur au sien, et soutenu par une nombreuse cavalerie, il opéra sa retraite dans le plus grand ordre sur Wisloch, malgré les attaques fréquentes et opiniâtres qu'il eut à repousser. Quelques jours après, dans une autre retraite sur Neker-Germind, il reçut l'ordre de s'opposer au mouvement de l'ennemi, qui au moyen de forces supérieures, manœuvrait pour couper la colonne. Cet officier n'avait que quatre compagnies, elles lui suffirent pour déconcerter le plan de l'ennemi, par des attaques bien dirigées, dans lesquelles il lui fit perdre beaucoup de monde. Dans la campagne de Souabe, en l'an 8, il fut blessé, le 16 prairial, à l'affaire de Sulminghen. C'est en l'an 12 qu'il fut nommé major d'un régiment d'infanterie, et ensuite officier de la légion-d'honneur.

BARBAROUX. (Charles-Jean-Marie), né à Marseille, en 1767; un caractère ardent, une âme expansive, et des moyens énergiques, le déterminèrent à embrasser la cause de la révolution avec l'enthousiasme qu'un jeune homme prend souvent pour l'inspiration particulière de son génie. En 1792, il se trouvait à Paris en qualité de commissaire extraordinaire de la commune de Marseille, près de l'assemblée législative, quand le bataillon des Marseillais arriva dans cette ville. Une conspiration fut ourdie à Charenton : Bourdon de l'Oise, Moïse Bayle, Duprat et Santerre en étaient les principaux chefs, et Barbaroux, le secrétaire. Le plan était de marcher sur le château des Tuileries avec 30,000 Parisiens que Santerre avait promis de conduire à la rencontre des Marseillais, et de proclamer sur-le-champ la déchéance du roi. Le 29 juillet, les Marseillais firent leur entrée à Paris. Santerre manqua de parole, et la conspiration échoua. D'autres circonstances amenèrent la journée du 10 août. Barbaroux ne fut instruit de l'insurrection que lorsque l'attaque eut été commencée. Il n'y prit part que pour prévenir de plus grands malheurs, et sauva la vie à plusieurs Suisses. Il fut bientôt nommé président de l'assemblée électorale des Bouches-du-Rhône. Élu membre de la convention nationale, Barbaroux, républicain par principes, ne tarda pas à se lier avec ceux des députés que distinguaient leurs talens et la franchise de leurs intentions, Condorcet, Brissot, Vergniaud, Guadet; malheureusement Robespierre, et d'autres hommes de son parti, avaient pris antérieurement une espèce d'ascendant sur lui, à cause du zèle qu'on leur attribuait pour l'établissement d'une véritable république. Barbaroux mieux instruit ne tarda pas à rompre avec eux. Dès le 25 septembre, il accusa la commune de projets fédéralistes. De concert avec Rebecqui, il dénonça Robespierre comme aspirant à la dictature, et annonça que de nouveaux Marseillais étaient en route pour venir défendre la convention. Barbaroux ne manquait pas de talens oratoires; mais son éloquence tenait de la fougue de son caractère; il était plus véhément qu'habile, plus courageux qu'opiniâtre : cependant, on le regarda comme un adversaire dangereux, et sa perte fut décidée. Le 10 octobre, il dénonça de nouveau la commune de Paris, et attaqua personnellement Pache, Tallien, Santerre, Deforges, Marat, Pétion, et Robespierre. Il les accusait d'avoir distrait, depuis le 10 août, une somme de 1,100,000 francs, et une grande quantité d'argenterie. Quelque temps après, il fut nommé secrétaire; il renouvela plusieurs fois l'accusation contre Marat, Robespierre, et en général contre les jacobins, auxquels il reprochait de s'être distribué neuf mille places. Il eut l'occasion de défendre le ministre Roland. Il avait proposé un comité judiciaire, pour examiner la conduite de Louis XVI, et n'en fut pas moins un de ceux qui provoquèrent, avec le plus d'ardeur, le jugement de ce prince; il faut cependant observer que s'il vota pour la mort, du moins, il demanda l'appel au peuple. Quant au sursis, il l'adopta, en proposant l'exil de toute la famille des Bourbons. Cette impétuosité, qui lui était naturelle, ne l'égara pas toujours. Il poursuivit avec un courage infatigable les auteurs des massacres de septembre, qu'il regardait comme les chefs de l'anarchie. Le 31 mai et les journées suivantes terminèrent cette lutte courageuse; mais les députés de la Gironde et leurs amis succombèrent. La fermeté de Barbaroux fut inébranlable; on le somma de donner sa démission, il répondit qu'il ne lui appartenait pas de quitter le poste qu'on lui avait confié, et qu'il avait résolu d'y mourir. Lorsque son arrestation fut décidée, il conserva son sang-froid, et eut le bonheur d'échapper à la vigilance du gendarme qui le gardait. Il se réfugia dans le département du Calvados, où Gorsas, Buzot, Salles et d'autres proscrits organisèrent avec lui une armée pour délivrer la convention. Le général Custine ayant refusé de contribuer à leur entreprise, ils furent défaits à Vernon, et réduits à chercher une nouvelle retraite. C'est avec la plus grande difficulté qu'ils parvinrent à s'embarquer à Quimper. Ils espéraient trouver des défenseurs à Bordeaux; mais l'extrême sévérité des mesures de la convention, contre ceux qui donneraient asile aux proscrits, avait répandu un effroi général; forcés de quitter cette ville,

Guadet, Salles et Barbaroux furent arrêtés dans les grottes de Saint-Émilion, et exécutés à Bordeaux, le 25 juin 1794 (7 messidor an 2). Barbaroux conserva, dans ses derniers momens, toute son énergie. Pour ne point tomber au pouvoir de ses ennemis, il s'était tiré deux coups de pistolet. C'est à demi mort qu'il subit son interrogatoire, où sa fermeté ne l'abandonna pas. Il avait été lié avec le ministre Roland, dont la femme a rendu le nom célèbre. C'est chez ce ministre que souvent on s'occupait des questions qui devaient être agitées dans l'assemblée. Mme Roland avait eu occasion de remarquer les qualités brillantes de Barbaroux, qui d'ailleurs était d'une beauté remarquable; elle rendait justice à l'élévation de son caractère; mais, selon elle, il manquait de cette maturité, qui n'est que le fruit de l'expérience chez la plupart des hommes. Dans les mémoires qu'elle a écrits en prison, elle parle ainsi de Barbaroux : « Son caractère ouvert et » son ardent patriotisme nous ins- » pirèrent de la confiance; raison- » nant du mauvais état des affai- » res et de la crainte du despotis- » me pour le Nord (du despotisme » de Robespierre), nous formâ- » mes le projet conditionnel d'une » république dans le Midi. « Ce se- » ra notre pis-aller, disait en sou- » riant Barbaroux; mais les Mar- » seillais qui sont ici, nous dispen- » seront d'y recourir. » Mme Roland était-elle bien exempte elle-même des illusions qu'elle reprochait à Barbaroux? Il existe de ce député une ode sur les volcans, dont quelques strophes sont d'une grand beauté; plusieurs discours vigoureux et bien écrits, d'excellens rapports sur des matières d'administration et de législation, et plusieurs fragmens de mémoires sur la révolution, qui répandent quelque lumière sur l'histoire encore si peu connue du 10 août.

BARBAULD (ANNA-LÆTITIA AIKIN), sœur du critique Aikin, l'une des femmes auteurs dont l'Angleterre s'honore le plus aujourd'hui, et que les auteurs du *Dictionnaire historique* placent au nombre des morts, bien qu'elle soit encore vivante. Née vers 1765, elle épousa le révérend Rochemont Barbauld, ministre dissident, maître d'école à Palgrave. Restée veuve quelques années après son mariage, elle continua d'habiter, malgré la haute réputation dont elle jouissait à Londres, la petite ville de Stokenington, où son mari était mort. Il y a dans tous les ouvrages de mistriss Barbauld de l'imagination, de la sensibilité, de la philosophie. Ses poésies, dont l'harmonie sonore rappelle quelquefois Claudien, ont eu cinq éditions successives. Parmi ses nombreux ouvrages sur la religion, l'éducation, et la politique, on distingue les *Dialogues sur l'histoire naturelle*, les *pensées extraites de Job*, et les *Hymnes en prose pour les enfans*. Elle a publié, en 1812, un poème dans le genre de lord Byron, intitulé *Mil huit cent onze*, où la bizarrerie du cadre est rachetée par la force des pensées. Elle a en outre présidé à plusieurs éditions recherchées d'Akenside, de Collins, etc., et à un recueil intitulé *English novelists*; titre qui ne signifie pas *Romanciers anglais*, comme les auteurs de la *Biographie des hommes vivans* le traduisent. La nuance légère, mais réelle, qui sépare les mots *novel* et *romance* à pu leur échapper : ce sont les Smollet, les Johnson, les Fielding, dont mistriss Barbauld a réuni les productions légères, piquantes, philosophiques, dans cinquante volumes in-12. Elle a rédigé les notices biographiques qui accompagnent ces ouvrages, et les a fait précéder d'un *Essai sur les romans*, l'un des meilleurs morceaux de la critique anglaise. Une collection non moins intéressante, est le *Choix des feuilles d'Addisson, Johnson, Steele*, etc., qu'elle a publié en 1806 (3 volum.), et dont la traduction manque en France. *La Correspondance, la vie et l'examen des ouvrages de Samuël Richardson*, 6 vol. in-8°, (1804), est un des exemples les plus remarquables de cette prolixité biographique, devenue si commune en Angleterre depuis quelques années. Leuliette en a donné une traduction française. On a oublié, sans doute involontairement, dans toutes les biographies, de donner le titre d'un des plus singuliers ouvrages de mistriss Barbauld : *les Péchés du gouvernement sont les péchés du peuple*: sentence que l'on pourrait expliquer de plus d'une manière, mais que nous croyons pouvoir interpréter ainsi : un peuple est coupable, alors que par faiblesse, par paresse, par lâcheté, il laisse l'oppression peser sur sa tête; car il est comptable envers Dieu même de la liberté qu'il a reçue de lui.

BARBAULT-ROYER (P. F.), homme de couleur, figura dans l'insurrection de Saint-Domingue. Néanmoins il fut envoyé en France par les colons, et il adressa au corps-législatif une lettre dans laquelle il retraçait toutes les horreurs dont cette colonie avait été la proie depuis l'arrivée des commissaires, auxquels il en attribuait la cause. Cette accusation donna lieu à une discussion assez vive au conseil des cinq-cents; Barbault-Royer ne put cependant obtenir d'être entendu à la barre. L'année suivante on le renvoya dans les colonies pour remplir les fonctions de haut-juré; à son retour il demanda une indemnité qui ne lui fut point accordée. Il entreprit alors de faire des articles pour divers journaux, et fut plus particulièrement attaché au *Rédacteur*, journal officiel du directoire. Il occupa ensuite un emploi au ministère des affaires étrangères. Barbault-Royer est auteur de différens ouvrages, savoir : 1° *De la guerre contre l'Espagne*, in-8°, 1792; 2° *les Loisirs de la liberté, nouvelle républicaine*, in-8°, 1795; 3° *Craon, ou les trois Opprimés*, in-18, 1795; 4° *Voyages dans les départemens du Nord, de la Lys et de l'Escaut, pendant les années 7 et 8*, in-8°, 1800; 5° *les Pergamines, ou Tablettes, suivies de notes et de remarques*, in-12, 1802; 6° *Résumé sur l'Angleterre*, in-8°, 1803.

BARBÉ (M.ᵐᵉ Hortense-Céré), née à l'île de France. M.ᵐᵉ Céré

M.' Barbé-Marbois.

Robert Lefevre pinx.t   Fromy del et Sculp.

Barbé a fait *Maximien*, tragédie en cinq actes et en vers, qui parut en 1811. Quoique cette pièce n'ait pas été représentée, il en existe une seconde édition où se trouvent des changemens importans. On y remarque des vers heureux; mais en général la pièce offre peu d'intérêt. Cette dame est connue plus avantageusement par les articles qu'elle a fournis aux *Annales politiques et littéraires*, journal qui paraît aujourd'hui sous le titre du *Courrier français*.

BARBÉ-MARBOIS (FRANÇOIS, MARQUIS DE), fils du directeur des monnaies de Metz, est né dans cette ville, le 31 janvier 1745. La protection du maréchal de Castries, ministre de la marine, contribua à le faire nommer consul général aux États-Unis d'Amérique, et quelque temps après, intendant de Saint-Domingue. M. de Marbois, aussi distingué par son caractère que par ses talens, administra cette colonie avec une intégrité qui dut lui faire des ennemis. Les différens biographes, en transmettant des renseignemens sur la carrière administrative et diplomatique de cet honorable citoyen, rapportent, d'après des assertions calomnieuses ou sur des données inexactes, que la sévérité qu'il déploya dans l'exercice de ses fonctions à Saint-Domingue, fut portée à un si haut point que son rappel fut vivement sollicité : ce fait est faux. Obligé de corriger et de beaucoup réformer, M. de Marbois s'efforça de remplir son devoir comme administrateur sans cesser d'être juste, et il reçut les témoignages les moins équivoques de la satisfaction de Louis XVI. L'esprit d'impartialité qui distingue les auteurs de cet ouvrage, leur fait un devoir de rapporter un fragment de la lettre que lui écrivit, par ordre du roi, le 3 juillet 1789, M. de La Luzerne, ministre de la marine, et un billet entièrement écrit de la main de S. M. « J'ai été déjà plusieurs fois char- » gé par le roi de vous témoigner » la satisfaction des services que » vous lui avez rendus. L'ordre » que vous avez remis dans les fi- » nances délabrées de Saint-Do- » mingue, la fermeté avec laquel- » le vous avez toujours soutenu » les intérêts de S. M., votre zèle » pour le maintien des lois et pour » l'exacte administration de la jus- » tice, ont constamment mérité » son approbation; mais dans la » circonstance présente, vous ve- » nez de donner l'exemple d'un » zèle et d'un genre de courage » qu'on trouve rarement dans les » meilleurs administrateurs. S. » M. m'ordonne de vous mander » qu'elle vous sait le plus grand » gré de votre résistance et de vo- » tre réclamation contre l'ordon- » nance (*cette ordonnance était* » *un abus de l'autorité militai-* » *re*) enregistrée le 11 mai de cette » même année. Il a été fait lectu- » re, au conseil-d'état, du discours » que vous avez prononcé en cette » occasion, et qui a été consigné » sur les registres du conseil su- » périeur de Saint-Domingue : vos » vues, vos principes, votre atta- » chement aux lois, ont été remar- » qués et approuvés par S. M. Son » intention est que, dans les cir- » constances présentes, vous ne » quittiez point une colonie que

» vous avez si bien administrée,
» et où vous pouvez encore lui ren-
» dre les services les plus impor-
» tans. » A la suite de cette lettre
est le billet autographe de Louis
XVI. « C'est par mon ordre ex-
» près que M. de La Luzerne vous
» écrit ; continuez à remplir vos
» fonctions et à m'estre aussi u-
» tile que vous l'avez été jusqu'ici ;
» vous pouvez estre sûr de mon
» approbation, de mon estime, et
» compter sur mes bontés : *signé*
» Louis. » Les fonctions d'intendant que M. de Marbois exerçait
ayant cessé, il revint en France
en 1790. Le roi le fit rentrer dans
le département des affaires étrangères, où il avait commencé à être
employé dès 1768. S. M. le chargea bientôt après d'une mission
particulière à Vienne, et le nomma son ministre à la diète de l'empire. M. de Marbois fut étranger
aux premiers événemens de la révolution. En 1795 (an 3), le département de la Moselle le nomma au conseil des anciens. A peine y siégeait-il qu'il eut à se justifier d'avoir participé à la rédaction du traité de Pilnitz, où furent
posées, en 1791, lors de l'émigration de M. le comte d'Artois, les
bases de la première coalition
contre la France, traité dont on
l'accusait même d'être le principal auteur. Il repoussa avec force
cette accusation et demanda à être
jugé. Un de ses collègues fit passer à l'ordre du jour en rappelant
au conseil que, lorsque M. de
Marbois était maire de la ville
de Metz (même année 1791), il a-
vait donné des preuves non équivoques de son patriotisme. En janvier 1796 (pluviôse an 4), M. de
Marbois prononça un discours sur
l'organisation de la marine, et saisit cette occasion pour manifester
les sentimens les plus français, en
examinant l'influence que donnait
à l'Angleterre sa puissance maritime ; ce fut avec autant de patriotisme que de chaleur qu'il cita les noms de Jean-Bart, Du-
guai-Trouin et Thurot, comme, en
l'an 5, il paya un juste tribut d'é-
loges à l'armée d'Italie et à l'activité de son illustre chef. En août de
la même année, il parla en faveur
des rentiers de l'état ; dans le mois
suivant, il fut élu secrétaire. Plusieurs fois il attaqua, mais sans
succès, la loi du 3 brumaire an
4, qui excluait des fonctions publiques les nobles et les parens
des émigrés. Se trouvant désigné
pour le ministère des colonies,
sur une liste saisie chez Berthelot
de la Villeheurnois, qui fut traduit au conseil de guerre de la 17me
division militaire, le 14 pluviôse
an 5 (1797), avec Brottier, Duver-
ne-de-Presle, dit Dunan, Poly et
autres agens des princes français,
il fut regardé, sinon comme ayant
pris part au complot, du moins
comme étant attaché au parti royaliste, et il fut rangé au nombre des
ennemis du directoire. Cette prévention ne le rendit point injuste,
il loua avec franchise la sagesse
des directeurs et la modération
du général Bonaparte à l'occasion
des préliminaires de Léoben. Mais
dans la lutte qui s'établit entre
le directoire et la majorité des conseils, il se prononça avec énergie,
dans la séance du 20 juillet de la
même année, et vota des remer-
cimens au conseil des cinq-cents
pour la fermeté qu'il montrait dans

le danger qui menaçait le corps-législatif. Atteint par la révolution du 18 fructidor an 5 (4 septembre 1797), il fut condamné à la déportation, refusa de s'y soustraire par la fuite, demanda inutilement des juges, et fut transporté à la Guiane. Il n'était point du nombre des déportés qui se sauvèrent avec Pichegru, François Aubry, et autres ; et ne voulut point, selon une biographie, partir avec l'adjudant-général Ramel, quand il s'échappa de cette terre d'exil. La longue habitude que M. de Marbois avait contractée du climat des colonies le préserva des maladies qui frappèrent de mort le plus grand nombre de ses compagnons d'infortune. Cependant, en l'an 7, l'insalubrité de l'île de Cayenne détermina son épouse à demander au gouvernement qu'il le fît transférer ailleurs, et, en effet, M. de Marbois obtint bientôt l'autorisation de se rendre à Oléron, d'où il revint à Paris après le 18 brumaire. Il était conseiller-d'état lorsque, en 1801, il fut nommé directeur du trésor public, en remplacement de M. Dufresne, son collègue au même conseil. Cette direction ayant été érigée en ministère, par arrêté consulaire du 5 vendémiaire an 10 (septembre 1801), M. de Marbois devint ministre. En 1803, il accompagna le premier consul dans son voyage de Bruxelles ; en 1804, il présida le collège électoral de l'Eure, qui l'élut candidat au sénat-conservateur ; en 1805, il fut nommé grand-officier de la légion-d'honneur, et reçut, peu de temps après, du roi de Bavière, le grand-cordon de l'ordre de Saint-Hubert. Dans la même année, l'empereur le nomma comte de l'empire. Une baisse rapide des fonds publics, survenue en 1806, par suite d'une opération désavantageuse au trésor national, à laquelle il avait donné son approbation, lui fit éprouver une assez longue disgrâce ; elle cessa en 1808, et l'empereur le nomma premier président de la cour des comptes. L'attachement que M. de Marbois paraissait porter à la personne et au gouvernement de Napoléon contribua, non moins que ses services, à le faire entrer au sénat, en avril 1813. Un an après, en avril 1814, M. de Marbois, entraîné par l'exemple d'une défection presque générale, vota la déchéance du chef de l'état, l'établissement d'un gouvernement provisoire, et le rétablissement de la maison de Bourbon sur le trône de France. Le roi le créa pair le 4 juin 1814, et, par ordonnance du 27 février 1815, le confirma dans les fonctions de premier président de la cour des comptes. Le 20 mars de la même année arriva : fidèle à son dernier serment, M. de Marbois ne se présenta point devant le prince que son vote avait répudié ; et Napoléon, malgré les instances du général Le Brun, duc de Plaisance, gendre de M. de Marbois, refusa de le voir. Il lui fit même donner l'ordre de s'éloigner de Paris, et nomma, pour le remplacer à la cour des comptes, M Collin de Sussy. Un mois après la seconde restauration, M. de Marbois alla présider le collège électoral du département du Bas-Rhin dont le territoire était encore occupé par les troupes étrangères ; ce ne fut même qu'avec la permission des chefs de ces corps que les électeurs purent se rendre à Strasbourg. De retour à Paris, M. de Marbois reprit la présidence supérieure de la cour des comptes. Une biographie étrangère rapporte à cette occasion un fait qui, s'il était vrai, sortirait étrangement du caractère de modération qui, dans les positions les plus difficiles, a toujours distingué M. de Marbois. Il aurait dit à M. Carret, maître des requêtes, président de la fédération parisienne pendant les *cent jours*, la première fois que ce fonctionnaire se présenta à la cour des comptes postérieurement au 8 juillet 1815. « Monsieur, vous » êtes nommé à vie, et personne » n'a le droit de vous destituer ; » mais toutes les fois que vous » vous présenterez ici, la séance » sera levée. » Apostrophe d'autant plus extraordinaire que M. Carret (mort en 1817) était un homme estimable, très-modéré, et qui n'usa du crédit que lui donnait la confiance de la multitude que pour empêcher les excès auxquels elle aurait pu se porter. En août 1815, M. de Marbois fut nommé garde-des-sceaux et ministre de la justice, en remplacement de M. Pasquier. Ce fut en cette qualité que, le 10 octobre suivant, à l'installation solennelle de la cour royale de Paris, il prononça un discours où il rappelait la sagesse et la vertu des anciens magistrats français. Dans ce discours, constamment remarquable par la dignité et l'onction, on écouta avec attendrissement ce passage : « Tou- » chant au bord de la tombe, je ne » verrai pas, messieurs, dit le no- » ble orateur, tous ces glorieux » succès; mais tant que je vivrai, » je chercherai à remplir digne- » ment les devoirs qui me sont im- » posés; heureux si mon nom peut » être un jour cité avec honneur » à la suite de tant de grands hom- » mes qui m'ont précédé dans cet- » te illustre carrière! » Comme ministre, comme citoyen, M. de Marbois ne cessa point de montrer la modération de ses opinions; il prit part à toutes les discussions importantes des chambres, présenta un projet relatif à l'organisation de la cour des comptes, que la chambre des pairs adopta, et qui fut rejeté par celle des députés; lors de la discussion du projet de loi sur les cris *dits séditieux*, il combattit l'opinion de la *majorité* qui voulait substituer la peine de *mort* à celle de la *déportation*, et ne parvint à faire changer cette opinion qu'en prouvant que la *déportation était plus affreuse que la mort même*. Il intervint en sa qualité de ministre, et comme porteur d'accusation dans le procès de l'illustre et infortuné maréchal Ney, et s'abstint, comme tous les autres ministres, de voter au jugement. Dans la discussion provoquée par la proposition de M. le marquis Barthélemy, pour le changement de la loi des élections, il termina le discours qu'il prononça par ces mots : « Nous combattons son opi- » nion, et nous nous faisons gloire » de le compter parmi les citoyens » les plus recommandables par » leurs vertus publiques et pri- » vées. » M. de Marbois, qui, le 10 mai 1816, sur l'ordre du roi, remit à S. M. les sceaux et le portefeuille du ministère de la justice, fut postérieurement nommé de nouveau premier président de la cour des comptes : il occupe encore aujourd'hui cette place. Les fonctions publiques dont il a été chargé et auxquelles il donnait tout le temps qu'il leur devait, ne l'ont pas empêché de s'occuper des sciences et de la littérature. Le savant même a rencontré souvent dans les travaux de l'administrateur la matière de plus d'un ouvrage utile. M. de Marbois a publié plusieurs ouvrages, entre autres : 1° *Essai des finances de Saint-Domingue*, in-4°, 1789; 2° *Culture du trèfle, de la luzerne et du sainfoin*, in-8°, 1792; 3° *Mémoire sur les finances*, in-4°, 1797; 4° *Voyage d'un Français* (M. de Marbois lui-même), *aux salines de Bavière et de Salzbourg*, in-12, 1800. On le croit auteur des ouvrages suivans : *Essai sur les moyens d'inspirer aux hommes le goût de la vertu*, 1769, in-8°; *la Parisienne en province, ouvrage national*, 1769, in-8°; *Julienne*, conte physique et moral, traduit de l'anglais, 1769, in-12; *Socrate en délire, ou Dialogues de Diogène à Sinope*, traduit de l'allemand de Wieland, 1772, in-12; *Essai de morale*, 1772, in-12; *Réflexions sur Saint-Domingue*, 1776, in-8°; *la Richesse du cultivateur*, traduit de l'allemand, 1803, in-8°. On doit à M. de Marbois la publication d'un Mémoire historique relatif aux négociations qui eurent lieu en 1778, pour la succession de Bavière, par M. le comte de Goertz, envoyé du roi de Prusse près des princes Bavaro-Palatins, Paris, 1812, in-8°. M. de Marbois, qui figure dans ce Mémoire comme secrétaire de la légation française près la cour de Munich, a ajouté, à l'ouvrage dont il est l'éditeur, une introduction où se trouvent des détails sur les principaux personnages, une notice sur le chevalier de La Luzerne, et des notes intéressantes. Il a encore donné *Complot d'Arnold et de sir Henri Clinton contre les États-Unis d'Amérique et contre le général Washington, en 1780*; Paris, 1816, 1 vol. in-8°, avec une carte et deux portraits. Une seule Biographie rapporte qu'en l'an 7 (1798), Mme Barbé-Marbois publia le Mémoire justificatif de son mari sur le 18 fructidor, qu'il lui avait fait parvenir du lieu même de son exil. On peut consulter à ce sujet un volume in-12, sous le titre d'*Anecdotes secrètes sur le 18 fructidor*.

BARBERI, jurisconsulte romain, fiscal du gouvernement papal, est né à Rome, de parens qui avaient peu d'aisance, mais qui cependant lui firent donner une bonne éducation. Il s'appliqua à l'étude des lois, et parvint à la place de fiscal qu'il exerça avec une honorable fermeté, même envers les personnes les plus puissantes par leur rang ou par leur fortune. Cette conduite peu ordinaire, et les talens qu'il montra, lui acquirent une juste célébrité. Il leur dut de partager avec la famille *Albani*, une très-grande influence sur l'esprit de Pie VI. Ce fut Barberi qui fit condamner à une détention perpétuelle le fameux comte de Cagliostro. Peu de temps après le jugement de cet homme singulier, arriva l'assassinat de Basseville. Barberi craignant qu'on ne l'attribuât au gouvernement romain, publia un écrit dans lequel il rejette la cause de ce déplorable événement sur le zèle fanatique du peuple pour la religion. Les victoires des Français en Italie firent perdre à Barberi tout son crédit et toute son influence; et quoiqu'il eût été réintégré dans sa place, à la suite d'une détention et d'un exil, il cessa d'avoir aucune importance politique. Barberi est estimé comme un magistrat incorruptible, et comme un homme de talent, qui n'a pas les qualités de l'homme d'état.

BARBERY, archi-prêtre à Porto-Ferrajo, s'est fait remarquer par l'attachement qu'il a constamment montré pour les Français. Il devait l'estime qu'il s'était acquise parmi les habitans de la ville, à beaucoup de douceur dans l'exercice de ses fonctions, et à une âme bienfaisante. Ces qualités étaient accompagnées d'une instruction solide et d'un zèle éclairé. Il se plut toujours à accueillir avec bonté et sans distinction d'opinions, tous les Français que la révolution faisait expatrier. Les malheureux qui s'étaient échappés de Toulon, après la prise de cette ville par les républicains, et qui se réfugièrent à Porto-Ferrajo, bénirent le digne ecclésiastique qui les protégeait dans leur infortune. Le général Miollis s'étant emparé de l'île d'Elbe, M. Barbery alla au-devant des soldats français. Il faillit néanmoins éprouver des persécutions, et n'en évita les résultats funestes que par la haute considération dont il jouissait. Ce fut pendant le siège que les républicains firent de Porto-Ferrajo, qu'il se prononça ouvertement pour les Français. Ses ennemis, irrités de sa conduite, résolurent de l'en punir. Un jour qu'il célébrait le service divin, quelques forcenés le saisirent et l'arrachèrent avec violence de l'autel. Mais leur adressant la parole avec autant de modération que de dignité, il parvint à les calmer et à les faire rentrer dans le devoir. Échappé à ce danger, il continua de servir avec dévouement les intérêts de la France. Instruit que le gouverneur de la place pour les Anglais, M. Fisson, se disposait à faire une résistance opiniâtre, et qu'il refusait d'accepter les articles du traité proposé, il se rendit chez lui à la tête d'une partie des habitans, et lui déclara en leur nom, que tous l'abandonneraient s'il ne consentait à capituler. L'énergie avec laquelle il annonça au gouverneur cette détermination, produisit l'effet qu'il en espérait. Le commandant anglais capitula, et M. Barbery alla au-devant des troupes françaises, pour les assurer de la soumission et du dévouement des habitans, qui recevraient avec joie dans leurs murs les vainqueurs qu'ils avaient désirés. La ville de Porto-Ferrajo ayant eu quelques réclamations à présenter au gouvernement consulaire, M. Barbery fut chargé d'être leur interprète, et s'acquitta de cette mission à l'entière satisfaction de ses concitoyens.

BARBIÉ DU BOCAGE (J. D.),

né à Paris le 28 avril 1760. Après avoir étudié au collége Mazarin, il prit des leçons de géographie de d'Anville, à qui il est redevable d'une grande partie des connaissances qui lui ont fait une si honorable réputation. En 1785, il y avait cinq ans que M. Barbié était employé comme géographe au ministère des relations extérieures ; à cette époque, il entra au cabinet des médailles de la bibliothéque du roi, dans l'espérance de succéder à l'abbé Barthélemy ; mais le 2 septembre 1793, il fut mis en état d'arrestation. Après avoir recouvré sa liberté, il entra, en qualité de géographe, au ministère de l'intérieur, d'où il passa à celui des affaires étrangères, en 1803. Le 7 novembre 1807, il remplaça, à l'institut, l'historien Anquetil ; et, en 1809, il fut nommé professeur de la faculté des lettres à l'académie de Paris, dont il se trouva doyen en novembre 1815. Vers la fin de 1809, il fut nommé membre de la 3.me classe de l'institut de Hollande, et il reçut en octobre 1814 la décoration de la légion-d'honneur. C'est en 1816 qu'il fit partie de l'académie royale des inscriptions et belles-lettres; mais il perdit sa place de géographe au ministère des relations extérieures. Un grand nombre de Mémoires ou de cartes géographiques, et des recherches historiques, ont placé M. Barbié au nombre des savans les plus utilement laborieux. On a de lui plusieurs cartes et plans pour le *Voyage pittoresque en Grèce*, de M. de Choiseul-Gouffier; l'*Atlas du Voyage d'Anacharsis*, la première édition est de 1788, et la deuxième, augmentée, est de 1799 (cet ouvrage a fixé la réputation de M. Barbié); de nombreuses cartes pour les *Voyages* de M. Labillardière, *à la recherche de Lapeyrouse;* pour le *Tableau de la Grande-Bretagne*, de Baert; pour les *Voyages en Grèce* de Castellan et de Pouqueville; pour une édition de *Télémaque*, enfin pour l'Atlas en 54 cartes ou planches in-4°, publié par M. Gail, comme ouvrage destiné à l'*Étude de l'histoire ancienne*. Conjointement avec M. de Sainte-Croix, M. Barbié a donné, en 1797 : *Mémoires historiques et géographiques sur les pays situés entre la mer Noire et la mer Caspienne*, in-4°; le Mémoire et la carte qui se trouvent réunis à l'ouvrage intitulé *des anciens gouvernemens fédératifs et de la législation de la Crète*, par M. Sainte-Croix ; enfin le Mémoire et la carte qui appartenaient à l'*Examen des historiens d'Alexandre*, aussi par M. Sainte-Croix, in-4°, 1804. En 1805, M. Barbié a donné, *sur la Retraite des Dix-Mille*, un mémoire accompagné d'une carte (gravée en 1796). En 1806, outre d'autres travaux moins importans, il publia une traduction du *Voyage dans l'Asie mineure et en Grèce*, par l'Anglais Chandler, avec des notes, 3 vol. in-8°. M. Barbié a fait aussi beaucoup d'articles pour le *Moniteur*, les *Mémoires de l'institut*, le *Magasin encyclopédique* et le *Mémorial topographique*. C'est à lui que l'on doit un précis fort estimé de géographie ancienne, inséré en 1811 dans la

Géographie de M. Walkenaer, d'après J. Pinkerton.

BARBIER (ANTOINE-ALEXANDRE), né à Coulommiers (Seine-et-Marne), le 11 janvier 1765, fit ses humanités au collége de Meaux, et vint à Paris, en 1782, pour y faire ses cours de philosophie et de théologie. Il était vicaire de Dammartin au commencement de la révolution, et fut élu, en 1791, curé de la Ferté-sous-Jouarre. Il revint à Paris, en 1794, comme élève de l'école normale. M. Barrois l'aîné, libraire très-instruit, qui connaissait son goût pour la bibliographie, le fit nommer membre de la *commission temporaire des arts*, que la convention nationale chargea de recueillir dans les couvens et dans les établissemens publics supprimés, les livres et les différens objets de sciences et d'arts, pour les placer dans les bibliothèques publiques, et dans les dépôts nationaux. En 1798, le ministre de l'intérieur, M. François de Neufchâteau, l'autorisa à choisir dans les dépôts du gouvernement les livres qui devaient composer la bibliothèque du directoire-exécutif. A l'époque du 18 brumaire, ces livres furent donnés au conseil-d'état, dont M. Barbier fut nommé bibliothécaire. L'empereur Napoléon le nomma aussi son bibliothécaire, en 1807. Cette même année, la bibliothèque du conseil-d'état fut transportée au château de Fontainebleau. M. Barbier en forma une nouvelle, tirée en grande partie de celle du tribunat. En 1814, M. le comte de Blacas l'a enrichie de deux mille volumes au moins, parmi lesquels se trouve la collection d'ordonnances, commencée par MM. Gillet, avocats, et continuée par M. de Saint-Genis, auditeur des comptes. M. Barbier joint aujourd'hui, à son titre de bibliothécaire du conseil-d'état, celui d'administrateur des bibliothèques particulières du roi. Les principaux ouvrages qu'il a publiés jusqu'à ce jour, sont, 1° *Catalogue de la bibliothèque du conseil-d'état*, Paris, imprimerie du gouvernement, 1801 et 1803, 2 vol. in-f°, qui se relient en un; 2° *Dictionnaire des ouvrages anonymes et pseudonymes*, Paris, 1806 et 1809, 4 vol. in-8°; assemblage de recherches utiles, ouvrage rempli de découvertes piquantes parmi lesquelles se sont glissées quelques erreurs qui disparaîtront probablement dans la seconde édition qui doit en être faite en 1821. 3° *Nouvelle bibliothèque d'un homme de goût*, Paris, 1807, 1809 et 1810, 5 vol. in-8°. Il reste un volume à rédiger pour compléter cet ouvrage. 4° *Dissertation sur soixante traductions françaises de l'Imitation de Jésus-Christ, suivie de considérations sur l'auteur de l'Imitation*, par M. Gence, Paris, 1812, in-12; 5° *Supplément à la correspondance de MM. Grimm et Diderot*, Paris, 1814, 1 vol. in-8°; 6° *Nouveau Supplément au Cours de littérature de La Harpe*, Paris, 1818, in-8°. L'éditeur a reproduit dans ce volume, avec des augmentations et des corrections, son *Examen des assertions hasardées par M. de La Harpe*, dans sa philosophie du 18me siècle, inséré, en 1805, dans le *Mu-*

gasin encyclopédique; 7° *Examen critique et complément des dictionnaires historiques les plus répandus*, tom. 1er (A. J.), Paris, 1820, in-8°. Le second et dernier volume paraîtra dans les trois mois qui suivront la publication de la dernière livraison de la *Biographie universelle*. M. Barbier est éditeur, 1° du *Mariage des fleurs*, en vers latins, par D. de La Croix, avec l'ancienne traduction française, et des notes nouvelles, Paris, 1798, in-12; 2° du *Journal historique, ou Mémoires de Collé*, Paris, 1807, 3 vol. in-8°; 3° des *Écrivains de l'histoire d'Auguste*, traduits par M. de Moulines, nouvelle édition, Paris, 1806, 3 vol. in-12; 4° du *Voyage autour de ma chambre*, suivi du *Lépreux de la cité d'Aost*, par M. de Maistre, Paris, 1817, in-18; 5° du *Mémoire du prince de Ligne sur le comte de Bonneval*, Paris, 1817, in-8°; 6° de la *Correspondance de l'abbé Galiani*, avec des notes, Paris, Treuttel et Wurtz, 1818, 2 vol. in-8°. Il a travaillé au *Mercure de France*, et au *Magasin encyclopédique*. Quelques-uns des articles insérés dans ce dernier journal, ont été imprimés séparément; les plus remarquables sont: la *Notice raisonnée du catalogue manuscrit de la Bibliothèque de l'abbé Goujet*, et la *Notice sur la vie et les ouvrages de Thomas Guyot, traducteur français du seizième siècle*. Il insère aujourd'hui quelques articles dans la *Revue encyclopédique*, rédigée par M. Marc-Antoine Jullien.

BARBIER, jeune, neveu du précédent, a donné à la *Biographie universelle* plusieurs articles de personnages anglais. L'article important du marquis d'Halifax, omis dans cette biographie, a été fourni par lui à l'*Examen critique* cité dans l'article de M. A. A. Barbier, n° 7.

BARBIER, adjudant-général. Après avoir servi long-temps dans les armées actives, il était commandant d'armes de la place de Saint-Omer, en avril 1814, lorsque la nouvelle officielle de l'entrée de Louis XVIII en France, excita dans cette ville un mouvement auquel cet officier s'opposa, sous le canon de l'ennemi. Il osa même arrêter un officier municipal qui était à la tête de ce mouvement, et déclara la ville en état de siège. Au retour de Napoléon, en 1815, il fut nommé commandant du département du Jura, où il organisa des forces imposantes qui se préparaient à marcher contre l'armée royale du Midi, lorsque la bataille de Waterloo vint mettre un terme à ce projet, comme à tous ceux de ce genre, dont le patriotisme est à la fois le mobile et l'excuse. L'adjudant-général Barbier n'a point été employé depuis cette époque.

BARBIER (JEAN-BAPTISTE-GRÉGOIRE), médecin à Paris. On a de lui différens ouvrages: 1° *Exposition des nouveaux principes de pharmacologie, qui forment de la matière médicale une science nouvelle*, vol. in-8°, 1803; 2° *Principes généraux de pharmacologie ou de matière médicale*, in-8°, 1808; 3° *Traité d'hygiène appliquée à la thérapeutique*, 2 vol. in-8°, 1811. M. Barbier est encore l'un des auteurs du *Dictionnaire des sciences médicales*.

BARBIER-NEUVILLE, né en 1754, à Vitry-le-François, et non le *français,* comme on l'écrit communément, parce que François Ier fit reconstruire la ville, et lui donna ses armoiries. Cet article, dans la *biographie des Hommes vivans,* est un tissu d'erreurs qui ne sont pas toutes innocentes. M. Barbier-Neuville aurait, y est-il dit, été employé dans la maison d'Orléans : cela est faux. Cet honorable citoyen avait eu occasion de voir le duc d'Orléans, père du prince actuel, relativement à un recueil complet des constitutions anglo-américaines, que lui seul possédait à cette époque, et dont le duc avait désiré avoir communication. En reconnaissance de l'obligeance que M. Barbier-Neuville mit à le satisfaire, il lui donna, il est vrai, l'espérance de le prendre pour son secrétaire particulier, mais ces relations n'eurent aucunes suites, si ce n'est que le recueil de M. Barbier-Neuville se trouva perdu. Il ne rédigea pas, comme on l'affirme, de concert avec MM. Sibuet et Poultier, le journal intitulé l'*Ami des lois.* Il fut seulement chargé en l'an 8, par Lucien Bonaparte, ministre de l'intérieur, de surveiller ce journal ultra-révolutionnaire, et n'eut de rapport à ce sujet qu'avec le rédacteur, Hyacinthe Langlois. M. Barbier-Neuville n'a point été secrétaire du conventionel La Marque, mais il a été nommé, par le directoire, secrétaire de légation en Suède, en même temps que M. La Marque fut nommé ambassadeur près de cette puissance. M. Barbier-Neuville, qu'on dit avoir été fait chef de division au ministère de l'intérieur, en 1811, y était attaché en cette qualité depuis 1800, et dès 1799, y avait été appelé par le ministre Quinette, comme secrétaire-général, fonction qu'il exerça aussi pendant les six semaines que dura le ministère du savant M. de La Place. Il fut nommé dès la création, par l'empereur, chevalier de la légion-d'honneur, dont, en 1814, le roi le fit officier. Une grande modération dans ses opinions, des connaissances approfondies de toutes les parties de l'administration, la plus grande exactitude à remplir tous ses devoirs, tels sont les principaux rapports sous lesquels se recommande à l'estime publique cet administrateur qu'on s'efforce de calomnier. M. Barbier-Neuville, qui repousse le titre de jacobin, s'est honoré, il est vrai, de celui de citoyen, et de plus le mérita. Il s'est montré tel dans les temps difficiles où notre belle France était ouverte aux soldats étrangers : « Si vous n'avez pas de » fusils, disait-il aux gardes natio- » naux qu'il commandait en 1815, » défendez-vous avec des bâtons. » Ce mot ne fut oublié par personne. Le ministre Vaublanc, avant de recevoir son congé, mit à la retraite M. Barbier-Neuville, qui, pendant seize ans, a dirigé avec autant de lumières que d'intégrité, l'administration des hospices, des bâtimens civils et des établissemens des sciences, des lettres et des arts. Sous le ministère de l'abbé de Montesquiou, M. Barbier-Neuville reçut le titre de *directeur de la correspondance;* ce n'est pas qu'il eût changé d'attributions, mais seulement c'est qu'ainsi que les autres chefs de division, il avait le droit de signer les décisions ministérielles dans tout ce qui concernait sa partie.

BARBIER-VÉMARS (Joseph-Nicolas), né le 7 avril 1775, fils d'un cultivateur du canton de Louvres (Seine-et-Oise). Après avoir terminé ses études dans l'ancienne et célèbre maison de Sainte-Barbe, il apprit à fond les langues de l'Europe, qu'il parle avec facilité, et dont la littérature lui est aussi familière que celle de la Grèce et de l'ancienne Rome. Il se livra avec ardeur à l'étude des sciences physiques et mathématiques, et rédigea, d'abord avec un savant Anglais, nommé O'Reilly, et ensuite seul, un ouvrage important en 55 volumes in-8°, ornés de 666 planches, sous le titre d'*Annales des arts et des manufactures*. Professeur en 1805, au lycée qu'on appelle aujourd'hui collége royal de Bourbon, il fut obligé par la faiblesse de sa poitrine, de quitter une chaire où il se distinguait. Peu de temps après, on lui offrit une place de chef de bureau, qu'il refusa pour revenir à la culture des sciences et des lettres; enfin, au mois de juin 1816, il conçut l'idée heureuse de publier en latin un ouvrage périodique sous le titre de *Hermes Romanus* ou *Mercure latin*, 6 vol. in-12. On regrette que la publication de ce recueil, auquel les meilleurs humanistes ont accordé leurs éloges, n'ait pas été continuée. M. Barbier-Vémars a été nommé par ordonnance du 23 mai 1820, conservateur de la bibliothéque royale, qui est dans la rue de Richelieu.

BARBIERI, simple secrétaire au régiment romain des Bleus, alors en garnison au château Saint-Ange, se persuada qu'il jouissait d'un assez grand crédit pour faire une révolution dans sa ville natale. Il ne manquait ni d'énergie, ni de moyens; mais, trahi par deux sergens, auxquels il avait donné sa confiance, et qui remirent ses plans au major Bamitz, il fut arrêté, et condamné à mort, en 1796. On a prétendu qu'il avait engagé 1,500 personnes dans cette conjuration; on ajoute qu'il devait s'emparer des chefs de l'état, pendant que la troupe aurait été occupée à éteindre le feu qu'on aurait mis dans les magasins de fourrages.

BARBIERI (l'abbé Vincent), professeur de rhétorique à Padoue, est auteur de plusieurs poëmes et autres ouvrages de poésie qu'il voulait réunir; mais il n'a publié que le premier volume de ce recueil, sous le titre de *Opere dell'abate Vincenzo Barbieri*. On y trouve le poëme des *Saisons*, imité de Thompson et de Saint-Lambert, mais bien inférieur à ces modèles, et plein d'épisodes disparates, et un *Épithalame botanique*, tiré des *Amours des plantes*, du docteur Darwin. Cet opuscule est peu estimé. On trouve encore dans le recueil de l'abbé Barbieri un discours en prose sur la poésie descriptive, dont les journaux italiens ont blâmé le titre, prétendant que la poésie est toujours descriptive; enfin, une apologie en prose du style poétique, avec des notes curieuses. Les critiques reprochent en général à cet auteur de ne point écrire sa langue dans toute sa pureté.

BARBOT (MARIE-ÉTIENNE, BARON DE), lieutenant-général, né à Toulouse. En 1792, il entra au service comme commandant du 4ᵐᵉ bataillon des volontaires du département de la Haute-Garonne, et fit la campagne de Savoie. Il assista au siége de Toulon, et prit ensuite le commandement d'un bataillon de chasseurs des Pyrénées-Orientales, avec lequel il fit la campagne d'Espagne; il se trouva particulièrement à la journée du Boulou, au siége Saint-Elme, aux deux batailles de la Montagne-Noire, et au siége de Roses. Le courage et le talent qu'il montra dans ces différentes affaires le firent élever au grade de chef de brigade. Il se distingua ensuite dans la Vendée, et après la pacification de cette province, il fut envoyé en qualité de chef d'état-major, au général Lagrange, pour l'expédition des Antilles, pendant laquelle il se signala par la prise du Roseau, capitale de la Dominique. De retour en France, il partit de nouveau pour faire la campagne de 1807, et se fit plus remarquer encore par son humanité et son dévouement, que par son éclatante bravoure. L'empereur Napoléon irrité contre la ville de Hersfeld, accusée d'avoir assassiné un détachement français, avait ordonné qu'elle serait pillée, que trente habitans des plus coupables seraient fusillés, et cent autres envoyés en France comme otages. Le baron Barbot, chargé de cette exécution, ne tarda point à se convaincre de l'innocence de cette ville, qui même avait sauvé plusieurs soldats de la fureur des paysans armés contre eux. Il se garda bien d'obéir aux ordres rigoureux qu'il avait reçus; mais pour mieux assurer le succès de sa généreuse désobéissance, il osa faire son rapport comme s'ils avaient été exécutés. Les habitans voulaient lui témoigner leur reconnaissance en lui offrant un magnifique présent: il le refusa, disant qu'une action qui n'était que juste, ne devait pas se payer. Le baron Barbot passa en 1808 en Espagne, et se trouva aux affaires de Rio-Secco, à Burgos, à la Corogne, à Braga, à Oporto, à Boursaca, à Subugal et à Alméida, et fut ensuite nommé général de brigade. L'année suivante, il concourut à la bataille des Aropilles, où il eut deux chevaux tués et un autre blessé. En 1813 et 1814, il participa à tous les engagemens qui eurent lieu près des Pyrénées, et prit une belle part à la bataille de Toulouse. En mars 1815, il avait le commandement supérieur de la ville de Bordeaux. Le 31 juillet 1815, le roi le nomma lieutenant-général. Il est commandeur de l'ordre de la légion-d'honneur et chevalier de Saint-Louis.

BARBOU (GABRIEL), lieutenant-général, né 21 novembre 1761, à Abbeville, est de la famille des imprimeurs de ce nom. Entré au service en 1779, il était parvenu, avant la révolution, au grade de lieutenant. En 1791, il s'embarqua avec son régiment pour l'île de Saint-Domingue; après y avoir séjourné seize mois, il revint en

France, et servit dans l'armée du Nord en qualité d'adjoint aux adjudans-généraux; bientôt il passa, comme adjudant-général, aux armées des Ardennes et de Sambre-et-Meuse, et se trouva à la bataille de Fleurus. Il était chef d'état-major de l'armée que commandait Schérer, lorsque ce général s'empara de Valenciennes, de Landrecies et de Condé. Cette campagne lui valut le grade de général de brigade. Il occupait une partie de la rive droite du Rhin, en l'an 4 (1795 et 1796), lorsque la retraite précipitée de Jourdan lui fournit l'occasion de se distinguer de nouveau. En 1797, il fut nommé chef d'état-major-général de l'armée de Sambre-et-Meuse, et se trouva à l'affaire d'Ettersdorf, où il eut un cheval tué sous lui. En 1798, il fut chargé d'apaiser les troubles excités dans le Brabant; il s'acquitta de cette mission difficile avec autant de modération que de fermeté. En 1799, sous les ordres du général Brune, dans la Nord-Hollande, il combattit les Russes et les Anglais, et accrut sa réputation militaire dans les batailles de Berghem et de Castriemn. Le grade de général de division fut la récompense de sa belle conduite, et il fit en cette qualité la campagne de 1801, sous Augereau. Nommé commandant de la 27me division militaire, à la fin de cette même année, il battit, et bientôt dispersa entièrement les rebelles, qui s'étaient réorganisés dans les départemens du Midi. Après avoir remplacé, en Suisse, le maréchal Ney, le général Barbou eut le commandement d'une des divisions du camp de Boulogne, et ensuite celui du pays d'Hanovre, pendant la campagne d'Austerlitz. Les Russes et les Suédois étant entrés dans le pays, il fut contraint, par l'infériorité de ses forces, de se renfermer dans la forteresse d'Hameln, où il se maintint jusqu'à la paix de Presbourg, époque à laquelle il fut chargé des fonctions de commissaire près le nouveau gouvernement hanovrien. Il commanda la place d'Ancône, en 1810, 1811 et 1812. En 1814, il fut nommé chevalier de Saint-Louis, et grand-officier de la légion-d'honneur. Au 20 mars 1815, il commanda la 13me division militaire.

BARCELO (M.), lieutenant-général des armées navales d'Espagne. Ses talens et son intrépidité l'élevèrent, du rang de simple matelot, aux premiers grades. Il fit long-temps la guerre contre les Barbaresques, dont il devint la terreur. En février 1792, il fut chargé de l'expédition contre Tanger; il s'y acquit beaucoup de gloire, et força bientôt les peuples de ces contrées à implorer la paix.

BARCLAY (N.), compétiteur de sir Francis Burdett, aux élections de 1815, eut le malheur, protégé par les manœuvres du gouvernement, de réunir plus de votes que ce favori du peuple, et d'être élu. La multitude, par une singulière modération, se contraignit le jour même des élections; mais quand M. Barclay vint, quelque temps après, prononcer son discours de réception, une foule immense et furieuse couvrit de boue et accabla d'outrages le député ministériel. La première taverne servit de refuge à M. Barclay; toutefois les portes, fermées sur lui, ne l'auraient point garanti, si la force armée n'était venue disperser la populace. On escaladait déjà la maison, et M. Barclay, parvenu au faîte, allait être obligé de fuir de toits en toits, au risque de perdre la vie en tombant. Cette leçon le détermina peut-être à soutenir dans le parlement, où enfin il siégea, quelques mesures populaires. Il ne fut pas réélu depuis.

BARCLAY-DE-TOLLY, fils d'un pasteur de la Livonie, feld-maréchal russe, ministre de la guerre, prince, etc., etc. Il reçut une éducation distinguée, qui le mit en état d'obtenir un avancement rapide dans la carrière des armes qu'il embrassa de bonne heure. Ses talens militaires le firent élever, dans la campagne d'Allemagne, au grade de général-major. Mais c'est particulièrement dans la campagne de 1806 à 1807, en Pologne, aux affaires de Gurka, de Pultusk et de Prussick-Eylau, qu'il fit sa réputation militaire, et qu'il mérita le grade de général d'infanterie auquel il fut promu après la campagne de Finlande en 1808, où il se fit remarquer par sa retraite sur Quarcken. Après la campagne de Suède en 1810, il fut nommé ministre de la guerre. En 1812, on lui confia le commandement de la première armée d'occident : sa belle retraite devant l'armée française, a été honorablement appréciée par ses ennemis, et lors de la jonction des deux armées d'occident. Peu avant la bataille de Mozaiska, le prince Koutousof vint prendre le commandement des deux armées;

c'est conséquemment à ce dernier qu'on doit attribuer une proclamation qui mettait à découvert la politique du gouvernement russe. Elle était conçue en ces termes : « Tristes et honteux instrumens » de l'ambition, apprenez par » l'exemple des Espagnols et des » Portugais, que la ferme et cons- » tante volonté d'un peuple peut » repousser les fers de l'étranger. » Vous êtes opprimés; mais non » pas avilis. Si beaucoup des vô- » tres dans les classes supérieures, » ont oublié leurs devoirs, la mas- » se de votre nation n'en est pas » moins loyale, brave, dégoûtée » d'un joug étranger, et fidèle à » Dieu et à la patrie. Vous donc » que le conquérant a traînés sur » les frontières de la Russie, aban- » donnez les drapeaux de l'escla- » vage, rassemblez-vous sous ceux » de la patrie, de la liberté, de » l'honneur national, qui sont ar- » borés sous la protection de l'em- » pereur mon maître. Il vous pro- » met l'appui de tous les braves » Russes en état de porter les ar- » mes dans une population de » 50,000,000 d'âmes, *et il m'a* » *chargé d'offrir une place dans la* » *légion allemande à tous les bra-* » *ves officiers et soldats allemands* » *qui émigreront.* Elle sera com- » mandée par un des princes de » l'Allemagne, qui a montré le » plus d'attachement à la cause de » la patrie. Son but est la liberté » de l'Allemagne; et si ce but est » atteint, la patrie distribuera des » récompenses à ses braves et fi- » dèles enfans. *L'empereur, mon* » *maître, donnera à ces braves un* » *asile et des terres sous le beau* » *climat de la Russie-Méridiona-*

»*le*. Allemands, choisissez entre »l'honneur et des récompenses »d'un côté, l'esclavage, la honte »et la misère de l'autre.» Le général Barclay-de-Tolly quitta le corps de réserve qu'il commandait sur la Vistule, pour se mettre à la tête des armées combinées de Russie et de Prusse, après les affaires de Lutzen et Bautzen, en 1813. Dès le 27 juillet, les négociations de Prague ayant été rompues, il dénonça aux Français la cessation de l'armistice, et se mit aussitôt en campagne. Après la bataille de Leipsick, l'empereur Alexandre le décora du titre de comte. Avant d'entrer en France, il adressa une proclamation à son armée, pour l'engager à se maintenir dans la discipline, et pour menacer ceux qui s'en écarteraient des traitemens les plus sévères. Ce fut lui qui commanda toute la campagne de 1814, à Châlons, Langres, Brienne, Sésanne, dans la marche sur Paris, et à l'entrée dans cette capitale, ce qui lui valut, le lendemain 31 mars, le titre de feld-maréchal. Au mois de juillet, il reprit la route du nord à la tête de l'armée russe, alla établir ses quartiers d'hiver en Pologne, et prit son quartier-général à Varsovie. La nouvelle du débarquement de Napoléon vint rompre les conférences du congrès de Vienne, et fit de nouveau prendre les armes à l'Europe. Le feld-maréchal Barclay-de-Tolly marcha aussitôt sur le Rhin. A la nouvelle de la bataille de Waterloo, il publie à Openheim, sur le Rhin, une proclamation aux Français, dans laquelle il les engage à abandonner la cause de Napoléon, à embrasser celle des alliés, « *qui* »*n'avaient combattu que pour la* »*France, dont le bonheur, la* »*gloire et la puissance étaient* »*encore nécessaires au bonheur* »*et à la puissance des autres na-* »*tions.*» Le feld-maréchal Barclay-de-Tolly entra aussitôt en France, et alla établir son quartier-général à Châlons, qu'il avait déjà occupé, et où l'empereur Alexandre et les autres souverains vinrent passer (au village des Vertus) la revue de son armée dans le mois de septembre. Il y fut élevé au rang de prince, et, dès le lendemain, il adressa, comme tel, un ordre du jour aux soldats russes, pour leur annoncer la satisfaction de leur souverain sur leur conduite, leur discipline et leur bonne tenue. Dans un voyage qu'il fit à Paris, il fut comblé d'honneurs par Louis XVIII, qui lui conféra le titre de commandeur de l'ordre de Saint-Louis. Les peuples de l'Allemagne n'eurent qu'à se féliciter des principes du prince Barclay-de-Tolly : non-seulement il ne leva sur eux aucune contribution, mais pour les soulager dans le passage des troupes russes, il leur faisait partager les vivres des magasins de l'armée. Le prince Barclay-de-Tolly est mort le 25 mai 1818 : il se rendait aux eaux de Carlsbad, en Bohême; mais il fut attaqué à Intersbourg de la maladie qui l'enleva dans cette ville. Il était le seul général russe décoré alors du titre de feld-maréchal. Nous terminerons cet article sur le général Barclay-de-Tolly, par cette seule observation qui équivaut à un pompeux éloge : né dans un état despotique et dans une classe non privilégiée, il parvint, par son seul mérite, aux premières dignités de l'empire.

BARDAXY DE AZARA (N.), neveu du ministre espagnol d'Azara, né le 9 octobre 1760, à Puianxaldo, en Espagne. Nommé à Rome, en 1792, auditeur de Rota, il accompagna le souverain pontife, Pie VI, dans ses différens voyages en Italie et en France. S. S. étant morte à Valence, en 1798, M. Bardaxy fit partie du conclave tenu à Venise pour l'élection de son successeur, avec lequel il se rendit à Rome, en 1800. Lors de la révolution d'Espagne, en 1808, l'empereur Napoléon fit conduire M. Bardaxy à Valence, où il resta jusqu'à la rentrée des Bourbons en France. Ce ne fut qu'à cette époque qu'il retourna à Rome. En 1806, il devint cardinal.

BARDET, lieutenant-général. Après avoir passé par tous les grades inférieurs, il fut nommé, en 1804, colonel du 27ᵐᵉ régiment de ligne. La manière dont il se signala à la bataille d'Austerlitz lui valut le titre de commandant de la légion-d'honneur. Il continua à servir en Allemagne, et fut, en mars 1807, nommé général de brigade; en 1808 il entra en Espagne sous les ordres du maréchal Ney, et se distingua surtout à la prise d'Oviédo, en juin 1809. Rentré en France en 1813, il se battit sur les frontières de la Savoie, enleva, le 1ᵉʳ mars 1814, le fort de l'Écluse, fut promu immédiatement après au grade de général de division, et essaya, mais en vain, de s'emparer de Genève.

Dans le mois de juillet de la même année, il fut fait chevalier de Saint-Louis.

BARDI (L'ABBÉ DE), d'une famille noble, dont beaucoup de membres avaient fait partie de la cour des aides de Montpellier et du parlement de Toulouse. Un caractère violent et des mœurs dépravées ne l'empêchèrent pas d'entrer dans l'état ecclésiastique; mais devenu bientôt un objet d'horreur pour sa famille même, il se retira à Paris, où il pouvait se livrer à ses penchans avec moins de gêne et de crainte. Son frère aîné, conseiller à la cour des aides de Montpellier, avait l'extrême bonté de le recevoir chez lui et de lui donner des secours; l'abbé sachant que ce frère généreux devait toucher une somme considérable, s'informa de l'époque du recouvrement, et le jour même, sous prétexte de faire voir au conseiller des antiques et des pierres rares, il l'attira dans une maison où cet infortuné fut assassiné à coups de bûche. La police ne tarda pas à découvrir les coupables, et l'abbé de Bardi fut arrêté. C'était en 1786. Quelquefois alors, une erreur de jeunesse conduisait à l'échafaud des hommes des classes inférieures de la société; mais souvent la justice paraissait impuissante contre les forfaits commis par ceux qui appartenaient à des classes privilégiées. L'affaire de l'abbé de Bardi ne fut pas portée devant les tribunaux. Noble et ecclésiastique tout à la fois, il fut seulement enfermé pour le reste de ses jours, par lettre de cachet. La révolution changea cet état des choses. Une procédure fut commencée contre l'abbé de Bardi, et le 20 janvier 1792 une sentence le condamna à être pendu. Il appela de ce jugement, mais le nombre des affaires importantes ayant fait retarder l'examen de la sienne, il resta dans les prisons de la Force jusqu'au 2 septembre. Les hommes qui ensanglantèrent cette journée, le confondirent parmi leurs victimes, et celui dont les crimes méritaient la mort, fut lui-même puni par un crime.

BARDI, conseiller au parlement de Toulouse. Habitué depuis nombre d'années à l'autorité des parlemens, et ne put sans regret la voir détruire par l'assemblée constituante, et signa contre le décret de cette assemblée les protestations du parlement de Toulouse. La révolution prenant un caractère formidable, ceux qui s'étaient opposés à sa marche se virent en danger. Bardi fut du nombre : le tribunal révolutionnaire le condamna à mort, le 19 messidor an 2 (7 juillet 1794). Il avait atteint sa 85me année.

BARDIN (Jean), peintre d'histoire, né à Montbard, le 31 octobre 1752, mort à Orléans, le 6 octobre 1809. D'abord élève de Lagrenée l'aîné, ensuite de Pierre, premier peintre du roi, Bardin se livra avec beaucoup de zèle à l'étude de son art. Diderot, dont le goût en peinture n'est pas infaillible, traite assez mal ce peintre dans sa *Revue des tableaux du salon de 1765 et de 1767*, et les auteurs de la *Biographie universelle*, sévères à l'exemple d'un homme de lettres qui n'avait jamais tenu un pinceau, décident qu'il n'a laissé aucun ouvrage assez remarquable pour mériter qu'on en fasse mention. Le jugement de Diderot et l'opinion des biographes n'ont pas été adoptés. Le tableau de *Tullie faisant passer son char sur le corps de son père*, qui fit juger son auteur digne du premier grand prix de peinture au concours de 1764, et qui le fit envoyer à Rome, en 1768, aux frais du gouvernement, et le tableau de *Sainte-Catherine au milieu des docteurs*, qui détermina son admission, en 1778, à l'académie de peinture, sont loin de motiver le jugement rigoureux porté contre son talent. Bardin soutint seul, pendant la révolution, l'école des beaux-arts d'Orléans, dont il avait eu la direction depuis sa fondation, en 1785. Membre de l'ancienne académie de peinture, il fut nommé correspondant de l'institut : il avait été le maître de Regnault, qu'il emmena comme élève à Rome, et qui est maintenant l'un des chefs de l'école française. Nous citerons encore de Bardin, comme ouvrages qui ne sont pas sans mérite : *l'Immaculée conception; l'Exaltation de sainte Thérèse; saint Bernard; saint Nicolas; une Vierge; une Résurrection; l'adoration des mages; Andromaque pleurant sur les cendres d'Hector*, etc., et surtout un grand nombre de dessins précieux restés dans sa famille, et dont la publicité aurait placé Bardin au rang des premiers dessinateurs et compositeurs de son époque. Le continuateur de Bachaumont et le célèbre peintre David lui rendent à ce sujet une justice éclatante : le jugement de David est le plus bel éloge du mérite de Bardin.

BARDIN (ÉTIENNE-ALEXANDRE, BARON), fils du précédent, colonel, commandeur de la légion-d'honneur, chevalier de Saint-Louis, né à Paris, en 1774, entra au service immédiatement après avoir terminé ses études. Nommé adjudant-major du 8me bataillon de volontaires nationaux, en septembre 1792, il fit, en cette qualité, les campagnes de 1792 et de 1793, des années 2, 3 et 4, à l'armée du Nord, sous les généraux Dumouriez, Houchard, Custine et Pichegru; passa à la 30me, devenue peu de temps après 8me d'infanterie légère, y prit le commandement d'une compagnie, et fit les campagnes de l'an 5 et de l'an 6, à l'armée de Sambre-et-Meuse, sous les généraux Beurnonville et Jourdan. Son corps étant passé en Italie, le baron Bardin fit les campagnes des années 6, 7 et 8, sous les généraux Macdonald, Meunier et Masséna. Rappelé en France, quelque temps avant la paix de Lunéville, il fut nommé aide-de-camp du général Junot, alors commandant de Paris; en l'an 11 (1803), il fut breveté chef de bataillon au 1er régiment de la garde de Paris, et prit le commandement de la portion de cette garde destinée à faire la campagne de 1806. En l'an 14 (1805), il servit en Hollande sous les ordres de Louis Bonaparte; en 1806, il fut nommé major au 2me régiment de la garde de Paris. En 1809, il dirigea la cohorte des gardes nationales d'Eure-et-Loir, envoyée avec d'autres pour reprendre Flessingue, occupé alors par les Anglais. En novembre 1811, il fut nommé colonel des pupilles de la garde impériale; ce régiment, d'origine hollandaise, d'abord fort de deux bataillons, fut ensuite porté à neuf, formant un peu plus de 8,000 hommes. En mars 1813, le colonel Bardin, qui était chevalier de la légion-d'honneur depuis l'an 12 (1804), fut nommé officier de cette légion. Après les désastres de la campagne de Moscow, l'empereur décida que le régiment des pupilles ne serait plus que de 4,000 hommes. On donna au colonel Bardin le commandement du 7me régiment des tirailleurs de la garde formé de ce corps, et qui se distingua dans la campagne de Dresde. A la bataille de ce nom, si glorieuse pour les armes françaises, le colonel Bardin remplit les fonctions de général de brigade, ayant sous ses ordres le 8me et le 9me régiments de tirailleurs; ses services, dans cette journée, le firent élever au rang de commandant de la légion-d'honneur. Le 9me régiment de tirailleurs, après avoir contribué à la défense d'Anvers, rentra en France en 1814, et fut licencié. Le colonel Bardin fut attaché au dépôt de la guerre, et reçut la croix de Saint-Louis. Cet officier est auteur du *Manuel d'infanterie*, ouvrage qui est à sa 5me édition et qui a été deux fois traduit en allemand; du *Mémorial de l'officier d'infanterie*; du *Cours d'instruction à l'usage de l'école de Fontainebleau*; de *l'Examen de la législation sur le service en campagne*; du *Projet de règlement sur l'uniforme de l'armée de terre*, etc. Il s'occupe de terminer un ouvrage considérable, sous le titre de *Dictionnaire d'art militaire*. La *Biographie des Hommes vivans* et celle de *Bruxelles*, en mentionnant le nom de M. Bardin, ont passé sous silence ses ouvrages militaires, pour lui attribuer des poésies politiques sur le mariage de Napoléon et sur la naissance du roi de Rome, qu'il n'a pas composées.

BARDIN (Hippolyte), est auteur de divers opuscules poétiques *sur le mariage de Napoléon et de Marie-Louise, et sur la naissance du roi de Rome*, opuscules imprimés en 1811, in-8°. Les auteurs des biographies de *Bruxelles* et des *Hommes vivans* le confondent avec le colonel Bardin, et lui attribuent à tort les grades et les services militaires de cet officier.

BARDOU-BOISQUETIN (Pierre-René), propriétaire - cultivateur à Sillé-le-Guillaume. Au commencement de la révolution, il fut procureur-syndic de district, et, en 1791, député du département de la Sarthe à l'assemblée législative. Ses connaissances en agronomie le firent nommer membre du comité d'agriculture; durant cette session, il parut rarement à la tribune, mais il vota toujours en homme attaché aux vrais principes. Appelé en l'an 3 (1795), au conseil des cinq-cents, par le même département, il rendit hommage au patriotisme et au courage des habitans de Beaumont-sur-Sarthe, qui avaient repoussé les Vendéens. Réélu en l'an 5, il défendit avec force les intérêts du peuple; annonça la mort de Magnin, commissaire du directoire, assassiné dans le département de la Sarthe, et contribua beaucoup à faire obtenir à sa veuve une pension du gouvernement. Il se plaignit de l'abandon total dans lequel on laissait les hospices civils du Mans, de Mamers et de Saint-Calais, et accusa de cette négligence coupable les agens du directoire. Il demanda si les jeunes gens atteints par la réquisition seraient admis à voter dans les assemblées primaires, et il fut chargé de faire un rapport à ce sujet. Nommé secrétaire l'année suivante, il combattit le projet de la commission relatif aux élections. Dans le courant de l'an 7, on attribua fortement aux royalistes nombre d'assassinats commis dans les départemens de l'Ouest: M. Bardou dénonça ces faits, et fit prendre plusieurs arrêtés contre les individus qui suscitaient sans cesse de nouveaux troubles dans ces contrées. Le 26 vendémiaire an 8, il appuya de preuves irrécusables une seconde dénonciation contre de nouveaux assassinats, et sollicita l'augmentation de la force armée dans un pays où coulait tous les jours le sang français. Il demanda la mise en jugement des autorités du Mans, qui n'avaient opposé aucune résistance à l'invasion des Vendéens dans cette ville, et discuta les divers articles du projet présenté par Français de Nantes, contre les prêtres dont le fanatisme religieux et politique poussait le peuple aux excès les plus coupables. M. Bardou ne fit point partie du corps-législatif organisé après le 18 brumaire. On a prétendu que sa manière de penser trop républicaine l'en avait fait exclure; mais il regretta peu sans doute de n'être pas membre d'une assemblée, qui bientôt ne devait plus avoir d'autre opinion que celle du gouvernement.

BARENNES (RAYMOND DE) exerçait la profession d'avocat au barreau de Bordeaux, lorsque la révolution éclata. Comme il en embrassa la cause avec chaleur, il fut nommé député à l'assemblée législative, par le département de la Gironde, dont il avait été précédemment le procureur-général-syndic. Ses principes parurent alors avoir perdu beaucoup de leur force; néanmoins il fit encore la proposition de déclarer que «si » la guerre venait à avoir lieu, la » France ne déposerait les armes » qu'après avoir donné la liberté à » tous les peuples.» On ne sait si cette proposition fut accueillie, mais jusqu'à présent elle est restée sans effet. Après l'événement du 10 août, Barennes se retira dans ses foyers jusqu'en l'an 6, époque de son entrée au conseil des anciens. Il ne tarda point à être nommé secrétaire de cette assemblée, et parla souvent sur des matières judiciaires. Par suite de la journée du 18 brumaire, il fut nommé membre du conseil des prises. Il mourut peu de temps après, vers la fin de 1800.

BARENTIN (CHARLES-LOUIS-FRANÇOIS DE PAULE DE), chancelier honoraire, commandeur de l'ordre du Saint-Esprit, né vers 1739, d'une ancienne famille noble. Il fut avocat-général au parlement de Paris, puis premier président de la cour des aides. La réputation qu'il acquit dans l'exercice de cette dernière magistrature, le fit nommer, en 1788, garde-des-sceaux, en remplacement de M. de Lamoignon; mais la difficulté des circonstances qui augmentait chaque jour, l'empêcha de faire tout ce qu'on attendait de sa sagesse et de son expérience. En suivant les mêmes principes que son prédécesseur, il éprouva les mêmes désagrémens; ses discours, à l'ouverture de la seconde assemblée des notables, et à celle des états-généraux, dénués d'éloquence et d'énergie, furent reçus avec beaucoup de défaveur. Il tenta ensuite, mais en vain, de réunir les trois ordres, et il fut encore moins heureux quand il notifia la réponse du roi à l'adresse des communes sur l'éloignement des troupes de la capitale. Les députés lui témoignèrent leur mécontentement, et Mirabeau alla jusqu'à l'accuser d'indisposer le roi contre l'assemblée, de lui avoir donné des conseils perfides, et d'avoir par-là été un des auteurs du 14 juillet. Barentin vit que ce serait inutilement qu'il essaierait de lutter; il donna sa démission, et fut remplacé par M. Champion de Cicé, archevêque de Bordeaux. L'opinion publique partageait les sentimens de l'assemblée sur le compte de Barentin, et le comité des recherches ne tarda pas à l'accuser devant le Châtelet d'avoir agi conjointement avec M. de Bésenval pour opprimer la capitale. A la fin de décembre, cette accusation ayant été renouvelée par Garan de Coulon, Barentin fut obligé de se cacher; mais il fut cependant acquitté par le Châtelet. Néan-

Barrère conventionnel.

Hp. Boilly fils

moins il ne se crut pas en sûreté, et ne tarda point à quitter la France, où il rentra après le 18 brumaire. Il avait passé une grande partie du temps de son exil auprès des princes, et il continua à avoir avec eux des relations sans que le gouvernement impérial parût s'en inquiéter. Ce fut au retour de Louis XVIII qu'il reçut le titre de chancelier honoraire, dont les fonctions étaient remplies par M. Dambray, son gendre, qui avait le titre de chancelier. Barentin est mort le 30 mai 1819, dans la 80ᵐᵉ année de son âge.

BARÈRE DE VIEUZAC (BERTRAND), né à Tarbes, le 10 septembre 1755, se destina au barreau. Reçu avocat au parlement de Toulouse, il s'y distingua par ses plaidoiries, où l'on apercevait de la facilité, de la chaleur, mais trop de recherche et de luxe d'expressions. Il fut admis, vers ce temps, à l'académie des jeux floraux, pour un *Éloge de Louis XII*. Barère revint à Tarbes, et y obtint la charge de conseiller à la sénéchaussée du Bigorre. En 1789, cette sénéchaussée le députa aux états-généraux, où il se fit d'abord peu remarquer, se bornant à publier un journal sous le titre du *Point du jour*. Cet écrit périodique, qui n'eut qu'un faible succès, contenait le détail des opérations de l'assemblée, et quelquefois une analyse succincte des discussions qui avaient eu lieu. En juin 1789, Barère fit un rapport dans lequel il développait les causes de la disette qui régnait dans la capitale et dans les départemens. Il s'opposa ensuite à la création des mandats impératifs, et vota pour que les biens des ecclésiastiques ne fussent pas affectés pour garantie de l'emprunt qu'avait proposé le ministre Necker. Il parla en faveur de la liberté de la presse, et fit observer que c'était à cette liberté d'imprimer que la France devait le bienfait de l'assemblée constituante. « Le mo-
» ment est venu, dit-il, où aucu-
» ne vérité ne peut être dérobée
» aux regards humains. » Cette vérité, qui subsiste dans son entier, a acquis des preuves depuis trente-un ans. La réponse que le roi fit à l'assemblée sur la proposition d'accepter quelques articles de la constitution, fournit à Barère l'occasion de prononcer un discours où il établit que le roi devait acquiescer à ces articles, sans qu'il eût la faculté de les refuser ou d'en retarder la sanction. A la séance du 11 janvier 1790, il demanda que les membres du parlement de Rennes fussent exclus de toute fonction publique, jusqu'à ce qu'ils eussent juré de se soumettre aux décrets de l'assemblée nationale. Barère publia alors, sous le titre d'*Étrennes au peuple*, la déclaration des droits de l'homme et du citoyen, précédée d'une Épître aux nations, dans laquelle il développe les principes sur lesquels était fondée la constitution française. Dans la même année, il fit déclarer les biens de la couronne aliénables par la nation; proposa de faire élever sur les ruines de la Bastille, et des pierres même de ce bâtiment, un obélisque où seraient gravées l'époque de la prise de cette forteresse, celle de la fédération, et la dé-

claration des droits de l'homme; il fit encore décréter que les grandes masses de bois appartenant à la nation seraient exceptées de la vente des biens nationaux; demanda dans la discussion sur l'organisation de l'ordre judiciaire, que l'accusateur public fût remplacé par un magistrat sans honoraires, appelé censeur public, et nommé par le peuple; annonça qu'un attroupement de 2,000 hommes s'était dirigé vers le grand parc du roi, et en avait brisé la clôture; réclama des mesures de rigueur contre les auteurs de cette violence, et fit décréter, vu l'état pénible où étaient réduits les accusés entassés dans les prisons de Paris, que la municipalité serait autorisée à en faire transférer une partie au donjon de Vincennes. Le 21 décembre 1790, Barère proposa d'accorder à la veuve de J. J. Rousseau une pension de 600 livres, qui fut aussitôt décrétée et portée à 1,200 livres, sur la proposition du député Eymard. Dans la même séance, Eymard vota et obtint l'érection d'une statue à la mémoire de l'immortel auteur du *Contrat social*. Les réimpressions multipliées des œuvres du philosophe de Genève, depuis la seconde restauration, sont des témoignages irrécusables de l'identité des opinions de l'époque actuelle et de l'époque de 1790, qui était aussi une restauration. En 1791, Barère présenta à l'assemblée un projet de loi tendant à fixer la résidence du roi, des membres de la famille royale et des fonctionnaires publics. Le jour de la mort de Mirabeau, Barère demanda que toute l'assemblée assistât à ses funérailles. Il proposa d'accorder aux hommes de couleur libres, les mêmes droits qu'à tous les citoyens; appuya les mesures proposées par le comité contre les émigrés; se prononça dans l'examen du projet de loi sur le pouvoir exécutif contre la faculté qu'avaient les ministres de prendre part à toutes les discussions de l'assemblée, et vota pour qu'ils fussent restreints à n'être entendus que sur des matières relatives à leurs fonctions : quelques jours après, il fit aussi la proposition de leur refuser l'initiative dans la demande des contributions publiques. Il fit décréter que le tableau commencé par *David*, représentant le *serment du Jeu-de-Paume*, serait achevé aux frais du trésor public. L'assemblée nationale ayant terminé ses séances, Barère devint membre du tribunal de cassation, et fut, en 1792, député à la convention par le département des Hautes-Pyrénées. Le 29 septembre, il s'opposa à ce que les ministres Roland et Servan fussent engagés par la convention à continuer leurs fonctions, regardant cette invitation comme « contraire à la majesté » du peuple et dangereuse pour la » liberté. » Barère fut, à cette époque, nommé membre du comité de constitution. Le 27 octobre, il s'éleva contre la proposition de Gensonné, tendant à ce que les membres de la convention ne pussent remplir aucune fonction publique avant l'expiration de six années, à compter de la promulgation de la nouvelle constitution. Dans la même session, il demanda la suppression de la municipalité, disant « qu'il » fallait abattre le monstre de l'a- » narchie, qui s'élevait du sein de » la commune de Paris. » Il s'opposa en même temps à ce qu'on créât une force armée pour protéger la convention, vota l'ordre du jour sur les accusations de Louvet et de Barbaroux contre Robespierre, et prétendit que le crime du 2 septembre 1792, était excusable aux yeux de l'homme d'état. Ce *crime* que *l'homme d'état* devait excuser, dura trois jours entiers : c'était le massacre dans les prisons de la capitale! Quand la dénonciation du *crime* de Nîmes fut faite à l'assemblée de 1815, elle fut rejetée aussi par des *hommes d'état*, qui ont Barère en horreur. Président de la convention le 1ᵉʳ décembre 1792, Barère répondit à une députation envoyée par la commune de Paris pour presser le jugement de Louis XVI, que la convention nationale allait s'occuper du procès de *Louis le traître*. Le côté droit de l'assemblée s'étant réuni pour demander qu'on retardât la mise en jugement du roi, Barère répliqua que « *l'ar-* » *bre de la liberté ne saurait croî-* » *tre, s'il n'était arrosé du sang* » *des rois*. Il vota la mort sans appel au peuple et sans sursis. Dans le cours de 1793, il appuya la proposition d'ostracisme contre le duc d'Orléans, et contre les ministres Roland et Pache; demanda pour Lepelletier les honneurs du Panthéon, et fit prononcer la peine de mort contre les auteurs de toute proposition de loi agraire. Élu membre du comité de salut public, Barère, jusqu'à l'époque du 31 mai, sembla n'appartenir à aucun parti, et garda une neutralité apparente. Il attendait son opinion. Le triomphe des montagnards sur les girondins, lui donna tout à coup la couleur qui l'a rendu depuis si malheureusement célèbre. Il se dévoua au parti le plus fort, à qui il consacra toute sa peur. Le style fleuri, poétique, gracieux même, dont il orna les mesures de proscription, lui fit donner l'étrange surnom de l'*Anacréon de la guillotine*. Il parut à la tribune le 1ᵉʳ juin, comme rapporteur du comité, et proposa de faire au peuple une proclamation pour le rassurer sur les derniers événemens. Le lendemain, il invita ceux de ses collègues qui avaient été dénoncés par la commune de Paris, à donner leur démission. Robespierre s'étant élevé assez vivement contre quelques-unes de ses opinions, il retira la proposition qu'il avait faite d'envoyer des otages dans les départemens. Nommé de nouveau membre du comité de salut public, le 10 juillet 1793, Barère, à compter de cette époque, fut constamment l'organe de ce comité, et fit, en son nom, une foule de rapports sur la politique, les armées, l'administration. Nous nous bornerons à citer les principaux décrets qu'il a provoqués. Ce fut sur sa demande que fut ordonnée la destruction des tombeaux des rois de France; que Paoli fut déclaré traître à la patrie (ce qui était vrai), et le général Custine décrété d'accusation; qu'on prononça l'expulsion des Bourbons, celle des Anglais arrivés en France après le 14 juillet, le jugement de la reine, et la confiscation des biens appartenant aux citoyens mis hors la loi. On affirme que, dans un rapport sur les finances, il dit à l'occasion des biens provenant des condamnés : *On bat monnaie sur la place de la révolution;* mais c'est une erreur. Ce mot affreux est de Cambon, qui le réclamait. Barère fit encore décréter la démolition du château de Caen, annonça la prise de Valenciennes, la persécution exercée à Toulon contre les patriotes, et le blocus de Cambrai. Après avoir demandé la levée en masse des Parisiens, il fit adopter la réquisition de 18 à 25 ans, et, peu de temps après, la confiscation des propriétés françaises appartenant aux Espagnols; il justifia les opérations de Rewbell et de Merlin de Thionville à Mayence, fit décréter l'envoi de troupes contre la ville de Lyon, et annonça à l'assemblée qu'on venait d'arrêter François de Neufchâteau, auteur de *Paméla* (pièce que Barère dit être pleine de *modérantisme*). Il obtint, le 5 septembre, la création d'une *armée révolutionnaire,* fit décréter que *la terreur était à l'ordre du jour,* prédit aux royalistes le prochain supplice de la reine et de Brissot, proposa et fit adopter la traduction au tribunal révolutionnaire de toute personne qui sèmerait de fausses nouvelles, et voulut que l'on condamnât à la déportation les Français qui n'auraient pas signalé leur civisme avant le 10 août. Malgré tant de gages donnés à la terreur, Barère fut accusé de *feuillantisme* aux jacobins, d'abord par Saintex, et peu après, par Dufourny. Cette dernière dénonciation fut repoussée par Robespierre, qui s'étonna que le zèle ardent de Barère pour le gouvernement révolutionnaire, n'eût pas encore fait perdre de vue quelques opinions qui se rattachaient à des événemens antérieurs. Barère dut être bien heureux le jour où il eut Robespierre pour défenseur! Aussi, forcé de rétrograder ou de justifier les éloges de Robespierre, il choisit ce dernier parti. Il se montra dès lors l'un des plus chauds partisans de la Montagne; jusqu'alors il n'avait été qu'à la suite de la cruauté de son patron. Mais la crainte d'être encore dénoncé comme modéré, le rendit implacable. Rien n'échappa à la pénétration et à l'activité naturelles de son esprit, pour signaler le nouveau patriotisme auquel il résolut de tout sacrifier, excepté sa vie. Il débuta en conséquence par faire révoquer la loi qui donnait aux députés accusés la faculté d'être entendus avant qu'on les décrétât d'accusation. A la suite d'un rapport sur l'armée du Nord, il en fit conférer le commandement à Pichegru, en remplacement de Jourdan, et fit nommer Richard et Choudieu commissaires près de cette armée. Il s'opposa, en janvier 1794, à l'adoption des propositions de paix faites par les puissances, et dit qu'il importait peu que la république fût reconnue par les souverains étrangers, que sa destinée appelait à ne reconnaître eux-mêmes que *provisoirement.* Il dénonça à plusieurs reprises la conspiration d'Hébert, et rédigea, à ce sujet, une adresse au peuple; fit supprimer l'armée révolutionnaire, comme dangereuse à la liberté; s'opposa à ce que Danton fût entendu pour se justifier des accusations élevées contre lui par Robespierre; fit proclamer que l'armée des Alpes avait bien mérité de la patrie; accusa de nouveau les *alarmistes*; fit ordonner une fête pour la translation des cendres de Barra et de Vialla au Panthéon, et proposa d'abolir la mendicité. Après un rapport détaillé sur la tentative d'assassinat commise sur Collot-d'Herbois, il fit décréter que l'Admiral et ses complices seraient traduits devant le tribunal révolutionnaire; exposa les attentats projetés à Londres contre certains membres de la convention, et notamment contre Robespierre; annonça que Lebon venait de découvrir à Calais quarante-huit caisses de poignards, destinées aux quarante-huit sections de Paris; fit décréter *la mise à mort* de tous les Anglais ou Hanovriens qui seraient faits prisonniers; demanda la réunion des armées de la Moselle, du Nord et des Ardennes, sous la dénomination d'armée de Sambre-et-Meuse; fit ordonner que les barrières de Paris seraient érigées en monumens à la gloire nationale, et que les garnisons des places de Condé et de Valenciennes seraient passées au fil de l'épée, si elles ne se livraient à discrétion. Il engagea aussi l'assemblée à sévir rigoureusement et sans remise contre les ennemis de l'intérieur : « *Transigez aujourd'hui*, dit-il, *ils vous massacreront demain.... Non, non, il n'y a que les morts qui ne reviennent pas.*» Maxime horrible,

qui rappelle celle d'un courtisan de la reine Élisabeth, pour la décider à faire périr Marie Stuart : *les morts ne peuvent pas mordre.* Barère était aussi un courtisan, celui de la terreur. Le 9 juillet, Barère fit, en faveur de Joseph Lebon, un rapport à la suite duquel on passa à l'ordre du jour sur les dénonciations portées contre lui. Il avoua néanmoins que ce représentant avait employé des formes *un peu acerbes.* Il fit décréter peu après que le tiers des emplois militaires serait destiné à récompenser les actions d'éclat. Nommé alors président des jacobins, il conduisit cette société à la fête du 14 juillet. Quelques jours avant le 9 thermidor, on remarqua de nouveau en lui une incertitude semblable à celle qu'il avait montrée au 31 mai. Il avait fini par avoir peur de lui-même. Jamais, sans doute, la pusillanimité humaine n'a été si loin : aussi, ce qu'elle produit de plus odieux se retrouve dans la vie politique de Barère; il était si obsédé par la crainte, et d'un autre côté, la barbarie lui était si peu naturelle, qu'il était toujours prêt à trahir le parti et les hommes auxquels il avait dévoué sa destinée. On le vit, le 8 thermidor, demander l'impression du discours de Robespierre, et en faire, presque en même temps, rapporter le décret. Cette irrésolution cessa avec les événemens du lendemain et la chute de Robespierre. Celui dont peu de jours auparavant il vantait les vertus, le patriotisme et le désintéressement, dont il déplorait les dangers, devint tout à coup l'objet de sa haine et de ses dénonciations. Il signala à l'assemblée la dissimulation, l'hypocrisie, le faux civisme du conspirateur dont les projets avaient été jusque-là, dit-il, voilés du plus profond mystère. Lors de la discussion sur la réorganisation du tribunal révolutionnaire, Barère ayant osé proposer d'y renommer l'exécrable Fouquier-Tinville, obtint le singulier honneur de l'improbation générale de l'assemblée. Cependant plusieurs dénonciations s'élevaient contre lui; celle qui fut faite le 25 août 1794 par Lecointre de Versailles, contre Billaud-Varennes, Amar, Collot-d'Herbois, Voulland, David, Vadier et Barère, fut néanmoins déclarée calomnieuse. Barère se plaignit alors des progrès de la réaction, et dit qu'on proscrivait le cri de : *Vive la république!* Legendre ayant, le 3 octobre suivant, dirigé une nouvelle accusation contre Barère, Collot-d'Herbois et Billaud-Varennes, la convention ordonna qu'on examinerait leur conduite, et nomma, à cet effet, une commission de douze membres; l'arrestation de ces députés fut décrétée le 2 mars 1795, et leur défense eut lieu le 23 du même mois. Celle de Barère fut longue et circonstanciée. Il y justifia les éloges qu'il avait donnés à Robespierre le 7 thermidor, rapporta qu'il s'était opposé aux projets de la faction révolutionnaire assemblée à l'Évêché, qui voulait qu'on jetât 500 députés dans de la chaux vive, et reprocha à son accusateur d'avoir sollicité l'arrestation des appelans au peuple. Les événemens du 12 germinal éclatèrent pendant la durée de la discussion. Nonobstant le peu de succès qu'eurent les jacobins dans cette journée, ils intimidèrent la convention, dont la politique ménagea les accusés. Barère et ses collègues furent condamnés à la déportation, et envoyés provisoirement dans les prisons de Rochefort. Après le soulèvement du 1er prairial, la convention fit rapporter ce jugement, et ordonna qu'ils seraient traduits devant le tribunal criminel de la Charente-Inférieure; mais quand ce décret arriva, deux des accusés, Billaud-Varennes et Collot-d'Herbois, avaient été déjà embarqués. Le départ de ces deux députés fit ajourner la procédure et sauva Barère. Au 13 vendémiaire, le décret qui ordonnait sa traduction devant le tribunal de la Charente-Inférieure ayant été annulé, et sa déportation maintenue, on allait mettre cette dernière mesure à exécution, quand il s'échappa des prisons de Saintes. En 1795, Barère trouva encore le moyen de se faire nommer au corps-législatif; mais la pudeur nationale s'éleva contre cette nomination, qui fut rejetée. Son arrestation fut ordonnée de nouveau, et il parvint encore à se soustraire à toutes les recherches jusqu'à l'époque du 18 brumaire, où il eut l'adresse de se glisser parmi les amnistiés. On ne sait par quelle opiniâtre fatalité Barère fut encore présenté en 1805 comme candidat. Le sénat ne le nomma point. Son admission à la chambre des *cent jours* en 1815, prouve à elle seule le trouble singulier qui envahit tout à coup l'opinion générale, à la nouvelle du débarquement de Napoléon. Dans cette session, Barère s'opposa d'abord à ce que les ministres à département eussent la faculté de se faire remplacer à la chambre par des ministres d'état non responsables; opina en faveur de la proposition du ministre de la police, tendant à établir une commission spéciale de surveillance; appuya la motion de Garat. sur la déclaration des droits de la nation, et voulut que le libre exercice des cultes et le maintien du jury y fussent expressément consacrés ; il défendit avec chaleur la liberté de la presse, et proposa à cet égard plusieurs articles qui furent décrétés. Lorsque, après la convention du 5 juillet, on fit connaître à la chambre la proclamation de la commission du gouvernement, Barère proposa de régler le sort de la représentation nationale, de la placer sous la protection du peuple, et notamment de la garde nationale parisienne; il ajouta : « Tout acte de violence »pour dissoudre la chambre, ou » pour gêner ses délibérations, se- » ra déclaré attentat contre la sou- » veraineté du peuple; elle en appel- »le d'avance à l'armée et aux dé- »partemens fidèles. Tout gouver- » nement, tout prince qui préten- » drait établir son autorité sans la » participation de la chambre des » représentans, est déclaré anti- » national ; la représentation na- » tionale changera de lieu de rési- »dence; dès lors toutes les contri- »butions et les impôts cesseront »d'être perçus, et il sera fait un »appel au courage de tous les » Français. » Aucune de ces dispositions ne fut adoptée. Barère se prononça dans la même session contre l'érection de tout monument public aux souverains vivans, et cita à cette occasion le refus qu'en firent les états de Languedoc à Louis XIV, qu'après sa mort ils honorèrent cependant d'un monument où l'on plaça cette inscription :

Ludovico magno post mortem.

Il s'opposa à l'hérédité de la pairie, et dit que : « Après avoir a- »boli la noblesse, ce serait la »ressusciter, que de rendre héré- »ditaire la pairie, dont la déno- »mination elle-même est féoda- »le. » Dans cette dernière époque de la vie politique de Barère, on retrouve les principes, les opinions, les mœurs qui lui étaient naturels ; le membre du comité de salut public a disparu tout-à-fait dans le député de la nouvelle constituante; et le biographe recueille avec religion les actions qui peuvent donner quelque consolation au devoir rigoureux que la vérité lui impose ; de ce nombre sont les ouvrages plus ou moins distingués que la littérature et la politique doivent au talent de Barère, depuis la restauration du 18 brumaire. Voici la notice complète des ouvrages qu'il a publiés : 1° *Esprit des séances des états-généraux,* in-8°, 1789; 2° *Opinion sur le jugement de Louis XVI*, in-8°, 1792; 3° *Réponse à Dubois-Crancé,* in-8°, 1795; 4° *Pensée du gouvernement,* in-8°, 1797; 5° *Réponse d'un républicain français au libelle de sir Fr. D'Yvernois contre le premier consul,* in-8°, 1801; 6° *les Beautés poétiques d'Ed. Young,* traduit de l'anglais avec le texte en regard, in-8°, 1804; 7° *les Veillées du Tasse*, in-8°, 1804; ouvrage mal fait par la tâche singulière que Barère s'est imposée de traduire mot à mot un poète souvent sublime et quelquefois extravagant. 8° *Les Anglais au 19ᵐᵉ siècle*, in-12, 1804; 9° *les Chants de Tyrtée*, traduit de l'italien en français, in-8°, 1805, réimprimé en 1806; 10° *Cinq Nouvelles athéniennes, sybarites, italiennes*, traduites de l'italien de F. Pepe, 2 vol. in-18, 1808; 11° *la Vie de Cléopâtre*, traduite de l'italien de J. Landi, in-8°, 1808; 12° *Voyage de Platon en Italie*, traduit de l'italien, 3 vol. in-8°, 1807; 13° *Esprit de Mᵐᵉ Necker*, in-8°, 1808; 14° *Géochronologie de l'Europe*, traduit de l'anglais, in-8°, 1810; 15° *Nouveau voyage en Turquie*, par Griffils, trad. de l'anglais, in-8°, 1812; 16° *Histoire des révolutions de Naples depuis 1789 jusqu'en 1806*, in-8°; 17° *la Liberté des mers, ou le Gouvernement anglais dévoilé*, 3 vol. in-8° 1798; 18° *Montesquieu peint d'après ses ouvrages*, in-8°, 1797; 19° *Essai sur le gouvernement de Rome*, traduction d'un ouvrage anglais de W. Moyle, in-8°, 1802; 20° *Lettres politiques, commerciales et littéraires, sur l'Inde, par Taylor*, que Barère a traduites de l'anglais avec Madgett, in-8°, 1801; 21° *les Époques de la nation française, et les quatre Dynasties*, in-8°, 1815; 22° *Théorie de la constitution de la Grande-Bretagne, ou de ses trois Pouvoirs séparés et réunis*, 1815. On a encore de Barère les éloges de J. J. Rousseau, de Montesquieu, de Louis XII, de Georges d'Amboise, de Séguier, etc. Il a aussi rédigé, sous le gouvernement de Bonaparte, un journal intitulé *Mémorial Anti-Britannique*. Compris dans l'ordonnance royale de 1815, Barère a dû quitter la France, et continue, dit-on, dans un royaume voisin, des travaux littéraires, qui feront regretter, avec ses autres écrits, qu'une partie trop fameuse de sa vie ait été enlevée à une carrière où il eût obtenu l'estime et les suffrages de ses concitoyens.

BARET, membre du conseil des anciens, naquit dans les environs de Boulogne, et était employé dans le département de la Lys en qualité de commissaire, lorsqu'il fut nommé au conseil des anciens. Il se prononça pour les fêtes décadaires, s'éleva avec force contre l'introduction des marchandises anglaises, et ne tarda point à être nommé secrétaire. Dans le mois de thermidor an 7, il fit annuler la nomination d'Antonelle et des autres députés du département des Bouches-du-Rhône. Après l'établissement du gouvernement consulaire, il fut envoyé dans le département du Nord pour y organiser les administrations. Sa mission était remplie, et il devait faire partie du tribunat, lorsqu'il mourut à Valenciennes.

BARETTI (Joseph), poète burlesque italien, fut un des adversaires déclarés de Voltaire et de Jean-Jacques Rousseau. Il disait souvent que *l'Émile* ne pouvait convenir qu'aux femmes de chambre, et que le *philosophisme français* perdrait la nation et l'Europe. Il est vrai que cet Italien émigré vivait en Angleterre, où il passa une partie de sa vie à flatter poétiquement ses hôtes : il fit contre Voltaire, qu'il comprenait fort bien, et pour Shakespeare, qu'il n'entendait guère, une dissertation en forme sous le titre de *Discours sur Shakespeare et Voltaire*, in-8°, 1777 : mais peu importe, comme l'a très-bien remarqué un des plus sévères et des plus ingénieux critiques modernes (Ginguené); peu importe que Scarron estimât ou dédaignât la philosophie de Descartes. Baretti, versificateur habile, traducteur élégant, voyageur inexact, grammairien et critique des plus ordinaires, n'est d'aucun poids dans la balance, quand il s'agit de juger des hommes tels que Voltaire et Rousseau. Né à Turin, le 22 mars 1716, il fut d'abord destiné au barreau. Cette carrière n'eut pas d'attraits pour lui; il alla, de Turin à Guastalla, demander la protection d'un oncle, qui le fit entrer comme secrétaire chez un riche négociant. Ce négociant avait un associé, nommé *Cantoni*, qui faisait en secret de fort bons vers. Un jour Cantoni tire de son portefeuille quelques poésies manuscrites, et, sans dire qu'elles sont de lui, les donne à lire à Baretti. Ce dernier les trouve excellentes : Cantoni soutient qu'elles sont détestables. La querelle s'échauffe, et l'auteur modeste a le plaisir de s'entendre dire : *Qu'il est un sot, et qu'il se mêle de juger ce qu'il ne connaît pas*. Ce fut là le commencement de la fortune du jeune Baretti. Soutenu par Cantoni, il se mit à cultiver lui-même la poésie. Ce style badin et burlesque, dont une verve plaisante et satirique fait tout le mérite, fut celui qui sembla convenir le mieux au talent de Baretti; c'est un genre bien distinct, en Italie, de la plaisanterie française, caustique et légère, et de *l'humour* britannique, exagérée, et profonde. Une profusion d'images grotesques, un grand luxe de gaieté, forment le caractère du genre de poésie cultivé par Baretti, qui fut l'imitateur heureux du Burchiello et du Berni : bizarre, mais original comme le premier, il est assez souvent spirituel comme le second. Les *Versi piacevoli* (vers burlesques) parurent à Turin, 1750, in-4°, et furent bien accueillis. Il traduisit ensuite, avec plus de fidélité que de chaleur, *l'Art d'aimer* et *le Remède d'amour d'Ovide*, vol. 29 et 30 de la grande *Collection des poètes latins, traduits en italien*, imprimée à Milan. Baretti retourna dans son pays, voyagea quelque temps en Italie, et s'arrêta successivement à Mantoue, à Venise, à Milan. Ce fut pendant son séjour à Venise qu'il entreprit la traduction de *Corneille* en vers libres, entreprise singulière pour un poète burlesque (Venise, 1747 et 1748, 4 vol. in-4°, texte original en regard). Dans cette traduction, assez fidèle, malheureusement les défauts de l'original y sont singulièrement exagérés. A Turin, il publia quelques opuscules, et partit pour Londres en 1751. Son projet était d'établir dans cette ville un opéra italien; il se lia bientôt avec Johnson et les premiers littérateurs du temps. Son peu d'économie le força d'écrire pour vivre; et des productions sans intérêt se succédèrent sous sa plume : lui-même l'avoue : « J'ai écrit par nécessité, dit-il; » ma plume rapide n'a rien soi- » gné; je m'abandonne à la criti- » que. » Un auteur qui fait de pareils aveux a droit à quelque indulgence. On ne s'attachera donc pas à relever les inexactitudes et les erreurs de *l'Introduction à la langue italienne*, in-8°, 1755, ni de *la Bibliothèque italienne*, in-8°, 1757, ou de quelques *Grammaires* et ouvrages élémentaires, qu'il a publiés à Londres. Quant à sa réponse à Voltaire, où il cherche à réfuter *l'Essai* de ce grand poète *sur la poésie épique*, elle peut être jugée plus sévèrement : les idées en sont communes, le style vulgaire; et, ce qui est pis encore, l'intention en est basse. Dans son *Voyage de Londres à Gênes, par l'Angleterre, le Portugal, l'Espagne et la France*, 1770, in-8°, et dans son *Tableau des mœurs et coutumes d'Italie*, il a relevé quelques erreurs importantes de différens voyageurs. C'est lui qui a surveillé l'édition italienne de *Machiavel*, Londres, 3 vol. in-4°, 1772. Probe, agréable dans la société, mais dissipé, négligent, il mourut pauvre à Londres, le 5 mai 1789. Il possédait plusieurs langues, et ne manquait ni de goût ni de connaissances. Quant à ses opinions sur la philosophie française, tout ce qu'on peut en dire, c'est qu'elles sont à la fois injustes et ridicules.

BARHAM (N.), membre de la chambre des communes d'Angleterre. On ignore également son âge, sa naissance et les autres circonstances de sa vie. Mais un fait politique, qui l'honore, ne doit point rester dans l'oubli. Le 19 avril 1815, il présenta un bill tendant à défendre à tout Anglais, sujet de l'Angleterre, ou résidant en Angleterre, d'avancer de l'argent pour faire la traite des nègres. Le bill ne fut pas appuyé.

BARHAM (CHARLES MEDDLETON, LORD), né en Écosse, en 1726, d'un receveur du port de Dundée, fut successivement dans la marine, lieutenant, capitaine, vice-amiral, amiral, enfin lord de l'amirauté : c'est-à-dire qu'il parcourut tous les degrés du service maritime, depuis le dernier jusqu'au premier. Le changement de ministère, en 1806, déplaça lord Barham, qui se retira dans sa belle maison de Teston, comté de Kent, où il passe sa vie loin de la cour et des affaires.

BARJAUD (J. B.), né à Montluçon, département de l'Allier, a droit comme poète et comme militaire à une mention que jusqu'ici les biographes ne lui ont pas accordée. Né pendant la révolution, et digne de son siècle et de son pays, Barjaud, qui avait fait d'excellentes études, consacra aux muses ses talens naissans, et quelques années plus tard dévoua sa vie au service de son pays. Il publia un poëme sur *Homère*, qui fut accueilli avec bienveillance du public et des gens de lettres. Ce succès l'ayant encouragé, il traça le plan d'un poëme en vingt chants, dont le héros était *Charlemagne*; plusieurs chants de cet ouvrage furent publiés, et entre autres le neuvième à la suite de ses *Odes nationales* (Paris, in-8°,

1811), où l'on remarque celles qui sont adressées à la *France*, sur *le passage du Mont-Saint-Bernard*, sur *la conquête de la Prusse*, sur *la mort du duc de Montebello, à la garde impériale*, et sur *la naissance du roi de Rome*. Dans cette dernière ode, le poète, se livrant à son enthousiasme, s'écrie :

Le berceau d'un enfant touche au trône du monde;
Du souverain des rois, ô sagesse profonde !
Cet enfant doit un jour enchaîner les hasards;
Sa gloire s'étendra du couchant à l'aurore;
 Sa main, si faible encore,
Soutiendra tout le poids du sceptre des Césars.

On voit que, si dans cette ode écrite tout entière avec verve, Barjaud se montre animé du feu divin, il ne s'est pas montré prophète. Il n'est pas au reste le seul qui se soit trompé en cette circonstance. M. le vicomte de Châteaubriand lui-même est tombé dans une semblable erreur dans son discours de réception à l'académie, où il parle *d'un berceau qui contient les destins du monde*. Peut-être le premier vers de la strophe que nous avons citée, n'est-il qu'un emprunt fait à la prose de cet orateur, à moins que ce dernier ne soit le plagiaire. Après avoir chanté sa patrie, Barjaud voulut la servir de son épée. Il partit comme sous-lieutenant dans la grande-armée. Il avait reçu la croix de l'ordre de la Réunion dans une circonstance assez singulière. Napoléon passait en revue le corps d'armée dont le régiment auquel appartenait Barjaud faisait partie ; et, suivant sa coutume, il distribuait des encouragemens. Barjaud, qui n'en avait pas obtenu, sort des rangs. Sire, donnez-moi la décoration. — Qu'as-tu fait? lui dit l'empereur. — Je me bats et je fais un poëme épique en votre honneur. — Si je te donne la décoration, tu ne finiras pas le poëme épique, répondit Napoléon en riant, mais en lui accordant toutefois sa demande. Barjaud ne manquait ni de bonne volonté ni de talent, mais le poëme épique ne fut cependant pas achevé. Peu de temps après avoir été décoré, Barjaud, à peine âgé de 26 ans, fut tué par un boulet à la bataille de Leipsick.

BARJAVEL (François), né à Carpentras, département de Vaucluse, venait de prendre sa licence, et entrait dans la carrière du barreau, quand la révolution commença; il se déclara pour la réunion du Comtat à la France, parce qu'il le considérait comme un fief de la couronne, de laquelle il n'avait pu être détaché. Son père, avocat fort estimé, fut d'une opinion absolument opposée. Après la réunion de ce comté, et la formation du département de Vaucluse, Barjavel fut nommé accusateur public près le tribunal criminel de ce département. On a voulu en vain ternir la réputation de cet estimable citoyen par les imputations les plus calomnieuses : il n'est pas vrai qu'il ait rempli ce ministère près de la commission d'Orange; l'accusateur public près cette commission, nommé par le comité de salut public, était un militaire de Lille en Flandre, appelé Viot. Comme accusateur public près le tribunal criminel de Vaucluse, Barjavel était obligé d'envoyer à la commission d'Orange toutes les procédures qui s'instruisaient devant son tribunal, et voilà le motif que ses ennemis saisirent dans la réaction de l'an 3, pour l'envelopper dans la procédure instruite contre les membres de la commission d'Orange, et le sacrifier avec eux. La plus noble fermeté honora ses derniers momens. Barjavel avait le fanatisme de l'amour de la patrie et de la vertu. Un de ses amis l'invitant, après le 9 thermidor, à se soustraire par la fuite à la réaction qui s'annonçait, il lui répondit : « Je ne le » veux pas, la vertu triomphera. » Tel était son amour pour la liberté, qu'il mourut sans regret, en croyant périr pour elle; son père, dont il était tendrement aimé, malgré la différence de leurs opinions, et qui avait la même force de caractère, ne versa pas une larme, mais cinq jours après il avait cessé d'exister.

BARLETTI-DE-SAINT-PAUL (François-Paul), littérateur, membre de plusieurs académies, et professeur de grammaire, naquit à Paris le 8 février 1734, d'une famille napolitaine. Dès l'âge de trois ans, il fut confié par son oncle, l'abbé Antonini, aux soins de l'abbé Pluche, qui se chargea de son éducation. Nommé sous-instituteur des enfans de France en 1756, Barletti publia alors son *Essai sur une introduction générale et raisonnée à l'étude des langues française et italienne*, in-12. Cet ouvrage, qu'il dédia au Dauphin, père de ses trois élèves, est orné d'une gravure du comte de Caylus. En 1764, Barletti fit paraître un prospectus de son *Encyclopédie élémentaire*, pour ouvrir une souscription qui subviendrait aux frais de l'impression. Mais l'université, se formalisant de voir quelqu'un usurper son droit de former des maîtres, fit des représentations au parlement, qui ordonna au lieutenant de police d'empêcher la tenue de l'assemblée où la souscription devait être proposée. Cependant quatre censeurs royaux, dont deux membres de l'académie des inscriptions, furent chargés d'examiner *l'Encyclopédie élémentaire*. Le rapport des commissaires n'ayant pas été favorable à l'ouvrage, l'auteur mécontent se retira à Bruxelles, où il publia *le Secret révélé*, pamphlet qui a pour objet de réfuter le rapport des commissaires, et de dévoiler les mesures dirigées contre lui par le lieutenant de police. Mais ce magistrat parvint, non-seulement à faire supprimer l'écrit, mais encore à faire arrêter l'auteur, qui fut enfermé à la Bastille, d'où il ne sortit que trois mois après, sur les sollicitations pressantes du cardinal de Rohan. Parti pour l'Espagne en 1770, il fut nommé professeur de belles-lettres au collége militaire des Cadets, à Ségovie, et exerça cette place jusqu'en 1773. De retour dans sa patrie, il fit paraître, trois ans après, un *Nouveau Système typographique*, ou moyen de diminuer de moitié, dans toutes les imprimeries de l'Europe, le travail et les frais de composition, de correction et de distribution, avec l'extrait du rapport des commissaires nommés par le gouvernement pour constater et apprécier les avantages de ce système :

Paris, 1776, in-4°. Le gouvernement, pour récompenser l'auteur de cette découverte intéressante, lui donna 20,000 francs, et 500 exemplaires de l'ouvrage, qui fut confié aux presses de l'imprimerie royale du Louvre. Barletti avait inventé à Madrid une machine pour faciliter les études d'un infant, dont il devait diriger l'éducation; mais ce prince étant mort vers le même temps, la machine ne fut pas employée en Espagne. Le comte d'Artois, alors âgé de 19 ans, et l'un des trois princes français élèves de Barletti, voulant se servir de cette machine, en fit imprimer et publier la *Description*, rédigée par l'auteur, Paris, 1777, in-4°. Trois ans plus tard, Barletti donna les *Moyens de se préserver des erreurs de l'usage, dans l'instruction de la jeunesse, ou découverte de la meilleure manière possible d'enseigner les sciences et les langues aux enfans de l'un et de l'autre sexe*, ouvrage encyclopédique contenant un corps complet de traités élémentaires, avec lesquels deux écoliers peuvent facilement se donner des leçons tour à tour; Paris (Bruxelles), 1780, in-4°. Cet ouvrage, le meilleur peut-être de Barletti, fut analysé fort au long dans le compte qui en fut rendu à la société d'émulation de Liége, et qui fut inséré dans *l'Esprit des journaux*, année 1781. Il fit paraître, en 1782, un opuscule sous ce titre : *Les dons de Minerve aux pères de famille et aux instituteurs*. Cet écrit renferme une lettre que le ministre Amelot écrivit, au nom du roi, le 5 juillet 1782, au célèbre Condorcet, pour charger l'académie des sciences d'examiner tous les traités élémentaires de l'auteur. Un jugement favorable fut porté par les deux commissaires que nomma cette compagnie. Barletti fit imprimer à Rennes, en 1784, le *Plan d'une maison d'éducation nationale;* mais la censure royale prétendit que l'auteur y introduisait une administration républicaine, et l'obligea de mettre des cartons à son livre. Vers la fin de 1788, il publia le premier volume in-4° de son *Encyclopédie élémentaire*, contenant de nouveaux *Principes de grammaire et d'orthographe*. Cet ouvrage, publié sous le nom d'Éloi de la Brude, eut un tel succès, que l'édition fut épuisée en trois mois. En 1790, Barletti fit paraître à Lyon de *Nouveaux Principes* de lecture et de prosodie, in-8°; et, bientôt après, une *Adresse aux quatre-vingt-trois départemens*. Dans ce dernier écrit, l'auteur proposait d'ouvrir un concours entre les hommes de lettres pour la rédaction des livres élémentaires, demandés par la commission d'instruction publique de la convention nationale. Barletti fut appelé, en mai 1793, aux fonctions de membre du jury d'instruction publique, avec MM. Berthollet, Daubenton, Fourcroy, Garat, Hassenfratz, Lagrange, Monge et Vandermonde. Au mois d'août de la même année, Barletti publia ses *Vues relatives au but et au moyen de l'instruction du peuple français*, considérée sous le rapport des livres élémentaires, Paris, 1795, in-4°. Cet opuscule fut imprimé aux frais du directoire du département de Paris, dans les bureaux duquel l'auteur était sous-chef. En septembre suivant, il fut nommé professeur de grammaire-générale au collége des Quatre-Nations, et, quatre ans après, à l'école centrale de Fontainebleau, place qu'il conserva jusqu'à la suppression de ces différentes écoles. Cependant Barletti n'avait point renoncé à son *Encyclopédie élémentaire*, dont il ne put jamais faire imprimer que le premier volume. Il s'occupait sans cesse d'améliorer cet ouvrage, qui devait être porté à vingt-cinq volumes. Il en soumit une partie assez considérable à l'institut, qui en renvoya l'examen à une commission composée de trois de ses membres. L'un d'eux, M. l'abbé Sicard, fit, en 1802, un rapport très-étendu sur cette entreprise utile. Le rapporteur, tout en louant les moyens ingénieux de l'auteur, fit des observations sur la difficulté de les mettre en pratique; il conclut toutefois à ce que l'institut accordât à Barletti les encouragemens dus aux propagateurs des lumières. Le 13 octobre 1809, Barletti mourut à Paris dans la 76.me année de son âge, emportant le regret de n'avoir pu, dans le cours d'une longue et laborieuse carrière, parvenir à l'exécution d'un projet aussi grand qu'utile, pour faciliter l'instruction des enfans, et dont il avait conçu les premières idées étant enfant lui-même. M.me Barletti, sa veuve, s'est vouée à l'éducation des jeunes personnes, qu'elle dirige encore avec succès.

BARLOW (JOEL), poète, ministre plénipotentiaire des États-Unis d'Amérique en France, est né à Reading, en 1755, d'une famille anglaise qui était allée s'établir en Amérique. Très-jeune encore, il perdit son père, et trouva à peine dans la succession les moyens d'achever ses études. Il commençait à se faire connaître, en 1774, par des pièces en vers et en prose, au collége de Darmouth, dans le New-Hampshire, lorsque la guerre de l'indépendance éclata. Après avoir servi quelque temps, et s'être trouvé à différentes affaires, il rentra au collége de New-Hawen, où il se fit recevoir bachelier ès-arts. La guerre étant terminée, il embrassa la profession d'avocat, où il obtint beaucoup de succès, sans néanmoins qu'il renonçât à la poésie. Ce fut en 1787, que son poëme intitulé *Vision de Colomb*, étendit sa réputation jusqu'en Europe. L'année suivante, il fut chargé de la mission importante de vendre toutes les terres qui composent la province de l'Ohio, et passa à cet effet en France, en Angleterre, en Hollande, etc. On lui confia ensuite diverses négociations diplomatiques, entre autres près du gouvernement français, en 1811. En 1812, il se rendit à Wilna, et mourut à la fin de la même année à Zarnòvice, en Pologne. Il existe de lui plusieurs ouvrages estimés sur la politique.

BARMOND (L'ABBÉ PERROTIN DE), appartenait à une famille noble, et était, avant la révolution, conseiller-clerc au parlement de Paris. Il fut nommé, par le clergé, député aux états-généraux, où il s'éleva contre la réunion des trois ordres; puis il prit la défense du parlement de Bordeaux, au sujet

de sa protestation contre les actes de l'assemblée nationale, et de son refus de se soumettre à son autorité. L'abbé de Barmond ne manquait pas de talens; mais il ne tarda point à s'apercevoir qu'il lutterait en vain contre l'opinion générale. Il n'en revint pas, néanmoins, à des sentimens plus patriotiques; il prit au contraire le parti d'émigrer. Il était déjà arrivé à Châlons-sur-Marne, avec Bonne-Savardin, lorsqu'ils furent arrêtés, comme conspirateurs, et conduits à Paris. Il obtint d'être admis à la barre de l'assemblée, où il se justifia du reproche de complicité avec Bonne-Savardin; mais il n'en fut pas moins renvoyé par-devant le Châtelet, qui les acquitta tous deux. Aussitôt sa mise en liberté, il quitta la France.

BARNABÉ (N.), né à Bourg, département de la Meurthe. Avocat avant la révolution, il se montra constamment un des plus dignes amis de la liberté. Dans toutes les fonctions qu'il remplit, il ne s'écarta jamais de la rigidité de ses principes politiques, quelque danger qui eût dû en résulter pour sa liberté ou pour sa vie; il osa même, lors des événemens du 18 brumaire, époque à laquelle il était président du tribunal criminel du département de l'Yonne, refuser l'enregistrement des actes du corps-législatif, qui renversaient la constitution de l'an 3. La conduite courageuse de Barnabé souleva le pouvoir contre lui; on alla jusqu'à l'accuser de forfaiture, et on condamna à l'exil ce généreux citoyen.

BARNAVE (PIERRE-JOSEPH-MARIE), naquit à Grenoble, en 1761. Son père, qui était protestant, et qui exerçait dans cette ville la charge de procureur, n'épagna rien pour lui donner une éducation conforme aux heureuses dispositions qu'il montrait : ses soins furent dignement récompensés. Dès 1783, à l'âge de 22 ans, Barnave avait prononcé au parlement de Grenoble un discours *sur la nécessité de la division des pouvoirs dans le corps politique.* Il était déjà honorablement connu comme avocat avant la révolution. Cette époque qui développa tant de grands talens, devait nécessairement exciter l'enthousiasme d'un jeune homme nourri de l'esprit des philosophes de tous les temps, et qui n'était pas moins passionné pour le bien public que pour la gloire. Barnave défendit les nouvelles idées comme écrivain, d'abord dans une brochure qu'il publia au commencement de 1789, et depuis comme orateur aux états-généraux, où il avait été nommé député du tiers-état par le Dauphiné. Son instruction, son éloquence, son ardent amour pour la liberté, sa jeunesse même lui acquirent bientôt une grande popularité. Dès les premières séances, il manifesta l'opposition la plus prononcée contre la cour, se réunit à Mounier pour faire substituer le nom de *commune* à celui de *tiers-état*, insista, à la séance du Jeu-de-Paume, pour que l'assemblée prononçât le serment de ne se séparer qu'après l'établissement de la constitution; à l'issue de la séance royale, il fit déclarer inviolable la personne des députés, et maintenir les arrêtés que le roi venait de casser. Son exaltation était extrême et l'emporta jusqu'à lui faire dire au sujet de la mort de Foulon : « *Le sang qui coule est-il donc si pur?* » Ces paroles lui furent amèrement reprochées, et il a dû se les reprocher lui-même, d'autant plus qu'elles contrastaient davantage avec son caractère. Barnave, dit un écrivain dont le témoignage en pareille occasion ne peut être suspect (M. le duc de Lévis), « Barnave, loin d'être cruel, » avait des mœurs douces : il ne » pouvait que désapprouver de tels » excès; mais le désir d'excuser le » peuple l'égara. » Barnave parla dans toutes les discussions importantes, et osa lutter contre Mirabeau. Il vota pour la création des gardes nationales, pour la déclaration des droits de l'homme, pour le *veto* suspensif, pour la réunion des biens du clergé aux domaines nationaux, et pour l'admission aux droits de citoyen des juifs, des protestans et des personnes de toutes les classes. Dans le mois de janvier 1790, il demanda que le serment civique ne fît point mention de fidélité au roi, attendu que cette distinction était inutile, le roi faisant partie de la constitution. Il vota ensuite pour l'abolition des ordres religieux, et ne tarda point à faire partie du comité des colonies; ce fut alors qu'il s'écria, dans un moment d'égarement patriotique : « Périssent » les colonies plutôt qu'un princi-» pe! » A quelque temps de là, il prononça son fameux discours sur le *veto suspensif*. Il avait eu, dans cette discussion, l'honneur de l'emporter sur Mirabeau, qui toutefois rendit justice à son talent : « C'est » une jeune plante, dit-il, qui » montera haut, si on la laisse » croître. » Barnave devenu l'objet de l'idolâtrie populaire par cette victoire qui ébranlait si fortement les fondemens de la monarchie, ne fut point enivré d'un triomphe qui le conduisait à sa perte. Après avoir fait décréter la suppression des droits féodaux et avoir pris la défense des amis de la constitution, connus depuis sous le nom de *club jacobin*, contre le *club monarchique* qu'il traita de *ramas de factieux*, il commença à entrevoir le précipice dans lequel l'exagération des nouveaux principes causée par les résistances impolitiques de l'aristocratie allait entraîner la France. Il suivit dès lors une marche plus modérée; mais il était trop tard : la fureur du peuple, irritée par les factions, ne menaçait pas moins ses amis que ses ennemis. Ce fut à la séance du 11 mai 1791, que Barnave commença à perdre sa popularité. Plus éclairé sur les intérêts coloniaux, il demanda, dans la discussion relative aux hommes de couleur, qu'il ne fût rien décidé jusqu'à ce que les colons se fussent prononcés sur ce sujet. Son opinion fut combattue par Sieyes, Grégoire, Robespierre, et Regnault de Saint-Jean d'Angély. La fuite de Louis XVI acheva de montrer combien Barnave était changé; il conserva le plus grand calme au milieu de la stupeur qu'avait causée cette nouvelle dans l'assemblée, empêcha les mesures sévères qu'elle voulait prendre, et justifia M. de La Fayette de la participation qu'on lui supposait à cet événement. Aussitôt l'arrestation du roi, il fut envoyé à Varennes avec Pétion et M. de Latour-Maubourg, pour assurer le retour de ce prince. Il revint dans la voiture du monarque, à qui il témoigna, ainsi qu'à la reine, tous les égards réclamés par leur rang et par leur malheur. L'un et l'autre, et particulièrement la reine, se plaisaient à rendre témoignage de la noble conduite qu'il tint en cette circonstance. Elle avait triomphé de tous leurs ressentimens. Il ne la démentit pas à son retour dans l'assemblée. Après avoir fait renvoyer au comité de révision le mémoire du roi, qui renfermait les motifs de son départ, et rendu compte de sa mission, il se prononça fortement dans un discours plein d'énergie et d'éloquence pour l'inviolabilité de la personne du roi. Il perdit dès lors en popularité ce qu'il gagna en estime. Son opinion fut accueillie par les huées des tribunes, auxquelles il ne répondit que par le regard du mépris. L'assemblée néanmoins s'y rattacha. Barnave continuant à marcher dans la nouvelle route qu'il s'était tracée, déclara que beaucoup d'officiers avaient été chassés de leurs corps par des motifs qui n'étaient pas toujours ceux de la cause de la patrie, et repoussa un projet de comité militaire, qui tendait à permettre aux soldats de dénoncer leurs chefs, projet subversif de toute discipline. Il combattit encore le projet de décret contre les prêtres réfractaires, fit de vigoureuses sorties contre les libellistes, accusa les factieux de ne vouloir d'aucun gouvernement, et s'opposa à ce que le corps-législatif conservât le droit de déclarer que les ministres avaient perdu la confiance de la nation. Barnave fut alors regardé comme déserteur de la cause du peuple, et s'il parvint à faire rapporter le décret du 15 mai sur les colonies, il ne fut redevable de ce succès qu'à son éloquence, seule influence qu'il eût conservée sur l'assemblée. Son crédit, en revanche, s'était accru à la cour en raison de ce qu'il avait perdu auprès du peuple. Le roi consultait souvent Barnave, qui, tout-à-fait désabusé de ses premières illusions, répondait de bonne foi à la confiance du monarque, et croyait fermement que l'établissement d'une chambre unique devait entraîner la ruine de la royauté; il cherchait, dans l'intérêt du peuple même, en fortifiant l'autorité du prince, les moyens de perfectionner la constitution de 1791, qui portait en elle-même le germe de tous les perfectionnemens. Après la session, il se retira à Grenoble, où il épousa la fille d'un ancien conseiller de la cour des aides, qui lui apporta en dot 700,000 francs. Il exerçait dans cette ville les fonctions de maire, lorsque l'ouverture de l'armoire de fer vint, après la journée du 10 août, découvrir la correspondance qu'il avait eue avec la cour dans les derniers temps de la session de l'assemblée constituante et sous l'assemblée législative. Décrété d'accusation avec Alexandre Lameth et l'ex-ministre Duport-du-Tertre, il fut arrêté à Grenoble le 19 août 1792, et resta si long-temps dans les prisons de cette ville, qu'on espérait qu'il y serait oublié. Après quinze mois de détention, il fut conduit à Paris. Enfermé d'abord à l'Abbaye, il passa de là à la Conciergerie, et peu après fut traduit devant le tribunal révolutionnaire. Il s'y défendit avec la plus grande dignité. Son discours, un des plus éloquens qu'il ait prononcés, et dans lequel il énuméra les services nombreux qu'il avait rendus à la cause de la liberté, fit un effet surprenant sur la multitude, et même sur une partie des juges. Mais sa mort était résolue; il en entendit prononcer l'arrêt sans que sa fermeté en fût un moment ébranlée. En sortant de la salle, il aperçut Camille Desmoulins, et lui dit : « Camille, tu ne m'en veux pas, »nous avons dès le commence- »ment défendu la même cause; »je fais des vœux sincères pour »que tu n'en sois pas victime »ainsi que moi. » Il marcha à l'échafaud avec le même courage; là, frappant du pied, et les yeux levés vers le ciel : « Voi- »là donc, s'écria-t-il, le prix de »tout ce que j'ai fait pour la liber- »té. » Ainsi périt, à l'âge de 32 ans, cet homme qui avait montré un amour si désintéressé pour son pays, et qui, jeune encore, s'était rangé parmi les plus grands orateurs de cette brillante époque. Il avait souvent lutté avec avantage contre l'abbé Maury, Cazalès et Mirabeau : l'élégance de sa diction, la force de sa logique manquaient rarement d'amener l'assemblée à partager son avis. Une fois cependant qu'il s'était emporté à des personnalités offensantes envers Mirabeau, ce grand orateur lui répondit, avec toute la supériorité de son admirable talent: « Les rhéteurs parlent »pour produire un effet de vingt- »quatre heures; mais les hom- »mes d'état travaillent pour tous »les temps. » Sa véhémence l'engagea différentes fois dans des affaires d'honneur; il en eut une avec le vicomte de Noailles, et une autre avec Cazalès, qu'il blessa d'un coup de pistolet. On s'étonna dans le temps qu'un roturier se battit aussi bien qu'un gentilhomme. On s'y est habitué depuis. Au commencement de 1791, le buste de Barnave était dans le lieu des séances de l'assemblée de la partie nord de Saint-Domingue; il est maintenant dans le musée de Grenoble. Sa statue en pied, faite par ordre du gouvernement consulaire, avait été placée avec celle de Vergniaud, dans le grand escalier du palais du sénat; mais le gouvernement royal a cru devoir les en retirer toutes deux. Barnave eut de grands talens et de grandes qualités. Pendant quinze mois que dura sa détention, son courage sembla ne l'abandonner qu'une seule fois, et ce fut à la nouvelle du procès de Louis XVI. Il voulait lui écrire et solliciter l'honneur de le défendre, honneur dont son dévouement ne le rendait pas moins digne que son éloquence. La crainte que la défaveur attachée à son nom ne rejaillît sur son royal client, le fit seule renoncer à cette généreuse résolution. Il fut transféré peu après au fort Barreaux. Logé dans un appartement dont les fenêtres n'étaient pas grillées, et dont les portes, souvent ouvertes, n'étaient gardées que par une sentinelle peu attentive, il aurait pu se sauver aisément. Sa générosité s'y opposa. Un jour, un jeune réquisitionnaire s'endormit à ce poste. Barnave s'en aperçut et lui dit en l'éveillant : « Tu dors, » et si je m'échappais, que devien- » drais-tu ? » Barnave aimait tendrement sa famille dont il était l'idole. A dix-sept ans, il fut au moment de mourir d'un coup d'épée qu'il avait reçu en prenant la défense de son frère, plus jeune que lui de deux ans. Sa première résolution, après la mort de son père, dont il avait été institué l'héritier, fut d'augmenter de sa portion celle de ses sœurs. La lettre suivante qu'il écrivit de Dijon, à la plus jeune, pendant un voyage dont l'échafaud était le terme, doit être lue par toute personne qui désire avoir une idée juste du caractère de cet illustre et malheureux jeune homme.

Dernier écrit de Barnave, en route pour l'échafaud.

Dijon, 3 novembre 1793.

« J'ai quitté hier ma mère et Julie; » elles arriveront à Paris après de- » main, c'est-à-dire, deux ou trois » jours avant moi, car je change » ici ma manière de voyager et je » fais le reste de la route en poste. » Tu recevras certainement de » leurs nouvelles avant que cette » lettre te parvienne, et tu sauras » où mon affaire en sera, beau- » coup mieux qu'il ne me serait » possible de le prévoir et de le » dire.

» Je continue d'espérer; mais » comme dans ma position il est » toujours sage de mettre les cho- » ses au pire, je vais t'adresser les » réflexions que je ne pourrais leur » faire de vive voix sans les trop » affliger, et que j'aime mieux, » d'ailleurs, vous laisser écrites de » ma main.

» Ma chère amie, je vais peut- » être m'éloigner de toi pour tou- » jours; ce moment est cruel, mais » ne nous l'exagérons point, et au » lieu de nous abandonner à la tris- » tesse des pensées qu'il fait naî- » tre, cherchons à recueillir les » consolations qu'il peut encore » nous laisser.

» Je suis encore dans la jeunes- » se, et cependant j'ai déjà connu, » j'ai déjà éprouvé tous les biens » et tous les maux dont se forme » la vie humaine; doué d'une ima- » gination vive, j'ai cru long-temps » aux chimères, mais je m'en suis » désabusé ; et au moment où je » me vois prêt à quitter la vie, les » seuls biens que je regrette sont » l'amitié (personne plus que moi » ne pouvait se flatter d'en goûter » les douceurs), et la culture de » l'esprit, culture dont l'habitude » a souvent rempli mes journées » d'une manière délicieuse.

» Mais, disons la vérité : il y a » peut-être trop d'activité dans » mon âme; il y a un ressort trop » puissant dans mon caractère » pour que ces biens purs et sans » mélange eussent pu me suffire. » J'ai la philosophie acquise et ré- » fléchie qui détache des faux biens; » mais j'ai trop de chaleur dans la » pensée pour goûter les vérita- » bles; et je sens que cette dis- » position presque invincible, est » un obstacle que je trouverais tou- » jours entre le bonheur et moi.

» Quand la conscience ne fait
» aucun reproche, la mort n'est
» rien : plus j'ai eu le temps de
» l'envisager, plus je m'en suis
» convaincu, non-seulement par
» réflexion, mais par sentiment.
» Aujourd'hui elle est mon idée
» habituelle, et j'existe avec elle
» aussi calme et aussi serein que
» si je ne l'apercevais, comme les
» autres hommes, que dans un va-
» gue éloignement.

» Séparez donc tout-à-fait, mes
» bonnes amies, de la douleur que
» vous causerait mon sort (et j'es-
» père encore qu'il ne sera point
» tel que je le suppose ici); sépa-
» rez en, dis-je, tout ce qui se rap-
» porterait au sentiment de mon
» propre malheur; n'y voyez que
» le vôtre, car il sera seul réel; et
» donnez-lui tous les adoucisse-
» mens dont une perte, si grande
» qu'elle puisse être, est toujours
» susceptible, lorsqu'elle n'affecte
» que soi, et qu'on n'y fait point
» entrer un sentiment de compas-
» sion pour ce que l'on aime.

» La loi vient de vous rendre ce
» qui vous appartenait par la na-
» ture, en partageant entre nous
» trois le bien de mon père. Vous
» vivrez dans l'aisance, et votre
» établissement, que ma vie ora-
» geuse et incertaine avait retar-
» dé, pourra être plus prompt et
» plus avantageux : c'est là ma
» plus chère, ma plus douce idée,
» et je veux m'y appesantir.

» Ma pauvre mère avait élevé
» deux fils dont elle avait fait des
» hommes distingués par l'éléva-
» tion des idées et du caractère;
» peut-être au moment où tu li-
» ras ceci, elle les aura perdus tous
» deux à la fleur de l'âge. Votre mal-
» heur, mes bonnes amies, n'est
» rien à côté du sien, mais j'espè-
» re qu'il pourra encore être sou-
» lagé, et ce ne peut être que par
» vous. Il lui faut de nouveaux en-
» fans auxquels elle puisse donner
» les noms, attacher les espéran-
» ces des premiers. Ils croîtront
» avec l'émulation d'un nom qui
» ne pourra être qu'honorable, et
» parmi vous, ils recevront une é-
» ducation qui les rendra dignes de
» s'y associer. Avant tout, n'épou-
» sez que des hommes dont la con-
» duite et les sentimens puissent
» s'allier avec les nôtres : eussent-
» ils peu de fortune, pourvu qu'ils
» y suppléent par un état et par
» une capacité de travail, ne vous
» arrêtez pas à cet obstacle; il faut
» pouvoir sentir et penser ensem-
» ble, et ne former entre vous
» qu'une famille, comme nous é-
» tions : c'est la première base du
» bonheur.

» Si vous ne demeurez pas tou-
» tes deux près de ma mère, que
» celle qui s'en séparera s'en é-
» loigne le moins possible. C'est
» ma mère qui doit élever vos gar-
» çons; elle leur communiquera
» cette âme courageuse et fran-
» che qui fait des hommes, et qui
» avait été plus pour mon frère et
» pour moi, que tout le reste de
» notre éducation; pourvu que sa
» sensibilité soit occupée, elle con-
» servera long-temps sa force, et
» en faisant le bien de vos enfans,
» elle goûtera tout ce qui peut lui
» rester de bonheur, ou au moins
» de consolations.

» Je laisserai des amis précieux,
» cultivez-les avec soin; faites-
» vous-en de nouveaux parmi ceux
» que mon sort aura intéressés;

» des amis honnêtes et distingués
» sont un des plus grands biens
» de la vie. Cet homme vertueux
» (*M. Boissy-d'Anglas*) que ma
» mère verra à Paris, est aussi du
» petit nombre de ceux que vous
» devez vous attacher : soyez sûres
» que bientôt on aimera, on hono-
» rera le nom de Barnave, et qu'il
» n'attirera sur vous que bienveil-
» lance et respect.

» Mes bonnes amies, l'espoir que
» vous parviendrez à une existen-
» ce douce, embellira mes derniers
» momens ; il remplira mon cœur ;
» si, au-delà de cette vie, ce sen-
» timent existe encore, si on se
» rappelle ce qu'on a quitté, cette
» idée sera plus douce pour moi.
» Que peu à peu mon souvenir de-
» vienne tendre sans être doulou-
» reux, que mon absence ne pro-
» duise point la langueur de l'a-
» battement ; qu'en touchant vo-
» tre sensibilité, elle donne une
» nouvelle activité à votre âme ;
» songez que j'ai fait un voyage
» éloigné, que si je pouvais vous
» voir je serais heureux et con-
» tent, pourvu que vous le soyez.

» Adélaïde, Julie, j'adopte le
» premier enfant de chacune de
» vous ; je l'adopte d'après la loi :
» que tous les deux portent mon
» nom, que le plus jeune s'appelle
» Dugua (*c'était le nom d'un frère
» de Barnave, officier du génie,
» mort avant lui*) ; qu'ils soient
» unis par tous les liens, qu'ils
» nous appartiennent à tous trois,
» qu'ils rendent à ma mère ses
» deux enfans dignes d'un meil-
» leur sort. Adieu, ma bonne amie.

» Je ne vous dis rien sur les
» affaires d'intérêt, vous trouverez
» aisément des conseils plus ins-
» truits que moi ; si ma portion
» n'est pas promptement séparée
» et vendue, elle vous restera ; car,
» si contre mon espoir j'éprouvais,
» dans ce moment de chaleur, une
» éclatante injustice, le moment
» d'en obtenir la réparation arri-
» vera bientôt. »

Pendant sa captivité, Barnave avait commencé à rédiger des Mémoires que sa mort ne lui a pas permis de terminer. Cet écrit intéressant, quoique incomplet, est resté entre les mains de sa sœur. Il aimait tous les arts, et particulièrement la peinture qu'il a cultivée avec succès. Si sa vie a été courte, elle a été pleine.

BARON (LE CHEVALIER). Une amputation faite par suite d'une blessure grave reçue à l'armée, où il avait servi en qualité d'officier de dragons, et d'adjudant-commandant, ne l'empêcha point, en 1815, de se dévouer de nouveau à sa patrie. Nommé commandant supérieur de Vitri-le-Français, il sut conserver pendant un mois cette place dont les fortifications n'étaient point achevées, et malgré la faiblesse de la garnison qui n'était composée que de 400 hommes. Ce fut sur l'ordre seul du gouvernement royal que le chevalier Baron consentit à laisser entrer dans la ville la division russe qui en faisait le blocus. La conduite de ce brave militaire reçut sa récompense : la garde nationale de Vitri lui fit présent d'une épée, et le roi le nomma officier de la légion-d'honneur. Il vit maintenant retiré à Strasbourg.

BAROU DU SOLEIL (N.), membre de l'académie de Lyon,

fut l'une des victimes de l'insurrection qui éclata dans cette ville en 1793; il était, avant la révolution, procureur du roi au présidial. Ses œuvres littéraires consistent en traductions de plusieurs ouvrages anglais. L'*Éloge de Prost de Royer*, son compatriote, Lyon, 1785, in-8°, est tracé avec sensibilité et même philosophie.

BAROUD (Claude-Odille-Joseph), est né en 1755, à Lyon, département du Rhône, où il exerçait encore, il y a quelques années, la profession d'avocat. Il dut à la protection de M. de Calonne, alors contrôleur-général des finances, et à ses propres talens, des relations utiles et honorables dans la haute société de Paris, et dans celle des principaux financiers. On a de M. Baroud: 1° *Observations en faveur des acquéreurs de biens d'émigrés et des émigrés eux-mêmes*, 1814, Paris; réimprimées à Lyon, en 1816. L'auteur établit dans cet ouvrage qu'une rente annuelle de 12 millions de francs sur le grand-livre, suffirait pour indemniser tous les émigrés. 2°. *Adresse des contribuables aux créanciers de l'arriéré*, in-4°, 1816. M. Baroud est auteur de différens ouvrages pseudonymes sur les finances, imprimés en 1814 et en 1816. Les Mémoires qu'il a rédigés à diverses époques dans plusieurs causes importantes, ont acquis à leur auteur quelque célébrité.

BARRAIRON (François-Marie-Louis), naquit à Gourdon (Lot), le 10 juin 1746. Il était, à l'époque de la révolution, l'un des dix-sept directeurs de correspondance à l'administration des domaines; il fut nommé, en décembre 1790, commissaire-administrateur, par suite des mêmes principes patriotiques qu'il manifestait; il divorça en 1792, et fit un riche mariage une année après. Paraissant sacrifier avec quelque enthousiasme aux idées devenues plus que républicaines, il dut, peut-être, aux relations qu'il contracta alors, la conservation de ses fonctions. Le gouvernement directorial, que le 18 fructidor fut au moment de rapprocher de la terreur, respecta également la position de Barrairon, qui la conserva aussi sous le gouvernement impérial. En 1804, il fut nommé par le département du Lot, candidat au corps-législatif, et en 1812, par le département d'Indre-et-Loire, candidat au sénat-conservateur; mais il n'a jamais fait partie de l'une ni de l'autre de ces assemblées. Le roi, à sa première rentrée, maintint dans son emploi Barrairon, qui adressa, à cette époque, une circulaire aux employés de son administration soupçonnés d'avoir conservé des sentimens anti-monarchiques. Après les *cent jours*, il fut nommé directeur-général de l'enregistrement et des domaines, en remplacement du comte Duchatel. Le roi lui conféra en outre, en 1816, le titre de conseiller-d'état honoraire. Nommé, la même année, membre de la chambre des députés par le département du Lot, il siégea constamment au centre, où il conserva, dans les fonctions législatives, cette heureuse immobilité, à laquelle, pendant trente années, il dut sa fortune sous tous les gouvernemens. Il vota avec le centre, en 1819, en faveur des nouvelles lois sur la liberté individuelle et sur les élections. Barrairon, créé baron sous l'empire, fut élevé par le roi à la dignité de comte, le 11 octobre 1820, et désigné en même temps pour présider le collége de son département. Dans cette même année, l'arrondissement de Gourdon l'élut député. Le ministère aurait perdu en lui une voix *inaliénable*, s'il était mort le jour même de son élection ainsi qu'un journal l'a publié. Mais la mort de Barrairon n'a eu lieu que le 5 décembre 1820 à Château-Renault, dans une de ses propriétés. On assure que le curé de cette commune avait refusé à Barrairon la sépulture en terre sainte, en raison de son divorce, et qu'il a fallu un ordre supérieur pour faire accorder au défunt cet honneur si commun a tant d'infidèles. Le comte Barrairon a emporté au tombeau les souvenirs de tous les partis.

BARRAL (Louis-Mathias, comte de), archevêque de Tours, etc., né le 20 avril 1746, d'une famille très-distinguée dans la robe. Des talens rares et des circonstances particulières l'élevèrent rapidement aux premières dignités de l'église. A peine eut-il terminé ses études, que le cardinal de Luynes se l'attacha, l'emmena avec lui à Rome, et le choisit à son retour pour grand archidiacre de son diocèse. En 1783, il fut nommé agent général du clergé, et donna dans les rapports qu'il fit, des preuves de l'étendue de ses connaissances et de son talent dans les affaires. Au commencement de la révolution, l'abbé de Barral était coadjuteur de l'évêque de Troyes, son oncle, qui, devenu infirme, lui céda son évêché. En 1788, il fut nommé évêque *in partibus*. A peine fut-il promu, que la constitution civile du clergé fut décrétée. Le nouvel évêque refusa de prêter le serment qu'elle prescrivait, et fut en conséquence obligé de s'expatrier. Il se retira d'abord en Suisse, auprès de M. de Belloy, depuis archevêque de Paris; de la Suisse, il passa en Angleterre, où se trouvait une grande partie du haut clergé de France. Ce prélat, après l'événement du 18 brumaire, ne vit pas du même œil le serment exigé par le premier consul, que celui qui était prescrit par la constitution de 1791. Un ouvrage qu'il publia alors, fit connaître ses sentimens sur la promesse de fidélité demandée aux prêtres. Il écrivit de plus à ceux de son diocèse pour les engager à se conformer à la volonté du gouvernement, et donna lui-même sa démission, avec quarante-quatre autres évêques, pour faciliter la conclusion du concordat. Le prélat démissionnaire eut bientôt lieu de se louer de cette déférence aux volontés du chef de l'église. De retour en France, il obtint l'accueil le plus flatteur du premier consul, qui lui confia la mission délicate de soumettre à la nouvelle constitution les prêtres du diocèse de Poitiers. Son esprit conciliateur parvint à les ramener à son opinion, et il obtint le siége de Meaux pour récompense de ses services. Dans l'administration de son nouveau diocèse, il sut inspirer la confiance et mériter l'estime générale, par la sagesse de ses règlemens qu'il appropriait aux circonstances. Après l'établissement du gouvernement impérial, il fut successivement aumônier de la princesse Caroline et de l'impératrice Joséphine. Vers la même époque, l'archevêque de Tours vint à mourir, et l'évêque de Meaux fut nommé pour le remplacer. L'empereur, qui avait souvent éprouvé son habileté dans les différens qu'il avait eus avec le clergé, se servit de lui dans toutes ses négociations avec le S. P., et lui témoigna tout le prix qu'il attachait à ses services, en le nommant sénateur, comte de l'empire, et enfin en 1813, grand'croix de l'ordre de la Réunion. Le nouvel archevêque, sensible à tant de marques de l'affection et de la justice de son souverain, ne laissa échapper aucune occasion de lui prouver sa reconnaissance. On l'accusa dans le temps d'avoir passé les bornes qu'elle prescrit. Nous ne déciderons pas jusqu'à quel point il a mérité ces reproches; nous ferons simplement observer qu'en prodiguant les louanges au vainqueur d'Austerlitz, l'archevêque de Tours ne fit que se conformer à l'opinion que toute la nation avait de ce génie extraordinaire: nous pouvons en appeler aux plus implacables ennemis de Napoléon, à ceux qui se faisaient alors un honneur d'assiéger ses antichambres. Mais ce que ce prélat n'eut pas de commun avec tout le monde, ce fut l'attachement qu'il conserva pour la famille dont il s'é-

tait montré l'ami; ce fut lui qui, le 2 juin 1814, prononça l'oraison funèbre de l'impératrice Joséphine. Peu de jours après, il fut nommé pair par le roi, et fit encore partie, pendant les *cent jours*, de la chambre nommée par Napoléon. A la messe qui eut lieu le jour de l'assemblée solennelle du champ-de-mai, le 1ᵉʳ juin 1815, ce fut l'archevêque de Tours qui officia pontificalement. On prétend qu'il refusa de signer l'acte additionnel, et que même il existe chez un notaire des preuves authentiques de ce refus. Cela n'est pas invraisemblable dans une âme noble, et l'indépendance est heureusement très-compatible avec la reconnaissance. Le gouvernement impérial ayant succombé pour la deuxième fois, le comte de Barral fut déclaré démissionnaire par l'ordonnance royale du 24 juillet 1815, et il donna lui-même la démission de son archevêché, en disant qu'il ne pouvait bien l'administrer après avoir perdu la confiance du monarque. Depuis, il crut devoir publier un mémoire justificatif, que peut-être la pureté de ses intentions et la droiture connue de son caractère auraient pu le dispenser de produire. Mais probablement la blessure, bien qu'elle fût cachée, n'en était pas moins profonde, et la vigueur de sa constitution ne put empêcher qu'elle ne fût mortelle. Le 7 juin 1816, une attaque d'apoplexie foudroyante termina sa carrière. Il avait publié : 1° *une lettre à M. C. Butler*, contre le serment de liberté et d'égalité; 2° *Sentiment de M. l'évêque de Troyes, résidant à Londres, sur la légitimité de la fidélité, ou Réponse à un écrit intitulé : Véritable état de la question de la promesse de fidélité à la constitution, demandée aux prêtres*, Paris, 1800; 3° *Fragmens relatifs à l'Histoire ecclésiastique du 19.me siècle*, Paris, 1814, vol. in-8° : on trouve dans ces fragmens des mémoires relatifs aux négociations avec le pape en 1810 et en 1812, et d'autres écrits qui ont rapport au même sujet; 4° *Discours prononcé par M. l'archevêque de Tours, aux obsèques de S. M. l'impératrice Joséphine*; 5° *Défense des libertés de l'église gallicane, et de l'assemblée du clergé de France en 1782, ou Réfutation de plusieurs ouvrages publiés en Angleterre, sur l'infaillibilité du pape*, ouvrage posthume, 1 vol. in-4°. On conçoit que ce prélat, qui savait être à la fois bon prêtre et bon citoyen, a dû être traité avec peu d'indulgence par des biographes d'une certaine robe.

BARRAS (Paul-Jean-François-Nicolas, comte de), né le 30 juin 1755, à Fox (Var), d'une famille dont on dit proverbialement en Provence, *noble comme les Barras, aussi anciens que nos rochers*, commença sa carrière militaire dans le régiment de Languedoc. Il s'embarqua, en 1775, avec le grade de sous-lieutenant, pour l'Ile-de-France, dont le gouverneur était un de ses parens. Des bruits de guerre le décidèrent à passer dans l'Inde. Le vaisseau le *duc de Duras*, sur lequel il était passager, fit naufrage sur les Maldives, pendant la nuit. Barras eut le bonheur de sauver l'intendante de Pondichéry et l'équipage entier, à qui il fit construire un radeau, sur lequel les naufragés parvinrent dans une île, d'où ils passèrent à Pondichéry. Cette place fut bientôt attaquée par 20,000 Anglais qui vinrent en faire le siège sans déclaration de guerre; mais après une vigoureuse défense, le général Bellecombe, qui la commandait, fut obligé de capituler. Barras revint alors en France. Après y avoir fait quelque séjour, il retourna dans l'Inde avec M. de Suffren, et assista au combat de la Proya, que cet amiral livra aux Anglais. Faute d'ensemble, trois vaisseaux français furent désemparés et obligés de gagner le large. Les affaires prenant une tournure fâcheuse dans ce pays, Barras résolut d'aller au siège de Gibraltar; mais il n'arriva pas à temps. La paix venait d'être signée, lorsqu'il débarqua à Cadix. De retour à Paris, la liberté avec laquelle il s'expliqua sur les fautes de ses chefs, à l'impéritie desquels il imputa nos revers dans l'Inde, provoqua contre lui une lettre de cachet, dont M. de Breteuil empêcha l'exécution. Barras, dès sa jeunesse, aima les plaisirs, et eut bientôt épuisé une fortune médiocre. La révolution survint. Il fut un des apôtres les plus ardens des idées nouvelles, et figura dans les assemblées bailliagères du tiers-état, tandis que son frère siégeait dans celles de la noblesse. Le 14 juillet, on le vit marcher avec le général Lapoype, à l'attaque de la Bastille. Tout en prenant parti pour les événemens révolutionnaires de cette époque, il se prononça cependant contre les excès. Appelé comme témoin dans l'affaire des 5 et 6 octobre, il fit une déposition où l'on trouve un sentiment d'horreur non équivoque contre les actes de fureur de ces deux journées. Barras continua toutefois à servir la cause révolutionnaire, et prit part à la journée du 10 août. Il avait été admis à la société des jacobins de Paris, dès ses premières séances. Il fut administrateur du département du Var, et haut-juré à la cour d'Orléans. Nommé commissaire près de l'armée d'Italie, il contribua à décider le passage du Var, et devint administrateur général et président des autorités qu'il organisa dans le comté de Nice. Appelé à la convention nationale, il vota, dans le procès de Louis XVI, pour la mort sans sursis, ni appel. Il fut, bientôt après, nommé commissaire pour le recrutement dans les départemens des Hautes et Basses-Alpes, et de là envoyé près de l'armée d'Italie, avec les représentans Bayle et Beauvais. Instruit que ses collègues étaient arrêtés à Toulon, il se dirigeait sur cette ville quand il apprit qu'elle venait d'être livrée aux Anglais, que sa tête y était mise à prix, que sa mère et sa femme avaient été insultées, et que le tocsin sonnait dans toutes les communes. Échappé non sans peine aux insurgés de Pignans, il se dirigea sur Nice, où il arriva pendant la nuit. Là, il rassembla des troupes avec lesquelles il établit le blocus de Toulon. Le général Dugommier vint prendre le commandement du siége, et ne tarda point à faire l'attaque de la place, à laquelle Barras assista a-vec la division de gauche. L'artillerie, qui ne contribua pas peu à la reddition de la place, était dirigée par un simple capitaine : c'était BONAPARTE! Toutes les redoutes furent enlevées, l'ennemi évacua Toulon, et l'armée républicaine y entra mèche allumée. Les vaincus furent traités avec une affreuse rigueur par les représentans, qui avaient cependant encore modifié les ordres du comité de salut public. Plus de 400 Toulonais périrent dans cette proscription. Ces représentans, qui formaient une commission de cinq membres, étaient Salicetti, Ricord, Robespierre le jeune, Fréron et Barras. Ils se rendirent ensuite à Marseille, où ils établirent une commission militaire, dont un jeune homme de 20 ans fut nommé président. En dix jours ce tribunal fit périr cent soixante personnes. Barras, dont les principes n'étaient pas ceux des girondins, ne partageait pas toujours ceux de la Montagne. Néanmoins la malheureuse popularité qu'il s'était acquise dans le Midi était telle, que, seul avec Fréron, il fut excepté des dénonciations portées par plus de trois cents sociétés contre les représentans envoyés dans ces provinces. Aussi à son retour du Midi fut-il assez mal reçu des comités. Il échappa à Robespierre de lui dire : *Tu as sauvé ta patrie par ton énergie.* Cette félicitation était une menace. Barras ne prit pas le change; la terreur faisait tous les jours des progrès; les girondins, le jacobin Danton lui-même avaient péri; il se détermina à ne paraître qu'en armes à la convention. L'audace connue de son caractère, l'influence que lui avaient acquise ses services, en firent un chef d'opposition. Robespierre méditait une proscription nouvelle; il sentait son pouvoir s'affaiblir, il voulut le fortifier de l'appui de Barras. Celui-ci se refuse à toute transaction, et fait même connaître à ses collègues la proposition de Robespierre, en leur disant: *il est perdu malgré les jacobins.* Dans l'impossibilité de traiter avec Barras, Robespierre, isolé des comités, où il n'avait pas paru depuis plus de deux mois, fit aux jacobins une sortie qui décida l'attaque du 9 thermidor. Barras et quelques autres députés se présentent à la convention, dont Robespierre occupait la tribune. Tallien dénonce Robespierre et le fait décréter d'arrestation : il est conduit en prison, mais il est bientôt délivré par la commune. Henriot, commandant de la garde nationale parisienne, et créature de Robespierre, marche sur la convention, qui, dans ce péril, nomme Barras général en chef, et le charge de sa défense. Le succès de cette journée fut bientôt décidé; tandis que Robespierre discourait à l'Hôtel-de-Ville, Barras, qui avait réuni quelques troupes, vient, l'arrête, et le traîne à l'échafaud. Les craintes de la convention étant dissipées par cette exécution, le comité de salut public fit dire à Barras qu'il le rendait responsable des événemens, et de la surveillance des prisonniers du Temple. Barras se porte aussitôt à cette prison, où il trouve le jeune prince malade, et lui fait donner, ainsi qu'à *Madame,* tous les secours convenables. Il court ensuite au palais de Justice, et arrête l'exécution d'un grand nombre de victimes entassées dans des charrettes, et qu'on allait conduire au supplice. Cette conduite de Barras fut blâmée par le comité. L'ordre rétabli, il ne donna pas moins sa démission de l'espèce de dictature dont il avait été investi, et fut aussitôt dénoncé par les députés du Midi, qu'il accusa eux-mêmes d'avoir ensanglanté leurs provinces. Ces députés se rétractant, il obtint un décret approbatif de sa conduite. Nommé successivement secrétaire et président de la convention nationale, il fit partie du comité de sûreté générale, et, revenu à des sentimens de modération qu'on ne lui avait pas vu suivre avant le 9 thermidor, il fit rayer de la liste fatale beaucoup d'émigrés. Ce fut Barras qui fit décréter la célébration de l'anniversaire de la mort de Louis XVI, et ce jour-là même, la remise aux indigens des effets engagés au Mont-de-Piété. Peu après, il se prononça contre le parti réacteur du 9 thermidor, dont les excès ne menaçaient pas moins la liberté publique que ne l'avaient fait ceux dont ils se disaient les ennemis. En 1794, Barras fut chargé du service difficile des subsistances, qui commençaient à manquer. Il partit à cet effet avec le général Brune pour le département du Nord, et par l'activité de ses mesures il prévint la disette dont la capitale était menacée. Il était de retour à Paris après l'insurrection de prairial. Le parti montagnard voulait alors revenir sur la journée du 9 thermidor; loin de la désavouer, Barras combattit avec vigueur le parti révolutionnaire. Cette lutte amena le 13 vendémiaire, et la convention, par un décret unanime, le nomma de nouveau général en chef. Le succès de cette journée fut dû à Bonaparte, qui, destitué par le représentant Aubry, après la prise de Toulon, trouva plus de justice auprès de Barras : celui-ci se souvint du siége de cette ville, et donna encore dans cette affaire, au jeune général, le commandement de l'artillerie. Après la journée du 13, Barras abdique de nouveau la dictature, présente Bonaparte pour lui succéder dans le commandement de l'armée de l'intérieur, et lui fait obtenir bientôt après celui de l'armée d'Italie. Le gouvernement directorial était formé. Barras en faisait partie, ainsi que Carnot, qui, de son côté, réclama justement l'honneur d'avoir aussi porté Bonaparte à ce commandement. Dans les attributions de Carnot était le département de la guerre, sur lequel Barras se permit quelques empiétemens, ce qui peut-être fut une des causes de la division de ces deux directeurs : Carnot prit le parti des conseils. Cependant la division entre les conseils et le directoire s'accroissait tous les jours; de nombreux inconvéniens démontrèrent l'insuffisance de la constitution de l'an 3, et on crut devoir recourir aux moyens extra-légaux, qu'on appela et qu'on appellera toujours *révolutionnaires*. Le coup d'état du 18 fructidor fut décidé; Barras, investi de tous les pouvoirs par ses collègues La Réveillère-Lépeaux et Rewbell, et dictateur pour la troisième fois, prit sur lui toute la responsabilité de l'entreprise. La victoire se déclara pour lui; mais il fut encore obligé de combattre ses collègues sur les mesures qui devaient suivre cet événement. Les proscriptions qui eurent lieu après cette journée n'avaient pas assouvi la haine des vainqueurs. Le général Bernadotte, à présent roi de Suède, essaya vainement de fléchir le directoire en faveur de son ancien colonel, le comte d'Ambert, détenu au Temple, comme émigré, par suite du 18 fructidor. Le comte d'Ambert fut fusillé. Bernadotte, couvert de blessures et de lauriers, avait demandé la vie de son bienfaiteur pour récompense de ses nombreux services. Le palais du Luxembourg était ouvert à tous les plaisirs, et fermé à toutes les douleurs! Une députation du conseil des cinq-cents ayant apporté au directoire la proposition de comprendre tous les nobles en masse dans la déportation, Barras s'y opposa de la manière la plus énergique, et fit unanimement partager son avis. Cependant la commotion du 18 fructidor s'était fait sentir au directoire même, qui chaque jour perdait de son pouvoir, et que la journée du 30 prairial vint déconsidérer entièrement. Sieyes, à l'appui d'un parti puissant, avait fait cette journée, à son retour de Berlin. Treilhard, Merlin de Douai et La Réveillère-Lépeaux furent obligés de donner leur démission; Barras résista au mouvement. C'est alors que M. Ayries, chargé par Pitt de faire à Barras la proposition de s'emparer de l'autorité, vint lui offrir, à cet effet, de la part de ce ministre, l'appui de l'Angleterre. Dans le même temps, dit-on, Barras prêtait l'oreille aux propositions de la dynastie dépossédée, et envoyait Mounier auprès d'elle en Allemagne avec des instructions secrètes. Il se serait, prétendait-on, engagé à rétablir l'ancienne monarchie, moyennant l'oubli entier du passé et la somme de douze millions que devaient lui rapporter, selon lui, les deux années pendant lesquelles il pouvait encore siéger au Luxembourg (*V.* les *Mémoires* de Fauche-Borel). Cependant Sieyes, qui ne voyait d'autre remède aux fluctuations du pouvoir en France, que dans une nouvelle combinaison du pouvoir exécutif, renforcé et cependant limité par une constitution, s'était également réuni à Barras pour renverser la constitution de l'an 3. Sur ces entrefaites, le général Bonaparte, informé en Égypte de ces intrigues par son frère Lucien, traverse la Méditerranée, et substitue à leurs plans ses vues particulières. Barras fait part de ses desseins à ce général, qui n'abandonne pas les siens, et qui, secondé par Sieyes, opère la révolution du 18 brumaire, et devient premier consul. Déjà Bonaparte s'établissait aux Tuileries. Après avoir résisté autant que ses moyens le lui permettaient, Barras cède à l'ascendant sous lequel l'Europe devait bientôt fléchir, et charge son secrétaire Bottot de demander au premier consul un sauf-conduit pour Grosbois. Ses sentimens étaient consignés dans une lettre où se trouvaient les phrases suivantes : « Engagé dans les affaires publiques uniquement par » ma passion pour la liberté, je » n'ai consenti à accepter la pre- » mière magistrature de l'état, que » pour le soutenir dans les périls » par mon dévouement; pour pré- » venir des atteintes de ses enne- » mis les patriotes compromis dans » sa cause, et pour assurer aux dé- » fenseurs de la patrie les soins » particuliers qui ne pouvaient » leur être plus constamment don- » nés que par un simple citoyen, » anciennement témoin de leurs » vertus héroïques, et toujours tou- » ché de leurs besoins. La gloire, » qui accompagne le retour du » guerrier illustre à qui j'ai eu le » bonheur d'ouvrir le chemin de la » victoire, les marques éclatantes » de confiance que lui donne le » corps-législatif, m'ont convain- » cu que, quel que soit le poste » où m'appelle désormais l'inté- » rêt public, les périls de la liber- » té sont surmontés, et les inté- » rêts des armées garantis. Je ren- » tre avec joie dans le rang de sim- » ple citoyen : heureux, après tant » d'orages, de remettre entiers et » plus respectables que jamais, les » destins de la république. » Bonaparte s'expliqua durement sur le compte de Barras; toutefois il signa le sauf-conduit, et fit escorter l'ex-directeur jusqu'à Grosbois. Rendu à la vie privée, celui-ci n'accepta aucun des avantages qui lui furent offerts par le nouveau gouvernement. Il ne voulut point suivre le premier consul dans cette campagne, qui se termina par la victoire de Marengo. L'ambassade de Dresde, celle des États-Unis, le commandement de l'armée de Saint-

Domingue, enfin une médaille que Bonaparte venait de faire frapper, et qui lui fut présentée de la part du premier consul, il refusa tout. C'était se montrer ennemi du nouvel ordre de choses, on le traita comme tel; on lui appliqua la loi qui obligeait les militaires destitués à se retirer à quarante lieues de la capitale. Le ministre de ces rigueurs était ce même Fouché, quelque temps auparavant ministre de celles du directoire. Aussi disait-il : « Si Barras » avait du pouvoir, il me ferait » pendre avec les auteurs du 18 » brumaire. » Barras vendit sa terre de Grosbois, et alla s'établir à Bruxelles. Mais le climat paraissant nuire à sa santé, il obtint la permission de se retirer à Marseille, où il fut encore l'objet d'une surveillance particulière, ainsi que dans sa retraite des Aignalades, où il s'occupait paisiblement d'agriculture. En 1813, il fut inculpé dans une conspiration, subit différens interrogatoires, et fut peu après exilé à Rome. Il y vécut dans la plus grande tranquillité, et y fut, pour ainsi dire, oublié des autorités françaises. Par un singulier caprice de la fortune, Barras se trouva placé à Rome sous la surveillance d'un haut fonctionnaire que le directoire avait tenu en prison à Paris pendant vingt-cinq mois, après l'avoir envoyé comme émigré à la commission militaire, à laquelle il fut soustrait après cinq heures de séances par l'active et courageuse amitié de feu la baronne de Staël-Holstein. (Voyez *Considérations sur la révolution française*, tom. II, pag. 191.) Cet émigré reconduit en prison, fut, dix-huit mois après, condamné à la déportation, à laquelle il échappa par le 18 brumaire, qui renversa si heureusement le directoire. Il est remarquable que, pendant le séjour de Barras à Rome, il ne fut nullement question de cette longue anecdote dans les visites que se firent le surveillé et le surveillant : l'un des deux probablement l'avait oubliée. Barras était à Rome depuis près d'un an, lorsque le roi Murat y vint à la tête de son armée, à la fin de janvier 1814. Dans l'entrevue qu'ils eurent ensemble, ce dernier l'engagea d'entrer dans son parti. Barras, après lui avoir fait observer combien était fausse la démarche dans laquelle il s'était engagé, demanda avec instance des passe-ports pour la France, que Murat lui fit expédier. Barras fut arrêté à Turin, où il reçut l'injonction de se rendre à Montpellier. Il paraît qu'il était impliqué avec un grand nombre de personnes, dans une conspiration où figurait l'ancien roi d'Espagne, Charles IV lui-même. La chute de Napoléon termina cette intrigue. Après cet événement, il revint à Paris, mais l'état de sa santé ne lui permettait pas de s'occuper des affaires. Consulté par le gouvernement royal, Barras, avec une franchise peu monarchique, répondit à M. de Blacas, ainsi qu'à M. d'André : « Vous » perdrez le roi : il veut le bien ; » vous le lui cachez ; vous ramè- » nerez nos calamités et Bonapar- » te. Vous semblez ne vous occu- » per qu'à préparer le logement » du roi et le vôtre à Londres. » En 1815, prévoyant les nouveaux

malheurs qui allaient fondre sur la France, il retourna dans le Midi, qu'il quitta bientôt pour revenir à Paris, aussitôt qu'il eut été informé de la nouvelle du débarquement de Napoléon. A son arrivée dans la capitale, il rencontra le duc d'Otrante (Fouché), à qui il demanda s'il était enfin en sûreté. « Oh! n'en doutez pas, répon-
» dit le ministre, vous allez en-
» trer à la chambre des pairs. —
» Je ne m'associe pas aux oppres-
» seurs de mon pays, » dit Barras en le quittant. Il a tenu parole; il n'a point souscrit à l'acte additionnel, et n'a accepté aucune fonction pendant le règne des *cent jours*, ce qui ne suffit peut-être pas pour expliquer la continuité de son séjour en France. Il vit maintenant retiré dans une petite maison de Chaillot, où l'obscurité de sa vie le confond avec une foule d'hommes déchus du pouvoir pendant la révolution. Fidèles à la loi que nous nous sommes faite de ne point juger les hommes vivans, nous n'émettrons aucune opinion sur le compte de Barras. Les engagemens que nous avons pris avec le lecteur dans le cours de cet ouvrage sont scrupuleusement remplis. Qu'il rapproche les faits et prononce. C'est dans le même esprit que nous lui soumettons la lettre suivante, publiée par le général Barras lui-même le 20 juin 1819.

« Il vient de paraître, sous le
» nom de *Souvenirs et Anecdo-*
» *tes secrètes*, un ouvrage contre
» lequel je suis forcé de réclamer
» publiquement. Son auteur a été,
» comme avocat, chargé par moi
» de traiter quelques intérêts par-
» ticuliers; mais je ne lui ai jamais
» donné aucune mission histori-
» que. Il est vrai que, pendant
» quinze ans, j'ai été le sujet d'u-
» ne persécution sans exemple.
» Commencée le 18 brumaire,
» cette persécution n'a point été
» interrompue jusqu'au 30 mars
» 1814; et ce jour même inclusi-
» vement, elle continuait avec un
» acharnement redoublé. Mais je
» n'ai point encore pris la plume
» sur des faits dont seul j'ai mal-
» heureusement acquis le droit de
» faire connaître la vérité. Long-
» temps avant les événemens qui
» ont amené le renversement du
» gouvernement féodal, les actes
» successifs du règne de Bonapar-
» te avaient décidé lequel de nous
» deux voulut surprendre les pou-
» voirs politiques de sa patrie, le-
» quel voulut les faire tourner au
» profit de son élévation person-
» nelle, lequel de nous deux vou-
» lut enfin la liberté ou l'oppres-
» sion de son pays. Le jugement
» de la conscience publique m'a-
» vait paru suffire à la mienne; il
» m'a soutenu dans l'adversité.
» Une position susceptible sans
» doute de quelques hautes expli-
» cations, a mis plusieurs fois en
» mouvement je ne sais quelles
» passions sordides. Elles ont cru
» trouver un prétexte de porter à
» mon compte des opinions et des
» conceptions qui sont restées leur
» ouvrage. Le besoin que j'avais
» de respirer après une si longue
» tourmente, m'a peut-être trop
» fait dédaigner le soin de répon-
» dre à certaines calomnies. Il est
» temps de rompre le silence, mê-
» me du mépris. La déclaration de
» la vérité est le premier homma-

» ge qu'on doive rendre à un gou-
» vernement constitutionnel. Au
» fort de la proscription exercée
» contre moi par Bonaparte, les
» uns ont répandu que j'en rece-
» vais un traitement particulier et
» même des bienfaits. Les autres
» ont répandu en même temps et
» depuis, qu'avant le 18 brumaire
» j'aurais pris part à des entrepri-
» ses tentées contre la forme du
» gouvernement, dont le dépôt
» nous était confié par la nation.
» A qui a-t-on pu faire croire
» qu'un Français, élevé à la pre-
» mière magistrature de son pays,
» ait pu en oublier le plus sacré
» des devoirs, la fidélité? L'hom-
» me d'honneur, qui repousse jus-
» qu'à cette idée, n'est-il pas as-
» suré de mériter l'estime des per-
» sonnes mêmes que l'infidélité au-
» rait pu servir? Je déclare formel-
» lement que ce qui a été dit et
» imprimé à ce sujet, est de pure
» invention. Une proposition ve-
» nue des pays étrangers fut, dans
» le temps, apportée à l'un des
» membres du directoire. A l'ins-
» tant même, le directoire tout en-
» tier en eut connaissance. Si le
» témoignage unanime de tous mes
» anciens collègues, qui vivent en-
» core, ne suffisait pas pour ce fait
» historique, les archives du di-
» rectoire, comme celles des mi-
» nistères, feraient foi que tout ce
» qui a pu avoir lieu en consé-
» quence de cette proposition, n'a
» existé que par délibération spé-
» ciale du directoire, portée en ses
» registres secrets, et dont les mi-
» nistres d'alors, particulièrement
» celui de la police et des rela-
» tions extérieures, suivirent l'exé-
» cution. Je déclare que non-seu-
» lement je n'ai reçu aucun traite-
» ment de Bonaparte, mais qu'il a
» refusé le remboursement même
» d'avances faites de mes deniers
» et de mon propre mouvement au
» ministère de la guerre en l'an 7,
» pour le besoin de nos armées,
» dans une circonstance des plus
» urgentes. Je déclare que depuis
» je n'ai jamais reçu de qui que ce
» soit aucun genre de traitement,
» même de réforme. J'ai dû au
» gouvernement impérial une per-
» sécution continue ; je dois au
» gouvernement constitutionnel le
» repos de la vie privée, désor-
» mais abritée sous les lois, com-
» me celle de tous les citoyens qui
» respectent l'ordre social. Voilà
» mon existence, mon ambition,
» mes vœux. Après cette premiè-
» re réponse, je me crois dispensé
» de faire ici des déclarations spé-
» ciales en faveur de plusieurs ci-
» toyens et généraux recomman-
» dables, dont l'auteur des préten-
» dus *Souvenirs* a parlé fort légè-
» rement. Ils n'ont pas besoin d'u-
» ne défense particulière, ces bra-
» ves militaires qui ont fait la gloi-
» re de la France; ils ont connu
» mon dernier sentiment le jour
» où je suis rentré dans la vie pri-
» vée. Ils n'ont pas besoin davanta-
» ge d'être défendus, ceux de mes
» collègues du directoire et des lé-
» gislateurs qui ont franchement
» aimé leur patrie et qui l'ont gé-
» néreusement servie. Quels que
» soient les malentendus des ré-
» volutions, tout ce qui a des
» droits à l'estime ne peut cesser
» d'être l'objet de notre affection.
» Peut-être un jour, si ma santé
» affaiblie par tant de vicissitudes
» m'en laisse la faculté (et ce jour

» n'a point à s'éloigner sous un
» gouvernement qui permet l'his-
» toire); peut-être essaierai-je
» de rendre à mes concitoyens le
» compte moral que leur doivent
» les hommes qui ont manié les
» affaires de l'état dans des temps
» bien difficiles. Mais avant de pu-
» blier mes mémoires, je n'ai pas
» dû retarder à donner un désaveu
» nécessaire pour établir la vérité
» la plus importante. Les contem-
» porains qui ont été passibles de
» nos actes, ont sans doute le droit
» de les examiner aussitôt, et de
» précéder l'histoire qui dira les
» fautes de chacun. Je suis loin de
» prétendre faire moi-même la
» part qui me revient; mais il n'y
» a point d'impatience à vouloir
» dès aujourd'hui rétablir notre
» caractère, lorsqu'on le voit ou-
» tragé par des suppositions o-
» dieuses. »

BARRAS (COMTE DE), frère aîné du précédent, était capitaine de vaisseau avant la révolution. Ses opinions furent entièrement opposées à celles de son frère. Il émigra dès le commencement des troubles, et servit dans l'armée de Condé. Il mourut à la suite d'un combat sur le Rhin, où il eut les deux jambes emportées par un boulet.

BARRAS (ÉTIENNE, VICOMTE DE), cousin des précédens, né à la Martinique, en 1752. Il entra au service, comme lieutenant dans une compagnie des colonies, et il fit partie de la flotte du comte de Grasse. Il continua à servir en Amérique, et se signala dans différens combats contre les nègres, jusqu'en 1798; mais à cette époque il rentra en France, et vécut retiré jusqu'en 1814. Alors le roi le nomma chevalier de Saint-Louis, et capitaine de frégate.

BARRAS (LE CHEVALIER DE), de la même famille, et chevalier de Malte, fit partie de l'expédition d'Égypte. Dès que le départ subit du général en chef eut en partie révélé ses desseins contre le directoire, Kléber chargea le chevalier de Barras d'en porter l'avis à Paris; mais le bâtiment fut pris par l'ennemi, et cette précaution n'eut pas d'effet. Il parut difficile d'expliquer la conduite du gouvernement britannique à cette époque; il publia plusieurs lettres écrites d'Égypte au directeur Barras, mais il garda le secret sur celles qui décelaient les vues du général Bonaparte. Le cabinet de Saint-James attendait-il de lui ce qu'il était loin de vouloir faire? ou se bornait-il à se féliciter, à tout événement, des troubles que pourrait causer en France le retour d'un général si entreprenant, et déjà si célèbre?

BARRAU (J. E.), né à Bordeaux, maintenant professeur de belles-lettres au collège de Riom, a été professeur d'éloquence à Alais, et libraire à Paris. On a de lui les ouvrages suivans : 1° *Séphèbe*, tragédie en trois actes, 1806; 2° *Poétique de Vida*, traduction en vers français, le texte en regard, in-8°, 1808; 3° *Ulysse*, tragédie en cinq actes; 4° *de Restauratâ puerorum ad artes informatione, oratio;* 5° *Discours académique sur la question: l'éducation publique est-elle préférable à l'éducation particulière?*

BARRAU (PIERRE), né à Rieux, département de la Haute-Garonne, le 5 décembre 1764, garçon cordonnier. Son heureux naturel, les saillies de son esprit, sa bonne humeur l'avaient rendu cher à ses camarades; il faisait des chansons, et le peuple les chantait : Barrau ne songeait pas alors que sa gaieté et ses couplets concourraient à sa fortune. Quand la révolution arriva, la popularité qu'il leur devait le mit bientôt sur les rangs pour les places municipales, et il fut successivement agent national, et juge de paix de sa ville natale. Il fit mentir l'adage latin : *Ne sutor ultrà crepidam*. Digne de son élévation, il sut justifier la confiance de ses concitoyens, dont les intérêts les plus chers lui furent confiés. La probité et le talent qu'il montra dans les fonctions de membre de l'administration centrale de département, le firent nommer à la sous-préfecture de Villefranche, où il a laissé les plus honorables souvenirs. Il perdit, à la deuxième restauration, cette place qu'il avait conservée lors de la première, et pendant les *cent jours*. M. Barrau paraît n'avoir fait preuve de ses talens oratoires que dans l'idiome gascon, dont l'usage académique n'est pas encore assez établi pour autoriser des citations.

BARRAU (Jean-Baptiste), est auteur d'une brochure in-4°, ayant pour titre : *Dissertation sur les fractures du sternum*, 1815.

BARRÉ (Guillaume), se réfugia en Angleterre à l'époque de la révolution. On a de lui les deux ouvrages suivans, écrits en langue anglaise : 1° *Histoire du consulat français sous Bonaparte*, in-8°, Londres, 1807; 2° *l'Origine, les progrès, la décadence et la chute de l'empire de Bonaparte en France*, in-8°, Londres, 1815. Un Français qui écrit l'histoire de son époque en Angleterre et en langue anglaise, a peu de titres à la confiance nationale, et paraît également y attacher un faible intérêt. L'incognito de M. Barré, comme historien, l'absout de cette peccadille de son émigration.

BARRÉ (Yves), fondateur et directeur du théâtre du Vaudeville, ancien avocat au parlement, où il était greffier *à peau*, a donné, en société avec MM. Piis, Radet, Desfontaines, Bourgueil, Maurice et Dupaty, une foule de pièces en vaudevilles, toutes représentées avec plus ou moins de succès. Plusieurs de ces ouvrages ont eu jusqu'à quatre auteurs à la fois, ce qui présente une coopération compliquée et presque incompréhensible. Mais la littérature a aussi ses mystères, et ceux du Vaudeville n'ont jamais effrayé personne. M. Désaugiers, connu par de très-jolies chansons et plusieurs pièces de circonstance sous tous les gouvernemens depuis la révolution, a remplacé, en 1815, M. Barré dans la direction de son théâtre, dont la variété et la mobilité sont les premiers élémens.

BARRÉ, professeur de physique au lycée d'Orléans, est inventeur d'une échelle métrique, dont on se sert avec succès pour l'aréomètre. On a de lui des Mémoires très-estimés sur la physique et la météorologie. M. Barré a exercé avec distinction la chirurgie dans le département du Loiret.

BARRÉ fils, est auteur de savans Mémoires sur la minéralogie du département du Rhône, et notamment sur celle de Chessy, village de l'arrondissement de Villefranche, près Lyon.

BARRÉ (le colonel), membre du parlement d'Angleterre, s'éleva, par son courage, au grade de colonel. Il fut élu membre de la chambre des communes peu de temps après son retour dans sa famille, et se fit remarquer dans le parlement anglais, par son esprit vif et satirique; il dit, en s'opposant à une mesure sévère, qu'on voulait prendre contre les Caraïbes de l'île Saint-Vincent. «Que leur reprochez-vous, d'ai- » mer l'indépendance, les fem- » mes et les liqueurs fortes? A la » couleur près, je ne vois point en » quoi ils diffèrent des Anglais. » Il mourut en juillet 1802. Il avait acquis une sorte de réputation par ses épigrammes et par ses bons mots.

BARRÉ DE JALLAIS (Lin-Leu-Lô-Luc), né à Chartres, en 1772, était commissaire-des-guerres au quartier-général à Angers. A l'époque où le premier consul voulut pacifier la Vendée, il fut chargé par le général Hédouville d'une mission importante relative à cet objet. Déguisé en Vendéen, il se rendit aux environs de Beaupréau, où se trouvait l'abbé *Bernier*, qui, par son fanatisme à la fois religieux et politique, avait gagné l'entière confiance des paysans de la Vendée, et exerçait sur eux une grande influence; M. Barré de Jallais entama avec ce prêtre des négociations, dans lesquelles il fit preuve de zèle et d'adresse, et qui eurent pour résultat la pacification de ce pays. Nommé par Napoléon sous-préfet d'un des arrondissemens de la Vendée, il se montra moins habile, en mettant dans son administration beaucoup de rigueur. Cette sévérité, si étrangère au caractère de conciliateur qu'il avait pris d'abord, fit en quelque sorte oublier aux Vendéens la reconnaissance qu'ils lui devaient pour la tranquillité dont jouissait leur pays, et à laquelle il avait pris une si belle part. Secrétaire-général du département d'Eure-et-Loir lors de la première restauration, il fut destitué dans les *cent jours*, et remplacé par M. Revel; il reprit ses fonctions au second retour des Bourbons. M. Barré de Jallais publia, en 1815, une brochure ayant pour titre: *Essai sur l'industrie, les mœurs, l'administration et les besoins de la Vendée.*

BARRÉ DE SAINT-LEU (Jean-Baptiste-Henri), né à Paris, en 1763. Son père, ancien militaire, était attaché à la maison d'Orléans, comme gouverneur du château de Saint-Leu, d'où lui vient son surnom. Le jeune Barré entra de bonne heure au service de mer. Garde-marine, et à peine âgé de 16 ans, il passa à Boston pour combattre avec les insurgens, durant le cours de la guerre qui assura l'indépendance des États-Unis; il se signala par plusieurs actions d'éclat, notamment dans un combat de cinq heures que soutint une frégate américaine, contre un vaisseau de ligne anglais. Retenu prisonnier de guerre à bord de ce dernier bâtiment, il tenta de s'en emparer, en faisant révolter ses compagnons d'infortune ; ayant échoué, il courut risque d'être puni de mort, et fut mis aux fers jusqu'à son arrivée à Plymouth, où on le jeta dans un cachot. Au retour de sa captivité, il reçut des Américains la décoration de Cincinnatus. Rentré au service de France, M. Barré prit, en 1792, le commandement du brick l'*Impatient*, armé au Havre, et destiné à une expédition secrète (on assure que ce bâtiment devait recevoir et emmener Louis XVI hors de France, s'il eût pu s'évader de Paris). De 1793 à 1798, M. Barré remplit diverses missions honorables ; il fut gouverneur des îles de Saint-Pierre et Miquelon, et commanda une division navale en station aux États-Unis. Lors de l'expédition d'Égypte, il était capitaine de frégate, et commandait l'*Alceste* ; l'amiral Brueys le chargea de sonder et de baliser les passes du port vieux d'Alexandrie. Il reconnut et déclara que les vaisseaux de ligne pouvaient, avec quelques précautions, entrer dans ce port. Malheureusement on ne les y fit pas entrer, et l'escadre fut détruite presque en entier dans la baie d'Aboukir. A la suite de ce désastre, M. Barré fut chargé de négocier avec Nelson un échange de prisonniers, et déploya beaucoup de talens et d'adresse dans cette négociation, qui eut pour résultat de renforcer l'armée française d'une grande partie des équipages des vaisseaux pris ou brûlés par les Anglais. M. Barré continua de servir avec distinction en Égypte, où il reçut un sabre d'honneur. La malheureuse expédition de Saint-Domingue lui fournit de nouvelles occasions de se distinguer. Capitaine de vaisseau commandant les forces navales restées au Cap en 1803, il se trouvait dans la rade de cette ville lorsque Dessalines et Christophe, au mépris de la convention qu'ils avaient conclue avec le général Rochambeau, se disposaient à faire tirer à boulets rouges sur les bâtimens français. La veille du jour fixé pour l'évacuation, M. Barré, envoyé à terre pour réclamer contre cette violation de la foi des traités, parvint à obtenir des généraux noirs qu'ils attendraient pour recommencer les hostilités, que le délai convenu fût écoulé. En 1812, M. Barré, commandant le vaisseau le *Rivoli*, fut pris par les Anglais après un combat opiniâtre dans lequel il eut 527 hommes hors de combat, presque tous ses officiers tués ou blessés, et où il fut blessé lui-même. Le 31 décembre 1814, il a été mis à la retraite avec le grade honorifique de contre-amiral.

BARREAU (Alexandrine), née à Castres, département du Tarn. Cette femme a servi en qualité de grenadier, dans le 2me bataillon de son département, à l'armée des Pyrénées-Orientales ; elle y était avec son mari et son frère ; elle se fit surtout remarquer à l'attaque de la redoute d'Alloqui, le 16 août 1794. L'artillerie faisait un feu terrible : Alexandrine voit tomber son frère mortellement blessé, et presque au même moment son mari est frappé par une balle. Loin d'être intimidée par ce terrible spectacle, elle s'élance sur les batteries, qui portent partout la mort; pénètre dans la redoute avec deux de ses compagnons d'armes, et venge son mari et son frère en immolant un grand nombre des assiégés. Revenant bientôt sur la place où elle a laissé les objets de sa tendresse, elle leur prodigue tous les soins qui sont en son pouvoir, panse leurs blessures, et les porte elle-même à l'ambulance.

BARRIÈRE (ÉTIENNE-BERNARD-JOSEPH), bon compositeur, habile exécutant, est peu connu. Sa vie fut obscure, et l'intrigue manqua à son talent. Né à Valenciennes, en octobre 1749, élève de Philidor et de Pagin, il se fit entendre au concert spirituel, et devint l'un de nos meilleurs violonistes *solo*. En 1801, il lutta contre Lafont, dans un concert de la salle Olympique, et les journaux rendirent justice à son jeu brillant et précis. Il a donné plusieurs œuvres musicales, d'un style très-agréable, et d'une mélodie piquante. Barrière mourut en 1818, laissant peu de souvenirs de sa vie laborieuse. Le soin de maintenir une fortune modique et la tâche fastidieuse d'instruire les commençans, le privèrent d'une réputation qui lui était justement due.

BARRIÈRE, élu membre du conseil des cinq-cents par le département des Basses-Alpes, resta pour ainsi dire étranger aux débats, et ne parut jamais à la tribune; il avait été avant son élection, accusateur public près le tribunal criminel du département qui l'avait nommé député. Il fut du nombre de ceux qui passèrent dans le corps-législatif, organisé après le 18 brumaire : il sortit de cette assemblée en 1801.

BARRIÈRE (JEAN-FRANÇOIS), après avoir fait de bonnes études à Sainte-Barbe, s'est attaché à la rédaction de plusieurs journaux. Il a successivement travaillé à la *Gazette de France* et au *Journal de Paris*. On se souvient d'une lettre qu'il écrivit au rédacteur de la *Gazette*, pour l'inviter, ainsi que le public, à ne pas le confondre avec le fameux Barère : démarche bien gratuitement hostile. Il est chef de la division des hospices à la préfecture de la Seine, et examinateur des livres à la direction de la librairie. En 1815, le roi de Prusse lui envoya la décoration du mérite civil. Les articles politiques du *Journal de Paris*, auxquels M. Barrière travaille en ce moment, font peut-être moins connaître ses principes, que le parti auquel il s'est récemment attaché.

BARRILLON (JEAN-JOSEPH-FRANÇOIS-ALEXANDRE), naquit vers 1762, à Serres, département des Hautes-Halpes, d'une famille calviniste, très-distinguée. Il fit ses études à Bayonne, passa en 1792 au cap Français (Saint-Domingue), et par son activité, par ses talens, mérita, à l'âge de 20 ans, toute la confiance de la maison d'Anglade. En 1784, il s'associa à la maison Huges et Payan, et quelque temps après, acheta l'habitation du Pilatte, de moitié avec M. Castanet. Député à l'assemblée de Saint-Marc, il s'opposa vivement au parti qui voulait mettre la colonie sous le joug de l'Angleterre. Nommé par acclamation commandant du quartier de Plaisance, lors de la révolte des esclaves, il combattit pendant six mois entiers, et avec trois cents hommes, une armée de vingt mille noirs, les dispersa dans toutes les rencontres, et finit par les rejeter hors des limites de son commandement : dans un de ces combats il fut blessé d'une balle au bras droit. Se trouvant à Lyon à l'époque du siége, il se retira dans lés Hautes-Alpes, et s'y tint pour ainsi dire caché, pendant une partie de la terreur : il revint à Paris en 1793, et y établit une maison de banque. En 1798, lorsque le directoire conçut le projet d'une descente en Angleterre, M. Barrillon fut député par la commune de Paris, pour annoncer au gouvernement l'ouverture d'un emprunt destiné à faciliter cette entreprise. Lors de la rupture du traité d'Amiens, en 1803, des spéculations considérables l'obligèrent de suspendre ses paiemens; il jugea indigne de lui de se prêter aux propositions qui lui étaient faites de transiger, et quatre mois après, il paya tout ce qu'il devait en capital et intérêts. Capitaine d'une compagnie de grenadiers de la garde nationale parisienne, en 1814, il se distingua par un trait qui fit admirer son courage et son humanité. Le 30 mars, quatre cents hommes de sa légion, parmi lesquels se trouvait sa compagnie, se battaient depuis quatre heures du matin contre les divisions russes et prussiennes qui attaquaient les barrières du Roule et de l'Étoile. Vers les quatre heures du soir, deux aides-de-camp du général en chef vinrent annoncer l'armistice conclu sur la butte Saint-Chaumont, sans apporter les ordres nécessaires en pareille circonstance. Voulant éviter une effusion de sang dès lors devenue inutile, M. Barrillon, accompagné d'un tambour qui battait le rappel, alla, à travers les boulets et la mitraille, porter au camp ennemi la nouvelle de l'armistice ; à peine à cent pas des siens, il fut entouré d'une troupe de cosaques, au milieu desquels il courut les plus grands dangers. Conduit au quartier-général, à Neuilly, son dévouement reçut sa récompense : le général russe donna sur-le-champ des ordres, et le feu cessa sur toute la ligne. A la fin de 1814, il fut nommé chef de bataillon. En 1815, le collège électoral de l'arrondissement de Gap le nomma député à la chambre des *cent jours*. Il mourut le 19 mai 1817, à l'âge de 55 ans. C'était un négociant habile et intègre, et un excellent citoyen. Ami de l'ordre, il fit toujours des vœux pour une monarchie franchement constitutionnelle.

BARRINGTON (LE DOCTEUR SHUTE), lord-évêque de Durham, comte palatin, né en 1732, fit ses études au collège d'Éton, et à celui de Merton à Oxford, où il prit ses grades de maître ès arts. Gardien des rôles de la principauté de Durham, visiteur du collége de Bailliol à Oxford, il dut son élévation rapide à ses talens; il devint successivement chapelain du roi d'Angleterre, docteur en droit, évêque de Laudaff, de Salisbury, enfin, en 1791, de Durham. Il avait donné, en 1772, une édition nouvelle, augmentée et corrigée, des *Miscellanea sacra* du vicomte Barrington, son père. Il a fait paraître, en 1809, un ouvrage intitulé : *Motifs de séparation entre l'église d'Angleterre et celle de Rome, considérés de nouveau*; en 1810, *Considérations sur l'union entre les églises d'Angleterre et de Rome*, in-8°; et en 1815, *la Vie politique du vicomte de Barrington*.

BARRINGTON (DAINES), frère du précédent, fut comme lui publiciste distingué, et légiste plein de mérite. Il se fit remarquer en outre comme numismatiste et comme naturaliste, soit dans ses ouvrages, soit dans les réunions des sociétés royale et des antiquaires de Londres, dont il était membre. Il publia : 1° *Observations sur les statuts*, spécialement les plus anciens, 1766, in-4°. Les historiens et les jurisconsultes s'appuient souvent de l'autorité de ce livre fort estimé, dont on a donné plusieurs éditions. 2° *Le Calendrier du naturaliste*, 1767, in-4°; 3° *Traité sur la probabilité d'atteindre au pôle septentrional*, 1775, in-4°. Un voyage que le capitaine Lutwidge et le capitaine Philippe, depuis lord Mulgrave, avaient entrepris pour faire des découvertes dans le Nord, donna lieu à cette dissertation curieuse. 4° *Expérience sur le chant des oiseaux, et Essai sur leur langage*. Ces recherches sont aussi piquantes qu'originales. 5° *Recherches sur l'invasion de Jules-César en Angleterre*; 6° *Mémoire sur la fameuse médaille d'Apamée*; 7° une traduction en anglais de l'*Histoire d'Orosius*, avec le texte latin, la traduction anglo-saxonne d'Alfred-le-Grand, et des *Notes* critiques par Barrington, 1773, in-8°. Ces notes furent l'objet de la plus amère censure. 8° *Les Voyages d'Other, ou Éclaircissemens sur la géographie du 9me siècle*. Ce voyageur norwégien avait visité les mers et les contrées les plus septentrionales. 9° *Mélanges sur divers sujets*, 1780, in-4°. La plupart des morceaux contenus dans ce recueil sont des *dissertations* sur plusieurs points d'antiquité et d'histoire naturelle. 10° Enfin, cet auteur a fait insérer un grand nombre de *dissertations* du même genre dans les *Mémoires de la Société royale de Londres* et dans ceux de la *Société des Antiquaires* de la même ville. Dans les dernières années de sa vie, Barrington sentant le besoin de la retraite, renonça aux places et aux fonctions qu'il exerçait, et jouit du repos après lequel il soupirait, jusqu'à sa mort arrivée le 14 mars 1800.

BARRINGTON (SAMUEL), autre frère du docteur, contre-amiral, était déjà parvenu à ce grade en 1780. A cette époque le gouvernement anglais ordonna l'attaque de l'île Sainte-Lucie, occupée alors par les Français : les Anglais s'en emparèrent sous le commandement du contre-amiral Barrington. Deux ans plus tard (en 1782), il concourut aussi, en ravitaillant Gibraltar, à conserver à sa patrie la possession de cette place. Samuel Barrington mourut la même année que son frère, Daines, en 1800.

BARRINGTON (N.), c'est le

nom d'un fameux voleur d'Angleterre. Ce Barrington a droit aussi à être mentionné dans une *Biographie*, où l'on tient registre des crimes et des vertus dont la mention peut être utile à la société. Après avoir exercé long-temps sa profession avec une adresse et un bonheur extraordinaires, il tomba enfin entre les mains de la justice, et fut condamné à la déportation. On dit qu'à Botany-Bay, où il s'est établi, il est devenu honnête homme; qu'il s'y est acquis, par une conduite sage et par un travail opiniâtre, une fortune aisée et une bonne réputation, et qu'il y remplit même les fonctions de juge-de-paix. La *déportation*, qui amende l'homme, vaudrait donc mieux que la *détention*, qui achève de le corrompre!

BARRIS (LE BARON PIERRE-JOSEPH-PAUL), président de la cour de cassation, nommé député à l'assemblée législative, en septembre 1791, par le département du Gers, ne monta point à la tribune, bien qu'il fût membre du comité. En 1792, il fit rendre un décret sur le remplacement des membres des directoires administratifs, à défaut de suppléans. M. Barris, après la session, fut nommé juge à la cour de cassation, baron, et officier de la légion-d'honneur; nommé ensuite président de la même cour, il a signé toutes les délibérations qu'elle a prises collectivement, tant en faveur des Bourbons qu'en faveur de Napoléon. Il présidait la section criminelle qui, le 14 décembre 1815, rejeta le pourvoi de M. le comte de Lavalette, directeur général des postes, condamné à mort par la cour d'assises du département de la Seine. (*Voyez* LAVALETTE.)

BARROIS (LE COMTE), grand-officier de la légion-d'honneur, est né à Ligny en Lorraine; il eut l'honneur de faire ces glorieuses campagnes, dont l'Europe liguée a perpétué le souvenir par la vengeance qu'elle a exercée sur notre patrie. En 1804, il était colonel. Nommé commandant de la légion-d'honneur après la bataille d'Austerlitz, et général de brigade le 4 février 1807, il se distingua sur le champ glorieux d'Eylau. Dans la guerre d'Espagne, il se fit remarquer particulièrement à Talaveyra et à la prise du camp de Saint-Roch. C'est le général Barrois qui, par la prise opportune de *Los Barrios*, empêcha les Anglais de débarquer sur la côte. Il se réunit ensuite à la grande-armée à Caroscosa. Nommé, en 1813, commandant de la 2me division de la jeune-garde, il entra à Dresde avec cette brave troupe, se battit avec distinction à Wurtchen et Bautzen, et notamment à Hanau, combat remarquable, au succès duquel ce général eut une si grande part. En janvier 1814, il défendit le Brabant-Hollandais. Blessé à la bataille de Waterloo, le général-comte Barrois a, comme la plupart des autres victimes de cet événement, disparu pendant quelque temps de la scène militaire, où il a jeté tant d'éclat; il a été remis en activité de service en 1819. Il est en ce moment employé en qualité d'inspecteur-général.

BARROT (JEAN-ANDRÉ), né le 30 juin 1753, était vice-président du tribunal de Langogne, en 1792, lorsque le département de la Lozère le nomma député à la convention nationale. Dans le procès de Louis XVI, il vota d'abord pour la déportation, et ensuite contre le sursis. Après la session, il fut du nombre des deux tiers des conventionnels réélus, et fit partie du conseil des anciens jusqu'au 30 floréal an 5. La révolution du 18 brumaire an 8 le porta au corps-législatif, où il resta presque continuellement, jusqu'à l'abdication de l'empereur Napoléon. A cette époque, il adhéra à l'acte de déchéance de ce prince et de toute sa famille. M. Barrot, après s'être déclaré, dans la session de mars 1815, de la manière la plus forte, en faveur des Bourbons, n'en fit pas moins partie de la députation chargée de présenter à Napoléon, à son retour de l'île d'Elbe, une adresse de félicitation. Le 15 octobre suivant, il fut nommé, par le roi, juge au tribunal de première instance du département de la Seine ; mais sur les instances, ou craignant les réclamations des autres membres du tribunal, il n'en exerça point les fonctions, et donna sa démission de cette place, au moment où il allait être installé. Il existe de lui un Mémoire justificatif de sa conduite politique.

BARROW (Jean), membre de la société royale de Londres, et sous-secrétaire de l'amirauté, suivit, comme secrétaire particulier, lord Macartney, dans son ambassade en Chine; il possédait à fond les mathématiques, qu'il avait professées à Greenvick, et avait débuté dans la carrière des sciences par un petit ouvrage ayant pour titre : *Description des étuis portatifs d'instrumens de mathématiques*, 1794, in-8°. Il a publié depuis : 1° *Voyages dans l'intérieur de l'Afrique méridionale*, en 1797 et 1798, 2 vol. in-4°, 1801 et 1804. M. de Grand-Pré a traduit en français le premier volume de ces voyages, 2 vol. in-8°, 1801; la traduction du second volume parut en 1806, 2 vol. in-8°; elle est anonyme, mais on l'attribue à M. Walckenaer, membre de l'institut: cette traduction est précédée d'une préface de l'éditeur, et accompagnée de quelques notes qui sont en effet signées des lettres initiales de ce savant; les derniers volumes sont accompagnés de cartes marines et de cartes détaillées du cap et des environs, dressées avec beaucoup d'exactitude. 2° *Voyages à la Chine*, en 1794, in-4°, 1804, traduits en français, par M. de Castera, 3 vol. in-8°, 1805; en allemand, Hambourg, 1805. M. de Guignes fils a publié des *Observations sur les voyages de Barrow à la Chine*, brochure in-8°; 3° *Voyages à la Cochinchine*, en 1792 et 1793, in-4°, 1806, avec des gravures coloriées, traduits en français par M. Malte-Brun, 1807, 2 vol. in-8°, avec atlas. Le traducteur a relevé quelques erreurs de l'ouvrage original et lui a fait subir des modifications considérables; il y a ajouté en outre des notes savantes, et des notes politiques que l'orgueil national de l'auteur avait provoquées. M. Barrow, dans la relation de ses voyages, s'est montré bon écrivain, voyageur instruit et judicieux, principalement dans son voyage dans la partie méridionale de l'Afrique. Comme il avait habité ce pays, et concouru à l'administrer, il avait été à même de recueillir les notions les plus exactes sur la situation, les mœurs, les usages, et le caractère des habitans. Il a encore publié des *Mémoires* (Some Accounts) *sur la vie publique, et choix des Écrits inédits de lord Macartney*, Londres, 1807, 2 vol. in-4°. On trouve dans cet ouvrage des détails intéressans ; mais peut-être la partialité que l'auteur montre pour un homme qui fut son protecteur et son ami, ôte-t-elle à ses écrits quelque chose de l'exacte vérité que l'on est en droit d'exiger de quiconque écrit la vie des hommes publics. M. Barrow a consigné des observations curieuses dans la relation que M. Stanton a publiée sur l'ambassade en Chine de lord Macartney.

BARRUEL (L'ABBÉ AUGUSTIN DE), jésuite, et aumônier de la princesse de Conti, naquit en 1741, à Villeneuve-de-Berg, près de Viviers. Après avoir concouru avec Fréron à la rédaction de l'*Année littéraire*, il rédigea le *Journal ecclésiastique*, jusqu'au mois d'août 1792. Il émigra alors et se réfugia en Angleterre, où il fit paraître un ouvrage contre la révolution française, sous le titre de *Mémoires sur le jacobinisme*. Cet ouvrage, écrit *ab irato*, est un tissu d'exagérations et d'idées au moins hasardées. Mais sa prohibition en France, plus encore que la malignité qui perce à chaque page, l'a fait rechercher par l'esprit de parti, tant il est vrai, comme le dit Beaumarchais, que les *sottises imprimées ne sont à craindre que dans les lieux où l'on en gêne le cours*. Après la révolution du 18 brumaire an 8 (9 novembre 1799), qui porta le général Bonaparte au consulat, l'abbé Barruel s'empressa de solliciter sa rentrée en France ; et, le 8 juillet 1800, il fit même circuler à Paris un *Opuscule* dans lequel il recommandait avec chaleur la fidélité au gouvernement consulaire. Cet écrit obtint à l'abbé Barruel la bienveillance du premier consul, qui, pour le récompenser, le nomma chanoine de la cathédrale de Paris. En 1803, l'abbé Barruel publia, en deux gros volumes, une apologie du concordat, intitulée : *de l'Autorité du pape*. Cette apologie fut attaquée avec autant d'énergie que de persévérance par l'abbé Blanchard, qui fit paraître à Londres trois réfutations successives, sous le titre de *Controverse pacifique*, etc. (Voy. BLANCHARD.) Les principaux ouvrages de l'abbé Barruel sont : 1° *Ode sur le glorieux avénement de Louis-Auguste* (Louis XVI), 1774, in-8°; 2° une traduction du poëme sur les *Éclipses*, élégamment écrit en latin par le jésuite ragusain Boscovich. 3° *Les Helviennes, ou Lettres provinciales philosophiques*, 1781 et 1812, 5 vol. in-12. Dans cet ouvrage, où l'auteur a pris pour modèle les inimitables *Lettres Provinciales* de Pascal, il combat avec esprit les systèmes de quelques philosophes modernes. 4° *Le Patriote véridique, ou Discours sur les vraies causes de la révolution*, 1789, in-8°; 5° *Lettre sur le divorce*, 1790, in-8°; 6° *Les vrais principes sur le mariage*, opposés au rapport de M. Durand-Maillane, 1790, in-8°. 7° *Collection ecclésiastique, ou recueil complet des ouvrages faits depuis l'ouverture des états-généraux, relativement au clergé*, 1791, 7 vol. in-8°; 8° *Histoire du clergé de France pendant la révolution*, 1794, in-8°, et 1804, 2 vol. in-12; 9° *Questions décisives sur les pouvoirs ou la juridiction des nouveaux pasteurs*, 1791, in-12; 10° *Mémoires pour servir à l'histoire du jacobinisme*, 1797 et 1803, 5 vol. in-8°. Il en a paru un abrégé en 2 vol. in-12. Ces divers écrits, tous dirigés contre les principes et les événemens de la révolution, annoncent quelque talent et de l'érudition, mais ils sont trop souvent déparés par une partialité révoltante et par une critique acerbe. L'institution des francs-maçons a été surtout l'objet des déclamations virulentes de cet ex-jésuite. Quand Napoléon revint de l'île d'Elbe, l'abbé Barruel s'empressa de lui prêter de nouveau serment de fidélité. Il est mort au mois de septembre 1820, dans la 80ᵐᵉ année de son âge.

BARRUEL-BEAUVERT (Antoine-Joseph), né à Bagnols, le 17 janvier 1756, de parens pauvres. A l'exemple de son cousin Rivarol, dont le père tenait l'auberge des *trois Pigeons*, dans la même ville, et qui ne s'en disait pas moins issu d'une noble famille piémontaise, il prit tout à coup le titre de comte, et érigea en château la maison paternelle. Comme son cousin, Barruel-Beauvert voulut aussi être homme d'esprit; cela était moins facile que de se faire gentilhomme. Une satire contre l'abbé Delille, où il y avait moins de talent que de malignité, lui fit néanmoins quelque réputation : un mariage heureux arrangea sa fortune. Entré dans la carrière militaire, il eut d'abord le commandement d'une compagnie de réforme des dragons du régiment de Belzunce; puis il devint capitaine d'une compagnie de milice de la province de Bretagne. Enfin, ayant été nommé, en 1790, colonel de la garde nationale de Bagnols, Barruel-Beauvert en prit occasion de porter le titre de *colonel*. N'approuvant la révolution ni dans ses principes, ni dans ses résultats, il se prononça pour la classe privilégiée avec toute la chaleur d'un novice, et coopéra long-temps à la rédaction des *actes des Apôtres*, pamphlet périodique rédigé par Péletier, et dans lequel on rencontre quelques articles piquans qui ne sont pas de Barruel-Beauvert. Louis XVI étant de retour de son voyage à Varennes, il s'offrit en otage pour ce prince, et après la journée tumultueuse du 20 juin 1792, où le monarque fut contraint à coiffer le bonnet rouge, Barruel-Beauvert, qui était resté auprès de S. M., fut décoré de la croix de Saint-Louis. Oublié pendant le long règne de la terreur, il reparaît après comme journaliste, et est compris, en cette qualité, dans la déportation qui suivit la révolution du 18 fructidor an 5 (7 septembre 1797); mais il eut l'adresse de se dérober à toutes les recherches. Dans plusieurs brochures, Barruel-Beauvert blâma hautement ce qui s'était ait à la journée du 18 brumaire an 8 (9 novembre 1799); et quelques mois après on saisit dans son domicile, les éditions entières de ses pamphlets contre le gouvernement consulaire. Bien qu'ils n'eussent pas eu de publicité, leur auteur fut enfermé au Temple, où il resta détenu pendant deux années. A la fin de l'an 10 (vers 1802), l'impératrice Joséphine, qui avait pris Barruel-Beauvert sous sa protection, obtint sa liberté; mais il fut envoyé en surveillance dans son département. Alors il annonça qu'il abandonnait la carrière politique, pour se livrer exclusivement à l'exercice de la médecine, et obtint quelques succès, en administrant divers remèdes dont il possédait le secret. Mais, bientôt après, inspiré de nouveau par les muses, il adressa plusieurs pièces de poésie à Joséphine, en sollicitant une préfecture. Il fut pourvu seulement de la place d'inspecteur des poids et mesures à Besançon en 1808. Après la dernière restauration, en 1816, Barruel-Beauvert, toujours tourmenté du besoin de faire parler de lui, se remit à parler des autres; il dénonça quelques personnes, et entre autres un nommé Biennais, rôtisseur, qu'il accusait d'avoir participé aux sanglantes journées des 2 et 3 septembre 1792. Bien que la vérité du fait dénoncé ne fût point prouvée, puisque le tribunal condamna l'accusateur, il n'en résulta pas moins que le dénoncé cessa aussitôt la fourniture qu'il faisait pour la cour, et cette inculpation odieuse altéra sa raison au point qu'il se donna la mort bientôt après : il y a plus d'une manière d'assassiner. Barruel-Beauvert a survécu peu de temps à sa victime : il est mort en 1817. Cet homme, qui avait tous les genres d'ambition, ne s'élève pas au-dessus du médiocre comme écrivain. Ses principaux ouvrages sont : 1° *Pensées et observations modestes*, 1785, in-8°; 2° *Vie de J. J. Rousseau.* Cet ouvrage a trouvé beaucoup de détracteurs. 3° *Lettres à un rentier habitant une solitude au bord de la mer, et ne vivant que de sa pêche*, 1796, in-8°; 4° *Caricatures politiques*, 1800, in-12; 5° *Actes des Philosophes et des Républicains, recueillis et remis en évidence par le ci-devant comte de Barruel-Beauvert*, 1807, in-8°. La police fit saisir ce pamphlet, quoique l'auteur en le dédiant à ses enfans, proclamât hautement sa vénération pour « le héros, qui seul, disait-» il, nous avait délivrés de la ty-» rannie populaire. » Il protestait aussi du même dévouement pour *l'auguste épouse de Napoléon*, à laquelle il était redevable de sa liberté. 6° *Histoire de la prétendue princesse Stéphanie de Bourbon-Conti*, 1811, in-8°. On reconnaît aisément la source où l'auteur a puisé les faits et même les idées de cet ouvrage : il avait mis à contribution, en les critiquant toutefois, les mémoires de Mme Bilet, femme du procureur de la commune de Lons-le-Saulnier. On sait que cette femme, ayant réussi à persuader à quelques personnes qu'elle était fille naturelle du feu prince de Conti, se sépara de son mari et se fit adjuger un secours provisoire sur les biens que ce prince avait laissés. Cet ouvrage fut encore prohibé par la police. 7° *Lettres sur quelques particularités de l'Histoire, pendant l'interrègne des Bourbons,* 1815, 3 vol. in-8°. Ici l'auteur eut pour objet d'effacer l'impression que pouvaient avoir laissée ses hommages à Napoléon. 8° *Adresse du comte de Barruel-Beauvert aux immédiats représentans et organes du peuple, membres du premier corps-législatif en France, qui ait, en se réunissant, l'intention et le pouvoir de protéger la religion, de consolider sur le trône l'antique et respectable dynastie des Bourbons, de fermer et cicatriser les plaies profondes que les jacobins ont faites à l'état,* septembre 1815. Dans cet écrit adressé à la trop fameuse chambre de 1815, Barruel-Beauvert dénonça avec virulence le ministre Fouché, qui ne tarda pas à être remplacé; il proposa aussi le renvoi des employés des ministères et des administrations publiques, et la chambre ne se montra que trop docile à cette insinuation aussi perfide qu'impolitique, dont le résultat fut de désorganiser le service public et de faire une foule d'ennemis au gouvernement; l'auteur demandait aussi qu'on éloignât de la capitale dix à douze mille officiers, etc. 9° *Dix-huit Gentilshommes purs, au nom de tous les royalistes, sollicitant en faveur de M. le comte Barruel-Beauvert leur digne client, frère d'armes et ancien compagnon d'infortune, les justes récompenses de S. M. Louis-le-Désiré et l'Obtenu,* mai 1816. Barruel-Beauvert a travaillé au *Censeur*, publié à Hambourg par M. Bertin-d'Antilly, auteur du journal le *Thé*. On trouve aussi dans le journal du Jura, des années 1813 et 1814, des *pièces de poésie* de Barruel-Beauvert; il a fait encore une tragédie ayant pour titre : *Ferdinand l'ajourné ou la mort des Carvajal.* Cette pièce fut composée pour plaire au duc de San-Carlos, ancien gouverneur de Ferdinand VII, et descendant des Carvajal, lequel se trouvait en surveillance à Lons-le-Saulnier, dans le courant de 1809. Enfin, Barruel-Beauvert passe pour être l'auteur d'une *Suite du Poème des Jardins, ou Lettre d'un Président de province à M. le comte de Barruel,* in-8°. C'est au sujet de cette critique peu mesurée contre l'abbé Delille que fut faite l'épigramme suivante attribuée à un disciple de La Harpe :

Débonnaire en champ clos, brave sur l'Hélicon,
Quand Virgile est abbé, Mævius est dragon.

BARRUEL (ÉTIENNE), professeur de chimie et de physique aux écoles centrales, passa en cette qualité au lycée Bonaparte, et fut chargé d'examiner les élèves de l'école polytechnique. Il a fait paraître : 1° *Plan d'éducation publique, considéré sous le rapport des livres élémentaires,* 1791, in-8°; 2° *la physique réduite en tableaux raisonnés,* 1795, in-4°; 3° *Observations sur l'industrie publique, et particulièrement sur les écoles centrales,* 1801, in-8°; 4° de concert avec Isnard, par ordre du ministre de l'intérieur, *Mémoires sur l'extraction en grand du sucre de betterave,* Paris, 1811.

BARRY (LA COMTESSE DU), dont le nom de famille était Vaubernier, fut connue dans sa jeunesse sous le nom de *Marie-Jeanne*. Les courtisans y ajoutèrent bientôt le *de*, et en firent *Marie-Jeanne-Gomart de Vaubernier*. Elle avait vu le jour en 1743 à Vaucouleurs, près du village où trois cents ans auparavant Jeanne-d'Arc était née, ce qui donna lieu à de singuliers rapprochemens. Elle était, dit-on, le fruit du commerce d'un frère picpus, nommé *Gomart*, et d'une couturière nommée *Bécu* dite *Contigni*. Un commis aux barrières épousa la mère de *Marie-Jeanne*, et consentit à reconnaître cette dernière pour sa fille. Sans fortune, mais avec une grande beauté, sans aucune éducation, mais avec quelque finesse, elle vint à Paris. La régence avait légué au siècle de Louis XV un héritage de licence qui, pour avoir été tempéré par le respect qu'on ne pouvait refuser au rang et au caractère de la reine Marie Leksinska, ne se perpétua pas moins sous le nom de galanterie, jusqu'à l'époque de la révolution. La beauté en quelque rang qu'elle se trouvât, était alors une fortune. Marie-Jeanne entre chez une marchande de modes, se lie de la manière la plus intime avec un garçon perruquier, qu'elle quitte bientôt pour entrer sous le nom de Mlle Lange, dans un de ces établissemens dont le nom ne se prononce pas, quoiqu'il soit dans le dictionnaire. Le comte Jean Du Barry, un des habitués de cette maison, y voit Mlle Lange, est frappé de sa beauté, lui paie son tribut, et s'imagine après de spéculer aussi sur ses charmes. Par le moyen de Lebel, valet de chambre de Louis XV, il fait présenter Mlle Lange au vieux roi, et l'histoire d'Esther se renouvelle à quelque différence près : une courtisane devint maîtresse en titre du monarque. Cela ne releva pas l'éclat de la majesté royale, et la honte qui en rejaillit sur la couronne, ne fut peut-être pas une des causes les plus éloignées du bouleversement qui se préparait. Louis XV achevait de consacrer par son exemple le mépris des mœurs. Dans la cour de l'Europe qui tenait le plus à l'étiquette, à la majesté de la représentation, à la splendeur du trône, le roi lui-même appela sur sa personne et sur son rang une déconsidération ineffaçable. Si l'on compte les erreurs du gouvernement depuis Louis XIII, les fautes des rois, les fatales influences des favorites, les prétentions à la tyrannie, jointes aux plus ridicules faiblesses, on avouera réellement que la philosophie à laquelle on attribue la révolution française, a trouvé dans les cours de puissans auxiliaires : c'est sous ce point de vue que nous continuerons à envisager l'élévation de Mlle Lange. Suivant l'usage immémorial de la monarchie française, il fallait un mari à la maîtresse du roi, et un mari noble : *il s'en présentera, gardez-vous d'en douter*. Guillaume Du Barry, frère de celui que l'on distinguait par le nom de *roué*, devint l'époux de Mlle Lange : on crut avoir diminué le scandale en y ajoutant l'adultère. Voilà Mlle Lange à Versailles, sous le nom de Mme Du Barry; la voilà maîtresse des volontés de Louis XV; la voilà gouvernant le royaume, et portant à la cour un ton qui jusque-là n'y avait pas été connu : ce n'était pas celui des Mortemart. Ses mots y étaient recueillis et répétés; nous serions cependant plus embarrassés de les transcrire que ceux de Mme de Montespan. Cela dura jusqu'à la mort du roi. De grandes opérations se consommèrent par le crédit de cette femme, qui, peu intrigante de sa nature, fut bientôt mêlée dans toutes les intrigues. Instrument facile de tous ceux qui s'emparèrent de son esprit, elle les servit alternativement et sans malice. On dit que la noblesse s'abaissa devant cette faveur sans bornes : cela n'est pas tout-à-fait exact; Mme Du Barry avait à ses pieds tous les courtisans, mais non toute la cour. Le duc de Choiseul resta immobile, il tenta même de rappeler Louis XV au sentiment de sa dignité; on l'envoya en exil, où tout ce qu'il y avait d'estimable à Versailles s'empressa de l'aller féliciter de sa disgrâce : chose remarquable à toutes les époques. Deux autres grands seigneurs n'eurent pas moins de courage : le duc de Nivernais dit en chanson que Lange *était née comme Vénus, de l'écume*. Le duc de Noailles, à qui Louis XV disait ingénument : Je sais bien que je succède à Sainte-Foix, osa répondre : *Oui, sire, comme votre Majesté succède à Pharamond.* Mais presque tous les autres rampèrent devant l'idole : le duc d'Aiguillon, le maréchal de Richelieu, le chancelier Maupeou, lui prodiguèrent leur encens. Le dernier avait ses vues : il appelait sa cousine, la femme qui avait dans ses mains la clef du trésor royal; celle qui, par quelques mots dits à l'oreille du prince, faisait réussir les plus odieuses intrigues. C'est par elle qu'il parvint à faire exiler le parlement, en 1771. Les trésors de l'état avaient été prodigués à cette favorite; le public se déchaîna contre elle; des caricatures et des pamphlets sans nombre se répandirent clandestinement. Mais la police avait soin d'en arrêter la circulation, et de faire publier des productions plus scandaleuses encore, où cette maîtresse du roi était présentée sous les couleurs les plus aimables, dans toute l'abjection de la louange, par des auteurs suivant la cour. Cependant Louis XV meurt. Sa dernière maîtresse est reléguée au Pont-aux-Dames, près de Meaux. Plus pénitente que repentante, elle se fait dévote; le jeune roi, qui n'était sévère que pour lui-même, lui rend Luciennes et lui fait une pension. Depuis ce temps, Mme Du Barry renfermée dans un cercle peu nombreux d'amis, parmi lesquels elle comptait plusieurs artistes dont elle encourageait les talens, vivait étrangère aux intrigues quand la révolution arriva. C'est alors qu'elle fit éclater pour la mémoire de son bienfaiteur, une profonde vénération, et pour la famille royale un attachement qui résista à toutes les épreuves. Noble expiation! A son retour d'Angleterre, où elle s'était rendue pour vendre ses diamans, dont elle destinait le prix à soulager d'augustes infortunes, elle fut traduite devant le tribunal révolutionnaire et condamnée à mort pour celle des actions de sa vie qui suffit pour absoudre sa mémoire. Son courage ne la suivit pas jusque sur l'échafaud ; mais est-il étonnant que celle dont l'existence n'avait été qu'une longue faiblesse, ne trouvât en elle aucune force pour supporter le coup affreux qui termina ses jours! Arrivée au lieu du supplice, elle fit retentir l'air de ses gémissemens, et arrosa de pleurs la main du meurtrier légal auquel des bourreaux vêtus en juges avaient livré sa tête. Ses prétendues *lettres* imprimées en 1779 n'ont aucune authenticité, et ne présentent qu'un recueil informe de récits populaires.

BARRY (Georges), fut un des voyageurs les plus exacts et les plus minutieux du territoire de son pays. Né au Berwikshire, en 1747, il fit ses études à l'université d'Édimbourg, et après avoir surveillé l'éducation d'un jeune lord, fut nommé second prédicateur à la cathédrale de Kirkwall, puis ministre dans l'île de Shapinshay. Son premier essai parut dans le *Recueil de John Sinclair*, où les différentes parties de l'Écosse sont indiquées avec une grande fidélité, par tous les ministres des paroisses. Il décrivit dans cet ouvrage, avec beaucoup de talent, les deux diocèses qu'il avait présidés. Envoyé aux Orcades pour y exercer son ministère, il organisa l'instruction publique de ces îles, et fut reçu au nombre des membres de la société des *Progrès du Christianisme*. Nommé inspecteur-général des écoles dans les Orcades, il partagea son temps entre ses travaux ordinaires et l'étude de la statistique de ce pays si curieux. L'*Histoire des Orcades* (Édimbourg et Londres, 1805) est un ouvrage qui manquait à la littérature anglaise, et qui donne sur ces îles une infinité de détails précieux. Mais trop souvent la politique, les vues morales, et la science, y sont sacrifiées à des observations minutieuses de topographie et de statistique. Georges Barry est mort en 1804. Il a su jeter de l'agrément dans l'ouvrage qui semblait en comporter le moins. Même en s'occupant de géologie, il s'est montré homme de bien et vrai patriote; il a prouvé qu'on pouvait à la fois analyser les ouvrages de la nature, comme savant, et peindre la nature comme poète, mêler la philosophie à l'érudition, et unir l'amour de l'humanité à l'amour de la science.

BARRY (Jacques), peintre d'histoire, disait qu'il n'avait besoin que de trois choses, *de pain, d'un toit et de gloire*. Ses désirs furent en partie remplis; il resta pauvre et obtint quelque renommée; mais la renommée n'est pas toujours la gloire. Savant dans la partie théorique de son art, juste appréciateur du coloris vénitien, enthousiaste de la pureté de dessin, il exécuta mal ce qu'il concevait bien. Il entreprit de grandes compositions, mais elles manquent généralement d'effet, de goût ou de coloris. Original, ou plutôt bizarre dans sa vie, il mit dans ses productions la même empreinte de singularité; se plaignit beaucoup des hommes, qui ne le plaignaient guère, et avec des talens, vécut sans tranquillité, et presque sans considération. Il était né à Cork, en Irlande, dans l'année 1741. Son père, simple maçon, lui fit d'abord apprendre le latin et le grec. Barry cultiva ensuite la peinture, et fit, à 19 ans, un tableau (*saint Patrice baptisant le roi de Cashel*) qui attira les regards de ses compatriotes, et lui mérita la bienveillance d'Edmond Burke. Ce célèbre publiciste l'engagea à venir à Londres, où il le fit connaître, et bientôt le mit en état de voyager en France et en Italie, pour étudier les grands maîtres. Après quatre ans de voyages, Barry revient à Londres ; donne plusieurs tableaux, mieux conçus qu'exécutés ; et publie ensuite un ouvrage, où il cherche à prouver que le climat de l'Angleterre n'a rien qui s'oppose au progrès des arts, et peut-être avait-il raison. Si les localités exercent une certaine influence sur les arts, ce qui paraît incontestable, peut-être est-ce moins contre leurs progrès que dans leur direction. Les compositions de West et de Reynolds en pourraient fournir la preuve. Quoi qu'il en soit, c'était combattre Winckelman, Montesquieu, Dubos, etc., mais aussi c'était flatter l'orgueil national. Les *Recherches de Barry sur les obstacles réels, ou imaginaires qui s'opposent au progrès des arts en Angleterre*, furent très-bien accueillies, et lui ouvrirent les portes de l'académie royale de peinture. Professeur en 1786, il ne tarda pas à perdre cette place. La bizarrerie de son humeur lui faisait plus d'un ennemi. Burke, celui à qui il devait tout, le pria de faire son portrait : « Demandez-moi toute autre chose, répond-il ; même pour » mon ami, je ne dégraderai pas » mon pinceau. » Presque aussi ridicule que Barry, Burke vit un trait d'ingratitude dans ce mouvement d'un sot orgueil, et Barry se trouva brouillé avec son bienfaiteur. Reynolds fut bientôt à son tour l'objet de ses soupçons et de son inimitié ; il le crut jaloux de son talent, et s'éloigna de lui. Pendant que ses tableaux étaient exposés, plusieurs offices en musique furent célébrés à Westminster. Il prétendit que c'était une ruse de ses ennemis, un moyen de partager et de détourner l'attention publique. La révolution de France éclate, Barry se déclare partisan de ses principes : le roi se fait apporter le registre de l'académie de peinture, et raie de sa propre main le nom de Barry, ce qui semblerait prouver qu'en Angleterre les membres de cette société sont à la nomination du roi. Barry n'avait jamais songé à la fortune, ni même à l'observation des convenances : il était négligé dans ses vêtemens jusqu'à la malpropreté ; le peuple avait coutume de l'appeler *dirty Barry*, c'est-à-dire *Barry le sale*. Exclu de l'académie et privé de ses places, il tomba dans une détresse qui porta la société des arts à former une souscription en sa faveur ; elle monta bientôt à 1,000 livres sterling. Mais il mourut l'année suivante (1806) : on l'enterra à l'église de Saint-Paul. Les ouvrages de Barry sur la théorie de la peinture sont estimés. Outre ses *Recherches*, dont il a déjà été parlé, ses *Lettres écrites d'Italie à Edm. Burke*, et ses *six Leçons sur la peinture*, offrent des vues sages, une critique judicieuse, un raisonnement solide, et un style qui a de la fermeté et de la chaleur. Comme peintre, Barry est inférieur aux Reynolds et aux West. Sa pensée est philosophique, hardie et originale; mais son pinceau est incertain et sans énergie. Ses tableaux de *Vénus*, de *Jupiter et Junon*, de *Philoctète*, que lui-même a gravés, ont quelque chose de large, qui impose au premier coup d'œil, mais ils pèchent tous sous le rapport de la correction et du coloris. Son plus grand et son plus bel ouvrage, est un tableau en six parties, qu'il a exécuté pour la société d'encouragement de Londres, et que l'on voit encore dans cette ville. *Le libre exercice des facultés humaines est le seul moyen de bonheur pour les hommes, de sûreté pour les états, de perfectionnement pour l'esprit humain;* telle est l'idée philosophique de cette grande composition. Il a cherché à montrer comment le genre humain sort de ses langes, se forme, se perfectionne, s'agrandit. Il a offert d'abord *l'Homme sauvage; la Nature vierge; la Grandeur gigantesque et barbare des premiers temps;* ensuite *le Sacrifice à Cérès; les Mœurs adoucies par les bienfaits de la terre; la Moisson jaunissante, et les premiers Liens de la famille;* puis, *les Hommes réunis en société; la Force du corps mise en estime; les premières lueurs de l'Amour de la gloire; les Jeux olympiques, et la Fierté républicaine*. Passant aux époques plus avancées de la civilisation, il a peint *la Navigation naissante, et le Commerce préparant une ère nouvelle; le Temps des études, des lettres; le Règne de l'intelligence et de la pensée;* enfin, pour terminer dignement cette poétique progression, *l'Âge d'or rendu au monde; le Triomphe de l'équité, de l'humanité, de la liberté; le Rêve de toutes les âmes ardentes, réalisé après des siècles*. Telle est la conception immense, qui couvre les murs d'une salle de quarante-sept pieds de long, sur quarante-deux de large, et qui coûta à la société plus de 700 liv. sterling pour les couleurs et les toiles, et à Barry quatre années de travail. L'exécution en est bizarre, outrée, mais la composition ingénieuse, et pleine d'énergie.

BARRY (JEAN), premier commodore des armées navales américaines, naquit vers 1730. Homme intègre, vrai patriote, brave capitaine, il défendit constamment les intérêts de son pays, fut souvent vainqueur sur les lacs du Canada, et battit plusieurs flottes anglaises. Il mourut en septembre 1803.

BARSS (LE COMTE DE), envoyé extraordinaire près la république française par le conseil suprême de Pologne, se montra un des plus ardens défenseurs de la liberté polonaise, et contribua beaucoup, par ses talens et par sa bravoure, à délivrer sa patrie, opprimée par les Russes, et à leur expulsion de Varsovie. La mission de cet honorable citoyen en France ne fut pas de longue durée; les Polonais, malgré leurs efforts et la plus courageuse résistance, furent forcés de recevoir de nouveau les lois du despotisme russe ; ce qui rendit absolument nulles les négociations de M. de Barss, qui se retira alors en Suisse. Son patriotisme et ses vertus lui méritèrent l'amitié de l'illustre Kosciusko.

BARSSE, commissaire de la république française à la Guadeloupe, fut condamné à mort en 1802 pour avoir porté à la révolte un parti de noirs, et marché à leur tête sur le château Sainte-Anne, entreprise dans laquelle il échoua. On a pensé que Barsse, ayant eu connaissance de sa destitution, et de son remplacement par le contre-amiral Lacrosse, avait voulu se venger ainsi de l'injustice dont il prétendait être la victime.

BARST (ANTOINE-LOUIS), chanoine et curé de Gand, se montra un des plus ardens défenseurs des droits des Brabançons contre les innovations de Joseph II. La part active qu'il prit à cette révolution, son patriotisme et son éloquence lui méritèrent la confiance des Flamands ; il fut chargé par le nouveau gouvernement de traiter avec le général Ferrari, envoyé par l'empereur. Le manifeste de Vandernoot, déclarant nuls tous les droits que ce souverain croyait avoir sur la Belgique, fut la seule réponse que M. Barst opposa à des propositions sans doute trop désavantageuses à la liberté de sa patrie. Il ne permit à ce général de retourner auprès de son souverain, qu'à cette seule condition écrite, *qu'il ne prendrait jamais les armes contre la Belgique*. La conduite de M. Barst est blamable sous ce rapport, bien qu'elle eût pour but l'intérêt de son pays ; il ne devait pas perdre de vue que le général était, non un agent du despotisme, mais un ambassadeur de l'empereur d'Autriche, et que ce traité forcé portait atteinte au droit des gens.

BARTENSTEIN (LAURENT-ADAM), professeur autrichien, né à Hedbourg, le 28 août 1717, était, en 1743, recteur au collège de Cobourg. On a de lui : 1° *Religionis christianæ excellentia ex insigniter commendato amoris studio adferenda*, Cobourg, 1757, in-4° ; 2° *Rudimens simplifiés de la langue grecque*, ibid., 1778, in-8° ; 2° *Cur Virgilius moriens Æneida comburi jusserit*, 1772. L'éducation des deux comtes d'Auersberg lui avait été confiée ; il était professeur au gymnase, à Cobourg, et mourut dans cette ville le 25 février 1796.

BARTHE-LABASTIDE, né en 1775, à Narbonne, département de l'Aude, nommé membre de la chambre des députés, en 1815, a fait constamment partie de la majorité de cette assemblée. M. Barthe s'est particulièrement distingué dans ses fonctions législatives, par la persévérance de son attachement pour les institutions détruites, et sa passion contre les intérêts que la révolution a consacrés. Dans la séance du 13 janvier 1816, il intéressa vivement l'assemblée à la perte que la France avait faite du cardinal de Richelieu, sous Louis XIII. *On gouvernait alors*, s'écria M. Barthe, *on ne veut qu'ad-*

ministrer aujourd'hui. Dans ce système de gouvernement, il proposa tout bonnement de remplacer le mode administratif du droit de détail, perçu sur les boissons, par une contribution de 20 millions sur tous les débitans; cette proposition, si elle eût été acceptée, eût infailliblement brouillé M. Barthe avec les consommateurs. L'assemblée accueillit avec gaieté son opinion en faveur de la liberté des journaux, en raison de l'obligation qu'il imposait aux rédacteurs de signer tous leurs articles. Cette ingénuité frappa tout le monde, et ne mécontenta personne. Heureux avantage de la liberté de la tribune! Il proposa de mettre à la disposition de l'état les bois provenant des communautés supprimées, afin que le roi pût en doter de nouvelles corporations religieuses. Le goût qu'il témoigna en cette occasion pour le recrutement ecclésiastique annonçait une aversion prononcée pour le recrutement militaire, qu'il combattit avec autant de bonheur qu'il avait soutenu l'autre. Il trouva même le moyen de repousser l'avancement par ancienneté dans le service: ce qui put faire croire qu'il avait le projet, comme tant d'autres, d'y débuter par un grade supérieur. La confiance de ses concitoyens poursuivit encore M. Barthe, après l'ordonnance du 9 septembre, et sa réélection fut bientôt justifiée par la singularité de ses votes. Dans le séance du 14 janvier, il proposa que ceux qui signaient des pétitions pour le maintien de la Charte et de la loi des élections, fussent considé-

rés comme des factieux qui tendaient à soulever la France. M. Barthe fut plus gai, lors de la discussion du nouveau système électoral, et il le fut d'une manière originale, dans une matière aussi grave, lorsqu'il établit que cette loi était libérale, tandis que la charte était monarchique, ce qui lui paraissait impliquer contradiction. « En effet, dit-il, l'égalité »devant la loi, consacrée par l'ar- »ticle 1er, a été de tout temps res- »pectée dans la monarchie fran- »çaise; l'article 2, qui dit que tous »les Français contribueront, dans »la proportion de leur fortune, »aux charges de l'état, a toujours »été en exécution dans la monar- »chie; il en est de même de l'ar- »ticle 3, qui veut que tous les »Français soient également ad- »missibles aux emplois civils et »militaires; enfin, n'est-il pas é- »minemment monarchique, l'ar- »ticle 14 qui déclare le roi chef »suprême de l'état? » Vraiment, M. Barthe est bien plus libéral qu'on ne le croit, et qu'il ne le croit lui-même, s'il retrouve toutes nos franchises modernes dans la monarchie ancienne, à laquelle il se sacrifie si courageusement à la tribune.

BARTHÉLEMY (L'ABBÉ JEAN-JACQUES), savant antiquaire et historien, membre de l'académie des inscriptions et belles-lettres, de l'académie française et de plusieurs autres sociétés littéraires de l'Europe, naquit à Cassis, près de Marseille, le 20 janvier 1716. Doué d'une grande aptitude à s'instruire, d'une passion décidée pour l'érudition, et d'une mémoire où, suivant l'expression de

L'Abbé Barthelemy.

Boufflers, tout se fixait, se classait et se montrait au premier ordre, il consacra sa vie entière à l'étude et aux recherches des antiquités, qui étaient pour lui une espèce de culte, et rendit des services importans aux lettres et aux sciences, en mettant au jour le fruit de ses immenses travaux. Dès l'âge de 12 ans, il commença ses études à Marseille chez les oratoriens, et les continua chez les jésuites. Il travailla avec ardeur à acquérir la connaissance des langues latine, grecque, hébraïque, syriaque, chaldéenne, et arabe; il se livra en même temps à l'étude des sciences exactes, et s'occupa même un peu de versification, essais qu'il se reprocha bientôt comme des écarts. Se destinant à l'état ecclésiastique, il s'occupait aussi de l'histoire de l'Église des premiers siècles, et se disposait à soutenir une thèse qui devait embrasser les principales questions sur les livres de l'Écriture-Sainte, lorsqu'il tomba dangereusement malade, par suite d'excès de travail. Ayant recouvré la santé, il entra au séminaire de Marseille, dirigé par les lazaristes, où il reprit ses études avec un nouveau zèle, et fit des progrès, surtout dans la langue arabe. Sorti du séminaire, l'abbé Barthélemy, qui d'abord avait songé à se faire prêtre, n'eut plus la moindre idée de se consacrer au ministère ecclésiastique, quoiqu'il fût pénétré des sentimens de la religion, et peut-être, ajoute-t-il lui-même, parce qu'il en était trop bien pénétré. Cependant, bien qu'il n'ait pas pris les ordres sacrés, il n'a point cessé de porter l'habit et le titre d'abbé. Il se lia avec quelques savans dont les connaissances et l'amitié lui furent très-précieuses. A mesure qu'on avance dans la vie, on laisse en route quelques compagnons de voyage. La perte de ces objets de son affection lui causa de vifs regrets, et lui suggéra une réflexion aussi ingénieuse que touchante : « Je ne vois » dans la vie, disait-il, qu'une » carrière partout couverte de » ronces qui nous arrachent suc- » cessivement nos vêtemens, et » nous laissent à la fin nus et cou- » verts de blessures. » En 1744, l'abbé Barthélemy étant venu à Paris, fut accueilli par le célèbre Gros-de-Boze, alors garde du cabinet des médailles, auquel il avait été recommandé. C'est chez cet érudit numismatiste qu'il prit pour les médailles antiques un goût qui était si bien d'accord avec ses études et ses inclinations. Il s'estima aussi fort heureux de voir réunis chez son protecteur les gens de lettres et les savans de la capitale. L'année suivante, de Boze montra qu'il n'était pas moins connaisseur en hommes qu'en médailles, et, plein de confiance dans la probité et dans les lumières de l'abbé Barthélemy, il se l'associa pour la garde du cabinet. Ils vécurent pendant sept ans dans la plus grande intimité, jusqu'à la mort du savant de Boze, arrivée en 1753. Cette union n'avait pas été troublée un seul instant, bien que le laborieux de Boze fût d'une exactitude si minutieuse, qu'il mettait toujours les points sur les *i*, tandis que souvent son élève, comme il le dit lui-même, *ne mettait pas les i sous les points*. L'abbé Barthélemy avait si bien su profiter des leçons et des conseils de son excellent guide, qu'il fut jugé digne de lui succéder pour la garde des médailles, et il ne remplit pas ce poste moins bien que son prédécesseur. Par des travaux éclairés et assidus, par l'acquisition des médailles les plus rares des cabinets particuliers, et surtout par ses voyages en Italie, où il visita successivement Naples, Rome, Florence, et les ruines d'Herculanum, de Pompeï, de Pæstum et de Palestrine, il parvint à porter jusqu'au-delà de quarante mille le nombre des médailles dont le dépôt lui était confié, et qui, sous son illustre devancier, n'avait pas excédé vingt mille. « Plus d'une » fois, en Italie, dit Boufflers, dans » des terrains où les regards de » ses compagnons auraient à peine aperçu des traces de ruines » sous les herbes et les broussail- » les qui les couvraient, on l'a vu » s'arrêter tout à coup, et reconnaître, comme par ressouvenir, » des camps, des temples, des cirques, des hyppodromes, des édi- » fices publics ou particuliers; en » sorte que, conversant intérieurement avec les illustres mânes » qui semblent toujours errer au- » tour de la capitale du vieux » monde, on l'eût pris pour un » citoyen de l'ancienne Rome, » voyageant dans la moderne. » Dès 1747, l'abbé Barthélemy avait remplacé à l'académie des inscriptions et belles-lettres le docteur Burette, qui venait de mourir. Vers le même temps, il avait été nommé membre de la société royale et de celle des antiquaires de Londres. En 1757, il quitta l'Italie, où il s'était lié avec un grand nombre de savans et avec quelques cardinaux, à l'un desquels (*Spinelli*) il dédia sa dissertation qui avait pour objet l'*Explication de la mosaïque de Palestrine*. Vers la fin de 1758, le duc de Choiseul, devenu ministre des affaires étrangères, fit accorder à l'abbé Barthélemy une pension de 6000 livres sur un bénéfice, indépendamment de son traitement de garde des médailles. On lui donna de plus, en 1760, le privilége du *Mercure*, dont on avait dépouillé injustement Marmontel; car lorsque les ministres font du bien à un homme de lettres, il n'est pas rare que ce soit au détriment d'un autre homme de lettres, double plaisir pour les dépositaires de l'autorité. Cette injurieuse faveur ne pouvait être pour une âme élevée qu'un sujet de chagrins. Placé entre ce qu'il devait à ses bienfaiteurs et ce qu'il se devait à lui-même, Barthélemy sut cependant concilier tous ses devoirs. Il avait accepté d'abord le privilége dans l'espérance de le pouvoir restituer au premier propriétaire; mais trouvant dans l'esprit étroit et obstiné du duc d'Aumont, une résistance insurmontable à l'exécution de cette intention généreuse, il repoussa bientôt un bienfait qui le calomniait. Un autre fut moins délicat, et, comme cela se voit tous les jours, la dépouille d'un homme de lettres victime de sa générosité (*voyez* MARMONTEL), fut acceptée par un homme de lettres d'un ordre inférieur, par *de Laplace.* L'abbé Barthélemy avait retenu, il est vrai, une pension de 5,000 fr. sur les bénéfices du *Mercure,* mais c'était pour la faire passer sur la tête de quatre littérateurs, du nombre desquels était Chabanon. Le revenu de l'abbé Barthélemy s'accrut plus réellement en 1765, par la place de trésorier de Saint-Martin-de-Tours, qui lui fut donnée. Trois ans plus tard, il fut nommé secrétaire-général des Suisses. Il se montra digne de sa fortune par le noble usage qu'il en fit. « Depuis assez long-temps, » dit-il, l'état de ma fortune me » permettait de me procurer des » aisances que je crus devoir me » refuser. J'aurais pris une voitu- » re, si je n'avais craint de rou- » gir, en rencontrant à pied, sur » mon chemin, des gens de lettres » qui valaient mieux que moi : je » me contentai d'avoir deux che- » vaux de selle, afin de pouvoir » prendre l'exercice du cheval, » qui m'avait été ordonné par les » médecins. J'acquis les plus bel- » les et les meilleures éditions des » livres nécessaires à mes travaux, » et j'en fis relier un très-grand » nombre en maroquin : c'est le » seul luxe que j'aie jamais cru » pouvoir me pardonner. J'élevai » et j'établis le mieux qu'il me fut » possible trois de mes neveux : » je soutins le reste de ma famille » en Provence, etc. » Le bien-être dont jouissait l'abbé Barthélemy, il le devait d'abord à son mérite; mais plus particulièrement à la bienveillance du duc de Choiseul et surtout de M.ᵐᵉ de Choiseul, pour laquelle, suivant l'expression heureuse de M. de Sainte-Croix, *il eut, pendant quarante ans, une affection pure comme la vertu.* «Un jour que cette dame, » dit l'abbé Barthélemy, parlait à » son mari de mon attachement » pour eux, il répondit, en sou- » riant, par ce vers de Corneille :

Je l'ai comblé de bien, je l'en veux accabler. »

Jusqu'alors l'abbé Barthélemy ne s'était fait connaître que par des dissertations savantes sur des monumens anciens, sur des médailles antiques, sur la musique des anciens Grecs, sur des peintures romaines et mexicaines, sur divers autres points d'antiquités, et par la publication d'un roman donné comme traduit du grec (*les Amours de Cariie et de Polydore*). Mais pendant trente années, il avait travaillé au grand ouvrage qui devait fonder sa réputation d'une manière aussi brillante que durable, et il a pu s'appliquer à juste titre le mot d'Horace :

Exegi monumentum ære perennius.

Le noble monument que j'élève à ma gloire,
Durera plus long-temps que le marbre et l'airain.
(DARU.)

Dans son *Voyage d'Anacharsis,* qui a servi de modèle à tant d'autres ouvrages, il a su mettre en action et rendre encore plus intéressante l'histoire ancienne de la Grèce, ce pays si riche en brillans souvenirs, *ces contrées autrefois libres, où maintenant,* dit Boufflers, *un esclave règne en sa place.* Cet ouvrage parut aux approches de la révolution, en 1788. Bien que l'attention publique fût absorbée déjà par les événemens politiques, et que la culture des lettres commençât à se négliger, il fit la sensation la plus vive; il fut lu avec avidité, non-seulement par les savans et les gens de lettres, mais encore par les autres classes de la société, et il obtint l'universalité des suffrages. Un succès aussi honorable était bien dû à cette belle production du génie, à un tableau vivant, aussi bien peint que bien dessiné, des mœurs, des faits historiques, des sciences, des beaux-arts et des belles-lettres, dans le siècle le plus brillant de la Grèce. En tête se trouve une introduction, qui contient un abrégé substantiel de l'histoire des temps qui ont précédé cette époque glorieuse. En lisant cet ouvrage, « on » se promène à son aise, dit Bouf- » flers, dans ces belles habitations » des Grecs, avec un interprète, » ou plutôt un ami, toujours prêt » à satisfaire votre curiosité. A » chaque station, vous observe- » rez ensemble d'autres lois, d'au- » tres mœurs, d'autres intérêts, » d'autres préjugés. Athéniens, » Spartiates, Thébains, Corin- » thiens, Macédoniens, Sybarites, » passeront en revue sous vos » yeux; temples, théâtres, lycées, » bibliothèques, archives, gymna- » ses, ports, arsenaux, vous se- » ront ouverts; vous assisterez à » toutes les solennités des Grecs, » à leurs fêtes, à leurs spectacles, » à leurs jeux, à leurs courses, à » leurs combats, dans l'intérieur » même de leurs maisons, etc. » On vit paraître trois éditions originales de cet ouvrage, qui fut traduit aussitôt en allemand, en anglais, en italien, en hollandais, en suédois, en russe, et plus tard en grec moderne. L'académie française s'empressa d'admettre l'auteur dans son sein, en remplacement du célèbre grammairien Beauzée, qui venait de mourir au commencement de 1789. Toutefois un critique qui n'est pas sans quelque autorité en matière de goût, Palissot, en rendant justice au mérite du *Voyage du jeune Anacharsis*, sous le rapport du style, lui reprocha de ne pas offrir assez de vues philosophiques, et lui préféra même, à cet égard, les *Recherches savantes de l'érudit de Paw sur les Grecs*, dont la lecture, sans être aussi attachante, apprend mieux, dit-il, à juger cet ancien peuple, que les modernes ont tant d'intérêt à connaître. Quoi qu'il en soit, le *Voyage du jeune Anacharsis* est généralement regardé comme une des meilleures productions de la fin du dernier siècle, sous le double rapport de l'utilité et de l'agrément. « Un ou- » vrage moins connu, dit Boufflers, » pourroit mieux faire juger du » caractère de l'abbé Barthélemy: » c'est un *Plan d'institution*, ou, » pour mieux dire, un petit *Trai- » té de Morale* écrit pour le jeune » d'Auriac, neveu du sage Malhes- » herbes. La morale y est présentée » sous la forme la plus attrayante, » c'est-à-dire comme une produc- » tion spontanée du cœur humain. » Le style proportionné à l'âge du » lecteur, n'en a pour cela ni moins » de charmes ni moins d'élégance: » c'est Orphée qui chante à demi- » voix. » Depuis sa réception à l'académie française, l'abbé Barthélemy, battu presque sans relâche par la tempête révolutionnaire, suivant son expression, et dépouillé de tout ce qu'il possédait, dut se trouver fort à plaindre, et ne se plaignait pas. Au milieu de la tourmente, il éprouva, dit-il, une consolation bien inattendue. Il venait d'être rendu à la liberté dont il avait été privé seulement pendant quelques heures, et il avait craint de ne plus rentrer dans sa place de garde du cabinet des médailles, lorsque, le 12 octobre 1793, Paré, alors ministre de l'intérieur, lui apporta lui-même une lettre, par laquelle il lui annonçait qu'il le nommait bibliothécaire en chef de la bibliothèque nationale. Le ton obligeant de cette lettre, entièrement conçue dans les termes les plus honorables, la démarche du ministre et ses instances, ne purent cependant déterminer l'abbé Barthélemy à se charger de fonctions qu'il trouvait au-dessus de ses forces, à cause de son grand âge et de ses infirmités. Mais il reprit la garde du cabinet des médailles, qu'il géra jusqu'à sa mort. Elle eut lieu le 30 avril 1795, au moment même, dit-on, où il lisait la quatrième épître du premier livre d'Horace, dans laquelle le poète donne à son ami Tibulle ce conseil philosophique :

Omnem crede diem tibi diluxisse supremum: Grata superveniet, quæ non sperabitur, hora.

Songez dans les plaisirs, dans les soins de la vie,
Que chaque jour peut-être est le dernier de tous.
Ces momens dérobés à la parque ennemie,
Reçus comme un bienfait, n'en seront que plus doux.
(DARU.)

L'abbé Barthélemy paraissait seulement endormi. Il était dans sa 80.me année. Indépendamment d'un grand nombre de *Mémoires* pleins d'érudition, insérés dans la collection de ceux de l'Académie des inscriptions et belles-lettres, dont il fut membre pendant près de cinquante ans, voici la note des principaux ouvrages qu'il a donnés au public : 1° *Explication de la mosaïque de Palestrine*, Paris, 1760, in-4°. Cette dissertation savante, qu'il écrivit après avoir examiné avec soin un des plus beaux monumens de l'antiquité, et après avoir consulté tous les commentaires des érudits, lui fit infiniment d'honneur parmi ceux même dont il combattait le système. Il y démontre d'une manière satisfaisante, la fausseté des diverses interprétations données à cette mosaïque, que les uns regardaient comme un hommage à Alexandre-le-Grand, et d'autres au dictateur Sylla ; il prouve enfin que c'est un monument élevé par une basse flatterie à l'empereur *Adrien*, qui n'a mérité la reconnaissance des peuples que par l'heureux choix de ses deux successeurs au trône, *Antonin* et *Marc-Aurèle*. 2° *Les amours de Carite et de Polydore*, Paris, 1760 et 1796, in-12. Ce roman, qui semble être une production de la Grèce antique, a été traduit dans toutes les langues vivantes de l'Europe. 3° *Voyage du jeune Anacharsis en Grèce*, Paris, 1788, 4 vol. in-4°, avec atlas, ou 7 vol. in-8°, aussi avec atlas in-4°. Cet ouvrage a été réimprimé un grand nombre de fois, et les éditions qui ont paru depuis 1799, contiennent de plus, en tête du premier volume, trois *Mémoires* de l'abbé Barthélemy, sur sa *vie* et sur ses *ouvrages*. Sous le titre d'*Abrégé de l'Histoire grecque*, on a publié séparément l'*In-*

troduction du *Voyage d'Anacharsis*, Paris, 1795, in-12. 4° Six ans après la mort de l'abbé Barthélemy, Sérieys a fait paraître un *Voyage en Italie*, d'après ses lettres originales, 1802, in-8°, et 2 vol. in-18. « Cet ouvrage pos-
»thume, dit Palissot, est une matière que l'auteur a su rajeunir, quoique épuisée, et qui prend
» un nouvel intérêt dans la passion
» éclairée qu'il avait pour les
» beaux-arts. On y voit combien
» il en avait fait son étude, com-
» bien il les chérissait, et son en-
» thousiasme se communique à ses
» lecteurs. » Le voyage en Italie a été traduit en allemand. 5° Sainte-Croix a publié les *OEuvres diverses de l'abbé Barthélemy*, Paris, 1798, 2 vol. in-8°. On y trouve son *Discours de réception à l'académie française;* un poëme qui a pour titre *la Chanteloupée;* des fragmens d'un *Voyage littéraire en Italie;* un *Essai d'Histoire romaine;* des *Mémoires sur divers points d'antiquités;* et des *Fragmens de Numismatique*, destinés à faire partie de la *Paléographie numismatique*, à laquelle il travaillait quand il mourut. Cet ouvrage, fruit d'une érudition immense, devait comprendre la description de quatre cent mille médailles que l'infatigable antiquaire avait déchiffrées. 6° On doit encore à l'abbé Barthélemy divers articles du *Recueil d'Antiquités*, par Caylus, et la description des fêtes de Délos, insérée par M. de Choiseul-Gouffier dans son Voyage en Grèce. La nature avait aussi bien traité l'abbé Barthélemy au physique qu'au moral. Il était grand et bien fait, et sa figure avait l'expression d'une belle tête antique. Plusieurs hommes de lettres se sont empressés de rendre hommage au mérite éminent de ce savant modeste, en traçant son éloge : nous citerons entre autres Sainte-Croix, le duc de Nivernais, Boufflers et Lalande.

BARTHÉLEMY – COURÇAY (André), neveu du précédent, avait, comme le célèbre auteur du *Voyage d'Anacharsis*, une passion décidée pour l'archéologie, et surtout pour la science numismatique. Il fut nommé conservateur du cabinet des médailles, à la bibliothèque nationale. En 1794, ayant découvert une médaille d'argent, frappée à l'époque de la ligue, et qui prouvait que, dès ce temps-là, les Français manifestaient des idées libérales, il en fit hommage à la convention. En 1795, sur la demande du député Dussault, Barthélemy-Courçay fut maintenu dans sa place, en considération des services éminens que son oncle avait rendus si long-temps dans le même emploi. Il mourut vers l'année 1800, quelque temps avant le retour de son frère, qui avait été exilé par suite des événemens du 18 fructidor an 5 (4 septembre 1797).

BARTHÉLEMY (François, marquis de), pair de France, frère de Barthélemy-Courçay, est né à Aubagne (Bouches-du-Rhône), vers 1750. Élevé par son oncle, l'abbé Barthélemy, il fut employé de bonne heure dans les bureaux des affaires étrangères, sous le ministère du duc de Choiseul. Il suivit le baron de Breteuil en Suisse et en Suède. Nommé secrétaire de légation, il accompagna l'ambassadeur d'Adhémar en Angleterre, où il resta en qualité de chargé d'affaires, pendant l'absence et après le départ de l'ambassadeur, qui fut rappelé en 1791. C'est en cette qualité que M. Barthélemy fut chargé d'annoncer à la cour de Londres que Louis XVI avait accepté la constitution décrétée par l'assemblée nationale. Au mois de décembre de la même année, M. Barthélemy fut nommé ministre plénipotentiaire en Suisse. Il n'y exécuta pas rigoureusement les mesures prescrites par le comité de salut public contre ceux des conventionnels qui, mis hors la loi au 31 mai 1793, voulaient se réfugier dans les Cantons, ni celles contre les émigrés et les prêtres, qui y avaient obtenu un asile. Au mois d'avril 1795, il négocia la paix avec la Prusse, trois mois après avec l'Espagne, et un peu plus tard avec l'électeur de Hesse. Mais il ne fut pas aussi heureux à l'égard de l'Angleterre, et ne put terminer les négociations qu'il avait entamées, vers le même temps, avec M. Wickam, alors ministre britannique à Bâle. Le 7 prairial an 5 (juin 1797), M. Barthélemy fut élu, par les conseils, membre du directoire-exécutif, en remplacement de M. Letourneur de la Manche. Appelé à ce poste par le parti *clichien*, il se trouva enveloppé dans sa proscription. Arrêté au 18 fructidor de la même année, il fut gardé à vue pendant quelque temps, et ensuite réuni aux députés arrêtés, au général Pichegru, et à l'adjudant-général Ramel, commandant de la garde du corps-législatif, le même qui, dix-huit ans plus tard, au mois d'août 1815, fut assassiné à Toulouse (où il commandait), par des furieux, soi-disant monarchistes. Ils furent déportés tous les trois à la Guiane, sur le territoire désert et pestilentiel de Sinamary. Quelques mois après son arrivée dans le lieu de son exil, M. Barthélemy parvint à s'évader avec six de ses compagnons d'infortune, et son fidèle domestique, Letellier, qui avait eu le courage de partager volontairement sa proscription. Il se réfugia d'abord aux États-Unis, d'où, bientôt après, il fit voile pour l'Angleterre. Le directoire informé de l'évasion de M. Barthélemy, le fit porter sur la liste des émigrés. Mais la révolution du 18 brumaire an 8 (9 novembre 1799), ayant fait cesser les proscriptions de fructidor, M. Barthélemy fut aussitôt rappelé, et le premier consul le présenta au sénat, qui l'admit dans son sein, le 24 pluviôse an 8 (13 février 1800), en remplacement du naturaliste Daubenton qui venait de mourir. Sous ce régime, M. Barthélemy fut nommé successivement commandant de la légion-d'honneur, vice-président du sénat, et comte de l'empire. M. Barthélemy ne se montra pas ingrat envers le prince qui le comblait de tant de faveurs. C'était lui qui, le 15 thermidor an 10 (août 1802), avait présidé la députation envoyée par le sénat au premier consul, pour lui offrir le consulat à vie, comme résultat du vœu des Français. C'était encore M. Barthélemy qui, en 1805, un an après l'avénement de Napoléon à l'empire, lui disait : « Si vos con- » quêtes ont ajouté de nouveaux » peuples à la France, la sagesse » de votre gouvernement vous a » conquis l'esprit et le cœur de » tous les Français. » Une pareille conduite ne permet guère de croire que M. Barthélemy ait été sans influence sous ce gouvernement, comme le prétendent certains biographes. Quoi qu'il en soit, dans les premiers jours d'avril 1814, il présida les séances du sénat où fut prononcée la déchéance de l'empereur Napoléon et de sa famille, et, au nom de ce corps, il complimenta l'empereur Alexandre sur sa modération et sur sa magnanimité. Le 21 mai, il fit partie de la commission chargée d'examiner la charte constitutionnelle, et le 4 juin, le roi l'appela à la chambre des pairs. Le 4 janvier 1815, il fut nommé grand-officier de la légion-d'honneur. N'ayant pas été porté sur la liste des pairs qui fut dressée dans le mois de juin de la même année, par ordre de Napoléon, à son retour de l'île d'Elbe, M. Barthélemy reprit ses fonctions, le mois suivant, au second retour du roi. Nommé ministre d'état, le 5 octobre, il fut ensuite créé marquis. Au mois de février 1819, il rompit tout à coup le silence qu'il avait gardé pendant cinq ans, et fit à la chambre des pairs une motion étrangement remarquable, qui avait pour objet de supplier le roi de modifier la loi sur les élections. Dans une séance subséquente, en développant sa proposition, dont la chambre n'avait décidé de s'occuper qu'après une vive opposition, M. Barthélemy ne craignit pas d'avancer qu'assimiler le droit de patente à la contribution foncière pour encourager l'industrie et le commerce, c'était donner une extension trop libérale à l'article de la charte qui confère les fonctions d'électeur à tout citoyen payant 300 francs de contributions directes. Il prétendit aussi que le système électoral alors en vigueur, présentait une omission très-essentielle, en ne prescrivant pas de nommer des suppléans pour tenir toujours au complet la chambre des députés, déjà trop peu nombreuse; tandis que la plupart des assemblées législatives avaient donné précédemment l'exemple de cette précaution. La proposition de M. Barthélemy, après avoir fait naître les débats les plus orageux dans les deux chambres, fut enfin rejetée. Mais dans la session suivante (1819 à 1820), le gouvernement ayant présenté un nouveau projet de loi d'élection, à peu près sur les mêmes bases, certains orateurs, qui l'année précédente avaient combattu avec succès la réforme demandée par M. Barthélemy, sont parvenus eux-mêmes à la faire adopter en réfutant leurs propres argumens, et, comme dit l'Écriture : *La pierre qui avait été rejetée par ceux qui bâtissaient, est devenue la principale pierre de l'angle.*

BARTHÉLEMY, de la Haute-Loire, membre de la convention nationale, ancien avocat au Puy-en-Vélai, manifesta de bonne heure son attachement à la révolution. Il s'enrôla d'abord dans les canonniers volontaires, et obtint bientôt le grade d'officier. Au mois de septembre 1792, il fut élu député à la convention, et ne parut à la tribune que dans l'affaire importante du jugement de Louis XVI, où il vota la mort. Vers la fin de 1795, à l'approche du 13 vendémiaire an 4, M. Barthélemy donna sa démission de député, et se retira dans son département, où il ne tarda pas à être nommé commissaire du directoire. Compris, comme *votant*, dans les exceptions de la loi d'amnistie, rendue le 12 janvier 1816, il sortit aussitôt de France, se réfugia d'abord en Suisse, au mois de février de la même année, et trouva un asile en Autriche, au mois de mai suivant.

BARTHÉLEMY, de la Moselle, membre du conseil des cinq-cents et de la chambre des représentans, est né à Metz, le 12 octobre 1758. Procureur au bailliage de cette ville, quand éclata la révolution dont il adopta les principes, il fut nommé successivement juge de paix, juge du tribunal du district, administrateur du département et commissaire près des tribunaux. En 1797, il fut élu au conseil des cinq-cents, pour la session de l'an 6, et devint bientôt membre de la commission des inspecteurs de la salle. Il en exerçait les fonctions à l'époque du 18 brumaire an 8 (9 novembre 1799), où le directoire fut remplacé par le gouvernement consulaire. Quelques jours auparavant, M. Barthélemy, en sa qualité d'inspecteur, donna au conseil communication d'une lettre, par laquelle le général Lefebvre, commandant de Paris, déclarait qu'il ne voulait point avoir la garde du corps-législatif sous son commandement. Cette annonce imprévue ne fit qu'accroître les inquiétudes qui agitaient déjà les divers partis; ils s'attendaient à un mouvement révolutionnaire, et il en résulta des débats très-orageux. Cette communication fut jugée défavorablement par ceux qui dirigeaient le mouvement, et empêcha, dit-on, que M. Barthélemy ne fût réélu après le 18 brumaire. Néanmoins, il a été depuis successivement président du tribunal de première instance à Metz, lors de la réorganisation des tribunaux, membre du corps-législatif sous l'empire, député pendant la première restauration, enfin, nommé par son département membre de la chambre des représentans, dans les *cent jours*, installée par Napoléon le 7 juin 1815.

BARTHÉLEMY, général de brigade, se distingua dans la campagne de 1806 en Russie, comme colonel du 13me régiment de dragons, et particulièrement au combat de Pultusck, où il fut blessé. Le grade de commandant de la légion-d'honneur fut la récompense de sa conduite. En 1808, il fut nommé général de brigade, et partit bientôt après pour l'Espagne, où il se trouva à différentes affaires, entre autres au combat de Villanova, les 19 et 20 mai 1809. En 1814, le roi le nomma chevalier de Saint-Louis.

BARTHÉLEMY, de Marseille, fabricant de savon, avait adopté avec enthousiasme les opinions révolutionnaires. Mais, après le 31 mai 1793, le renversement des girondins ayant soulevé quelques départemens méridionaux contre le parti de la Montagne, les habitans de Marseille établirent un tribunal révolutionnaire pour juger ceux de leurs concitoyens qu'on soupçonnait de partager les principes de cette portion de la convention nationale. Dénoncé à ce tribunal, comme maratiste, Barthélemy fut condamné à la peine de mort. Il montra beaucoup de courage en allant au supplice, et demanda « qu'avant de lui ôter » la vie on attachât sur son cœur » la cocarde tricolore. »

BARTHÉLEMY (Antoine), célèbre jurisconsulte et administrateur municipal de Bruxelles; il montra un grand courage en défendant les intérêts de ses concitoyens, lorsqu'en 1794 les armées françaises envahirent la Belgique. Le conventionnel Haussman, envoyé en mission dans ce pays, avait déjà levé une contribution de 5,000,000 sur la ville de Bruxelles, et en requérait une seconde de pareille somme. M. Barthélemy refusa de promulguer un arrêté pour cette nouvelle levée : « Songez qu'il y va de » votre tête, lui dit le député. — » Il en jaillira du sang et non de » l'or, répliqua froidement le ma-» gistrat. » Cette réponse énergique produisit son effet, le proconsul renonça à cette seconde contribution ; mais M. Barthélemy dut cesser ses fonctions ; il les a reprises en 1806. Il continua toutefois d'exercer sa profession d'avocat avec autant de talent que de probité. Pendant quelque temps il concourut, en 1814, à la rédaction de *l'Observateur belge*, ouvrage périodique auquel il ne manque que d'être écrit avec autant de prudence qu'il l'est avec courage et droiture. Toujours zélé pour les intérêts de son pays, M. Barthélemy l'a servi continuellement par ses écrits et par ses actions. En 1817, il publia un *Mémoire sur l'établissement d'une communication entre Bruxelles et Charleroi, au moyen d'un canal de petite dimension, à l'instar de ceux qui sont en usage en Angleterre et dans l'Amérique septentrionale.* Cependant il dirigeait les nombreux établissemens qui depuis cinq ans achèvent de faire de Bruxelles une des plus belles villes de l'Europe. L'aplanissement des remparts, qui, en facilitant la circulation de l'air, environne cette ville d'une promenade superbe, s'exécute d'après ses projets, qui ont été combinés de manière que le produit de la vente des terrains superflus, non-seulement subvînt aux dépenses occasionées par ces immenses travaux, mais produisit encore des bénéfices considérables applicables à l'amortissement de la dette municipale. C'est aussi par les soins de M. Barthélemy que l'éclairage par le gaz a été établi dans les grandes rues de Bruxelles, d'où il s'étend insensiblement dans tous les quartiers de cette belle cité. Jurisconsulte aussi savant qu'habile administrateur, M. Barthélemy est consulté dans toutes les affaires difficiles. Il le fut, en 1819, au sujet d'un livre publié par M. Vanderstraeten sur le système d'administration adopté par le gouvernement belge, lequel livre avait été dénoncé aux tribunaux par le ministère. Bien que le mémoire dans lequel M. Barthélemy, conjointement avec six autres avocats, déclarait que ce livre ne lui paraissait rien contenir qui pût servir de base à l'accusation dont l'auteur était l'objet, n'eût pas été rendu public, il fut traduit lui-même avec ses six confrères devant la cour royale de Bruxelles. Après plusieurs mois de réclusion, leur innocence fut, à la vérité, reconnue. Le jour de l'arrestation de ces bons citoyens avait été un jour de deuil public, le jour de leur sortie fut un jour de fête. En recouvrant leur liberté, ils ne rentrèrent cependant pas immédiatement dans l'exercice de la profession qu'ils avaient honorée; le ministère ne leur permit d'en reprendre l'exercice qu'après avoir prolongé long-temps encore leur interdiction. Voici les noms de ces martyrs d'un des abus de pouvoir les plus étranges qu'aient produits ces temps si féconds en pareils phénomènes : Stevens, Bayens aîné, Bayens jeune, Dunker, Defresnes et Tarte jeune, qu'il ne faut pas confondre avec Tarte aîné, avocat du duc de Wellington.

BARTHEZ (Paul-Joseph), l'un des plus savans médecins du 18 ᵐᵉ siècle, naquit à Montpellier le 11 décembre 1734. Guillaume Barthez, son père, mathématicien distingué, était ingénieur de la province du Languedoc. L'éducation du jeune Barthez fut aussi soignée que ses études furent brillantes. Telles étaient ses heureuses dispositions et sa passion pour le travail, qu'il a mérité une place parmi les enfans que la précocité de leur esprit a rendus remarquables. A 16 ans, Barthez délibéra sur le choix d'une profession : son inclination le portait à l'état ecclésiastique; mais il céda aux désirs de son père, et la médecine compta un homme célèbre de plus. Trois années d'études médicales dans la faculté de Montpellier lui méritèrent le titre de docteur. Lorsqu'il l'eut acquis, il vint à Paris, où il fixa l'attention générale, et plus particulièrement celle de la haute société. C'était un homme savant et spirituel, mais qui avait alors plus de théorie que de pratique. Il devait surtout cet éclat à la seule guérison du comte de Périgord, commandant de Languedoc. Bouvard ne voyait pas sans quelque jalousie s'élever une réputation rivale de la sienne. On lui demanda ce qu'il pensait du nouveau venu: « Ce que j'en pense, répondit-il » avec son air grave et malin, c'est » qu'il a de l'esprit, des connais- » sances, qu'il sait beaucoup de » choses et même un peu de mé- » decine. » Barthez trouva dans la capitale les moyens de satisfaire la soif d'apprendre, qui le dévorait. Jamais homme n'a lu davantage : il lut trop peut-être; son érudition était immense; mais il a montré trop de confiance dans des faits inexacts ou mensongers. Falconet, qui prévit ce qu'il deviendrait, mit à sa disposition une grande bibliothèque, et l'introduisit dans la société d'hommes qui jouissaient alors d'une célébrité qu'ils ont conservée : l'abbé Barthélemy, le comte de

Caylus, le président Hénault, Maïran, d'Alembert, etc. Ce fut à cette époque que Barthez, profond en histoire et en archéologie, présenta à l'académie des inscriptions deux mémoires qui lui firent obtenir une double couronne. Il fut nommé médecin militaire en 1756, et employé en cette qualité à Coutances. Ce temps ne fut pas perdu pour lui : il observa avec soin l'épidémie qui frappa le camp de Granville, et la décrivit dans un mémoire imprimé dans le recueil de l'académie des sciences. De retour à Paris en 1757, il devint censeur royal, et l'un des collaborateurs du *Journal des savans* et de l'*Encyclopédie*. Trois années plus tard, il concourut pour une place vacante à l'université de médecine de Montpellier, et parvint, non sans obstacles, à la remporter. Cet événement décida de son sort. Il fut bien servi par les circonstances, avantage qui manque quelquefois au génie. Ses leçons étaient suivies par des élèves dont l'affluence allait toujours croissant; ils répandirent en Europe ses principes, et propagèrent sa gloire; mais il manquait à Barthez plusieurs des qualités essentielles à un orateur, celles entre autres d'un extérieur imposant, d'une prononciation nette, d'une voix harmonieuse et sonore; cependant il faisait oublier cette privation par une élocution élégante, facile, animée, par la méthode avec laquelle il savait exposer les sujets qu'il traitait, par sa profonde érudition et par l'originalité de ses idées. Il brilla du plus grand éclat dans la carrière de l'enseignement; ses succès, comme professeur, donnèrent un nouveau lustre à la faculté de médecine de Montpellier. Barthez fut nommé, en 1773, coadjuteur et survivancier du chancelier de l'université, et commença, dès cette époque, à jeter les fondemens de la grande réputation dont il a joui comme médecin praticien : la même année vit naître le germe de la méthode philosophique qu'il développa six années plus tard dans ses *Nouveaux Élémens de la science de l'homme*. L'immense célébrité qu'il devait à ses connaissances médicales lui fit ambitionner d'autres succès : il désira des honneurs, des places. Il étudia la législation, fut reçu docteur en droit en 1780, et acquit une charge de conseiller à la cour des aides de Montpellier. Barthez ne retira pas de ses études et de son argent les bénéfices qu'il en attendait. La hauteur et la violence de son caractère, l'excessive irritabilité de son amour-propre fatiguèrent ses collègues, qui lui suscitèrent des querelles et des désagrémens de toute espèce, par suite desquels il se détermina à quitter Montpellier, et à venir s'établir à Paris. De grands succès l'attendaient dans la capitale : il fut nommé médecin consultant du roi, et, en 1781, premier médecin du duc d'Orléans. La plupart des sociétés savantes de l'Europe inscrivirent son nom sur la liste de leurs membres; une place au conseil-d'état offrit des chances heureuses à son ambition; il devint encore l'un des médecins les plus occupés de Paris, et il était consulté de toutes les parties de l'Europe. La révolution arriva et le dépouilla de ses places, de ses titres et de sa fortune; il se retira dans le Languedoc, et exerça successivement la médecine, sans recevoir d'honoraires, à Narbonne, à Carcassone, à Toulouse, à Montpellier. La composition et la publication de sa *Nouvelle Mécanique des mouvemens de l'homme et des animaux*, charmèrent ses loisirs, et ajoutèrent à sa renommée. Lorsque la tourmente révolutionnaire eut perdu de sa violence, les facultés de médecine furent rétablies, et Barthez accepta la place de professeur honoraire dans celle de Montpellier; c'est en cette qualité qu'il prononça publiquement un discours remarquable sur le génie d'Hippocrate, pour l'inauguration d'un buste du vieillard de Cos, dont le gouvernement avait fait don à l'école de Montpellier (1801). Napoléon, qui se connaissait en mérite, nomma Barthez médecin du gouvernement, l'un de ses médecins consultans, et, peu de temps après, membre de la légion-d'honneur. Cet homme célèbre fut victime de la maladie qui ravit Buffon et d'Alembert : il avait une pierre dans la vessie, et ne voulut jamais, pour s'en délivrer, se soumettre à l'opération douloureuse qu'elle exige. Il mourut le 15 octobre 1806. Barthez fut l'un des plus savans médecins qui aient existé. Il était très-versé dans la connaissance des langues mortes et vivantes, et savait faire du temps un emploi qui en multipliait la durée. Un caractère peu liant, emporté, singulièrement susceptible; un amour-propre qui s'alarmait facilement et s'exaspérait aux plus légères critiques, s'opposèrent à ce qu'il fût heureux; *sa vie*, comme celle de Beaumarchais, *fut un combat*. M. l'abbé de La Mennais a porté contre sa mémoire une accusation grave : il raconte une anecdote d'après laquelle Barthez aurait confessé le scepticisme le plus révoltant sur l'existence de la conscience, de l'âme, de Dieu, et sur les principes fondamentaux de la morale. M. l'abbé de La Mennais n'a point sans doute avancé un fait de cette nature sans en avoir constaté l'authenticité : mais il était de son devoir de citer ses preuves; car le penchant que Barthez manifesta pour l'état ecclésiastique, et plusieurs passages de ses écrits, démentent les opinions qu'on lui suppose dans l'anecdote rapportée inconsidérément par l'auteur de l'*Essai sur l'indifférence en matière de religion*. Ce grand médecin était, dit l'auteur de son éloge, M. Lordat, d'une taille au-dessous de la médiocre, mais d'ailleurs assez bien prise : il avait la tête volumineuse, le front découvert, les yeux inégaux, le nez épaté, la bouche manquant de symétrie, la face large et carrée, le teint pâle et cachectique, mais une physionomie pleine d'expression. Après avoir montré ce que fut l'homme, donnons, autant que le genre de cet ouvrage le permet, un exposé succinct de sa doctrine et de l'influence qu'elle a exercée. Barthez a possédé un talent extraordinaire pour généraliser; il faisait de la physiologie non pas avec de l'observation, mais avec du génie; il la devinait, s'il est permis de s'exprimer ainsi. Cette tournure particulière de son esprit se manifeste dans tous ses ouvrages. Entraîné par une imagination brillante, il établit quelquefois des principes sur des abstractions, sur des subtilités métaphysiques; il néglige trop les faits, il attache trop peu d'importance aux expériences sur les animaux vivans; il ne se défie jamais de son érudition, et s'abandonne toujours à sa pensée. Lorsque cet homme extraordinaire parut, la doctrine hippocratique languissait dans l'oubli; les physiologistes expliquaient la plupart des fonctions de l'économie animale par des lois physiques ou chimiques; Vanhelmont et Stahl avaient tenté vainement d'opérer une révolution dans la philosophie médicale, les médecins n'avaient point de théorie satisfaisante sur la vie. Barthez étudia les phénomènes qui ont lieu dans les corps organisés vivans, les isola de toute cause étrangère, les subordonna à des facultés spéciales, et soumit ces facultés à un principe unique, qu'il nomma principe vital. Quel est ce principe? Lui-même avoue qu'il lui est impossible d'en déterminer la nature, de savoir s'il doit être distingué de l'âme et du corps, s'il n'est qu'un mode de l'organisation. Cependant il personnifie cet être abstrait, il en fait un agent auquel il soumet tous les actes des organes. La base de sa philosophie est l'individualité physiologique, l'unité d'action dans l'économie animale. Barthez avait trop de génie pour être patient observateur; il n'ouvrait pas de cadavres, et cependant combien de dogmes il a établis! L'influence qu'il a exercée sur les sciences médicales a été grande et salutaire; mais elle aurait été plus puissante et plus utile encore, s'il n'avait point exagéré ses propres principes. Il a créé une *force de situation fixe*, dont l'existence a été éphémère; des *forces motrices et sensitives*, qui occupent une grande place sous d'autres noms dans les plus estimés de nos livres de physiologie. Il n'est aucun des écrits de l'illustre professeur de Montpellier qui ne soit fécond en vues de premier ordre, en idées grandes, originales, en explications lumineuses de phénomènes physiologiques; mais il demande trop à l'intelligence de ses lecteurs, il ne fait pas assez pour eux, il leur offre trop souvent, comme preuves de ses dogmes, non des faits, mais des raisonnemens métaphysiques, des abstractions, et, trop souvent encore, l'obscurité et la sécheresse de son style ajoutent à la difficulté de concevoir ses pensées. Barthez a été le Kant de la médecine, et sa doctrine a éprouvé le sort de celle du philosophe de Kœnigsberg : elle a fait des enthousiastes, elle a rencontré un nombre plus grand de critiques, et elle a été mère de doctrines qui lui ont survécu. Les physiologistes de l'école de médecine de Paris ont emprunté à Barthez la doctrine de l'individualité physiologique; ils ont, à son exemple, dégagé les phénomènes du jeu des organes d'explications physiques et chimiques: mais en reconnaissant partout l'influence suprême de la vie, ils n'ont point, comme Barthez, subordonné les fonctions de l'économie animale à l'action immédiate d'un être imaginaire; ils ont eu la sagesse de ne point aller au-delà des inductions que fournissent les faits. Cependant la philosophie de l'auteur des *Nouveaux élémens de la science de l'homme*, a rendu à la physiologie d'éminens services qu'il ne faut pas méconnaître. Elle a anéanti, et pour jamais, les fausses doctrines qui avaient envahi depuis long-temps la médecine, et a fait connaître la seule route qui conduit à la vérité. La doctrine médicale de Barthez est une conséquence de sa doctrine physiologique; le premier, il a classé les méthodes thérapeutiques, en les rapportant à l'une de ces trois divisions, méthodes *naturelles*, *analytiques*, et *empiriques*, et cette classification est un trait de génie. Barthez est moins heureux lorsqu'il descend aux détails; la nature de son esprit le rendait peu propre aux travaux qui appartiennent à l'observation attentive des faits; l'anatomie et la physiologie pathologique lui étaient inconnues; l'une et l'autre de ces sciences naissaient lorsqu'il terminait sa carrière; il ne prévit pas leurs destinées, et il est probable que s'il eût vécu assez pour être témoin de leurs progrès, il n'aurait pas apprécié toute l'influence qu'elles paraissent appelées à exercer sur les sciences médicales. Barthez a beaucoup écrit, et sur un grand nombre de sujets divers; on a de lui : 1° *Mémoires sur ces questions : En quel temps et par quels moyens le paganisme a-t-il été entièrement détruit dans les Gaules ? Quel fut l'état des villes et des républiques situées dans le continent de la Grèce européenne, depuis qu'elle eut été réduite en province romaine, jusqu'à la bataille d'Actium ?* mémoires couronnés par l'académie des inscriptions, en 1754 et 1755. 2° *Dissertation sur l'épidémie qui régna au camp de Coutances en 1756 (Mémoires des savans étrangers*, Académie des sciences, tom. III). Cet ouvrage contient différentes observations dont plusieurs sont intéressantes. 3° En 1757 et en 1758, un assez grand nombre d'analyses d'ouvrages de médecine dans le *Journal des savans*, et quelques articles à l'*Encyclopédie*, parmi lesquels on remarque : *Évanouissement*, *Extenseurs*, *Femme*, *Fléchisseur*, *Force des animaux*. 4° *Oratio de principio vitali hominis*, Monspel., in-4°. 1773; 5° *Nova doctrina de functionibus corporis humani*, ibidem, 1774. Ces deux dissertations sont l'exposé des idées nouvelles de Barthez sur la plupart des fonctions de l'économie animale, et le germe de l'ouvrage suivant : 6° *Nouveaux élémens de la science de l'homme*, in-8°, Montpellier, 1778; seconde édition, fort augmentée, Paris, 1806, 2 vol. in-8°. Cet ouvrage est peut-être de tous les livres de physiologie celui qui contient le plus de pensées grandes et neuves, et où il y a le plus de création. On ne le lit point, et surtout on ne le médite point assez; trop de médecins sont effrayés par la peine qu'il faut prendre pour le concevoir.

Il y a pourtant plus d'un profit à en tirer. Beaucoup d'idées dont des physiologistes se sont fait honneur, appartiennent à l'auteur des *Nouveaux élémens de la science de l'homme*. L'une des parties les plus importantes de ce livre, est celle qui traite des sympathies, sujet dont Barthez s'était occupé avec prédilection. 7° *Libre discours sur la prérogative que doit avoir la noblesse dans la constitution et dans les états-généraux de la France*, Paris, in-8°, 1789; 8° *Nouvelle mécanique des mouvemens de l'homme et des animaux*, Carcassone, in-4°, 1798. C'est l'ouvrage le plus savant qui existe sur cette matière; Barthez a beaucoup ajouté aux travaux de Borelli, sur la mécanique des mouvemens des animaux, non-seulement en faisant connaître ses erreurs, qui sont en grand nombre, mais encore en expliquant d'une manière nouvelle et plus vraie les différens genres de locomotion. Malheureusement un style trop concis, trop obscur, beaucoup d'abstractions, des raisonnemens peu intelligibles, ont nui au succès de ce livre. Barthez se proposait d'obvier à ces inconvéniens dans une seconde édition que la mort ne lui a pas permis de donner. 9° *Discours sur le génie d'Hippocrate*, in-4°, Montpellier, 1801. L'auteur montre dans Hippocrate, celui qui fut assez supérieur aux autres médecins pour qu'aucun d'eux ne puisse être nommé le second dans la même carrière; il montre encore ce grand homme comme le fondateur de la médecine, le modèle des observateurs, l'inventeur des vrais principes sur lesquels doivent être établies les divisions des espèces des maladies et les méthodes de traitement, et enfin le créateur de la médecine pratique. On a reproché à Barthez de n'avoir fait ressortir dans son discours *ni le génie médical du médecin grec, ni celui de l'art, ni le sien propre*. Il y a quelque exagération dans cette critique. 10° Barthez a donné au *Recueil de la société médicale d'émulation* plusieurs mémoires, dont les plus remarquables ont les fluxions et les coliques iliaques nerveuses pour objet. 11° *Traité des maladies goutteuses*, 2 vol. in-8°, Paris, 1802, réimprimé en 1819. C'est dans ce traité que se trouvent les vues générales de Barthez sur les méthodes thérapeutiques; on n'a rien écrit de plus savant, de plus profond sur la goutte et les maladies rhumatismales, abstraction faite de la doctrine de l'auteur et des défauts qui tiennent au caractère de son talent. C'est sans doute par amour-propre, ou par la conviction de la vérité de ses théories, qu'il n'a fait aucune modification, aucun changement à sa doctrine dans la seconde édition de ses *Nouveaux Élémens de la science de l'homme*, qui parut trente ans après la première. Il y paraît totalement étranger aux découvertes qui signalaient une physiologie nouvelle; il se tait sur ses contemporains, et il ne croit qu'à ce qu'il a dit. 12° *Traité du beau*, in-8°, Paris, 1807, ouvrage posthume qui n'a pas eu et ne pouvait avoir de succès; 13° *Consultations de médecine*, 2 vol. in-8°,

Paris, 1810, l'un des recueils de consultations les plus estimés. M. Lordat a publié, en 1818, un ouvrage qui porte ce titre : *Exposition de la doctrine médicale de P. J. Barthez, et Mémoires sur la vie de ce médecin*, 1 vol. in-8°, Paris. Cet ouvrage est remarquable par une analyse très-complète et très-intelligible de la doctrine médicale de Barthez; mais il a les défauts ordinaires aux panégyriques, il manque de critique et de mesure dans les éloges.

BARTHOLDY (J. C. S.), directeur du séminaire de l'instruction publique de Stetin, membre du consistoire de cette ville, et auteur de plusieurs ouvrages, entre autres de celui qui a pour titre : *Fragmens pour mieux faire connaître la Grèce actuelle, d'après un voyage dans cette contrée en 1803 et 1804*, en allemand, Berlin, 1805, in-8°, avec fig. et musique, traduits en français, sous le titre de *Voyage en Grèce*, Paris, 1809, 2 vol. in-8°. L'institut de France, dans ses rapports, a fait une mention honorable de cet ouvrage remarquable surtout par la géographie ancienne. *Le Mercure allemand* de Wieland, et plusieurs autres recueils périodiques, renferment beaucoup d'articles de M. Bartholdy.

BARTLETT (JOSIAH), gouverneur de New-Hampshire, naquit à Amesbury, comté d'Essex, dans le Massachussets, le 21 novembre 1729. Ses ancêtres, originaires du midi de l'Angleterre, s'étaient établis à Newbury. Il se livra à la médecine, et y devint bientôt l'un des hommes les plus instruits de son pays; le premier il fit usage du *quinquina*, comme antidote contre la *cynanche maligna*, qui faisait de grands ravages dans le New-Hampshire. Élu membre de la législature, il embrassa avec chaleur la cause nationale et organisa ce comité de sûreté qui long-temps gouverna l'Amérique orageuse. Par un bizarre contraste, il fut nommé en même temps colonel et juge de paix. Il aurait siégé au congrès, si sa maison n'eût été détruite par un incendie, ce qui réduisit sa famille à la plus grande indigence. Une heureuse entreprise commerciale releva la fortune de Bartlett, qui fut membre du second congrès, et signa, immédiatement après le président, la déclaration d'indépendance. Il devint juge, fut chargé de plusieurs emplois honorables, et élu président en 1790; il se démit de la présidence en 1794, quand la nouvelle constitution changea la forme du gouvernement. Il avait établi la société médicale de New-Hampshire, et n'avait pas cessé, au milieu de ses travaux politiques, de s'occuper de la médecine. Il mourut subitement en mai 1795.

BARTOLOZZI (FRANÇOIS), né à Florence, en 1725, étudia le dessin chez Hugfort Ferretti, et quitta cette ville pour se rendre à Venise, où il se livra à la pratique de la gravure, sous la direction de Joseph Wagner. Ses progrès furent rapides, et quoique fort jeune, il entreprit dans cette ville et à Milan, un grand nombre d'estampes de différens genres. Bartolozzi se rendit à Londres en 1764, et s'établit à Brompton, à une lieue de cette ville, où il exécuta ce grand nombre d'ouvrages dans différentes manières, qui propagèrent la réputation qu'il avait déjà méritée en Italie. Histoire, paysages, vignettes, à l'eau forte, au burin, au pointillé, en couleur, ou à la manière du crayon, il traita tous les genres. On retrouve dans ses différentes productions une touche facile et savante, mais quelquefois recherchée. Bartolozzi était très-laborieux; favorisé par une constitution vigoureuse et par sa longue existence, il fut un des graveurs qui ont publié le plus d'œuvres. Il avait formé un grand nombre d'élèves, et plusieurs l'ont aidé dans ses travaux et ont ainsi augmenté le nombre de ses productions. Appelé en Portugal à l'âge de 80 ans, cet artiste a gravé à Lisbonne différens morceaux, entre autres le *Massacre des innocens* d'après le Guide. Cette estampe porte la date de 1807. De retour en Angleterre, où il a encore gravé différens sujets, Bartolozzi mourut à Londres, en 1819. Nous citerons, parmi ses ouvrages : la *Mort de Chatham*, dans la grande salle du parlement, estampe contenant plus de 50 figures, tous portraits d'après Copley; *saint Jean pendant le sommeil de l'enfant Jésus*; la *Femme adultère*; la *Naissance de Pyrrhus*; le *Silence*, ouvrages d'après les Carraches, et la *Mort de Didon*, d'après Cipriani. *Clytie changée en tournesol*, d'après Annibal-Carrache, est son chef-d'œuvre. Bartolozzi était membre de l'académie royale de Londres. On a de lui un nombre prodigieux de petits sujets pour la librairie; plusieurs suites, telles que les *douze Mois*, les *Portraits des hommes illustres du règne d'Henri VIII*, d'après Holbein, etc. Beaucoup de ses gravures sont d'après ses propres dessins. Son œuvre complète s'est vendue à Londres 1,000 livres sterling. Bartolozzi peignait au pastel et en miniature.

BARTON (Benjamin-Smith). Après avoir étudié la médecine à Édimbourg, il fut agrégé à la société médicale de cette ville, et nommé professeur d'histoire naturelle et de botanique à l'université de Philadelphie. On a de lui différens ouvrages, savoir : 1° *Mémoire*, dans lequel M. Barton cherche à prouver que les serpens à sonnettes n'ont point la faculté qu'on leur attribue, de jeter une espèce de charme sur les autres animaux. Ce mémoire, et plusieurs autres du même auteur, ont été publiés en 1796, dans *les Transactions de la société philosophique américaine*; 2° *Observations sur les tribus sauvages d'Amérique*; 3° *Fragmens d'histoire naturelle de la Pensylvanie*, dans le premier cahier de cet ouvrage. L'opinion de M. Barton est pour la migration des oiseaux de ce pays; 4° *Élémens de botanique*, in-8°, Londres, 1804. Ce savant naturaliste, dans un voyage qu'il a fait en France, en 1815, a présenté à l'institut une collection de gravures qui devaient faire partie d'un ouvrage, auquel il travaillait alors, sur les différentes races d'hommes de l'Amérique.

BARTRAM (William), fils de Jean Bartram, habitant de l'Amérique septentrionale, voyageur célèbre dans sa patrie, et qui a publié la relation de ses voyages. William, dominé par la même passion, a fait, en 1773, un voyage fort long dans toute la partie nord du Canada. Il a pénétré dans la Floride, la Caroline, la Géorgie, et visité ces nations encore sauvages, mais déjà corrompues, que les Américains indépendans, les Espagnols usurpateurs, et les Français du Canada, entourent et pressent dans toutes les directions. La relation très-curieuse, qu'il a publiée de ce voyage, a été traduite en français par P. V. Benoist, en deux volumes in-8°, 1799. William Bartram a donné sur les mœurs de ces peuples des détails remarquables, et a décrit avec soin l'histoire naturelle, si riche et si neuve, des régions qu'ils habitent. Il est mort en 1800.

BARTRAM (RICHARD), était, en 1799, lors de l'occupation des états du pape par l'armée napolitaine, consul anglais à Civita-Vecchia. Ce fut à son humanité et à son courage, que les Français, désarmés en vertu d'une capitulation, durent leur conservation. Des pièces d'artillerie étaient déjà dirigées sur eux; le consul se place devant ceux qui les servaient, harangue une populace forcenée qui demandait à grands cris la mort des Français, lui reproche cette violation du droit des gens, et parvient à empêcher le sang de couler: ce fut encore à M. Bartram que les républicains malades à l'hôpital, et les patriotes romains qui s'y étaient réfugiés, durent leur salut. Pourquoi tous les compatriotes du consul anglais n'ont-ils pas, comme lui, mis en pratique ce principe éternel de justice et d'humanité : respect et protection à un ennemi vaincu? ils n'auraient pas fait répandre tant de larmes aux familles des infortunés, morts, soit à Naples, sous les yeux même de l'amiral Nelson; soit en Angleterre, sur les pontons pestiférés de Plymouth et de Porsmouth; soit en France, après la capitulation de Paris.

BARY (LOUIS-FRANÇOIS), ancien archiviste du cabinet de Napoléon, devint, en mai 1815, l'un des membres de la députation du Pas-de-Calais à la chambre des représentans, où il aurait sans doute marqué honorablement sa place, si les événemens eussent laissé une plus longue existence à cette assemblée. Se trouvant en concurrence avec M. le comte Dubois, député de la Seine, pour demander *l'abolition de la confiscation des biens*, il céda la tribune à son collègue, et se contenta de faire insérer le discours qui devait servir de développement à sa proposition, dans le journal l'*Indépendant* (aujourd'hui *le Constitutionnel*), du 20 juin 1815. C'est ce discours qui nous peint M. Bary comme un de ces hommes, si nombreux dans la chambre des *cent jours*, qui voulaient pour bases des institutions sociales, les principes de la justice et les droits de l'humanité. La chambre des représentans, à l'exemple de l'assemblée constituante, à laquelle on l'a souvent comparée, proclama l'abolition de la peine de la confiscation, et dans son projet d'acte constitutionnel, et dans la déclaration de ses sentimens et de ses principes, qui fut son testament politique.

BASAN (Pierre-François), né à Paris en 1723, graveur et marchand d'estampes. Il dut à ses connaissances dans son art, et à de nombreuses correspondances, une immense et précieuse collection d'estampes, qui formèrent le fonds de son commerce; il explique ainsi le motif de son changement : « La vivacité de mon carac- » tère et mon peu de patience, me » firent préférer, à l'art du graveur, » la profession de marchand. » Basan fut un des hommes les plus célèbres de son siècle, dans ce que les peintres appellent la *curiosité*. « *Tenez, messieurs,* disait le duc » de Choiseul en présentant Basan » à quelques amis qui étaient venus » voir le ministre à Chanteloup, » *voici le maréchal de Saxe de la* » *curiosité.* » Il avait reçu d'Étienne Fessard, son oncle maternel, les premières notions du dessin et de la gravure, et avait pris des leçons de Jean Daullé. Le célèbre Mariette, graveur et amateur des arts, distingua le jeune artiste, et l'encouragea dans son projet d'entreprendre une collection d'estampes rares; pour la former, il parcourut la Flandre, la Hollande et l'Italie, et, de retour à Paris, il fonda un établissement qui manquait au commerce et aux arts. La fortune couronna ses travaux. Basan était digne de cette prospérité, par sa générosité à secourir les artistes. Il consigna ses recherches et ses connaissances dans son *Dictionnaire des graveurs anciens et modernes*, dont la première édition fut rapidement enlevée (1767). Les gravures dont il est l'auteur annoncent un burin peu ferme et peu exercé : si le génie lui manquait, il faut le louer d'avoir eu le courage de jeter le crayon et le burin de l'artiste pour le registre de l'habile commerçant. Le sacrifice de la vanité est rare; et c'est la honte de l'accomplir, qui peuple de gens médiocres toutes les avenues des temples du génie et du goût. Basan, qui avait été séparé de sa femme pendant vingt ans, et qui s'était remis avec elle quelques années avant de la perdre, mourut à Paris le 12 janvier 1797, à l'âge de 76 ans : ses facultés morales s'étaient singulièrement affaiblies. L'ouvrage de Basan a été réimprimé en 1789, et enfin en 1809.

BASEDOW (Jean-Bernard), « tour à tour luthérien, sceptique, » athée, déiste, chrétien ortho- » doxe et chrétien hétérodoxe » (ainsi qu'il l'avouait lui-même), fut un des hommes les plus singuliers de son siècle. Tout ce qu'il apprit, il voulut le réformer : tout ce qu'il réforma, il le reforma de nouveau. Il répandit quelques lumières qu'il s'empressa d'éteindre, et fit faire à la science théologique quelques pas sur lesquels il revint. Ses pensées vives, son extrême envie de tout connaître et de tout approfondir, ses passions ardentes, une soif insatiable de renommée et un profond mépris des convenances, firent le tourment de sa vie entière. Il avait des vertus, de la franchise, de la noblesse, mais un caractère indompté, des habitudes grossières : l'inconstance de son esprit que rien ne contentait et ne fixait, ne lui permit pas de donner beaucoup de soins à ses travaux, d'utilité à ses vues, ni une sage direction à son génie. Basedow naquit à Hambourg, le 11 septembre 1723; son père était perruquier. Forcé de quitter la maison paternelle par suite des mauvais traitemens qu'il y recevait, il se réfugie chez un médecin, rentre pour quelque temps dans sa famille, et passe au collége de Saint-Jean, où il se trouve sous des maîtres grossiers, durs et pédans. Irrité des violences journalières dont il est la victime, il prend sans le vouloir l'habitude de l'emportement, et la haine des études régulières et méthodiques. En 1744, il va à Leipsick étudier la philosophie et la théologie : de cette double occupation naquit un pénible conflit dans une tête naturellement exaltée. Il voulut accorder ces deux sciences, et ne fit que les mettre aux prises. Il ne fut qu'un théologien hétérodoxe, et qu'un philosophe sceptique. Revenu à Hambourg, il montra de nouveau ses dispositions à la singularité dans l'éducation du jeune de Quaalen qui lui fut confiée. Pensant avec raison que toute langue doit être parlée pour être sue, il commença par causer en latin avec son élève, pour lui apprendre le latin. Son ouvrage intitulé *Inusitata et optima honestioris juventutis erudiendæ methodus*, Kiel, 1751, développe ce système. Devenu professeur à Soroë en Danemark, il porta dans la philosophie le même besoin d'innover. Sa *Philosophie pratique pour toutes les conditions*, 2 vol., Copenhague et Leipsick, in-8°, deuxième édition, 1777, renferme d'excellentes idées sur l'éducation; mais à des vues morales très-justes, cette *philosophie pratique* joignait des hardiesses théologiques et des spéculations si audacieuses, que l'autorité crut devoir ôter à Basedow la place qu'il occupait, et le faire transférer au Gymnase d'Altona. Au lieu de profiter de cette première leçon, Basedow s'abandonne de nouveau à son ardeur pour la reforme; il veut purger le christianisme de ce qu'il appelle ses doctrines fausses, absurdes, corrompues; rejette certains mystères, établit plusieurs nouveaux dogmes, et ne satisfait ni les philosophes, ni les docteurs : il attire sur lui l'animadversion d'un gouvernement intolérant, et la haine d'un peuple fanatique qui l'aurait lapidé, si le comte de Bernstorf, ministre d'état, et J. A. Cramer, prédicateur de la cour de Copenhague, ne l'eussent pris sous leur protection. Le premier ouvrage qui ouvrit cette carrière dangereuse de disputes théologiques, fut la *Philaléthée*, 1764 : établir les limites respectives de la religion et de la raison, tel était le but de cet écrit utile et vrai sous beaucoup de rapports, composé avec méthode, et revêtu d'un style ferme et énergique; mais cet ouvrage est en général trop dogmatique pour être à la portée de tous les esprits. Les opinions, ou plutôt les systèmes de Basedow, effrayèrent tous les théologiens allemands. Goltza, Winkler et Zimmermann réunirent contre l'innovateur les forces de leur érudition et de leur esprit. Athlète infatigable, Basedow répondit à tout, repoussa ou para toujours avec adresse, sinon toujours avec succès, toutes les attaques, et publia successivement une foule de traités polémiques, parmi lesquels on distingue : *Instruction méthodique dans la religion et la morale de la raison*, Altona, 1764, in-8°; *Système théorétique de la saine raison*, ib. 1765, in-8°; *Essai en faveur de la vérité du christianisme*, Berlin et Altona, 1766, in-8°. Il parut enfin quitter cette carrière où la hardiesse est si périlleuse, et où le meilleur esprit finit toujours par s'égarer. L'éducation de la jeunesse devint l'objet unique de ses travaux et de son ardeur pour les améliorations. Dans plusieurs ouvrages, publiés de l'année 1768 à l'année 1771 (1° *Adresse aux amis de l'humanité, avec un traité élémentaire des connaissances humaines;* 2° *Méthode pour les pères de famille et les chefs des peuples;* 3° *Livre élémentaire;* 4° *Livret pour les parens et les maîtres*), il provoqua par le raisonnement et les exemples de toute espèce, la réforme entière des universités d'Allemagne. Le prince d'Anhalt-Dessau, qui l'avait bien accueilli dans ses voyages, lui offrit les moyens d'établir à Dessau un institut fondé d'après ses nouveaux principes. Il se livra à cette entreprise avec sa ferveur accoutumée, éleva le *Philanthropinon de Dessau*, se brouilla successivement avec tous les maîtres qu'il employait, avec ses associés, le célèbre Campe et le professeur Wolke; et, après quatre années d'une administration mal conduite, après avoir donné au public et aux élèves le spectacle scandaleux des débats que son humeur intraitable ne cessait de faire naître, il renonça à la direction du *Philanthropinon*, qui fut fermé en 1793. Les dernières années de sa vie furent encore agitées par son opiniâtreté à soutenir l'inconstance de ses dogmes théologiques. Il prit part à la fameuse discussion qu'excitèrent parmi les protestans d'Allemagne, les *Fragmens de Wolfenbuttel*. Sa franchise dédaignant toujours les ménagemens et les convenances, il attaqua Semler, auteur de la *Réfutation des fragmens*, et l'accusa hautement d'avoir voulu détruire les principes religieux qu'il semblait défendre. Sa *Nouvelle Méthode pour apprendre à lire*, fut composée pour deux écoles de petites-filles, à Magdebourg, auxquelles il en fit l'heureuse application; ce travail pénible était l'ouvrage d'un vieillard, qui ne voulait pas cesser d'être utile, et qui le fut encore, en ordonnant que son cadavre fût ouvert après sa mort; elle arriva le 25 juillet 1790. Ce dernier trait termine dignement cette vie singulière. On reconnaît l'homme qui, accusé de n'avoir composé son *Livre élémentaire* que comme une spéculation mercantile, offrit publiquement de rendre, à quiconque le désirerait, le prix de l'ouvrage, et qui le rendit en effet à un Suisse qui lui rapporta ce volume; on le reconnaît encore lorsqu'il dit sérieusement à Semler : « Êtes-vous » chrétien, ou non? Expliquez- » vous. Si cette déclaration vous » est nuisible, je m'engage à vous » dédommager de ma fortune. » On estime de Basedow plusieurs ouvrages féconds en vues neuves et hardies; entre autres ses *Entretiens pédagogiques*, auxquels Campe travailla; *Proposition aux penseurs du 19ᵐᵉ siècle, pour rétablir la paix du christianisme primitif*, 1779; *Jésus-Christ, le Monde chrétien, et le petit nombre des élus*, 1784; *Legs pour les consciences*, etc., etc. On peut lire, dans le *Nécrologe* de Schlichtegroll, sa vie, un peu trop prolixement écrite. De ses ouvrages nombreux, deux seulement, l'*Éducation des rois*, et le *Livre élémentaire*, ont été traduits en français. Basedow ne manque ni d'imagination, ni d'énergie. Un tombeau de marbre a été érigé à cet homme, dont l'épitaphe eût pu être celle d'Alfieri: *Enfin, je repose*.

BASILE (N.), capitaine de vaisseau, servait dans la marine avant la révolution. Cette grande secousse politique, qui a produit tant de citoyens et de héros, lui donna l'occasion de se signaler; son courage et ses talens lui procurèrent un avancement rapide. Nommé commandant du vaisseau *la Montagne*, qui faisait partie de la flotte sortie de Brest en mai 1794, il se distingua dans le combat qui s'engagea le 1ᵉʳ juin avec l'escadre de l'amiral Howe: son sang-froid, son intrépidité, ses habiles manœuvres firent éprouver aux Anglais une perte considérable; mais il fut tué peu d'instans avant la fin du combat, sur ce même vaisseau, dont son courage a illustré le nom.

BASIRE (Claude), membre de la convention nationale, naquit à Dijon, en février 1764. Son père, négociant aisé, jouissait de la considération publique. Après avoir fait de bonnes études chez les pères de l'Oratoire, le jeune Basire fut lui-même oratorien, mais non pas prêtre, comme l'ont affirmé quelques biographes. Sorti de cette congrégation libre, il était, à l'époque de la révolution, commis aux archives des états de Bourgogne. En 1790, il fut nommé membre du directoire du district de Dijon, et, en 1791, élu par le département de la Côte-d'Or député à l'assemblée législative. Un zèle patriotique, ardent et quelquefois inconsidéré, lui dicta plusieurs motions violentes, et ses dénonciations contre la cour firent décerner contre lui un mandat d'amener par le juge de paix Larivière; mais ce mandat fut annulé par l'assemblée. Il proposa le licenciement de la garde du roi et des officiers de l'armée, en demandant que la nomination de ceux-ci fût accordée aux soldats, mesure subversive de toute discipline. Plus tard, il dénonça M. de La Fayette, et proposa un décret d'accusation contre ce général. Il avait demandé la sécularisation des ordres religieux et le libre exercice de tous les cultes. Après le 10 août, il contribua de tout son pouvoir à sauver les Suisses qui avaient été faits prisonniers dans cette sanglante journée, en faisant décréter qu'ils étaient sous la sauvegarde de la loi. Vers le même temps, il rendit un autre service à l'humanité, en faisant défendre les inhumations dans les églises. Basire, nommé par son département député à la convention nationale, vota l'abolition de la royauté, et demanda la peine de mort contre quiconque provoquerait la création d'une puissance individuelle et héréditaire. Il proposa en outre de déclarer la république en état de révolution jusqu'à la paix générale. Envoyé en mission à Lyon, il organisa une municipalité nouvelle. Le 21 brumaire an 2 (11 novembre 1793), il demanda une loi formelle qui ordonnât le tutoiement. Le 14 décembre 1792, il avait dénoncé Brissot, Louvet, et les autres chefs du parti de la Gironde. Il prit une part très-active au 31 mai 1793, aux décrets d'accusation, d'arrestation, de mise hors la loi du mois d'octobre suivant; mais nous ajouterons, pour être justes, qu'après une année, ayant reconnu les funestes effets des mesures qu'il avait proposées, il fit tous ses efforts pour en arrêter le cours. Il s'éleva contre le système de calomnie qui avait fait proscrire les soixante-treize députés. Il demanda qu'on ne mit plus hors la loi les prévenus qui parviendraient à s'échapper. Devenu membre du comité de sûreté générale, il y plaida la cause de l'humanité, et un grand nombre de familles lui durent leur salut. Il appuya le décret qui prohibait les clubs de femmes. Cette nouvelle conduite déplut à certains membres des sociétés populaires, et le leur rendit suspect. Il eut néanmoins la hardiesse de dénoncer à la tribune nationale (séance du 20 brumaire an 2, 10 novembre 1793), le système de la terreur, dont il demandait la cessation, en ajoutant avec fermeté : « Ce que je » dis me vaudra sans doute des » haines et des vengeances; mais » j'ai appris à braver la mort. » Il appuya en même temps la proposition de statuer que la convention ne décréterait d'accusation aucun de ses membres sans l'avoir préalablement entendu, et cette proposition fut convertie en loi le jour même. Mais, le lendemain, Basire fut dénoncé à la société des jacobins pour avoir émis de telles opinions; on lui fit même un crime de s'être écrié : *Quand donc finira cette boucherie de députés?* Exclamation d'un conventionnel! Avec deux mots de moins c'eût été celle d'un homme. Quoi qu'il en soit, le jour suivant, les membres du comité de salut public firent rapporter par la convention un décret qui présentait une garantie à ses membres. Six jours après (le 28 brumaire), sur un rapport fait au nom du comité de sûreté générale et de salut public réunis, Basire fut décrété d'arrestation, comme impliqué dans une conspiration, quoiqu'il l'eût dénoncée lui-même, et, le 26 ventôse suivant (16 mars 1794), on le décréta d'accusation, comme complice de cette même conspiration, tendante à rétablir la monarchie, à détruire la représentation nationale, etc. Enfin, traduit au tribunal révolutionnaire le 11 germinal (1ᵉʳ avril), il fut condamné à la peine de mort, et exécuté le 15 du même mois, à l'âge de 30 ans. Plusieurs députés firent de vains efforts pour le sauver. Ceux même qui avaient été proscrits pendant la terreur, et qui lui ont survécu, ont, depuis, rendu publiquement justice à son désintéressement et à sa probité. On a reconnu, après sa mort, que loin d'avoir accru sa fortune patrimoniale, qui ne laissait pas d'être considérable, il n'en avait même conservé qu'une très-faible partie, et n'avait d'autre ressource qu'un reste de la dot de sa femme. Aussi, trois ans plus tard, le 13 floréal an 5 (2 mai 1797), le corps-législatif pensa qu'il était de toute justice d'acorder une pension alimentaire à la veuve et à la fille de Basire en bas âge. Si Basire fit de grandes fautes, il les paya de sa tête, qu'il eut le courage de sacrifier pour les réparer. Il a coopéré au mal tant qu'il crut y voir le bien, et il a cherché à faire le bien quand il a été détrompé. C'était un caractère à la fois ardent et faible; il n'était pas inhumain. Sans scélératesse, il fut complice des scélérats, dont son repentir le rendit victime.

BASS (GEORGES), chirurgien du port Jackson, était ami du célèbre Flinders, navigateur anglais, et fit avec lui plusieurs découvertes. Le gouverneur de la colonie, déterminé par le succès de ses tentatives, lui confia, en 1798, un grand bateau avec six hommes, pour l'aider à continuer ses recherches. Il revint au port Jackson après avoir découvert un passage entre la terre de *Van Diemen* ou *la Tasmanie*, et la *Nouvelle-Hollande* ou *la Notasie*, qui est connue depuis sous le nom de *détroit de Bass*. On trouve dans *le Tableau de la colonie anglaise de la Nouvelle-Galles méridionale*, par le colonel Collin (vol. 2, pag. 143 et suiv.), le récit des découvertes de M. Bass, et de ses travaux nautiques. Il en est aussi fait mention dans la relation du capitaine Baudin, publiée par le capitaine de vaisseau Freicynet et le naturaliste Perrau.

BASSAGET (DE VAUCLUSE), né à Massillargues, département du Gard. Il acheva ses études à Genève, fut nommé ministre protestant à Lourmarin, département de Vaucluse, et s'y maria peu de temps après. S'étant déclaré avec chaleur pour la révolution, il fut nommé juge-de-paix de cette commune, puis accusateur public près le tribunal criminel du département. En l'an 6, membre du conseil des anciens, il ne s'y fit point remarquer, et ne monta pas même une seule fois à la tribune. Après le 18 brumaire, conservé dans le corps-législatif, il n'y parla qu'une fois, ce fut pour rendre compte d'une mission qui lui avait été donnée pour la Hollande. A cette occasion, il dit *qu'il serait trop heureux s'il avait pu faire quelque chose d'agréable au premier consul*; n'eût-il pas mieux fait de dire, *s'il avait pu faire quelque chose d'utile à la* PATRIE? M. Bassaget sortit du corps-législatif, en 1807 ou 1808, se retira à Lourmarin, et s'occupa à faire valoir ses propriétés, assez considérables aujourd'hui pour le rendre éligible. Dans la réaction de 1815, M. Bassaget, citoyen recommandable, fut exilé et mis en surveillance à Narbonne. Après l'ordonnance du 5 septembre, il est rentré dans ses foyers, où il jouit de l'estime et de la bienveillance de ses concitoyens.

BASSAL (JEAN), ancien membre de la congrégation de la mission, fut curé constitutionnel de Saint-Louis, à Versailles, puis vice-président du district de cette ville. Nommé membre de l'assemblée législative, il appuya, en mars 1792, la proposition d'une amnistie pour les meurtres commis à Avignon. Il demanda à ce sujet « si l'assemblée vou- »lait immoler les patriotes, tan- »dis que les crimes de l'aristo- »cratie étaient oubliés. » Il vota le décret d'accusation contre le duc de Brissac, qui commandait la garde constitutionnelle du roi. Membre de la convention, il se prononça dans le procès du roi, pour la mort sans sursis ni appel. Envoyé en mission dans le département du Jura, il fut, à son retour, nommé secrétaire de l'assemblée. Dénoncé aux jacobins pour avoir rempli sa mission avec trop de faiblesse, Bassal crut se justifier en prouvant qu'il avait sauvé Marat, poursuivi par M. de La Fayette; on passa à l'ordre du jour sur cette accusation. Nommé président de la société des jacobins, il s'y plaignit de la persécution qu'éprouvaient les patriotes. Il reçut l'ordre d'aller en Suisse, où, sous le prétexte de faire les approvisionnemens de l'armée d'Italie, il était, dit-on, chargé de surveiller l'ambassadeur Barthélemy. En l'an 6, Bassal fut nommé secrétaire du consulat romain, place qu'il quitta pour accompagner, dans la conquête de Naples, le général Championnet, dont il avait déjà été secrétaire. Il faillit être victime de la dissension qui s'éleva pendant cette expédition, entre le général et M. Faitpoul, commissaire du gouvernement. Le directoire, croyant que Bassal en était le moteur, le fit traduire, pour fait de dilapidation, devant un conseil de guerre. Incarcéré à Milan, avec Championnet, ils ne durent leur salut l'un et l'autre qu'à la chute des trois membres du directoire-exécutif Merlin, Treillard et La Réveillère-Lépeaux, arrivée le 30 prairial an 7 (18 juin 1799). Championnet mis en liberté, alla prendre le commandement de l'armée, et fut encore suivi de Bassal; mais la mort du général contraignit ce dernier à la retraite, dans laquelle il vécut peu de temps : il termina sa carrière en 1802.

BASSANGE, aîné, de Liége. Les goûts, les mœurs, le langage même, tout est français dans cette ville; aussi les secousses de la révolution française s'y firent-elles promptement sentir. Les Liégeois, en 1789, se révoltèrent contre le prince-évêque qui les gouvernait: Bassange prit une grande part à cet événement. C'était un homme distingué par ses lumières et par son courage. Nommé député du tiers-état, pour assister aux conférences des trois ordres, peu de jours après son admission, il fut envoyé par les états auprès de la chambre impériale de Wetzlar pour justifier leur conduite; il fut ensuite chargé de la même mission auprès de la cour de Berlin, et du congrès de Francfort : ses démarches n'eurent aucun succès, le prince-évêque fut replacé à la tête du gouvernement, et Bassange, considéré comme un des principaux auteurs de la révolution, ayant été excepté de l'amnistie accordée en 1792, se retira en France. Après la réunion du pays de Liége à la république, Bassange devint commissaire du directoire-exécutif, près de l'administration centrale de cette nouvelle portion du territoire français, qui prit alors le nom de département de l'Ourthe, et depuis il fut élu député de ce département au conseil des cinq-cents pour la session de 1798. Il s'y conduisit avec sagesse et modération; la révolution du 18 brumaire, qu'il avait favorisée, le fit passer au nouveau corps-législatif : il en sortit en 1802. De retour à Liége, sa ville natale, il fut nommé garde de la bibliothèque, et mourut dans l'exercice de cet emploi quelques années après.

BASSANGE, frère du précédent, et confondu avec lui dans quelques biographies, a aussi siégé au conseil des cinq-cents : il succéda à son frère dans les fonctions de commissaire du directoire près de l'administration centrale de l'Ourthe. Cette administration se trouvant supprimée par l'institution des préfectures, il obtint, en 1802, dans le même département, la sous-préfecture de Malmédy. Présenté en 1804, par le collége électoral, comme candidat au corps-législatif, il y fut nommé par le sénat dans la même année. Il en faisait encore partie en 1814, lors de la chute de l'empereur Napoléon, dont il vota la déchéance. Éliminé comme député d'un département qui n'appartenait plus à la France, il obtint un emploi dans les contributions indirectes : on croit qu'il l'exerce encore.

BASSET (NICOLAS), Napolitain. La révolution qui éclata à Naples, lors de l'entrée des Français, lui fournit l'occasion de se faire remarquer parmi les patriotes de ce pays. Le dévouement qu'il montra dans cette circonstance, le fit nommer commandant des troupes envoyées contre l'armée royale. Il déploya beaucoup de courage et d'activité dans les premières affaires. En 1799, l'armée aux ordres du cardinal Ruffo s'étant avancée, il marcha contre elle, et se signala de nouveau; mais après d'inutiles efforts, il se vit contraint de céder au nombre, et fut fait prisonnier. Dégradant alors le noble caractère qu'il avait montré, il implora bassement la pitié du vainqueur, devint, pour éviter le supplice, le délateur de tous les siens, et signala à la junte d'état ceux auxquels il avait dû son pouvoir, et dont peu de jours auparavant il briguait la faveur. Il éprouva le sort ordinaire des traîtres et des lâches : le parti auquel il avait vendu sa patrie refusa ses honteux services.

BASSET (C. A.), était au commencement de la révolution bénédictin de l'abbaye de Sorèze, en Languedoc, et professait la littérature au célèbre collége qui en faisait partie. Il émigra en 1791, rentra en France sous le consulat, y vécut plusieurs années sans emploi, et par suite de l'estime due à ses connaissances et à sa longue expérience, fut enfin nommé sous-directeur de l'école normale, lors de l'organisation de l'université.

impériale. On a de lui : *Essai sur l'éducation, et sur l'organisation de quelques parties de l'instruction publique*, dont il a paru, en 1814, une seconde édition in-8°. M. Basset s'est encore fait remarquer par ses connaissances en histoire naturelle et en géologie; il a donné : *Explication de Playfair sur la théorie de la terre, par Hutton, et examen comparatif des systèmes géologiques, fondés sur le feu et sur l'eau, par M. Murray, en réponse à l'explication de Playfair, traduits de l'anglais, et accompagnés de notes et planches*, in-8°, 1815. M. Basset est à présent directeur des études au lycée Charlemagne.

BASSEVILLE (N. J. Husson). Avec de l'instruction, mais sans fortune, il fut d'abord obligé de se livrer à l'enseignement public. A l'époque de la révolution, il devint, avec Mme Keralio, M. Carra, etc., rédacteur du *Mercure national*. Les talens et les opinions de Basseville le firent nommer, en 1792, secrétaire de légation à Naples, d'où il passa à Rome, en qualité d'envoyé extraordinaire de la république. Les nouveaux principes de la France avaient des ennemis déclarés dans tous les cabinets de l'Europe, et au Vatican plus qu'ailleurs. La populace, excitée, poursuivait Basseville toutes les fois qu'il paraissait dans les rues; un jour (le 13 janvier 1793) qu'il s'était réfugié dans la maison du banquier Monette, il y fut assassiné par un perruquier, qui lui porta un coup de rasoir dans le bas-ventre. En même temps l'hôtel de France fut pillé et brûlé. On a prétendu que le peuple s'était porté à cet excès de fureur, parce que l'ambassadeur portait la cocarde tricolore, et qu'il avait fait substituer l'écusson de la république à l'écusson royal, sur la porte de l'académie de France; mais on sait maintenant à quoi s'en tenir : personne n'ignore que le peuple partout n'est qu'un instrument qu'on fait agir à volonté, et que jamais de lui-même il ne se porterait à des excès aussi condamnables. Quoi qu'il en soit, la convention ordonna qu'on tirât une vengeance éclatante du crime qui venait d'être commis sur la personne de Basseville, et elle adopta son fils. Plusieurs auteurs ont écrit sur cet événement : Dorat-Cubières, ou Cubières-Palmezeaux, dans un ouvrage intitulé *la Mort de Basseville, ou la Conspiration de Pie VI dévoilée*, in-8°, 1793; Salvi, dans un poëme dont Basseville est le héros, et publié à Milan, en 1798; enfin, Monti, dans la *Bassevilliana*. Membre de plusieurs académies, Basseville a écrit sur différens sujets, et on a de lui, 1° *Élémens de mythologie, avec l'analyse d'Ovide et des poëmes d'Homère et de Virgile*, 1 vol. in-8°, 1784 et 1789, ouvrage qu'il a composé pour un de ses élèves; 2° *Mélanges critiques et historiques*, in-8°, 1784; 3° *Précis sur la vie de François Lefort, citoyen de Genève, et ministre de Pierre-le-Grand*, in-8°, 1785 et 1786; 4° *Mémoires historiques, critiques et politiques de la révolution de France, avec toutes les opérations de l'assemblée nationale*, 2 vol. in-8°. Il existe encore de lui des *Mémoires secrets sur la cour de*

Berlin, et quelques poésies fugitives.

BASSINET (ALEXANDRE-JOSEPH), grand-vicaire de Verdun, né en 1734, montra dès sa jeunesse les plus heureuses dispositions pour l'étude ; de l'imagination, un esprit solide, des moyens oratoires, le firent bientôt distinguer des autres ecclésiastiques. Il prêcha successivement à la cour et devant l'académie française, qui avait aussi ses prédicateurs. Lors de l'invasion de la Champagne par les armées coalisées, il reçut dans sa maison *Monsieur*, actuellement régnant ; ce qui lui fit éprouver des persécutions qui l'obligèrent à se cacher. Il demeura, dit-on, pendant sept ans, enfermé dans une chambre. Revenu à Paris, en 1806, il fut inquiété par le gouvernement, et renfermé au Temple, d'où il sortit pour se retirer à Chaillot, dans l'établissement de Sainte-Périne. L'abbé Bassinet a rédigé pour des ouvrages périodiques différens articles de politique et de littérature. Pendant son séjour à Chaillot, il charmait encore ses loisirs par l'étude des lettres. Il mourut, le 16 novembre 1813, à l'âge de 79 ans, lorsqu'il achevait de composer un ouvrage ayant pour titre : *Considérations sur la Russie*. On a de lui : *Histoire sacrée de l'ancien et du nouveau Testament, représentée par figures, accompagnées d'un texte historique*, Paris, 8 vol. in-8°, avec 600 gravures. L'abbé Lecuy est auteur du huitième volume, qui contient *les Actes des apôtres* et *l'Apocalypse*. L'abbé Bassinet avait donné ses soins à une édition des *Sermons et panégyriques de Cicéri*, à laquelle il ajouta une notice biographique sur cet orateur, peu connu quoiqu'il eût été membre de l'académie française, (Avignon, 6 vol. in-12, 1761). Il a aussi donné l'édition des *OEuvres complètes de Luneau-de-Bois-Germain*.

BASSON (N.), de Lyon, manifesta une haine très-prononcée contre la révolution. Après les événemens du 29 mai 1793, où cette ville cessa de reconnaître l'autorité de la convention nationale, il fit partie de la commission populaire qui condamna à la peine de mort le révolutionnaire Châlier. Il prit ensuite les armes avec les Lyonnais contre les troupes de la république. Mais bientôt on prétendit qu'il avait changé de parti, soit par peur, soit par séduction, et qu'il avait même promis d'empoisonner le comte de Précy, qui commandait les troupes lyonnaises. Sur une telle accusation, Basson, arrêté par ordre de ce général, fut jugé militairement, et fusillé en septembre 1793.

BAST (MARTIN-JEAN DE), chanoine de Saint-Bavon de Gand, est né dans cette ville, vers 1753. Son goût pour les lettres, et surtout pour les antiquités, le porta de bonne heure à former un cabinet de médailles et d'objets antiques très-curieux, qui s'est accru d'année en année au point de former la collection la plus complète que l'on connaisse dans les Pays-Bas. M. de Bast s'est aussi livré à des recherches sur les antiquités de cette contrée, et a publié successivement trois *Recueils* des *antiquités romaines et gauloises, trouvées dans la Flandre*, avec des *Dissertations sur divers points de l'histoire de la Belgique, tant ancienne que du moyen âge*, et plus de 300 gravures, 1801 à 1813, 3 vol. grand in-4°; il a encore publié des *Recherches historiques et littéraires sur les langues celtique, gauloise et tudesque*, 1815, 2 vol. grand in-8°. Ce savant a donné en latin une apologie de son chapitre, et en flamand quelques ouvrages de dévotion. Il a été décoré, en 1816, de l'ordre du Lion-Belgique; il avait reçu antérieurement l'étoile de la légion-d'honneur de la main même de Napoléon. Trop instruit pour être fanatique, M. de Bast s'est montré constamment aussi bon citoyen qu'honnête ecclésiastique, éloge qu'on ne peut pas faire de tout le clergé belge.

BASTARD D'ESTANG (Dominique-François-Marie, comte de), fils du comte de Bastard, chevalier d'honneur de la cour des aides de Montauban, et actuellement vivant, est né en 1783, à Nogaro, département du Gers; il suivit pendant quelques années la carrière du barreau, et fut nommé, en 1808, conseiller auditeur à la cour d'appel de Paris, puis conseiller à la cour impériale de cette même ville, lors de sa création en 1810. M. de Bastard, convaincu que la justice étant de toutes les époques, sa marche ne doit jamais être interrompue, crut avec raison que son honneur et son devoir l'attachaient au siège qu'il occupait avant le retour de l'île d'Elbe. Il continua de faire partie de la cour impériale de 1815, et, le premier de sa compagnie, il vota contre l'article additionnel, qui lui parut justement entraver la plénitude de nos libertés. A la rentrée du roi, en 1815, M. de Bastard fut maintenu dans ses fonctions, et trois mois après il fut nommé président de cette même cour, lors de sa nouvelle création. A la fin de 1815, il fut envoyé à Lyon, en qualité de premier président de la cour royale. En 1819, il fut nommé pair de France. Chargé, en 1820, de l'instruction du procès de Louvel, il remplit cette commission, que la violence d'un parti rendait si difficile, en magistrat également intègre et judicieux. Il démontra jusqu'à l'évidence que l'accusation de certaines gens, qui voulaient associer une partie de la nation au crime de Louvel, d'un assassin isolé, n'était pas moins absurde qu'atroce; et en cela, sa conscience et celle de la France entière se sont trouvées d'accord. En dénonçant M. le comte Bastard d'Estang, certains journaux l'ont recommandé à l'estime publique. Peu de temps après, il fut nommé chevalier de l'ordre royal de la légion-d'honneur.

BASTARD D'ESTANG (Victor, vicomte de), frère du précédent, né en 1785, à Nogaro, département du Gers, est entré, en 1807, comme simple vélite à pied, dans la garde impériale, et a fait les campagnes de Pologne, de Prusse, d'Espagne et de Russie. Nommé sous-lieutenant sur le champ de bataille d'Eylau, lieutenant à Iéna, et capitaine à Vittoria, il fut successivement aide-de-camp des généraux d'Héricourt et Jeannin; après la retraite de Russie, il fit partie de l'état-major du général Rapp, qui commandait la place de Dantzick. Les demandes multipliées d'avancement qui furent faites en sa faveur par ses chefs, attestent le mérite de cet officier. Il est dit entre autres dans un rapport, que lors d'une sortie de la garnison de Dantzick, M. de Bastard, blessé d'un coup de feu au commencement de l'action, se fit porter en avant par ses soldats, et contribua à la reprise d'un ouvrage avancé. A la paix de 1814, il rentra dans ses foyers. Replacé en 1816, il a quitté le service en 1819, étant chef de bataillon au premier régiment d'infanterie de la garde royale. Il vient d'être nommé membre de la légion-d'honneur.

BASTARD D'ESTANG (Armand), frère des précédens, né en 1787, à Nogaro, département du Gers, suivit le barreau pendant deux ans; nommé auditeur au conseil d'état, en 1810, il fut chargé de plusieurs missions importantes. Maître des requêtes, en 1814, il fut envoyé, en qualité de commissaire-général, dans le département de l'Isère, qui parut à cette époque fixer d'une manière plus particulière l'attention du gouvernement. Il arriva à Grenoble, dans des circonstances que les événemens du 4 au 5 mai 1816 rendent malheureusement trop mémorables. Sa correspondance et ses rapports, presque toujours opposés à ceux de l'autorité militaire, réfutent suffisamment les inculpations mensongères répandues dans quelques Mémoires. M. de Bastard a reçu depuis la décoration de la légion-d'honneur. En 1817, il a été nommé à la préfecture de la Haute-Loire, qu'il occupe actuellement.

BASTARD D'ESTANG (François-Auguste), chevalier de Malte, frère des précédens, né en 1794, à Nogaro, département du Gers. Après avoir passé trois ans à l'école militaire spéciale de cavalerie, il fut nommé, en 1813, sous-lieutenant au second régiment de cuirassiers, et fit la campagne de Saxe. Atteint d'une balle à la bataille de Dresde, il fut blessé plus dangereusement encore à celle de Leipsick, où, suivi de trois cuirassiers, il s'empara d'une batterie ennemie. Après avoir eu trois chevaux tués sous lui, il fut fait prisonnier à la fin de la même journée, en sauvant la vie au général Bessières, frère du maréchal. A la paix de 1814, sur les demandes réitérées de ses chefs, et *en considération de ses nombreuses blessures et de ses actions d'éclat*, M. de Bastard fut nommé, à l'âge de 20 ans, chevalier des ordres de Saint-Louis et de la légion-d'honneur, capitaine de cavalerie et brigadier dans les mousquetaires gris. Il en sortit à l'époque du licenciement de la Maison rouge, en janvier 1816, pour être attaché, comme capitaine, à l'état-major-général de la 1re division militaire, et rapporteur près le premier conseil de guerre.

BASTARD D'ESTANG (Henri-Bruno), frère des précédens, né à Paris, en 1798. Reçu avocat à 20 ans, il a suivi pendant deux ans le barreau de Paris, et vient d'être nommé procureur du roi, près le tribunal de première instance d'Alençon, département de l'Orne.

BASTARD (T.), fut membre du bureau central de la confédération Angevine qui signa, le 7 mai 1815, le pacte fédératif du département de Maine-et-Loire, en faveur du gouvernement de Napoléon.

BASTE (Pierre), contre-amiral, commandant de la légion-d'honneur, né à Bordeaux, le 21 novembre 1768, ne dut son avancement qu'à son courage et à ses services. Entré dans la marine en 1781, comme simple matelot, il passa par tous les grades, et obtint, au siége de Mantoue, le commandement de la flottille qui fut armée sur les lacs. La réputation qu'il se fit à ce siége, ne se démentit ni à Malte ni à Aboukir, où il donna des preuves de la plus grande valeur. De retour de l'expédition d'Égypte, il partit en 1801 pour celle de Saint-Domingue, où il servit avec distinction. En 1807, il fit partie de la grande-armée, fut chargé de former à Dantzick une flottille destinée à presser la reddition de Pillau, et s'empara de 42 bâtimens chargés de vivres. L'année suivante, Baste passa en Espagne, prit de vive force la ville de Jaen, et se maintint dans un espace de vingt lieues d'étendue, quoiqu'il n'eût que 1,200 hommes sous ses ordres. Il fit la campagne de 1809, en Autriche, comme colonel des marins de la garde, et eut le commandement de la flottille qui s'empara de l'île de Mulheiten sur le Danube, et contribua ainsi au gain de la mémorable bataille de Wagram, par la facilité que donnait, pour le passage du fleuve, la possession de cette position importante. Le brave Baste, élevé à la dignité de comte, le 15 août de cette année, ne jouit pas longtemps de la paix que procura cette victoire; il retourna aussitôt en Espagne, où il fut nommé gouverneur de Lorca; purgea tout le pays des brigands qui l'infestaient, et occupa la ville d'Almanza qui leur servait de retraite. Baste fut, en 1811, nommé contre-amiral. Dans l'invasion de la France, en 1814, il ne montra pas moins de bravoure que dans les pays étrangers, et n'eut pas la douleur de voir succomber sa patrie, ayant été tué à l'affaire de Brienne.

BASTIDE (Jean-François de), auteur qui a toujours écrit pour le moment, et dont les ouvrages sont morts avec la mode qui les avait fait naître. Son article, fécond pour la bibliographie, est stérile pour l'histoire littéraire. Fils du lieutenant-criminel de Marseille, et petit-neveu de l'abbé Pellegrin, il naquit à Marseille le 13 juillet 1724, et vint fort jeune à Paris, où régnait l'amour de tout ce qui est licencieux et inutile. Malgré l'éclat que jetait Voltaire, c'étaient Crébillon fils, Dorat et Voisenon qui donnaient le ton dans le monde élégant, à l'époque où les seules factions qui divisaient l'état, étaient au théâtre, le *coin du roi* et le *coin de la reine*. Le jeune Bastide, séduit par le penchant général, insère dans le *Mercure*, quelques badinages, que d'autres journaux citent avec éloge. Encouragé par ces apologistes complaisans, il se lance dans la carrière où brillaient *Acajou* et *le Sopha*, écrit les *Confessions d'un fat*, Paris, 1749; la *Trentaine de Cythère*, 1752; les *Têtes folles*, 1753; les *Aventures de Victoire Ponty*, 1758; donne quelques comédies, représentées sans succès; quelques traités d'histoire fort superficiels, et après cinquante ans de travaux littéraires, il meurt à Milan le 4 juillet 1798, dans l'aisance et dans l'obscurité. Ses ouvrages avaient souvent été des spéculations financières : témoin le *Spectateur français*, 1758, 8 vol., qu'il offrit d'abord à trois francs, puis à trente sous, puis à douze, et à meilleur marché encore, dit-on, sans pouvoir en trouver le débit. C'est au sujet de ce *Spectateur*, imitation bien médiocre des feuilles anglaises d'Addisson et de Steele, que Voltaire adressa une lettre charmante et vraiment philosophique à l'auteur (*correspondance*, année 1758). L'entreprise de la *Bibliothèque universelle des romans*, long-temps dirigée par Bastide, prit entre ses mains, après que M. de Paulmy l'eut abandonnée, en 1779, un caractère d'inexactitude et de précipitation, qui prouve que l'auteur songeait moins à la gloire qu'à la vente. Nous citerons encore son *Choix des Mercures, et autres journaux*, poussé jusqu'à 108 volumes; il en a rédigé plus de 60. Parmi ses productions philosophiques, ou prétendues telles, les plus remarquables sont: le *Monde comme il est*, 1760 (J. J. Rousseau s'est exprimé sur le compte de cet auteur avec toute la dureté de sa franchise, *corres-pondance*, 1760); le *Penseur*, 2 vol., 1766; la *Morale de l'histoire*, 1769, etc.: ce dernier ouvrage fut publié sous le nom de M. Mopinot, lieutenant-colonel, etc. Dans un autre ouvrage de Bastide, intitulé *Variétés littéraires*, 1774, on est fort étonné de trouver ce M. Mopinot lieutenant-colonel, etc., cité avec les plus grands éloges. Fréron a parlé avec modération, et même favorablement, de quelques ouvrages de Bastide, qui, pendant deux ans dirigea le *Mercure de France*. C'étaient deux puissances barbaresques, qui se craignaient et se ménageaient. On peut consulter M. Barbier (*Examen critique des dictionnaires historiques*, art. *Bastide*); il donne la liste extrêmement longue de ses écrits anonymes, pseudonymes, etc. Palissot et l'abbé Sabatier, malgré la différence de leur opinion, en ont porté un jugement semblable, et qui sera sans doute celui de la postérité, si toutefois le nom de Bastide parvient jusqu'à elle : facilité, affectation, incorrection, médiocrité.

BASTIDE (N.), fils du précédent, officier de marine, a publié en 1820, un volume de *Poésies*, où l'on remarque de la correction dans le style, des idées justes, des principes de morale dignes d'éloges; mais ces poésies ne décèlent point un talent au-dessus du médiocre.

BASTIDE-GRAMMONT. (*Voy.* FUALDÈS.)

BASTIEN (JEAN-FRANÇOIS), littérateur et libraire à Paris, est né dans cette ville, le 14 juin 1747. Il a donné: 1° *Lettres d'Héloïse et* d'*Abeilard*, traduction nouvelle, 2 vol. in-8°, 1782; 2° *Année du jardinage*, 1799, 2 vol. in-8°; 3° *Dictionnaire botanique et pharmaceutique*, 1811, in-8°; 4° *Calendrier du jardinier*, 1805 et années suivantes, in-18; 5° *Nouveau Manuel du jardinier*, 1807, 2 vol. in-12; 6° il a coopéré au *Dictionnaire universel, historique, critique et bibliographique*, édition de Prudhomme. Comme éditeur, M. Bastien a publié : 1° *Dictionnaire géographique portatif des quatre parties du monde*, par Ladvocat, sous le nom de *Vosgien*, nouvelle édition, 1795, in-8°; 2° la *Nouvelle Maison rustique*, 1798 et 1804, 3 vol. in-4°; 3° *Janua linguarum reserata*, par J. A. Comenius, 1815, in-18; 4° enfin les *OEuvres complètes* de Plutarque, traduites par Amyot; le *Voyage de Pausanias*, traduit par Gedoyn; les *OEuvres* de Montaigne, Charron, Rabelais, Scarron, Boileau, La Bruyère, Rollin, Buffon, Diderot, d'Alembert, Sterne, Law, etc. Les éditions ou réimpressions faites par M. Bastien, sont estimées pour la correction du texte.

BASTOUL (N.). Né de parens obscurs, il ne savait ni lire ni écrire lorsqu'il entra au service; mais il parvint rapidement au grade de général de brigade par un courage extraordinaire, et par une connaissance approfondie de son état. En 1790, il était sergent dans le régiment de Vivarais, où il s'était engagé volontairement avant la révolution. Lorsque ce corps reçut l'ordre d'aller à Verdun, dès la première journée, presque tous les soldats, du nombre desquels était Bastoul, se révoltèrent et revinrent à Béthune, dont ils contraignirent le commandant de leur ouvrir les portes. Ce régiment fut licencié pour cet acte d'indiscipline. Le 2me bataillon des volontaires du Pas-de-Calais choisit Bastoul pour son chef en second. Le nouveau commandant, sentit qu'il ne lui suffisait pas de bien connaître les manœuvres, et qu'il avait d'autres connaissances à acquérir. A peine arrivé à Lille, il apprend à lire et à écrire, et y parvient en très-peu de temps, quoiqu'il fût âgé de plus de trente ans, et qu'il fit cette étude dans le secret, et pour ainsi dire sans secours : il ne négligeait point pour cela ses études militaires. Enfin, ses travaux et ses soins reçurent une noble récompense, il fut nommé général de brigade, et fit en cette qualité les campagnes du Nord et de Sambre-et-Meuse, pendant lesquelles il contribua particulièrement à la prise des villes du Quesnoy et de Landrecies : il donna dans toutes ces affaires des preuves de la plus rare intrépidité. Appelé ensuite à l'armée d'Allemagne, il fit la campagne de 1797, et rendit encore des services très-importans à l'affaire de Hettersdoff, où il eut une jambe fracassée. N'ayant point voulu se soumettre à l'amputation, il ne tarda pas à succomber, et emporta avec lui les regrets de toute l'armée.

BATAILLARD, homme de lettres et professeur à Paris. On a de lui : 1° *De la Paix générale, ou Tableau politique et moral de la France, mis sous les yeux des nations*, 1801, in-8°; 2° *l'Ami des peuples et des gouvernemens, ou les Principes et les Lumières de la saine philosophie opposés aux paradoxes et aux maximes pernicieuses du philosophisme*, in-8°, 1802 ; 3° *Mon offrande aux parens et aux instituteurs*, manuscrit présenté au tribunat, en 1802 ; 4° *Accord du christianisme avec la philosophie, ou Lettre d'un écrivain orthodoxe aux membres de l'ancien et du nouveau clergé*, in-8°, 1802 ; 5° *le double Concordat, ou les Peuples réconciliés par la valeur et l'héroïsme*, in-8°, 1802 ; 6° *Mon hommage au chef suprême de la nation française et à son auguste épouse*, in-12, 1811.

BATE (Henri), écrivain politique anglais, auteur dramatique, et ecclésiastique spadassin, s'est fait une sorte de réputation, vers la fin du 18me siècle. Chargé de la rédaction d'un *Journal ministériel*, il se fit des querelles fréquentes, et tira souvent l'épée contre les membres de l'opposition qu'il attaquait officiellement et personnellement. Il a donné au théâtre : *le Morceau de lard*, farce ; *Henri et Emma* ; *les Candidats rivaux* ; *le Maure devenu blanc*. On ne connaît pas précisément l'année de sa naissance, ni celle de sa mort.

BATELLIER (N.), était administrateur du département de la Marne, lorsqu'il fut nommé député à la convention, où il vota la mort du roi sans appel et sans sursis. Directeur des aérostats de Meudon, il détruisit, dans les renseignemens qu'il fournit à la convention, le bruit ridicule de la peine de mort infligée à ceux qui approchaient de cet établissement. Au mois de thermidor an 3, il fut dénoncé comme terroriste, ainsi que Bô et Massieu, par les membres du conseil général de la commune de Vitry-sur-Marne : on lui reprochait de venir fréquemment dans cette ville, pour y entretenir l'esprit révolutionnaire, et y commettre des actes arbitraires. Il échappa néanmoins à cette accusation, et même il fut nommé, par le directoire, commissaire dans le département de la Marne. Il obtint ensuite la place de procureur impérial à Vitry, et mourut dans l'exercice de ces dernières fonctions.

BATES (John), compositeur et organiste anglais, se distingua, comme Pugnani et les grands maîtres, par son habileté à conduire un orchestre. Il avait étudié les mathématiques dans sa jeunesse. Son *Traité de l'Harmonie*, a eu le plus grand succès, et a été traduit en allemand. Bates touchait l'orgue avec beaucoup de talent ; ce fut lui qui se chargea de cette partie et de la direction générale du concert, quand une fête musicale fut instituée, pour l'anniversaire de la mort de Handel. En 1776, il dirigea le concert de musique ancienne, établi à Londres. Son opéra de *Pharnace* eut peu de succès. Bates, qui avait composé pour le violon des sonates qui sont encore estimées, mourut en 1799.

BATHURST. Les membres de cette famille, une des plus nobles de l'Angleterre, sont, depuis le règne de Georges III, en possession des fonctions les plus éminentes. Nous ne nous occuperons pas d'Allen Bathurst, membre du conseil de ce prince, plus célèbre encore par son intimité avec Addisson et Pope, que par ses places et ses talens. Sterne, dans ses *Lettres à Élisa* (Draper), parle de ce seigneur avec enthousiasme. Son fils, le comte Henri Bathurst, né en 1713, et mort en 1794, passa rapidement par tous les degrés de la judicature anglaise, et devint successivement solliciteur, procureur-général du prince de Galles, sergent-ès-lois, juge des plaids communs, enfin grand-chancelier. Dans le procès de la duchesse de Kingston, il remplit l'office de grand-sénéchal. Créé baron d'Apsley en 1771, il remit, en 1778, au roi, le grand sceau de la chancellerie. Sa *Théorie de l'évidence* est un des meilleurs ouvrages de jurisprudence anglaise, et l'on croit généralement que la belle introduction de Buller (légiste estimé, qu'ont oublié les biographes), a été faite d'après ce traité.

BATHURST (Henri, lord), évêque de Norwich, que les diverses biographies confondent mal à propos avec le comte Bathurst, ministre du commerce, est né vers 1755. Ces deux personnages ne se ressemblent en aucun point, sinon qu'ils siégent tous deux parmi les pairs. L'évêque s'est rendu populaire par une bienveillance affable et une douce tolérance. Le ministre, aujourd'hui tout-puissant, est un peu moins aimé; ses amis assurent qu'il sacrifie généreusement sa réputation et l'estime publique au bien de l'état et du trône. L'évêque Bathurst avait pour proche parent le chancelier Bathurst. Élevé à Winchester et à Oxford, il était chanoine de l'église de Christ, quand son parent lui fit donner le vicariat de Circencester (comté de Ploncester), qu'il conserve encore. Il obtint ensuite une prébende dans l'évêché de Durham, et bientôt la céda volontairement. Nommé, en 1803, évêque de Norwich, il se montra indulgent en matière de religion, et modéré dans les affaires politiques; généralement aimé, il n'éprouva de la part du gouvernement aucune persécution, bien que plusieurs clubs de Whigs portassent publiquement sa santé : honneur qu'ils ne firent jamais qu'au docteur Watson et à lui. Ce fut cet évêque vénérable, dont les mœurs rappellent celles de Fénélon, qui éleva la voix en faveur des catholiques d'Irlande, le 27 mai 1808, au milieu d'une assemblée de ducs et pairs, qui, simples laïcs, se montraient religionnaires persécuteurs.

BATHURST (N. comte), président du commerce, ministre de la guerre et des colonies, cultiva long-temps la faveur du prince héréditaire, et en recueille aujourd'hui les fruits. L'un des plus ardens et des moins exposés, parmi les ennemis de Napoléon, ce lord, que l'on croit fils du chancelier, poursuivit, dans toutes les circonstances, avec une extrême violence, et sans beaucoup de danger, le conquérant qui épouvantait l'Europe. Soit qu'il voulût, par sa haine pour la France, regagner une popularité que sa vie passée à la cour devait lui faire perdre ; soit qu'il eût au fond du cœur cette profonde aversion pour tous les étrangers, sans laquelle il n'y a pas de bon Anglais, on le vit, en 1815, proposer, contre ces mêmes étrangers, et surtout contre les Français, un nouveau bill extrêmement sévère, et qui fixa même l'attention de l'Europe. Il ne cessa ensuite de crier *aux armes!* dans le sein de la chambre des pairs et dans le conseil des ministres. « Vous êtes déshonorés » à jamais, disait-il à ses collègues, » si vous ne renversez Bonaparte. » Vous vous êtes fait gloire de sa » chute; vous vous l'êtes attri- » buée. A vous entendre, ce résul- » tat est gigantesque, et ne pou- » vait être accompli que par vous. » Voyez ce que le monde pensera » de vous, si vous reconnaissez » Bonaparte pour souverain, et » que vous baisiez les pieds de l'i- » dole que vous prétendez avoir » brisée. » Il voulut qu'une partie des fonds consolidés fût consacrée à payer une dette faite par la Russie en Hollande, pour soutenir la guerre ; et que des sommes considérables fussent destinées à fortifier, contre Napoléon, les frontières de la Belgique. Quand la bataille de Waterloo eut décidé la grande question de la suprématie européenne, il vota des remercîmens solennels à lord Wellington et à son armée. Il ne dévia pas de cette route, quand il soutint (16 mars 1816), contre l'opinion du marquis de Landsdowne, qu'une armée nombreuse toujours sur pied est nécessaire à l'Angleterre. On ne doit pas s'étonner qu'il jouisse maintenant de la plus haute faveur. Ce dont on peut être surpris, c'est de voir une biographie lui attribuer des sermons, tandis qu'elle donne à l'évêque Bathurst, un fils colonel et un ministre.

BATSCH (Auguste-Jean-Georges-Charles), consacra une vie qui fut de peu de durée à l'étude de l'histoire naturelle, et éclaircit beaucoup de points importans de la botanique et de la physiologie végétale. Il naquit à Iéna, le 28 octobre 1761, fut nommé, en 1792, professeur de philosophie dans la même ville, et mourut le 29 septembre 1802, à 41 ans. Fondateur et directeur jusqu'à sa mort de la *Société pour l'avancement des sciences*, à Iéna, il a beaucoup contribué, par ses ouvrages, par les encouragemens qu'il offrait, et par son exemple, aux progrès des sciences physiques et naturelles. Ses vues ne se sont pas bornées à des *spécialités* stériles; il a su s'élever de l'observation particelle aux considérations générales, et dans sa *Dissertation inaugurale* (écrite en latin), *pour fixer la disposition des genres de plantes*, Iéna, 1786; dans son *Traité sur l'organisation des corps;* dans sa *Table des affinités du règne végétal*, il a développé avec talent, adresse et clarté ce *Système de réticulation*, qui offre tous les êtres sous l'image d'une grande chaine, non simple, droite et annulée, mais compliquée, entrelacée, réticulée, donnant naissance à de nouveaux chaînons, et se subdivisant de mille manières, se rattachant par mille points, comme feraient les mailles d'un filet. Ses ouvrages, purement botaniques, offrent des recherches curieuses, et se distinguent par une grande simplicité d'expression : tels sont ses deux traités des champignons, *Elenchus fungorum latinè et germanicè ; accedunt icones 57 fungorum nonnullorum agri Jenensis* (Hallæ Magdeburgicæ, 1783, in-4°), et *Elenchi fungorum continuatio*, 1784; son *Essai d'une introduction à l'histoire et à la connaissance des végétaux*, Halle, 1787; son *Entretien sur la botanique et la physiologie végétale*, Iéna, 1792; sa *Botanique pour les dames et pour les amateurs des plantes*, Weymar, 1795 et 1805; ses *Remarques sur la botanique*, 4 vol. in-4°; et son *Analyse botanique des fleurs de divers genres de plantes*, Halle, 1790. Il faut rendre grâces aux hommes instruits qui savent mettre la science à la portée de l'intelligence la plus commune. Batsch s'est aussi occupé de minéralogie et de physique. On lui doit l'*Histoire naturelle, générale et particulière des Tœnia*, Halle, 1786, in-8°; un *Essai d'Introduction à l'histoire des animaux et des minéraux ;* et des *Mémoires pour l'histoire pragmatique des trois règnes de la nature*, Weymar, 1800, in-4°. Le savant Gmelin a consacré à Batsch la famille des Borraginées, à laquelle il a donné le nom de *Batschia*. On reproche à ses théories des rapprochemens bizarres et forcés; mais elles offrent des vues ingénieuses, nouvelles, et quelquefois d'une haute importance.

BATTARA (JEAN-ANTOINE), consacra une grande partie de sa vie à étudier les champignons, et prouva que ces *noces cachées* (cryptogamie) dont Linné ne put pénétrer le mystère, ne sont pas, comme on l'a prétendu, le fruit de la putréfaction, mais le résultat de véritables graines, imperceptibles et disséminées par l'air. Battara était à la fois ecclésiastique, botaniste et médecin. Ses observations sur les champignons qui croissent dans les environs de Rimini, ville dont il était curé, sont toutes botaniques dans son *Fungorum agri Ariminensis historia*, Faenza, 1755; deuxième édition, 1759, in-4°, 200 fig. Ces figures, dessinées par l'auteur, sont aussi fidèles que mal exécutées. Il découvrit plusieurs espèces inconnues de champignons, une entre autres, à laquelle M. Peerson a donné le nom de *Battara*. Sa classification des champignons n'est pas adoptée aujourd'hui, bien qu'elle offre plusieurs avantages. Battara a publié, en outre, *Pratica agraria distributa in varii dialoghi*, Rome, in-12, 2 vol.; *Epistola selecta de re naturali*, Arimini, 1774, in-4°, *cum tabulis æneis;* dans les actes de l'académie de Sienne, *litteræ ad C. Toninium*.

BATTHIAN (LE COMTE IGNACE DE), évêque de Transylvanie. Il est connu par différens ouvrages écrits en latin, sur les lois ecclésiastiques du royaume de Hongrie, des provinces voisines, etc. Comme protecteur des lettres et des sciences, le comte de Batthian mérite que son nom soit conservé : il ne cessa de les encourager. Sa bibliothèque, son observatoire, et sa riche collection d'instrumens astronomiques, étaient au service de tous les savans. Il mourut en Transylvanie, le 27 brumaire an 7 (1799).

BATZ (LE BARON DE), membre de l'assemblée constituante. Né dans le Béarn, il était grand-sénéchal du duché d'Albret, à l'époque de la révolution. En 1789, la noblesse de Nérac le nomma député aux états-généraux. Il s'y occupa spécialement de finances, et combattit les plans du comité. Le 3 juillet 1790, il fit un rapport sur la dette publique, et proposa de ne considérer comme dettes de l'état, que celles qui auraient été reconnues et admises par l'assemblée elle-même. Deux mois après, il vota contre l'émission des assignats, qu'il mit en parallèle avec les billets du trop fameux Law, en déclarant que l'émission proposée ne lui semblait pas moins désastreuse. Plus tard, il fit d'autres rapports sur les finances; puis, en rendant compte des abus qui avaient causé leur délabrement, il dénonça les frères Périer, célèbres hydrauliciens et administrateurs des eaux de Paris, comme redevables envers l'état d'une somme de 20,000,000. Enfin, il concourut aux protestations des 12 et 15 septembre 1791, contre ce que certaines personnes appelaient les innovations de l'assemblée constituante; et l'on trouva la réclamation d'autant plus étrange, que le baron de Batz avait constamment coopéré aux divers actes de cette assemblée. Dans les derniers mois de 1793, il se rendit suspect, par ses liaisons avec les conventionnels Fabre-d'Églantine, Chabot, Basire, Delaunay dit d'Angers, etc., qu'on accusait de spéculations illicites sur les fonds publics, opérations qui étaient traitées dans sa maison de campagne, à Charonne, près de Paris. En conséquence, il fut impliqué, avec ces députés, dans la conspiration de l'étranger, dont le but était d'enlever la veuve de Louis XVI, de dissoudre la convention nationale, et d'opérer la contre-révolution, si l'on en croit le rapport fait en juin 1794, par Élie Lacoste, au nom du comité de sûreté-générale. De toutes les personnes qui furent comprises dans le décret d'accusation, rendu à la suite de ce rapport, M. de Batz échappa seul à toutes les poursuites. Il parvint à faire perdre sa trace jusqu'au 13 vendémiaire an 4, époque à laquelle il fut arrêté et enfermé au Plessis, d'où il eut encore le bonheur de s'évader, sans cependant sortir de France. M. de Batz y a vécu, tantôt caché, tantôt librement, jusqu'à l'époque de la restauration, où ses tribulations civiles lui furent comptées pour des services militaires. Il est aujourd'hui maréchal-de-camp, et après avoir commandé en cette qualité, à Aurillac, il a été mis à la retraite.

BAUCHETON (FRANÇOIS), était avocat au bailliage d'Issoudun. En 1789, il fut envoyé aux états-généraux par la sénéchaussée du Berri. En 1792, le département du Cher le nomma à la convention, où, dans le procès du roi, il vota la détention, le bannissement à la paix, l'appel au peuple et le sursis. Il passa ensuite au conseil des cinq-cents: il y fit partie du comité de l'examen des comptes; mais il cessa d'être député au mois de floréal an 5. M. Baucheton rentra dans la magistrature; fut successivement nommé procureur impérial près du tribunal criminel de Bourges, premier avocat-général à la cour d'appel de cette ville, membre de la légion-d'honneur, enfin, membre de la chambre des représentans, en 1815, où il se montra aussi réservé qu'il l'avait été à la convention. Après la bataille de Waterloo, il reprit ses fonctions judiciaires.

BAUDEAU (NICOLAS), chanoine régulier de Chancelade, membre de l'académie de Bordeaux, fut un des premiers économistes du dernier siècle. Il naquit à Amboise, le 25 avril 1730. Reçu chanoine régulier de l'abbaye de Chancelade, il y professa la théologie, et était occupé de l'analyse de l'ouvrage de Benoît XIV sur les béatifications, lorsque M. de Beaumont, archevêque de Paris, le manda dans cette ville pour quelques affaires. Il eut des relations particulières avec des économistes, et plus particulièrement avec l'auteur de *l'Ami des hommes,* le père du célèbre Mirabeau. Dès lors il ne s'occupa plus que de l'économie politique, et il publia, sur cet important sujet, un grand nombre d'ouvrages, dont le principal fut le journal intitulé : *Éphémérides du citoyen.* Il alla en Pologne avec M. de Masalski, évêque de Wilna, qui lui fit obtenir la prevôté de Widziniski. L'abbé Baudeau avait beaucoup d'esprit et de mémoire; il parlait et écrivait avec facilité; mais ses idées sur le commerce, l'agriculture et les finances, sont souvent fausses, et la plupart de ses nombreux systèmes seraient impraticables. Il tomba en démence complète dans les derniers temps de sa vie, et mourut vers 1792.

BAUDELOCQUE (JEAN-LOUIS), célèbre chirurgien, a perfectionné l'art des accouchemens. Cet art, qui fut abandonné pendant longtemps à l'impéritie, repose aujourd'hui sur des principes certains, et la nécessité de toutes ses opérations peut être démontrée jusqu'à l'évidence géométrique. Une ignorance absolue du mécanisme de l'accouchement, l'emploi de manœuvres barbares, meurtrières, lorsque la nature ne pouvait le terminer elle-même, tel fut, pendant un grand nombre de siècles, le partage des hommes qui se disaient accoucheurs. Mauriceau, Peu, Deventer, La Motte, mais surtout Smellie et Levret, parvinrent enfin à substituer les lumières aux ténèbres. Le *forceps* fut inventé ; et, dès cette époque, l'art des accouchemens fut constitué : la chirurgie l'avoua. C'est dans cette période brillante que parut Baudelocque; il naquit, en 1746, à Heilly, dans la Picardie; vint à Paris, et se livra avec zèle à l'étude de l'anatomie, de la chirurgie et de l'art des accouchemens. Il fut l'un des élèves les plus distingués de Solayrès, qu'une mort prématurée frappa avant qu'il eût eu le temps de consolider par d'utiles écrits la grande réputation dont il jouissait, comme professeur et comme praticien. Baudelocque fut son ami encore plus que son élève ; il continua ses leçons, à la satisfaction d'un grand concours d'auditeurs, pendant la durée d'une maladie de six mois, qui privait Solayrès de la parole. Après avoir exercé la chirurgie plusieurs années dans l'hôpital de la Charité, et avoir remporté l'un des premiers prix de l'école pratique, il se voua à l'exercice de l'art des accouchemens, et pour mieux le connaître, il l'enseigna. Ses cours particuliers commencèrent sa renommée et ses succès; il avait 24 ans, lorsqu'il obtint le titre de maître en chirurgie au collége de Paris; il examina et désapprouva l'opération, nouvelle alors, de la *section de la symphise*, dans une thèse estimée, qui porte ce titre: *An in partu propter angustiam pelvis impossibili symphisis ossium pubis secanda?* L'année 1775 vit paraître les *Principes sur l'art des accouchemens, par demandes et par réponses, en faveur des élèves sages-femmes*, 1 vol. in-12, Paris; réimprimé, en 1787, aux frais du gouvernement, et tiré à six mille exemplaires; troisième édition, 1 vol. in-12, Paris, 1806. Cet excellent ouvrage élémentaire fut le guide des élèves; il leur apprit que l'accouchement n'est en lui-même qu'une opération naturelle, qui réclame rarement les secours de l'art. La publication de ce manuel fut bientôt suivie de celle d'un ouvrage plus étendu, plus raisonné, plus complet, *l'Art des accouchemens*, 2 vol. in-8°, Paris, 1781, fig.; réimprimé avec des améliorations successives, dans le même format, et avec le même nombre de volumes, en 1789, en 1796 et en 1807. Ce livre est encore classique: il est divisé en quatre parties, la première indique les connaissances anatomiques et physiologiques, essentiellement nécessaires à l'accoucheur; la seconde traite du mécanisme de l'accouchement naturel et de la délivrance, ainsi que des premiers soins à donner à la mère et à l'enfant; la troisième a pour objet l'accouchement contre nature, et la quatrième l'accouchement laborieux. Baudelocque divise les accouchemens en trois ordres, d'après la manière dont ils s'opèrent. Ceux-là sont naturels, ceux-ci demandent le secours de la main, d'autres ne peuvent être terminés qu'avec le secours des instrumens. Aucun accoucheur n'avait fait connaitre d'une manière aussi précise qu'il le fit, les différens cas que cette dernière opération peut amener, et les moyens par lesquels il faut y remédier. Enseignant combien il est facile de maintenir la nature dans ses droits, il établit ce grand principe, si fécond en conséquences, que l'art doit toujours imiter et suivre ses procédés. Les plus habiles chirurgiens ne sont pas ceux qui surchargent l'art d'instrumens et de procédés opératoires nouveaux, mais ceux qui le simplifient, et Baudelocque eut ce mérite. Il acquit en peu d'années une grande réputation, et comme accoucheur habile, et comme professeur. Le gouvernement le chargea d'enseigner l'art des accouchemens dans la faculté de médecine de Paris, dès que l'école de santé eut été instituée, et le nomma, peu de temps après, chirurgien en chef de l'hospice de la Maternité. Alors rien ne manqua à la renommée de Baudelocque; il devint membre d'un grand nombre de sociétés savantes, et fut nommé à la place de premier accoucheur de l'impératrice Marie-Louise, fonction qu'une mort prématurée ne lui permit pas de remplir. Quelques chagrins cependant troublèrent son repos et le bonheur des dernières années de sa vie. Le docteur Sacombe, irrité des succès du célèbre praticien, tenta de mettre en question et son savoir et son habileté; il le calomnia avec violence, et porta contre lui une accusation équivalente à celle d'assassinat. Un procès scandaleux, dont l'issue vengea l'honneur de Baudelocque, termina cette querelle. (*Voy.* SACOMBE.) Baudelocque a donné à plusieurs journaux de médecine, notamment au *Recueil périodique de la société de médecine de Paris*, un grand nombre de dissertations et de rapports sur l'art des accouchemens, et sur les maladies des enfans et des femmes: parmi ces opuscules on remarque un *Mémoire sur les hémorragies utérines cachées ou sans écoulement au dehors, pendant le travail de l'enfantement.* Il mourut à Paris, en 1810.

BAUDET-LA-FARGUE, ou LA FARGE, né en octobre 1765. Lorsque la révolution commença, il occupait la place de clerc-commissaire dans la marine. Administrateur du département du Puy-de-Dôme, il fut député au conseil des cinq-cents, où il entra en 1798, et dont il devint bientôt l'un des secrétaires. Il réclama contre la résolution prise en faveur des émigrés naufragés à Calais, et demanda qu'ils fussent déportés: on avait proposé la mort. Il sollicita une loi spéciale pour obvier aux inconvéniens que pouvait entraîner la facilité d'inscrire un représentant sur la liste des émigrés. Comme il sentait parfaitement les suites de l'influence sur les élections, que donnait au gouvernement la distribution des places, il demandait que du moins aucun représentant ne pût en accepter, s'il ne s'était pas écoulé au moins un an depuis la cessation de ses fonctions législatives. Il attribuait, en grande partie, la tiédeur de l'esprit public, à la suspension illégitime de la liberté de la presse: la rétablir, était, selon lui, le moyen le plus sûr de déjouer les complots des ennemis de la liberté: c'était voir juste. Il combattit le projet de Jourdan, qui demandait la peine de mort pour la désertion à l'intérieur. Il désirait qu'on retranchât du serment des officiers de la garde nationale, le mot *anarchie;* ce mot disait-il, a été mis en avant par ceux qui voulaient détruire les effets de la révolution. Toujours opposé au directoire, il contribua puissamment à la chute de Merlin, de Treillard et de La Réveillère-Lepeaux; mais la liberté ne retira pas de ces efforts les avantages qu'il s'en promettait. Le 18 brumaire, M. Baudet était en congé dans son département, et il prétendit que s'il se fût trouvé à Saint-Cloud, l'événement n'eût pas eu lieu: aussi ne fit-il point partie du corps-législatif depuis cette époque. Il fut juge de paix et membre du conseil de l'arrondissement de Thiers. Cependant en 1815, il fut un des députés du collége électoral du Puy-de-Dôme pour présenter une adresse à Napoléon. Durant cette mission, il porta ce toast : « A la patrie! à la liberté! » puissent l'énergie de la repré- » sentation nationale, et l'union » de tous les Français en assurer » le triomphe! » On conçoit que depuis vingt ans, ce député a dû rester étranger aux affaires.

BAUDIN (des Ardennes), né à Sedan, le 18 octobre 1748, s'était destiné au barreau, mais l'exil du parlement de Paris, en 1770, lui fit quitter cette carrière. Il devint l'instituteur des enfans du président Gilbert des Voisins. En 1783, il fut directeur des postes à Sedan. L'estime dont il jouissait le fit nommer maire de cette ville, en 1790, et membre de l'assemblée législative, au mois de septembre 1791. Il était du comité d'instruction publique de cette assemblée; mais étranger à l'intrigue, il n'y fut remarqué que par ses sentimens républicains. Membre de la convention, il vota pour la détention de Louis XVI, et le bannissement à l'époque de la paix; puis il demanda l'appel au peuple, et le sursis. Faisant partie en floréal an 3, de la commission des onze (laquelle était chargée de rédiger et de proposer un projet de constitution), il montra, dans cette occasion où il parla au nom de cette commission, que s'il s'était abstenu jusqu'alors de paraître à la tribune, ce n'était point qu'il manquât de talent oratoire. Il insista fortement pour la réélection des deux tiers de la convention, comme partie du corps-législatif qui devait lui succéder. Le jour même de sa nomination à la présidence de la convention, au commencement de l'an 4, il venait de faire rendre un décret pour la convocation des assemblées électorales. Il adressa un discours aux patriotes de 1789, qui se présentèrent pour défendre la convention, le 12 vendémiaire. Avant que cette assemblée fut dissoute, on y proclama une amnistie pour les délits révolutionnaires, et généralement pour tous les actes qui rentreraient dans cette catégorie. C'est Baudin qui fit adopter cette mesure. « Où est l'homme, disait- » il, qui n'ait point à regretter, ou » quelques excès dans un empor- » tement excusable d'ailleurs, ou » quelques-uns de ces ménagemens » qui dégénèrent en faiblesses, » ou des variations équivoques, » ou des momens d'indécision, ou » même une inaction nuisible ?» Lors de la formation d'un nouveau corps-législatif qui se composait du conseil des cinq-cents et du conseil des anciens, Baudin entra dans ce dernier conseil, dont il fut successivement nommé secrétaire, commissaire aux archives, et président. Il n'oublia point les principes qu'il avait suivis jusqu'alors; il s'opposa également aux hommes qui voulaient renverser les institutions nouvelles, et à ceux qui ne paraissaient les adopter que pour en abuser au milieu de l'anarchie. Il fit même un écrit sur *l'Esprit de faction*, dont il examinait la funeste influence dans les divers gouvernemens; il combattit avec beaucoup de vigueur le parti clichien, dont l'opposition au directoire n'était, selon lui, qu'un acheminement au rétablissement de la royauté. Baudin, qui avait applaudi à la chute de la Bastille, appuya la proposition de faire entrer des troupes dans le rayon constitutionnel : ce qui l'y engageait sans doute, c'est que Pichegru s'y opposait au conseil des cinq-cents dont il était membre. On ne pouvait reprocher à Baudin de l'inconstance en politique; durant cette session de l'an 6, il prit souvent la parole, et toujours pour le triomphe des maximes qu'il avait adoptées dès le principe. L'année suivante, il obtint qu'on renvoyât à une commission d'examen le projet d'assimiler aux émigrés les Français qui s'étaient soustraits à la déportation. En qualité de membre de l'institut, il fit hommage au conseil d'un ouvrage posthume de Bailly. Chargé une seconde fois de la présidence, il prononça, à l'occasion de l'anniversaire du 14 juillet, un discours dans lequel, après avoir rappelé ce que la révolution avait produit, ce qu'elle avait détruit, et tout ce qu'elle avait fait de grand, il s'élevait contre la dangereuse idée de changer désormais la distribution des premiers pouvoirs, distribution qui ne tarda pas à être totalement intervertie par l'événement du 18 brumaire. Quelque temps auparavant, il s'était élevé avec force contre Barère : il n'avait point demandé qu'on le jugeât, mais qu'enfin on le laissât dans l'oubli. En justifiant des crimes de 1795 le plus grand nombre des membres de la convention, Baudin avait parlé contre la résolution de rapporter les exceptions à la loi d'amnistie. Il s'était aussi élevé contre la réunion du Manège, et contre la mise en accusation des directeurs renvoyés le 30 prairial, Merlin, Treillard, et La Réveillère-Lépaux, auxquels il reprochait néanmoins d'avoir compromis par incapacité, ou par faiblesse, l'existence de la république. La tyrannie du directoire lui paraissait aussi humiliante que révoltante; il en appelait hautement la fin par ses vœux. Quand Bonaparte débarqua à Fréjus, on a prétendu que Baudin était mort de joie à cette nouvelle : ce défenseur de la république croyait donc qu'un même siècle pouvait produire deux Washington! Quoi qu'il en soit, il termina sa carrière à cette époque, et ne vit pas même la journée du 18 brumaire. On a de lui des *Anecdotes et Réflexions générales sur la constitution*, 1794, in-8°; des *Éclaircissemens sur l'article 355 de la constitution, et sur la liberté de la presse*, 1795, in-8°; plusieurs rapports faits à la convention, et enfin des mémoires conservés parmi ceux de l'institut. Il était un des rédacteurs du *Journal des Savans*, et il se chargeait des séances de la convention dans la feuille nommée *la Sentinelle*.

BAUDIN (de Paris.) On le destinait à l'état ecclésiastique, et, malgré les premiers événemens de la révolution, il entra en effet dans cette carrière. Il était vicaire épiscopal dans le diocèse de Paris, lorsqu'il fut accusé, en l'an 2, d'avoir enlevé la femme d'un nommé Belgoder; alors il se fit remarquer au club des jacobins, dont il devint un des principaux membres. Commissaire du pouvoir exécutif dans la Vendée, il s'opposa aux excès des conventionnels Hentz et Francastel; mais ils le firent arrêter, et le retinrent huit mois en prison. Dès qu'il fut libre, il renonça solennellement à la prêtrise, et dit à la convention, que chez un peuple de citoyens, il ne fallait pas plus de prêtres que de rois. Il fut envoyé de nouveau dans les départemens de l'Ouest, par le général Hoche, pour concourir à la pacification de ce pays. Les événemens du 18 fructidor le rappelèrent à Paris, où il remplit les fonctions de commissaire du pouvoir exécutif, près du bureau central. Il ne tarda pas à être destitué, mais il fut ensuite nommé administrateur des hospices civils de Paris. Depuis le 18 brumaire, il n'a pris aucune part aux affaires publiques.

BAUDIN (Nicolas), capitaine de vaisseau et botaniste, naquit dans l'île de Ré, vers 1750. Fort jeune encore, il prit du service dans la marine marchande, et fut nommé sous-lieutenant de vaisseau, en 1786, lorsque le maréchal de Castries réorganisa la marine royale. Il paraît que l'empereur François II le chargea d'entreprendre dans les Indes des recherches d'histoire naturelle, et qu'il partit de Livourne avec le commandement d'un vaisseau portant pavillon autrichien. Revenu des Antilles en France pour la seconde fois, il présenta sa précieuse collection au directoire qui le nomma capitaine de vaisseau, et lui confia le jeune chinois A-Sam pour le reconduire dans sa patrie. De là Baudin se rendit à l'île de France, et se dirigea ensuite vers la Nouvelle-Hollande, dont il était chargé de reconnaître entièrement les côtes. Il les trouva inabordables au nord-ouest. Baudin parcourut avec soin la grande baie *des chiens marins*, sur laquelle il donna des renseignemens importans; enfin il vit la partie située entre le détroit de Bass, et l'extrémité orientale de la terre de Nuits, près de la région appelée par Cook *Nouvelle-Galles méridionale*. La moitié de l'équipage succomba aux fatigues de ce voyage, et le capitaine lui-même termina sa carrière à l'île de France, le 16 septembre 1803. Sa conduite pendant cette navigation, avait excité des mécontentemens, et avait été le sujet de reproches assez graves. M. Péron, l'un des naturalistes qui l'accompagnaient, se plaint de lui très-amèrement, dans la relation de ce voyage, qu'il a publiée en trois volumes in-4°.

BAUDISSON (Innocent-Maurice), neveu et élève du célèbre Bogin, ministre instruit et sage et qui fut le bienfaiteur de Turin, naquit dans cette ville le 19 novembre 1737. Pendant trente ans professeur de droit canon, à l'université de Turin, il demanda et obtint sa retraite en 1797. Quand le Piémont fut réuni à la France, il fut nommé à de hautes fonctions, et se montra, par son zèle à soutenir les droits de ses compatriotes, supérieur à sa première vocation, fort honorable sans doute, mais d'une utilité moins évidente pour le bonheur de l'humanité. Il mourut à Turin en 1805.

BAUDOT (Marc-Antoine), exerçait, en 1789, la profession de médecin à Charolles. Ayant adopté, dès l'origine de la révolution, les principes de liberté et d'indépendance nationale, il fut nommé, par le département de Saône-et-Loire, suppléant à l'assemblée législative, et, en septembre 1792, député à la convention. Les diverses biographies, en traçant l'esquisse de la vie politique de M. Baudot, se sont copiées mutuellement, et ont commis ou répété de nombreuses erreurs. Des renseignemens positifs permettent aux auteurs de la Biographie nouvelle des contemporains de rétablir les faits dans toute leur exactitude. Membre de la convention, M. Baudot demanda, en octobre 1792, un décret d'accusation contre MM. de Dillon, Maury, Courvoisier et de Choiseul-Gouffier, comme ayant été en correspondance avec les frères de Louis XVI. Dans le procès de ce monarque, il vota la mort et l'exécution dans les vingt-quatre heures. Lors de la révolution du 31 mai 1793, il était en mission à Montauban (et non à Toulouse), en vertu d'un décret spécial qui lui ordonnait de suspendre les autorités constituées de cette ville. Après avoir rempli sa mission, il se rendit à Toulouse sur l'invitation de ses collègues. Il n'en sortit ni par précaution, ni par crainte comme on l'a prétendu (la convention n'aurait pas pardonné à cette époque une semblable prudence), mais bien par devoir, et pour rentrer à son poste. Envoyé en mission à l'armée de Rhin-et-Moselle, il déploya, comme il l'avait fait précédemment, la même sévérité contre les émigrés et les prêtres agitateurs, et fit incarcérer, à Metz et à Strasbourg, un grand nombre de ces individus. A la bataille de Kaiserslautern, qui eut lieu le 10 frimaire an 2 (30 novembre 1793), il donna des preuves de courage, et montra, peu après, non sans s'exposer à des dangers qui n'étaient pas moins réels, beaucoup de fermeté dans la défense qu'il prit du général Hoche, contre Saint-Just, défavorablement prévenu à l'égard de ce jeune guerrier. De retour à la convention, il fut nommé secrétaire en germinal an 2 (mars 1794). Après le 9 thermidor de la même année, il fut envoyé à l'armée des Pyrénées-Orientales; mais, disent les biographes déjà cités, il n'y resta pas long-temps. C'est une erreur. Il y resta jusqu'au mois de prairial an 3: c'est-à-dire qu'il remplit une des plus longues missions qui aient eu lieu pendant la durée de la convention. C'est à son retour qu'il eut connaissance du décret qui le mettait en état d'arrestation, après une absence, par mission, qui avait duré plus de dix mois. M. Baudot ne fut ni arrêté, ni envoyé au château de Ham, comme on l'a encore prétendu. Il se retira en Suisse, et de là à Venise, où il séjourna jusqu'après le 13 vendémiaire an 4. M. Baudot, qui avait cessé de remplir les fonctions législatives avec la session conventionnelle, devint chef de division au ministère de la guerre, lorsque le portefeuille de ce département fut confié au général Bernadotte, aujourd'hui roi de Suède. Retiré dans ses foyers, où il avait repris sa profession de médecin, il remplit, pendant les *cent jours*, une courte mission en Bretagne, et se trouva ainsi placé dans la catégorie des *conventionnels votans* qui furent bannis de France après la seconde restauration. Le 4 février 1816, il partit pour la Suisse, et éprouva dans ce pays *libre* et *ami* de nouvelles persécutions. Pendant six semaines, chaque matin, il était obligé de chercher à travers les neiges l'asile où il pourrait reposer le soir. Ce ne fut que par la protection d'un respectable médecin de Lausanne qu'il put trouver une retraite à Avenche, sur les confins du pays de Vaud et du canton de Fribourg, dans une maison destinée aux aliénés. Il y passa cinq mois et se rendit, non sans peine, à Liége, où il a enfin trouvé dans un asile assuré un terme aux vicissitudes de sa vie politique.

BAUDOUIN (François-Jean), imprimeur, est né à Paris en 1759. Élu député suppléant du *tiers* aux états-généraux, cette circonstance contribua à le faire nommer imprimeur de l'assemblée nationale, privilége qu'il continua d'exercer pour les assemblées législatives jusqu'en 1809. Quand les états-généraux se furent constitués en *assemblée nationale*, M. Baudouin, qui avait été chargé d'imprimer tous leurs travaux, fit prendre à sa maison le titre d'*Imprimerie nationale* : ce titre déplut à la cour, qui crut y remarquer une atteinte dangereuse à son pouvoir. Baudouin fut mandé chez le garde-des-sceaux pour y recevoir la défense d'employer désormais une pareille dénomination; mais il crut devoir répondre au chef de la magistrature, qu'ayant reçu de l'*assemblée nationale* l'ordre exprès de prendre ce titre, il ne pouvait y renoncer. Le garde-des-sceaux insista pour que Baudouin se contentât du titre *d'imprimeur de l'assemblée*, en retranchant le mot *nationale*. Indépendamment de ce que cette déférence pour les ordres du ministre eût été injurieuse à la législature, la dénomination ainsi restreinte aurait été trop insignifiante : le mot *nationale* fut conservé. Dans les derniers jours de juin 1789, il eut le bonheur, avec M. Viellart, député de Reims, de contribuer à soustraire l'archevêque de Paris à la fureur d'une multitude qui l'avait insulté sur la place Dauphine à Versailles, et assailli d'une grêle de pierres. Ce prélat était accusé d'avoir, étant à Marly, supplié le roi de dissoudre l'assemblée nationale. Le 22 juillet suivant, M. Baudouin fut moins heureux dans une circonstance pareille. Il avait été chargé, avec quelques autres électeurs, de la garde de l'intendant Foulon, qu'on venait d'amener à l'Hôtel-de-Ville de Paris. Il s'exposa en vain pour remplir cette mission. Ni ses efforts, ni ceux de ses collègues, que soutenaient la fermeté de M. de La Fayette et les exhortations du curé de Saint-Étienne du Mont, ne purent sauver le proscrit, qu'une populace furieuse vint chercher jusque dans les bras de ses gardiens, qui faillirent être eux-mêmes les victimes de leur humanité. Dans la nuit des 5 et 6 octobre, M. Baudouin sauva encore un garde-du-corps à Versailles, en le cachant dans ses ateliers. L'établissement du *Logographe*, en 1791, indisposa de nouveau les factieux contre M. Baudouin. Bien que l'abonnement à cette feuille, d'un format plus grand que le *Moniteur*, eût été porté à un prix assez élevé, le *Logographe*, en moins de deux mois, compta 3,000 abonnés. Louis XVI le lisait avec un grand intérêt. En effet, indépendamment des nouvelles politiques les plus exactes, et d'articles polémiques très-piquans, ce journal offrait un procès-verbal des séances, tracé avec une véracité et une exactitude désespérantes pour ceux à qui la passion du moment ôtait tout sentiment des convenances : à moins d'avoir assisté à la séance, il eût été difficile de connaître plus précisément ce qui pouvait s'appeler *le drame de l'assemblée*. Le *Logographe* représentait avec une vérité effrayante des objets étrangement hideux : aussi fut-il souvent l'objet de murmures, de plaintes, de menaces, de la part des hommes que la fidélité de ce miroir ne flattait pas. Ils finirent par le briser. Le 14 août 1792, le *Logographe* fut supprimé par un décret spécial, dicté par la faction qui, quatre jours auparavant, venait de renverser le trône. Le 10 août, M. Baudouin recueillit dans sa maison plusieurs députés, d'autres personnages marquans, et quelques soldats suisses, qui avaient tout à craindre de l'effervescence populaire. Lorsqu'en 1793 on établit à Paris des comités révolutionnaires, M. Baudouin fut nommé membre de celui de la section des Tuileries. Il employa son influence à sauver des victimes que dénonçait un zèle trop aveugle. Nous citerons entre autres l'ancien garde-des-sceaux, M. Hüe de Miromenil, qu'il préserva de l'échafaud, en faisant disparaître des pièces qui auraient compromis ce magistrat. Vers la fin de 1794, accusé lui-même de terrorisme, il fut incarcéré et transféré au château de Ham; mais bientôt il recouvra la liberté, à la sollicitation du conventionnel Lecointre de Versailles. En 1809, M. Baudouin ayant cessé d'être chargé de faire les impressions pour le service du corps-législatif, sa fortune, déjà ébranlée par son déplacement des Tuileries, à l'époque du 18 brumaire an 8 (9 novembre 1799), et par d'autres pertes considérables, fut entièrement renversée par cette nouvelle catastrophe. Il crut pouvoir un instant la rétablir. Appelé en Russie pour y fonder une imprimerie impériale qui manquait à ce vaste empire, il y fut bien accueilli; mais, quoiqu'il en eût déjà été nommé le directeur, il ne put parvenir à former l'établissement, dont on ajourna indéfiniment l'existence, à raison des événemens de la guerre et du changement intégral du ministère, qui l'avait protégé. De retour en 1810, il obtint une place dans l'administration des droits-réunis, et fut envoyé, en 1813, à Groningue comme contrôleur en chef de l'octroi. Il n'y resta que quatre mois; les événemens qui eurent lieu en novembre de cette année, l'obligèrent de rentrer en France, où il a depuis exercé successivement divers emplois. M. Baudouin a mis en ordre les *Mémoires de l'abbé Georgel sur la révolution française*, qui ont paru en 1818 et en 1819 : on prétend même qu'il a coopéré à leur rédaction. — Son fils, sous le nom de d'Aubigny, a donné au second Théâtre-Français (Odéon) quelques comédies qui ont réussi, entre autres *les Petits Protecteurs*, *l'Homme gris*, etc.

BAUDOUIN aîné, épicier-droguiste à Saint-Germain-en-Laye, allia la culture des lettres aux soins du commerce, et s'exerça comme écrivain sur des matières de plus d'un genre. On a de lui une comédie en trois actes et en vers, intitulée *Estelle, ou la coupable Innocente*; une *Lettre au tribunat sur l'article de la constitution concernant les faillites et les banqueroutes*, et, dit-on, plusieurs tragédies. La seule qui soit connue est celle de *Démétrius* : cette pièce, imprimée à Paris chez Huet, avait obtenu, en 1785, les honneurs de la représentation sur le théâtre de Saint-Germain-en-Laye. Elle ne tomba pas : le succès ne fut pas suffisant cependant pour déterminer les comédiens français à l'admettre sur le théâtre de la capitale. Nous n'en parlerions pas si, parmi quelques vers heureux, on n'y avait applaudi celui-ci :

Un frère est un ami donné par la nature.

Ce vers se retrouve mot pour mot dans *la Mort d'Abel*, et certes on peut s'en étonner. Comment Caïn a-t-il pu être amené à faire un pareil rapprochement, à l'époque où le genre humain consistait dans une seule famille, et où les trois seuls hommes qui existassent ne pouvaient connaître d'affections que celles qui naissent de la parenté? L'amitié, si souvent plus puissante que la force du sang, suppose nécessairement l'existence de plusieurs familles, l'existence d'une société dont tous les membres ne sont pas parens. Dans *la Mort d'Abel*, le vers que nous citons est donc tout-à-fait repoussé par le sujet; aussi n'est-ce pas le sujet, mais la mémoire d'un acteur qui l'a fourni à Le Gouvé. Cet acteur, qui avait joué dans *Démétrius*, et qui n'imaginait pas que cette tragédie dût voir jamais le jour, crut qu'il n'y avait aucun inconvénient à en exhumer un vers digne d'être conservé. L'auteur de *la Mort d'Abel* fut du même avis, et le public justifia par ses applaudissemens, un larcin dont le bon goût ne veut leur faire un crime que parce qu'il y voit une faute. Nous avons pensé que cette anecdote, qui d'ailleurs ne saurait porter atteinte à la réputation de l'auteur de tant de vers excellens, pouvait offrir une leçon utile aux emprunteurs : et puis ne faut-il pas rendre à chacun ce qui lui appartient ? *suum cuique*.

BAUDRAIS (Jean), né à Tours, le 14 août 1749, vint à Paris à l'âge de 20 ans, s'y maria, et donna, à l'occasion de la naissance du dauphin, en 1781, l'*Allégresse villageoise*, divertissement mêlé de chants et de danse. En 1782, il publia un poëme héroï-comique, intitulé *la Vanité est bonne* à *quelque chose*, et, en 1783, un divertissement en vers, à l'occasion de la paix, sous le titre du *dieu Mars désarmé*. Il est éditeur avec M. Le Prince, qui en avait obtenu le privilége, de la *petite Bibliothéque des théâtres*, collection assez considérable, à laquelle M. Baudrais travailla seul. Ce dernier a encore publié : *Essais historiques sur l'origine et les progrès de l'art dramatique en France*, 3 vol.; *de la Tragédie; Étrennes de Polymnie; Choix de chansons, romances et vaudevilles*, 5 vol. (de 1785 à 1789). Dès le commencement de la révolution, M. Baudrais fut chargé de divers emplois publics. On l'a vu successivement commissaire de son district ou quartier (celui des filles Saint-Thomas), employé à la signature des assignats, contrôleur-général de ce papier-monnaie, deux fois membre du corps électoral, membre du conseil-général de la commune, membre du corps et du bureau municipal. Ce fut en cette dernière qualité qu'il reçut et contre-signa le *Testament olographe de Louis XVI*, et que, sous le régime de la terreur, il exerça *les éternelles attributions de censeur*. Il était administrateur de police, juge de paix de la section de la Halle-au-Blé, à l'époque où il fut envoyé à la Guadeloupe pour y exercer les fonctions de juge au tribunal civil, criminel et d'appel en matière de commerce et de prises maritimes. Il résidait depuis trois ans dans cette colonie, lorsque, par suite de *l'explosion de la machine infernale* (3 nivôse an 9), il fut déporté de la Guadeloupe à Cayenne, comme ayant été mis sur la liste des auteurs ou complices de cette conspiration royaliste, bien qu'il se fût signalé par des opinions très-différentes, et qu'il se trouvât à quinze cents lieues de Paris lorsqu'elle y éclata. Il fut cependant chargé à Cayenne du greffe du tribunal civil, criminel, de commerce, etc., des fonctions de notaire et de la tenue des registres de l'état civil, fonctions qu'il cumula pendant trois ans, mais dont il dut se démettre, ayant refusé de prêter serment à l'empereur Napoléon. Retiré avec sa femme, qui l'avait accompagné dans le lieu de sa déportation, aux États-Unis d'Amérique, il y passa treize ans, vivant du travail de ses mains. M. Baudrais, de retour en France, en 1817, a donné de sa personne, et donne encore aujourd'hui un démenti aux auteurs d'une biographie qui le font mourir vers 1801, par suite de la conspiration du 3 nivôse, après l'avoir confondu avec un sieur Baudray, qui n'est pas même son homonyme, et qui a tenu le café des *bains Chinois*, sur le boulevart des Italiens.

BAUDRAN (Mathieu), exerçait la profession d'avocat avant la révolution. A cette époque, il fut nommé juge du tribunal du district de Vienne en Dauphiné, et, en 1792, député à la convention nationale par le département de l'Isère. Il vota la mort de Louis XVI, et fit partie des conventionnels montagnards envoyés dans le département de la Mayenne, où néanmoins il se montra très-modéré. Dans l'affaire de Carrier, dont il fut chargé d'examiner la conduite, il se déclara fortement contre cet homme sanguinaire. Après la dissolution de la convention, il refusa d'entrer dans les conseils; et si Rewbel, membre du directoire et son ami, parvint à lui faire accepter la place de commissaire près du tribunal correctionnel de Vienne, cet ancien député n'en donna pas moins peu après sa démission. Jusqu'à sa mort, arrivée en 1812, il ne s'occupa plus que de la profession d'avocat.

BAUDUIN (Dominique), prêtre de l'Oratoire, né à Liége, le 14 novembre 1742, fut pendant long-temps professeur d'histoire à Maestricht. Un biographe prend la peine de nous dire qu'il avait les yeux mauvais, qu'il plaisantait souvent dans la conversation, et qu'il pinçait la harpe comme David, en chantant des psaumes: détails fort peu intéressans pour les siècles à venir, et qui ne l'auraient pas rendu digne de figurer dans cette Biographie, s'il n'avait publié des *Considérations sur les guerres de commerce*, in-8°, qui prouvent qu'il eût pu s'occuper avec succès des intérêts purement terrestres. On a de lui, entre autres ouvrages de théologie, un *Essai sur l'immortalité de l'âme*, Dijon, 1781, in-12; et la *Religion chrétienne justifiée au tribunal de la raison et de la philosophie*, Liége, 1788. Il est mort le 31 janvier 1809.

BAUDUS, né à Cahors, en 1763. Sa famille était connue dans la magistrature, et lui-même remplissait les fonctions d'avocat du roi au présidial de cette ville, lorsque la révolution éclata. En 1789, il se déclara pour les parlemens, et refusa l'enregistrement des ordonnances portées pour l'établissement des cours plénières. Cette conduite, qui s'accordait avec les mouvemens de l'opinion, lui acquit une si grande popularité, que malgré sa jeunesse, il devint, par un choix unanime, procureur-général-syndic du département du Lot. Après avoir exercé quelque temps ces fonctions, il émigra en 1791, et se rendit à Hambourg, où il résida jusqu'à l'établissement du gouvernement consulaire. Alors il rentra en France, malgré les articles qu'il avait publiés contre le général Bonaparte, dans le *Spectateur du Nord*, dont il était un des principaux rédacteurs; mais sans l'appui particulier de M. de Talleyrand, il n'eût obtenu aucun emploi. Cette protection lui valut la place d'archiviste du ministère des affaires étrangères. Il fut chargé par Murat, roi de Naples, de l'éducation du prince Achille son fils, et il se rendit à Naples en qualité de sous-gouverneur des princes. Quoiqu'il fût en faveur à cette cour, il resta étranger aux affaires publiques, et revint à Paris, lorsqu'un décret impérial rappela les Français employés hors du territoire de l'empire. Depuis la restauration, il a été de nouveau attaché au ministère des affaires étrangères. On lui accorde des connaissances et de l'esprit, mais on n'oubliera pas qu'il a accepté une place dans l'odieuse commission de censure, établie en 1820 par une loi d'exception.

BAUER, nom commun à beaucoup de savans allemands. George-Laurent BAUER, objet de cet article, se livra toute sa vie à l'étude des antiquités bibliques. Professeur de morale et de littérature orientale, à l'université d'Altdorf, près de Nuremberg, il occupa ensuite une chaire de théologie à Heidelberg. M. Mensel a donné, dans son *Gelehrte Teutschland*, la liste de ses ouvrages, tous théologiques ou de grammaire. Bauer est mort en 1806, à l'âge de 50 ans.

BAUMCHEN (N.), sculpteur allemand. Il vivait riche et considéré chez l'étranger; il préféra la pauvreté et l'obscurité dans sa patrie. Né à Dusseldorf, il passa en Russie, se fit remarquer dans son art, s'attacha au service de l'empereur, exécuta pour les principaux palais des statues estimées, et devint fort riche. Vingt ans s'étaient passés ainsi, lorsque, par suite de la connaissance du P. Mayer, jésuite et astronome de la cour, Baumchen sentit réveiller en lui l'amour de son pays. Il quitta la Russie, et revint à Manheim, ville d'où sa famille était originaire, et où il obtint une petite place de professeur, qui suffit à peine à son existence; bientôt, tombé dans la misère, il se vit obligé de faire des cadres pour les tableaux de la galerie. Il mourut en juillet 1789.

BAUME (ANTOINE-GILBERT GRIFFET DE LA), neveu des deux PP. Griffet, jésuites, auxquels on doit des poésies latines pleines d'esprit et de grâces. Il naquit à Moulins le 21 novembre 1756, fit de bonnes études, et apprit en outre les langues anglaise, allemande et italienne. Il obtint un modique emploi au ministère de l'intérieur, et fit plusieurs traductions, dont le débit augmenta un peu sa fortune qui était assez médiocre. Le premier ouvrage qu'il ait traduit est le roman de Langhorne, intitulé *Épanchemens de l'imagination et de l'amitié*. On trouve dans cette production, dont Imbert fut éditeur, 1780, in-18, de la sensibilité, de la douceur et de la grâce. Il publia ensuite *Daniel*, traduit de l'allemand de Moser, 1787, in-18; *Réflexions sur l'abolition de la traite et de l'esclavage des nègres*, traduit de l'anglais, 1788, in 8°; *le Sens commun*, traduit de l'anglais de Thomas Payne 1790, in-12; *Marianne et Charlotte*, traduit de l'allemand, de Junger, 1794, 3 vol. in-18; *Léopoldine, ou les Enfans perdus et retrouvés*, aussi traduit de l'allemand, de Fr. Schulz; *Tableaux du Déluge*, d'après Bodmer, 1797, in-18; *Histoire des Suisses*, traduit de l'allemand, de Muller, 1797, 8 vol. in-8° : le premier volume a été traduit par N. Boileau; les *Abdérites*, traduit de l'allemand, de Wieland, 1802, 3 vol. in-8°; l'*Aperçu statistique des états d'Allemagne*, traduit de l'allemand, de Hœk, in-f°; le *Voyage en Afrique de Fr. Hornemann*, traduit de l'anglais, 1803, deux part. in-8°; la traduction des *Recherches asiatiques*, 1805, 2 vol.; *Anna Bella, ou les Dunes de Barham*, traduit de l'anglais, de Mackensie, 1810, 4 vol. in-12. Il a en outre traduit de l'anglais diverses poésies, et entre autres plusieurs morceaux de *Chatterton*, poète qui jouit de quelque réputation dans son pays, mais inconnu en France, suicide à 20 ans; *Quelques Vers*, 1785, in-16, 1802. On connaît encore de Griffet de La Baume deux mauvaises *Comédies;* la *Messe de Gnide*, par C. Nobody, Genève, 1797, petit in-18 de 92 pag. : ouvrage licencieux, mais agréablement versifié; enfin la *Vie de De Foë*, mauvais poète, bon romancier, auteur du fameux Robinson (à la tête de l'édition de Pankouke, 1799, 3 vol. in-8°). Il a travaillé à plusieurs journaux, entre autres, au *Mercure de France,* au *Journal* et au *Magasin encyclopédique*. C'est dans ce dernier recueil qu'il a inséré une notice curieuse sur les *Femmes auteurs de la Grande-Bretagne* (7me année, tom. III, pag. 139; 9me année, tom. Ier, pag. 203). Son emploi, qu'il négligeait peut-être pour se livrer à ses travaux de prédilection, lui fut ôté; il perdit ainsi sa fortune. Quelques autres chagrins se joignirent à ce malheureux événement. Il mourut le 18 mars 1805.

BAUME (Charles Griffet de la), frère du précédent, naquit à Moulins en 1758, et mourut à Nice en 1800. Il fut ingénieur en chef du département des Alpes-Maritimes. Il avait publié, en 1791, format in-8°, *Théorie et pratique des annuités décrétées par l'assemblée nationale de France pour les remboursemens du prix des acquisitions des biens nationaux.* Quelques personnes lui attribuent la traduction de *Daniel*, mentionnée à l'article de son frère.

BAUME, avocat à Nanci, et membre de l'académie de cette ville. En mai 1815, il fit paraître des observations critiques sur l'acte additionnel aux constitutions de l'empire. On y remarque quelques passages dont trop de personnes, pour le bonheur des peuples, pourraient se faire l'application. Celui que nous allons citer est plein de vérité : « Défiez-vous » de ces caméléons toujours prêts » à encenser l'idole du jour, et » dont la nature est de ramper; » ils ont l'art de s'accrocher à » l'autorité partout où elle est pla- » cée, et ils adoreraient Satan, si » ce prince infernal avait à sa no- » mination des places lucratives, » des croix et des cordons : char- » gés d'honneurs, quoique sans » honneur, on a vu plusieurs d'en- » tre eux, avant que le peuple fût » détrôné, le flagorner avec la mê- » me bassesse et les mêmes for- » mules d'adulation qu'ils em- » ploient maintenant à caresser les » rois. »

BAUMÉ (Antoine), de l'académie des sciences et de l'institut, célèbre pharmacien et chimiste de Paris, naquit à Senlis, le 26 février 1728. Son père, qui était aubergiste, voulant qu'il devînt apothicaire, le mit en apprentissage chez Claude-Joseph Geoffroy, pharmacien distingué. Le jeune Baumé, qui n'avait point encore étudié, avait une vocation prononcée pour les sciences pharmaceutiques, et il y fit de rapides progrès. Dès 1752, admis au collège des pharmaciens de Paris, il établit une apothicairerie, où la vogue, que lui attira bientôt la réputation de son savoir, le mit à même d'opérer en grand toutes les préparations chimiques. Sa réputation s'accrut encore dans la chaire du collège, où il professa, la chimie. En 1775, l'académie des sciences reçut au nombre de ses membres Baumé, qui s'était fait connaître par une foule de *Mémoires*, de *Recherches* et de *Dissertations* sur les phénomènes physiques et chimiques les plus intéressans. Il fournit plus de cent articles au *Dictionnaire des arts et métiers*. Ce chimiste avait publié précédemment un grand nombre de procédés aussi économiques qu'ingénieux pour les manufactures et pour l'utilité publique, tels que l'art de teindre le drap en deux couleurs, de conserver le blé, de fabriquer le savon et le sel ammoniac; il s'était aussi occupé du perfectionnement de la porcelaine, auquel il travailla avec le célèbre Macquer, du blanchiment de la soie, etc. En 1780, Baumé, qui voulait se livrer exclusivement à ses expériences chimiques pour contribuer au perfectionnement des arts, renonça à son commerce, où il avait acquis une certaine aisance. Il s'occupa alors d'améliorer la teinture écarlate, de purifier le salpêtre, de perfectionner les aréomètres et les thermomètres, et d'essayer l'emploi du marron d'Inde à la fabrication du pain, etc. Toutes ces expériences absorbèrent une grande partie de sa fortune, dont la révolution ne tarda pas à lui enlever le reste ; dans cette position, il n'hésita point à reprendre son commerce, où il était sûr de trouver des ressources honorables. L'institut s'associa ce savant en 1796, et la société de médecine en 1798. Les principaux ouvrages de Baumé, sont : 1° *Plan d'un cours de chimie expérimentale*, avec le docteur Macquer, Paris, 1757, in-12; 2° *Manuel de chimie*, Paris, 1766, in-12; 3° *Opuscules de chimie*, Paris, 1798, in-8°; 4° *Élémens de pharmacie, théorique et pratique*, 1762, in-8°, et 1797, huitième édition, 2 vol. in-8°, avec un appendice. Cet ouvrage, souvent réimprimé, est regardé, par les praticiens, comme une excellente pharmacopée; mais on regrette cependant que la nouvelle nomenclature chimique n'ait pas été adoptée par l'auteur. 5° *Chimie expérimentale et raisonnée*, Paris, 1773, 3 vol. in-8°. Il est fâcheux que ce livre, bon à consulter, ne soit point à la hauteur des connaissances actuelles. 6° Enfin, des *Dissertations* sur l'*éther*, sur les *argiles*, sur la construction des *alambics* pour la distillation des *vins*, et un grand nombre de *Mémoires* imprimés séparément ou insérés dans la *Collection de l'académie des sciences*. Baumé mourut à Paris, le 21 vendémiaire an 13 (13 octobre 1804), dans sa 77ᵐᵉ année.

BAUMES (JEAN-BAPTISTE-THÉODORE), médecin, l'un des professeurs de la faculté de Montpellier, est auteur d'un grand nombre d'ouvrages dont plusieurs ont été couronnés par la société de médecine de Paris. Nous n'entreprendrons pas la tâche difficile de faire connaître la doctrine médicale de M. Baumes, il en a professé plusieurs; nous ne parlerons pas de ses querelles avec d'estimables écrivains qui ne l'avaient point attaqué, et qui appréciaient ses talens; nous ne rechercherons pas la cause de son antipathie contre la plupart des hommes et des livres qui appartiennent à l'école de Paris; nous nous bornerons à rappeler ses ouvrages : 1° *De l'usage du Quinquina dans les fièvres rémittentes*, 1785, in-8°; 2° *Mémoire* qui a remporté le prix au jugement de la faculté de médecine de Paris, en 1787, sur la question : *Décrire la maladie du Mésentère propre aux enfans, que l'on nomme vulgairement Carreau*, 1788, in-8°; 3° *Mémoire sur l'Ictère, ou Jaunisse des enfans dès leur naissance*, couronné en 1785, par la faculté de médecine de Paris, 1788, in-8°, 1805, in-8°; 4° *Des convulsions des enfans, leurs causes et leur traitement*, 1789, in-8°; nouvelle édition augmentée, 1805, in-8°; 5° *Mémoire* qui a remporté le prix, en 1785, au jugement de la société royale de médecine de Paris, sur la question : *Déterminer par l'observation quelles sont les maladies qui résultent des eaux stagnantes et des pays marécageux*, in-8°, 1789; 6° *de la Phthisie pulmonaire*, première édition, Montpellier, 1785, 2 vol. in-8°; seconde édition, Paris, 1805, 2 vol. in-8° : ouvrage couronné, en 1788, par la société de médecine de Paris, et digne de cet honneur. Les ouvertures nombreuses de cadavres, l'observation la plus attentive des faits, les progrès de la physiologie pathologique, ont beaucoup ajouté à ce qu'on savait en 1788 sur la phthisie; mais pour bien apprécier la savante monographie de M. Baumes, il faut se placer à l'époque qui la vit paraître; 7° *Essai d'un système chimique de la science de l'homme*, 1798, in-8°; 8° *Fondement de la science méthodique des maladies, pour servir de suite à l'Essai d'un système chimique de la science de l'homme*, 4 vol. in-8°, Montpellier, an 10. Il est bien étrange qu'un ouvrage qui subordonne la médecine entière à la chimie, soit sorti de l'école de Montpellier, et surtout après les écrits de Bordeu et de Barthez (*voyez* BARTHEZ). Il n'est pas permis aujourd'hui de réfuter les principes d'après lesquels cette singulière nosographie a été exécutée, on ne la lit plus, cependant elle n'est pas sans mérite : la bibliographie et la synonymie y sont fort soignées. M. Baumes a gâté plusieurs de ses meilleurs ouvrages, dans les nouvelles éditions qu'il a données, par les applications de sa doctrine chimique aux phénomènes physiologiques. 9° *Traité sur le vice scrophuleux*, seconde édition, 1805, in-8°; 10° *Traité de la première Dentition, et des maladies souvent très-graves qui en dépendent*, 1806, in-8°. La société de médecine de Paris avait couronné cet ouvrage en 1782. 11° *Éloge de M. Draparnaud*, in-4°, an 13, 58 pag.; 12° *Éloge de Henri Fouquet*, in-4°, Montpellier, 1808; 13° *Éloge de M. Tandon*, in-4°, Montpellier, 1808; 14° avec M. Vincens, *Topographie de la ville de Nîmes et de sa banlieue*, 1802, in-4°. Cet ouvrage a obtenu le prix proposé par la société de médecine, en 1790. 15° *de l'instruction publique dans ses rapports avec l'enseignement des sciences et arts appelés libéraux, en général, et de la médecine en particulier*, 1814, in-8°, tiré à cent exemplaires ; 16° *Examen des réflexions de Bergasse sur l'acte constitutionnel du sénat*, 1814, in-8°, ouvrage qui prouve qu'on peut être un savant médecin et un très-mauvais politique. M. Baumes a rédigé long-temps le *Journal de médecine, ou Annales chimiques de la société de médecine de Montpellier*. On lui doit une édition de Sydenham, qu'il a enrichie de notes.

BAUMETZ. (*Voyez* BEAUMETZ.)

BAUMGARTEN (JEAN-CHRISTIAN *Gottlob*), l'un des plus célèbres botanistes allemands, est né à Lucknau, dans la Basse-Lusace, le 7 avril 1765. Après avoir étudié la médecine à Leipsick, il alla exercer à Schœsburg en Transylvanie. Outre un petit ouvrage estimé, sur l'*Écorce de l'Ormeau et ses qualités médicinales* (1795), il a publié une *Flore de Leipsick*, fort bien faite (1790); *Sertum Lipsicum, seu stirpes præsertim exoticæ* (1790); *Brevis trepani coronati historia* (1789), etc., etc.

BAUR (SAMUEL), célèbre biographe allemand, naquit à Ulm le 31 janvier 1768. Élevé dans la religion luthérienne, il devint pasteur à Burkenbach en Souabe, et ensuite à Gœttingue, où on le nomma inspecteur des écoles, en 1807. Ce savant a donné un grand nombre d'ouvrages biographiques et de traductions : 1° la traduction des *Observations sur le sérail du grand-seigneur*, tirées du sixième voyage de Tavernier, in-8°, 1789, Memmingen; 2° des *Caractères de La Bruyère*, Leipsick, in-8°, 1790; 3° des *Lettres de Val Jamerai Duval*, Nuremberg, in-8°, 1792; 4° de *Gonsalve* de Florian, Berlin, in-8°, 1793; 5° des troisième et quatrième volumes du *Dictionaire historique* de Ladvocat, dont les deux premiers avaient été précédemment traduits par J. H. *Hald*, Ulm, in-8°, 1794 et 1795; 6° *Notice historique sur les plus grands personnages de nos jours*, Leipsick, 1798, 2 vol in-8°; 7° *Tableaux intéressans des personnages les plus remarquables du 18me siècle*, ibid., de 1803 à 1807, 6 vol. in-8°; 8° *Galerie de tableaux historiques du 18me siècle, pour chaque jour de l'année*, en quatre parties in-8°, 1804; 9° la *Première partie de la galerie des personnages les plus célèbres du 18me siècle*, comprenant les poètes allemands, in-8°, Leipzick, 1805 : les autres parties portent un autre titre; 10° *Nouveau dictionnaire historique, biographique, et littéraire portatif*, et dont les quatre premiers volumes ont paru de 1807 à 1809 (ouvrage entrepris à cause de l'insuffisance de celui de Ladvocat, et dans lequel on a inséré les articles principaux renfermés dans ce dernier, ainsi qu'un grand nombre d'articles modernes qui n'existaient point dans les ouvrages de ce genre); 11° *Dictionnaire manuel, historique, biographique et littéraire des principaux personnages morts dans les dix premières années du 19me siècle*, tom. V, in-8° (A L), Ulm, 1816, enrichi du portrait de l'auteur. Les autres ouvrages de M. Baur sont moins connus.

BAUSAN (JEAN), naquit à Gaëte, en 1757. Son père était lieutenant-général. Il fut élevé au collège de la marine, et à l'âge de 10 ans il commença, en qualité de garde-marine, cette carrière dans laquelle il s'est depuis tant illustré. Il fut un des huit jeunes aspirans de sa classe désignés par le gouvernement pour recevoir, à bord des vaisseaux anglais, l'instruction pratique de la navigation. Il fut embarqué sur le *Marlborough*, et y fit la guerre pendant trois ans sous le pavillon anglais. En 1779, il se trouva au combat où l'amiral Rodney détruisit la flotte espagnole. Dans les années suivantes, il se distingua à d'autres affaires, entre autres, à celle où la France perdit le vaisseau le *Protée*. Il ne fut nommé enseigne qu'en 1783, et peu après il commanda en cette qualité une division de canonnières à la funeste entreprise contre Alger, d'où il rapporta d'honorables blessures. Après d'autres combats contre les corsaires africains, parmi lesquels on doit citer celui des îles d'Hières, Bausan fut nommé lieutenant de vaisseau : ce fut en 1789, et il servit sur la frégate *Aretusa*, si glorieusement connue par ses succès contre les Algériens. Il fit partie de l'expédition de Toulon, et en 1796, il soutint contre la flotte française, dans les eaux de Gênes, un combat où il obtint les éloges du commandant anglais. Vers la fin de 1798, il accompagna le roi en Sicile. Il commandait la corvette la *Fama*, qui faisait partie du convoi. Le roi lui permit, ainsi qu'à tous ceux qui avaient leurs familles à Naples, de retourner dans la capitale. Un homme tel que Bausan n'était pas capable de rester oisif dans des circonstances où la patrie avait le droit de réclamer les services de ses enfans. Il fut nommé major de l'armée et brigadier. Mais l'exil le punit bientôt d'un avancement aussi rapide, quoique mérité. Rappelé au service en 1806, il fut nommé capitaine de frégate, et commanda une division de canonnières, avec laquelle, sous les ordres du maréchal Masséna, il coopéra au siége de Gaëte. Ce fut là qu'il se battit victorieusement contre vingt-deux canonnières siciliennes et cinquante lances anglaises. Après la reddition de Gaëte, Bausan fut nommé commandant des forces navales. L'année suivante, il commanda encore une flottille de canonnières, et le 20 juin 1808, il reprit le commandement des forces navales qui furent employées à l'heureuse expédition de l'île de Caprée. Mais la gloire qu'il acquit alors, fut surpassée par celle qu'il obtint l'année suivante, où, avec la frégate la *Cerere*, il attaqua la flottille anglaise qui était à l'ancre, à l'île d'Ischia. Le 27 juin de cette même année, fut le plus beau jour de sa vie. La *Cerere* se trouvait dans les eaux de Pozzuoli, et fut attaquée et entourée par toute la flottille anglaise, au-dessus de Nisida. Bausan, par une manœuvre également audacieuse et savante, trouva le moyen de percer la ligne ennemie, et de ramener la *Cerere* dans le port de Naples, sous les yeux de tous les habitans, spectateurs de ce glorieux combat. Le roi Murat monta de suite à bord du vaisseau que Bausan venait d'illustrer, embrassa le brave commandant sur le pont du navire encore tout couvert de morts et de blessés; le nomma capitaine de vaisseau, commandeur de l'ordre des Deux-Siciles, et lui donna une dotation de 10,000 ducats en biens-fonds. Au mois d'août de la même année, le capitaine Bausan eut à soutenir, sur la même frégate, un autre combat dont la ville de Naples fut encore témoin. L'année suivante, le roi Joachim ayant ordonné une expédition contre la Sicile, huit divisions de canonnières furent armées et placées sous les ordres du commandant Bausan, qui prit part également à toutes les affaires qui eurent lieu sur les côtes de Calabre. Une autre dotation de 10,000 ducats, et le titre de baron, furent les récompenses accordées à Bausan pour cette campagne. Il commanda bientôt après le vaisseau le *Capri*, et en 1813 le *Gioacchino*. En 1814, il fut nommé commandant du bataillon des marins, et au mois de mai 1816, le guerrier qui avait commandé avec tant de gloire toutes les forces maritimes du royaume de Naples, devint *commandant du bâtiment de garde*, dans le port de la capitale. Ensuite il fut mis à la réforme, et employé comme juge ou président dans divers conseils de guerre ou de marine. Mais en juillet 1820, à la première nouvelle de la révolte de Palerme, on s'occupa de réunir les débris de la marine napolitaine; le gouvernement se ressouvint alors de Bausan, que la nation n'avait pas oublié, et par un vœu unanime il fut appelé au commandement de l'expédition maritime, destinée à rétablir la tranquillité en Sicile, et à épargner à cette belle contrée les horreurs de la guerre civile, qu'un parti puissant et privilégié excitait dans Palerme, avec les passions d'une populace trompée par de coupables artifices, et avec le secours des galériens armés pour déshonorer la liberté, dont cette insurrection fut le prétexte. Bausan obtint, dans cette mission aussi honorable que périlleuse, de nouveaux titres à la reconnaissance nationale, qui, fidèle au souvenir des belles actions et des talens qui avaient signalé toute sa carrière militaire, et à celui du patriotisme qu'il venait de déployer dans l'heureuse révolution de son pays, l'appela à l'honneur de représenter au parlement la principale province du royaume des Deux-Siciles. Il était digne de la nation napolitaine de confier ainsi les destinées de sa liberté à l'homme qui pendant vingt-quatre ans avait si bien conservé celles de sa gloire:

Il n'est point de laurier qui ne couvre sa tête.

Cet article, rédigé d'après la *Minerve Napolitaine*, est d'autant plus précieux, qu'il est l'expression des sentimens que porte actuellement à un illustre citoyen, un peuple rendu à toute la franchise de sa justice, à toutes les inspirations de sa conscience, par le recouvrement de ses droits, et par le bienfait de sa régénération sociale.

BAUSSANCOURT (François de), né pauvre quoique appartenant à une famille noble, entra fort jeune au service, et s'était déjà fait remarquer dans plusieurs campagnes avant la révolution, dont il embrassa la cau-

C^{al} de Beausset.

Alp. Boilly.

se avec beaucoup de zèle; la manière dont il servit son pays ne tarda point à lui mériter le grade de général de brigade. Ce fut en cette qualité qu'à l'armée du Nord, commandée par le général Custines, il donna des preuves d'un grand courage, le 23 mai 1793, lorsque les Autrichiens s'avançaient sur Bouchain. Baussancourt les contraignit à se retirer. Il n'en fut pas moins destitué comme noble, et le chagrin qu'il en ressentit, termina ses jours avant l'âge de 45 ans.

BAUSSET (LOUIS-FRANÇOIS DE), ancien évêque d'Alais, cardinal, pair de France, etc., naquit à Pondichéry, le 14 décembre 1748. C'est le 18 juillet 1784 qu'il fut sacré évêque d'Alais. En qualité de député des états de Languedoc, il harangua M.*me* Élisabeth en 1786 : son discours a été inséré dans le *Conservateur* de 1787, tom. 2, pag. 273. En 1791, M. de Bausset se déclara contre la constitution civile du clergé, et peu de temps après, il émigra. Rentré en France sous le consulat, il fut, en 1806, chanoine du chapitre impérial de Saint-Denis. Il fut de plus nommé en 1808 conseiller titulaire de l'université, et quoi qu'on en ait dit, sa mauvaise santé ne l'empêcha pas toujours d'en remplir les fonctions. En 1815, le roi le nomma président du conseil royal de l'université, et membre de la commission qui devait déterminer les bases de la négociation entamée avec le saint-père, pour augmenter le nombre des diocèses en France. Napoléon, de retour de l'île d'Elbe, lui rendit son ancien titre de conseiller de l'université; mais il donna sa démission, et néanmoins, à la rentrée de Louis XVIII, il ne reprit pas celui de président, et c'est son refus qui donna lieu à l'ordonnance du 15 août 1815, par laquelle le gouvernement provisoire de l'instruction publique fut confié à une commission de cinq membres, dont M. Royer-Collard fut nommé président. Le 17 août 1815, il fit partie de la chambre des pairs, et en avril 1816, il fut reçu à l'académie. M. de Bausset est un biographe distingué. Son plus beau titre littéraire est l'*Histoire de Fénélon*, 3 vol in-8°, 1808 et 1809; cet ouvrage qui a été traduit en anglais, par William Murford, fut composé d'après des manuscrits que l'auteur tenait de l'abbé Emery, et il obtint de l'institut, en 1810, le deuxième grand prix décennal de seconde classe. Selon les termes mêmes du rapport, il est écrit partout avec le ton de noblesse et de dignité qui est propre à l'histoire. On lui désirerait seulement une marche un peu moins lente; mais si la narration manque quelquefois de rapidité, jamais elle ne manque de clarté; attachante par le ton de sincérité qui y règne, elle est semée de réflexions toujours justes. M. de Bausset avait publié, en 1804 : *Notice historique de S. E. M. le cardinal de Boisgelin*, in-12. Son *Histoire de Bossuet*, 4 vol. in-8°, 1814, est aussi fort estimée. On attribue à M. de Bausset l'*Exposé des principes sur le serment de liberté et d'égalité, et sur la déclaration exigée des ministres du culte, par la loi du 7 vendémiaire an 4.*

BAUSSET (Louis - François-Joseph de), neveu du cardinal de ce nom, est né à Béziers, département de l'Hérault, le 15 janvier 1770. Sa mère, qui était fille de la célèbre Mme de Jarente, aussi *spirituelle* que *belle*, comme l'écrivait Mme Du Deffant à Horace Walpole, vécut trop peu pour le bonheur et l'admiration de ceux qui la connurent ; peut-être aussi fut-elle la seule en France, parmi l'ancienne noblesse, qui trouva dans la reconnaissance de ceux que l'on appelait alors ses vassaux, la récompense de ses éminentes vertus et de son inaltérable bonté. Dans le temps le plus orageux du régime de 1793, lorsqu'un décret de la convention ordonna la réclusion de toutes les mères d'émigrés, les habitans du village de Sauvian, dont elle avait été *Dame*, signèrent tous, sans aucune exception, une pétition qu'ils vinrent présenter aux autorités révolutionnaires de Béziers, et dans laquelle ils s'offraient pour garans et cautions de leur bienfaitrice. Ce généreux dévouement, que les habitans de Béziers s'empressèrent d'accueillir, assura le repos de Mme de Bausset, qui ne fut point arrêtée. François de Bausset se livra dans sa jeunesse à l'étude de l'art dramatique, et fit jouer, avec succès, sur le grand théâtre de Lyon, en 1803, une comédie intitulée *Projets de sagesse, ou le Memnon de Valatri*, qui valut à son auteur d'être nommé, l'année suivante, membre de l'académie de Lyon. Préfet du palais en 1805, il se fit remarquer dans cette place par un désir ou plutôt un besoin d'obliger qui ne se démentit jamais. Il suivit l'empereur dans ses campagnes d'Espagne, d'Allemagne et de Russie, et présida avec beaucoup de distinction le collége électoral de l'Hérault, en 1819. M. de Bausset eut le singulier honneur d'être chargé de la surintendance du Théâtre-Français pendant le funeste séjour de l'armée à Moscow, et de cette même surintendance, conjointement avec le comte de Turenne, en 1813, pendant l'armistice de Dresde. Après les événemens de 1814, il suivit à Vienne, avec l'autorisation du roi, l'impératrice, duchesse de Parme, et remplit dans sa maison les fonctions de grand-maître, jusqu'à la fin de mars 1816, époque à laquelle cette princesse se rendit dans ses nouveaux états. Depuis ce temps, M. de Bausset, retiré à Sauvian, y recueille, dans l'estime et dans l'affection des bons habitans de ce pays, la portion la plus précieuse de l'héritage de sa mère. M. de Bausset a épousé une Irlandaise, fille de Mme Lawless ; s'il fallait en croire une biographie, que nous sommes trop souvent forcés de démentir, cette dame irlandaise ne serait venue en France que pour causer des désastres et des débats, par l'entreprise sans succès du dessèchement de *l'étang de Marseillette*. Cette biographie commet ici l'erreur la moins pardonnable. Depuis des siècles ce vaste amas d'eau fangeuse qui couvrait près de mille arpens de terrain, répandait au loin ses exhalaisons pestilentielles, les maladies et la mort : en vain les rois de France, les états de la province, les évêques mêmes, bienfaisans cette fois, avaient encouragé, de toutes les manières, le dessèchement de ces marais funestes. Une race d'hommes, petite, malsaine, dégradée, traînait sur leurs bords sa courte et malheureuse existence : nulle industrie, nulle manufacture, à peine les premières nécessités de la vie. Une étrangère, sans aucun secours du gouvernement, sans autre mobile que l'intérêt de l'humanité, a entrepris de dessécher l'étang de Marseillette, et a rempli cette noble tâche : des bois, des prés, une population plus saine, plus active, cent cinquante charrues, l'industrie et l'aisance, ont remplacé la fétidité, la stérilité, la misère. M. Jouy, dans son *Ermite en province* (tom. III, pag. 121), a consacré ce miracle d'industrie, qu'avant lui aucun monument, aucun éloge public, aucun article même de journal, n'avait signalé à la reconnaissance des Français. L'intérêt et l'envie s'opposèrent au succès de l'entreprise ; il était réservé à ces biographes ennemis de la calomnier après le succès. M. de Bausset, au milieu des soins agricoles de son domaine, s'occupe, dit-on, à écrire des *Mémoires* : le rang qu'il a occupé, les circonstances qui l'ont rendu témoin des plus grands événemens de notre siècle, ne peuvent manquer de donner un grand intérêt à ces *Mémoires*, soit comme simples souvenirs, soit comme matériaux historiques.

BAUSSET (FERDINAND DE), fut nommé, en 1806, évêque de Vannes par ce prince que le clergé romain prenait pour l'Exterminateur (Apollyon de l'*Apocalypse*). M. l'évêque de Vannes était né à Béziers, le 31 décembre 1757, et avait été, avant la révolution, grand-vicaire d'Aix.

BAUSSET (LE MARQUIS DE) fut nommé, en 1815, membre de la chambre des députés. Il a été réélu en 1820.

BAWENS (N.), habitant de Gand. L'industrie française lui doit le perfectionnement et l'augmentation de ses filatures. C'est lui qui, en 1801, a remporté le prix pour les machines à filer le coton, par des machines nommées *muljennies*. Les basins piqués, et généralement tous les objets qui sortent de ses fabriques, ne le cèdent point aux plus beaux produits des filatures étrangères.

BAWR (LA COMTESSE DE), née Changrau, connue d'abord sous le nom de Mme de Saint-Simon, puis sous celui de Mme de Bawr, nom de son second mari, gentilhomme russe, employé en France dans l'administration des droits-réunis, et qui mourut, il y a quelques années, écrasé par une charrette, dont une des roues se détacha au moment où il passait. Cette dame a composé quelques ouvrages dramatiques, joués au Théatre-Français de la rue de Richelieu. 1° *L'Oncle rival*, comédie en un acte, 1811 ; 2° *la Suite d'un bal masqué*, 1813 : c'est le meilleur ouvrage de l'auteur, et celui qui a eu le plus de succès ; 3° *le Double Stratagème*, 1813 ; 4° *la Méprise*, comédie, novembre 1813 : pièce accueillie peu favorablement. Mme de Bawr a fourni aussi quelques articles à la *Ga-*

zette de France. Au mois de mars 1816, le roi lui a accordé une pension. On la dit aussi pensionnée par S. M. l'empereur de Russie, pour une correspondance politico-littéraire, dont elle avait été chargée en 1814.

BAYANNE (LE CARDINAL COMTE DE), jadis auditeur de rote, fut nommé sénateur le 6 avril 1813; il vota en 1814 la déchéance de l'empereur. Créé pair de France par le roi, il assista au champ-de-mai, fut néanmoins conservé sur la liste des pairs, et refusa de siéger comme juge dans l'affaire de l'illustre et infortuné maréchal Ney. Le cardinal de Bayanne est mort en 1820 dans un âge avancé, honoré de l'attachement et de la vénération dus à ses qualités aimables et à ses vertus vraiment évangéliques.

BAYARD-DE-PLAINVILLE (ANDRÉ-JOSEPH), faisait partie, avant la révolution, du conseil supérieur du Cap à Saint-Domingue, et s'y était acquis une réputation de loyauté qu'il a conservée. En mars 1797, le conseil du département de l'Oise le nomma député au conseil des cinq-cents, dont il a cessé de faire partie depuis le 18 fructidor. Il avait embrassé contre le directoire la cause du parti *clichien*, et il fut, avec les membres de ce parti, condamné à la déportation, à laquelle cependant il parvint à se soustraire. En l'an 8, M. Bayard recouvra ses droits de citoyen, et fut, dans le mois d'août 1815, nommé par le département de l'Oise membre de la chambre des députés.

BAYARD (JEAN-BAPTISTE-FRANÇOIS), né à Paris le 24 juin 1750, se livra à l'étude du droit, et fut reçu avocat en 1776. Il exerça cette profession jusqu'en 1791, et successivement les fonctions d'accusateur public, de juge suppléant près du tribunal du deuxième arrondissement de Paris, de substitut du commissaire du pouvoir exécutif, et de juge au tribunal de cassation. Dans ces différentes places, M. Bayard se distingua par son intégrité et par son mérite. Il a donné rectifiés, conjointement avec M. Camus et plusieurs autres légistes, neuf volumes in-4° du *Dictionnaire des décisions nouvelles, et des notions relatives à la jurisprudence*, par Denisart.

BAYARD (FERDINAND-MARIE), né le 28 février 1763 à Moulins-la-Marche, département de l'Orne. Il servit dans l'artillerie, et parvint au grade de capitaine dans cette arme. On a de lui: 1° *Voyage dans l'intérieur des États-Unis pendant l'été de 1791*, in-8°, Paris, 1797; 2° la traduction de la *Grammaire anglaise de Priestley*, in-8°, 1799; 3° *Voyage de Terracine à Naples*, in-8°, 1802; 4° *Tableau analytique de la diplomatie française, depuis la minorité de Louis XIII jusqu'à la paix d'Amiens*, 2 vol. in-8°, 1804 et 1806.

BAYARD (JEAN), né le 16 août 1738, dans le Maryland (États-Unis d'Amérique); il prit les armes dès que sa patrie eut levé l'étendard contre une métropole tyrannique, assista à la bataille de Trenton, et sut honorer son nom par sa générosité et par son courage. Après un désastre qui avait détruit les propriétés de Bayard, W. Bell, son ami, lui offrit de partager avec lui sa fortune. Il refusa. Bayard fut membre du comité de sûreté du congrès, et occupa plusieurs postes importans. Divers chagrins jetèrent de l'amertume sur ses derniers jours. Il mourut en janvier 1807, à l'âge de 69 ans.

BAYEN (Pierre), pharmacien, né à Châlons-sur-Marne, en 1725, est un des chimistes qui, à la fin du dernier siècle, ont le plus contribué aux progrès de cette science. Il ne se contenta pas d'établir de grandes et importantes théories; il fit encore des applications usuelles, dont l'utilité générale était le but. Bayen ne sera point l'objet de cette réflexion de Bacon: « Que diriez-vous d'un maître d'écriture qui tracerait toujours de beaux caractères avec une plume sèche? » car c'est dans cette catégorie qu'on doit placer ces spéculateurs qui ne s'occupent que de classifications et non de procédés; qui tracent de grands systèmes impossibles à suivre, et qui négligent, pour l'orgueil de leurs théories, l'avantage réel de leurs semblables. Bayen, simple et modeste, ne crut pas s'abaisser par des analyses et des expériences matérielles toutes utiles. Dès sa plus grande jeunesse, il visitait les ateliers et les fabriques, et suivait les travaux de l'agriculture. Plus tard, devenu élève de Charas et de Rouelle, il se passionna pour la chimie, qui commençait à se débarrasser des vieilles entraves de la routine. Après avoir acquis dans le laboratoire de Chamousset toutes les connaissances chimiques que comportait alors l'état de la science,
il fut chargé, de concert avec Venel, par le gouvernement, d'aller analyser, sur les lieux mêmes, les différentes eaux minérales de France. Venel était un homme ardent, systématique, sans patience, mais plein de moyens. Bayen tempéra, par son exactitude et par son industrie manuelle, ce que la promptitude de Venel pouvait avoir de dangereux pour les expériences. En 1755, il suivit, comme pharmacien en chef, l'expédition de Minorque. Bayen, par le genre des services qu'il rendit à l'expédition, eût passé trois siècles auparavant pour sorcier. Il sauva deux fois l'armée. A l'arrivée dans l'île, on ne trouva ni fontaines, ni rivières, mais des étangs remplis d'une eau infecte qui causa presque aussitôt des maladies. Bayen parcourut et sonda le pays, et parvint, non sans peine, à découvrir une source d'eau douce, assez abondante pour abreuver l'armée entière. Le siége fut alors commencé, mais on se vit au moment de l'interrompre, parce que le salpêtre manquait pour préparer les mèches des bombes. C'est encore Bayen qui vint au secours de nos armes, en retirant, dans un seul jour, assez de salpêtre de la poudre à canon, pour que le service fût continué. Bayen suivit, après cette campagne, l'armée d'Allemagne, et fit la guerre de *sept-ans*. A son retour, il reprit l'analyse des eaux minérales de France, et publia, en 1765, l'*Analyse des eaux de Bagnères et de Luchon*. Ce furent ces recherches qui lui firent découvrir la propriété fulminante du mer-

cure, en certaines combinaisons, et vérifier ce fait, douteux avant lui, que les métaux, au lieu de perdre un de leurs principes par la combustion, acquéraient au contraire un nouveau principe et augmentaient de poids : théorie que le vieux chimiste Rey avait soutenue en vain, et dont Bayen, avec autant de justice que de modestie, lui fit honneur, dans une *Lettre à l'abbé Rozier*. Il appliqua aussi l'analyse aux diverses espèces de marbres, fit connaître la présence de la magnésie dans les schistes, et prouva, contre l'opinion de Margraff et de Henckel, que l'étain n'était pas un alliage de ce métal avec l'arsenic. Charlard l'aida dans ce dernier travail. Leurs *Recherches chimiques sur l'étain*, faites par ordre du gouvernement, Paris, 1781, in-8°, furent traduites en allemand par Leonhardi (Leipzick, 1784, in-8°). Pendant la révolution, Bayen ayant brûlé ses papiers, plusieurs Mémoires précieux se trouvèrent perdus. Ceux que nous avons cités et quelques autres sont rassemblés dans ses *Opuscules chimiques*, 1798, 2 vol. in-8°. Bayen, qui venait d'être reçu membre de l'institut, mourut en 1798, à Paris, à 73 ans. Il était observateur profond de la nature humaine, et cependant il aimait les hommes.

BAYER (François-Perez), savant Espagnol, s'est principalement occupé des antiquités hébraïques et orientales. Né à Valence, en Espagne, en 1711, il y fit ses études, obtint la chaire d'hébreu, fut nommé chanoine de la cathédrale de Barcelone, et se rendit à Tolède, par ordre de Ferdinand VI, pour examiner les manuscrits conservés dans la bibliothéque de la cathédrale. Ce roi, surnommé le Sage, féconda, par ses bienfaits, l'Espagne long-temps asservie et stérile, et ne négligea ni l'industrie ni les sciences. Bayer fut ensuite chargé d'aller à Rome, examiner les monumens anciens dont l'étude pouvait jeter quelque lumière sur l'histoire d'Espagne. Il se lia, pendant son séjour en Italie, avec les hommes les plus instruits ; fut nommé, à son retour, chanoine-trésorier de la cathédrale de Tolède ; employa trois années à faire le catalogue des manuscrits de l'Escurial, et fut chargé par le roi Charles III de surveiller l'éducation des infans. Ce fut Bayer qui revit et corrigea la *Traduction de Salluste*, faite par l'infant don Gabriel, l'une des meilleures traductions que possède la littérature espagnole, et, pour la partie typographique, l'un des plus beaux monumens de l'art dans ce pays. Il publia ensuite à Valence, en 1781, une Dissertation sous le titre *Nummis Hebræo-Samaritanis*, 1781, et avança quelques opinions nouvelles, qui éprouvèrent des contradictions et qu'il fut obligé de défendre dans deux autres petites Dissertations, 1790 et 1793. Un voyage qu'il entreprit dans le Portugal et l'Andalousie, fut tout entier consacré à des recherches d'antiquités. Nommé conseiller de la chambre du roi, et conservateur de la bibliothèque de Madrid, il mourut le 26 janvier 1794, laissant un grand nombre de manuscrits, résultat de ses longs travaux. On distingue, parmi ces manuscrits, les *Institutions de la langue hébraïque*, un *Vocabulaire des mots espagnols dérivés de l'hébreu*; et les *Recherches sur les missionnaires de Tolède, sur les monumens de Rome intéressans pour l'histoire d'Espagne, enfin sur son dernier voyage en Andalousie*, etc. Il enrichit de notes une nouvelle édition de cette *Bibliothèque espagnole d'Andalousie d'Antonio*, que Baillet regardait comme le plus bel ouvrage de critique et de philosophie du siècle où il parut. Sa *Dissertation sur l'alphabet et la langue des Phéniciens et de leurs colonies*, jointe au *Salluste de D. Gabriel*, 1772, est fort estimée. On a encore de lui une *Dissertation sur les rois de l'île de Tarse*, Barcelone, 1753, qui est son premier ouvrage, et *Damasus et Laurentius, Hispanis adserti et vindicati*, 1756, dissertation savante, où l'auteur entasse preuves sur preuves, citations sur citations, pour augmenter de deux noms fort vénérables, sans doute, la longue liste des saints que l'Espagne révère.

BAYEUX (GEORGES), né à Caen, vers 1752, fut d'abord avocat dans cette ville, et passa à Rouen, où il continua de plaider. Plusieurs causes remarquables le firent connaître favorablement. Bientôt il quitta le barreau pour les lettres, et ne fut qu'un écrivain médiocre. Sa traduction des *Fastes d'Ovide*, en prose, avec des notes un peu trop érudites, et de fort belles vignettes, n'est cependant pas sans mérite. Le discours préliminaire éclaircit d'obscures traditions, et débrouille quelques points curieux d'antiquité. Bayeux a remporté plusieurs *prix de poésie* aux académies de Rouen et de Caen. Il est encore auteur de quelques *Essais académiques*, 1785, in-8°; du *Prospectus d'une nouvelle traduction de Pausanias*; d'un *Journal de la Révolution*, commencé en 1787; de *Procès-verbaux de l'assemblée nationale de Basse-Normandie*, Caen, 1787, in-4°, ouvrages que la science, la curiosité, la critique littéraire peuvent consulter, mais dont les titres seuls restent, comme souvenirs bibliographiques. Bayeux avait aussi traduit *Claudien, Apulée, Martial*, et composé des dissertations sur diverses questions d'antiquité : le tout est resté manuscrit. Les *Réflexions sur le règne de Trajan*, 1787, in-4°, sont le meilleur ouvrage que cet écrivain ait publié : la diction en est pure, on y trouve des idées neuves et très-judicieuses; mais les vues philosophiques y sont peu profondes, parce que Bayeux, en écrivant sur le règne de Trajan, n'a songé qu'à peindre sous des couleurs favorables le siècle de Louis XV. De nombreux rapprochemens, de brillans parallèles, des fleurs de rhétorique, parent ou plutôt déparent cet ouvrage. En 1787, Bayeux avait été nommé premier commis des finances. En 1789, il fut l'un des commissaires du roi, chargés des opérations préliminaires pour la formation des assemblées bailliagères de la Basse-Normandie, appelées à députer aux états-généraux. Enveloppé dans les désastres de la révolution, il fut mis en prison et massacré par le peuple de Caen, le 6 septembre 1792, comme complice du ministre Delessart, et du malheureux Montmorin, que les royalistes et les républicains désavouèrent également.

BAYLE (Moïse), l'un des plus affreux terroristes de la convention. En 1790, il était administrateur municipal à Marseille. A la convention, il vota la mort de Louis XVI sans appel et sans sursis. Toujours attaché au parti de la Montagne, il contribua à le faire triompher, et défendit les auteurs du 2 septembre. On l'envoya dans son département et dans celui de la Drôme, pour arrêter des mouvemens favorables aux Girondins; mais à Marseille, les sections lui enjoignirent de quitter la ville dans les vingt-quatre heures: ce qu'il fit avec Boisset, son collègue. Ces députés, en partant, cassèrent le comité; ensuite ils dénoncèrent à la convention les sections et le tribunal populaire. Barbaroux, en demandant la suppression de cet arrêté, accusa les commissaires d'avoir favorisé par leurs exhortations le meurtre et le brigandage. La convention adopta d'abord cette proposition; mais ensuite elle cassa le tribunal révolutionnaire de Marseille. Ce tribunal n'en continua pas moins ses fonctions, et Bayle s'en plaignit. Il appuya la proposition de former une armée révolutionnaire. Le 1er brumaire an 2 (22 octobre 1793), nommé président, il ne tarda point à faire partie du comité de sûreté générale. Bayle fit approuver un arrêté que les représentans envoyés dans le département des Bouches-du-Rhône avaient pris en faveur des pauvres. Il fit prononcer un sursis au jugement de Dupont, et mentionner honorablement la proposition de la société des jacobins, tendante à maintenir les lois révolutionnaires. Il voulut qu'une section du comité de salut public fût chargée d'examiner les motifs des arrestations. Il était sorti du comité de sûreté générale avant la catastrophe du 9 thermidor; mais voyant le danger, il déclara, (séance du 5 germinal) qu'il regardait sa cause comme inséparable de celle du comité. Décrété d'accusation comme fauteur du 12 germinal, il parvint à se cacher, et fut compris dans l'amnistie du 4 brumaire an 4 (26 octobre 1795). Bourguignon étant devenu ministre de la police (on sait que ce ministère fut créé en 1796), Bayle fut employé jusqu'à la fin de l'année 1800; mais se trouvant compris dans les mesures prises par suite de l'explosion de la *machine infernale*, il fut exilé dans un village assez éloigné de Paris, et y vécut dans un état voisin de l'indigence. Malgré les reproches qu'il peut avoir à se faire, peut-être est-il juste de faire observer qu'il n'a pas approuvé, à beaucoup près, toutes les mesures dont les deux comités se rendirent coupables, et qu'il a sauvé plusieurs victimes.

BAYLE (G. L.), l'un des médecins qui ont fait une science de l'anatomie pathologique, a donné de bonnes descriptions des squirres, des indurations, des corps fibreux, des tissus accidentels. Il est auteur d'un ouvrage sur la phthisie pulmonaire, qui contient beaucoup d'observations du plus grand intérêt, et qui est surtout remarquable par l'exactitude avec laquelle l'auteur expose les caractères distinctifs des différentes altérations que les poumons des phthisiques présentent après la mort. Cet excellent ouvrage n'avait pas de modèle; il a contribué beaucoup à fixer l'opinion si long-temps vacillante des médecins sur la nature de l'une des plus terribles maladies qui affligent l'espèce humaine (*Recherches sur la phthisie pulmonaire*, in-8°, Paris, 1810). Bayle fut médecin à l'hôpital de la Charité, médecin honoraire des dispensaires, et membre de plusieurs sociétés savantes. Il a donné un certain nombre d'observations et quelques dissertations au *journal de médecine, de chirurgie, et de pharmacie*, que rédigeaient MM. Leroux, Corvisart et Boyer; et divers articles au *Dictionnaire des sciences médicales*, parmi lesquels on distingue les suivans : *Corps fibreux de la matrice; Désorganisation; OEdème de la glotte; Cancer* (avec M. Cayol). On attend la publication prochaine d'un grand ouvrage dont Bayle s'occupa jusqu'à sa mort, arrivée prématurément en 1817, et qui traite des maladies cancéreuses.

BAYLEY (ANSELME), né vers 1720, a publié divers ouvrages de théologie protestante, auxquels il a survécu. Sa *Grammaire anglaise* est depuis long-temps hors d'usage; mais on estime encore sa *Grammaire hébraïque, sans points et avec des points*, et son *Ancien Testament, en anglais et en hébreu*, avec des remarques critiques et grammaticales, 4 vol. in-8°. Bayle a essayé de traiter le sujet intéressant de l'*Union de la poésie et de la musique*, sujet qui demandait la réunion des talens de Marmontel et de Grétry, et où il a complétement échoué. Il mourut en 1794, laissant la réputation d'un homme savant et religieux.

BAYON (MADAME) périt aussi héroïquement que Lucrèce. Elle avait 18 ans, quand son père, propriétaire à Saint-Domingue, sa mère et ses sœurs expirèrent sous ses yeux. Les nègres révoltés avaient mis le feu à la maison, toute la famille avait péri dans les flammes; et la jeune femme allait expirer, quand deux nègres, frappés de sa beauté, la sauvèrent. Ils lui réservaient les derniers outrages, et déjà ils se disputaient la primauté du crime, quand Mme Bayon, profitant de leurs débats, se plongea un poignard dans le sein, et mourut à leurs pieds.

BAZANCOURT, général de brigade, était, en 1804, colonel du 4me régiment d'infanterie légère. Il se distingua à la bataille d'Austerlitz, mérita le grade de commandant de la légion-d'honneur, fit la campagne de Prusse en 1806, et fut bientôt nommé général de brigade. Après cette campagne, il eut le commandement de Hambourg, qu'il quitta pour prendre celui d'une brigade sous les ordres du général comte Hullin. Le général Bazancourt commanda dans la ville de Chartres pendant les *cent jours*.

BAZIN. Le bailliage de Gien, où il exerçait la profession d'avocat, le nomma aux états-généraux. Membre de l'assemblée nationale, il se plaignit de ce que son nom avait été inséré sur la liste du club monarchique, et il prouva qu'il n'en avait point fait partie. Lorsque l'assemblée constituante eut terminé ses travaux, il resta étranger aux affaires, jusqu'en 1798. A cette époque, le département de la Loire le choisit pour le conseil des cinq-cents. Lors de l'établissement du gouvernement consulaire, il fut nommé juge au tribunal civil de Gien. Sous le gouvernement royal, il a continué de remplir les mêmes fonctions.

BAZIN (RIGOMER), né au Mans, en 1771. Malgré sa jeunesse, il remplit, au commencement de la révolution, diverses fonctions publiques. L'indépendance d'esprit qui avait contribué à lui faire obtenir ces places, lui valut sa destitution sous le directoire. Bazin avait des talens médiocres, et écrivait avec l'assurance de la médiocrité; il vint à Paris, et fut rédacteur du journal intitulé *le Démocrate*. Vers la fin de l'an 7, il adressa au conseil des cinq-cents une pétition, dans laquelle il attaquait comme illégale la nomination du directeur Sieyes. En 1801, il entreprit de fonder, à Versailles, un pensionnat dont ses principes républicains empêchèrent le succès. Membre de la société des *philadelphes*, il prit part à la première conspiration de Mallet, et fut jeté comme lui dans une prison d'état. Le mauvais succès de la seconde entreprise de ce général, prolongea la captivité de Bazin, quoiqu'il n'y eût pris aucune part. A l'approche des alliés, à la fin de 1813, il fut transféré, du château de Ham, dans les prisons de Rouen. Il recouvra la liberté à l'époque de l'abdication de l'empereur, et l'on vit bientôt qu'il n'avait changé ni de principes ni de caractère. Il se rendit à Orléans, immédiatement après la défaite de Waterloo, et rédigea, de concert avec l'imprimeur Huet-Pardoux, une affiche qu'on devait répandre parmi les bataillons de l'armée de la Loire. Cette démarche lui fit intenter un procès criminel, auquel il échappa toutefois, parce qu'on reconnut qu'il n'y avait pas eu commencement d'exécution dans ce complot. Il prit alors le parti de se retirer au Mans; mais il y trouva peu de repos. Ses opinions lui ont suscité plusieurs affaires, et enfin, il fut blessé mortellement d'un coup de pistolet, en 1818. Les sentimens qu'il avait manifestés jusqu'alors ne se démentirent point; les prêtres ne furent pas appelés, ses amis le portèrent eux-mêmes à sa dernière demeure, et prononcèrent, sur sa tombe, son éloge funèbre. Il existe de lui : *Lettres françaises*, 43 numéros in-18, années 1807 et suivantes; *Lettres philosophiques*, ouvrage périodique, formant un volume in-8° de 375 pages, 1814; *le Lynx, ou Coup d'œil et réflexions libres sur les écrits et les affaires du temps*, mai 1815, in-8°. Il voulut continuer ce dernier ouvrage, et le rendre périodique sous le titre du *Lynx, ou Journal des fédérés*;

mais il n'en a paru qu'un petit nombre de cahiers. Quelque temps avant sa mort, il avait créé le *journal libéral* de la Sarthe.

BAZIRE. (*Voyez* BASIRE.)

BAZIRE-DESFONTAINES (N). Au commencement de 1776, il prit du service dans la marine royale, en qualité de volontaire, et deux ans après il était lieutenant de frégate auxiliaire. Il partit alors pour les Indes, sous les ordres du bailli de Suffren, et montra, dans toutes les occasions, de grands talens et beaucoup de courage. Rentré en France en 1784, il ne tarda point à être nommé sous-lieutenant de vaisseau; et au commencement de la révolution, lorsque les matelots se soulevèrent contre leurs chefs, il eut assez d'énergie pour faire respecter son autorité et celle de son capitaine. En 1792, il passa sous le commandement de l'amiral Villaret-Joyeuse, qui le fit son capitaine de pavillon. La mémorable affaire des 10 et 12 prairial an 2, avait mis le comble à la reputation du capitaine Bazire, mais il n'eut qu'un moment pour jouir de sa gloire : le lendemain il fut emporté par un boulet de canon.

BAZOCHE. Il exerçait, en 1789, les fonctions d'avocat du roi au bailliage de Saint-Mihiel; celui de Bar-le-Duc le nomma député aux états-généraux, où il montra une modération qui ne se démentit pas lorsque le département de la Meuse l'eut choisi pour député à la convention. Dans le procès de Louis XVI, il vota l'appel au peuple et la détention jusqu'à la paix. Il contribua à la révolution du 9 thermidor. En l'an 5 (mai 1797), il entra au conseil des anciens, fut nommé secrétaire en l'an 6, et, après le 18 brumaire, il passa au corps-législatif. Plus tard, il fut procureur impérial près le tribunal criminel du département de la Meuse, et enfin membre de la légion-d'honneur. C'est en 1811 qu'il fut nommé avocat-général à la cour de Nanci : au 20 mars 1815, il occupait encore cette place. M. Bazoche siégea dans la chambre des représentans, et fut aussi membre de la chambre des députés de 1815, de celle qui s'opposa avec trop de succès à l'union, à l'oubli solennellement invoqués; mais il s'y souvint de la louable modération dont il n'était pas sorti en 1793, et il y fit toujours partie de l'honorable minorité.

BAZOT (ÉTIENNE-FRANÇOIS), né à Château-Chinon (Nièvre) le 13 mars 1782, membre de l'Athénée des arts de Paris et de l'académie de Mâcon, a publié, entre autres ouvrages : 1° *Nouvelles parisiennes*, 3 vol. in-12, Paris, 1814; 2° *Manuel du Franc-Maçon*, vol. in-12, Paris, quatrième édition, 1819; 3° *Éloge historique de l'abbé de l'Épée*, suivi d'une Lettre à l'auteur, par M. Paulmier, élève et collaborateur de M. l'abbé Sicard, instituteur des sourds-muets, in-8°, Paris, deuxième édition, 1819; 4° *Contes et autres poésies*, vol. in-18, deuxième édition, 1820; 5° *Historiettes et Contes moraux, instructifs et amusans, pour la jeunesse des deux sexes*, vol. in-18, Paris, 1821. On distingue dans ces ouvrages le *Manuel du Franc-Maçon*, qui a obtenu un succès flatteur, et qui a fourni le plan et une partie des épisodes du poëme de la *Maçonnerie* (*voyez* Dumast), et l'*Éloge historique de l'abbé de l'Épée*, lequel annonce un littérateur estimable, qui n'est pas étranger aux doctrines philosophiques. La Lettre de M. Paulmier (*voyez* ce nom) a été réimprimée par l'auteur en un volume in-12, avec planches et tableaux. M. Bazot a fondé, en 1817, et a été principal rédacteur des *Annales des bâtimens et de l'industrie française* (continuées aujourd'hui sous le titre d'*Annales françaises*), et, en 1819, du *Journal judiciaire, commercial et littéraire de Saint-Quentin*.

BEATTIE (James), poète et métaphysicien. Ce double mérite n'est pas rare en Angleterre : souvent la métaphysique y est exaltée, rêveuse; souvent la poésie s'y occupe à développer et à peindre les nuances les plus subtiles des sensations, et les replis les plus cachés du cœur humain. Fils d'un fermier, et né en Écosse, Beattie a beaucoup de ressemblance avec le fameux Akenside, fils d'un boucher écossais, et qui fut aussi poète et métaphysicien. Tous deux revêtirent d'images touchantes les créations d'un esprit abstrait, et tous deux s'élevèrent d'un rang obscur à une haute célébrité. Le génie poétique était héréditaire dans la famille de Beattie. Son père et son grand-père, fermiers du Kincardinshire, faisaient des vers en conduisant leurs troupeaux au pâturage. James Beattie, né le 5 décembre 1735, fut d'abord placé à l'école de Laurencekirck, où il fit des progrès rapides; il obtint ensuite, à l'âge de 14 ans, une bourse au collége d'Aberdeen. Ayant pris ses degrés, il établit une école à Fordoun, et fut professeur de grammaire latine à l'université. Les biographes anglais, minutieux historiens de leurs hommes célèbres, donnent sur cette période obscure de la vie de James à Aberdeen, des détails longs et sans intérêt; mais ils intéressent bientôt le lecteur à mesure que le sujet devient réellement digne d'attention. Beattie, sans amis, sans livres, sans usage du monde, n'avait rien produit à 23 ans. Ce fut son séjour dans la petite ville d'Aberdeen, qu'habitaient un grand nombre de savans, qui développa les germes d'un talent réel. Il envoya au *Scot's Magazine*, journal périodique d'Édimbourg, des poésies légères, et fit publier à Londres, en 1761, un recueil d'autres poésies, qui obtint du succès. Les élégies, stances, odes, et une traduction des *Églogues de Virgile*, insérées dans ce recueil, sont élégantes, bien versifiées, et ne manquent pas de quelque sensibilité; mais elles portent le caractère d'une espèce d'enthousiasme méditatif. On peut dire que c'est un soleil d'hiver, qui éclaire sans échauffer. La place de professeur de philosophie, qu'il obtint au collége Mareschal, donna une nouvelle direction à ses études. Il ne s'était encore occupé que de poésie; pour remplir sa nouvelle fonction, il fut obligé de méditer des idées métaphysiques, qu'il avait à peine effleurées. Il étudia Hume, qu'il combattit; Locke, dont il attaqua la doctrine; et Reid, qu'il rendit populaire en expliquant les opinions que ce professeur avait mal exprimées. Il soutint, contre l'opinion commune, que le *beau est un*, et que la vérité, soit qu'elle nous vienne de la nature des choses, et d'une manière intuitive, ou qu'elle soit introduite par le raisonnement, est toujours la *vérité*. Il chercha à prouver aussi que les *sensations ne sont pas la source des idées*, et l'on a prétendu qu'aux erreurs de ses devanciers il avait substitué d'autres erreurs. Les *Essais* de Beattie sur *la poésie et la musique*, 1762, traduits en français, 1798; sur *le rire et les ouvrages de plaisanterie*, 1764; sur *l'immutabilité de la vérité, et l'utilité des études classiques*, 1776; sur *les songes*, 1779; sur *la fable et le roman;* sur *les affections de famille*, et sur *les exemples de sublime*, 1783, publiés avec sa *Théorie du langage*, firent une assez vive sensation en Angleterre. Hume, dont les doctrines étaient combattues par Beattie, ne put jamais entendre prononcer ce nom sans un frémissement de colère. Burke, Johnson, Littleton, accueillirent Beattie, et devinrent ses amis. Il publia en outre un *Recueil de Scotticismes*, 1779, le seul ouvrage où l'on puisse trouver quelques renseignemens sur le dialecte singulier que Burns et Allan Ramsay ont consacré; les *Élémens de la science morale*, 1793, traité didactique, concis et élégant; enfin les *Œuvres posthumes d'Addisson*, avec préface, 4 vol., 1790. Beattie, critique délicat, métaphysicien adroit, habile anatomiste de la pensée humaine, parut retrouver, à 40 ans, ce feu poétique qui l'avait animé à 20. Un seul poëme, très-court, fit sa réputation, et le plaça tout à coup près de Goldsmith, Gray, Akenside, etc., au second rang sur le Parnasse anglais. Dans le *Ménestrel*, il sut joindre au talent du peintre des scènes de la nature, celui de l'observateur philosophe. Le *Ménestrel* peut en outre être considéré comme contenant le germe de ce *Childe-Harold*, production singulière d'un génie moderne; c'est la même idée, avec des nuances, mais on y remarque une différence extrême dans le style, les passions et l'énergie. Beattie perdit successivement ses deux fils, l'un âgé de 22 ans, et l'autre de 15. Une santé délicate et une mélancolie habituelle ne lui permirent pas de supporter long-temps cette double perte. Il tomba dans une langueur extrême, se retira de la société, refusa de voir personne, et après avoir passé trois ans dans la solitude et la douleur, il mourut le 3 août 1803.

BEATTIE (JACQUES-HAY), fils aîné du précédent, naquit en 1768, à Aberdeen, où il mourut, en 1790, à l'âge de 22 ans. Il avait été professeur de philosophie à l'université de cette ville. Le peu de productions littéraires échappées à ses momens de loisir, ne permettent pas de juger s'il eût marché dignement sur les traces de son père, qui a publié sa vie et ses essais, sous ce titre : *Mélanges littéraires de J. H. Beattie, avec une Notice sur sa vie et son caractère*, par *J. Beattie*, son père, 1800. Ce monument, élevé par la vieillesse en pleurs, à la jeunesse frappée par la mort, a quelque chose de noble et de touchant.

BEAUCHAMP (CHARLES-GRÉGOIRE, MARQUIS DE), député aux états-généraux et maréchal-de-camp, naquit dans le Poitou, le 25 juillet 1731. Entré de très-bonne heure au service, il était, à la bataille de Rosbach, cornette au régiment d'Escars cavalerie; il reçut quatorze blessures dans cette malheureuse affaire, et néanmoins il rapporta son drapeau sur sa poitrine. Nommé par la noblesse député de la sénéchaussée de Saint-Jean-d'Angély aux états-généraux, il ne parut point à la tribune. Absent de Paris, lorsqu'une partie de cet ordre protesta collectivement contre les mesures prises par l'assemblée nationale, à son retour, il dit à Regnault de Saint-Jean-d'Angély, son collègue de la même députation, mais non du même parti, ce qui n'avait apporté cependant aucun refroidissement dans leur amitié: « Il faut bien que je proteste; je sais me battre, mais je ne sais pas écrire; rédige-moi ma protestation particulière. » Son ami s'y prêta de la meilleure grâce, et rédigea en conséquence les réfutations les plus énergiques de ses propres opinions. Après la session, en 1791, le marquis de Beauchamp fit un voyage dans le pays de Liége, où il avait de belles propriétés, qui servaient d'asile à beaucoup d'émigrés. Il s'y trouvait, dans sa terre de Beaumont, lorsqu'un matin, à cinq heures, on vient l'avertir que les soldats de la république arrivent. Il fait sonner la cloche du château, et annonce à ses nombreux hôtes qu'il faut qu'ils s'éloignent. Lui-même il monte à cheval, et se rend chez M. Mercy-d'Argenteau, où était M. le comte de Sérent, avec les ducs d'Angoulême et de Berri dont le comte était gouverneur. Il l'invite à partir sur le champ avec les deux princes, avis qui ne fut point négligé. Le marquis de Beauchamp fut considéré en France comme émigré, et traité comme tel à Liége, lorsque les Français y entrèrent. Tous ses biens qui étaient considérables furent vendus, et, en 1802, il n'en rentra pas moins en France. C'est à son ami Regnault qu'il s'adressa encore, non pour rédiger sa demande en radiation, mais pour l'appuyer de son crédit. « La chose n'est pas facile, lui dit celui-ci au bout de quelques jours; la police a fait des recherches, et l'on a trouvé dans les cartons je ne sais quelle protestation que tu t'es avisé de signer en 1791. — Oui, celle que tu m'avais dictée. » Le marquis de Beauchamp fut néanmoins rayé; mais il ne retrouva en France que des amis; rien ne lui restait de cette grande fortune, dont il avait si honorablement joui. Résigné à son sort, il a vécu paisiblement dans le sein de sa famille, où il est mort, le 5 mai 1817, sans que ses malheurs eussent altéré l'aimable égalité de son caractère, et l'eussent porté jamais à faire d'autres vœux que pour l'honneur et la prospérité de sa patrie.

BEAUCHAMP (de l'Allier),

embrassa avec une sage modération les principes d'une révolution qu'il regardait comme devant régénérer son pays. Après avoir exercé différentes fonctions publiques, il fut nommé, par le département de l'Allier, député à la convention. Il était en mission pendant le procès de Louis XVI, et en conséquence il ne vota point dans cette circonstance difficile. La *Biographie moderne*, imprimée à Leipsick, en 1806, ne l'en accuse pas moins d'avoir voté la mort du roi; et cet ouvrage, malheureusement trop consulté à l'époque de la restauration, fut cause de l'expulsion de M. Beauchamp de la députation de l'Allier, dont il faisait partie, et qui était chargée de présenter au roi, en 1814, les félicitations du département. Après l'établissement du gouvernement directorial, il avait été successivement nommé commissaire près de l'administration de l'Allier, député au conseil des cinq-cents, en 1799; et enfin, au corps-législatif, où il siégea jusqu'en 1802. Depuis cette époque, il vit retiré à la campagne.

BEAUCHAMP (ALPHONSE DE), littérateur et historien, est né à Monaco, en 1767. Son père, chevalier de Saint-Louis, était major de cette place. Amené de bonne heure à Paris pour y faire ses études, il y vécut dans l'aisance et dans la dissipation, négligeant beaucoup ces mêmes études qu'il cessa tout-à-fait à 17 ans, pour retourner en Sardaigne, où, en 1784, il entra dans le régiment de la marine, comme sous-lieutenant. Mais il regretta bientôt sa patrie adoptive, et donna sa démission pour ne pas servir contre elle à l'époque de la révolution. Ces nobles sentimens l'ayant rendu suspect au gouvernement sarde, M. de Beauchamp fut privé de sa liberté : on l'enferma d'abord au fort de la Brunette, puis au château de Céva, où il subit une captivité aussi longue que rigoureuse. Dès qu'il fut libre, il revint en France, et remplit successivement divers emplois dans plusieurs ministères ou administrations publiques. En rédigeant quelques articles de journaux, M. de Beauchamp crut se sentir une vocation pour écrire l'histoire. Ce fut dans les bureaux du ministère de la police, où il était employé, qu'il puisa les matériaux dont il se servit pour composer son *Histoire de la Guerre de la Vendée*, et cette indiscrétion lui fit perdre sa place, quand l'ouvrage eut paru. Quelques années après, en 1809, M. de Beauchamp fut exilé à Reims, à l'occasion d'une lettre de M. Auguste de Larochejacquelein, qui avait été trouvée dans ses papiers. Mais cette disgrâce ne fut pas de longue durée, et quelques mois après il fut autorisé à revenir à Paris, où il obtint un emploi dans l'administration des droits-réunis. Il le perdit en 1814, et se livra exclusivement à des travaux politiques et littéraires, dans un esprit tout différent de celui qui l'avait inspiré jusque-là. En 1815, il eut à soutenir un procès en calomnie contre M. Bouvier-Dumolard, ex-préfet de Tarn-et-Garonne, à qui il avait imputé, dans son *Histoire de la campagne de* 1814, d'avoir été cause de la bataille de Toulouse, du 18 avril, en retenant à Montauban le colonel Saint-Simon, porteur des dépêches qui annonçaient le rétablissement de la maison de Bourbon sur le trône de France. M. de Beauchamp fut condamné; mais le retour du roi, en juillet 1815, empêcha l'exécution du jugement. En décembre 1814, S. M. l'avait décoré de la croix de la légion-d'honneur, et depuis elle lui a accordé une pension. En 1817, la famille du comte de Suzannet a vivement reproché à M. de Beauchamp, dans les journaux, d'avoir outragé la mémoire de ce chef vendéen, tué en 1815. On doit à M. de Beauchamp: 1° un grand nombre d'*articles* dans les journaux, et particulièrement dans la *Gazette de France;* 2° la première *Table alphabétique et analytique du Moniteur*, qu'il rédigea en société, après en avoir fait seul le plan; 3° beaucoup d'*articles* dans la *Biographie moderne*, et dans la *Biographie universelle* : on cite parmi ceux-ci l'article *Bayard*, plusieurs articles de l'histoire d'*Espagne*, et la plupart de ceux des *chefs de la Vendée*. 4° *Le faux Dauphin*, 1803, in-12°; 5° *Histoire de la campagne du maréchal de Suwarow en Italie*, formant le troisième volume des *Campagnes de Suwarow*. On a beaucoup vanté l'exactitude de cette relation. 6° *Histoire de la guerre de la Vendée et des Chouans*, 1805, 3 vol. in-8°. Il vient de paraître une 4ᵐᵉ édition de cet écrit important, que M. de Beauchamp a augmenté et corrigé avec soin, et qui forme 4 vol.

in-8°. 7° *Histoire de la conquête et des révolutions du Pérou*, 1807, 2 vol. in-8°; 8° *Biographie des jeunes gens*, en société avec M. Durdent et autres gens de lettres, 1813, 3 vol. in-12; 9° *Histoire des malheurs et de la captivité de Pie VII, sous le règne de Napoléon*, 1814, in-12. Une seconde édition en a été donnée en 1815. 10° *Vie politique, militaire et privée du général Moreau*, 1814, in-8°; 11° *Histoire de la Campagne de 1814*, Paris, 1815, 2 vol. in-8°. En 1816, l'auteur en a donné, en 4 vol. in-8°, une seconde édition, dans laquelle il a compris la *Campagne de 1815*. Il a paru à Londres, en 1815, 2 vol. in-8°, une traduction anglaise de cet ouvrage, faite d'après la première édition. 12° *Histoire du Brésil, depuis sa conquête en 1400, jusqu'en 1810*, Paris, 1815, 3 vol. in-8°; 13° *Catastrophe de Murat*, 1815, in-8°; 14° *la duchesse d'Angoulême à Bordeaux*, 1815, in-8°. Des critiques judicieux regardent l'*Histoire du Pérou* et celle du *Brésil* comme les premiers titres littéraires de M. de Beauchamp, parce que ces deux ouvrages sont et devaient être naturellement exempts de l'esprit de parti qui trop souvent égare l'auteur dans ses autres compositions historiques. M. de Beauchamp, ainsi qu'on peut le voir par la simple énonciation des titres de ses ouvrages, saisit avec un grand empressement les sujets qui appellent l'attention publique, et les exploite avec une grande célérité. C'est l'historien des circonstances et même de la circonstance. Il n'est pas étonnant que la rapidité avec laquelle il écrit l'ait jeté dans quelques erreurs que nous répugnons à imputer à des spéculations, soit mercantiles, soit politiques. Cet historien fera probablement quelque jour un relevé de toutes ses erreurs; et le volume qui en contiendra la rectification, ne sera ni le moins considérable ni le moins honorable de la collection de ses œuvres. Historiens nous-mêmes, nous pensons qu'on ne saurait parler des autres avec trop de circonspection. Nous sommes loin, en conséquence, d'attribuer à M. Alphonse de Beauchamp tous les ouvrages qu'on lui impute, et entre autres les *Mémoires du prince de Canino* (Lucien Bonaparte). C'est un véritable libelle qui contient autant de mensonges que de faits, et où l'on trouve, entre autres, au sujet de la seconde classe de l'institut, aujourd'hui la première (l'académie française), une des plus impudentes calomnies qui aient été écrites de mémoire d'homme, et ce n'est pas peu dire. On y lit en substance que « le jour où le prince de Canino fit hommage à l'académie française de son poëme de Charlemagne (c'était en février 1815), cette compagnie décida, malgré l'*opposition de M. l'abbé Sicard*, que le poète qui lui faisait cet envoi ne pouvait plus être compté au nombre de ses membres, par cela seulement qu'il portait le nom de *Bonaparte*; ce qui n'empêcha pas, ajoute l'historien, l'académie d'envoyer un mois après, au même prince rentré en France, une députation pour le féliciter de son heureux retour. » Tout est vrai et tout est faux dans ce récit. Le fait qu'il constate est réel; mais les rôles en sont absolument intervertis. Loin d'avoir été opposant, c'est M. l'abbé Sicard qui fut proposant. Quant à l'académie, elle a délibéré à l'unanimité sur un cas qui, sous le rapport du droit comme des convenances, n'était pas de sa compétence. MM. de Ségur, Lacretelle aîné, Arnault, Raynouard, Daru, manifestèrent, à cette occasion, une surprise qui fut partagée par tous leurs collègues. L'académie n'était donc pas en contradiction avec elle-même, quand elle envoya, un mois après, une députation à un confrère, députation dont M. l'abbé Sicard crut devoir faire partie. Nous le répétons, nous sommes loin d'adopter l'opinion de ceux qui ont prêté à M. Alphonse de Beauchamp un si grossier mensonge. M. de Beauchamp, nous en avons la preuve, s'est trompé sans le vouloir; mais il n'a jamais voulu tromper les autres.

BEAUCHAMPS (JOSEPH), prêtre et astronome. Cet ecclésiastique pensa qu'il connaîtrait mieux le ciel dans la contemplation des planètes, que dans la lecture de son bréviaire, et la science lui doit des lumières qu'il n'aurait pu lui donner s'il se fût exclusivement occupé de son premier état. Né à Vesoul, le 29 juin 1759, il fit de bonnes études, s'appliqua particulièrement à la connaissance des langues orientales; et pour obéir à sa famille, qui voulait le consacrer au service des autels, il entra dans l'ordre des Bernardins, en 1767.

Mais n'ayant aucun goût pour l'inoccupation presque générale des cloîtres, il préféra suivre les leçons d'astronomie du célèbre Lalande, son ami. L'oncle de l'abbé Beauchamps, M. Miroudot, évêque *in partibus* de Babylone, et consul de France à Bagdad, le nomma son grand-vicaire; il partit en 1781, et fit, de sa mission apostolique, un voyage utile à l'humanité. Ses observations, d'un haut intérêt, sont consignées dans le *Journal des Savans*, de 1784 à 1790. A Bagdad, il observa un *passage de Mercure sur le soleil,* puis il parcourut tout le Levant, fit une *carte du cours du Tigre et de l'Euphrate,* depuis Diarbekir jusqu'à Bassora, c'est-à-dire sur trois cents lieues de longueur; recueillit des manuscrits et des antiquités arabes, qu'il envoya à l'abbé Barthélemy; dressa une excellente carte de la Babylonie; visita la mer Caspienne pour en déterminer la situation, et revint en France, en 1790. La révolution respecta dans le prêtre, l'homme utile et savant. En 1795, nommé consul à Mascate, en Arabie, il visita les côtes de la mer Noire, et rectifia bon nombre d'erreurs qui se trouvaient dans les autres cartes. Le général Bonaparte l'appela auprès de lui, en Égypte, et fit consigner le résultat de ses travaux dans le grand et célèbre ouvrage sur cette contrée. Chargé, en 1799, d'une mission secrète à Constantinople, l'abbé Beauchamps fut enlevé par les Anglais, et livré indignement au grand-turc comme espion : c'était l'envoyer à la mort. L'abbé Beauchamps n'échappa au dernier supplice que par l'intervention des ambassadeurs d'Espagne et d'Italie, et fut, par une modération extraordinaire du grand-seigneur, détenu dans le donjon d'un vieux château-fort sur les bords de la mer Noire. Cette captivité altéra la santé de l'abbé Beauchamps; enfin, sur la demande du premier consul, la liberté lui fut rendue en 1801 : mais il mourut à Nice, le 19 novembre, même année, au moment où il rentrait en France, et où il apprenait sa nomination en qualité de *commissaire des relations commerciales à Lisbonne.* Correspondant de l'académie des sciences, et membre de l'institut, l'abbé Beauchamps a laissé les plus honorables souvenirs. Lalande, son ami et son correspondant, a inséré dans sa *Bibliothèque astronomique* la liste de ses ouvrages. Outre ceux qui se trouvent dans le *Journal des Savans,* et qui se composent de relations de divers voyages en Perse, à Bassora, etc., et d'observations sur les mœurs, les antiquités, etc., du Levant, on lui doit des *Notices sur la Perse,* publiées en 1800.

BEAUCHÊNE, médecin consultant du roi, entra d'abord dans l'état militaire, qu'il abandonna pour se livrer à l'étude de la médecine. En 1789, il était membre de la commune de Paris; après la retraite des princes à Coblentz, il leur fut député pour les inviter à revenir. Le médecin fut mieux accueilli que le négociateur, qui n'obtint aucun succès. Depuis cette époque, il s'est renfermé dans la pratique de son art. Il fut chargé, par le roi, le 9 novembre 1815, de lui rendre compte de l'état de l'enseignement dans les écoles de médecine et de chirurgie. Il est auteur des ouvrages suivans: 1° de *l'Influence des affections de l'âme sur les maladies nerveuses des femmes*, 1781, in-8°; 1783, in-8°; 1798, même format; 2° *Observations sur une maladie nerveuse, avec complication d'un sommeil tantôt léthargique, tantôt convulsif*, 1786, in-8°. M. Beauchêne était, avant la révolution, attaché en qualité de médecin à la maison de *Monsieur*, aujourd'hui Louis XVIII.

BEAUCHÊNE, fils du précédent, s'est comme lui adonné à l'art médical; mais il s'applique plus particulièrement à la chirurgie, qu'il pratique avec une rare habileté. Il est attaché à l'hospice de la rue Saint-Antoine, comme adjoint au chirurgien en chef.

BEAUCLAIR (Pierre-Louis de), littérateur. Né à l'Ile-de-France, comme Parny, Léonard et Bertin, il n'eut ni leur genre de talent, ni leur brillante célébrité. Athlète imprudent, il essaya, en 1764, de réfuter le *Contrat social* (Anti-Contrat social, La Haye, 1764, in-8°). Mais sans laisser aucune empreinte, sa faible plume se brisa contre le burin de J. J. Rousseau. Toujours présomptueux, il écrivit sans élégance et sans originalité, l'*Histoire de Pierre III, empereur de Russie*, 1774; cependant il inséra dans cet ouvrage quelques anecdotes bonnes à consulter. L'*Histoire de Mme de Grissolcs*, écrite par elle-même, qu'il donna en 1770, n'a pas eu de succès. Son *Cours de gallicismes*, publié hors de France (1794 et 1796, 3 vol., Francfort), est utile pour les étrangers; mais souvent l'auteur a confondu des choses qui ne se ressemblent pas: les *idiotismes*, ou tournures particulières à la langue; les *expressions nouvelles*, ou néologismes, dont le temps consacre les meilleures; enfin les *adages*, ou sentences populaires, qui deviennent quelquefois nationaux. Beauclair est mort à Darmstadt, en 1804, âgé de 69 ans; il était directeur d'un institut d'éducation et conseiller du margrave.

BEAUCOUSIN (Christophe-Jean-François), se passionna pour la bibliographie, comme on se passionne pour les tableaux ou les médailles. Né à Noyon, il vint fort jeune à Paris, y fit ses études, fut reçu avocat au parlement en 1751, et passa plus de temps à recueillir des manuscrits et de vieux livres, qu'à plaider et à étudier la jurisprudence. Il recueillit le fruit de ce genre d'études: il devint fort savant dans l'histoire de la Bibliographie, et, à force de rechercher d'anciens ouvrages, il trouva des renseignemens nouveaux, et composa plusieurs *Vies* qui n'ont pas été imprimées, mais dont la *Bibliothéque historique de France* donne la liste. Au milieu de quelques noms obscurs, on distingue les noms de ce *Bonaventure Fourcroy*, fameux jurisconsulte et mauvais poète, que Boileau ne dédaigna pas de sacrifier à sa vengeance poétique.

Qui ne hait point tes vers, ridicule Maucroy,
Pourrait bien, pour sa peine, aimer ceux de Fourcroy.

Cependant Boileau retrancha ces deux vers. Était-ce pitié ou justice ? La chose est douteuse. On remarque aussi les noms des deux *Sarazin*, l'un poète, et l'autre peintre et sculpteur; du célèbre architecte *Philibert Delorme;* du fameux avocat *Loyseau de Mauléon;* du poète *Racan*, et de *Charles Dumoulin*, grand orateur et fougueux calviniste. Les *Notices et Éloges* de Beaucousin contiennent, sur ces hommes et sur plusieurs autres, des renseignemens qu'on ne trouverait pas ailleurs. Il ne s'est occupé que de personnages nés dans la province du Noyonnais, où il était né lui-même, et a composé ses diverses Notices pour les faire entrer dans une *Histoire générale de Noyon et du Noyonnais*. Il a encore fait l'Éloge de sa mère, ouvrage dont on ne connaît que le titre. La révolution vint lui enlever ses moyens d'existence, au moment où il allait publier, en seize volumes in-8°, le résultat de ses recherches, sous ce titre : *Délassemens d'un jurisconsulte*. Il languit pendant quelques années dans l'obscurité et la misère. Le gouvernement jeta cependant les yeux sur lui ; et Beaucousin allait être nommé *bibliothécaire du directoire-exécutif*, quand il mourut, en 1798. Son nom est une autorité en bibliographie, et si puissante, qu'un ouvrage médiocre acquiert de la valeur, dès que le nom de Beaucousin et quelques mots tracés par lui se trouvent sur le premier feuillet ou sur les marges.

BEAUFFREMONT (ALEXANDRE-EMMANUEL, PRINCE DE), fils du prince de Listenais, vice-amiral de France, descendant de l'une des plus anciennes maisons de France, naquit à Paris, en 1773. En 1787, il épousa à Madrid la fille aînée de M. le duc de la Vauguyon, ambassadeur de France près de la cour d'Espagne. Ayant pris parti contre la révolution, il alla, en 1793, rejoindre les princes en Allemagne, et les accompagna dans leur invasion en Champagne. Revenu en Espagne après le mauvais succès de cette tentative, il y prit du service, et fit dans les Pyrénées, contre les Français, les campagnes de 1793 et de 1794. En 1795, ayant obtenu sa radiation de la liste des émigrés, il revint à Paris, et se retira bientôt en Franche-Comté, dans l'une des terres dont il avait hérité du prince de Beauffremont, son oncle, mort à Paris peu de temps avant son retour en France. Son goût pour la retraite le tint éloigné de la capitale jusqu'à l'époque où Napoléon, qui lui avait déjà donné le titre de comte, l'ayant nommé aux fonctions de président du collége électoral de la Haute-Saône, il lui fut présenté en cette qualité, le 12 avril 1812. Il prononça devant l'empereur un discours dans lequel il exprimait, avec autant d'éloquence que de talent, les sentimens et les vœux du département dont il était l'organe. Au mois de juin 1815, il fut nommé pair de France par Napoléon; mais il refusa, en alléguant la faiblesse de sa santé. Ce refus, que l'on pouvait interpréter d'une autre manière, le fit encore nommer pair après le second retour du roi. Cette fois, M. de Beauffremont ne refusa pas la pairie, néanmoins il a continué à résider à Scey-sur-Saône.

BEAUFFREMONT (ALPHONSE, DUC DE), fils du précédent. Il fit les campagnes de Russie et de Saxe (la première comme aide-de-camp de Joachim Murat, roi de Naples), se distingua à la bataille de la Moskowa, et se trouva à celle de Dresde, le 27 août 1813. Après la première restauration, en 1814, il fut nommé chevalier de Saint-Louis et commandant de la garde-d'honneur de Vesoul. Dans le mois de février 1815, Joachim le manda à Naples, et le chargea, le mois suivant, de se rendre auprès de Napoléon, pour l'assurer qu'il seconderait ses opérations militaires. Au retour de cette mission, M. de Beauffremont fut arrêté à Turin, et n'obtint sa liberté qu'après neuf jours de détention, et, avec l'injonction de rentrer en France. Il prit ensuite du service en Russie; mais, après quelque temps de séjour dans ce pays, il revint en France, et se retira dans sa famille.

BEAUFFREMONT (THÉODORE), second fils du prince de Beauffremont, chevalier des ordres de la légion-d'honneur et de Saint-Louis, chef d'escadron. Il était aide-de-camp du duc de Berri.

BEAUFORT (JEAN-BAPTISTE), né le 18 octobre 1761, à Paris. Dès l'âge de 14 ans, il prit le parti des armes, et néanmoins il n'était encore qu'adjudant-sous-officier au commencement de la révolution. Il s'enrôla alors dans la 31me division de gendarmerie, et devint bientôt adjudant-major. Il fit la première campagne de l'armée du Nord, et obtint, le 23 octobre 1792, le grade d'adjudant-général. Nommé colonel après la bataille de Nerwinde, qui eut lieu le 18 mars 1793, il montra le plus grand courage à la prise de Bréda, au siège de Gertruidenberg. Dans cette campagne, parvenu au grade de général de division, dès le 13 frimaire an 2 (4 décembre 1793), il prouva qu'il était digne de l'avancement rapide qu'il avait obtenu, quand il exerça le commandement en chef par *interim*, de l'armée des côtes de Cherbourg. Peu de temps après, il remporta sur les Vendéens, près de Granville, une victoire, à l'occasion de laquelle la convention déclara qu'il avait bien mérité de la patrie. A l'époque du 9 thermidor, il lui fut ordonné de venir à Paris. Dans cette journée, il prit la défense de la convention contre la commune; il soutint encore le parti de la convention aux journées des 1er prairial et 13 vendémiaire; et de l'armée du Nord, où il servait sous les ordres du général Beurnonville, il vint prendre part à la révolution du 18 fructidor. En l'an 6, il eut le commandement de la 4me division de l'armée d'Angleterre, et fut, peu après, employé dans le département de la Charente-Inférieure. Réformé lors de la création du gouvernement consulaire, le général Beaufort remplit, dans le département du Cantal, une place d'inspecteur des droits-réunis. Il revint à Paris à l'époque du rétablissement du gouvernement royal.

BEAUFORT (LOUIS DE), historien dont les ouvrages lui méritèrent l'honneur d'être reçu membre de la société royale de Londres : il avait été quelque temps gouverneur du prince de Hesse-Hombourg. Beaufort a donné : 1° *Dissertation sur l'incertitude des cinq premiers siècles de l'histoire romaine*, in-8°, 1738, ouvrage qui fut assez estimé pour être réimprimé en 1750, 2 vol. in-12. 2° *Histoire de César Germanicus*, in-12, 1741; 3° la *République romaine, ou Plan général de l'ancien gouvernement de Rome*, 1766, 2 vol. in-4°, imprimé de nouveau, en 1767, 6 vol. in-12. Bien qu'on possède sur l'histoire romaine au temps de la république, de nombreux ouvrages, dont plusieurs sont très-remarquables, celui de Beaufort offre des recherches judicieuses et fort exactes, sur l'administration civile, religieuse, judiciaire et militaire; sur le sénat; sur le peuple; enfin sur tout ce qui concourait à l'existence et à l'illustration de la république; et l'auteur a su joindre au mérite de l'historien exact et judicieux, celui de l'écrivain élégant et correct. On a remarqué généralement que l'ouvrage de M. de Texier (*du Gouvernement de la république romaine*, publié à Hambourg, en 1796, 3 vol. in-8°), quoiqu'il ait paru près de trente ans après celui de Beaufort, ne l'a fait oublier, ni pour les recherches, ni pour l'ordre et la méthode, ni pour le style. Beaufort mourut à Maestricht, en 1795.

BEAUFORT (LE DUC DE), naquit à Namur, en 1751, d'une des plus anciennes familles de la Belgique. Il quitta son pays à l'époque de la révolution, et se retira à Vienne. En 1801 il rentra dans sa patrie, et resta néanmoins étranger aux affaires publiques jusqu'en 1814. Alors il devint gouverneur-général civil, fonction que sa faiblesse et son peu de capacité dans les affaires ne le rendaient pas propre à remplir. Dans le mois de juillet de la même année, il fut nommé président du conseil privé de Guillaume Ier, roi des Pays-Bas; il donna sa démission, après le débarquement de Napoléon, en mars 1815. Le duc de Beaufort conserva cependant la place de grand-maréchal de la cour. Il mourut dans le mois de mai 1817.

BEAUFORT (DANIEL-AUGUSTE DE), savant topographe et dessinateur, a fait une carte d'Irlande qui, par l'exactitude du travail géographique, était considérée comme la meilleure avant celle d'Arrowsmith. La carte de M. de Beaufort, en deux feuilles, publiée par souscription, est accompagnée d'un Mémoire historique, in-4°, 1792. L'auteur était à cette époque recteur de Navan, dans le comté de Méath.

BEAUFORT D'HAUTPOUL (Mme DE), née Marsollier, comtesse de Beaufort, puis comtesse d'Hautpoul, s'est fait connaître dans la littérature par des romans pleins d'intérêt et par des poésies charmantes et faciles. Ses principaux ouvrages sont : 1° *Zilia*, roman pastoral, 1796, in-12; on y trouve diverses romances qui sont des modèles dans le genre. 2° *Childéric, roi des Francs*, 1806, 2 vol. in-12, roman historique, qui a mérité les honneurs de deux éditions ; 3° *Séverine*, 1808, 6 vol. in-12, roman accueilli avec un égal empressement ; 4° *Clémentine, ou l'Évélina française*, 1809, 4 vol. in-12 ; 5° *Arindal, ou le jeune Peintre*, 1809, 2 vol. in-12 ; 6° les *Habitans de l'Ukraine, ou Alexis et Constantin*, 1820, 3 vol. in-12 ; 7° l'*Athénée des dames*, journal de format in-18, dont il paraissait un cahier chaque mois ; 8° *Cours de littérature ancienne et moderne, à l'usage des jeunes demoiselles*, 1815, in-12. L'auteur en prépare une seconde édition. 9° Plusieurs morceaux de *Poésies légères*, insérés dans la *Décade philosophique*, dans l'*Almanach des Muses*, et dans d'autres recueils poétiques. Un doux abandon caractérise ces vers qui auraient fait honneur à nos meilleurs poètes, et le recueil vient d'en être confié à la presse : c'est la première fois que Mme de Beaufort d'Hautpoul réunit tous les vers échappés d'une lyre parée des fleurs de Clémence Isaure ; 10° enfin quelques *Articles* dans la *Bibliothèque française*. Tous ces ouvrages se font lire avec plaisir, et surtout les romans, qui offrent une foule de situations attachantes, décrites avec une correction et une élégance qu'on trouve bien rarement dans ce genre de composition.

BEAUFORT D'HAUTPOUL (ÉDOUARD, MARQUIS DE), lieutenant-colonel du génie, officier de la légion-d'honneur, chevalier de Saint-Louis, né à Paris, le 16 octobre 1782. Il fut destiné à l'état militaire dès sa naissance. Sa mère ayant été emprisonnée pendant la terreur, par suite de l'émigration du comte de Beaufort, colonel du régiment du Roi infanterie, alors 105me, il partagea volontairement sa captivité, et fut 6 mois prisonnier à l'âge de 11 ans. Le comte de Beaufort périt à Quiberon. M. d'Hautpoul, qui servait dans le génie, ayant épousé Mme de Beaufort et adopté son fils, détermina la vocation de ce jeune homme pour cette arme, dans laquelle il a constamment servi depuis l'âge de 16 ans. Chef d'état-major du génie du corps d'armée dans le royaume de Naples, commandé alors par le général Gouvion-Saint-Cyr (en 1803, 1804 et 1805), M. de Beaufort d'Hautpoul fut attaqué dans une reconnaissance de nuit, et reçut plusieurs blessures. Commandant le génie à la division Molitor, qui forma l'avant-garde de l'armée d'Italie en 1805, il répara, sous le feu de l'ennemi, les ponts de presque toutes les rivières que l'armée eut à franchir. Honoré de la confiance du général Molitor, cité honorablement dans le bulletin de la bataille de Caldiero, il commanda plus d'une fois avec succès de forts détachemens dans des affaires d'avant-postes. Dans cette campagne, où il se fit distinguer par le maréchal Masséna, il obtint, à 23 ans, la décoration de la légion-d'honneur, qu'on ne prodiguait point encore. Lors de la conquête du royaume de Naples, il dirigea tous les travaux de fortification des îles et du golfe. Il fit ensuite partie de l'expédition de Calabre, commandée par le maréchal Masséna, dont le nom seul suffit pour chasser les Anglais de ce pays. Appelé à la grande-armée dans la campagne de Prusse, il fut blessé deux fois grièvement au siége de Colberg, et fut employé ensuite à celui de Stralsund. Après la prise de cette ville, il commanda le génie dans l'expédition de nuit qui enleva l'île de Danholm aux Suédois. Les blessures qu'il avait reçues au siége de Colberg ne lui permirent pas de faire la campagne de Wagram. Mais il fut employé en Zélande et dans le Brabant hollandais, après la prise de Flessingue par les Anglais. Le maréchal Masséna ayant été nommé au commandement de l'armée de Portugal, M. de Beaufort d'Hautpoul demanda et obtint l'honneur de servir de nouveau sous les ordres du maréchal. Il fit le siége d'Alméida, et y fut deux fois blessé. Attaché à l'état-major particulier du maréchal, il eut un cheval tué sous lui à la bataille de Bussaco, et fit toute cette campagne, où le succès ne couronna pas toujours les combinaisons du maréchal, mais où cet illustre guerrier montra la fermeté et la persévérance qui ont constamment distingué son caractère. M. de Beaufort d'Hautpoul obtint dans cette campagne, le grade de chef de bataillon, et en reçut le brevet des mains de ce même guerrier, de qui, cinq ans auparavant, il avait reçu la croix de la légion-d'honneur. Lorsque le maréchal Masséna eut été remplacé par M. le maréchal duc de Raguse, l'armée de Portugal reçut une nouvelle organisation. M. de Beaufort d'Hautpoul fut nommé chef d'état-major du génie de cette armée, où il fit les campagnes si actives de 1811, de 1812 et de 1813. Il dirigea particulièrement la construction des forts de Salamanque, qui soutinrent 12 jours de tranchée ouverte. Le 18 juillet 1812, dans une reconnaissance, en sauvant l'aide-de-camp du général Clauzel des mains des hussards anglais, il tomba lui-même en leur pouvoir, et n'en fut dégagé qu'après un combat corps à corps, dans lequel il fut grièvement blessé d'un coup de sabre sur la tête. Il ne quitta pas pour cela le champ de bataille. A la nouvelle réorganisation de l'armée d'Espagne, au mois de juillet 1813, M. de Beaufort d'Hautpoul, qui avait passé 3 ans dans le pays, et qui était atteint de fièvres tenaces, obtint un congé pour venir se rétablir à Paris. Mais à peine y était-il arrivé, que l'invasion dont la France était menacée lui fit oublier la faiblesse de sa santé. Il accepta avec empressement l'emploi de chef d'état-major du génie à l'armée d'Italie, commandée par le prince Eugène. A son arrivée, il vit l'armée en retraite sur ce même terrain où, 8 ans auparavant, il avait marché à l'avant-garde d'une armée victorieuse. Il fut obligé de rompre et de brûler les mêmes ponts qu'il avait refaits précédemment. Mais il vit, et ce fut du moins une consolation, une armée animée du meilleur esprit, bien organisée, bien disciplinée, pleine de confiance dans son général en chef, et ce général déployer, dans ces momens critiques, le plus beau caractère et la plus noble fidélité. M. de Beaufort d'Hautpoul mérita, en plusieurs occasions importantes, l'estime du général Dode, qui commandait le génie, et fixa l'attention du prince. En rentrant en France, il se trouva compris au nombre des officiers que leur peu d'ancienneté de grade fit mettre en non activité. Il fut placé par le général Decaux au ministère de la guerre, et eut sous sa direction le bureau des décorations et des affaires relatives aux émigrés, emploi qu'il conserva sous les ministres comte Dupont et maréchal duc de Dalmatie, jusqu'au 20 mars 1815. Dans les *cent jours*, il fut attaché, comme secrétaire, au comité de défense, composé des généraux du corps du génie; et, depuis 1816, il est secrétaire du comité du génie, ayant encore le grade qu'il a reçu, en 1814, à l'armée d'Italie. M. de Beaufort n'est pas étranger aux lettres; et quoiqu'il paraisse attacher peu d'importance à quelques essais littéraires, profondément affligé de la mort du maréchal Masséna, dont la calomnie a empoisonné les derniers momens, il a tracé à la hâte un *Éloge funèbre* de ce grand capitaine, si noblement loué par le général Thiébault. Mais M. de Beaufort d'Hautpoul n'a pas cru devoir publier son travail. Il n'a voulu de publicité que pour repousser, par une lettre du 22 avril 1818, insérée dans le n° 4 des *Annales militaires*, les imputations calomnieuses qu'un anonyme avait accumulées dans un pamphlet contre l'armée de Portugal et son illustre chef. Chargé, en 1819, par la société royale académique des sciences, dont il est secrétaire, de faire, conjointement avec M. Bexon, l'éloge du prince de Condé, qui était membre honoraire de cette société, il a loué ce prince avec franchise, et cet éloge ne renferme pas un mot qu'un Français ne puisse avouer.

BEAUFRANCHET-D'AYAT (Louis-Charles-Antoine), naquit en 1757. Il passait pour être le fruit d'une liaison passagère entre Louis XV et mademoiselle Morphise, mariée à un gentilhomme d'Auvergne, nommé Beaufranchet-d'Ayat. D'abord page du roi, il entra bientôt au service, et était capitaine de cavalerie, lorsque la révolution fit émigrer une partie des chefs de l'armée. Resté en France, cet officier parvint rapidement au grade de général de brigade. En 1793, il commandait en cette qualité sous les ordres de Santerre. Envoyé dans la Vendée, le général Beaufranchet-d'Ayat sauva, par son énergie, les restes des républicains échappés à la malheureuse affaire de Fontenay-le-Peuple. Ce général se trouva encore à la journée du 27 mai 1794, où fut battue l'armée républicaine, commandée par Chalbos. Depuis cette époque, il avait cessé d'être employé, malgré ses réclamations, et ce ne fut que sous le gouvernement impérial qu'il obtint la place d'inspecteur général des haras. Après l'avoir occupée environ 3 ans, il mourut à la fin de 1812.

BEAUGEARD (N.). Partisan de la révolution, il organisa les clubs de la Bretagne, et fut, en septembre 1792, nommé par le département d'Ille-et-Vilaine, député à la convention nationale. Dans le procès de Louis XVI, il vota pour la mort, et pour l'exécution dans les vingt-quatre heures. Après l'établissement du gouvernement directorial, il fut d'abord commissaire près de l'administration de son département; ensuite il entra, en l'an 6, au conseil des cinq-cents. La révolution du 18 brumaire l'éloigna de la carrière politique, où il ne reparut qu'un moment, en 1815, comme député à la chambre des représentans. Il a été frappé par l'ordonnance du 24 juillet de cette année.

BEAUGEARD-FERRÉOL (N.), rédacteur d'un journal à Marseille, pendant la révolution, était déjà connu par quelques productions littéraires. Il se fit remarquer par la modération de ses principes; mais il ne put se soustraire à la haine des partis qui se succédaient tour à tour. En vain il avait échappé aux vengeances de la terreur, les proscriptions directoriales l'atteignirent, en le comprenant dans la classe des journalistes accusés de provoquer le retour de la royauté. Condamné à la déportation, ainsi que ses co-accusés, à la suite du 18 fructidor an 5 (4 septembre 1797), il parvint à s'échapper; mais il fut arrêté à Bordeaux, conduit huit mois après à bord d'une frégate, et déposé sur les plages de l'Amérique, où sans doute il est mort.

BEAUHARNAIS (FRANÇOIS, MARQUIS DE), chef de cette famille à l'époque de la révolution, est né à La Rochelle, le 12 août 1756. En 1789, la noblesse de Paris *extrà muros* le nomma député suppléant aux états-généraux. Il ne siégea parmi les membres de ce corps que lorsqu'ils se furent constitués en assemblée nationale. Il vota constamment avec le côté droit, et signa la protestation des 12 et 15 septembre 1791, contre les changemens décrétés par cette assemblée. Le vicomte Alexandre, son frère, premier mari de l'impératrice JOSÉPHINE, également député à l'assemblée constituante, mais siégeant au côté gauche, ayant demandé que le commandement des armées fût enlevé au roi, le marquis combattit avec énergie cette motion et tous les amendemens qu'elle fit naître, en disant : « Il n'y a point d'a- »mendement avec l'honneur; » ce qui le fit surnommer *le féal Beauharnais sans amendement.* La session de l'assemblée étant terminée, le marquis de Beauharnais adressa un *compte rendu à ses commettans,* et le fit imprimer. En 1792, la cour le chargea, avec le marquis de Briges, le comte d'Hervilly et le baron de Vioménil, de diriger une nouvelle évasion de la famille royale; mais le baron de Chambon, qui l'accompagnait, fut arrêté, et l'entreprise ne put s'effectuer. Le marquis de Beauharnais fit alors partie de l'armée de Condé, où il devint major-général. Lorsque, à la fin de 1792, la convention nationale décréta que Louis XVI serait jugé par elle, le marquis de Beauharnais adressa au président de cette assemblée, une lettre qui fut rendue publique, dans laquelle, en remontrant l'illégalité de la procédure qu'elle allait entreprendre, il s'offrait pour être un des défenseurs du monarque. Depuis cette époque jusqu'à celle du 18 brumaire an 8 (9 novembre 1799), on le perd de vue. La révolution opérée ce jour-là ayant porté à la tête du gouvernement, en qualité de premier consul, le général Bonaparte, le marquis de Beauharnais chargea JOSÉPHINE, sa belle-sœur, que le général avait épousée, de lui remettre une lettre par laquelle *il l'invitait, au nom de la seule gloire qu'il eût à acquérir, à rendre le sceptre à la maison de Bourbon.* Cette proposition ne fut point accueillie. JOSÉPHINE, devenue impératrice, maria sa nièce, fille du marquis, à M. de Lavalette (*voyez* LAVALETTE), aide-camp de Napoléon, et obtint le rappel du marquis lui-même. L'empereur ne tarda pas à employer le marquis de Beauharnais. Il le nomma d'abord ambassadeur en Étrurie, puis en Espagne. Cette dernière mission offrit des difficultés que ce ministre n'eut pas l'adresse ou peut-être l'intention de lever. Il se ligua avec l'infant (aujourd'hui Ferdinand VII), contre don Manuel Godoï, prince de la Paix, et tomba ainsi dans la disgrâce de Napoléon, qui le rappela et l'exila en Sologne, où il avait des terres. Le marquis de Beauharnais est revenu à Paris après la restauration. S'il faut en croire la *Biographie* des frères Michaud, le marquis de Beauharnais serait rentré en France, et n'aurait pris du service auprès de Napoléon que pour le trahir. Nous doutons que ce gentilhomme soit du nombre de ceux qui avoueraient une pareille intention, et s'en feraient un nouveau titre de noblesse.

BEAUHARNAIS (ALEXANDRE, VICOMTE DE), frère puîné du précédent, naquit, en 1760, dans l'île de la Martinique, la principale des Antilles françaises. Quelques années avant la révolution, il était major en second d'un régiment d'infanterie, quand il se maria avec Mlle Tascher de la Pagerie, qui depuis épousa Napoléon Bonaparte, et devint impératrice (*voyez* JOSÉPHINE). Après avoir combattu honorablement, sous le maréchal de Rochambeau, pour l'indépendance des États-Unis d'Amérique, le vicomte de Beauharnais revint en France, et s'acquit bientôt une grande réputation à la cour et dans les meilleures sociétés de Paris, tant par son esprit et sa bravoure, que par les talens agréables dans lesquels il excellait. Mais plus philosophe que courtisan, ce fut avec un vif enthousiame qu'il vit luire sur sa patrie l'aurore de la liberté, qu'il avait déjà vue éclairer l'Amérique septentrionale. Appelé, en 1789, aux états-généraux, par la noblesse de Blois, il fut un des premiers de cet ordre qui votèrent avec le tiers-état. Dans la mémorable séance nocturne du 4 août, il fit prononcer l'abolition des privilèges, l'égalité des peines pour tous les citoyens, et leur admission à tous les emplois. Après avoir été secrétaire de l'assemblée constituante, il devint membre du comité militaire, et fit divers rapports remarquables, soit pour organiser les gardes nationales, soit pour maintenir la discipline dans l'armée, soit enfin pour garantir l'état de toute usurpation militaire. Il s'éleva aussi avec énergie contre la prérogative royale de commander les armées et de faire la paix et la guerre. Le 29 avril 1791, il fit décréter que les militaires pourraient, hors les jours de leur service, fréquenter les sociétés populaires. Partisan enthousiaste de la liberté, le vicomte de Beauharnais, dit Mercier dans son *dernier Tableau de Paris,* travailla avec zèle aux préparatifs de la fête de la fédération, qui fut célébrée au Champ-de-Mars, le 14 juillet 1790 : *on le vit attelé à la même charrette que l'abbé Sieyes.* Ami sincère de son pays, plusieurs fois il avait dit aux nobles : « Voici le moment » de vous montrer; vous n'avez » encore rien fait pour le peuple, » il a beaucoup à se plaindre. Si » vous n'y prenez garde, les sa- » bres se tourneront contre nous, » et nous perdrons Louis XVI. » Lors de l'évasion du roi, le 21 juin 1791, le vicomte de Beauharnais présidait l'assemblée nationale ; c'est avec une fermeté vraiment antique, qu'il annonça aux législateurs étonnés cette inquiétante nouvelle. « *Messieurs,* » leur dit-il en ouvrant la séance, » *le roi est parti cette nuit, pas-* » *sons à l'ordre du jour.* » La dignité et la présence d'esprit dont il fit preuve en des circonstances aussi critiques, furent admirées de ses ennemis eux-mêmes, et le firent nommer président pour la seconde fois, le 31 juillet suivant. Après la session, il se rendit à l'armée du Nord, avec le grade d'adjudant-général; et dans la déroute de Mons, qui eut lieu le 29 avril 1792, il mérita les éloges du général en chef Biron. Au commencement du mois d'août, le général Custines désigna le vicomte de Beauharnais pour commander le camp de Soissons. Après la journée du 10 août, Beauharnais continua de servir sa patrie ; et les commissaires de l'assemblée législative auprès des armées, annoncèrent qu'il était du nombre des généraux restés fidèles à l'honneur et à leur pays. Deux mois plus tard, il adressa une proclamation patriotique à l'armée du Rhin. Au mois de décembre suivant, sa conduite obtint des éloges du général Custines et du ministre de la guerre Pache. Le 29 mai 1793, il fut proclamé général en chef de l'armée du Rhin, et bientôt après nommé ministre de la guerre ; mais il refusa ce dernier poste. C'était le temps où les nobles étaient bannis des emplois militaires. Cet illustre citoyen donna sa démission, que les conventionnels en mission refusèrent d'abord, et qu'ils acceptèrent, le 21 août, en lui enjoignant de se retirer à vingt lieues des frontières. Après avoir remis le commandement au général Landremont, il se fixa près de la Ferté-Imbaut (département de Loir-et-Cher), dans la terre de Beauharnais, qui avait été érigée en marquisat pour son père. Avant sa démission, Alexandre Beauharnais fut l'objet de quelques dénonciations qui l'engagèrent à publier des *Observations* contre la proscription des nobles. A peine fut-il dans sa retraite, que de nouvelles dénonciations vinrent l'y as-

Le P.ce Eugène Beauharnais

Mp. Bailly, fils

saillir; fort de son innocence, il y répondit, mais en vain. Il ne tarda pas à être arrêté et transféré dans les prisons de Paris. Traduit au tribunal révolutionnaire, il fut accusé d'avoir contribué à la reddition de Mayence, en restant pendant quinze jours dans l'inaction, à la tête de son armée. Enfin, il fut condamné à mort, le 5 thermidor an 2 (23 juillet 1794), dans la 34me année de son âge. Au moment d'aller au supplice, le général Beauharnais, toujours plein d'honneur, de courage et de sensibilité, écrivit à sa femme pour lui recommander leurs enfans, et pour l'engager à faire réhabiliter sa mémoire. Pouvait-il la croire entachée! Lors de l'installation du sénat-conservateur, au palais du Luxembourg, la statue du vicomte de Beauharnais fut une de celles qui décorèrent le grand escalier.

BEAUHARNAIS (EUGÈNE DE), prince de Leuchtemberg, fils du précédent, et de Joséphine Tascher de La Pagerie, né le 3 septembre 1780, dans la province de Bretagne. Privé, à l'âge de 14 ans, de son père, mort victime de la liberté, il fut élevé dans un pensionnat à Saint-Germain-en-Laye. Ses succès et son heureux naturel ne contribuèrent pas moins que les soins affectueux de sa sœur Hortense, depuis reine de Hollande, à adoucir les peines de leur mère. Cette excellente femme ayant épousé le général Bonaparte, en février 1796, le jeune Beauharnais entra dans la carrière militaire, et suivit dès lors la fortune de son beau-père, qu'il rejoignit en Italie, en qualité d'aide-de-camp. L'année d'après, il l'accompagna en Egypte. Chemin faisant, Bonaparte se rendit maître de Malte; Beauharnais trouva le temps de se distinguer pendant les courtes hostilités qui précédèrent la reddition de cette place *imprenable;* c'est lui qui s'empara du seul drapeau que les troupes débarquées avaient eu l'occasion d'enlever aux chevaliers de Malte. Eugène revint en France avec son général vers la fin de septembre 1799. La révolution du 18 brumaire, qui fit passer l'autorité entre les mains de Bonaparte, favorisa l'avancement du jeune Beauharnais, qui bientôt le justifia par ses services. Nommé chef d'escadron des chasseurs de la garde, il fit en cette qualité la glorieuse campagne de 1800, en Italie, et se distingua à la bataille de Marengo, où il courut de grands dangers. Colonel du même régiment, avec le grade de général de brigade, en 1804, il fut, après l'établissement du gouvernement impérial, élevé à la dignité de prince français, et nommé archichancelier d'état, le 1er février 1805. Dans le mois de juin, Napoléon ayant érigé l'Italie septentrionale en royaume, l'en nomma vice-roi. A la fin de la même année, l'Autriche déclara la guerre à la France. Le prince Eugène resta dans ses états, menacés par le prince Charles, à l'habileté duquel Napoléon crut devoir opposer la vieille expérience de Masséna. Eugène était alors à peine âgé de 25 ans. C'est à la suite de cette campagne, terminée par la mémorable bataille d'Austerlitz, que, le 12 janvier 1806, l'empereur après l'avoir adopté, le maria avec la princesse Auguste-Amélie, fille du roi de Bavière. Le 20 décembre 1807, le vice-roi, que Napoléon avait déclaré son héritier au royaume d'Italie, fut de plus créé prince de Venise, dont toutes les provinces avaient été réunies à ce royaume un an auparavant. En 1809, l'Autriche, suivant son ancienne politique, voulut profiter de l'éloignement des armées françaises, occupées alors en Espagne, et fit de nouveau la guerre à la France. Le prince Eugène eut le commandement de l'armée d'Italie; mais l'infériorité de ses forces, qui n'allaient pas au-delà de 16,000 hommes, l'obligea de se replier devant l'armée nombreuse de l'archiduc Jean, qui poussa les Français jusqu'à Padoue, où il entra, le 25 avril. La valeur française et le dévouement de l'aide-de-camp du vice-roi, le général Sorbier, qui fut tué dans l'action, firent cependant éprouver aux Autrichiens un échec considérable, à l'attaque des redoutes de Caldiero, où le prince Eugène s'était retranché. Cet avantage néanmoins n'aurait pas eu de résultats aussi heureux, vu la faiblesse de l'armée, sans l'arrivée du général Macdonald, et surtout sans les victoires de l'empereur. Ses succès étonnans contraignirent, dès le 1ᵉʳ mai, l'archiduc à se retirer sur l'Autriche. Le vice-roi alors divisa ses forces en trois corps, commandés l'un par lui-même, et les autres par les généraux Macdonald et Baraguey-d'Hilliers. Il se mit à la poursuite de l'ennemi, avec l'arrière-garde duquel il eut différens engagemens à Saint-Daniel, à Malborghetto qu'il enleva de vive force, le 17 mai, et sur les bords de la Schlitzer, où les Autrichiens lui opposèrent une résistance opiniâtre. Ces succès et l'entrée de la grande-armée française dans Vienne, le 13 mai, dont la nouvelle avait été apportée par le général Danthouard, redoublèrent l'ardeur des troupes de l'armée d'Italie. Macdonald s'était emparé de Trieste le 18; le 21, Clagenfurth fut occupé par les troupes du prince Eugène. Le 25, le corps de ce dernier fut attaqué sur la route de Kuittelfeld à Léoben, par le général Jellachich, qui, dans l'impossibilité de tenir en Allemagne, se portait en hâte sur Léoben avec 8,000 hommes, afin de se réunir à l'archiduc Jean. Le vice-roi, après avoir battu ce général, se dirigea sur Vienne, fit, le lendemain 26, sa jonction avec le général Lauriston, que Napoléon, inquiet sur l'armée d'Italie, avait envoyé à sa rencontre; il entra dans la capitale le même jour, et alla, le 27, trouver l'empereur à son quartier-général à Ebersdorf. Celui-ci, dans son bulletin du 28, dit, en parlant du prince : « qu'il avait fait preuve, pendant » la campagne, de toutes les qua- » lités qui constituent les plus » grands capitaines. » Le prince Eugène partit ensuite pour la Hongrie, où les princes autrichiens voulaient organiser une levée en masse; il parvint à arrêter ces mouvemens, et gagna sur l'ennemi, le 14 juin, la bataille importante de Raab, dans la même position où, près d'un siècle et demi auparavant, Montecuculli avait remporté une victoire signalée sur les Turcs. A la bataille de Wagram, le vice-roi montra autant de talens et de courage qu'il l'avait fait dans le commandement en chef; et néanmoins il eut la rare modestie d'empêcher la distribution d'un ouvrage sur cette campagne, composé à sa louange, et publié à Milan. Cette campagne brillante avait fait changer la politique de l'empereur; il avait résolu de rompre son mariage avec Joséphine; il fit en conséquence venir, à la fin de l'année, le vice-roi à Paris, pour lui communiquer ses intentions. La position de ce jeune prince était extrêmement difficile; il se trouvait placé entre la tendresse qu'il portait à sa mère et la reconnaissance qu'il devait à son père adoptif; il sut concilier tous ses devoirs. Le 3 mars 1810, le prince Primat ayant été déclaré grand-duc de Francfort, Eugène fut nommé son successeur, et reçut, un mois après, la grand'croix de l'ordre de Saint-Étienne de Hongrie. Il gouvernait paisiblement l'Italie, lorsque le commencement de la guerre avec la Russie l'obligea de quitter ses états pour prendre le commandement du 4me corps de la grande-armée. Cette campagne ajouta à la grande réputation qu'il s'était acquise antérieurement; il se distingua à Othowno, à Mohilow, le 23 juillet, aux affaires des 25, 26 et 27 du même mois, ainsi qu'à la célèbre bataille de la Moskowa, le 7 septembre. Pendant la retraite, à la bataille de Viazma, le 3 novembre, et aux combats de Krasnoë, du 16 au 19, il plaça son nom à côté de celui de l'immortel maréchal Ney. Dans des circonstances si difficiles, il ne fit pas seulement briller son courage, mais encore son humanité; malgré une incommodité grave et douloureuse, il voulut partager toutes les peines du soldat; souvent on le vit à l'arrière-garde, le fusil sur l'épaule. Napoléon rendit la justice la plus éclatante à son mérite; mais il eut tort de ne point assez ménager l'amour-propre de Murat par des comparaisons peu flatteuses des talens de ce dernier avec ceux du prince. Peut-être ne doit-on qu'à cette imprudence la défection du roi de Naples et les désastres qu'elle entraîna. Quoi qu'il en soit, le prince Eugène, après le départ de l'empereur et celui de Murat, prit le commandement en chef de l'armée, qu'il ramena, dans le meilleur ordre possible, jusqu'à Magdebourg, à travers les troupes ennemies, et malgré les difficultés de toute nature. Arrivé dans cette ville, il s'y arrêta pour rassembler les débris de tous les corps. Une nouvelle armée cependant s'était reformée comme par enchantement: Napoléon marchait de nouveau à l'ennemi. Les Prussiens, avec un corps russe, se présentent, le 2 mai, à Lutzen et perdent la bataille: le prince Eugène commandait l'aile gauche. Le 5 du même mois, il rentra dans Dresde. Quelques jours après, il reçut l'ordre d'aller prendre le commandement des troupes en Italie, point sur lequel l'empereur, qui prévoyait la défection de l'Autriche, sentait que cette puissance allait porter ses forces. Ses soupçons furent bientôt changés en certitude; on sut que les Autrichiens, sous le commandement du vieux général Hiller, marchaient sur l'Illyrie. Le vice-roi entra en campagne le 21 août, et établit son quartier-général à Adelsberg. En septembre, il appela toute l'Italie aux armes dans une proclamation publiée à Gradisca, sur l'Izonso. Dans le même temps, ayant eu connaissance des négociations de Murat avec l'Autriche, il en avertit Napoléon, en ajoutant toutefois qu'il ne pensait pas que cet ancien général français se décidât à faire tirer sur ses compatriotes. Les Autrichiens s'avancèrent sur la ligne occupée par le prince Eugène, qui fut obligé de se replier, mais toujours combattant et souvent vainqueur. Le 31 octobre, il eut un engagement sur la Brenta, à la suite duquel il s'empara de Bassano. Le général Bellegarde vint ensuite à la tête de l'armée autrichienne remplacer le général Hiller, dont on accusait la lenteur. C'est alors que le vice-roi, livré en quelque sorte à lui-même par la défection de Murat, se retira sur le Mincio, où, le 8 février, il battit encore l'ennemi. Malgré la supériorité numérique de ce dernier et beaucoup d'autres avantages, il mit 5,000 hommes hors de combat et fit 2,000 prisonniers. Cette victoire, d'autant plus étonnante que l'armée, composée en partie d'Italiens, dans le plus grand dénûment, sans solde, et manifestant un mécontentement extrême, ne pouvait être que désavantageuse au vainqueur, à cause de la faiblesse de cette armée. Cependant elle imposa assez au général autrichien pour lui faire tenir la défensive jusqu'à la capitulation de Paris. Il y eut même entre les chefs des deux armées des relations très-amicales; le feld-maréchal Bellegarde vint à Mantoue, où étaient le vice-roi et son épouse, et tint sur les fonts la fille dont la princesse venait d'accoucher. Néanmoins les nouvelles de Paris parvenues en Italie, avaient augmenté le désordre dans l'armée et à Milan. Un parti, il est vrai, s'était prononcé en faveur du prince Eugène; mais les intrigues de l'Autriche, et peut-être aussi plusieurs actes de sévérité, que les difficultés de la dernière campagne avaient nécessités, amenèrent la journée du 20 avril 1814, dont fut victime le comte Prina, ministre du vice-roi. Déjà haï précédemment, on l'accusait alors de pratiquer dans le sénat des intelligences en faveur d'Eugène; une mort cruelle termina son existence. Le vice-roi, qui n'avait pas été sans inquiétude, dès les premières étincelles de mécontentement, avait rassemblé à Mantoue ce qu'il avait de plus précieux, et avait pris la résolution de passer en Bavière. Il donna ensuite des ordres pour le départ de l'armée française, à laquelle il adressa la proclamation suivante : « Soldats français! de » longs malheurs ont pesé sur no- » tre patrie. La France, cherchant » un remède à ses maux, s'est re- » placée sous son antique égide : » le sentiment de toutes ses souf- » frances s'efface déjà pour elle » dans l'espoir si nécessaire après » tant d'agitations. En apprenant » la nouvelle de ces grands chan- » gemens, votre premier regard

» s'est reporté vers cette mère ché-
» rie qui vous rappelle dans son
» sein. Soldats français ! vous al-
» lez reprendre le chemin de vos
» foyers ; il m'eût été bien doux
» de pouvoir vous y ramener :
» dans d'autres circonstances, je
» n'eusse cédé à personne le soin
» de conduire au terme du repos
» les braves qui ont suivi avec un
» dévouement si noble et si cons-
» tant les sentiers de la gloire et
» de l'honneur. » Après un très-
court séjour à Mantoue, le prince prit la route du Tyrol ; mais arrivé à Roveredo, il se trouva dans
une position très-difficile. Il n'i-
gnorait ni le mécontentement de
l'armée, ni les derniers événemens
arrivés à Milan, qui l'empêchaient
de rétrograder ; et il apprit du
gouverneur du château, qui était
un colonel autrichien, que si la
princesse pouvait traverser en sûreté le Tyrol, il n'en était pas de
même de lui, que les habitans accusaient d'avoir fait fusiller, comme espions, quelques notables
d'entre eux. Il fallait prendre un
parti ; le prince accepta l'uniforme, la voiture, la livrée et les
gens du gouverneur, qui lui re-
commanda en outre de ne point
s'arrêter et de ne pas se servir de
l'idiome français. Au moyen de
ces précautions, il traversa ce
pays sans accident, et arriva avec
son épouse à Munich, où la réception amicale de son beau-père dut lui faire oublier une partie
des peines qu'il venait d'éprouver. Un événement cruel ne tarda pas à l'arracher, toutefois momentanément, à sa vie paisible :
la mort de l'impératrice Joséphine l'obligea de faire un voyage à
Paris. Il y reçut un accueil distingué de Louis XVIII, auquel il
s'était fait annoncer sous le nom
du *général Beauharnais*. Ses affaires terminées, le prince se hâta
de quitter la France, et retourna
à Munich, d'où il partit pour réclamer au congrès de Vienne les
droits qu'il avait d'être compris
dans la nouvelle organisation de
l'Europe. Jusqu'ici il est encore
incertain si l'accueil flatteur qu'il
reçut des souverains, et particulièrement de l'empereur de Russie, aurait amené des décisions favorables à sa cause ; du moins
est-il vrai que le retour de Napoléon en France donna lieu à des
bruits qui le forcèrent à quitter
Vienne et à se retirer à Bareuth.
On estimait assez le prince Eugène
pour craindre qu'en cette circonstance la politique ne l'emportât
pas en lui sur la reconnaissance.
Plusieurs personnes l'accusaient
d'avoir prévenu Napoléon de la
décision prise au congrès de le
transférer à Sainte-Hélène. D'autres, non sans doute mieux infor-
mées, mais non moins malinten-
tionnées, assuraient que c'était
l'impératrice Marie-Louise qui a-
vait fait parvenir cette nouvelle à
l'île d'Elbe. En janvier 1817, lors
du mariage de l'empereur d'Autriche avec une princesse de Bavière, il s'éleva des difficultés à la
cour de Vienne, à cause du rang
que devrait occuper le prince Eugène. Cette cour, reconnue la plus
susceptible sur l'étiquette, avait
décidé que le prince, n'étant point
issu de famille souveraine, tien-
drait un rang inférieur à celui de
son épouse. Mais cette princesse
déclara qu'elle n'irait point à Vien-

ne, si l'on persistait dans cette résolution; bien plus, sans attendre une nouvelle décision de la cour d'Autriche, elle quitta Munich, et se rendit avec son époux à Lindau, près du lac de Constance, où la duchesse de Saint-Leu, sœur du prince, avait fixé le lieu de sa retraite. Ce prince, qu'on avait toujours vu gouverner avec sagesse, et qui n'avait reçu pendant sa prospérité que les éloges qu'il méritait, a été en butte, depuis ses disgrâces, à des reproches qu'il ne méritait pas. On l'accusa d'avoir exécuté avec trop de sévérité le décret de l'empereur, relatif à la levée en masse de l'Italie, en 1813, sans examiner s'il lui avait été possible de résister aux ordres de Napoléon, et surtout si cette sévérité n'était pas commandée par la difficulté des circonstances. Nous ne voulons pas dire cependant qu'il soit à l'abri de toute inculpation; l'illusion d'un rang aussi élevé a pu, dans une aussi grande jeunesse, lui faire commettre des fautes; et la plus grave est, sans doute, l'imprudence avec laquelle il osa reprocher aux Italiens leur lâcheté, dans un temps où il était du plus grand intérêt pour lui de ne point s'aliéner les cœurs de ces peuples, comme il était de sa justice de ranimer leur courage par le souvenir des beaux faits d'armes qui avaient souvent illustré les drapeaux italiens à la grande-armée. Cette faute favorisa surtout les intrigues de l'Autriche, dont les résultats éclatèrent à Milan, le 20 avril 1813. L'Italie perdit, dans cette journée, la mémoire de tout ce qu'un prince, si jeune encore, et dont la vie est si remplie, avait fait pendant huit ans pour la gloire et la prospérité des provinces dont le sort lui avait été confié. Mais attaché à tant de monumens utiles, à tant d'institutions favorables aux arts, au commerce et à l'humanité, ce souvenir, que la rigueur du gouvernement autrichien n'est guère propre à effacer, s'est bientôt réveillé dans toutes les âmes, et il est aujourd'hui la base de l'opinion qui a prévalu en Europe sur le prince Eugène. La malveillance avec laquelle la Notice sur ce prince est rédigée dans la *Biographie des Hommes vivans*, mérite quelque attention. Les efforts que l'on y fait pour atténuer les faits dignes d'éloge, et l'affectation que l'on y apporte à exagérer des torts peu dignes d'être relevés, excitent tout à la fois le mépris et l'indignation. Les mêmes biographes, qui à peine accordent une mention à la victoire de Raab, dénoncent, par exemple, avec une solennité tout-à-fait ridicule, l'abus de pouvoir commis par le vice-roi, en plaçant dans sa galerie un tableau, non pas enlevé à une église, mais acheté par ce prince des administrateurs de cette église. On croirait cette diatribe faite par des sacristains de mauvaise humeur. L'historien y aurait-il attaché la moindre importance? Le trait le moins malin que les frères Michaud ont cru lancer contre le fils adoptif d'un empereur et le gendre d'un roi, n'est pas sans doute de lui donner le titre de *marquis de Beauharnais*, titre par lequel ils se plaisent à le désigner depuis qu'il a cessé d'être vice-roi (les têtes couronnées ne leur ont pas donné cet exemple). Si malin qu'il soit, au reste, ce trait doit néanmoins manquer son effet : il serait étonnant que le prince Eugène se sentît blessé d'une pareille atteinte ; le nom qu'a porté son père réveille assez de souvenirs honorables pour qu'il soit fier d'en avoir hérité. Il est beau d'avoir défendu à la tribune et sur le champ de bataille les plus grands intérêts de l'humanité et de la patrie : il est beau d'avoir été victime d'une cause dont on avait été un des plus intrépides soutiens, et tels sont les souvenirs qui se rattachent au nom de *Beauharnais*.

BEAUHARNAIS (FANNY, COMTESSE DE), fille d'un receveur-général des finances, naquit à Paris, en 1738, et mourut dans cette ville, au mois de juillet 1813. La poésie eut des attraits pour elle dès l'âge le plus tendre. A 10 ans elle fit un poëme que les religieuses de son couvent se hâtèrent de lui enlever. Elle était fort jeune lorsqu'elle épousa le comte de Beauharnais, oncle de François de Beauharnais, et d'Alexandre qui fut le premier mari de l'impératrice JOSÉPHINE. L'amour n'avait peut-être pas présidé à cette union; la comtesse de Beauharnais, obligée de se séparer de son mari, se retira chez les religieuses de la Visitation. Le couvent était alors une sorte d'asile contre l'incompatibilité d'humeur des époux, et cette réclusion volontaire menait à une liberté indéfinie. Mme de Beauharnais l'ayant obtenue, en profita pour faire un voyage en Italie, qui augmenta sa vocation pour les lettres et les beaux-arts. Un esprit délicat, une grâce naturelle, une teinte philosophique, distinguent ses nombreux ouvrages. Elle fut la muse de beaucoup de salons et de beaucoup d'académiciens. Elle a publié une foule d'ouvrages, parmi lesquels plusieurs jolis romans, qui sont peut-être peu connus aujourd'hui, et quelques comédies médiocres, entièrement oubliées. Ses poésies, inspirées par cette sensibilité à laquelle les femmes savent donner tant de charmes, annoncent un talent facile, et ont obtenu les plus honorables suffrages. Mme de Beauharnais réunissait chez elle les savans et les littérateurs les plus distingués du 18me siècle : tels que Bailly, Bitaubé, d'Arnaud-Baculard, Mably, Mercier, Dorat pour qui elle avait une affection particulière, et le poète Lebrun qui fit une épigramme célèbre contre elle. On lui reproche d'avoir reçu aussi Rétif de la Bretonne, et on a tort, ainsi que Dorat-Cubières-Palmezeaux, et on a peut-être raison. Cependant, à cette époque, le dernier, qui ne portait alors que son nom (le chevalier de Cubières), jouissait dans le monde littéraire d'une réputation agréable, qu'il devait à des poésies légères où l'on trouve de la grâce et de la facilité. Quoiqu'il en soit, l'immortel Buffon appelait Mme de Beauharnais *sa chère fille*, et J. J. Rousseau, qui, sur la fin de sa vie, redoutait l'aspect de toutes les créatures humaines, la voyait sans défiance. Elle avait le talent de peindre d'un seul trait et d'une manière originale. *Corneille*, disait-elle, est un dieu; Racine une déesse; Voltaire un enchanteur; Shakespeare un sorcier. En parlant de l'amour, elle disait, et ce mot est aussi juste que charmant: *Les femmes aiment de tout leur cœur, et les hommes de toutes leurs forces.* Presque tous ses ouvrages fourmillent de traits semblables. Cependant, malgré les nombreux éloges qu'elle a obtenus et qu'elle a mérités, elle ne fut pas toujours à l'abri de la critique. On connaît l'épigramme cruelle de Lebrun, de ce poète qu'elle accueillait avec une distinction des plus flatteuses:

Églé, belle et poète, a deux petits travers;
Elle fait son visage, et ne fait pas ses vers.

Mercier le dramaturge ne fut pas aussi heureux en la célébrant:

On vantera ses grâces, son esprit,
De ses talens la touchante harmonie;
Pendant trente ans, c'est elle qui m'apprit
Que la bonté possède le génie.

Il y a dans ce madrigal moins de génie que de bonté. Mme de Beauharnais eut au reste *des droits incontestables* à la moitié de cet éloge. Elle était naturellement bienveillante, et son obligeance s'accrut avec son crédit, qui n'a pas toujours suffi au bien qu'elle voulait faire, même quand elle se trouva tante d'une impératrice. Mme Fanny de Beauharnais a publié les ouvrages suivans: *Poésies fugitives, et Prose sans conséquence*, 1772, 2 vol. in-8°; *à tous les Penseurs, salut*, 1793, in-8°; *Lettres de Stéphanie*, roman historique, 1778, 3 vol. in-12; l'*Abailard supposé, ou le Sentiment à l'épreuve*, Amsterdam, 1780, in-8°; l'*Aveugle par amour*, 1781, in-8°; *Volsidor et Zulménie*, les *Lettres des femmes*, les *Amans d'autrefois*, 1787, 3 vol. in-12; la *Fausse inconstance, ou le Triomphe de l'honnêteté*, comédie en cinq actes et en prose, 1787, in-8°; *Épître aux femmes*; l'*Ile de la félicité, ou Anaxis et Théone*, poëme philosophique en trois chants. Ce dernier ouvrage passe pour être l'un des meilleurs de l'auteur.

BEAUHARNAIS (CLAUDE, COMTE DE), pair de France, cousin du marquis et du vicomte, fils du comte, chef d'escadre, et de la comtesse Fanny, naquit à la fin de septembre 1756. Il était officier aux gardes-françaises, sous Louis XVI, lorsqu'il épousa la fille de M. le comte de Marnézia, membre de l'assemblée constituante: il eut de ce mariage une fille, qui fut mariée au grand-duc de Bade, le 8 avril 1806, par l'empereur Napoléon. Veuf de sa première femme, il épousa en secondes noces la fille d'un armateur de Nantes. Nommé sénateur, le 1er floréal an 12 (21 avril 1804), il devint titulaire de la sénatorerie d'Amiens, et en 1810, chevalier d'honneur de l'impératrice Marie-Louise. Par ordonnance du 4 juin 1814, le roi le nomma membre de la chambre des pairs; et, comme il n'exerça point de fonctions publiques pendant les cent jours, il reprit sa place dans la chambre des pairs, à l'époque de la seconde restauration. Le comte de Beauharnais est mort à Paris, le 10 janvier 1819, dans sa 63me année.

BEAUJOLAIS (LE COMTE DE), troisième fils de Louis-Philippe-Joseph, duc d'Orléans. Le comte de Beaujolais naquit à Paris le 7 octobre 1779. Ce prince, dès son jeune âge, montra les plus heureuses dispositions et le plus aimable caractère. Il n'avait pas plus de 13 ans lorsqu'il fut détenu à l'Abbaye avec sa famille. Des écrivains mal instruits ont rapporté dans quelques biographies un prétendu interrogatoire et des réponses qui n'ont jamais eu lieu. Le 11 avril 1793, il fut conduit à Marseille avec le prince son père. Après une détention de trois ans et demi, le comte de Beaujolais fut embarqué par ordre du directoire-exécutif sur un vaisseau suédois, qui le conduisit aux États-Unis. Il voyagea longtemps avec ses frères, passa avec eux à la Havane, et ensuite en Angleterre, lorsqu'il fut réduit, comme les autres princes, à y chercher un asile. En 1808, une maladie de poitrine le détermina à se rendre dans la Méditerranée pour y trouver un climat plus doux, mais il mourut peu de jours après son arrivée. Le comte de Beaujolais fut estimé et chéri de tous ceux qui le connurent dans son exil. Il avait des qualités éminentes et tous les sentimens d'un Français attaché à la gloire et à l'indépendance de son pays.

BEAUJOUR (LOUIS-FÉLIX DE), né en 1765 en Provence, entra, en 1788, dans la carrière diplomatique, et fut successivement secrétaire de légation à Munich et à Dresde, consul-général en Suède et en Grèce. Ce fut à son retour de cette dernière mission qu'il publia, en 1800, le *Tableau du commerce de la Grèce* (2 vol. in-8°, imprimés chez Crapelet), ouvrage qui eut beaucoup de succès, et qui fit connaître la Grèce sous un rapport jusqu'alors inconnu, celui de la politique et du commerce. M. de Beaujour fut appelé quelque temps après au tribunat, dont il fut tour à tour secrétaire et président, et où il se fit remarquer par la sagesse de ses principes. Il publia dans l'intervalle des sessions, en 1801 et 1802, deux *Opuscules politiques* (in-8°, chez Crapelet), le *Traité de Lunéville* et le *Traité d'Amiens*, dans lesquels l'auteur semble prévoir les changemens que ces deux traités ont apportés dans la politique de l'Europe, et en particulier dans celle de la France. M. de Beaujour quitta le tribunat avant l'élévation du premier consul à l'empire, et fut nommé, en 1804, consul-général et chargé d'affaires aux États-Unis, où il composa, dans les momens de liberté que lui permettaient ses fonctions, un ouvrage qu'il publia à son retour en 1814, sous le titre d'*Aperçu des États-Unis au commencement du 19me siècle*, in-8°, traduit en anglais par lord Landsdown, qui y a ajouté des notes. C'est le livre qui donne les notions les plus justes sur ce pays; les Américains y sont appréciés avec impartialité et sans aucune prévention : il est en outre accompagné de la carte la plus exacte que les Français aient publiée de cette contrée. M. de Beaujour vivait paisiblement dans ses terres, lorsqu'il fut appelé à Paris en 1816, et nommé consul-général à Smyrne, et l'année suivante, inspecteur-général de tous les établissemens français dans le

Levant. Il visita, en cette qualité, les Échelles et les consulats français, où il rétablit l'ordre. De retour dans sa patrie en 1818, il reçut, en récompense de trente ans de services et de dévouement à sa patrie, le titre de baron, que lui conféra une ordonnance royale du 24 septembre, même année.

BEAULAC (GUILLAUME), savant jurisconsulte, naquit dans le département de l'Hérault. Il consacra sa jeunesse à l'étude des lois; et bien qu'il possédât des qualités qui auraient pu lui donner de la célébrité au barreau, sa modestie lui fit préférer le travail du cabinet. Parmi plusieurs ouvrages avantageusement connus, utiles surtout aux jeunes praticiens, on cite comme un modèle d'exactitude, son *Dictionnaire des lois*. Beaulac mourut à Paris, le 5 fructidor an 12 (23 août 1804). Des connaissances profondes, un jugement sain, une probité sévère, le firent également estimer.

BEAULIEU (CHARLES - GILLOTON), écrivain politique, s'est fait connaître par divers ouvrages sur le droit public, sur l'économie politique, sur le gouvernement, sur l'administration publique, sur les finances, etc., savoir : 1° *Mémoire sur les moyens de perfectionner les moulins et la mouture des grains*, 1786; 2° *Principes du gouvernement, et Projets de réformes dans toutes les parties de l'administration*, 1789, in-8°; 3° *Procès de la noblesse et du clergé*, d'après des faits extraits de l'histoire de France, 1789, in-8°; 4° de l'*Aristocratie française, ou Réfutation des prétentions de la noblesse, et de la nécessité d'en supprimer l'hérédité*, 1789; 5° de la *Nécessité de vendre les biens de l'église et ceux des ordres de la chevalerie, pour payer la dette publique*, 1789. Les titres seuls de ces quatre derniers ouvrages donnent suffisamment la couleur de cette époque (1789), vers laquelle la pensée des véritables patriotes de toutes les classes se reporte avec désespoir. On avait donc déjà franchi, à l'aurore de cette liberté pour laquelle nous soupirons encore, tous les préjugés, toutes les servitudes des temps, toutes les aristocraties d'un vieux royaume, à peine averti de la révolution! Trente ans après, il peut être pénible de comparer la fortune de la nation avec les premières inspirations de ses publicistes. 6° *Démonstration des vices de l'impôt territorial en nature;* 7° *Réflexions sur la nécessité d'établir l'enseignement de la science de l'économie politique.* 8° Enfin M. Beaulieu a traduit de l'italien des *Recherches sur la nature du gouvernement*, 2 vol. in-8°.

BEAULIEU (CLAUDE-FRANÇOIS), homme de lettres, est né à Riom, en 1754. Se trouvant à Paris avant la révolution, il travailla à la rédaction des premières feuilles publiques qui parurent à cette époque, telles que, 1° le journal publié en 1789, d'abord sous le titre de *Nouvelles de Versailles*, puis sous celui de l'*Assemblée nationale;* 2° les *Nouvelles de Paris*, en 1790; 3° le *Postillon de la guerre*, en 1792. Dans la même année, M. Beaulieu ayant été privé de la liberté en raison de ses opinions politiques, fut transféré successivement à la Conciergerie et au Luxembourg. Redevenu libre, après le 9 thermidor an 2 (27 juillet 1794), il travailla encore à quelques feuilles publiques, et entreprit même un journal contraire à l'esprit de la révolution, sous le titre du *Miroir*. Cette nouvelle levée de bouclier ayant réveillé l'attention contre lui, il fut proscrit de nouveau, à l'époque du 18 fructidor an 5 (4 septembre 1797), et porté sur une liste de déportation. Mais il échappa à cette mesure révolutionnaire ; et en 1803, le préfet de l'Oise, M. Belderbusch, l'employa aux archives de la préfecture, et le chargea de rédiger le journal du département. Après un séjour de douze ans à Beauvais, il revint avec une pension, en 1815, à Paris, où l'on prétend qu'il rédigea d'abord le *Mémorial religieux*, ouvrage périodique. Il a composé aussi un grand nombre d'articles pour la *Biographie universelle*, entre autres, ceux de *Danton*, de *Fouquier-Tinville*, de *Marat*, et en général, des révolutionnaires les plus marquans. On doit encore à M. Beaulieu : 1° *Essais historiques sur les causes et les effets de la révolution française*, 1801 à 1803, 6 vol. in-8°. Cet ouvrage, où l'on trouve des faits curieux, prouve que l'auteur avait bien étudié l'histoire de cette époque remarquable ; il est fâcheux toutefois, que l'impartialité n'ait pas toujours guidé sa plume. 2° *Réflexions sur des réflexions de M. Bergasse sur l'acte constitutionnel du Sénat*, 1814, in-8°; 3° *le Temps présent*, 1816, in-8°. M. Beaulieu continue de fournir des articles à la *Biographie universelle*.

BEAULIEU (JEAN - FRANÇOIS-BRÉMONT DIT), avait embrassé dès sa jeunesse la profession de comédien. Il réussit dans les rôles de *niais*, et parut avec succès sur plusieurs théâtres de la capitale, où sa présence attirait toujours la foule. La révolution éclata, et Beaulieu se crut appelé à y jouer un rôle. Le 14 juillet 1789, il marcha l'un des premiers à l'attaque de la Bastille. Cette affaire le fit nommer capitaine de la garde nationale parisienne. Après le supplice des frères Agasse, condamnés à mort pour fabrication de faux assignats, Beaulieu voulant prouver que le préjugé qui déshonorait la famille d'un coupable, n'avait plus d'influence sur les Français, demanda et obtint que l'un des plus proches parens de ces condamnés, fût reçu officier à sa place. Il ôta même ses épaulettes et l'en décora en présence de l'assemblée générale de son district. Sa profession le portait à parcourir les provinces; il y fréquentait les clubs. Il se fit remarquer dans celui de Metz, par des proclamations patriotiques. Cependant un assez long espace de temps s'écoula sans que l'on entendit parler de lui, même au théâtre. Il n'occupa de nouveau l'attention qu'en 1802, lorsqu'il s'avisa de jouer le rôle de *Mahomet*, au théâtre de la Cité. Cette singularité attira la foule, pendant quelques jours. Mais ce succès équivoque ne pouvait réparer le délabrement de sa fortune. En 1805, il établit avec les directeurs de théâtre des départemens, une correspondance pour leur fournir des sujets. Cette entreprise ne fut pas seulement infructueuse, elle acheva sa ruine. Beaulieu, dont tous les efforts n'avaient pour but que de soutenir sa famille, prit une résolution dont on peut blâmer l'effet, mais dont il faut respecter la cause : « Ma vie ne peut » plus vous être utile, écrivit-il à » sa femme; ceux qui vous abandonnent pendant que je vis, auront pitié de vous après ma » mort : je n'ai plus d'autre moyen » d'assurer votre existence que » d'attenter à la mienne; je me devais tout entier à ma femme et à » mes enfans : un coup de pistolet » acquitte ma dette. » Après avoir tracé ces derniers mots, il se brûla la cervelle.

BEAULIEU (DE), ami du député Chapellier, qui, de simple commissaire de la comptabilité nationale, le fit nommer, par son crédit, ministre des contributions publiques, en mai 1792; il remplaçait Clavières, mais alors il était difficile de se soutenir longtemps dans un poste aussi périlleux. M. de Beaulieu, profitant du compte qu'il rendit de l'état de son département à l'assemblée législative, donna sa démission le 10 juillet. Elle ne fut acceptée que le 29 du même mois, et le ministre démissionnaire fut arrêté; mais contre tout espoir, il fut mis en liberté peu de temps après.

BEAULIEU (LE BARON DE), général d'artillerie, au service d'Autriche, naquit dans les environs de Namur, en 1725. Il se distingua pendant la guerre de *sept ans*, fut promu au grade de lieutenant-colonel, et rentra dans ses foyers, décoré de l'ordre de Marie-Thérèse, honneur qui ne s'accordait alors qu'à ceux qui avaient rendu d'importans services. Il vivait éloigné des affaires publiques, lorsque l'insurrection du Brabant le força à reprendre de l'activité. Quoiqu'il ne partageât pas l'opinion de ses compatriotes, il fut vivement affligé de se voir dans la nécessité de leur faire la guerre, pour ne point se rendre suspect à l'empereur, qui lui avait donné le titre de général-major et le commandement d'un corps d'armée. Les succès qu'il obtint contre l'insurrection furent rapides; peut-être même dépassèrent-ils ses espérances; quoi qu'il en soit, loin d'abuser de ses avantages, il se conduisit avec beaucoup de modération, adoucit, autant qu'il le put, la rigueur de ses devoirs militaires, et sut se faire estimer de ceux qu'il combattait. Son fils unique ayant perdu la vie dans l'une des actions de cette guerre déplorable, M. de Beaulieu, surmontant sa douleur, par un effort de courage, s'écria : *Mes amis, ce n'est pas le moment de le pleurer, il faut vaincre!* L'empereur lui sut gré de cette conduite, et le nomma colonel du régiment d'Oroz. On remarque qu'aucun régiment hongrois n'avait eu jusqu'alors un officier wallon pour colonel. Le 23 avril 1792, il se trouvait à Berghen, dans le duché de Juliers, quand un trompette lui apporta, de la part du gouvernement français, la déclaration de guerre au roi de Hongrie et de Bohême. Le 29, le général Biron vint l'attaquer avec une armée de 12 ou 13,000 hommes. Il n'avait que 1,800 hommes d'infanterie, et 14 ou 1,500 de cavalerie, appuyés seulement de 10 pièces de campagne. On se battit une journée entière sans que la victoire se déclarât; mais le lendemain, le baron de Beaulieu ayant reçu un renfort de 200 hommes de cavalerie et de 2 bataillons d'infanterie de l'armée de Condé, vint à son tour attaquer les Français, qu'il contraignit de se replier sur Valenciennes, après leur avoir tué 250 hommes et pris 5 pièces d'artillerie. Au mois de septembre suivant, le général Beaulieu enleva les postes établis à Marche-en-Famine. En août 1793, il obtint le commandement d'un corps de troupes placé entre Lille et Douay; prit, le 27 du même mois, à Templeuve, 4 pièces de canon, à la suite d'un combat assez vif, et alla rejoindre à Furnes les débris de l'armée du duc d'York, qui venait d'être mise en pleine déroute par le général Houchard, à Hondscootte. M. de Beaulieu se vit bientôt assailli par une colonne de l'armée française, que les dispositions qu'il avait prises firent rétrograder jusqu'à Menin, où, l'ayant suivie, il fit sur-le-champ donner l'assaut, et emporta les retranchemens l'épée à la main. Les Français se défendirent vaillamment; mais indisciplinés comme à l'affaire de Valenciennes, ils furent rejetés sur la rive gauche de la Lys, et poursuivis jusqu'à Roncy. Cette victoire lui valut des lettres de félicitation des états de Flandre; et bien que la plupart des avantages qu'il remporta depuis n'eussent rien de décisif, il fut, en 1794, nommé commandant de la province de Luxembourg. Après avoir gagné la bataille d'Arlon, le 14 avril, il s'empara de Bouillon, le 19 mai, obtint la grand'croix de l'ordre de Marie-Thérèse, et fut bientôt nommé quartier-maître-général de l'armée du duc de Cobourg. Ces fonctions convenaient mal à son caractère actif, il ne les remplit pas long-temps. Il se trouva, le 26 juin de cette année, à la bataille de Fleurus, où le corps qu'il commandait éprouva une perte considérable. En mars 1796, il fut nommé général d'artillerie, et alla prendre le commandement en chef de l'armée d'Italie, ce qui le mit en présence du jeune guerrier devant lequel toute gloire militaire devait s'éclipser. En effet, depuis cette époque ses armes furent constamment malheureuses. Il en attribua la cause à la jalousie de M. de Merci-Argenteau, qui, dit-on, avait brigué ce commandement. Il est plus naturel de croire que la valeur française, bien dirigée alors, le génie et l'audace du moderne Scipion, occasionèrent seuls ce changement de fortune qu'avaient déjà éprouvé les prédécesseurs du général Beaulieu, et que ceux qui lui succédèrent éprouvèrent à leur tour. Les batailles de Montenotte, Millesimo, Dego, Ceva, Vico et Mondovi, forcèrent le roi de Sardaigne à se détacher de la coalition, et rendirent la position de M. de Beaulieu des plus critiques. Tous les efforts qu'il fit pour défendre le passage de l'Adda à Lodi, furent inutiles, et la gloire du général français en fut plus éclatante. M. de Beaulieu fut obligé de se retirer vers le Mincio; le vainqueur l'en chassa, passa cette rivière à gué, et le poursuivit jusque dans les montagnes du Tyrol. Reconnaissant l'impossibilité d'arrêter ce torrent, le général de Beaulieu n'en parut que plus irrité contre le général d'Argenteau, qu'il accusait hautement de trahison. Il le fit arrêter, et demanda, à la cour de Vienne, qu'il fût traduit devant un conseil de guerre. La seule réponse qu'il en obtint, fut un ordre de remettre le commandement de l'armée entre les mains du feld-maréchal Wurmser, vieillard qui, dans un corps refroidi par l'âge, conservait une âme de feu, dont l'ardeur cependant ne put rien contre la fortune de l'heureux vainqueur de l'Italie. M. de Beaulieu se retira à Lintz, où il achève paisiblement son honorable carrière.

BEAUMANOIR (LE BARON DE), ancien mousquetaire, chevalier de Saint-Louis, écrivain fort peu connu, mais dont les œuvres sont cependant imprimées sous ce titre pompeux : *OEuvres de M. de B**** (Paris, Lejay, 1771, 2 vol. in-8°). Ce sont des vers de société, deux tragédies, dont l'une a pour titre *Laodice*, des comédies, un grand opéra, des *Mémoires* de sa jeunesse, la *Justification d'Enguerrand de Marigny*, etc. Le baron de Beaumanoir a encore publié une traduction en vers français (2 vol. in-8°, 1781) de *l'Iliade d'Homère*, qu'il abrégea à sa façon ; et, bien que cet ouvrage ait eu peu de succès, cependant c'est le seul titre littéraire qui puisse rappeler le nom de ce poète gentilhomme. M. de Beaumanoir avait le projet de traduire l'*Odyssée*, entreprise que la révolution ne lui a pas permis d'exécuter, car il paraît avoir terminé ses jours dans l'émigration. La *Justification d'Enguerrand de Marigny* est pleine de recherches curieuses, et fait assez bien connaître le célèbre ministre de Philippe-le-Bel. Comme le baron de Beaumanoir avait été fort dissipé jusqu'à l'âge de 40 ans, les *Mémoires* de sa jeunesse sont un ouvrage moral semé de réflexions judicieuses et sages.

BEAUMARCHAIS (PIERRE-AUGUSTIN CARON DE), naquit à Paris le 24 janvier 1732. Son père, qui était horloger, le destinant au même état, voulut qu'il joignît aux études littéraires celles des mathématiques, et particulièrement de la mécanique, dans laquelle le jeune Caron fit de rapides progrès. Il se distingua dans l'horlogerie par l'invention d'un nouvel échappement. Cette découverte, il est vrai, lui fut disputée; mais l'académie des sciences, à l'arbitrage de laquelle le procès fut renvoyé, prononça en faveur de Beaumarchais. Moins sensible à ce triomphe qu'à la tracasserie qui l'avait provoqué, il renonça à une profession dans laquelle son esprit se trouvait peut-être aussi trop à l'étroit, et il se livra à l'étude des arts d'agrément, et particulièrement de la musique, qu'il aimait avec passion. Bientôt il fut connu par des compositions gracieuses qu'il exécutait avec une grande supériorité sur la harpe, dont il avait perfectionné le mécanisme, et devint, sur cet instrument, le rival

Beaumarchais.

Alp. Boilly.

des maîtres les plus habiles. Mmes Adélaïde, Sophie et Victoire, filles de Louis XV, voulurent recevoir de ses leçons. Non moins amusant par son esprit qu'agréable par ses talens, il leur plut à tel point, qu'après l'avoir appelé à leurs concerts, elles l'admirent dans leur société intime. Dès lors sa fortune fut certaine. C'était à qui le rechercherait : Pâris-Duverney, banquier de la cour, se fit son ami, et l'intéressa dans des entreprises financières. A peine âgé de 35 ans, Beaumarchais était déjà dans l'opulence. Cela ne suffisait pas à son ambition : il lui fallait de la gloire; il en chercha dans la culture des lettres. Doué d'une imagination vive et féconde, d'un esprit original et mordant, et de beaucoup de sensibilité, il se sentait appelé à travailler pour le théâtre, et débuta, en 1767, par le drame d'*Eugénie*. Ce premier ouvrage obtint un grand succès. Le fond n'en est pas emprunté d'un roman de Lesage (*le Diable boiteux*), comme on l'a cru d'abord. C'est une aventure arrivée en Espagne à la propre sœur de Beaumarchais, aventure dans laquelle lui-même il avait honorablement figuré, et qu'il raconte, de la manière la plus attachante, dans l'un de ses *Mémoires contre le conseiller Goësman*. On doit moins s'étonner, d'après cela, de la chaleur et de la vérité avec lesquelles il a retracé des situations où il s'était rencontré, et des sentimens qu'il avait éprouvés : dispensé de l'invention, il n'avait eu besoin que de sa mémoire. Plusieurs auteurs ont jugé, comme lui, cette anecdote très-propre à intéresser à la scène. Marsollier la traita sous des noms supposés, et en tira aussi un drame, qu'il fit jouer à Lyon, en présence de Beaumarchais lui-même; le célèbre Gœthe en a fait pour le théâtre allemand une *tragédie*, qu'il intitule plus franchement *Clavijo*, nom réel du séducteur signalé dans cette pièce. En 1770, Beaumarchais donna un nouveau drame sous ce titre : *Les deux Amis, ou le Négociant de Lyon*. Celui-ci ne réussit pas : produisant même un effet opposé à celui que se proposait l'auteur, il fit rire le public. L'intérêt de la pièce repose sur l'embarras d'un honnête homme forcé, par un concours de circonstances malheureuses, à suspendre ses paiemens : « Il s'agit ici d'une ban- » queroute, s'écria un plaisant du » parterre; j'y suis pour mes vingt » sous. » *Les deux Amis* se jouaient au Théâtre-Français dans la solitude. Beaumarchais, un des jours où on les représentait, étant allé à l'Opéra, fut fort surpris de le trouver désert aussi : « Eh quoi! » dit-il à Mlle Arnould, vous n'a- » vez pas plus de monde! — Que » voulez-vous? lui répondit la ma- » licieuse actrice, nous comptions » sur vos *amis* pour nous en en- » voyer. » De plus grands intérêts vinrent bientôt distraire Beaumarchais de ces petits chagrins, et lui fournir l'occasion de développer avec éclat les aptitudes si diverses de son esprit. Pâris-Duverney était mort. Le comte de La Blache, son héritier, non-seulement refusait à Beaumarchais 15,000 fr., que ce dernier prouvait lui être dus par le financier;

mais il prétendait que Beaumarchais redevait lui-même 50,000 écus à la succession. On plaida. Beaumarchais publia d'abord des *Mémoires* qui mirent les rieurs du côté de la raison et du droit. Mais leur effet fut bientôt effacé par celui des *nouveaux Mémoires*, auxquels donnèrent lieu les nouveaux incidens amenés par l'instruction de cette affaire, qui se compliquait à mesure qu'elle s'éclaircissait. Poursuivi par un homme puissant, par un juge corrompu, par un tribunal partial, Beaumarchais fit tête à tout. Ses ressources s'accroissaient en raison des difficultés : jamais on n'a peut-être réuni plus de moyens que ceux qu'il accumula dans ce *dernier Mémoire*, où la dialectique la plus pressante, l'ironie la plus acérée, sont souvent alliées aux mouvemens de la plus haute éloquence. Ce mémoire, où, après avoir réfuté les imputations du conseiller Goësman, Beaumarchais, traduisant ce juge devant le tribunal dont il est membre, d'accusé se fait accusateur; ce mémoire, disons-nous, est un chef-d'œuvre, et peut-être l'histoire du barreau n'offre-t-elle pas un second exemple d'un si heureux emploi de toutes les ressources de l'esprit et du talent. Beaumarchais couvrit ses adversaires et ses juges d'un ridicule ineffaçable. Il fut *blâmé*, mais la cour fut avilie. Le public cassa l'arrêt du parlement : tout Paris s'empressa de féliciter le condamné. Un prince du sang se fit écrire à sa porte, et celui qu'on avait voulu humilier fut plus honoré que jamais. Tout cela se passait en 1773, à cette cour souveraine, que le mépris nommait le *parlement Maupeou*. D'autant plus avide de célébrité qu'il en obtenait davantage, Beaumarchais reprit ses travaux dramatiques, et donna, en 1775, à la comédie française, *le Barbier de Séville*. Avez-vous des ennemis? fuyez la scène : les ennemis de Beaumarchais l'attendaient là. *Le Barbier de Séville* TOMBA à la première représentation, comme le dit Beaumarchais lui-même avec plus de gaieté que d'humilité, et n'en resta pas moins au théâtre, où on le revoit toujours avec un nouveau plaisir. Cette comédie, la meilleure pièce de Beaumarchais, est certainement une des meilleures qu'on ait faites depuis Molière. S'il n'est rien de plus commun que les données sur lesquelles elle est construite, rien n'est plus original que les ressources par lesquelles l'auteur les a rajeunies. Tout est neuf dans ce vieux sujet : l'intérêt de l'intrigue s'y renouvelle sans cesse par les embarras renaissans des moyens mêmes imaginés pour sortir d'embarras. L'intérêt du dialogue y est sans cesse entretenu par une abondance intarissable de traits piquans et philosophiques, assaisonnés de la gaieté la plus communicative. Soit en paroles, soit en actions, *le Barbier de Séville* est un assaut de malice supérieure entre des gens également adroits et spirituels, mais, qui malgré leurs ingénieuses combinaisons, n'en sont pas moins joués par le hasard; influence tout aussi puissante entre les forts qu'entre les faibles, et la seule en effet qui puisse amener le dénoûment de la lutte entre adversaires de force ou de faiblesse égale. Beaumarchais cependant ne négligeait pas le soin de sa fortune. Les Américains avaient secoué le joug de l'Angleterre, et demandaient des armes. Il leur fournit une quantité considérable de fusils, et acheva de s'enrichir par cette utile spéculation. Tout en la dirigeant, il avait travaillé à sa comédie du *Mariage de Figaro*, suite du Barbier de Séville. Ce ne fut qu'en 1784 qu'il parvint à lever les obstacles que l'autorité opposa longtemps à la représentation de cette pièce si hardie, et néanmoins demandée par la cour elle-même, dont elle offrait la satire. Soit par sa construction, soit par ses proportions, cette comédie sort tout-à-fait de la classe commune. C'est l'imbroglio le plus compliqué qui soit à la scène. Le comique y est parfois allié à la bouffonnerie, la vérité à la bizarrerie, la gaieté à la licence. Mais c'est en même temps la série la plus variée des incidens les plus amusans ou les plus attachans qu'on ait jamais vus au théâtre. On y trouve souvent le dialogue animé du *Barbier de Séville*, où les saillies de la gaieté sont continuellement mêlées aux traits de la malice; et peu de pièces paraissent marcher aussi rapidement que cette comédie, dont la représentation excède presque de moitié la durée de celle de toute autre pièce. Les ridicules, les vices même de la société, des magistrats, des grands seigneurs, du gouvernement, étaient signalés avec une singulière audace dans cet ouvrage, tableau vivant des mœurs du grand monde vers la fin du 18me siècle, tableau assez fidèle pour qu'il paraisse aujourd'hui un peu outré. *Le Mariage de Figaro* fut joué deux cents fois de suite. Il rapporta beaucoup aux comédiens, et beaucoup aussi aux *pauvres mères nourrices*, en faveur desquelles Beaumarchais disposa de sa part d'auteur. Quelques désagrémens se mêlèrent au plaisir que lui causa tant de succès : les critiques, comme de raison, l'assaillirent. Les uns, tels que l'abbé Aubert, se présentèrent à visage découvert; les autres se masquèrent pour le harceler. Beaumarchais, sans chercher à leur arracher le masque, traitant de la même manière des gens qui faisaient le même métier, blessa des personnages puissans, dans une riposte qu'il avait cru n'adresser qu'à des journalistes. La vengeance qu'ils en tirèrent ne fut pas plus généreuse que leur attaque. Surprenant la religion du plus indulgent des hommes, ils lui firent signer l'ordre d'enfermer dans une maison de correction l'insolent qui les avait blessés en se défendant. Cet acte arbitraire, que Beaumarchais n'imputa jamais à l'infortuné Louis XVI, n'obtint pas, à beaucoup près, l'assentiment public. Chacun vit, dans le coup dont un citoyen avait été frappé, celui dont il pouvait être frappé lui-même; et cette détention, abrégée par respect pour l'opinion publique, ne dura que le temps suffisant pour appeler un nouvel intérêt sur l'homme qui en était l'objet, et un surcroît d'odieux sur les hommes qui en étaient les auteurs. En 1787, Beaumarchais donna au théâtre de l'académie royale de musique, l'opéra de *Tarare*. On s'étonna d'abord de la singularité de cette conception : il en avait trouvé le fond dans des contes orientaux. Cet ouvrage, aussi bizarrement conçu qu'incorrectement écrit, obtint néanmoins du succès. Mais il le dut moins à la faveur dont Beaumarchais jouissait auprès du public, qu'à la musique si gracieuse, si piquante, si énergique dont l'avait enrichi la verve originale de Saliéri. Quant au poëme, c'est un mélange de fictions métaphysiques liées à une action romanesque, par laquelle l'auteur veut démontrer la vérité suivante :

Mortel, qui que tu sois, prince, brame ou soldat,
 Homme! ta grandeur sur la terre
N'appartient pas à ton état;
 Elle est toute à ton caractère.

Le but était louable : il n'y a pas de mal à tenter de rendre un opéra même utile. Mais pour y réussir, il eût fallu y mettre quelque soin. Le succès de *Tarare* ne s'est pas soutenu comme celui des autres ouvrages de Beaumarchais. On a essayé vainement de le reproduire sur la scène, il y a deux ans. Accueilli avec plus de froideur que jamais, il semble en avoir été repoussé pour toujours. Il avait pourtant été sévèrement corrigé et prodigieusement raccourci : peut-être aussi est-ce là le véritable motif de ce surcroît de défaveur; peut-être le public préfère-t-il les fautes originales de *Tarare* au perfectionnement que le censeur lui a fait subir. C'est vers la fin de la même année 1787, que Beaumarchais se trouva impliqué dans le procès intenté à Mme Kornman. Il publia à cette occasion de nouveaux *Mémoires*, où il employa la plaisanterie, l'ironie et le sarcasme, ses armes favorites : il eut le dessous cette fois. Quoiqu'il fût question, dans cette affaire, d'un malheur qui pour l'ordinaire appelle sur l'homme qui le divulgue plus de ridicule que de pitié, la gaieté parut l'avoir abandonné dans sa *Réponse à M. Kornman*, et, pour comble de malheur, l'avocat de l'époux trompé, traitant l'affaire plus sérieusement, l'accabla dans sa réplique de toute la puissance de l'éloquence et de la morale. Cet avocat est M. Bergasse, qui ne mériterait que des éloges dans cette circonstance, si on ne le jugeait que sous le rapport du talent, et si, surpassant Beaumarchais lui-même en inconvenance, il n'eût pas répondu à l'injure par la diffamation. M. Bergasse fut condamné à une amende en réparation de ce délit. Beaumarchais, d'ailleurs déchargé d'accusation, ne se croyant pas suffisamment vengé, composa *la Mère coupable*, et, dans ce drame, qui est le complément des aventures de Figaro et de la famille du comte Almaviva, fit intervenir un intrigant auquel il donna le nom de *Bégearss*, anagramme de celui de *Bergasse*. Ce Bégearss est une espèce de tartufe qui, comme l'autre, tend au but le plus criminel par les moyens les plus astucieux. Beaumarchais se vengeait ainsi d'une calomnie en discours, par une calomnie en action. On ne saurait trop l'en blâmer. Mais ôtez à cet autre tartufe le nom dans lequel réside ce tort, peut-être ne verrez-vous plus en lui qu'un personnage trop réel, qu'un de ces misérables qui s'insinuent si souvent dans l'intérieur des familles pour y fomenter la discorde, et qui là, confidens de tous les secrets, comme directeurs de toutes les conduites, sont à la fois alliés et ennemis de chacun, et exploitent toutes les passions d'autrui dans leur unique avantage. On a reproché à Beaumarchais d'avoir établi son drame sur des faits réprouvés par la morale. Mais est-ce blesser la morale que de présenter un tableau si frappant des conséquences du vice? Ce n'est pas en sortant de la représentation d'un pareil ouvrage qu'une femme sera disposée à mépriser ses devoirs. Je n'en dirais pas autant si elle venait de voir représenter *George Dandin*, ou telle autre pièce où l'on s'amuse des succès du vice, et qu'on ne se fait pas scrupule d'applaudir. *La Mère coupable* est moins une pièce immorale qu'inconvenante. Le goût français peut la censurer sous plus d'un rapport; mais ce n'est pas, à beaucoup près, une conception sans mérite. Elle excite, à la représentation, un grand intérêt par des situations fortes et déchirantes. Un de ses effets enfin, et ce n'est pas le moins louable, est de nous enseigner l'indulgence par le tableau de nos faiblesses réciproques. Un bon homme seul a pu concevoir un tel ouvrage, le dernier que Beaumarchais ait donné au théâtre. Ainsi c'est par un drame que le plus gai des hommes termina des travaux dramatiques qu'il avait commencés par un drame. *La Mère coupable* ne fut représentée qu'en 1792. Depuis trois ans la révolution avait éclaté: Beaumarchais, qui avait eu tant à se plaindre de l'arbitraire, embrassa la cause de la liberté, et la servit avec ardeur. Il avait été électeur, et fut un des membres de la première commune de Paris. Avant le 10 août, il avait été chargé par le gouvernement de faire venir de Hollande 60,000 fusils. Cette commission, qu'il remplit avec zèle, fut l'occasion de sa ruine et presque de sa perte. La royauté ayant été abolie sur ces entrefaites, non-seulement les nouveaux ministres ne reconnurent pas le marché passé avec lui par leurs prédécesseurs, mais on l'accusa d'avoir voulu armer le parti contre-révolutionnaire; il fut enfermé à l'Abbaye. Il y aurait été égorgé le 2 septembre, sans la générosité de Manuel, alors procureur de la commune de Paris. Ce fonctionnaire, qui avait été fréquemment l'objet des railleries et des sarcasmes de Beaumarchais, s'en vengea en lui apportant sa mise en liberté, qu'il avait sollicitée lui-même. Un trait pareil au milieu de tant d'horreurs peut se comparer à une goutte d'eau trouvée dans un désert aride; il soulage un moment. Beaumarchais se réfugia en Angleterre, et échappa ainsi au décret d'accusation qui fut porté contre lui, trois mois après sa fuite, le 28 novembre. C'est alors qu'il publia, sous le titre de *mes six Époques*, un Mémoire justificatif, où son talent se retrouve dans toute son élévation. Cet écrit est adressé à Lecointre de

Versailles, sur la dénonciation duquel il avait été décrété. Après la révolution du 9 thermidor an 2 (28 juillet 1794), Beaumarchais revint en France, où il passa paisiblement les dernières années de sa vie, auprès de sa fille unique, dans la maison qu'il avait fait bâtir à l'extrémité du boulevart Saint-Antoine C'était une retraite qu'en des temps plus heureux il avait pris plaisir à préparer pour ses vieux jours; c'était une maison de campagne qu'il s'était faite au milieu de la capitale. Sur la porte de son jardin on lisait ces deux vers :

> Ce petit jardin fut planté
> L'an premier de la liberté.

Il est orné de plusieurs jolies fabriques. L'une d'elles est surmontée d'une girouette qui figure une plume implantée dans un globe terrestre qu'elle fait tourner : idée ingénieuse par laquelle Beaumarchais voulait indiquer que la plume gouverne le monde; mais qui pourrait bien prouver aussi que, comme la plume, le monde tourne à tout vent. C'est dans cette retraite ouverte à peu de personnes, que Beaumarchais, dégoûté de tout, excepté de l'amitié et de la bienfaisance, termina sa longue et laborieuse existence, qu'il a si bien caractérisée par ce peu de mots : *Ma vie est un combat*. Il fut frappé d'une apoplexie foudroyante, dans la nuit du 18 au 19 mai 1799. Ses occupations commerciales et littéraires lui avaient encore laissé du temps à donner aux affaires politiques. Il avait été chargé par plusieurs ministres, et notamment par M. de Maurepas et M. de Vergennes, de diverses missions qu'il remplit avec habileté. Aux jours de son opulence, il fit l'usage le plus honorable des richesses que, bien qu'ait publié l'envie, il avait acquises honorablement, et qui, produites par des spéculations non moins hardies qu'heureuses, étaient aussi des créations du génie. Ce sont elles qui lui fournirent les moyens de répandre des bienfaits dont la valeur et le nombre n'ont été connus qu'après sa mort; ce sont ces richesses qui le mirent à même de bien mériter des lettres, de la philosophie et de la nation française, en élevant, à ses dépens, un monument éternel au génie; en achetant, à grands frais, tous les manuscrits inédits de *Voltaire*; en publiant enfin la première édition complète des *OEuvres* de cet homme sans rivaux dans l'antiquité, comme parmi ses contemporains. Forcé d'établir à cet effet une imprimerie et des papeteries, Beaumarchais perdit, à ce qu'on assure, un million dans cette entreprise. Mais ce qu'elle lui a rapporté en honneur compense assez ce qu'elle lui a coûté en argent pour qu'on puisse la regarder comme la plus heureuse de ses spéculations. Il fit aussi imprimer à Kehl les *OEuvres complètes de J. J. Rousseau*, et celles de plusieurs autres philosophes. Bon dans son intérieur, aimable dans la société, obligeant pour tout le monde, Beaumarchais unissait les qualités du cœur à celles de l'esprit; il fut aimé de toutes les personnes qui ont vécu dans son intimité. Un certain air avantageux, et plus encore les avantages nombreux qu'il tenait de la nature, joints au succès de tous les genres dont il leur fut redevable, lui firent, il est vrai, beaucoup d'ennemis. Il a dû s'en consoler; il était, après tout, digne d'en avoir : il s'était fait une grande fortune et une grande réputation, moitié moins suffit pour éveiller l'envie. Irritable et non provoquant, il soutint avec courage les diverses luttes dans lesquelles il se trouva engagé, les nombreuses persécutions dont il fut assailli, et triompha par la réunion de toutes les forces d'un homme supérieur. Quant aux attaques moins sérieuses dont il fut quelquefois l'objet, c'est avec un simple mot qu'il les déconcertait. Nul plus que lui n'eut le don de l'à-propos. Dans le temps où la faveur dont l'honoraient Mesdames de France excitait la jalousie des courtisans de toutes les classes, un jeune seigneur, qui croyait l'humilier, en lui rappelant sa première profession, lui tendit sa montre en disant : « Regardez-y » donc, M. Caron; elle va mal, à » quoi cela tient-il ? Vous devez » vous y connaître. » Beaumarchais feint de recevoir la montre, et la laissant tomber : « Vous vous êtes » mal adressé, M. le marquis; mon » père m'a toujours dit que je n'é- » tais pas fait pour son métier. » Un homme se peint quelquefois tout entier dans un seul trait. Beaumarchais avait fait graver sur le collier de sa levrette : *Je m'appelle Florette ; Beaumarchais m'appartient.* Ce trait part à la fois de l'esprit et du cœur : un méchant ne l'eût pas plus trouvé qu'un sot. On a publié, en 1802, une *Vie de Beaumarchais,* et ses *OEuvres complètes* ont été recueillies, en 1809, par son ami *Gudin-de-la-Brunellerie,* qui les a enrichies d'une *Dissertation apologétique :* elles forment 7 vol. in-8°.

BEAUMETZ (Briois de). A l'époque de la convocation des états-généraux, il était premier président au conseil d'Artois; la noblesse de cette province le choisit pour député. Il avait beaucoup de connaissances et d'esprit; et lorsque, abandonnant le côté gauche, il se joignit au parti des ministres, il en devint un des plus adroits défenseurs. Dans l'assemblée constituante, au commencement de la session, il fit un rapport sur l'abolition de la torture, ainsi que sur la publicité des procédures, et généralement sur la réforme de la jurisprudence criminelle. Peu de temps après, dans la question relative aux biens du clergé, il prétendit que, même en jouissant de ces biens, le clergé n'en était pas réellement propriétaire; que la nation ne l'était pas davantage, et qu'on ne pourrait mettre ces biens en vente sans de graves inconvéniens. Vers la fin de cette même année 1789, il parla contre l'éligibilité des juifs; mais, en 1790, il demanda, pour ceux de Bayonne, la jouissance des droits civils. Il proposa la publicité des délibérations des conseils de guerre, et s'éleva contre les ordonnateurs des pensions, qui mettaient une coupable négligence dans le paiement des pensions des veuves et des orphelins, et qui se hâtaient de liquider celles des hommes riches. Il fut nommé président au mois de mai; dans le même temps, il parla sur le traitement des évêques, et sur l'inviolabilité des membres de l'assemblée nationale. Plus tard, il défendit le système des assignats, et il accusa les ministres, à l'exception de Montmorin, qui, selon lui, méritait l'approbation de l'assemblée. En 1791, il vota en faveur du plan des comités pour l'établissement du jury; il voulut ensuite qu'on reconnût le droit du corps-législatif, de demander le renvoi des ministres, et celui des citoyens, d'intenter une action criminelle contre eux, quand ils seraient sortis du ministère. Lorsqu'on délibéra sur le droit de pétition, il adopta un système qu'on a vu se renouveler depuis: il prétendit que ce droit ne pouvait être collectif. Beaumetz provoqua l'ajournement d'un projet de loi contre les émigrés. Il demanda que les ministres fussent appelés à la barre à de certaines époques; qu'on les admît au sein des assemblées législatives; qu'on leur accordât le droit de présenter leurs observations, et qu'on leur laissât l'initiative pour la proposition des contributions. Après le retour du roi de Varennes, il fit partie du comité de révision; et lorsque l'assemblée constituante se sépara, il devint membre du conseil du département de Paris. C'est en cette qualité qu'il signa une pétition, dont l'objet était d'obtenir du roi le paiement de l'indemnité légale accordée aux prêtres qui n'avaient point prêté le serment. En 1792, on l'accusa de s'entendre avec les émigrés pour le rétablissement de la royauté.

Craignant les poursuites, il émigra lui-même, et ce ne fut qu'en 1800 qu'il rentra dans sa patrie, où il mourut quelques années après. Dans une brochure, espèce de pamphlet, ayant pour titre *le Véritable portrait de nos législateurs*, on lui a reproché d'avoir feint le patriotisme, de n'avoir aimé que les plaisirs, et d'être resté en secret dévoué à la cour. Dès le commencement même de la révolution, plusieurs personnes étaient persuadées qu'il ne s'attachait aux principes nouveaux qu'en haine du ministre Calonne, son compatriote. On a de lui une *Instruction sur le jury*, qui est fort estimée.

BEAUMETZ (Albert-Marie-Auguste Bruneau, marquis de), né à Arras le 18 janvier 1759. Avant la révolution, M. de Beaumetz exerçait les fonctions de procureur-général au parlement de Flandre. Il entra au corps-législatif sous le gouvernement impérial, et fit, au nom de la commission de législation civile et criminelle, différens rapports sur les dispositions des codes, et entre autres sur le code pénal, qui n'est en plusieurs points qu'un code de despotisme, et qui subsiste sous un gouvernement constitutionnel. En 1815, M. de Beaumetz siégea à la chambre des représentans comme député du Pas-de-Calais. Au retour du roi, il fut nommé président du collége électoral de ce même département, et, peu de temps après, procureur-général près de la cour de Douai. L'épuration de 1816 atteignit M. de Beaumetz, qui rentra alors dans la vie privée.

BEAUMONT-SAINT-QUEN-TIN (Christophe), de l'ancienne famille de Beaumont, en Dauphiné, est né le 18 mars 1765. Page du prince de Condé dès l'âge de 14 ans, il respira de bonne heure cet air de cour, dont la privation est mortelle aux gens qui y ont long-temps vécu. Il suivit, en 1782, le duc de Bourbon au siége de Gibraltar, et, après avoir servi dans l'infanterie, alla, en 1791, se ranger sous les drapeaux du prince de Condé; il fit toutes les campagnes du Rhin, rentra en France en 1800, et vécut tranquille et retiré jusqu'à la première restauration. Sa ferveur politique lui fit alors courir de grands dangers. Il excita, dans la ville de Lyon où il se trouvait, des mouvemens royalistes, que le parti opposé combattit avec fureur. Le peuple poursuivit M. de Beaumont; et les autorités le jetèrent dans une prison, d'où les armées étrangères ne tardèrent pas à le faire sortir. Il a reçu la croix de Saint-Louis.

BEAUMONT (Antoine-François, vicomte de), naquit le 3 mai 1753 au château de la Roque en Périgord, et mourut en 1805 à Toulouse; il était neveu de cet archevêque de Beaumont, que J. J. Rousseau a su rendre immortel. Le vicomte de Beaumont, placé dans des circonstances plus importantes que son oncle, ne montra pas un zèle moins orthodoxe. Il s'opposa de tout son pouvoir à la réunion des trois ordres, défendit pied à pied les droits de la noblesse aux états-généraux, où il avait été nommé par la sénéchaussée d'Agen, et protesta vivement contre l'abolition des priviléges et des titres. Il s'écria, peu de temps après son arrivée : « Messieurs, pénétrez-vous de cette vérité, que la confusion des ordres doit en amener l'anéantissement, et par conséquent celui de la monarchie. » Comme si tout n'avait pas besoin de se décomposer et de se confondre, pour se recomposer; comme si le mélange était le chaos, et le mouvement qui précède toute création, l'anéantissement. Lorsque ensuite, par décret du 29 juin 1790, l'assemblée constituante eut aboli l'ordre de la noblesse, le vicomte de Beaumont protesta, au nom des gentilshommes de sa province, contre ce décret, fit insérer sa protestation dans le *Mercure* et dans le *Journal Général de France*, et répondit aux autorités qui lui demandaient un aveu formel de cette protestation :« Oui, » elle est de moi, et de moi seul : » on a ruiné ma fortune, et je ne » me suis pas plaint. On veut au-» jourd'hui me dépouiller du ca-» ractère de chevalier français; » mais la noblesse, une fois acqui-» se par des vertus, ne peut se » perdre que par des crimes..... » On pouvait demander au vicomte de Beaumont s'il croyait qu'il y eût beaucoup plus de véritable *noblesse* à vivre orgueilleusement sur une gloire acquise par des aïeux, qu'à refaire son nom et ses titres par une nouvelle gloire personnelle. Le vicomte de Beaumont émigra, et porta en Angleterre et en Russie un nom antique, fort inutile à la France, pendant que des milliers de *vilains* de races ignorées, ceux que

M. le comte d'Ecquevilly appelait les *communs* dans l'armée de Condé, sacrifiaient leur fortune et leur sang à leur patrie. Le commencement de sa carrière avait promis cependant un homme digne de la servir. Chef de division des armées navales, en 1781, il s'était emparé, le 11 septembre de cette même année, de la frégate anglaise *the Fox* (*le Renard*), après un combat opiniâtre. Il rentra en France dès que le gouvernement consulaire en ouvrit les portes à l'émigration, et mourut dans la retraite.

BEAUMONT (CHRISTOPHE-LOUIS-AMABLE, COMTE DE), fils du précédent, a montré le même zèle pour la même cause. Il est né en 1776. A la première abdication, il arbora le premier, à Villeneuve-d'Agen, la cocarde blanche, quoique cette ville fût alors occupée par le maréchal Soult. Au retour de Napoléon, il se mit à la tête d'une trentaine de cavaliers, et tenta de rejoindre le duc d'Angoulême : mais il fut obligé de se diriger sur l'Espagne, où S. A. R. se retirait elle-même. Chargé ensuite de missions confidentielles et périlleuses, il en fut récompensé par la croix de Saint-Louis et le grade de major de cavalerie.

BEAUMONT (MONTMORENCY-LUXEMBOURG-TINGRY, DUC DE). Avant la révolution, il était capitaine des gardes-du-corps; il est aujourd'hui pair de France.

BEAUMONT-LABONINIÈRE (MARC-ANTOINE, COMTE DE), issu d'une famille de Touraine, dont quelques biographes contestent l'antiquité, mais sur laquelle nous n'élèverons point ici de discussion héraldique. Il entra, en 1777, au nombre des pages de la reine Marie-Antoinette, fut nommé capitaine de cavalerie en 1788, et croyant pouvoir associer sa destinée à celle d'une patrie dont la liberté allait renouveler l'énergie, il devint colonel en 1792. Il se distingua dans les premières guerres de l'indépendance française, et fit la campagne de 1799 en Italie, où il fut fait général de brigade, après avoir été blessé d'un coup de feu à l'épaule, sous Vérone. Devenu beau-frère du maréchal Davoust, il fut fait général de division en 1803; se battit avec éclat dans les champs d'Austerlitz, d'Iéna, d'Eylau, et, le 14 août 1807, entra au sénat-conservateur. En 1809, il eut le commandement d'un corps d'observation cantonné dans le cercle d'Augsbourg. Après cette campagne, il fut nommé grand'croix de l'ordre militaire de Bavière, premier chambellan de Madame, mère de l'empereur, et grand-officier de la légion-d'honneur. Dès la première restauration, le roi lui donna la croix de Saint-Louis, et l'appela à la chambre des pairs. Après la bataille de Waterloo, le lieutenant-général Beaumont commanda une des divisions sous Paris.

BEAUMONT-LABONINIÈRE (ANDRÉ, COMTE DE), frère du précédent, ancien page de Louis XVI, fut chevalier d'honneur de l'impératrice Joséphine, qu'il ne quitta qu'à la mort de cette princesse. En 1810 il avait été nommé membre du corps-législatif par le département d'Indre-et-Loire, et était encore membre de ce corps en 1814.

BEAUMONT-DE-CARRIÈRE (LE BARON), a fait avec gloire presque toutes les campagnes qui remplissent les dernières et merveilleuses pages de l'histoire de France. Aide-de-camp de Murat, il le suivit en Italie et en Égypte. Colonel du 10me régiment de chasseurs, il fit, en 1805, la campagne d'Autriche. Les journaux ont rapporté une singulière action de cet officier. A l'affaire de Wertingen, il se précipite au milieu des ennemis, et enlève un capitaine de cuirassiers. Nommé général de brigade après la bataille d'Austerlitz, il passa ensuite dans l'armée d'Espagne, où il se signala, particulièrement à l'affaire d'Alcavon. Il était, en 1813, général de division à l'état-major de la grande-armée. Il mourut à la fin de la même année.

BEAUMONT (ÉTIENNE), architecte à Paris, avait été chargé de la construction de la salle du tribunat, qui siégeait au Palais-Royal. Cette salle fixa l'attention du jury chargé de décerner les prix décennaux : « La salle du tri-
»bunat, dit la commission dans
»son rapport, mérite d'être citée
»honorablement : elle est regar-
»dée comme la plus parfaite de
»celles qui ont été construites
»pour des autorités constituées,
»depuis la révolution; elle est en
»même temps noble, simple, et
»d'un style pur. L'architecte qui
»l'a dirigée, est M. Beaumont.
»La commission a voté à l'una-
»nimité une mention honorable
»pour la salle d'assemblée du tri-
»bunat, dont la décoration inté-
»rieure est entièrement de cet ar-
»tiste. » Plus ces éloges sont mérités, plus la justice veut que nous les rendions à celui à qui ils appartiennent de droit. Ce n'est pas sur les dessins de Beaumont que la construction et la décoration de cette salle avaient été faites, mais sur ceux de M. Huyot, qui depuis a remporté le grand prix d'architecture, et a été appelé ensuite à remplir la chaire de professeur à l'académie (*Voyez* HUYOT). Le ministre de l'intérieur, le conseil des bâtimens civils, et le préfet du département de la Seine, avaient, pendant longtemps, chargé Beaumont de diriger beaucoup de travaux publics d'une grande importance; mais cet architecte ayant ensuite perdu plusieurs de ses attributions, mourut, dit-on, de chagrin, vers 1815.

BEAUMONT (J. T. BARBER), major anglais, chef du corps des tirailleurs du duc de Cumberland, et directeur de l'institution de la Providence, à Londres. On a de lui : 1° *Voyage dans la partie méridionale de la principauté de Galles, et dans le comté de Montmouth*, in-8°, 1803; 2° *Considérations sur les meilleurs moyens d'assurer la défense intérieure de la Grande-Bretagne*, in-8°, 1805, publié sous le nom de Barber. 3° l'*Arcanum de la défense naturelle* ouvrage anonyme (par Hastatus), in-8°, 1808. C'est depuis quelque temps seulement qu'il a pris le nom de Beaumont.

BEAUNIER (STANISLAS), né à Vendôme, membre de la société d'agriculture de Blois. On trouve fondu dans son *Traité-pratique* *sur l'éducation des abeilles*, 1816, son mémoire couronné, en 1801, par la société d'agriculture de Paris.

BEAUNOIR (ALEXANDRE-LOUIS-BERTRAND - ROBINEAU, DIT), né à Paris, le 4 avril 1746. Son père était notaire et secrétaire du roi. Alexandre Robineau changea de bonne heure son nom en celui de Beaunoir qui en est l'anagramme, et sous lequel il fit paraître quelques morceaux de poésie légère, assez agréables, et quelques pièces pour les petits théâtres. Une place qu'il obtint à la bibliothèque royale lui persuada de renoncer à ces occupations, et le détermina même à prendre le petit collet. Cependant il ne tarda pas à le quitter, à cause de la pièce intitulée l'*Amour quêteur*. L'archevêque de Paris lui avait enjoint de la désavouer, ou de renoncer à son titre d'abbé. M. Beaunoir n'hésita point, et il partit pour diriger le théâtre de Bordeaux. Cette entreprise n'ayant pas réussi, il se retira dans la Belgique, en 1789, à l'époque où ce pays semblait ouvrir la carrière des révolutions. La liberté avec laquelle il manifesta ses sentimens monarchiques lui attira des désagrémens, dont il se vengea en publiant un drame intitulé *Vandernoot*, et une espèce d'histoire de la révolution du Brabant, qui a pour titre les *Masques arrachés, ou Vies privées de L. E, Henri Vandernoot et Van Cuper, de S. E. le cardinal de Malines, et de leurs adhérens*, 2 vol. in-18, 1790. Après avoir rédigé pendant quelque temps *le Vengeur*, journal opposé à la révolution française, M. Beaunoir quitta la Belgique, et voyagea en Flandre, en Hollande, en Allemagne, en Prusse et en Russie. Il s'arrêta dans ce dernier pays, et il entreprit à Saint-Pétersbourg la direction des trois spectacles de la cour. Rentré en France, en 1801, il entretint une correspondance littéraire avec plusieurs étrangers, particulièrement avec Jérôme Bonaparte devenu roi de Westphalie. Parmi les ouvrages nombreux que cet auteur a publiés, le premier de ses titres est la création de la famille des *Pointus*, dont l'acteur *Volange* a fait presque tout le succès; on cite encore *Fanfan et Colas*, pièce qui ne manque ni de naturel ni d'intérêt, et que M. Beaunoir a donnée, ainsi que quelques autres, sous le nom de sa femme. Enfin il a rédigé les *Annales de l'empire français* (1805), travail auquel M. Dampmartin a pris part.

BEAUPOIL DE SAINT-AULAIRE. (*Voyez* SAINT-AULAIRE.)

BEAUPRÉ (PELLET DE), adopta les principes de la révolution, et quitta l'état ecclésiastique pour se livrer aux affaires administratives. En septembre 1792, le département de l'Orne le nomma à la convention. Après avoir voté la mort de Louis XVI, il demanda le sursis jusqu'à ce que la famille de ce prince fût hors d'état de rien entreprendre contre la république. Il passa, avec les deux tiers des conventionnels, au conseil des cinq-cents, d'où il sortit le 1er prairial an 6. Là paraît se terminer sa carrière législative.

BEAUPUY (NICOLAS), membre de l'assemblée législative, du conseil des cinq-cents et du sénat-conservateur, naquit à Mussidan, département de la Dordogne, d'une famille distinguée, moins orgueilleuse de l'ancienneté de sa noblesse que de son dévouement à la patrie et du sang qu'elle a versé pour elle. Du côté de sa mère, il comptait *Montaigne* au nombre de ses aïeux. Le genre d'illustration que dut lui donner le nom de l'immortel auteur des *Essais*, était le plus beau à ses yeux. Partisans des idées philanthropiques, ses parens l'élevèrent dans leurs principes; ils les développèrent bientôt chez lui. Dès qu'il fut homme, il voulut être utile. Beaupuy, qui n'avait que 17 ans lorsqu'il termina ses études, passa du collége à l'armée, et entra comme sous-lieutenant dans le régiment de Dauphin-Dragons, en 1777. Beaupuy n'était pas courtisan. Son avancement fut peu rapide, et après vingt-deux ans de service, il n'était que major. Il occupait encore ce grade lorsque la révolution éclata. La nouvelle organisation de l'armée lui fit obtenir, en 1790, celui de lieutenant-colonel dans le régiment de Mestre-de-Camp-Dragons, où il servait depuis quelque temps. Persuadé que le but de la révolution était de détruire les abus, il n'avait pas attendu que le succès des événemens assurât son triomphe pour se déclarer en sa faveur. Il était l'aîné de cinq frères qui, tous pénétrés des mêmes sentimens, se vouèrent à la défense de la liberté, pour laquelle trois d'entre eux devaient mourir. Dès que les Français purent se nommer citoyens, Beaupuy fut successivement commandant de la garde nationale de sa commune, maire, enfin membre du directoire du département de la Dordogne. Le vœu public, qui le portait à des fonctions civiles, ne se trouvait point en harmonie avec les opinions des officiers de son corps, opposés à la cause populaire. De là, quelques désagrémens qui l'engagèrent à donner sa démission, le 27 juillet 1791, après vingt-quatre ans de service. Il n'y avait que peu de temps qu'il avait renoncé à la carrière des armes, lorsqu'il fut nommé à l'assemblée législative, où il devint bientôt membre du comité militaire. Il rendit de grands services dans cette place, qu'il occupa pendant tout le cours de la session, surtout lorsqu'il fut envoyé, après les événemens du 10 août 1792, au camp de Châlons. Les factions qui, dans l'assemblée législative, préludaient déjà aux funestes journées qui détruisirent, au sein de la représentation nationale, la liberté des opinions, seule garantie des droits des citoyens, n'eurent aucune influence sur Beaupuy. Il ne connut jamais d'autres intérêts que ceux de la vérité et de la justice, ni d'autre parti que celui de son devoir. On ne peut se populariser qu'en flattant les passions de la multitude; l'impartiale équité du sage produit presque toujours un effet contraire, et Beaupuy ne fut point réélu à la convention nationale : mais il en fut dédommagé, lorsque, de retour dans ses foyers, l'estime et la reconnaissance de ses concitoyens le portèrent de nouveau aux premières fonctions municipales. Une coalition menaçait alors la liberté de la France, et déjà l'étranger campait sur notre territoire. Tandis que ses premiers défenseurs couraient aux frontières, Beaupuy, retenu à son poste par des fonctions non moins dangereuses, se faisait remarquer par son zèle et sa fermeté à maintenir l'ordre et la tranquillité intérieure. Toujours membre du directoire du département de la Dordogne, et président de l'administration du district de Mussidan, sous le gouvernement révolutionnaire, il sut, par sa prudence, écarter le régime de la terreur du territoire protégé par son administration. Le comité révolutionnaire de Mussidan (car il y en avait un aussi dans cette ville) fut toujours sous son influence. Il crut, pour servir son pays, devoir accepter la présidence de ce comité. L'estime et la gloire ont remplacé pour lui le mépris et l'horreur attachés à ce titre, et la postérité n'apprendra pas sans admiration que, pendant qu'une faction furieuse proscrivait des milliers de citoyens, et faisait répandre sur les échafauds des flots du sang français, dans un petit coin de terre situé vers la Dordogne, il n'y eut, grâces au courage d'un homme de bien, ni suspects, ni arrestations, ni supplices. Cependant cette conduite fut jugée criminelle par le gouvernement d'alors : le vertueux magistrat fut dénoncé et suspendu de ses fonctions; mais la chute des oppresseurs de la France lui permit bientôt de les reprendre. Nommé commissaire du directoire-exécutif, en floréal de l'an 5, il employa, pour apaiser quelques dissensions qui s'étaient élevées parmi ses administrés, des moyens qui lui concilièrent l'estime de tous les partis. Ils lui en donnèrent une preuve au mois de germinal an 7, lorsque l'assemblée électorale du département de la Dordogne, s'étant de nouveau divisée, les deux factions l'élurent membre du conseil des anciens au corps-législatif. Ennemi de l'intrigue et du mensonge, sa franchise et sa loyauté se montrèrent dans ce conseil comme elles s'étaient montrées à l'assemblée législative, et lui méritèrent, à juste titre, la confiance de ses collègues. Membre de la commission des inspecteurs, il coopéra à la révolution du 18 brumaire, et fut alors appelé à concourir à la rédaction de l'acte constitutionnel. Tant de services rendus à la patrie ne restèrent pas sans récompense. Beaupuy fut nommé au sénat-conservateur. Plus heureux du retour de l'ordre, plus touché de la gloire de son pays que des avantages qu'il retirait de sa nouvelle dignité, il jouissait modestement des honneurs qui y étaient attachés, quand le désir de revoir des compatriotes qui lui avaient donné tant de marques de confiance et d'estime, l'engagea à faire un voyage à Mussidan : il n'en revint pas, et mourut peu de temps après son arrivée, à peine âgé de 52 ans, le 2me jour complémentaire de l'an 10. Pour donner une juste idée de son courage et de son impartialité, nous citerons le fait suivant. Lorsqu'en 1792, on proposa de mettre en accusation M. de La Fayette, qui, quelques jours auparavant, avait été l'idole du peuple de Paris, Beaupuy, ne voyant dans cette mesure que l'effet de la haine du moment, la repoussa avec vigueur. Des misérables l'assaillirent, et voulurent le contraindre à désigner les membres de l'assemblée qu'ils appelaient *Fayettistes*, pour en faire justice : « Commencez par » moi, leur répondit-il ; ouvrez » mon cœur, et vous y lirez qu'on » a pu voter pour La Fayette avec » des intentions pures. »

BEAUPUY (Michel), frère du précédent, naquit aussi à Mussidan, département de la Dordogne. Il avait acquis déjà, par l'étude, des connaissances très-étendues sur l'art militaire, lorsqu'il partit pour la défense des frontières, en 1793. Worms, Spire et Mayence furent les témoins de sa bravoure, qui le conduisit, en passant successivement par tous les grades, à celui de général de division. Souvent, au retour d'un combat, il retraçait sur le papier les fautes qu'il avait vu commettre, ainsi que les manœuvres qui avaient déterminé le succès. La justesse de ses remarques, et le style dans lequel elles sont rédigées, ont prouvé qu'il savait écrire aussi bien que se battre. Il se signala dans plusieurs rencontres glorieuses, et particulièrement à Costhen, qui fut trois fois le théâtre de sa valeur et de ses succès. A la tête des braves dont il était alors colonel, il avait enlevé par escalade ce bourg aux Prussiens. Ceux-ci étant parvenus à le reprendre, Beaupuy, accompagné seulement de quelques grenadiers, les en chassa de nouveau, et s'y défendit long-temps contre des forces imposantes, qui ne purent l'empêcher de faire sa retraite en bon ordre. Le 8 mai 1793, il attaque une troisième fois Costhen ; ses grenadiers forcent les premiers postes, et poursuivent de rue en rue les Prussiens qui se-rallient enfin, et se rangent en bataille sur la grande place, au nombre de 300. Beaupuy, qui se trouvait éloigné de sa petite troupe, sans regarder s'il est suivi, s'élance sur l'ennemi, et lui crie de se rendre. Les Prussiens, que tant d'audace intimide, sont prêts à le faire, mais les menaces de leurs officiers les arrêtent. Le guerrier français avançant toujours, s'aperçoit trop tard qu'il est seul. Assailli de toutes parts, il est renversé et désarmé : il se relève néanmoins avec plus de fureur, écarte à coups de pied et de poing les ennemis qui l'entourent, et se fait jour jusqu'à leur commandant. Celui-ci, pour prévenir le danger qui le menace, va plonger son épée dans le sein de Beaupuy ; mais ce brave pare adroitement le coup, et parvient à désarmer lui-même son adversaire. C'est alors que les Français arrivent, enfoncent, taillent en pièces les Prussiens, et dégagent leur colonel. Une grande partie des troupes ennemies fut culbutée dans le Mein, et l'épée de leur commandant servit de trophée à Beaupuy, lorsqu'il rentra triomphant dans Costhen. Le grade de chef de brigade et le commandement de Cassel furent le prix de tant de courage. Après la reddition de Mayence, la brave garnison de cette ville ne pouvant plus servir contre l'armée coalisée, fut dirigée vers la Vendée, où Beaupuy se rendit avec elle, chargé du commandement de l'avant-garde. Il se signala trois fois en dix jours : le 15 octobre 1793, au combat de Saint-Chrisophe; à la journée de la Lande de Cholet, le 18 octobre; enfin au pont d'Antram, près Laval, le 26 octobre, où il fut aussi brave, mais moins heureux. Cette affaire aurait pu ajouter à ses succès, si le centre de l'armée destiné à l'appuyer, eût fait ce qu'il devait faire; mais Beaupuy, obligé de soutenir, avec sa seule avant-garde les efforts d'une armée entière, après avoir fait des prodiges de valeur, fut atteint de deux balles, dont l'une lui perça la main, et l'autre la poitrine. Ce dernier coup l'ayant renversé de son cheval, il fut emporté hors des rangs : *Je n'ai pu vaincre, dit-il, pour la république, je meurs pour elle.* L'heure fatale n'était cependant pas arrivée pour lui; sa blessure, d'abord jugée mortelle, ne le fut pas. Une gloire plus douce l'attendait. La première pacification de la Vendée fut due, en grande partie, à sa prudence et à sa valeur. Au mois de floréal an 3, il fut envoyé à l'armée de Rhin-et-Moselle, avec le titre de général de division, digne récompense de tant de services. La campagne de cette année lui fournit encore de nouvelles occasions de se distinguer. La retraite de Franckenthal, surtout, lui fait le plus grand honneur, et fut admirée de l'ennemi même. Atteint, en l'an 4, au passage du Rhin, de plusieurs coups de sabre, il n'attendit pas que ses blessures fussent entièrement guéries pour retourner au poste de l'honneur. Après s'être distingué aux affaires de Geissenfeld, de Bibrach et de Wilinghen, il fut emporté par un boulet, au combat d'Emandinghen. Les braves le pleurèrent et le vengèrent. Ses restes furent transportés à Brissac, lorsque le corps de Desaix eut passé le Rhin, et le général en chef lui fit élever un monument. Le général Beaupuy joignait aux talens militaires les vertus civiles. Bon fils et bon frère, il prouva en plus d'une circonstance que la vraie bravoure n'exclut pas l'humanité, et que l'âme peut à la fois être forte et sensible.

BEAUPUY : trois frères des deux précédens, ont été également trois bons citoyens. Louis-Gabriel, mort à l'âge de 41 ans, par suite des fatigues de la guerre. Pierre-Armand, tué à Fontenay, dans la Vendée. Il se trouva, dans l'action, abandonné des siens, et seul il combattait l'ennemi qui lui criait de se rendre. *Vaincre ou mourir, dit-il, je ne me rends point à des rebelles,* et il tomba percé de coups. Une députation du département de la Dordogne invita la convention à faire inscrire le nom de ce brave au Panthéon français. Le cinquième des frères Beaupuy prouva, dans les fonctions ecclésiastiques, que le patriotisme était un des préceptes de l'évangile ; et il mérita de la patrie aussi bien comme prêtre, que ses quatre frères aînés avaient pu le faire comme magistrats et comme militaires.

BEAUREGARD, jésuite-prédicateur. Par son éloquence triviale et fougueuse, mais forte et entraînante, par son zèle ardent, et par ses déclamations audacieuses, il mérita que Condorcet le traitât de *fanatique* et de *ligueur*. (Voyez *Pensées de Pascal*, avec *Notes*, Londres, 1776, in-8°.) Condorcet, philosophe passionné pour le bonheur public, ne pouvait comprendre quelle sorte de bien pouvait résulter de ce langage furibond, de cette exaltation toujours extrême dont l'abbé Beauregard remplissait et ébranlait toutes les voûtes des églises. Cet abbé, né en 1731, à Pont-à-Mousson, avait fait ses études chez les jésuites. Long-temps il parcourut les provinces, laissant partout dans l'âme de ses auditeurs des traces d'étonnement et presque d'épouvante. En 1789, il vint à Paris, prêcha le carême devant la cour, jeta des mots prophétiques dans ses déclamations, et fut écouté comme un orateur éloquent, mais fanatique. La révolution commença; l'abbé Beauregard, effrayé, se hâta de s'éloigner de la France, où son genre d'éloquence n'avait pas produit tout l'effet qu'il s'en était promis. Il se réfugia à Londres, et y prêcha dans le même esprit. « Vous, disait-il aux émigrés, fu- » gitifs mendians, déserteurs du » trône, de quel droit réclamez- » vous la pitié? Vous êtes punis, » mais comme la race de Juda, » d'un châtiment juste. Couvrez- » vous de cendres, errez à travers » le globe; car vous étiez les ap- » puis du sceptre, et vous avez en- » traîné sa chute en vous retirant; » vous n'avez su ni combattre ni » fléchir. » On trouva ces imputations aussi inconvenantes que peu généreuses; le prédicateur essuya des reproches, et se retira à Cologne, puis à Maestricht. Une princesse allemande, Sophie de Hohenlohe, lui offrit pour asile son château de Groninck. Il y mourut, en 1804, à 73 ans, sans avoir fait imprimer aucun de ses ouvrages; mais on prétend que ses *Manuscrits* sont entre les mains des jésuites, qui, de son vivant, étaient établis à Saint-Pétersbourg, d'où ces PP. ont été expulsés par un ukase impérial, en 1817.

BEAUREGARD (Joseph-Domergue de), chevalier de Saint-Louis. A l'époque de la révolution, il vivait retiré dans ses terres; mais bien qu'il appartînt à l'ordre de la noblesse, il se montra partisan des nouveaux principes. Le département de la Lozère le choisit pour son vice-président. Dès le 1er mars 1791, Beauregard fut nommé maréchal-de-camp, et représenta le même département à l'assemblée législative. Après le 10 août 1792, il prit le commandement d'Avignon, et, en 1793, il servit à l'armée des Ardennes. Le commissaire de la convention, Milhaud, loua surtout sa conduite à Orval. A la fin de la même année, le général Beauregard fut envoyé, avec une division, à l'armée du Nord, pour faire lever le blocus de Maubeuge; et, après les troubles des premiers jours du mois de prairial an 3, il écrivit à la convention pour protester du dévouement de sa division. Ce général, qui depuis cette époque s'était retiré du service, se hâta de reprendre les armes lorsque éclata la guerre de la péninsule; il se distingua à la bataille d'Ocana, le 18 novembre 1809, et périt dans une affaire, le 9 février 1810.

BEAUREPAIRE, commandant de la place de Verdun, avait servi, avant 1789, en qualité d'officier de carabiniers. Lors des premières guerres de la révolution, il fut nommé commandant du 1er bataillon de Maine-et-Loire, et chargé de la défense de Verdun, quand les Prussiens pénétrèrent en France. Mais il ne put inspirer son dévouement ni à des citoyens habitués au repos, ni à une garnison indisciplinée. Il veut tenter un dernier effort, et réunit le conseil de guerre: ses résolutions généreuses ne sont pas adoptées, le conseil se sépare: Beaurepaire se brûle la cervelle. La convention ordonna que son corps fût transféré au Panthéon. Sa tombe porta cette inscription: *Beaurepaire aima mieux mourir que de capituler avec les tyrans.* Croira-t-on qu'il se soit trouvé des écrivains assez lâches pour chercher à ternir l'éclat d'une pareille action, en supposant que le commandant de Verdun s'était donné la mort dans un accès de fièvre? La calomnie est la ressource ordinaire des détracteurs de toute gloire nationale. L'acte de dévouement du généreux Beaurepaire ne fut pas inutile à la patrie; il enflamma le courage des guerriers français, et produisit un enthousiasme héroïque digne des plus beaux temps de l'antiquité. Il a fourni à M. Gamond, membre de plusieurs législatures, et particulièrement de la convention, le sujet d'une tragédie en cinq actes et en vers.

BEAURIEU (GASPARD-GUILLARD DE), auteur contrefait comme Ésope, et qui a avec lui quelque ressemblance pour l'esprit. Boiteux, difforme, d'une laideur repoussante, mais vif et plein de saillies piquantes, il attirait l'attention par son extérieur singulier, et la captivait par un entretien plein d'intérêt. Le même caractère est empreint dans ses ouvrages, dont la forme est régulière, le fond hardi, quelquefois systématique, mais toujours neuf. *L'Heureux citoyen* (1759); les *Variétés littéraires* (1773); l'*Accord parfait, ou l'Équilibre physique et moral* (1795); mais surtout l'*Élève de la Nature* (1763, 1773, 1790), sont des productions très-remarquables, auxquelles plus d'ordre, de précision et de méthode eussent assigné un rang supérieur. L'*Élève de la Nature* fut d'abord publié avec le nom de J. J. Rousseau: on ne tarda pas à reconnaître la fraude. Beaurieu eût dû songer que des idées bizarres, des paradoxes hardis, et un style néologique, ne suffisaient pas pour oser prendre le nom de l'homme qui écrivait avec le plus de sens et de pureté. Ses autres ouvrages, le *Cours d'histoire sacrée et profane* (1773); le *Cours d'histoire naturelle* (1770); le *Portefeuille amusant* (1763); et le *Faux Philosophe* (1763), sont des ouvrages purement mercantiles. Né à Saint-Pol en Artois, le 9 juillet 1728, il a passé sa vie dans une médiocrité voisine de l'indigence, et s'est occupé de l'éducation des enfans, qu'il aimait beaucoup. C'est même pour leur être plus particulièrement utile, qu'il se fit recevoir, en 1794, un an avant sa mort, *élève à l'école normale,* afin de puiser dans les leçons de professeurs célèbres les principes généraux d'instruction publique. Beaurieu mourut à Paris, à l'hôpital de la Charité, le 5 octobre 1795, et n'avait rien fait pour éviter le sort misérable qui l'y conduisit. *Pourquoi,* lui demandait-on un jour, *ne songez-vous pas à vos affaires? — C'est,* répondit-il, *parce que j'aime trop l'honneur et le bonheur pour pouvoir jamais aimer la richesse.* Il disait que *le temps est une dormeuse qui nous mène doucement à l'éternité.* On lui a attribué ce mot de Sterne (*Tristram Shandy*, vol. 1er, *Mémoirs of Sterne*), et non du P. Castel, comme le dit un savant biographe (*Biographie universelle*), à moins que ce ne soit une conquête de l'auteur anglais, mort six ans après le célèbre jésuite de Montpellier : *Notre vie est une épigramme dont la mort est la pointe.* Le costume de Beaurieu était en harmonie parfaite avec sa figure, son esprit, son caractère et ses habitudes : chapeau de Crispin, manteau à l'espagnole, souliers carrés et haut-de-chausses du temps de François Ier.

BEAUTEMPS-BEAUPRÉ (Charles-François), ingénieur-géographe, membre de l'institut, et de la société royale des sciences de Gottingue, a montré de bonne heure pour la science qu'il professe, une vocation justifiée par son zèle et par d'heureux succès dans des ouvrages aussi importans que nombreux. Il est né le 6 août 1766, au bourg de la Neuville-au-Pont, près de Sainte-Ménéhould. Le célèbre géographe Jean-Nicolas Buache, son compatriote, le fit d'abord travailler sous sa direction, au dépôt des cartes et plans de la marine. En 1785, M. Beautemps-Beaupré se fit recevoir ingénieur, et fut chargé par le ministre de la marine Fleurieu, de dresser les cartes du *Neptune de la Baltique,* auxquelles il dut tout à coup une grande réputation. En 1791, il partit en qualité de premier ingénieur-hydrographe, avec l'expédition chargée d'aller à la recherche de l'infortuné La Peyrouse, sous le commandement du contre-amiral d'Entrecasteaux. M. Beautemps-Beaupré, qui montait la frégate la *Recherche,* leva avec autant d'exactitude que de précision les plans des côtes et des contrées qui avaient été visitées et reconnues dans ce voyage, où se firent les découvertes les plus intéressantes pour la géographie. Il publia ensuite le *Journal de son Voyage,* avec un *Appendice* où il expose en détail la nouvelle méthode qu'il s'était faite pour la levée des cartes et des plans, en combinant les relèvemens astronomiques avec ceux de la boussole. En 1796, étant revenu en France, il continua l'*Atlas de la mer Baltique.* Le ministre Fleurieu, voulant publier le voyage fait autour du monde par le capitaine Marchand, engagea M. Beautemps-Beaupré à dresser la *Carte hydrographique générale* de ce voyage. L'année suivante, il devint ingénieur-géographe de première classe, et sous-conservateur au dépôt de la marine, où il avait commencé sa carrière. Il travailla ensuite, pendant six ans, à lever le *Plan de l'Escaut*. Le cours du fleuve, son embouchure, ses rives et les côtes qui l'avoisinent, furent reconnus et tracés avec exactitude dans ce plan, imprimé en trois feuilles. En 1804, il fut nommé hydrographe sous-chef de la marine, et obtint la décoration de la légion-d'honneur. Deux ans plus tard il partit pour la Dalmatie, chargé de reconnaître les ports militaires de la côte du golfe, dont il dressa les plans, et il reçut l'ordre de la Couronne-de-Fer. En 1810, de retour à Paris, il fut nommé membre de la première classe de l'institut, en remplacement du comte de Fleurieu, qui venait de mourir. L'année suivante, il entreprit encore des opérations hydrographiques sur les côtes septentrionales de l'Allemagne; s'occupa particulièrement de reconnaître l'emplacement d'un port militaire projeté sur la rive gauche de l'Elbe; et les plans qu'il en dressa furent copiés et communiqués, en 1815, par le gouvernement français à celui de Hanovre: ce travail le fit admettre, en 1816, au nombre des membres de la société royale de Gottingue. Au mois de juin 1814, M. Beautemps-Beaupré fut nommé ingénieur-hydrographe en chef et conservateur-adjoint du dépôt de la marine, et l'année suivante, la direction des travaux pour la reconnaissance hydrographique des côtes de France, fut confiée à ses soins. Ce n'est qu'en 1808 qu'on a publié la *Relation* et l'*Atlas* du *Voyage* de l'expédition de M. d'Entrecasteaux, dont M. Beautemps-Beaupré avait fait partie. L'officier français qui était porteur des cartes et des plans, ayant été pris par les Anglais, et retenu longtemps à l'amirauté, on a pu y puiser des renseignemens sur la terre de Diémen, que les Anglais ont visitée et reconnue bien postérieurement à l'expédition française. Heureusement que M. Beautemps-Beaupré, retenu prisonnier au cap de Bonne-Espérance, avait eu la précaution d'envoyer à l'ambassadeur de France aux États-Unis, un second exemplaire de ses cartes et de ses plans. Il serait difficile, d'après ces faits, de contester aux Français la priorité pour les découvertes, dans cette cinquième partie du monde.

BEAUVAIS (Jean-Baptiste-Charles-Marie), évêque de Senez, né à Cherbourg, le 17 octobre 1731. Son père, qui exerçait la profession d'avocat, ne ménagea rien pour cultiver les heureuses dispositions qu'annonçait le jeune Beauvais. Comme il paraissait avoir du talent pour la parole et du goût pour l'état ecclésiastique, on le destina à suivre cette carrière, où il devait acquérir une juste renommée. L'événement ne trompa point les espérances que M. Beauvais avait fait concevoir. Sa réputation était déjà si solidement établie en 1768, qu'il fut chargé de prononcer le panégyrique de saint Augustin devant l'assemblée générale du clergé. Il avait déjà été appelé à la cour, où la sévérité de sa morale n'empêcha pas qu'on ne rendit justice à ses talens. En 1773, il fut question de l'élever à l'épiscopat; mais il survint aussitôt une sérieuse difficulté. On lui reprochait d'être né dans la classe plébéienne. Ce fut le cardinal de la Roche-Aymon qui lui fit connaître l'obstacle que sa naissance opposait à son installation. La réponse de M. Beauvais mérite d'être conservée. « Si je croyais, dit-il, que la noblesse fût la principale condition requise pour l'épiscopat, je foulerais ma croix aux pieds, et je renoncerais à la haute dignité dont je suis revêtu. » Toutefois la raison l'emporta sur le préjugé, et M. Beauvais fut nommé évêque de Senez. Peu de jours après, il prononça, en présence de Louis XV, son fameux sermon de *la Cène*, dans lequel il prit pour texte ces paroles de l'Écriture sainte: *Encore quarante jours et Ninive sera détruite*: « Sire, dit-il en s'adressant au monarque, mon devoir de ministre d'un Dieu de vérité m'ordonne de vous dire que vos peuples sont malheureux, que vous en êtes la cause, et qu'on vous le laisse ignorer. » La mort de Louis XV, arrivée quarante jours après cette vive exhortation, parut à beaucoup de gens l'accomplissement d'une prophétie; on crut que par *Ninive*, l'orateur entendait Louis XV, ce qui était sans doute une fausse conjecture. Mais la haine qu'on avait conçue contre ce monarque, donna quelque crédit à ce rapprochement. L'évêque de Senez fut chargé de prononcer l'oraison funèbre de Louis XV; et il ne resta pas au dessous de son sujet. On se rappelle encore l'effet que produisit ce mot véritablement éloquent: *Le silence des peuples est la leçon des rois!* Le désir de remplir les devoirs de l'épiscopat, détermina M. Beauvais à se rendre dans son diocèse, où il se distingua par l'exercice de toutes les vertus chrétiennes. Cependant il regrettait la capitale, où il avait des amis et d'agréables liaisons. Il profita de quelques désagrémens qu'on lui fit essuyer, car on ne se gênait guère avec les évêques *sans naissance*, pour donner sa démission. En 1783, de concert avec M. de Juigné, archevêque de Paris, il conçut l'idée de former des prédicateurs dans un séminaire particulier. La révolution l'empêcha d'exécuter ce projet. Nommé député aux états-généraux, il ne se fit point remarquer, et mourut le 4 avril 1790. M. Beauvais n'a laissé que peu d'ouvrages, mais assez pour être compris dans le petit nombre de ceux qui ont conservé parmi nous le génie de la véritable éloquence. De tous les orateurs chrétiens du dernier siècle, c'est celui qui s'est le plus approché de Bossuet par la puissance de la parole. On remarque dans ses sermons qu'il s'occupait moins des dogmes que de la morale, et il a fait en cela preuve de goût autant que de raison. Il était, peut-être sans le savoir, sous l'influence de l'esprit philosophique du siècle, et la religion ne pouvait que gagner à cet ascendant. M. Beauvais a laissé, 1° *des Sermons*; 2° *les Panégyriques de saint Augustin, de saint Louis, et de saint Vincent de Paule*; 3° *les Oraisons funèbres* de l'infant don Philippe, duc de Parme; du maréchal de Muy; de M. Léger, curé de Saint-André-des-Arts; de M. de Broglie, évêque de Noyon, et de Louis XV. Entre ces productions il faut distinguer les *Oraisons funèbres* de Louis XV et du curé de Saint-André-des-Arts. C'est dans ces deux ouvrages que le talent de l'auteur s'est montré tout entier, et s'il fallait même choisir entre les deux, on pourrait justement préférer celui dans lequel il rappelle les modestes vertus du simple pasteur. C'était une nouveauté dans l'église que de voir un évêque rendre un hommage aussi solennel à la mémoire d'un simple curé. C'est encore un trait caractéristique des progrès du siècle, qui ne se laissait plus éblouir par l'orgueil des titres et le faste des dignités. En 1806, l'abbé Gallard a donné une édition des *Sermons* de M. Beauvais, en 4 volumes in-12.

BEAUVAIS (CHARLES-NICOLAS), médecin, né à Orléans, en 1745, mort à Montpellier, en 1794. Il était déjà distingué dans sa profession, lorsque la révolution vint lui ouvrir une nouvelle carrière. Député à l'assemblée législative et à la convention, il se fit remarquer par la pureté et l'ardeur d'un patriotisme à toute épreuve. Quelques biographies lui reprochent la violence de son caractère, mais les faits sur lesquels elles s'appuient sont exagérés ou calomnieux. La franchise de ses opinions, son dévouement à la liberté, lui ont attiré des ennemis qui n'ont pas épargné sa mémoire. Il était à Toulon, en qualité de commissaire, lorsque la trahison livra cette ville aux Anglais. Ceux-ci, partageant la haine des traîtres, jetèrent Beauvais dans un cachot, où il fut accablé de mauvais traitemens, et prit le germe de la maladie dont il mourut peu de temps après. La convention le regarda comme un martyr de la liberté, et, pendant quelque temps, le buste de cet infortuné fut exposé dans le lieu de ses séances. Son fils (le général) eut une pension. On a quelques ouvrages du docteur Beauvais, dont les principaux sont : 1° *Essais historique sur Orléans*, 1778, in-8°; 2° *Description topographique du mont Olivet*, 1783, in-8°; 3° *Cours élémentaire d'éducation pour les sourds-muets*, suivi d'*une Dissertation sur la parole*, traduit du latin, 1779, in-12.

BEAUVAIS (LOUIS), fils du précédent, et maréchal-de-camp. La convention, prenant en considération la fin malheureuse de son père, lui accorda une pension de 1,500 francs. Il entra jeune au service, et, en 1797, il partit pour l'Égypte avec le grade d'adjudant-général. Des motifs particuliers l'engagèrent à demander sa démission. Elle lui fut accordée; mais de manière à détourner d'une semblable démarche quiconque aurait songé à l'imiter. Dans cette occasion la politique paraît avoir été spécialement consultée. M. Beauvais fut pris par les Turcs dans la traversée, et ne revint en France qu'en 1801, après dix-huit mois de captivité. Cet officier ne rentra au service qu'en 1809. Il obtint, sous le général Latour-Maubourg, la place de chef d'état-major, dont il alla remplir les fonctions en Espagne. Peu de temps après, il fut nommé baron et général de brigade. Il fit, en cette qualité, la campagne de 1813 sur le Rhin. Neuss avait été surpris le 31 octobre; le général Beauvais parvint à le reprendre. En 1815, pendant les *cent jours*, le commandement de la place de Bayonne lui fut confié, et il rendit de grands services aux habitans. Ce général est le principal rédacteur de l'important ouvrage des *Victoires et Conquêtes des armées francaises*, que le libraire Panckouke a publié. Il travaille aussi à un journal militaire.

BEAUVAIS (CHARLES-NICOLAS). Il fut président du conseil municipal de Rouen. Le département de la Seine-Inférieure le nomma, en l'an 6, député au conseil des cinq-cents. Devenu membre du tribunat, après la révolution du 18 brumaire, il se déclara en faveur du gouvernement impérial, et de l'hérédité dans la famille du premier consul. En 1807, lorsque le tribunat fut dissous, M. Beauvais entra au corps-législatif. Il obtint ensuite la décoration de la légion-d'honneur.

BEAUVALET (N.), sculpteur à Paris, obtint une sorte de célébrité, en 1793, pour avoir fait avec beaucoup de ressemblance le buste de *Marat*, dont il fit hommage à la convention nationale. Il lui présenta aussi en 1794 le buste de *Chalier*, que lui avait commandé la commune de Paris. Enfin, il présenta aux Jacobins le buste de Guillaume Tell, ce qui détermina cette société à recevoir l'artiste au nombre de ses membres. Il était alors administrateur des travaux publics. M. Beauvalet est chargé de faire la statue qui, d'après l'ordonnance royale du 27 février 1816, doit être élevée au général *Moreau*.

BEAUVARLET (JACQUES-FIRMIN), né à Abbeville, le 5 septembre 1731, reçut dans cette ville les premiers élémens du dessin et de la gravure, de Lefèvre et de Hecquet, artistes peu connus. Il vint à Paris, et se mit sous la direction de Laurent Cars. Ce fut lorsqu'il eut quitté cette école, la meilleure de cette époque, qu'il publia ses quatre grandes estampes, d'après Luc Jordans, qui lui ouvrirent les portes de l'académie de peinture, où il fut admis en 1765. Beauvarlet avait un talent très-agréable, son burin était brillant et moelleux; mais il négligeait trop la correction du dessin, et ne traduisait pas fidèlement les maîtres d'après lesquels il gravait. Aussi ses estampes, après avoir eu une vogue extraordinaire, sont tombées dans un discrédit total. Souvent, croyant rendre ses têtes de femmes plus jolies, il faisait des yeux si grands, et des bouches si ridiculement petites, qu'elles ressemblaient à des caricatures. La *Lecture espagnole*, et la *Conversation*, moins maniérées que la plupart de ses autres productions, seront toujours recherchées d'une certaine classe d'amateurs, par le soin et l'extrême fini qu'on y remarque. Il fut chargé de refaire, dans l'estampe représentant Mlle *Clairon en Médée*, estampe dont Louis XV faisait les frais, la tête de cette actrice célèbre; cette tête avait été manquée par Cars, Jardinier et Saint-Aubin; il y réussit complétement, chose d'autant plus difficile, que l'actrice n'était pas très-jolie, et que le rôle de *Médée* n'était pas fait pour lui prêter des charmes. Beauvarlet a sacrifié toute sa vie à l'empire de la mode, et à la corruption du goût dominant de cette malheureuse époque des arts. Il avait amassé une fortune assez considérable ; et malgré les pertes que les circonstances de la révolution lui firent éprouver, il mourut dans l'aisance, à Paris, le 7 décembre 1797.

BEAUVARLET - CHARPENTIER (J. J.), né à Abbeville, en 1730, organiste célèbre, l'un des plus habiles de son siècle. Il demeura long-temps à Lyon, et s'y trouvait encore lorsque J. J. Rousseau, passant par cette ville, eut l'occasion de l'entendre : il admira son beau talent. L'archevêque de Lyon, M. de Montazet, qui était abbé de Saint-Victor, lui en donna l'orgue, et lui fit obtenir celui de Saint-Paul, que Beauvarlet-Charpentier conserva jusqu'à l'époque de la révolution. Cet artiste avait la plus profonde connaissance de l'harmonie; tous les styles semblaient lui être également familiers, nul ne possédait mieux l'art des transitions, nul ne modulait avec plus de facilité et de grâce. Un aussi heureux concours de moyens rendait l'exécution de sa musique expressive et brillante. Beauvarlet-Charpentier mourut au mois de mai 1814. On lui reproche à tort d'avoir arrangé une grande symphonie, sous le titre de l'*illus-* *tre et heureuse Alliance*, à l'occasion du mariage de l'empereur Napoléon, et d'avoir fait, depuis, le divertissement militaire pour le piano avec accompagnement de violon, intitulé : la *Paix*, l'*Union des nations, et le retour du roi de France*. On devait savoir qu'il y a les muses de palais, comme il y avait les oies du Capitole. Aucun de nos poètes ne mérite cette réflexion; mais en revanche beaucoup de nos faiseurs de vers ont continué le service de l'à-propos, depuis la terreur jusqu'à présent. Après la restauration des Stuarts, un célèbre poète anglais présenta à Charles II des vers qui contenaient son éloge. «Vous en avez » fait de meilleurs pour Cromwell, » dit le monarque : » Sire, répon- » dit le panégyriste, nous autres » poètes, nous réussissons plutôt » dans les fictions que dans les » réalités.» Ce qui ne prouve, au reste, que la facilité du talent et la présence d'esprit des auteurs.

BEAUVAU (Charles-Juste, maréchal de), descendant de l'ancienne famille des Beauvau, et fils de Marc-Antoine, prince de Craon, naquit à Luneville le 10 septembre 1720. Il entra au service à l'âge de 13 ans, sous les ordres de son oncle Ligneville. A 20 ans, il était colonel des gardes du roi Stanislas, et vint prendre du service dans l'armée française en qualité de volontaire. Il fut alors employé comme aide-de-camp du maréchal de Belle-Isle ; il semblait, dit le chevalier de Boufflers (*Éloge du maréchal de Beauvau*), s'être fait aide-de-camp de tout ce qui marchait à l'ennemi. En 1742, chargé de la défense de Prague contre le prince Charles de Lorraine, il fut blessé dans une sortie, où la garnison se couvrit de gloire. Sa réputation était déjà si bien établie, que les grenadiers et carabiniers réunis qui avaient exécuté cette sortie, interrogés sur la cause de leur tristesse après la victoire, ne répondirent que ces mots: « *Le jeune brave est* » *blessé.* » Sa conduite, pendant ce siége, lui mérita la croix de Saint-Louis, malgré sa jeunesse. En se précipitant avec son frère, à travers les embrasures des pièces, il enleva les retranchemens qui défendaient le passage du pont sur la Bormida. A l'assaut du fort Mahon, il fut chargé de l'attaque principale, et il s'élança sur la brèche avec les premiers grenadiers. Dans la journée de Corback, quoiqu'il fût lieutenant-général, il servit d'aide-de-camp au maréchal de Broglie, qu'il était allé rejoindre dans l'espoir d'assister à une bataille. Arrivé au moment même du combat, il sut contribuer à en décider le succès. Le maréchal écrivit au roi : « C'est » un aide-de-camp d'une espèce » nouvelle; il n'est pas moins bon » pour le conseil que pour l'ac- » tion. » Deux ans après, il eut le commandement d'un corps de 2,600 hommes qu'on envoyait au secours de l'Espagne; mais la paix conclue en 1763, l'empêcha de cueillir de nouveaux lauriers. Les talens militaires et le courage n'étaient pas ses seules qualités; il y joignait la justice, l'humanité, la modestie : il réunissait tous les genres de mérites, et on peut dire de lui qu'il était *sans peur et sans reproche.* Dès cette même année, il eut le commandement du Languedoc. On le vit alors s'exposer à être disgracié pour secourir plusieurs femmes qui appartenaient à des familles protestantes, et qu'on persécutait à cause de leur foi, en conséquence de la funeste révocation de l'édit de Nantes. Elles gémissaient dans les prisons depuis plus de quarante ans; il est probable que, sans le courage du maréchal de Beauvau, elles y auraient vu se terminer leur déplorable existence. Il répondit à des menaces réitérées : « Le roi est le maître de » m'ôter le commandement qu'il » m'a confié, mais non de m'em- » pêcher d'en remplir les devoirs » selon ma conscience et mon hon- » neur. » Et quel était leur crime? disait le chevalier de Boufflers, *celui d'être nées dans la religion de Henri IV.* En 1771, lorsque les parlemens furent exilés, il résista au chancelier Maupeou, ce qui lui valut une lettre de cachet; mais il eut pour appui contre le ministre le roi lui-même, qui, selon les propres expressions de S. M., ne cessait point de compter sur son respect, son attachement et son zèle. Il fut nommé, en 1777, commandant d'une division militaire; en 1782, gouverneur de Provence, et maréchal de France en 1783. La manière dont il administra eût suffi pour illustrer un autre homme: les états de Provence furent rétablis; l'académie lui dut sa conservation, et la navigation des perfectionnemens; enfin, on entreprit ou l'on acheva sous ses auspices plusieurs monumens publics. Il avait eu l'idée de former dans Marseille même, sur la place de l'Arsenal, un quartier de franchises, où le commerce n'eût point connu d'entraves, et où l'on eût exercé librement tous les cultes. Il ne put réaliser ce projet aussi utile que généreux, qui eût fait de cette place de commerce déjà si importante, l'un des premiers entrepôts de l'univers. La révolution éclata : le maréchal de Beauvau, qui s'était montré l'ennemi du despotisme, ne crut pas devoir abandonner un monarque malheureux; et fidèle à ces nobles principes, il accompagna le roi dans son voyage de Versailles à Paris, le 16 juillet 1789. Touché de cet acte de dévouement, ce prince adressa, le 4 août, au maréchal, une lettre de sa propre main, dans laquelle, au nom de son intérêt personnel, il l'engageait à entrer dans son conseil d'état. Le maréchal de Beauvau, qui précédemment avait refusé le ministère de la guerre, crut devoir cette fois se rendre aux instances de Louis XVI, en annonçant néanmoins qu'il se retirerait dès qu'il ne pourrait plus être utile. L'événement a prouvé que si le conseil se fût rangé à son avis dans diverses circonstances, on eût évité peut-être bien des malheurs. Après cinq mois d'efforts inutiles le maréchal se découragea, et depuis ce moment il ne prit aucune part aux affaires. Mais déplorant les maux de son pays, il se réfugia dans une profonde obscurité, et termina dans l'amertume une vie qui jusqu'alors avait paru exempte des peines dont la vertu ne préserve pas toujours : il mourut le 21 mai 1793.

Le maréchal de Beauvau avait été reçu, en 1748, à l'académie *della Crusca*, et en 1771, à l'académie française. Sans avoir laissé d'ouvrages importans, il se distingua dans les lettres, et il ne fut pas moins estimable dans la vie privée : on l'a vu excellent ami, bon père, bon mari, et l'on peut le citer comme le modèle des bienfaiteurs. On a de lui une *Lettre à l'abbé Desfontaines, sur une phrase de cent quatre-vingts mots d'un discours de l'abbé Hardion, à la réception de M. de Mairan*, in-12, 1745. L'éloge du maréchal de Beauvau a été prononcé à l'institut, en 1805, par son neveu, le chevalier de Boufflers, et cet éloge est un des plus remarquables que l'on ait entendus dans quelque académie que ce soit.

BEAUVAU (Marc de), grand d'Espagne de première classe, prince du Saint-Empire, et chambellan de l'empereur Napoléon, en 1809. Au retour de ce prince, en 1815, il reprit les fonctions de premier chambellan. Il fut alors membre de la chambre des pairs, et fit partie de la commission chargée du rapport sur l'adresse de la chambre des députés au peuple français. Napoléon avait encore d'autres droits à la reconnaissance de son chambellan. M. Charles de Beauvau, son fils aîné, ayant été blessé grièvement à l'affaire de Voronovo, en Russie, fut transporté sur les voitures de l'empereur, soigné par son propre médecin, et confié expressément à M. de Caulaincourt. M. Edmond de Beauvau, son second fils, a débuté également d'une manière distinguée dans la carrière des armes sous le règne de Napoléon. L'épouse de M. le prince de Beauvau, issue de la maison des Mortemart, a été dame du palais de l'impératrice Marie-Louise.

BEAUVOIR (Auguste Josse), né en 1773, à Meslay, près de Vendôme, est fils d'un manufacturier. Après avoir suivi quelque temps la même carrière que son père, à l'époque où le général Bonaparte prit les rênes du gouvernement, M. Beauvoir abandonna tout à coup un établissement utile à son pays, se bornant à vivre en propriétaire aisé. En 1801, il fut nommé membre du conseil général du département de Loir-et-Cher, où il se fit remarquer par une grande rectitude de jugement, et des principes honorables. Lors des élections de 1815, il fut nommé à la chambre des députés. N'ayant pu émettre à la tribune son opinion sur le divorce, il la fit imprimer séparément. La chambre ordonna l'impression de celle qu'il prononça sur le budjet, dans sa séance du 19 mars 1815. M. Beauvoir, toujours membre de la chambre des députés, et siégeant au côté droit, a voté, en 1819, toutes les lois d'exception. Il a été même jusqu'à dire que l'on ne pouvait gouverner avec des journaux qui apprennent au peuple qu'il a des droits, et que la loi du 5 février, sur les élections, était *atroce, hypocrite et scélérate*.

BEAUZÉE (Nicolas), célèbre grammairien, membre de l'académie française et de plusieurs autres sociétés littéraires, consacra sa longue et honorable carrière, soit à l'enseignement, soit au perfectionnement de la langue française. Il naquit à Verdun, le 9 mai 1717, et fit de bonnes études. Il s'occupa spécialement des sciences exactes : « Ce fut là, » dit le chevalier de Boufflers, qu'il » puisa le mépris de tout ce qui » n'est pas vrai; il leur dut peut-» être cette justesse de conception, » cette rectitude de jugement, qui » nous ont été souvent d'un grand » secours dans nos travaux acadé-» miques. » Beauzée ne tarda pas à abandonner les mathématiques pour se livrer à l'étude des langues anciennes et modernes, qu'il cultiva avec une ardeur qui annonçait sa véritable vocation. « Il » fut, dit encore Boufflers, porté » vers l'étude de la grammaire par » cet attrait particulier qu'on peut » regarder comme l'instinct de » l'esprit; et malgré le désavanta-» ge d'écrire après tous les hom-» mes éclairés qui ont réfléchi sur » cette matière abstraite, il y ré-» pandit des lumières, et la sou-» mit à des principes inconnus a-» vant lui. Également judicieux, » soit qu'il suive ses devanciers ou » qu'il les abandonne, il ne paraît » point s'égarer lorsqu'il s'écarte » de leurs traces; et, lorsqu'il rai-» sonne comme eux, on voit en-» core qu'il parle d'après lui. » Le célèbre Dumarsais, qui avait rédigé les articles de grammaire des lettres A, B, C de l'*Encyclopédie*, étant mort en 1756, Beauzée fut chargé de faire les articles relatifs à la même partie, pour les lettres suivantes. Il est fâcheux que son travail, où l'on remarque beaucoup de justesse et d'exactitude, ne réunisse pas au même degré la précision de celui de son prédécesseur, qu'il avait pris pour modèle. Néanmoins la réunion de tous ces articles avec ceux que Marmontel a donnés sur la littérature, forme un cours complet, aussi curieux qu'instructif, intitulé : *Dictionnaire de grammaire et de littérature*, Liége, 3 vol. in-4°; ou 1789, 6 vol. in-8°. Les autres ouvrages de Beauzée sont: 1° *Grammaire générale, ou Exposition raisonnée des élémens nécessaires du langage*, 1767, 2 vol. in-8°. « Persuadé que les lois » du langage, dit l'abbé Barthéle- » my, dérivent d'un petit nombre » de principes généraux qu'il a- » vait retrouvés dans toutes les » langues, Beauzée remonte à ces » premiers principes, et les appli- » quant aux cas particuliers, il en » fait sortir une foule de précep- » tes lumineux. Au milieu de tant » de discussions arides et d'idées » abstraites, on a de la peine à le » suivre; mais on est toujours for- » cé d'admirer la finesse de ses » vues, ou l'intrépidité de son cou- » rage. » Il est à regretter toutefois que ce livre élémentaire, où l'on peut puiser de l'instruction, ne la présente pas avec assez de clarté. Cependant l'auteur reçut en récompense une médaille d'or de la part de Marie-Thérèse, impératrice d'Autriche, et il fut nommé professeur de grammaire à l'École-Militaire de Paris. 2° *Les Synonymes de l'abbé Girard*, nouvelle édition, augmentée d'un volume, composé des *Synonymes de Duclos, de Diderot, de d'Alembert, et de l'éditeur*. Tous ces synonymes et beaucoup d'autres ont été recueillis par M. *Guizot*, dans son *Nouveau Dictionnaire universel des Synonymes*, Paris, 1809, 2 vol. in-8°. Les articles de synonymie qui ont été écrits par Beauzée, sont en général préférables à ceux même de l'abbé Girard, sous le rapport du raisonnement et de l'exactitude; bien qu'ils leur soient inférieurs, quant à la finesse de l'observation et au brillant du style, parfois prétentieux dans Girard. 3° Les *OEuvres de Salluste*, traduites en français, 1770, in-12. Cette traduction, souvent réimprimée, est plus fidèle qu'élégante, et contient des *Notes* assez curieuses. Il est fâcheux qu'elle soit défigurée par l'orthographe bizarre que Beauzée avait voulu introduire, et qui en rend la lecture fatigante. 4° *Histoire d'Alexandre-le-Grand*, traduite de *Quinte-Curce*, 1789, 2 vol. in-12. Cette traduction mérite les mêmes éloges et les mêmes reproches que celle dont nous venons de parler. 5° *Exposition abrégée des preuves historiques de la religion*, in-12 ; 6° *Imitation de J. C.*, traduite en français; 7° une nouvelle édition du *Dictionnaire des Synonymes*, par le P. de Livoy, 1778, in-8°. Cette édition est augmentée d'un grand nombre d'articles. 8° Une édition de l'*Optique de Newton*, traduite de l'anglais par le trop fameux *Marat*, qui depuis... (*voyez* MARAT), 1787, 2 vol. in-8°. Cette traduction est recherchée. Beauzée ne se rendit pas moins estimable par les qualités du cœur que par celles de l'esprit. Doux, bon, simple et modeste, il compta beaucoup d'amis parmi les hommes du premier mé. te. « Plaçant tous ses

» plaisirs dans la satisfaction inté-
» rieure, dit Boufflers, et sa gloire
» dans l'estime de ses amis, on l'a,
» dans tous les temps, vu tranquil-
» le au milieu du tumulte qu'il
» fuyait, isolé au milieu du mon-
» de qu'il aimait, étendre ses idées,
» borner ses vœux, et trouver le
» bonheur en lui-même. » Le grand
Frédéric, ce zélé protecteur des
lettres françaises, avait en vain
voulu le faire venir auprès de lui :
l'amour de la patrie et un désintéressement bien louable firent rejeter par Beauzée une proposition
si séduisante. Il mourut à Paris,
le 25 janvier 1789, dans sa 72ᵐᵉ année, et eut l'abbé Barthélemy pour
successeur à l'académie française.

BEC-DE-LIÈVRE (N.), d'une
famille noble de Bretagne, naquit
à Rennes, et parut d'abord opposé
aux vues de la cour; mais lors des
premiers mouvemens de la révolution, il fut du nombre des douze députés chargés de porter à
Louis XVI les réclamations de sa
province en faveur de la conservation des privilèges : mission
qui le fit arrêter et mettre à la
Bastille, ainsi que ses collègues.
Il prit parti dans la guerre de la
Vendée, et fut tué les armes à la
main.

BEC-DE-LIÈVRE (N.), frère
du précédent, possédait un bénéfice à Rennes; il émigra au commencement de la révolution, et
se maria en Angleterre. Sa femme
étant morte, il revint en France,
et fut arrêté comme émigré. Après
deux ans de détention, il recouvra la liberté ; mais on prétendit
que ce n'était qu'après avoir promis de servir la police : ce soup-
çon devint une certitude. En 1801,
ayant été envoyé pour observer
quelques bandes de Chouans, il
tomba entre leurs mains, et fut
fusillé par ordre de Georges Ca-
doudal.

BECCARI (MADAME), a enrichi
la littérature de quelques ouvrages agréables. On cite particulièrement les suivans : *Mémoires de
Lucie d'Olbery*, traduits de l'anglais, 1761, 2 vol. in-12; *Lettres
de Milady de Bedfort*, traduites
de l'anglais, Paris, 1789, in-12;
Milord d'Amby, histoire anglaise, Paris, 1778, in-12; 1781, 2
vol. in-12; les *Dangers de la calomnie, ou Mémoires de Fanny
Spingler*, histoire anglaise, Paris,
1780 et 1781, 2 vol. in-12. On
trouve dans ces romans une morale pure et des caractères bien
tracés. Le style, auquel on désirerait plus de naturel, est élégant et
soutenu.

BECCARIA (CÉSAR BONESANA,
MARQUIS DE), philosophe criminal-
liste, animé d'un ardent amour
de l'humanité, et doué de ce génie qu'inspire la vertu, a fait une
heureuse révolution dans la législation criminelle; révolution qui
a amené une réforme salutaire
dans les codes européens, et qui,
par une marche toujours progressive, comme celle de la liberté,
ne tardera pas à améliorer tous les
codes du monde civilisé. Né à Milan, en 1735, il fit de bonnes é-
tudes, qui développèrent en lui,
comme il le dit dans une *Lettre*,
« l'amour de la réputation litté-
» raire, celui de la liberté, et la
» compassion pour le malheur des
» hommes, esclaves de tant d'er-
» reurs. » Ces trois sentimens, aussi nobles qu'ils sont naturels et

justes, animèrent constamment Beccaria, sans l'égarer, quoi qu'en disent des critiques peu instruits ou passionnés. Ils lui reprochent d'avoir qualifié d'*erreurs* des vérités salutaires; mais ce qu'ils appellent *vérités salutaires*, ce sont les préjugés de l'ignorance, de la superstition et du fanatisme. Ils lui reprochent encore d'avoir traité d'*esclavage* la soumission à l'ordre nécessaire et aux pouvoirs légitimes; mais ce qu'ils appellent *ordre nécessaire et pouvoirs légitimes*, n'est autre chose que le système qui servait alors de base à la plupart des gouvernemens européens, c'est-à-dire le régime arbitraire et le pouvoir absolu ou le despotisme. C'est à la lecture des *Lettres persanes* de Montesquieu que Beccaria dut son goût pour la philosophie, et cette liberté de penser, dont il a fait depuis un si noble usage. En 1762, il fit paraître son premier ouvrage, sous ce titre : *du Désordre des Monnaies dans l'état de Milan, et des moyens d'y remédier*. Cet ouvrage utile, qui avait pour objet une réforme monétaire indispensable, fut réimprimé à Lucques, par les soins de l'auteur. Toujours animé de l'amour du bien public, Beccaria, voyant avec peine que « sur une » population de 120,000 âmes, » dont se composait alors la ville » de Milan, il y avait à peine, disait- » il, vingt personnes qui aimassent » à s'instruire et qui sacrifiassent » à la vérité et à la vertu, » forma une société de philanthropes éclairés pour chercher les moyens de propager les lumières et les vues utiles à leur pays. Cette association vraiment patriotique, pénétrée du bien que le célèbre Addisson avait fait à l'Angleterre en publiant, sous le titre du *Spectateur*, le tableau des mœurs anglaises, voulut aussi, dans un ouvrage périodique intitulé le *Café*, faire la peinture morale des caractères, des vices et des ridicules de la nation italienne. Les meilleurs morceaux de cette collection, publiée en 1764 et 1765, 2 vol. in-4°, sont de Beccaria : on remarqua particulièrement ses *Recherches sur la nature du style*, dont le but vraiment louable était d'encourager au travail les esprits paresseux, en démontrant que la nature a départi à chaque homme une dose d'intelligence assez forte pour comprendre, et une aptitude suffisante pour composer. Cette dissertation, réimprimée en 1770, fut traduite en français, l'année suivante, par l'abbé Morellet. Dans le temps même où Beccaria préparait les matériaux de l'ouvrage périodique le *Café*, il jetait les fondemens de sa gloire, en élevant un monument à la philosophie, à la justice et à l'humanité. Ce fut en 1764 qu'il publia son immortel *Traité des délits et des peines* (*Trattato dei delitti e delle pene*). Cet important ouvrage, qui ne forme qu'un petit volume, fut accueilli par les esprits élevés et par les âmes généreuses avec le plus vif enthousiasme. L'auteur, tenant d'une main ferme la balance de la justice, assure les droits de l'opprimé, et donne une garantie à l'innocence. Il limite la faculté de punir, en ne lui laissant que la latitude nécessaire pour atteindre le crime et frapper le coupable. Entre le pouvoir législatif et le pouvoir judiciaire, il trace une ligne de démarcation, que ne doivent franchir ni le juge, ni le législateur, pour conserver intacts leurs droits respectifs, et pour maintenir dans l'état une harmonie salutaire. Ainsi il établit que l'interprétation des lois n'appartient point aux juges, et que les législateurs à leur tour n'ont pas le droit de prononcer des jugemens. Il proscrit les arrestations arbitraires; il aurait proscrit aussi ces ruses perfides de la police, qui, sous le prétexte de découvrir le crime, y pousse le malheureux qu'elle pourrait retenir, et que l'excès de sa misère rend trop facile à s'y laisser entraîner. Il demande que les crimes et les délits soient classés d'une manière naturelle, et que les punitions soient toujours dans une juste proportion avec les uns et les autres. Il s'élève avec force contre les atrocités de la torture, qui n'auraient jamais dû souiller le code même de la tyrannie. Il pensait surtout que si le devoir des magistrats leur prescrivait de réprimer les délits qui sont le vrai fléau de la société, il leur commandait plus impérieusement de rechercher tous les moyens de les prévenir. Enfin, en proposant de donner aux juges, pour la procédure criminelle, des *assesseurs* choisis par la voie du sort, il provoquait évidemment l'établissement du jury, cette institution sublime que les Français n'ont pu obtenir que depuis la révolution, dont elle est un des plus grands bienfaits. Ce véritable *ami des hommes*, qui toutefois n'affec-

tait pas d'en prendre le titre, avait craint que ses contemporains ne fussent injustes à son égard : « Si, » soutenant les droits des hommes » et l'invincible vérité, disait-il » dans son introduction, je pou- » vais arracher à la tyrannie ou à » l'ignorance quelqu'une de leurs » victimes, les larmes et les béné- » dictions d'un seul innocent, dans » les transports de sa joie, me con- » soleraient du mépris du genre » humain. » Le succès prodigieux qu'obtint le *Traité des délits et des peines*, dès sa première publication, rassura bientôt l'auteur sur les craintes qu'il manifestait. Cet ouvrage eut une foule d'éditions, et fut traduit dans toutes les langues de l'Europe, et même en grec moderne par M. Coray. Nous parlerons particulièrement de la traduction française entreprise par l'abbé Morellet, à la recommandation du vertueux Lamoignon Malesherbes. L'habile traducteur, qui savait apprécier mieux que personne tout le mérite de l'original, dont il partageait les principes, ne se contenta pas de le rendre en français avec clarté, précision et élégance; mais il en classa les divers chapitres dans un ordre plus convenable et qui fut approuvé par l'auteur lui-même. Cette traduction eut un succès si général, qu'elle reçut même les éloges des critiques les plus sévères; entre autres, de l'auteur des *Mémoires sur la littérature*, de Palissot, le moins indulgent des censeurs de l'abbé Morellet. On doit à M. Rœderer la meilleure édition qui en ait été publiée: elle est enrichie des *Notes* de Diderot, et accompagnée de la traduction, par Saint-Aubin, de la *Théorie des lois pénales* par J. Bentham, 1797, in-8°. Le philosophe de Ferney, regardant le *Traité des délits et des peines* comme le code de l'humanité, en donna un commentaire. Les princes les plus éclairés de l'Europe firent un accueil honorable à Beccaria; l'impératrice de Russie, Catherine II, fit transcrire dans son code le *Traité des délits et des peines*. Une médaille fut frappée en l'honneur de Beccaria par la société de Berne; enfin les philosophes, les jurisconsultes instruits, et généralement tous les hommes vertueux, le proclamèrent comme le véritable ami de ses semblables. Cependant il vérifia bientôt ce vieil axiome, que *nul n'est prophète en son pays*; et il ne fallut rien moins que la protection ouverte du comte Firmiani, pour le soustraire aux persécutions de ses propres compatriotes. Nous ne devons point passer sous silence un trait, qui prouve jusqu'où Beccaria poussait la philanthropie et la bonté. Dans les premières éditions de son traité, il avait avancé «qu'un banqueroutier non »frauduleux pouvait être détenu »pour gage des créances à exer- »cer sur lui, et forcé au travail »pour le compte de ses créan- »ciers.» Mais, reconnaissant bientôt l'injustice de cette proposition, il s'empressa de la rétracter dans les éditions subséquentes, en déclarant, dans une note, qu'*il était honteux d'avoir adopté cette opinion cruelle*. « J'ai été accusé »d'irréligion, ajoutait-il, et je ne »le méritais pas; j'ai été accusé »de sédition, et je ne le méritais »pas; j'ai offensé les droits de l'hu- »manité, et personne ne m'en a »fait le moindre reproche.» Confession sublime! Des critiques modernes, tout en rendant justice à la philanthropie et à la raison élevée de l'auteur, lui ont reproché toutefois, 1° la préférence exclusive qu'il donne à l'*esprit public* sur l'*esprit de famille*, auquel il attribue le vice de toute mauvaise législation; 2° le refus qu'il fait au souverain du pouvoir de faire grâce, en supposant la peine de mort abolie; 3° sa déclaration sur le droit de propriété, qu'il regarde comme un droit terrible et qui n'est peut-être pas nécessaire; 4° son attachement pour les philosophes, ses contemporains, etc. Mais la nature de cet ouvrage, et les limites que nous nous sommes prescrites, ne nous permettent pas d'agiter ici de pareilles controverses. Nous nous contenterons d'exprimer notre regret de ce que les persécutions auxquelles ce sage publiciste fut en butte, l'ont détourné d'exécuter un grand ouvrage sur la législation, dont il avait conçu le plan, et qu'il avait même annoncé. En 1768, on avait créé, pour lui, à Milan, une chaire d'économie publique, où il professa avec distinction. Son cours a été imprimé à Milan, en 1804, sous le titre d'*Élémens d'économie publique*, et se trouve dans la collection des économistes italiens. En 1769, il publia un *Discours sur le commerce et sur l'administration publique*, qui fut traduit en français par J. A. Comparet; et en 1781, il fit paraître un *Rapport sur un projet d'uniformité des poids et mesures*, dans lequel il proposait dès lors d'établir le système métrique sur des bases astronomiques, et d'y employer le calcul décimal, ainsi qu'on l'a fait en France depuis la révolution. Le marquis de Beccaria mourut d'apoplexie, en novembre 1793.

BÉCHEREL (FRANÇOIS), évêque de Valence, membre de la légion-d'honneur, naquit à Saint-Hilaire de Harcourt, le 8 mars 1732. S'étant consacré dès sa jeunesse à l'état ecclésiastique, il obtint bientôt la cure de Saint-Loup, diocèse de Coutances, et fut nommé député du clergé aux états-généraux, en 1789. Il prêta, depuis, le serment exigé par l'assemblée constituante. Élu évêque constitutionnel de la Manche, il fut sacré, en cette qualité, le 20 mars 1791. Lorsqu'en 1793 les prêtres de tous les cultes furent proscrits, il parvint à se faire oublier, et on ne le vit reparaître qu'après le concordat de 1802; alors il fut nommé à l'évêché de Valence, et peu de temps après décoré de l'ordre de la légion-d'honneur. Après la victoire d'Austerlitz, il publia un mandement dans lequel il célébra le génie, le courage et la modération de l'empereur Napoléon. Ce prélat, fidèle aux principes de soumission que l'Église impose aux pasteurs et aux fidèles, publia, au retour du roi, un autre mandement, par lequel il engageait les habitans de son diocèse à l'union et à la paix. Il mourut en 1818, étant toujours évêque de Valence.

BÉCHET (JEAN-BAPTISTE), né en 1759, à Cernans près de Salins, département du Jura. Après son cours de latinité, il suivit celui de théologie, qu'il quitta bientôt pour l'étude de la littérature et des sciences exactes. En 1790, il fut nommé administrateur, puis secrétaire-général du département du Jura. Sous le gouvernement directorial, M. Béchet exerça le ministère public près le tribunal de Poligny. Après le 18 brumaire, il fut rappelé à ses anciennes fonctions de secrétaire-général du Jura, dont il s'est démis en 1816. On le trouve constamment au nombre des candidats présentés par son département au corps-législatif. Outre des poésies, dont quelques-unes ont été insérées dans les journaux de la capitale, il a donné: *Notions faciles et indispensables sur les nouveaux poids et mesures, sur le calcul décimal, avec des tables de comparaison*, etc., in-8°, 1801, Lons-le-Saunier; *Biographie des hommes du Jura qui se sont distingués dans les sciences et les arts*, etc., insérée dans les annuaires de ce département, de 1803 à 1811; de société avec M. Bourdon, conseiller de préfecture, plusieurs articles d'*Archéologie*, d'*Histoire*, et de *Littérature*, dans le journal de la préfecture du Jura des années 1811 et suivantes. M. Béchet prépare depuis plusieurs années un ouvrage sous le titre du *Jura ancien, moyen et moderne, ou Choix des monumens de cette contrée les plus intéressans pour l'histoire générale de France*, avec cette épigraphe tirée du livre Ier de l'*Énéide*: *Terra antiqua, potens armis, atque ubere glebœ.* (Peuple antique, chéri de Mars et de Cérès.)

BECK (DOMINIQUE), religieux bénédictin, étudia les mathématiques, dans lesquelles il devint fort savant. Il sut échapper à l'oisiveté du cloître et rendre ses travaux utiles. La science lui doit quelques progrès; et la vie commune, l'application de plusieurs expériences nouvelles. Il naquit en 1732, près d'Ulm, et mourut à Salzbourg, le 22 février 1791. On cite parmi ses ouvrages : *Dilucidatio doctrinæ de æquationibus*, Salzbourg, 1768, in-8°; *Prælectiones mathematicæ, partes II*, ibid., 1768; *Theoria sinuum, tangentium, et resolutiones triangulorum*, ibid, 1771; *Institutiones physicæ, pars I et II*, ibid., 1776, et 1779; *Institutiones mathematicæ*, in-8°, ibid., 1781; *Essai abrégé d'une théorie de l'électricité*, Salzbourg, 1787, in-8°. Beck, bénédictin d'Ochsenhausen, fut inspecteur du musée physico-mathématique de Salzbourg, et professeur de mathématiques et d'histoire naturelle. Il avait une correspondance habituelle avec une foule de savans de tous les pays. Son âme était si bienveillante, qu'il descendit souvent des hauteurs de la science la plus abstraite, pour instruire de simples ouvriers et de pauvres enfans.

BECK (CHRÉTIEN-DANIEL), savant allemand, écrivain infatigable. Outre une foule d'éditions grecques et latines, dont il a surveillé la réimpression, il est connu par plusieurs bons ouvrages de physiologie, entre autres: *Commentarii de litteris et auctoribus græcis atque latinis, scriptorumque editionibus* (Leipsick, 1790, Ire partie, *de auctoribus græcis*); *Specimen bibliothecarum Alexandrinarum* (ibid., 1779); *Carmen dotis, monumentum linguæ rusticæ latinæ antiquissimæ* (ibid., 1782); *Histoire universelle à l'usage des écoles*, ouvrage exact (ibid., 1787, en allemand). C'est Beck qui a rédigé à Leipsick (1782) la *Notice universelle des livres nouveaux*, en allemand, et les *Curiosités littéraires*, ou *Nouvelles annonces littéraires de Leipsick* (1782). Il fut éditeur des *Commentaires de la société philologique de Leipsick* (1801 et 1802, in-8°, les deux premiers volumes en latin), et rédacteur de la *Gazette littéraire*. On retrouve cet homme laborieux dans toutes les entreprises qui avaient les sciences ou la littérature pour objet. Nous ne citerons pas ses traductions, dont la plus importante est celle de l'*Histoire de la république romaine* par *Ferguson* (1764 et 1787, 4 vol. in-8°); ni ses éditions, parmi lesquelles on remarque celles *d'Appollonius de Rhodes* (1783, in-8°), et d'*Euripide* (1779, in-4°, 1792, in-8°). Beck est né à Leipsick, le 22 janvier 1757. Il fut nommé, en 1782, professeur de philosophie à l'université de cette ville; en 1785, professeur de littérature grecque et latine; et en 1790, directeur de la bibliothèque de l'université.

BECKER (JOSEPH), était administrateur du département de la Moselle, lorsqu'il entra à la convention, où il joua un rôle singulier, mais peu saillant. Presque toujours opposé au torrent, il ne l'arrêta pas, mais n'y fut pas entraîné. Il vota, au milieu des cris et des menaces, la réclusion du roi et le sursis. Membre du comité des décrets, il s'abstint de paraître à une tribune où se succédaient Danton et Robespierre. Envoyé à Landau, après le 9 thermidor, il s'acquitta, comme disent des biographes, de sa mission avec zèle; mais cette mission était une mission réactionnaire, et ce zèle ne fut pas toujours approuvé de l'humanité ni de la raison. Il provoqua, en 1793, la rentrée des émigrés des départemens du Haut et du Bas-Rhin, et fut membre du conseil des anciens, d'où il sortit en mai 1798.

BECKER (N.), s'est particulièrement distingué à la bataille d'Eylau; et il fallait pour se faire remarquer parmi les braves de temps-là, un courage peu commun. Becker était capitaine au 2ᵐᵉ de hussards, lorsqu'il mérita d'être nommé chef-d'escadron et officier de la légion-d'honneur, dans cette glorieuse affaire, et sur le champ de bataille même.

BECKFORD (GUILLAUME), auteur du *Calife Watek*, ouvrage fort estimé en Angleterre, et très-peu en France. Les Anglais sont convaincus que le costume oriental y est admirablement observé, que les recherches sur lesquelles l'ouvrage est établi sont savantes et neuves, que le style en est brillant, la pensée vigoureuse, la morale saine; et ils ont raison. Les Français ont trouvé de l'incohérence dans le roman, du fracas dans le mouvement de la machine, beaucoup trop de pompe dans le style, et une confusion de richesses érudites, dont le goût n'a point débrouillé le chaos; et ils ont aussi raison. C'est une vérité généralement reçue qu'un ouvrage qui sort de la ligne commune a presque toujours, avec de très-grandes beautés, de très-grands défauts. M. Beckford, fils de l'aldermann de ce nom, est né dans le Wiltshire. Il perdit son père étant encore très-jeune, et son éducation fut surveillée par le *grand* Chatam (les Anglais distinguent ainsi le père du fils). M. Beckford fit des progrès rapides dans ses études; publia, à l'âge de 16 ans, un opuscule élégamment écrit, intitulé *Vie des peintres extraordinaires;* donna ensuite son *Calife Watek,* sans nom d'auteur; et fut élu membre du parlement, en 1793, par le bourg d'Indon. Les voyages qu'il fit en France et en Portugal, la diversité même de ses talens et de ses goûts, ses richesses, son amour du repos, l'empêchèrent de rien publier. Son portefeuille est, dit-on, plein de choses précieuses, qu'il néglige de faire paraître : on cite, entre autres ouvrages importans, des *Lettres sur les personnages les plus marquans de différentes cours de l'Europe.* Ami du prince du Brésil; bien vu du gouvernement français, qui, en lui accordant un passe-port, y ajouta ces mots : *étranger que Paris voit partir avec regret,* chargé d'entamer plusieurs négociations entre l'Angleterre et la France, il doit avoir recueilli, sur la situation de l'Europe et sur beaucoup de personnages marquans des renseignemens précieux. Réélu membre du parlement, en 1806, il n'a signalé par aucun acte remarquable sa carrière politique. Il vit à Londres comme Atticus vivait à Rome, au milieu des artistes et des arts, qu'il aime, cultive et protége, et néglige une gloire littéraire que d'autres achètent trop souvent de leur repos et de leur fortune.

BECKFORD (WILLIAMS), suivit son précepteur Brydone dans ses voyages en Italie, dont l'ouvrage intitulé *Travels in Sicily*, etc., peut donner une idée. Un voyageur récent, M. Gourbillon, a réfuté beaucoup d'assertions fausses de Brydone, et l'a convaincu de légèreté, de partialité, d'erreurs nombreuses. Williams Beckford, passa ensuite douze années à la Jamaïque, et publia à son retour des *Remarques sur la situation des nègres dans cette colonie* (1788), et une *Description de la Jamaïque* (1790); ouvrages curieux en ce qu'ils offrent le tableau des mœurs européennes transportées sous le tropique, dans une terre esclave : c'est quelque chose de hideux que la dépravation des hommes civilisés, quand un soleil brûlant fait fermenter leur sang, et qu'un pouvoir sans bornes affranchit leurs passions de toute contrainte. M. W. Beckford est aussi auteur des deux premiers volumes et de la moitié du troisième d'une *Histoire de France* (4 vol. in-8°, 1794) assez bien écrite, mais d'un esprit beaucoup trop anglais.

BECKFORD (PIERRE), de la même famille que les deux précédens, s'est consacré comme eux à la littérature. Ses *Lettres familières, écrites d'Italie* (2 vol. in-8°, 1806), ont disparu dans le grand nombre de voyages dont l'Angleterre est inondée depuis que le continent est rouvert à ses voyageurs. On a réimprimé plusieurs fois ses *Réflexions sur la chasse* (in-4°, 1781); et il n'y a pas de *country-gentleman* (de gentilhomme campagnard) qui ne se fasse un honneur de les placer dans sa bibliothèque, entre *the Art of Angling*, et *Country-Sports*.

BECKMANN (JEAN), fondateur de la technologie, ou science des mots employés dans les arts en général, et particulièrement dans les arts mécaniques, naquit, en 1739, dans l'électorat de Hanovre, à Hoya, et mourut, le 3 février 1811, à Gœttingue, où il avait été quarante ans professeur. Destiné d'abord à l'état ecclésiastique, c'est-à-dire à l'état qui avait le moins de rapport avec sa vocation, il quitta bientôt la théologie pour les sciences exactes, et devint professeur de physique et d'histoire naturelle au gymnase luthérien de Saint-Pétersbourg. Mais forcé, par suite de quelques désagrémens, de se démettre de cette place, il passa en Suède, où il devint l'ami de Linné, qui fut aussi son protecteur. En 1766, Busching le fit nommer professeur à l'université de Gœttingue. C'est là qu'il développa avec beaucoup de talent sa première idée de classer et de systématiser toutes les connaissances humaines applicables aux choses usuelles. Ses cours devinrent célèbres dans l'Europe; mais pendant que Beckmann professait, l'industrie n'était point stationnaire : les inventions et les perfectionnemens se succédaient avec une telle rapidité, qu'ils laissaient en arrière le talent et la méthode du professeur. Irrité par cet obstacle, et désespérant de pouvoir marcher de front avec son siècle, il recula dans les siècles passés, et employa toute son érudition à rechercher quels avaient été l'origine, le berceau et les progrès de toutes les découvertes qu'il voyait en quelque sorte croître chaque jour. Ne pouvant exploiter la mine, il y descendait pour la reconnaître. C'est à ce travail que sont consacrées les *Notices* de Beckmann, dont plusieurs colonnes de cette Biographie suffiraient à peine à l'énonciation des titres seuls. Ces *Notices* forment cinq volumes gros in-8°, Leipsick, 1783-1803. *L'Histoire des plus anciens voyages faits dans les temps modernes*, dont Beckmann n'a donné que 7 cahiers, est faite sur le même plan. Nommé, en 1772, membre de la société royale de Gœttingue, il inséra dans les *Mémoires* de cette société plusieurs *Traités* intéressans d'histoire naturelle. Mais une timidité excessive l'empêcha bientôt de continuer ce tribut à une académie dont il croyait, de bonne foi, tous les membres beaucoup plus savans que lui-même. Cependant lorsque Beckmann mourut, sa perte fut sentie comme une des plus sensibles qu'eussent éprouvées, dans ces derniers temps, les sciences et les lettres. Son *Éloge funèbre* fut fait par le célèbre Heyne, son portrait fut gravé dans l'*Encyclopédie économique* (12me volume); une foule de jeunes gens distingués qui avaient suivi ses cours se firent un devoir et un honneur d'accompagner son convoi. Le nom de Beckmann doit se rattacher à l'une des importantes révolutions de l'esprit humain; cet homme savant et laborieux favorisa puissamment par son exemple et par ses ouvrages, l'étude et la pratique des sciences et des arts. Nous ne donnerons ici que les titres de ses principaux ouvrages. *De Historiá naturali veterum libellus*, Gœttingue, 1786, in-8°; *Élémens d'économie rurale à l'usage des Allemands*, ib., 1769; 1790, 4me édition in-8°; *Biblioth. physico-économique*, 1770 à 1799, 20 vol.; *Introduction à la technologie*, ib., 1777, in-8°, 5me édition, 1785; *Supplément à ce dernier ouvrage*, 1779 à 1790, 12 vol., ib.; *Aristotelis liber de mirabilibus auscultationibus*, Gœttingue, 1786, in-4°; une édition de *Marbodus* (1799, in-8°), et d'*Antigonus Carystius* (1791, in-4°). Il a inséré plusieurs articles dans les *Relations littéraires de Gœttingue*, etc., etc.

BÉCLARD (N.), chirurgien, l'un des professeurs de la faculté de médecine de Paris, a traduit, avec M. Jules Cloquet, le *Traité des hernies de Lawrence* (1 vol. in-8°, Paris, 1818). Le *Journal de médecine-chirurgie-pharmacie* contient son *Mémoire sur l'Ostéose*, travail important qui a fait connaître avec exactitude le mode de développement des os du squelette, et qui renferme beaucoup d'observations intéressantes, d'analyses critiques. M. Béclard est maintenant l'un des rédacteurs de ce recueil périodique. Il a donné à la *Société médicale d'émulation*, un *Mémoire sur les blessures des artères*, qui est fort estimé et que l'on trouve dans le recueil de cette société (8.me année).

BECQUER (WILLIAMS), Anglais, qui, en 1792, fit à la nation française une offrande patriotique de 200 livres sterling : fait assez remarquable pour être consigné dans nos annales, et peut-être le seul exemple de ce genre dans l'histoire des deux nations.

BECQUEY (Louis), né à Vitry, en 1760. Procureur-général-syndic du département de la Haute-Marne au commencement de la révolution, il fut nommé par ce département député à l'assemblée législative, où, dès son admission, il parut tout dévoué à la monarchie. Il se prononça en faveur des prêtres non assermentés, en proposant de n'exiger des ministres que l'exécution des lois précédemment rendues sur les prêtres; puis il fit un rapport et obtint un décret sur la répartition des contributions; dénonça les troubles arrivés dans le département de la Haute-Marne, par suite d'obstacles à la circulation des grains; demanda que les accusés Warnier et Delâtre, traduits devant la cour de Vendôme, eussent la permission de communiquer avec leurs familles; s'opposa à ce qu'on annulât subitement le traité de 1756; vota pour que la loi sur le séquestre des biens des émigrés fût soumise à la sanction; insista pour qu'il fût donné au ministre de la justice, Duport Du Tertre, communication des chefs d'accusation portés contre lui; blâma la communication réclamée de la correspondance diplomatique du ministre Delessart; défendit M. de Castellane, évêque de Mende, et Jourdain Combet, fortement impliqués dans les troubles du département de la Lozère; parla contre la suppression du costume religieux; fut du petit nombre des députés qui s'élevèrent contre la proposition de faire la guerre à la maison d'Autriche; sollicita un rapport sur le complot qui tendait à dissoudre la représentation nationale; enfin voulut, mais en vain, faire poursuivre les auteurs du 20 juin. M. Becquey, depuis cette époque, garda le silence. Quelques jours avant l'établissement du gouvernement impérial, il entra au corps-législatif, et fut nommé, en 1812, conseiller de l'université. En 1814, après le retour du roi, il fit partie du conseil-d'état, et obtint la place de directeur-général du commerce. La *Biographie des hommes vivans* assure que M. Becquey a travaillé pendant long-temps et avec beaucoup de zèle au retour de la famille royale; que même il était en relation avec M. Dandré, un des commissaires de Louis XVIII, lorsque ce prince était fugitif. MM. Michaud prétendent qu'il dut à ces services la place de directeur-général du commerce, et de conseiller-d'état. Nous ignorons jusqu'à quel point ces assertions sont fondées. C'est en qualité de conseiller-d'état qu'il parut plusieurs fois à la tribune de la chambre des députés; il y fit différentes propositions sur le projet de loi relatif à l'exportation des laines et mérinos, et fit décréter la franchise du port de Marseille. Les événemens des *cent jours* écartèrent M. Becquey de ses fonctions, qu'il reprit après la seconde abdication de Napoléon. Nommé député de la Haute-Marne, en 1815, il parla et vota constamment en faveur des projets ministériels; et fit même, au mois de février 1816, un grand éloge de tous les fonctionnaires publics. Tant de dévouement à la cause du pouvoir, ne resta pas long-temps sans récompense. Le 8 mai 1816, M. Becquey obtint la place de sous-secrétaire-d'état au ministère de l'intérieur. Dans la session de 1819 à 1820, il s'opposa à la réception de M. l'abbé Grégoire, ancien évêque de Blois, pour cause d'élection illégale, après avoir toutefois insinué qu'il devait être rejeté comme *indigne*. Il vota en faveur de la censure des journaux, et de la nouvelle loi des élections.

BECQUEY (François), frère du précédent, a siégé au corps-législatif, sous le gouvernement impérial, et s'adonne particulièrement à la culture des lettres. Il a publié, en 1808, une *Traduction en vers des quatre premiers livres de l'Énéide*. Cet essai prouvait assez de talent pour qu'on puisse regretter qu'il n'ait pas été suivi d'un travail plus complet. Le grand-maître de l'université nomma, à cette occasion, M. Becquey un des inspecteurs de l'*académie* de Paris. (Par le mot académie, on entend ici l'arrondissement universitaire dont Paris est le centre. Ce mot répond, dans la langue de l'université, à celui de département dans celle de la géographie.)

BEDDOES (Thomas), médecin et chimiste anglais, membre de l'opposition, naquit à Shifnal, dans le Shrophire, en 1754, et mourut en 1808, d'une hydropisie. Fils d'un riche tanneur, il fit ses études à Oxford, et visita l'Écosse (suivant l'expression anglaise); en 1781, il suivit les cours de plusieurs professeurs célèbres, et devint l'ami du fameux réformateur Th. Brown. Il étudia la chimie, dans un temps où elle était encore sous l'empire d'antiques erreurs, et fut le premier professeur de cette science à l'université d'Oxford. Dans un voyage qu'il fit en France (1787), il se lia d'amitié avec le célèbre Lavoisier, et à son retour en Angleterre il entretint avec lui une correspondance régulière. La destinée de ces deux hommes offre un contraste bien étrange. Le chimiste anglais se mêla beaucoup de politique, et mourut dans son lit : le chimiste français ne s'occupa jamais que de chimie, et périt sur l'échafaud. En 1792, Beddoes s'établit à Bristol, s'opposa vivement aux mesures du ministre Pitt, contre lequel il écrivit un pamphlet (1796), et il continua d'exercer tranquillement sa profession de médecin, dans laquelle il s'était fait une certaine réputation. Il a laissé de bons ouvrages de médecine, entre autres : *Essai sur les causes, les préservatifs et les premiers signes de la consomption*, 1799, in-8°; *Hygeya, ou Essais de morale et de médecine, sur les personnes de la classe moyenne* (Bristol, 1802, 3 vol in-8°) : ouvrage très-philosophique, très-utile, et qui mériterait d'être traduit. *Lettre à sir Joseph Banks, sur les imperfec-*

tions et les abus de la médecine (1803); *Histoire d'Isaac Jenkins; Manuel de santé; Avis aux personnes de tout état sur leur santé et sur celle de leurs enfans; Recherches sur la fièvre.* Il faut louer Beddoes d'avoir considéré la science sous un point de vue d'utilité publique, et d'avoir négligé ces belles théories qui font tant d'honneur aux médecins, et si peu de bien aux malades.

BEDFORD (LORD FRANCIS RUSSELL, DUC DE), homme dont les courtisans détestent, mais dont les citoyens anglais bénissent la mémoire. Si les journaux ministériels le poursuivent de leurs calomnies jusque dans son tombeau, les fermiers que ses découvertes ont enrichis, les laboureurs qui lui doivent leur aisance, viennent chaque année, dans une fête solennelle, couronner de fleurs son buste vénéré; Wooburn, qu'il habita pendant sa vie, retentit encore des bénédictions de ses tenanciers (*tenans*). La statue du duc de Bedford est à Londres, dans un des principaux squares; et une médaille, frappée en son honneur, est décernée tous les ans, par la société de Lougt, à l'auteur du meilleur Mémoire sur l'agriculture. De tels honneurs, sans doute, valent bien un ministère ou un gouvernement, et l'autorité, dans toute sa puissance, ne peut ni les donner ni les ravir. Lord Bedford, père de celui qui vit aujourd'hui, était fils de cet ambassadeur d'Angleterre en France, à qui Junius écrivait: «qu'il avait vécu sans vertu, et » qu'il mourrait sans repentir.» Ce fils de l'un des hommes les plus durs et les plus avides de son temps, consacra sa vie entière à l'utilité de ses concitoyens. Il réforma de grands abus dans le système économique des fermes anglaises, et employa son patrimoine (10,000 livres sterling de revenu) à l'amélioration des méthodes et au soulagement des pauvres. Membre de la chambre-haute, il soutint avec dignité le caractère d'un petit-fils du grand Russell. Le ministère le vit toujours s'opposer de front à ses mesures arbitraires, et quelquefois il recula devant lui. En 1794, le duc de Bedfort démontra que le projet de lever des corps d'émigrés était contraire aux intérêts de sa patrie et au droit des gens. Ensuite il demanda qu'on travaillât sérieusement à la paix. Cette motion, qui produisit un grand schisme dans l'assemblée, fut ajournée par une majorité de cent une voix. Il fournit 120,000 livres sterling à l'emprunt de 1796. Le 21 janvier 1800, élevant une voix éloquente en faveur des principes de la révolution française, « Qu'avez-vous » fait? disait-il aux adversaires » des principes de la liberté. Vous » avez démembré la Pologne; vous » avez stimulé l'ambition de l'Au-» triche, et l'avez excitée à la con-» quête de l'Europe. Vous tenez » l'Inde sous un hideux esclavage; » vous ne serez contens que lors-» que nous serons tous serfs!» L'année suivante, les ministres, qui sont partout les mêmes, demandaient que l'on prolongeât *de confiance* la suspension de l'*Habeas Corpus*. Le duc de Bedford leur livra encore de rudes combats; mais s'ils furent sans succès, ils augmentèrent l'estime que ses concitoyens lui portaient. Né le 23 juillet 1765, il mourut le 21 mai 1802.

BEDFORD (LE DUC DE), fils du précédent, est propriétaire de l'un des plus beaux quartiers de Londres, et de celui qui par sa construction régulière, bien que peu élégante, est devenu la *Chaussée-d'Antin* de cette ville. L'Irlande, dont il fut nommé gouverneur-général pendant le ministère de Fox, le combla de bénédictions; aussi fut-il rappelé, et lord Richemont envoyé à sa place. Certes, comme le disent des biographes, la conduite de lord Bedford avait déplu; elle avait déplu en effet à ceux qui ne veulent pas qu'on apaise les dissensions, qu'on étouffe les haines, qu'on cicatrise des plaies vives et sanglantes; à ceux enfin qui ne veulent ni qu'on apprenne, ni qu'on oublie.

BÉDOCH (PIERRE-JOSEPH), né le 28 décembre 1761. Quand la révolution commença, il était avocat dans la ville de Tulle. Les opinions qu'il adopta le firent choisir pour diverses fonctions, soit dans la magistrature, soit dans l'administration. Sous le gouvernement de Napoléon, il fut procureur-impérial près de la cour du département de la Corrèze. En 1812, la confiance de ses concitoyens l'appela au corps-législatif. Présenté à l'empereur à la tête de la députation du collége électoral, il eut le courage, assez rare alors, de lui exposer les besoins de son département. Il obtint, à cette occasion, la décoration de la légion-d'honneur. En 1813, lorsque la France sentait le besoin de la paix, M. Bédoch fit entendre à Napoléon le vœu général. Après l'abdication de Fontainebleau, il se prononça pour la charte, et se plaça parmi les défenseurs des libertés nationales. Il combattit avec plus de talent que de succès le projet de loi de M. l'abbé de Montesquiou contre la liberté de la presse. Il s'éleva contre le discours où M. Ferrand partageait les Français en deux classes, les *rectilignes* et les *curvilignes*. Il s'agissait de la remise des biens d'émigrés non vendus. M. Bédoch fut le rapporteur de la commission chargée d'examiner cette proposition. Ce rapport lui fit honneur comme publiciste et comme orateur. Au retour de Napoléon, en 1815, M. Bédoch fut nommé conseiller-d'état, et envoyé dans la 2me division militaire, en qualité de commissaire extraordinaire. Il fit partie de la chambre des représentans, et se distingua dans cette assemblée par sa modération et son patriotisme. En 1816, le département de la Corrèze le nomma de nouveau à la chambre des députés. Depuis cette époque, il a voté constamment avec les amis de la charte et d'une sage liberté. On doit croire qu'il suivra toujours la même route : c'est la seule qui conduise à la véritable gloire.

BEDOUT (N.), servit avec distinction dans la marine sous l'ancien régime, sous la république et sous l'empereur. D'abord employé dans la marine marchande, il devint ensuite lieutenant de frégate, puis lieutenant de vaisseau. Capitaine au commencement de la révolution, il se signala en plusieurs circonstances, et fut blessé, en 1796, sous l'île de Groais, après avoir soutenu long-temps un combat très-inégal. Napoléon le nomma contre-amiral, et grand-officier de la légion-d'honneur. Il a reçu la croix de Saint-Louis, en 1814, et une pension de retraite, en 1815.

BEECHEY (GUILLAUME), peintre anglais, l'un des plus célèbres pour le portrait. Il consacra une partie de sa jeunesse à l'étude de la jurisprudence, qu'il abandonna pour celle de la peinture, dans laquelle il fit des progrès rapides. On cite, comme l'un de ses plus beaux ouvrages, un tableau représentant la famille royale d'Angleterre, que l'habile artiste Ward a gravé en *mezza-tinta*, ainsi qu'un très-beau portrait du marquis de Cornwallis, et un tableau où l'on voit des enfans attendris à l'aspect d'un pauvre qu'ils soulagent. La femme de ce peintre a copié en miniature plusieurs de ses productions, et Bone les a reproduites sur l'émail. M. Beechey, créé chevalier en 1798, est le seul artiste qui ait reçu cet honneur depuis la mort de Reynolds, le premier peintre de l'Angleterre.

BEER (GEORGES-JOSEPH), oculiste, est né à Vienne en Autriche, le 23 décembre 1763. Parmi le grand nombre d'ouvrages qu'il a composés sur son art, on cite comme le plus important, le *Répertoire critique de tous les écrits sur les maladies des yeux*, publié jusqu'à la fin de l'année 1797, Vienne, 1799 et 1800. Les plus marquans parmi les autres, sont: 1° *Extrait du Journal de la pratique d'un médecin, premier cahier, servant de programme à un cours public sur les maladies des yeux*, ibid., 1799, in-4°. 2° Réponse à cette question: *Comment peut-on soigner soi-même ses yeux, se conserver la vue lorsqu'elle s'affaiblit, et remédier aux accidens dont elle peut être attaquée lorsqu'on est éloigné du secours des gens de l'art*, Leipsick, 1800, in-8°, etc. M. Beer a beaucoup travaillé au *Magasin de chirurgie* d'Arnemann, et au *Journal de chirurgie* de Loder.

BEER BING (ISAÏE), Israélite, s'est occupé avec succès de littérature. On ne connaît ni le lieu de sa naissance, ni aucune particularité de sa vie. L'absurde préjugé qui a pesé si long-temps sur la nation juive s'opposait en quelque sorte à ce que les hommes de mérite qui lui appartenaient communiquassent aux autres nations leurs lumières et le fruit de leurs veilles. Beer Bing, habile hébraïsant, versé dans la connaissance des langues, écrivain correct, a donné dans les journaux de 1800 à 1803, des traductions curieuses de plusieurs passages des docteurs, et quelques bons morceaux de critique générale. On distingua surtout sa traduction d'une *Élégie de Judas Lévi, sur les Ruines de Sion*. Il mourut à Paris, en 1805.

BEFFROY (LOUIS-ÉTIENNE), naquit à Laon, en 1754. Élève du génie militaire, il était capitaine aide-major dans la compagnie des cinq cents gentilshommes que Louis XV avait envoyés au roi de Pologne. Rentré en France, il continua d'y servir, et se trouvait, à l'époque de la révolution, officier au régiment de Champagne. Il fut nommé député à la première assemblée du bailliage de Laon, et dans la suite procureur de la commune, membre du directoire du département de l'Aisne, suppléant à l'assemblée législative, substitut du procureur-général du département, député à la convention, et membre du premier conseil des cinq-cents. En cessant d'être législateur, il devint capitaine des vétérans, et passa de ce grade à l'administration de l'hôpital militaire de Saint-Denis. Pendant le cours de ses fonctions législatives, il fut membre des comités d'agriculture et des finances, fit divers rapports sur les subsistances et la perception de l'impôt, et fut chargé de plusieurs missions aux armées. A la convention, il vota la mort de Louis XVI; demanda, en 1794, le rapport de la loi sur le *maximum*; fut envoyé à l'armée d'Italie, où, changeant de système, il fit, à son arrivée à Nice, fermer les clubs et rouvrir les églises. Son retour à Paris fut précédé d'une dénonciation dans laquelle, en lui reprochant d'avoir été lui-même terroriste, on l'accusait d'être « ami du roi de Sardaigne, fa- » natique et aristocrate. » Les amis qu'il avait dans les comités du gouvernement empêchèrent que cette dénonciation n'eût des suites. Au conseil des cinq-cents, il se déclara contre l'emprunt forcé et pour le rétablissement des impôts indirects et de la loterie. Il demanda que la contribution foncière fût perçue en nature, fit une motion contre l'incarcération des prêtres insermentés, et proposa diverses mesures tendantes à entraver la liberté de la presse. En 1802, on l'accusa d'avoir falsifié des pièces de liquidation; mais un jugement l'acquitta. Il fut pendant quelque temps administrateur de l'hôpital militaire de Bruxelles. Il habitait Paris quand la loi rendue au mois de janvier 1816, contre les *conventionnels votans*, le força de retourner à Bruxelles.

BEFFROY-DE-REIGNY (Louis-Abel), dit le *Cousin Jacques*, frère du précédent, naquit à Laon, le 6 novembre 1757. Il est connu par un grand nombre de conceptions bizarres, dont les titres sont plus bizarres encore. Doué d'un esprit vif et d'un caractère original, il aspirait à la renommée, et son génie actif mit en usage tous les moyens de l'acquérir. S'étant fixé à Paris, en 1770, il publia quelques productions qui, par leur singularité, plurent à la multitude, et valurent à Beffroy-de-Reigny des succès éphémères dont sa vanité fit son profit. Le *Testament d'un électeur* et les *Lunes du cousin Jacques* étaient un sujet d'entretien pour tout le monde. Il fit paraître, en l'an 8 (1799), un *Dictionnaire des hommes et des choses*, conception étrange dans laquelle on n'apercevait ni plan ni mesure, mais en revanche où dominait une telle inconvenance qu'elle attira bientôt l'attention de la police. Beffroy-de-Reigny était auteur dramatique. Parmi les ouvrages qui lui donnèrent momentanément la vogue, on peut citer *Nicodème dans la lune*, qui fut joué en 1791, sur l'un des théâtres des boulevarts. En 1793, il fit représenter au grand opéra une pièce sous le titre de *Toute la Grèce*. Cette pièce réussit un instant ; celle du *Club des bonnes Gens*, plus intéressante, fut plus heureuse. Les applications qu'on put en faire aux idées politiques du temps en assurèrent le succès. Beffroy-de-Reigny est encore auteur des *Ailes de l'Amour*; de la *petite Nanette*; de beaucoup de pièces fugitives, et surtout d'un grand nombre de chansons. Il mourut le 19 décembre 1811.

BEGANI (ALEXANDRE), né le 20 juin 1770, à Naples, fut élevé au collége militaire, d'où sont sortis tant d'officiers distingués qui ont honoré et honorent encore leur patrie. Il débuta, dans la carrière des armes, par être officier d'artillerie, et fit sa première campagne à la prise de Toulon par les Anglais, les Napolitains et les Espagnols ; à son retour, en 1794, il fut puni, par une détention arbitraire, de l'attachement qu'il manifestait déjà pour les idées libérales. Compris dans le nombre des patriotes bannis de Naples qui trouvèrent un asile en France, il servit alors dans nos rangs, et partagea les travaux et la gloire de nos conquêtes en Italie. Il servait encore dans les armées françaises à l'époque où se préparait, sur les côtes de la Manche, l'expédition contre l'Angleterre. De retour à Naples, en 1806, M. Begani parcourut rapidement tous les grades militaires jusqu'à celui de maréchal-de-camp, et prit part à toutes les actions pendant les dix années que dura la guerre. En 1815, la défense de la première place du royaume, de la ville de Gaëte, lui fut confiée. Il la rendit le 8 août, non à ceux qui l'assiégeaient, mais au roi. Cette noble conduite conserva à la nation napolitaine les immenses approvisionnemens d'artillerie et de munitions que renfermait la place, et épargna à Gaëte le sort malheureux des villes d'Ancône et de Pescara, dépouillées et à moitié démolies par les troupes autrichiennes, qui les occupèrent alors sans les avoir attaquées. Le général Begani, victime de la basse vengeance des chefs ennemis, fut récompensé par l'exil de la belle défense de Gaëte. Privé de ses appointemens, il dut à la seule générosité du roi un secours, que la barbare économie d'un ministre trouva encore le moyen de diminuer d'un dixième. Le prince vicaire-général s'est empressé de le rappeler de l'île de Corse, où il vivait oublié, et l'a nommé inspecteur-général d'artillerie. Ses concitoyens, qui n'avaient point perdu la mémoire de ses services et de ses talens, l'ont appelé à la défense de leurs droits, en le nommant député de la ville de Naples, au parlement national.

BEGOUIN (N.), manufacturier au Havre, est né à Saint-Domingue, vers 1745. Il fut successivement député aux états-généraux, comte de l'empire, commandant de la légion-d'honneur, et enfin, nommé conseiller-d'état *à vie*. Cette dernière disposition du gouvernement impérial n'a point été troublée jusqu'à présent dans son exécution. M. Bégouin a continué son service au conseil-d'état, à la première restauration; pendant les *cent jours*, par décret du 26 mars 1815; et à la seconde restauration, par ordonnance royale du 24 août de la même année. La considération publique justement attachée aux travaux utiles, et à la vieillesse de M. Bégouin, a sanctionné cette hérédité de bienveillance des gouvernemens qui se sont succédé en France depuis sa première nomination au conseil.

BEGOZ (M. DE), ministre des relations extérieures de la république helvétique. Ayant voulu s'opposer aux opérations de Rapinat, en 1798, il fut obligé de donner sa démission sur la demande formelle de ce commissaire. Cependant, peu de temps après, on le réintégra dans ses fonctions. C'est par son entremise et celle de M. Perrochet, que fut conclue une convention entre la république française et la république helvétique. Par une circulaire adressée aux préfets, à la même époque, il fit constater l'état des Français établis en Suisse. Nommé, en 1802, député d'Aubonne à la consulte de Paris, M. de Begoz aida à terminer de longues dissensions, et à régler le sort de son pays.

BEGUE DE PRESLE (ACHILLE-GUILLAUME, LE), né dans les environs d'Orléans, fut reçu en 1760, docteur à la faculté de médecine de Paris, et mourut dans cette ville, le 18 mai 1807. Il a publié quelques ouvrages de sa composition, en a traduit plusieurs autres, et fait beaucoup de nouvelles éditions, le tout imprimé à Paris, sous les titres suivans:

1° le *Conservateur de la santé*, Paris (La Haye), 1763, in-12; 2° *Étrennes salutaires*, in-16; 3° *Observations nouvelles sur l'usage de la ciguë*, traduites du latin de Storck, Paris, 1762, in-12; 4° *Avis au peuple sur sa santé*, par Tissot, Paris, 1767, 2 vol. in-12; 5° *Mémoires et Observations sur l'usage interne du mercure sublimé corrosif*, 1763, in-12, sous la rubrique de La Haye; 6° *Observations sur l'usage interne de la jusquiame, de l'aconit et de la pomme épineuse*, traduites du latin de Storck, Paris, 1763, in-12, avec figures; 7° les *Vapeurs et Maladies nerveuses, hypocondriaques ou hystériques*; ouvrage traduit de l'anglais de Whytt, 2 vol. in-12. Il y a joint l'*Exposition anatomique des nerfs*, avec figures, par Alexandre Monro. 8° *Médecine d'armée*, traduite de l'anglais de Monro, 1768, 2 vol. in-8°; 9° *Manuel du naturaliste, pour Paris et ses environs*, Paris, 1766, in-8°. Dans cet ouvrage, l'auteur traite en général de tous les objets qu'embrasse une topographie médicale. 10° *Avis aux Européens, sur les maladies qui règnent dans les climats chauds*, traduit de l'anglais; 11° *Pronostics utiles au laboureur et au voyageur*, 1770; 12° *Économie rurale et civile*, 1789, 2 vol. in-8°. M. Le Begue de Presle a publié aussi, en 1778, la *Relation ou Notice des derniers jours de Jean-Jacques Rousseau*, dans laquelle il venge la mémoire du philosophe, dont il était l'ami, en démentant les bruits absurdes répandus sur la cause de sa mort.

BEGUINOT (N), général de division, membre du corps-législatif, sénateur et commandant de la légion-d'honneur, naquit dans le département des Ardennes, vers 1747. Du rang de simple soldat il parvint au grade de général, et il commandait la 24ᵐᵉ division militaire, en Belgique, quand une insurrection violente éclata, au mois d'octobre 1798, dans les départemens de l'Escaut et des Deux-Nèthes. Après plusieurs avantages remportés sur les rebelles, qu'il chassa de Malines, dont ils s'étaient emparés, il parvint à les soumettre entièrement. On lui reproche quelques actes de rigueur; mais sa position était difficile, et il fallait terminer une guerre qui pouvait avoir les suites les plus déplorables. Il commanda ensuite une division de l'armée d'observation qui, sous les ordres du général Bernadotte, fut formée sur les bords de la Lahn; lorsque la retraite des Autrichiens eut rendu cette armée inutile, il reprit le gouvernement de la 24ᵐᵉ division. A l'époque où les Anglais opérèrent une descente en Hollande, le général Beguinot signala de nouveau ses talens militaires. En 1801, il fut nommé membre du corps-législatif; enfin, le gouvernement voulant récompenser dignement ce brave guerrier, le nomma commandant de la légion-d'honneur, et membre du sénat. Il mourut en 1809.

BÉHAGUE (M. DE), maréchal-des-camps et armées du roi. Il fut envoyé à la Martinique, en 1790, époque du commencement des troubles de cette colonie, avec quatre vaisseaux de 74, dix frégates et 6,000 hommes de troupes de ligne. Son arrivée dans l'île, y rétablit le calme pendant quelque temps, mais ensuite l'agitation recommença, et la conduite de M. de Béhague fut dénoncée par les habitans, et par les soldats du régiment de Forez. Cependant il parvint à se maintenir jusqu'en 1793, dans la colonie, où il arbora le drapeau blanc avant son départ. M. de Béhague demeura en Angleterre jusqu'en 1797, et fut nommé alors chef des chouans par les princes français, en remplacement de M. de Puisaye, démissionnaire. Il organisa le parti royaliste, dans la Bretagne, et en dirigea toutes les opérations par le moyen de la correspondance. Ce n'est pas une des moindres bizarreries de l'époque de l'émigration et de la chouannerie, que celle d'un chef militaire faisant la guerre civile en France, dans son cabinet en Angleterre.

BEIRACTAR (MUSTAPHA), grand-visir en 1809. Doué d'un caractère entreprenant et d'une volonté ferme, ayant assez de lumières pour sentir que les mœurs et les usages de sa nation ne se trouvaient pas en harmonie avec ceux des autres nations de l'Europe, il voulut effacer cette ligne de démarcation qui semble encore séparer les Turcs des peuples civilisés; et décidé à braver tous les obstacles pour arriver au but qu'il s'était proposé, ses premiers soins se portèrent sur un nouveau système militaire capable de faire respecter la puissance ottomane de ses redoutables voisins. Il essaya pour cet effet d'introduire la discipline européenne parmi les troupes du grand-seigneur, et forma un corps de jeunes soldats destiné aux nouveaux exercices. Une école d'artillerie fut établie, et pour la première fois, on vit les mathématiques devenir parmi les Turcs un objet d'étude. Ces innovations trop hardies produisirent un étonnement général chez un peuple dont l'inflexibilité religieuse a établi l'immobilité sociale, pour qui le koran est le code de l'ignorance et de la paresse, et qui se croit profané par le contact des institutions européennes; aussi de nombreux murmures s'élevèrent, et les docteurs de la Turquie crièrent au sacrilège pour les mathématiques, comme les docteurs de la Sorbonne avaient crié pour l'inoculation. Mais l'irrévocable volonté de Beiractar ne fléchit point devant des résistances qu'il avait prévues. La Turquie n'est pas le pays de la persuasion, c'est celui de la force; aussi le visir n'opposa que la violence au mécontentement. Il avait choisi d'habiles officiers français et allemands, pour instructeurs des janissaires. Cette milice dangereuse, qui tant de fois a fait descendre les sultans du trône, s'indigna d'obéir à des infidèles. Soldats indisciplinés, ils ne voulurent point s'assujettir à des mouvemens réguliers, ni à l'emploi d'armes nouvelles pour eux, telles que la baïonnette. Ils jurèrent la perte du grand-visir, et, secondés par une populace furieuse, ils attaquèrent le sérail, défendu par les soldats formés aux nouveaux exercices, qui se virent alors contraints de faire le premier essai de la discipline européenne contre leurs compatriotes. Ils opposèrent une vive résistance à l'attaque des rebelles, et, réunis aux bostangis et à la garde intérieure du palais, ils les continrent assez long-temps; mais la flotte qui se trouvait dans le canal se déclara en faveur des janissaires, et dirigea son artillerie contre le sérail. Beiractar voyant alors l'impossibilité de résister à un si grand nombre d'assaillans, et ne voulant pas tomber vivant entre les mains de ses ennemis, prit une résolution digne de son grand caractère, et se fit sauter avec la partie du palais qu'il habitait. La mort du grand-visir n'apaisa pas les révoltés. Pendant trois jours Constantinople fut livré au plus affreux désordre : un grand nombre de maisons furent pillées et brûlées; le sang coula dans toutes les rues, et les massacres ne cessèrent que lorsqu'on crut tous les partisans du nouveau système exterminés. Cependant le bruit courut, peu de temps après, que le visir avait échappé à ces scènes de carnage; et telle était l'idée qu'il avait su inspirer de son génie et de ses ressources, que la consternation se répandit parmi les rebelles; ils ne se rassurèrent que lorsqu'ils eurent acquis la certitude de sa mort. Cette révolte, qui avait coûté beaucoup de sang et la perte d'un grand ministre au gouvernement turc, resta impunie, parce que le despotisme gagne toujours aux crimes, qui prouvent qu'il existe.

BEIRESS (GODEFROY-CHRISTOPHE), médecin allemand, professeur de chimie à l'université de Helmstædt, s'est fait une fort singulière réputation. Toute l'Allemagne a parlé de son cabinet mystérieux, où il montrait, mais à quelques amis seulement, les plus beaux tableaux qui fussent en Europe, des antiques de tous les genres, une collection de médailles admirables, des curiosités véritablement uniques, et un diamant de 6,400 karats, objets si rares et si précieux, que les trésors de tous les souverains n'auraient pu les payer. Ce médecin, dont la fortune était médiocre, disait, à qui voulait l'entendre, qu'il faisait de l'or, qu'il avait des agens dans les principales villes du monde, et il racontait d'un ton solennel ses longs et périlleux voyages à travers l'Europe et l'Asie; mais on savait qu'il n'avait jamais quitté la petite ville ou les environs d'Helmstædt. A force de mentir aux autres, il avait fini par se mentir à lui-même, et par prendre ses propres fictions pour des réalités. Un pareil personnage est bon tout au plus à fournir quelques scènes comiques au théâtre. Il était d'ailleurs honnête homme, très-humain et très-serviable. Assez habile dans son art, il n'a cependant donné que quelques dissertations physiologiques en latin, où l'on trouve peu d'intérêt, soit sous le rapport du style, soit sous celui de la science. Beiress, né à Mulhausen en 1730, mourut à Helmstædt en septembre 1809, âgé de 80 ans.

BEKER (Léonard-Nicolas), comte de Mons, lieutenant-général, pair de France, grand-officier de la légion-d'honneur, grand'croix de l'ordre militaire de Bavière, chevalier de Saint-Louis et de la Couronne-de-Fer, est né en Alsace, en 1770. En 1786, il prit du service dans le régiment de Languedoc (dragons); franchit rapidement les grades inférieurs, et entra, en 1793, à l'état-major-général. Successivement adjudant-général, général de brigade et général de division, il a servi avec gloire dans les armées du Nord, de l'Ouest, de Sambre-et-Meuse, de Saint-Domingue et d'Italie. Il a fait ensuite les campagnes de la grande-armée. C'est lui qui, en 1793, après la bataille de Wattignies, fut chargé de faire les premières propositions de paix à Stofflet. Son humanité et la sagesse de sa conduite eurent les plus heureux résultats : un arrangement fut conclu ; et les habitans des cantons qu'il parcourut, rendirent témoignage à sa prudence comme à sa bienfaisance. Ils ne le virent qu'avec le plus grand regret, partir pour l'armée du Nord, où il avait obtenu du service. « Si nous sommes encore » condamnés (lui écrivaient les ad- » ministrateurs de la Châtaigne- » raye et de Fontenay) à éprouver » le fléau de la guerre, nous sou- » haitons que le bien du service » vous appelle dans nos murs : vous » y trouverez autant d'amis que de » citoyens. » L'histoire des guerres civiles offre peu de témoignages aussi remarquables. Lors des préliminaires de Léoben, le général Beker retourna en Hollande, où il exerça avec le même succès cette influence conciliatrice dont il semble être particulièrement doué. D'après les conseils du général Dejean, il apaisa les troubles de la Frise; et par la fermeté de son caractère, empêcha les patriotes et les orangistes d'en venir aux mains. Les autorités bataves lui adressèrent à son départ des remercîmens solennels. Après la paix de Campo-Formio, il accompagna le général Hédouville à Saint-Domingue, resta une année dans cette colonie, et revint en France en l'an 7. Il fut, immédiatement après, envoyé à l'armée d'Italie, à la tête d'une brigade de la division Serrurier. Au combat de l'Adda, le général Beker, après de longs et inutiles efforts pour empêcher l'armée austro-russe de passer l'Adda, fut frappé d'un biscayen, et laissé pour mort sur le champ de bataille. A peine sa convalescence commençait-elle, qu'il obtint du général en chef Mélas l'autorisation de rentrer en France sur parole. Il ne fut échangé qu'après la campagne de Marengo, dont par conséquent il ne put partager la gloire; mais il fit, à l'armée du Rhin, la campagne suivante, qui se termina par la paix de Lunéville. Le premier consul lui donna le commandement du département du Puy-de-Dôme, patrie du célèbre général Desaix, dont le général Beker avait épousé la sœur. Il conserva ce commandement jusqu'en 1805, et rejoignit la division Suchet, dans le 5me corps d'armée sous les ordres du maréchal Lannes. Dans cette campagne, à jamais mémorable, le général Beker fut fait général de division; l'empereur le promut à ce grade sur le champ de bataille d'Austerlitz. Il entra ensuite en Prusse, à la tête d'une division de six régimens de dragons. Il prit, à Anclam, un corps considérable de Prussiens. Plusieurs fois l'ordre du jour fit mention de lui, et Napoléon rendit à ses talens et à sa valeur une éclatante justice. En Pologne il montra la même valeur, et se distingua aux combats de Nazyelk, Golymin, Pultusk. Le maréchal Masséna, en arrivant à la grande-armée, demanda le général Beker pour son chef d'état-major; il quitta, en conséquence, le commandement d'une division qu'il avait souvent menée à la victoire, pour accepter des fonctions où il ne tarda pas à acquérir toute la confiance de Masséna. A la paix de Tilsitt, il suivit le mouvement du 5me corps, en Silésie, et y reçut le titre de comte de l'empire, avec une dotation de 30,000 francs. Un nouveau champ d'illustration venait de s'ouvrir aux armes françaises: c'était l'Espagne. Le général crut cette guerre *impie*, refusa d'y prendre part, et se retira dans ses foyers. Il fut rappelé, en 1809, par le maréchal Masséna, qui le nomma de nouveau son chef d'état-major. Il fit, avec la même distinction, cette campagne contre l'Autriche. Après la sanglante bataille d'Esling, un seul général fut nommé grand-officier de la légion-d'honneur; ce fut le général Beker. Cependant, il ne craignit pas de manifester son opinion sur les conséquences nécessaires d'un système de guerre perpétuelle : il devint suspect, on l'accusa d'exercer une trop grande influence sur l'esprit du maréchal; et l'ordre qu'il reçut d'aller prendre le commandement de Belle-Ile en mer, fut une espèce de disgrâce. En 1814, il rendit un dernier et important service au département du Puy-de-Dôme, en se chargeant, sur la demande des autorités, du commandement supérieur des troupes que l'occupation des 7ᵐᵉ et 19ᵐᵉ divisions militaires, par les Autrichiens, y avait fait refluer, et arrêta des troubles graves et prêts à éclater entre les militaires et les citoyens. Citons encore un fait également honorable à celui dont nous esquissons la vie publique, à son pays et à l'histoire moderne. Un corps autrichien venait de pénétrer jusqu'à Clermont; le général Beker reçut du prince de Wrede, commandant l'armée austro-bavaroise, une *lettre-patente*, où se trouvaient ces paroles : « Les généraux des armées » alliées sont invités à prendre sous » leur protection spéciale les pro- » priétés du général Beker, à titre » de réciprocité pour sa noble con- » duite, et la générosité de ses pro- » cédés : ils seront utiles à ce brave » militaire, qui n'a jamais cessé de » faire le bien partout où il a pu. » En 1815, les électeurs du Puy-de-Dôme le nommèrent président du collége et député à la chambre des représentans. A la seconde abdication de l'empereur, ce fut lui que le gouvernement provisoire désigna pour accompagner ce prince jusqu'à sa destination. Mission difficile, qu'il remplit avec autant de noblesse que d'habileté. Il fut le dernier Français qui reçut l'accolade de Napoléon, au moment où on le bannissait de l'Europe, dont il était le maître depuis 15 ans. Le général Beker rentra ensuite dans ses foyers, et, malgré le repos complet dans lequel il vécut, les persécutions de 1816 l'atteignirent au sein même de sa famille. On le mit en surveillance, à Poitiers; cet ordre fut bientôt révoqué par le roi, en conseil; ce qui n'empêcha pas le préfet, M. Harmand, en vertu de son pouvoir discrétionnaire, de le forcer à quitter le département. Une entière liberté lui fut rendue, par l'ordonnance du 5 septembre 1816. Le 5 mars 1819, il fut nommé à la chambre des pairs. C'est un plaisir bien rare, pour des biographes impartiaux, que d'avoir à retracer une vie comme celle du général Beker, uniforme dans son noble cours; *une de ces vies de héros, comme dit Marc-Aurèle, qui ne se démentent jamais, et qui ressemblent au caractère parfaitement soutenu d'une tragédie de Sophocle.*

BEKKER (Élisabeth Wolf, née), Hollandaise célèbre, et l'une des femmes qui firent le plus d'honneur à leur pays, naquit à Flessingue, dans le mois de juillet 1733. Douée d'une imagination vive et brillante, elle était jeune encore lorsqu'elle se fit remarquer par un esprit d'observation vraiment rare, que ne déparait point une gaieté quelquefois satirique. Elle ne ressentait nullement l'influence de ces préjugés si communs à beaucoup de femmes : la saine raison, le sentiment du beau, toutes les pensées nobles semblaient des facultés naturelles à son esprit et à son âme. Elle dut se sentir le droit de prétendre à de grands succès dans la carrière de la poésie et dans celle des romans. Elle possédait parfaitement la connaissance des langues française, anglaise et allemande, dont les auteurs classiques lui étaient familiers. Les premières poésies qu'elle publia sont : un poëme en quatre chants, intitulé *Walcherin*, 1769; *Jakobs Klagt by het lyk van Rachel* (Plainte de Jacob sur le tombeau de Rachel), et *Brief van Jacoba van Beyeren aan Frans van Borselen* (Héroïde de Jacqueline de Bavière à F. van Borcelin, 1773). Après la mort de son mari, arrivée en 1776, Mᵐᵉ Bekker alla demeurer avec Agathe Deken, son amie, femme aussi recommandable par les qualités de son cœur que par son esprit et ses talens. C'est avec cette dame qu'elle a publié depuis divers ouvrages qui assurent la réputation de toutes deux. On cite entre autres un recueil de chansons populaires, sous le titre d'*OEconomische liedjes*, qui se distinguent par beaucoup de naturel et une élégante simplicité, 1781, 3 vol. in-8°. *Historie Van-Willem Levend* (Histoire de Guillaume Levend), 8 vol. in-8°, 1785; roman plein d'intérêt et de charme. *Brieven van Abraham Blankaarta an Cornelia Wildschut* (Lettres d'Abraham Blankaart, à Cornélie Wildschut), 1789, 3 vol. in-8°. *Historie van Sara Burgerhart* (Histoire de Sara Burgerhart), 1790, 2 vol. in-8°; production très-agréable, et digne de la renommée des auteurs de *Guillaume Levend*. On y trouve une connaissance approfondie du cœur humain, une morale pure, un style correct et gracieux. La Hollande pourrait, sans désavantage, opposer ces deux compositions à ce que l'on a fait de meilleur en ce genre chez les autres nations. Le *Voyage en Bourgogne* (*Rey sen door Bourgogne*) est encore un ouvrage charmant de ces deux femmes célèbres. Tant de brillans succès, quelque mérités qu'ils fussent, ne purent cependant leur assurer une existence indépendante, puisque leurs meilleurs ouvrages n'eurent qu'une ou deux éditions. Mᵐᵉ Bekker, obligée de pourvoir aux premiers besoins pendant les dernières années de sa vie, prit le parti de traduire des romans anglais. Elle publia, en 1778, le roman de Smollet : *le don Quichotte ecclésiastique* (*de Geestelyke don Guichot of het zomer-reisje van Godfroy Wild-goose*), 3 vol. in-8°. En 1800, elle en fit paraître un autre sous le titre de *Henry*, 4 vol. in-8°. Ces traductions sont élégantes et fidèles. Elle eut toujours pour collaborateur dans ce travail pénible, son amie Agathe Deken, avec laquelle elle demeura unie jusqu'à sa mort, arrivée le 5 novembre 1804. Sa compagne inconsolable ne lui survécut que neuf jours; exemple touchant qui prouve que leurs cœurs n'étaient pas moins unis que leur esprit. Dans le désir de rendre un hommage public aux vertus et aux talens de ces deux amies, la société des arts et sciences d'Amsterdam, qui ne les avait pas secourues pendant leur vie, ordonna une fête funéraire pour honorer leur mémoire. Les personnes les plus distinguées de cette grande ville se firent un devoir d'y assister. Le professeur Koninenburg prononça leur éloge funèbre. Lavocat Van Hall récita une pièce de vers en l'honneur de ces deux muses *que la mort n'avait pu séparer.*

BELAIR (A. P. JULIENNE DE), général de brigade. Lors de l'invasion des Prussiens, en 1792, il fut nommé ingénieur pour la défense de Paris. Dans le plan qu'il présenta au comité militaire, les retranchemens commencés au-dessus de Saint-Denis, devant se prolonger jusqu'à Nogent-sur-Marne, il demanda 800 bouches à feu; et comme on ne pouvait les lui donner, il proposa d'employer pour faire des canons, les bronzes et les statues qui ornaient les jardins royaux, et de convertir en balles tous les plombs du château et des jardins de Versailles. L'ennemi repoussé, ce grand projet de fortification n'eut point de suite. Le général devint commandant de la garde nationale de Paris; il fut, en 1793, employé à l'armée du Nord, et contribua aux avantages remportés sur les Autrichiens. Le général Belair, à qui la *Biographie des hommes vivans* attribue les services de son fils, a publié divers ouvrages qui font honneur à son patriotisme et à ses connaissances. *Science des ingénieurs*, 1787, in-8°; *Instruction adressée aux officiers d'infanterie, pour la défense des postes*, traduite de l'allemand de Gaudi, 1792, in-8°; *Manuel du citoyen armé de piques*, 1792, in-8°; *Défense de Paris et de tout l'empire*, 1792, in-8°; *Mémoire sur les moyens de parvenir à la plus grande perfection de la culture et de la suppression des jachères*, 1794, in-8°; *les Subsistances rendues plus abondantes et plus accessibles pour tous les citoyens*, avec cette épigraphe : « L'art de vaincre est perdu sans l'art de subsister », 1796, in-8°.

BELAIR (N.), général, fils du précédent, reçut, en 1809, l'ordre de se rendre en Espagne. Le 28 juillet de la même année, il se fit remarquer par son courage à la bataille de Talaveyra de la Reyna, où son cheval ayant été tué, il courut le plus grand danger. Il rendit d'éminens services, et donna de nouvelles preuves de bravoure, à la bataille d'Almonacid, livrée le 11 août suivant. Au mois de février 1810, chargé de disperser les insurgés du royaume de Grenade, réunis dans les montagnes d'Alpuxarras, il remplit cette mission difficile avec autant d'intelligence que de succès. À l'époque des événemens du 20 mars 1815, étant employé dans le département de Maine-et-Loire, sous les ordres du général Morand, il suivit le mouvement de toute l'armée, et le 30 de ce mois, il fit reconnaître à Angers l'autorité de Napoléon. Après la seconde restauration, il resta sans emploi. Devenu, en 1817, l'objet des soupçons et des recherches d'une police ombrageuse, il fut prévenu de n'être pas étranger à l'une des mille conspirations que certains journalistes enfantaient chaque jour. Il subit une détention assez longue; mais à défaut de preuves il fut mis en liberté, au moment où l'affaire de Lyon, dans laquelle on l'avait impliqué, allait être jugée par cette fameuse cour prévôtale du département du Rhône, qui laisse à la postérité de si cruels souvenirs.

BELBOEUF (LE MARQUIS DE), d'abord officier de carabiniers, puis avocat-général au parlement de Rouen, a été l'un des membres les plus insignifians et les plus prononcés du côté droit de l'assemblée constituante. Il désigna un jour le duc d'Orléans comme chef d'une conspiration contre le trône; signa toutes les protestations, toutes les déclarations et toutes les adresses des premiers ordres, contre la révolution; émigra en 1791; servit dans l'armée de Condé; revint en France après le 18 brumaire, et ne prit plus aucune part aux affaires publiques.

BELDERBUSCH (LE COMTE CHARLES-LÉOPOLD, DE), Belge naturalisé Français, est né dans le duché de Limbourg, en 1749. Il avait été et se trouvait encore au moment de la révolution, en 1789, président de régence de l'électeur de Cologne, qui l'envoya en France, en qualité de chargé d'affaires. Il y passa plusieurs années; comme étranger, comme ennemi, comme noble, il fut dépouillé de ses biens. Il se réfugia dans sa patrie, qui n'était pas moins agitée. Après la réunion de la Belgique à la France, il fut l'un des députés que les nouvelles provinces envoyèrent à l'empereur, qui le nomma, bientôt après, préfet de l'Oise, où les jésuites, déguisés sous le nom de *Pères de la foi*, furent spécialement protégés par lui. Il devint membre du sénat-conservateur le 5 février 1810; quatre ans après, il vota la déchéance de Napoléon, et obtint du roi des lettres de grande naturalisation. Il a fait imprimer plusieurs brochures politiques, *sur les Affaires du temps* (1795); *Modification du statu quo* (id.); *Lettres sur la paix* (id.); la *Paix du continent* (1797); le *Cri public* (1815, sans date).

BELGARDE (N.), mulâtre de la Martinique, gouverna quelque temps cette île pendant les troubles qui l'agitèrent. C'était un homme de tête et de cœur, qui se montra, dans des circonstances difficiles, aussi habile que brave. Nommé commandant de la Martinique, après la destitution du général Rochambeau, il fut obligé de céder aux Anglais, qui le dépouillèrent de sa puissance. Si les actions de ces chefs américains, mulâtres ou nègres, trouvaient un historien digne d'eux, peut-être les assertions trop souvent répétées du publiciste de Paw seraient-elles complètement réfutées : peut-être ne soutiendrait-on plus avec tant d'assurance qu'un sang dégénéré coule dans les veines de ces hommes, et que la couleur de leur épiderme est un signe certain de la dégradation de leur espèce :

La couleur de mon front nuit-elle à mon courage?
(DUCIS dans *Othello*.)

BELGRADO (JACQUES), jésuite italien, fut un des hommes les plus savans et les plus recommandables de son siècle. Il naquit à Udine en 1704. Après avoir professé les belles-lettres à Venise, les mathématiques et la physique à Parme, il accompagna en France la duchesse de Parme, dont il était le confesseur; mais bientôt il fut privé, par la destruction de l'ordre des jésuites, de ses emplois à la cour, et forcé de quitter tour à tour Parme, Bologne, Modène, où il avait cherché un refuge. Ce ne fut qu'à Udine qu'il trouva quelque repos au milieu de sa famille. Il est pénible de remarquer qu'un savant paisible et modeste ait été victime de l'ambition justement punie de son ordre, et que la destruction des jésuites, commandée par l'intérêt général, ait amené tant de malheurs particuliers. Belgrado n'en continua pas moins ses travaux sur la physique, la métaphysique et les antiquités. Il mourut en 1789, à Udine. Ce savant avait eu pour ami Apostolo Zeno, l'abbé Conti, et plusieurs autres littérateurs célèbres. Associé correspondant de l'académie des sciences, il fonda la société Arcadienne, et fut membre de presque toutes les académies italiennes. C'est à lui qu'est dû l'observatoire astronomique du collège de Parme, auquel il fournit, à ses propres frais, les instrumens et les appareils. De ses ouvrages nombreux, mais peu étendus, et renfermant presque tous des vues neuves, justes, et présentées avec une extrême simplicité, nous ne citerons cependant que les principaux: *De phialis vitreis ex minimi silicis casu dissilientibus acroasis*, etc. Padoue, 1743, in-4°; *De altitudine atmosphæræ œstimandâ critica disquisitio*, Parme, 1743, in-4°; *I fenomeni elettrici, con i corollari da lor dedotti*, etc., ib., 1749, in-4°; *Dell'azione del caso nelle invenzioni, e dell' influsso degli astri nè corpi terrestri; Della rapidità delle idee*, Modène, 1770; plusieurs *Dissertations sur l'existence de Dieu*, sur les *Vapeurs de la mer*, sur les *Talens et leur usage*, sur l'*Architecture égyptienne*, sur *un Monument* qui se trouvait à Ravenne, et que personne n'avait encore expliqué, etc., etc.

BELIN (JEAN-FRANÇOIS), était cultivateur à Guise, lorsqu'il fut nommé, par le département de l'Aisne, député à la convention nationale. Dans le procès de Louis XVI, il vota la mort, mais dans le cas seulement où les puissances étrangères menaceraient la France, puis se prononça pour l'appel au peuple et le sursis. Il entra au conseil des anciens, d'où il sortit en 1797. On ne doit pas confondre cet ancien législateur, ainsi que l'a fait une biographie, avec M. *Nicolas-Léonard Belin*, juge au tribunal de Laon, qui, en 1815, a réclamé contre cette erreur.

BELIN-DE-BALLU (JACQUES-NICOLAS), helléniste distingué, naquit à Paris, le 28 février 1753. En 1779, il fut reçu conseiller en la cour des monnaies; en 1787, il devint membre associé de l'académie des inscriptions et belles-lettres, et à la fin de 1795, lors de la fondation de l'institut, il en fit partie. Le gouvernement lui confia un moment la direction du prytanée de Saint-Cyr, mais le désordre de cet établissement ayant prouvé que l'aptitude de Belin-de-Ballu pour l'administration, n'égalait pas, à beaucoup près, sa capacité pour l'enseignement, on fut obligé de révoquer sa nomination. Peu de temps après, ce savant estimable partit pour la

Russie, où il fut employé honorablement dans l'instruction publique. Les ouvrages de Belin-de-Ballu sont : 1° la traduction d'*Hécube*, tragédie d'*Euripide*, à laquelle il ajouta des *Remarques* curieuses; 2° la traduction des *OEuvres complètes de Lucien*, avec des *Remarques* historiques et critiques, Paris, 1793, 6 vol. in-8° et in-4°. Cette traduction, que recommande surtout son exactitude, a fait entièrement oublier celle de Perrot d'Ablancourt, infidèle et mal écrite; on la préfère même à celle de l'abbé Massieu, bien que celle-ci ne manque pas d'élégance. 3° Une édition des *Caractères de Théophraste et de La Bruyère*, avec des *Remarques* sur le texte, Paris, 1790. Belin-de-Ballu y ajouta la traduction française de deux nouveaux *Caractères de Théophraste*, trouvés récemment dans la bibliothèque du Vatican, et publiés pour la première fois à Parme, en 1786. 4° *Oppiani poemata de Venatione et Piscatione*, en grec et en latin, avec une bonne traduction française du poème de la *Chasse*; 5° *Mémoires et Voyages d'un émigré*, Paris, 1799, 3 vol. in-12; 6° *Histoire critique de l'Éloquence chez les Grecs et chez les Romains*, Paris, 1803, 3 vol. in-8°; 7° *Myriobiblion*, ou traduction française de la *Bibliothèque de Photius*, contenant des *Extraits* de près de trois cents auteurs, dont la plupart sont perdus. 8° Enfin, un nouveau *Dictionnaire grec-français*. Belin-de-Ballu mourut en Russie vers le milieu de 1815.

BELL (ANDRÉ), a introduit en Angleterre le système indien d'éducation, qui deviendra bientôt européen, sous le titre d'*Enseignement mutuel*. Né et élevé à Édimbourg, Bell prit ses degrés comme prêtre anglican, et fit, en qualité de chapelain, un voyage aux Indes-Orientales. Ce fut là qu'il trouva les premiers germes de cet enseignement qui bientôt, perfectionné par des hommes judicieux, propagé par des philanthropes et protégé par des rois, est devenu l'un des puissans auxiliaires du génie du siècle. A son retour à Londres, Bell publia son *Système*, qui fut accueilli par quelques philosophes spéculatifs, mais que dédaigna un public sur qui l'usage est si puissant. Ses ouvrages, intitulés : *Expérience sur l'éducation faite à l'asile des garçons à Madras* (1798), et *Instructions pour la direction des écoles, selon le système établi à Madras* (1799), firent d'abord peu de sensation; on regarda comme un objet de pure curiosité une conception puisée chez des peuples barbares. Mais un instituteur, Joseph LANCASTER (*voyez* ce nom), mit la théorie nouvelle en pratique et obtint des succès. On oublia l'auteur de la découverte, pour ne s'occuper que de celui qui avait osé tenter l'expérience. Bell réclama contre l'usurpation de ses droits, et fonda lui-même, auprès de Londres, une institution où il fit l'application de sa méthode, en la perfectionnant. De là est née, entre Bell et Lancaster, une lutte d'écrits et d'efforts assez longue, et à laquelle la modération ne présida pas toujours; mais qui cependant tourna au profit de l'humanité. L'éducation des pauvres se trouva sensiblement améliorée; et l'éducation mutuelle, après avoir été introduite en France par les soins d'une société de véritables philanthropes, se répandit dans le reste de l'Europe. Le docteur Bell vit auprès de Londres, avec une simplicité qui fait mieux ressortir son mérite réel, et la juste réputation qu'il s'est acquise. Il a fait imprimer, en 1809 et en 1812, deux éditions nouvelles de son *Système*, et a publié quelques petits ouvrages, tant sur l'instruction primaire que sur l'éducation des pauvres.

BELL (JEAN), chirurgien écossais, fort estimé, mais moins bon praticien que théoricien savant. Il a donné un grand nombre d'ouvrages sur l'anatomie, la physiologie, dont aucun n'a été traduit en français : ce que les gens de l'art et les amis de l'humanité doivent regretter. Il ne faut pas le confondre avec deux autres chirurgiens, qui exercent à Londres, et qui ont publié quelques ouvrages.

BELLAIRE (N.), capitaine d'infanterie, a servi dans le Levant, et a donné un récit fort exact des opérations militaires dont il a été le témoin. Voici le titre de cet ouvrage : *Précis des opérations générales de la division française du Levant, chargée, pendant les années VI et VII, de la défense des îles et possessions ex-vénitiennes de la mer Ionienne*, 1805, in-8°.

BELLAMY (JACQUES), poète flamand, naquit à Flessingue, en 1757, et mourut en 1786. Il avait 25 ans et exerçait la profession de boulanger, lorsqu'en 1772 on célébra dans toute la Hollande la seconde fête séculaire de la fondation de cette république. Son génie électrisé tout à coup par l'amour de la patrie, le rendit poète : ses essais furent encouragés. Il apprit le latin, se fortifia dans sa langue maternelle, et composa plusieurs pièces assez remarquables pour que la société des arts de La Haye les insérât dans son recueil. Il publia ses chants patriotiques, sous ce titre : *Vaderlandse-Gezengen*, qui le placent au premier rang des poètes de cette nation. Bellamy chanta aussi l'amour, et publia ses diverses poésies en un recueil intitulé *Gezagenmjinerjeugd*. Les derniers ouvrages de ce poète sont empreints d'une mélancolie qui en augmente l'intérêt. Sa notice biographique a été faite par *G. Kniper*.

BELLART (LE CHEVALIER NICOLAS-FRANÇOIS DE), est né à Paris, le 20 septembre 1761. Avocat au parlement, en 1786, il débuta dans la carrière du barreau, sous les yeux des Despreménil, des Freteau, des Montsabert, et de toute cette magistrature parlementaire, où la nation asservie croyait voir ses derniers défenseurs. Les premiers pas de M. Bellart furent marqués par des succès honorables, sur lesquels nous nous arrêterons d'autant moins, que la révolution ouvrit bientôt à cet avocat un champ plus vaste et plus fécond. Après avoir défendu courageusement le ministre de la marine, Lacoste, sur qui pesait une accusation capitale, il mérita l'honneur d'être proposé pour défenseur à l'infortuné Louis XVI, qui lui préféra M. Desèze, dont la réputation plus ancienne pouvait avoir plus d'influence sur l'issue de ce procès, si douloureusement mémorable. Dans les trois causes célèbres, de l'abbé Salomon, conseiller au parlement, accusé de conspiration contre le directoire; du tuteur de Melle de Balainvilliers; de Melle de Cicé, prévenue d'avoir recélé chez elle les auteurs de la machine infernale, M. Bellart fit preuve d'un grand talent et d'un beau caractère : le public applaudit aux succès qu'il obtint. Rien ne serait plus facile et plus piquant, aujourd'hui, que d'extraire quelques passages de ces plaidoiries, où les maximes les plus républicaines sont exprimées avec une force de logique, une verve d'éloquence qui semblent ne devoir appartenir qu'à la plus intime conviction. Mais du vivant de M. Bellart nous ne sommes point chargés de son panégyrique, et nous laissons à regret à nos successeurs le soin de le louer dignement après sa mort. Notre devoir est de citer les faits, et de renfermer les sentimens qu'ils nous inspirent. La défense imprimée du général Moreau, est jusqu'à présent la dernière action de la vie publique de M. Bellart, qui ait obtenu des suffrages unanimes. Membre du conseil-général du département de la Seine, dès les premiers temps de sa formation, il en fut l'orateur en toute circonstance, et varia si habilement les formes de la louange, que Napoléon ne se lassa jamais de l'entendre. L'entrée des alliés à Paris, en 1814, fit une révolution complète dans les idées de M. Bellart; et la violente philippique qu'il lança ce jour-là même, contre l'empereur, tombé du faîte de sa gloire, arracha à ce dernier l'exclamation du *Lion mourant*, de La Fontaine. Quelle que soit, au surplus, la part que M. Bellart ait eue à la chute d'un trône et à la restauration d'un autre, des lettres de noblesse furent sa récompense. Pendant les *cent jours*, il fut l'objet de quelques persécutions, et se vit forcé de se retirer en Angleterre; de retour après la seconde restauration, il fut nommé procureur-général de la cour royale de Paris, fonction dont il s'est acquitté avec une austérité si rigoureuse, qu'elle a marqué cette seconde époque de sa vie d'une empreinte ineffaçable. En 1815, M. Bellart a été nommé à la chambre des députés. Le 21 octobre de cette même année, il soutint et développa longuement l'utilité des mesures de sûreté publique qui furent adoptées, et dont on connaît les résultats ; ainsi dévoué à l'histoire par les actes politiques que nous venons de rapporter, ce magistrat y trouvera plus sûrement encore la place distinguée à laquelle il a droit de prétendre en qualité d'avocat-général dans l'affaire du maréchal Ney (*voyez* NEY). Il fut l'âme de ce fameux procès, rédigea l'acte d'accusation, et combattit pendant six séances avec un courage à toute épreuve, les moyens de défense présentés avec tant de talent et si peu de succès, par MM. Dupin et Berryer, avocats de l'illustre accusé : M. Bellart conclut à la peine de mort, qui sans doute ne lui paraissait pas satisfaire à l'énormité du délit; il requit *au nom de la légion-d'honneur,* la dégradation avant le supplice, d'un homme en faveur duquel cet ordre semblerait avoir été institué, car il avait rempli l'Europe de son nom, et la France entière l'avait nommé *le brave des braves.* On retrouve encore M. Bellart dans l'affaire de M. de Lavalette (*Voyez* LAVALETTE), et c'est à propos de l'évasion de ce dernier, qu'il fit, le 22 décembre 1815, à la chambre des députés, un éloge bien remarquable, du *courage et de la sollicitude du ministère public.* Le reste de la vie politique de M. Bellart, depuis cette époque, n'a plus offert qu'une traînée lumineuse (si l'on peut s'exprimer ainsi), des actions d'éclat dont nous avons rendu compte, et sur lesquelles se fonde sa célébrité. En 1820, M. Bellart a fait dans les départemens de l'Ouest, un voyage sans objet connu, mais qui ne peut cependant pas s'appeler un voyage d'agrément. Quelques centaines de jeunes gens de la ville de Brest s'assemblèrent sous les fenêtres de la maison qu'il habitait, et lui témoignèrent d'une manière si bruyante le peu de plaisir qu'ils trouvaient à le voir dans leurs murs, que ce magistrat se vit contraint à s'en éloigner le plus promptement possible. Le désarmement de la garde nationale de Brest, et des informations judiciaires contre ceux des habitans qui avaient pris, dans ce tumulte, une part plus active que les autres, vengèrent, peut-être un peu sévèrement, M. Bellart de la réception désagréable qui lui avait été faite.

BELLAVÈNE (JACQUES-NICOLAS), est né à Verdun, le 20 octobre 1770. D'abord simple cavalier au 2me régiment en 1791, il parcourut bientôt toute l'échelle des honneurs militaires; se distingua aux armées du Rhin, et devint chef de cette école de guerriers (Saint-Cyr), qui demandait pour commandant un homme vieilli dans les périls et dans la gloire. Son père, ancien officier au 2me régiment, s'était retiré du service avec le grade de capitaine et la croix de Saint-Louis. Le jeune Bellavène, successivement sous-lieutenant, aide-decamp adjoint à l'état-major, adjudant-général chef de bataillon, et adjudant-général chef de brigade, fut employé dans les expéditions les plus difficiles par Desaix, qui avait pour lui la plus haute estime et la plus tendre amitié. De 1793 à 1796, il prit part à tous les combats de cette glorieuse campagne du Rhin. Sa bravoure, au passage de Kehl et à Kinlsig, fut particulièrement remarquée. A la bataille de Rastadt, un boulet lui emporta la jambe, au moment où il faisait des dispositions audacieuses qui assurèrent la victoire aux troupes françaises: il était alors général de brigade. Sa retraite, qu'il fut obligé de demander pour faire guérir cette blessure, affligea tous ceux qui l'avaient connu à l'armée du Rhin, et particulièrement les généraux Moreau et Desaix. Ce fut le général Bellavène qui remit au gouvernement les drapeaux pris sur l'ennemi dans le cours de cette campagne. Employé au cabinet topographique du gouvernement, il reprit, quelque temps après, son premier grade à l'armée de Sambre-et-Meuse, et ne la quitta que lorsqu'il fut nommé inspecteur aux revues. Il obtint ensuite le commandement extraordinaire de la 4.me division militaire, près le congrès de Lunéville. L'administration des postes lui fut confiée pendant quelque temps. Une probité sévère et une grande exactitude le distinguèrent dans ces différentes gestions. En l'an 11, il fut chargé de l'organisation et du commandement militaire de Fontainebleau, de l'inspection du prytanée de Saint-Cyr; bientôt après de l'inspection générale des écoles militaires, et du commandement de l'école spéciale militaire de cavalerie de Saint-Germain. La rigidité de son administration fut grande, mais jamais injuste : l'amour maternel a pu quelquefois s'en plaindre; mais il s'agissait de former des guerriers et non des hommes du monde. On sait combien de braves et habiles officiers sont sortis de l'école militaire de Saint-Cyr. Nommé commandant de la légion-d'honneur à la création de l'ordre, et général de division en 1807, il fut fait chevalier de Saint-Louis, le 8 juillet 1814, et reçut, presque à la même époque, l'ordre de cesser ses fonctions. Mis à la demi-solde au commencement de 1815, il fut rappelé, en mars de la même année, à la tête de l'école de Saint-Cyr, qu'il avait dirigée avec tant de succès et d'honneur. Ce brave militaire fut réformé à l'époque de la suppression de cette école. Depuis ce temps, il vit dans la retraite, où il ne s'occupe plus que de l'éducation de ses propres enfans.

BELLAY (FRANÇOIS-PHILIPPE), a suivi, en qualité de médecin, les armées des Alpes et d'Italie ; et a rendu en outre ses campagnes utiles à la science. Il a traduit de l'italien deux ouvrages curieux, l'un de J. Pasta, intitulé : *Galatée des Médecins*, 1799; l'autre de Sarcone, intitulé : *Histoire raisonnée des maladies observées à Naples, pendant le cours entier de l'année 1764* (1803, 1805). Il a commencé, en 1799, de société avec Brion, le *Conservateur de la santé, journal d'Hygiène*, qu'il a abandonné en 1804, et dont la collection forme 5 vol. in-8°. On doit de justes félicitations aux médecins modernes qui ont fait une étude particulière de l'*Hygiène*; ce n'est pas la partie la moins intéressante de la science d'Hippocrate, celle qui a pour objet de *prévenir les maux en réglant sa vie*.

BELLE (CLÉMENT LOUIS-MARIE-ANNE), peintre d'histoire, fils d'Alexis-Simon Belle, peintre, membre de l'académie royale de peinture, et de Marie Horthemels, qui cultivait avec succès la peinture et la gravure, fut un artiste savant dans la composition, mais médiocre dans l'exécution. Né à Paris, le 16 novembre 1722, il perdit son père de bonne heure, reçut des leçons de Lemoyne, alla se perfectionner en Italie, et, deux ans après son retour à Paris, fut reçu membre de l'académie de peinture et de sculpture. Il fut professeur adjoint, professeur titulaire, enfin recteur adjoint, et recteur en titre. Nommé, en 1755, inspecteur de la manufacture des Gobelins, il lui consacra tous ses soins. Il mourut à Paris, le 29 septembre 1806, à 84 ans. Belle a laissé plusieurs tableaux estimés, entre autres, un *Christ*, destiné à l'une des salles du parlement de Dijon ; une *Réparation des saintes Hosties*, qu'on voit encore dans l'église de Saint-Médéric, à Paris, et son tableau de réception à l'académie, *Ulysse reconnu par sa nourrice*. On cite de lui comme un monument de patience, et de mérite dans ce genre, le *Calque* exécuté sur papier transparent, des *Fresques du Vatican, par Raphaël*: la fidélité et la pureté de ce calque sont fort estimées des artistes.

BELLECIZE (HUGUES-FRANÇOIS-RÉGIS, DE), évêque de Saint-Brieux. Emprisonné sous Robespierre, il eut, dit-on, la gloire de ramener Laharpe à la religion, et de le rendre dévot (conversion préparée par une ambition trompée dans ses espérances, et par la persécution qui avait réuni l'auteur de *Mélanie* dans le même cachot que l'évêque de Bellecize). La mort de Robespierre lui rendit la liberté et l'arracha sans doute à l'échafaud. Il mourut à Paris, âgé de 64 ans, le 20 septembre 1796.

BELLECOUR (MADAME LEROY-BEAUMENARD), femme du comédien Bellecour, fut elle-même une excellente actrice. Elle avait un bel organe, un jeu franc et naïf. Son triomphe était dans les rôles de l'ancienne comédie, celle de Molière et de Regnard. Le personnage de Nicole (*du Bourgeois gentilhomme*), qu'elle jouait avec un grand talent, et où elle riait avec une franchise et un abandon inimitables, lui valut le surnom de la *Rieuse*. Jolie, plutôt que belle, elle avait reçu de la nature tout ce qui semble devoir constituer une soubrette accomplie ; soigneuse du costume, dans un temps où l'on se contentait encore de l'indiquer sur la scène française, elle fit long-temps les délices du public, et cependant mourut dans un état voisin de la pauvreté. Ses débuts à l'Opéra-Comique, où elle fut célèbre sous le nom de *Gogo*, eurent beaucoup de succès ; elle fit ensuite partie de la troupe du maréchal de Saxe, et vint enfin briller à Versailles et à Paris. Elle se retira en 1756, reparut en 1761, se retira de nouveau en 1791, et ne remonta sur la scène en 1799, que pour subvenir à ses derniers besoins. Elle mourut dans le mois d'août de cette même année.

BELLEGARDE (GABRIEL DU PAC DE), est sans contredit l'un des plus laborieux écrivains que l'on puisse citer. Ses volumineux ouvrages ont répandu beaucoup de lumières sur l'histoire des controverses du 17me siècle. Il a recueilli tout ce que l'érudition, la tradition, les mémoires contemporains pouvaient lui fournir sur *Arnauld, Nicole*, la bulle *Unigenitus*, et tout le chaos de cette dispute théologique qui dura près de deux cents ans. Janséniste rigoureux, il portait dans ses écrits toute la sévérité de doctrine, et toute la force de preuves qui distinguaient les célèbres solitaires de Port-Royal. Il naquit le 17 octobre 1717, au château de Bellegarde, et devint chanoine, comte de Lyon. Il résigna ce canonicat deux ans après l'avoir obtenu, et se retira au séminaire de Rhynswick, près d'Utrecht. Ce fut là qu'il publia: 1° *Mémoires sur la bulle Unigenitus*, dans les Pays-Bas, in-12; 2° *Histoire abrégée de l'église d'Utrecht* (1765); 3° *Recueil des témoignages rendus à l'église d'Utrecht*; 4° la *Vie de Van Espen*, etc. Ce qu'on lui doit de plus curieux, ce sont les deux éditions du *Journal de l'abbé d'Orsanne* augmenté de notes et d'une préface très-curieuse, et les *OEuvres d'Arnauld* (1775 à 1782, 45 vol. in-4°). Voyages, correspondance, recherches, il n'omit rien de ce qui pouvait rendre son travail intéressant et faire triompher la doctrine qu'il professait. La mort vint l'arrêter au milieu de ces diverses entreprises, le 13 décembre 1789. Il préparait une édition complète de *Nicole*, et ne tendait à rien moins qu'à convertir la Hollande tout entière. Il est fâcheux que tant de persévérance et d'activité n'ait pas eu un but plus utile.

BELLEGARDE (Antoine-Denis), l'un des conventionnels sur lesquels l'esprit de parti a répandu le plus de calomnies. Les amateurs de mensonges politiques trouveront dans la *Biographie des hommes vivans*, bon nombre d'atrocités, fort ingénument racontées, à l'article de ce conventionnel. Pour toute réfutation, nous rapporterons les faits; s'ils déposent contre lui, il ne sera du moins accusé que par la vérité. Garde-du-corps et chevalier de Saint-Louis avant la révolution, il en adopta les principes et les espérances. Nommé commandant de la garde nationale d'Angoulême, il fut ensuite élu par le département de la Charente, député à l'assemblée législative et à la convention nationale. Dans le procès de Louis XVI, il vota la mort. Envoyé quelque temps après à l'armée du Nord, il fit poursuivre Dumouriez, qui venait de trahir la république, et arrêter un agent de ce général. En août 1793, l'un des commissaires de la convention près l'armée des côtes de la Rochelle, il courut des dangers, et ses papiers furent enlevés par des insurgés de la Vendée. De retour à la convention, en janvier 1794, il fit l'éloge du général Westermann. Après avoir été secrétaire de l'assemblée, il partit de nouveau, en thermidor an 2 (juillet 1794), pour l'armée du Nord, qu'il suivit dans la conquête de la Hollande, et il annonça la prise d'Amsterdam. Successivement membre du conseil des cinq-cents et du conseil des anciens, il fut secrétaire de ce dernier conseil, en 1798. Après le 18 brumaire, employé dans l'administration des eaux et forêts, il ne reparut que comme député au Champ-de-Mai, en 1815. Compris dans le nombre des *conventionnels votans* qui avaient accepté des fonctions pendant les *cent jours*, il sortit de France, se retira à Bonn, d'où il fut forcé de s'éloigner, et erra pendant quelque temps en Allemagne, où une politique plus sage ou peut-être lasse de vengeances, lui a permis enfin de se fixer.

BELLEGARDE (LE COMTE DE), feld-maréchal au service d'Autriche, est un des généraux étrangers qui ont été le plus constamment opposés aux armées françaises : c'est dire assez que ses armes furent rarement heureuses. Le comte de Bellegarde est né à Chambéry, vers 1760. Il servit contre la France, lors des premières guerres de la révolution, et se trouva aux siéges de Valenciennes, de Maubeuge, à l'investissement de Landrecies. Membre du conseil de l'archiduc Charles, quand ce prince prit le commandement des armées d'Allemagne, il fut nommé, en 1796, feld-maréchal-lieutenant, et conclut en 1797 un armistice avec le général en chef Bonaparte. En 1799, il commandait un corps placé entre l'armée de l'archiduc et celle de Suwarow. Il parcourut ensuite l'Allemagne comme négociateur, et fut nommé, en 1800, conseiller intime de l'archiduc Ferdinand, qui était à la tête de l'armée d'Italie. Dans le mois de juillet 1805, il obtint le titre de commandant-général des états Vénitiens, et en 1806, celui de feld-maréchal, gouverneur civil et militaire de la Gallicie Orientale, grand'croix de l'ordre de Saint-Léopold, et gouverneur du prince royal. Il fit la campagne de 1809, et à la bataille de Wagram fut opposé au maréchal Davoust, ce qui était encore un honneur. Il demanda ensuite un armistice de la part de l'empereur d'Autriche, et ne put l'obtenir; il fut complétement battu à Znaïm. Après la paix de Vienne, il se rendit en Gallicie, où il commanda, jusqu'à la reprise des hostilités en 1813. Nommé à cette époque président du conseil de guerre, il fut chargé de pénétrer en Italie tandis que les alliés attaquaient la France. Murat, roi de Naples, fit une résistance opiniâtre; ce ne fut qu'après des pertes considérables, que le général Bellegarde parvint à passer l'Adige et à s'emparer de Vérone, où il établit son quartier-général. C'est de là qu'il lança, contre le prince qui lui avait été opposé, une proclamation foudroyante qui ne produisit aucun effet. Il venait de livrer une bataille indécise et sanglante, sous les murs de Plaisance, quand il apprit la prise de Paris. Un armistice fut aussitôt conclu. Gouverneur-général des provinces autrichiennes en Italie, il occupait encore ce poste, quand Napoléon parut à Cannes. Dans ses nouvelles attaques contre le roi de Naples, il fut souvent battu, et ne dut (sur ce point on peut ajouter foi aux auteurs des Biographies allemandes) son salut personnel, et la conservation du gouvernement, qu'à un caractère facile qui le faisait aimer du peuple. Il conserva cette espèce de royauté, jusqu'en 1816, que l'archiduc Antoine vint prendre possession du nouveau royaume Lombardo-Vénitien, l'une des créations les plus bizarres de la politique moderne, et que certains projets belliqueux paraissent remettre aujourd'hui en question.

BELLEGARDE (N.), de la même famille que le précédent, s'est

distingué dans des grades moins éminens. Major-général d'artillerie dans les troupes russes, il fut nommé, en octobre 1808, commandant de la place de Sveaborg en Finlande.

BELLEMARE (N.). D'abord lieutenant de hussards, il donna bientôt sa démission, vint à Paris en l'an 4, et s'y occupa de la rédaction du *Grondeur*. Les principes de ce journal ne convenant pas au gouvernement, M. Bellemare fut compris dans la mesure du 18 fructidor. Cependant il eut le bonheur d'échapper à la déportation, et il resta aux États-Unis jusqu'à l'établissement du gouvernement consulaire. Rentré dans sa patrie, il travailla à la *Gazette de France*, et en 1809 l'empereur l'envoya en qualité de commissaire-général de police dans la ville d'Anvers. Son intelligence dans les affaires de police fut utile au prince de Ponte-Corvo, pour la défense des départemens belges. Les Anglais avaient débarqué dans l'île de Walcheren : M. Bellemare sut faire pénétrer ses émissaires jusque dans le vaisseau amiral, et apprenait tout ce qui se passait au conseil de lord Chatam. Il exerçait, en 1814, les mêmes fonctions dans la même ville, lorsque le commandement en fut confié au général Carnot. Il eut avec lui des démêlés, sur lesquels il a donné dans la *Gazette de France*, en mars 1815, des détails qui ont pu indigner le public, mais auxquels le général a dû être insensible. Lorsque les Français eurent abandonné la Belgique, M. Bellemare revint à Paris, et publia plusieurs brochures sur des objets politiques. On a conservé quelque souvenir de celle qui a pour titre : *Le neuf et le vieux, ou le Prophète de Mahomet* (1815). « Par quel » Dieu est inspiré ce prophète nou- » veau? demandait un journaliste, » au mois de septembre de cette » même année. Il semblerait , » poursuivit-il, devoir être mis » au nombre de ces augures cir- » conspects qui avant de prophé- » tiser ont coutume de regarder » d'où vient le vent. » M. Bellemare a aussi publié une *Histoire du chevalier Tardif de Courtac*, en 5 volumes. Ce roman a eu peu de succès : quelques traits d'originalité et d'observation y sont noyés dans des détails puérils, et le plus souvent de mauvais goût. M. Bellemare a contribué à la rédaction du *Messager des chambres*, qui prit, en 1815, le titre de *Messager du soir*, journal obscur comme son nom.

BELLERMANN (Jean-Joachim), savant protestant, né le 23 septembre 1754, à Erfurt. M. Bellermann a donné beaucoup d'ouvrages d'une assez grande importance, soit en latin, soit en allemand. Nous allons donner la note des principaux : 1° *Specimen animadversionum in novi fœderis libros ex Homeri Iliadis Rhapsodiá*, A in-4°, Erfurt, 1783; 2° *Manuel de littérature biblique, contenant l'archéologie, la géographie, la chronologie, la généalogie*, etc., in-4°, en allemand, ibid., 1787, et suivans; 3° *Remarques sur la Russie*, en allemand, 2 vol. in-8°. ibid., 1788; 4° *de Inscriptionibus hebraïcis, Erfordiæ repertis*, 4 parties in-

4°, ibid., 1795; 5° *de Bibliothecis, et Museis Erfordiensibus programmata* X, in-4°, ibid., 1797 et 1803; 6° *Mémoires et mélanges économiques, technologiques et d'histoire naturelle*, in-8°, ibid., 1798; 7° *le Théologien*, recueil périodique pour les protestans et les catholiques, in-8°, 1803 et suiv.; 8° *de usu paleographiæ hebraicæ ad explicanda sacra Biblia*, in-4°, Halle, 1804; 9° *Almanach des progrès et des découvertes dans les sciences spéculatives et positives*, en allemand, 5me et 6me années, 1806; 10° *Essais d'explication des passages, en langue punique, conservés dans le* Pœnulus *de Plaute*, 3 parties in-8°, en allemand, Berlin, 1806 et 1808.

BELLESERRE, président du tribunal de première instance, de Ceret, département des Pyrénées-Orientales. Il a publié l'*Eloge de Louis XII*, in-8°, 1788; et les *Six âges de l'Histoire sainte, depuis la création du monde jusqu'à la naissance de Jésus-Christ*, in-12, 1805. Ce dernier ouvrage a été réimprimé en 1813.

BELLEVAL (Charles-François du Maisniel de), né en 1733, à Abbeville, fut l'un de nos plus savans naturalistes. On lui doit des observations intéressantes sur les ouvrages des principaux botanistes; des notes sur les plantes de Picardie, sur les coquilles et les litophites. Belleval a fourni à l'*Encyclopédie* quelques articles d'histoire naturelle. Il mourut dans sa ville natale, en 1790.

BELLEVILLE (Redon de), baron, commandant de la légion-d'honneur, né à Thouars, département des Deux-Sèvres, en 1748. Redon de Belleville avait reçu de la nature et recueilli d'une éducation soignée, toutes les qualités qui réussissent dans le grand monde, et tous les talens qu'exigent les grandes affaires; un esprit vif, une tête ardente, un cœur généreux, une âme élevée, un jugement sain, un coup d'œil sûr et rapide, l'amour de l'ordre et du travail, de la fermeté sans rudesse, de la prudence sans hésitation, de l'activité sans turbulence. Ses connaissances et ses vues le rendaient digne des premiers emplois. Il y serait parvenu, s'il avait eu moins de modestie, moins de franchise, plus d'ambition et plus de souplesse. Il fut envoyé jeune à Paris; son père le destinait à la profession de médecin : il en commença les études, qu'il abandonna pour celles du droit, et fut l'un des secrétaires de M. Turgot, lorsque ce ministre passa de la marine au contrôle général. M. Necker le fit entrer dans les domaines, où il n'a pas cessé d'être employé jusqu'en 1783. A cette époque, il fut forcé de quitter la France, et de chercher un asile en Toscane, pour éviter l'effet d'une lettre de cachet, obtenue par un homme puissant, dont il avait blessé les prétentions et l'orgueil. Le grand-duc s'occupait alors de l'amélioration du sort de ses sujets; il accueillit Redon de Belleville, dont il goûta les projets de finances et d'agriculture, et il ne négligea rien pour l'attacher à son service. Mais aucun lien ne pouvait le retenir loin de sa patrie, armée pour défendre ses droits, et pour cette liberté qu'elle désire encore après tant d'efforts et tant de sacrifices infructueux. Redon de Belleville quitta Florence vers la fin de 1790, comblé des bienfaits du grand-duc. La felouque sur laquelle il s'était embarqué fit naufrage. Il perdit tout ce qu'il possédait; fut forcé, par ce contre-temps, de s'arrêter à Gênes, et répara bientôt ses pertes en acceptant de l'occupation dans l'opulente maison des Cambiaso, qui lui confia l'administration des domaines qu'elle venait d'acquérir en Normandie. De retour à Paris, Redon de Belleville trouva ses anciens amis placés aux premiers rangs, soit dans l'assemblée législative, soit dans le gouvernement; mais loin d'envier leur fortune ou d'user de leur crédit, il se tint, autant que possible, dans l'obscurité, uniquement occupé des intérêts dont il était chargé. Cependant une foule de fautes, dont l'histoire impartiale signalera les véritables auteurs, nécessitaient un changement de constitution, et la France prit le nom de république. Il était nécessaire de faire reconnaître ce nouveau gouvernement par les puissances étrangères, et surtout d'éviter un premier refus. La politique fit diriger les premières démarches vers la cour de Naples; non qu'on regardât comme une chose importante de faire d'abord reconnaître la république française par un prince de la maison de Bourbon, mais parce qu'on pouvait profiter de l'expédition que les ministres de Louis XVI avaient préparée contre cette puissance et la Sardaigne. La difficulté était de trouver un envoyé capable de cette mission délicate, qui n'était pas sans danger. Redon de Belleville en fut chargé. La flotte française, sous les ordres de la Touche-Tréville, croisait devant Naples. Il part et débarque seul, sans escorte, sous le simple uniforme de la garde nationale parisienne, où il était inscrit comme grenadier. Sa contenance suffit pour imposer à la multitude, qui se pressait en tumulte sur ses pas. Les Napolitains, par l'empire des préjugés qui régnaient alors, avaient peine à concevoir, et peut-être plus de peine encore à supporter qu'au nom du peuple qui venait de renverser un trône, un simple particulier, sans autre titre que celui de citoyen, sans autre décoration que celle d'un soldat, osât se présenter devant un monarque et lui dicter des lois. Néanmoins Redon de Belleville se rend au palais, refuse d'entrer en pourparler avec le ministre, et surmontant tous les obstacles de l'étiquette et de l'usage, il parvient au roi, remet ses dépêches, discute en présence des ministres l'objet de sa mission, et renouvelant en quelque sorte l'action de Popilius, ne donne au roi que quelques heures pour prendre une décision. Il obtient une réponse favorable, et regagne, le jour même, l'escadre française, reconduit au port dans les voitures de la cour. Il vint lui-même rendre compte de ce succès à la convention, dont il fut favorablement accueilli, et qui l'envoya vers le sénat de Venise et le saint-siége. Mais il échoua dans cette double mission. Le sénat refusa de l'entendre; à Rome il eut plusieurs conférences avec Pie VI. On offrait au pape de respecter sa souveraineté sur le Comtat, s'il donnait un assentiment public et formel à nos lois de réforme ecclésiastique, et s'il cessait d'appuyer de son autorité la rébellion du clergé gallican, peuple sans patrie, comme celui des courtisans, et qui, toujours avide de pouvoir et de richesses, n'a cessé d'être tantôt Français contre le pape, tantôt papiste contre la France. Pie VI écoutait avec plaisir l'envoyé de la république; mais il ne voyait rien de stable dans ce qu'il appelait *la révolte française*. Redon de Belleville prit congé de S. S. en lui annonçant qu'elle serait victime de ses fausses idées, et l'événement justifia bientôt sa prédiction. Il revint à Paris. La face des choses était changée. La plupart de ses amis avaient péri dans les prisons ou sur l'échafaud; ceux qui survivaient lui conseillèrent de fuir, et se hâtèrent de lui en procurer les moyens. On le chargea d'aller monter des ateliers d'armes dans le Midi. Il ne put former que celui d'Avignon. Cet établissement prospérait. Redon de Belleville le soutenait avec les seules ressources de ce talent administratif dont il a donné tant de preuves, et qu'il avait puisé à la bonne école, celle de Turgot, lorsqu'il fut accusé d'*aristocratie*, arrêté et conduit à pied dans les prisons de Valence, où il serait mort ignoré, sans les soins généreux du maire de cette ville. Quel que fût le malheur des temps, on n'avait point encore imaginé de transformer en mouvemens séditieux les devoirs sacrés de l'humanité, ni de punir comme un crime l'intérêt qu'on prend aux prisonniers d'état. M. de Montalivet pouvait sans danger consoler et secourir ceux que renfermaient les prisons de Valence. Redon de Belleville passa soit en prison, soit en surveillance, mais toujours sans emploi, tout le temps de la terreur. Après l'installation du directoire, il fut nommé consul à Livourne, poste auquel nos mouvemens militaires en Italie donnèrent une grande importance. Il s'est, pour ainsi dire, associé à la gloire de cette brillante campagne par les services qu'il rendit à l'armée. C'est là qu'il reçut Pie VI qui était conduit en France. Il se rendit auprès de S. S. pour lui offrir le choix du transport par terre ou par mer, et tout ce qui pouvait adoucir l'amertume de ce pénible voyage. Le pape reconnut Redon de Belleville; et se rappelant en même temps les sages conseils qu'il en avait reçus, il lui serra affectueusement la main en versant des larmes. En vertu de ses fonctions, il fut souvent appelé auprès du général en chef, avec lequel il correspondait directement. Il acquit bientôt son estime et son amitié, dont il n'a cessé de recevoir des témoignages, alors même qu'aveuglé par le bandeau impérial, Napoléon ne savait plus distinguer ses véritables amis. Du consulat de Livourne, Redon de Belleville fut porté, en 1797, à celui de Gênes, et concourut à l'expédition d'Égypte avec tant de zèle et tant de succès, que pendant sa courte relâche à Malte, le général en chef Bonaparte lui donna des preuves publiques de sa satisfaction. Cependant M. Sottin de la Couandière vint à Gènes avec le titre insolite d'ambassadeur. M. Sottin est le premier qui ait passé du ministère à l'ambassade, et de l'ambassade au néant. Sa mission fut de courte durée ; et sitôt après sa révocation, Redon de Belleville le remplaça en qualité de chargé d'affaires. Son esprit conciliant sut maintenir la bonne intelligence entre la république ligurienne et les états de Piémont. Il parvint par sa fermeté à assurer la tranquillité de l'intérieur, menacée par des factieux. Il fit venir chez lui quinze députés de l'opposition, auxquels il fit donner leur démission. Plusieurs emprunts pour les dépenses de l'armée française furent ouverts et remplis par la seule confiance que les capitalistes de Gènes avaient en son caractère. Il ne quitta cette ville que la veille du blocus, pour donner au directoire des informations précises sur la position de Masséna, et rejoignit aussitôt le général Suchet, au pont du Var, pour essayer de rentrer à Gènes, où il avait laissé sa famille. Il avait cessé d'habiter son pays natal depuis un grand nombre d'années; mais son nom était lié à trop d'événemens remarquables pour qu'il pût être oublié de ses concitoyens. Ils le nommèrent, en 1799, député des Deux-Sèvres, au corps-législatif. Il n'y siégea point. Le premier consul le renvoya à Livourne, avec le titre de commissaire-général des relations commerciales et une ju-

ridiction qui s'étendait de Naples à la Spezzia. De là il passa avec la même qualité à Madrid, d'où il sollicita et obtint son rappel en mars 1804. Il continuait à être reçu familièrement par le premier consul et les membres de sa famille. Un jour qu'il était à la Malmaison, le premier consul lui demanda brusquement, après quelques questions sur la situation de l'Espagne : « Que dit-on de moi » à la cour de Madrid? — On dit, » répondit Redon de Belleville a- » vec sa franchise ordinaire, que » vous préparez un trône, et que » vous allez revêtir les ornemens » de la royauté. — Eh! que pen- » sez-vous de ce projet? — Je pen- » se que Washington n'a pas eu » besoin de recourir aux vains pres- » tiges d'une couronne, et que le » premier des citoyens pourrait se » dégrader en devenant le dernier » des monarques. » Le premier consul sourit et ne parut point offensé; mais il l'envoya à la préfecture de la Loire-Inférieure. Ce département se ressentait encore des agitations de la guerre civile; et cependant Redon de Belleville, par son application aux affaires, par ses inclinations bienfaisantes, ses manières affables et son amour pour la justice, sut se concilier tous les partis. La mémoire de son administration vit encore dans le cœur des habitans, et il reçut une preuve touchante de leur gratitude et de leur estime. Depuis deux ans il avait quitté cette préfecture. Il était hors de France; et en 1809, le collége électoral de la Loire-Inférieure le nomma candidat au sénat-conservateur, quoiqu'il n'eût point sollicité cet honneur, et qu'il eût un compétiteur puissant dans l'évêque Duvoisin, homme habile, écrivain distingué, prélat ambitieux, et courtisan en faveur. A cette époque, Redon de Belleville était intendant-général du pays de Hanovre. Il en fit la remise au roi de Westphalie, et l'empereur le nomma maître des requêtes, lui donna une dotation dans le pays dont il avait été l'administrateur, et l'envoya à Laybach, en qualité d'intendant-général de l'Illyrie. En 1811, il demanda son rappel après que le duc de Raguse eut quitté ce gouvernement. Il fut chargé alors de l'inspection des dépôts de mendicité qui se multipliaient en France assez inconsidérément, et fut nommé administrateur des postes, place qu'il a occupée depuis le 5 avril 1813 jusqu'au 10 août 1816. Destitué par l'effet du système qui prévalait alors, il rentra dans l'obscurité de la vie privée, ne communiquant qu'avec un très-petit nombre d'amis, et se livrant aux fonctions charitables qu'il s'était imposées comme commissaire d'un bureau de bienfaisance : devoirs pieux, conformes à ses inclinations et à tous les actes de sa vie. Cependant sa santé s'altérant de plus en plus, il se retira dans un petit domaine qu'il possédait à Bailly, près de Versailles, et y mourut, le 10 août 1820, dans sa 72me année. Redon de Belleville avait la vertu, la pureté, le patriotisme, et souvent l'inflexibilité de caractère, qui ont illustré les grands citoyens des anciennes républiques. Il a laissé un beau souvenir d'une vie entièrement consacrée à son pays. En retraçant les principaux événemens de son honorable carrière, nous sommes heureux de penser que nous payons à un homme de bien la reconnaissance de la patrie.

BELLEVUE (DIT TANCRÈDE), servit comme officier dans les guerres de la Vendée, avant la bataille ou déroute du Mans. Après cette affaire, s'étant caché en Bretagne, M. de Puisaye, chef des chouans, l'employa à la première organisation de ce corps de partisans, et le chargea ensuite d'insurger le pays entre Nantes et la Vilaine (rivière qui prend sa source près d'Ernée : *Mayenne*). M. Bellevue fut aussi chargé de remplir une mission dans le Morbihan ; il signa et publia une proclamation, le 26 juillet 1794, dont l'objet était de faire prendre les armes aux habitans de la Bretagne. Arrêté par ordre de Cormatin, il recouvra la liberté à la sollicitation de Bollet, conventionnel qui avait été envoyé pour apaiser les troubles excités par les chouans. Ce député le prit pour secrétaire, et l'emmena à Paris, où il est depuis resté dans l'obscurité.

BELLEY (J. B.), député de Saint-Domingue à la convention nationale. Il fit partie des deux tiers des membres de cette assemblée qui entrèrent au conseil des cinq-cents. Au mois de mai 1797, il retourna à Saint-Domingue, et était chef de division de gendarmerie, lorsque le général Leclerc débarqua dans l'île. Belley abandonna les Français, auxquels il s'était joint d'abord ; mais ayant été pris les armes à la main, il fut

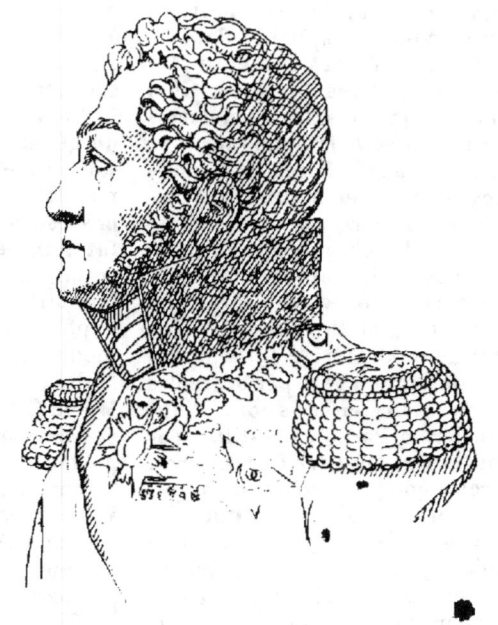

Le Comte Belliard.

Michalon.   Fremy del. et Sculp.

fusillé peu de temps avant l'évacuation de la colonie.

BELLIARD (LE COMTE), lieutenant-général, né en 1773, à Fontenay (Vendée), fit ses premières armes comme capitaine dans le 1ᵉʳ bataillon de la Vendée, qui fut envoyé à l'armée du Nord. Chef d'état-major sous Dumouriez dans la campagne de la Belgique, il se distingua aux affaires de Grand-pré, Sainte-Ménéhould et Jemmapes, en chargeant avec les hussards de Berchini, qui s'emparèrent des redoutes ennemies. A Liége et à Nerwinde, il eut un cheval tué, et fut nommé adjudant-général. Arrêté après le départ de Dumouriez, par ordre des représentans en mission, il fut transféré à Paris, et destitué par Bouchotte, ministre de la guerre. A cette époque, où servir la patrie était le seul but du militaire français, l'ex-adjudant-général Belliard, arrêté dans sa glorieuse carrière, aima mieux la recommencer que d'en sortir. Il sollicita son admission comme volontaire, et entra soldat dans le 3ᵐᵉ régiment de chasseurs à cheval. Quelques mois après, il fut rendu à ses fonctions d'adjudant-général, et passa à l'armée de la Vendée, sous les ordres du général Hoche. En 1796, étant à l'armée d'Italie, commandée par le général en chef Bonaparte, il donna de nouvelles preuves de courage à Castiglione, à Vérone et à Caldiero, où il fut blessé, en attaquant les retranchemens autrichiens, à la tête d'un bataillon du 40ᵐᵉ régiment. A Arcole il eut deux chevaux tués, fut blessé et nommé général de brigade sur le champ de bataille. Au passage du Lavîs et à Cimbra, il culbuta toute la ligne qui défendait le passage de la rivière et des montagnes; facilita l'attaque du général Joubert dans la vallée de l'Adige, et opéra sa jonction avec la division à Neumarck, à Brixen et à Tramin, où il culbuta le corps du général Laudon, fit 2,000 prisonniers et enleva 4 pièces de canon. En 1798, il attaqua et prit possession de Civita-Vecchia, et fut nommé envoyé extraordinaire auprès du gouvernement napolitain. Dans l'expédition d'Égypte, il contribua au débarquement des troupes dans l'île de Malte, s'empara de la baie de Marza-Ciroco et de tous ses forts, et cerna la Cotonière; rendit d'importans services au combat d'Alexandrie; reçut, à la bataille des Pyramides, étant à la tête du 21ᵐᵉ régiment d'infanterie légère, la première charge des Mamelucks; prit part aux combats de Chebreis, de Siène, de Philé, et franchit les limites de l'ancien empire romain; entra en Abissinie, et porta nos armes jusqu'à Calafché, où il posa les limites de la puissance française; culbuta et détruisit avec 500 hommes, au combat de Benout, 4 à 5,000 Mecquains, Mamelucks ou Arabes, et reprit sur eux toute l'artillerie et les bâtimens de la flottille de la Haute-Égypte, dont ils s'étaient emparés; prit Cosseir le 29 mars, et y laissa garnison; défit complétement à Sapht-Rachim, avec 600 hommes, après un combat de huit heures, 5 à 6,000 habitans commandés par Murad-Bey, et força ce chef à lui demander la paix. Compagnon de Desaix, il partagea tous ses travaux. A la bataille d'Héliopolis, le carré du général Belliard reçut et repoussa la première charge d'une immense cavalerie turque. Ce général, avec 1,200 hommes, marcha sur 10 à 12,000 Ottomans qui s'étaient jetés et réunis à Damiette; il les attaqua près du village de Chouara, en avant de la ville, les battit, leur enleva 10 pièces de canon, les dispersa entièrement, et reprit Damiette et le fort de Lesbé; à la reprise de Boulak et du Caire, il fut blessé dangereusement. Nommé général de division et gouverneur de cette ville, il y fut assiégé par les Mamelucks et les armées des Turcs et des Anglais. Obligé de faire face, avec de très-faibles moyens, à des forces infiniment supérieures, et de contenir une population nombreuse dont les dispositions étaient équivoques, le général Belliard sut, par sa prudence, sa fermeté et son énergie, obtenir une convention honorable, en vertu de laquelle il ramena, avec armes et bagages, et aux frais des alliés, le peu de troupes qu'il avait sous ses ordres, tous ses blessés, et les Français militaires, artistes et savans qui se trouvaient au Caire, et dans cette partie de l'Orient. En 1801, le premier consul le nomma au commandement de la 24me division militaire à Bruxelles. Dans la campagne de 1805, où il était chef d'état-major-général du prince Murat, il contribua au succès des combats de Wirtingen; à la bataille d'Ulm, il concourut à détruire le corps commandé par l'archiduc Ferdinand; et à la prise du pont de Vienne, sur le Danube, il signa la capitulation que demanda le général Verneck. A la bataille d'Austerlitz, où il prit une part glorieuse, il fut nommé grand-officier de la légion-d'honneur. En 1807 et 1808, il fit, toujours sous le prince Murat, les campagnes de Prusse et de Pologne. A Iéna, à Erfurt, à Prentzlow, il conclut, avec le prince de Hohenlohe, une capitulation pour la reddition du corps que cet étranger commandait, et qui s'élevait à 15,000 hommes d'infanterie, 3,000 chevaux, et 60 pièces d'artillerie. A Stettin, il approuva la célèbre capitulation que signa le général Lasalle; à Lubeck, à Golliminé en Pologne, à Heilsberg, à Hoff, à Eylau, à Friedland, devant Tilsitt il se couvrit d'une gloire nouvelle, se montrant à la fois soldat intrépide et général consommé. Dans la guerre d'Espagne, il contribua à la reddition de Madrid, dont le gouvernement lui fut confié. Une insurrection violente ayant éclaté dans cette ville, lors de la bataille de Talaveyra, il se rendit seul au milieu de la population presque entièrement réunie, et sut à la fois, en l'apaisant par sa prudence, et en la contenant par sa fermeté, conserver la ville aux Français, et la préserver, au péril de sa vie, de toutes les horreurs de la guerre. Major-général du roi Joseph, il fut chargé du commandement de l'armée du centre. En 1812, il quitta l'armée d'Espagne, et fit, comme aide-major-général de cavalerie, la campagne de Russie. Il se fit remarquer au combat de Kukoviacky, en chargeant et en culbutant, à la tête d'un bataillon d'infanterie, une colonne d'infanterie russe, qui repoussait les troupes françaises, et reprit à l'ennemi toute l'artillerie d'une division. A Witepsk, à Smolensk, à Dorogobutsch, à la Moskowa, par l'établissement rapide d'une batterie de 20 pièces d'artillerie, entre le village de Sminskoe et la grande redoute que venait d'enlever la cavalerie française, il arrêta court et força à la retraite des masses profondes de toutes armes de la garde russe, mouvement qui décida peut-être du succès de la journée. Il eut deux chevaux tués à Mojaïsk, et fut dangereusement blessé à la jambe par un boulet de canon. Malgré cette blessure, il continua de suivre l'armée, fit retraite avec elle, et fut nommé colonel-général des cuirassiers à Smorgoni. Rentré en Prusse, le général Belliard réorganisa toute la cavalerie de l'armée. A la bataille de Dresde, en 1813, il fut chargé, par l'empereur, de remplir les importantes fonctions d'aide-major-général de l'armée, et se signala pendant la marche de Friedberg à Leipsick. Aux trois campagnes de Leipsick, il eut deux chevaux tués et le bras gauche cassé d'un boulet de canon. Toujours à son poste, il suivit tous les mouvemens de l'armée jusqu'au passage du Rhin. A Mayence, il succéda au major-général prince Berthier, qui se rendit à Paris avec Napoléon. Les désastreux événemens de 1814 ne pouvaient abattre le courage du brave général Belliard : la patrie était en danger; il devait se dévouer à sa défense, et il eut l'honneur de faire la campagne de France en qualité d'aide-major-général jusqu'à la bataille de Craone. C'est à la suite de cette bataille qu'il reçut le commandement en chef de toute la cavalerie de l'armée et de celle de la garde impériale. Il prit part aux affaires de la Haute-Épine, de Château-Thiéry, de Fromenteau, de Craon, de Laon, de Rheims et de Paris. L'empereur, retiré à Fontainebleau, le nomma grand-cordon de la légion-d'honneur. Après l'abdication et le départ de Napoléon, le général Belliard vint à Paris, reçut du roi la croix de Saint-Louis; fut créé pair de France, le 4 juin 1814, confirmé grand'croix de la légion-d'honneur, le 23 août, et nommé major-général de l'armée qui devait être commandée par le duc de Berri. Le 8 mars 1815, au départ de la famille royale, il suivit les princes jusqu'à Beauvais, et reçut d'eux l'ordre de revenir à Paris, où il arriva trois jours après le retour de Napoléon. A la fin d'avril, ce prince lui donna l'ordre de se rendre auprès du roi Joachim en qualité de ministre extraordinaire, moins pour y remplir une mission diplomatique que pour diriger les opérations militaires des troupes napolitaines. Le général Belliard arriva trop tard, cette mission n'eut aucun succès. Il revint en France, fut nommé pair, le 2 juin 1815, prit le commandement en chef des 3me et 4me divisions militaires, conserva intactes toutes les places de son gouvernement, fut exclu de la pairie par l'ordonnance du 24 juillet 1815, arrêté et conduit à l'Abbaye, le 22 novembre suivant, transféré dans une maison de santé pour cause de maladie, remis en liberté le 3 juin 1816, et réintégré sur le tableau des pairs, le 5 mars 1819.

BELLIN LA LIBORLIÈRE (François-Louis), né à Poitiers, membre de l'académie de cette ville. Il a commencé par écrire dans le genre sombre, adopté par Anne Radcliffe, et a fait paraître, en 1799, *Célestine, ou les Époux sans l'être*, 4 vol. Quoique ce roman eût été assez favorablement accueilli, M. Bellin reconnut les défauts de ces sortes de compositions, et peu de temps après il en fit, sans s'épargner lui-même, une critique très-piquante, dans un autre roman, intitulé : *La Nuit anglaise, ou les Aventures, jadis un peu extraordinaires, mais aujourd'hui toutes simples et fort communes, de M. Dabaud, marchand de la rue Saint-Honoré; ouvrage qui se trouve partout où il y a des souterrains, des moines, des bandits, et une tour de l'Ouest.* On a encore de cet auteur : *Anna Grenwill*, roman historique en 3 vol. in-12, 1800; *Voyage dans le boudoir de Pauline*, in-12, 1801; enfin, *la Cloison, ou beaucoup de peine pour rien*, comédie en un acte et en prose, jouée avec succès, en 1803, au théâtre de l'Odéon.

BELLING (Guillaume Sébastien de), lieutenant-général, d'une famille noble de Prusse. Il embrassa dès sa jeunesse la profession des armes; et, au commencement de la guerre de *sept ans*, il était cornette dans le régiment des hussards de Werner. En 1758, le prince Henri, frère du grand Frédéric, le nomma commandant d'un escadron de hussards nouvellement levés. Dans plusieurs circonstances remarquables il donna des preuves d'habileté et de courage, qui le firent élever rapidement aux premiers grades : il se distingua surtout contre l'armée suédoise, qu'un jour il parvint à occuper tout entière, n'ayant sous ses ordres que dix escadrons de cavalerie, et quelques bataillons de recrues. Aucun des siens ne fut dans cette affaire aussi exposé que lui-même. L'ennemi, qui le reconnaissait à sa petite taille, et au cheval dont il avait coutume de se servir, tira continuellement sur lui, et ne l'atteignit point. Le mérite du général Belling fut célébré par les Suédois mêmes; les troupes prussiennes, qui admiraient la valeur de ce brave guerrier, n'étaient pas moins charmées de son affabilité. Il mourut à Stolpe, en 1799.

BELLOY (Jean-Baptiste de), cardinal et archevêque de Paris, né le 9 octobre 1709, à Morangles près de Senlis. Il appartenait à une famille ancienne et distinguée dans les armes; mais il préféra la carrière ecclésiastique, plus analogue à la douceur de son caractère. Sous le cardinal de Gèvres, il fut vicaire-général, official et archidiacre de Beauvais; en 1751, évêque de Glandèves; et, en 1755, député à l'assemblée du clergé, que l'on convoqua pour le rétablissement de la paix dans l'Église gallicane, et que présida le cardinal de La Rochefoucault. La modération du cardinal lui attacha M. de Belloy, qui se trou-

Jean Baptiste de Belloy.

Fremy Pinx. et Sculp.

va ainsi au nombre des prélats qu'on appelait *Feuillans*, par allusion à la feuille des bénéfices dont le cardinal de La Rochefoucault disposait. On nommoit *Théatins* ceux du parti contraire, parce qu'ils suivaient les principes d'un ancien théatin, l'évêque de Mirepoix. La même année, M. de Belloy remplaça le célèbre Belsunce, évêque de Marseille, mort le 4 juin. L'esprit de conciliation du nouvel évêque apaisa les troubles excités dans le diocèse par son prédécesseur, au sujet de la bulle *Unigenitus*. Le respectable Belsunce avait montré en cela trop d'inflexibilité, il avait manqué de cette douceur apostolique qui eût rendu plus mémorable encore et plus touchante sa belle conduite durant la peste dont Marseille éprouva les ravages. Bientôt la bonté, la sagesse, la justice de M. de Belloy opérèrent tout ce qu'on s'était promis de son administration vraiment paternelle. Durant la révolution, pour se soustraire aux suites des mesures prises contre les ecclésiastiques, ce prélat quitta son église, et vécut retiré à Chambly, dans la province où il était né; il y passa paisiblement des jours difficiles pour beaucoup d'autres. En 1801, voulant aplanir les difficultés relatives au concordat, il sacrifia le premier son titre d'évêque, pour donner l'exemple de la soumission au gouvernement. Cette conduite remarquée du premier consul, rappela les grandes qualités de M. de Belloy, et le fit juger digne d'occuper le siége de Paris. Il y fut nommé en 1802; et en 1803, il reçut le chapeau de cardinal. Il exerça ses hautes fonctions avec autant de dignité que de sagesse. Sa vieillesse patriarcale lui laissait encore les avantages dus à une excellente constitution. L'empereur, étonné de lui voir une santé si robuste dans un âge si avancé, lui dit un jour, « vous » vivrez jusqu'à cent ans, mon- » sieur le cardinal. — Eh! pour- » quoi, répondit gaiement M. de » Belloy, votre majesté veut-elle » que je n'aie plus que quatre ans à » vivre? » M. de Belloy, néanmoins, n'atteignit pas cet âge. En 1808, il fut attaqué d'un catarrhe qui l'enleva le 10 juin : il avait quatre-vingt-dix-huit ans et huit mois. L'empereur, par suite de l'estime qu'il portait au caractère de ce prélat, permit que par une exception toute particulière, on le plaçât dans le caveau des archevêques ses prédécesseurs, et il voulut même qu'on lui élevât un monument.

BELOE (Guillaume), fils d'un faïencier de Norwick, dans le comté de Norfolck. Après avoir étudié à l'université de Cambridge, il fut nommé, en 1791, vicaire de Carlsham. Il exerça pendant quelque temps les fonctions de sous-bibliothécaire du muséum britannique, obtint ensuite un canonicat à l'église de Saint-Paul, et enfin fut nommé recteur d'Allhallows. M. Beloe a publié : 1° une *Ode à miss Boscawen*, in-4°, 1783; 2° la traduction de l'*Enlèvement d'Hélène*, d'après le grec de Coluthus, avec des notes, in-4°, 1786; 3° des poëmes et traductions, in-8°, 1788; 4° la traduction de l'*Histoire d'Hérodote*, avec des notes, 1791, 4 vol. in-8°; 5° la traduction des *Épitres d'Alciphron*, in-8°, 1791; 6° les *Nuits attiques*, traduites d'Aulugelle, 1795, 3 vol in-8°; 7° des *Mélanges*, 1795, 3 vol. in-8°, renfermant divers morceaux de poésie, des apologues orientaux, et des extraits classiques; 8° la traduction des *Mille et une nuits*, d'après le texte français de Galland, 4 vol. in-12; 9° celle de *Joseph*, d'après l'ouvrage de Bitaubé, 2 vol. in-12; 10° des *Anecdotes concernant la littérature et les livres rares*, 1806 et 1812, 6 vol. in-8°. M. Beloe a rédigé, conjointement avec M. Robert Nares, le *Critique anglais* (British critic). Enfin c'est à leur réunion avec MM. W. Tooke et Morrison, que l'on doit le *Dictionnaire biographique*, publié à Londres, 15 vol. in-8°. M. Beloe est membre de la société des antiquaires de Londres, et de plusieurs autres sociétés savantes.

BELOSELSKY (LE PRINCE), né à Saint-Pétersbourg, en 1757. Ce prince, dont l'éducation avait été fort soignée, pensa, dès sa jeunesse, que des succès littéraires pouvaient ajouter à l'éclat d'une naissance illustre : pensée noble qui le guida toujours dans la carrière des lettres, et le rendit constamment le protecteur de tous ceux qui s'y livraient. L'impératrice Catherine II estimait les talens du prince de Beloselsky, elle l'envoya à la cour de Turin; mais le ministre des affaires étrangères, qui n'avait aucune teinture des lettres, prenant pour un défaut l'élégance du style dans lequel le prince Beloselsky rédigeait ses dépêches, le rappela. Le prince fut peu affecté d'une disgrâce qui lui donnait les moyens de se livrer plus librement à ses goûts. Il avait composé des vers français, et même une tragédie dans cette langue; il devait publier les éloges historiques des grands hommes que la Russie a produits : ce projet n'a malheureusement pas reçu son exécution. Le prince Beloselsky avait le talent de la poésie française, autant qu'un étranger peut y atteindre, et Voltaire a parlé de ses productions avec éloge. Mais ce qui ajoute à l'estime qu'il doit inspirer, ce sont ses vertus privées, et l'hospitalité qu'il donna à des Français expatriés : sa maison était l'asile des muses et du malheur. Il mourut à Saint-Pétersbourg, vers la fin de 1809.

BELOT (MADAME), plus connue sous le nom de Mme de *Meynières*, née en 1726, et morte à Chaillot en 1805, est auteur d'ouvrages estimables. Voici les principaux : *Réflexions d'une provinciale sur le discours de J. J. Rousseau, touchant l'inégalité des conditions*, 1756, in-8°. L'abbé Sabatier a dit beaucoup de bien de cet ouvrage. 2° *Observations sur la noblesse et le tiers-état*, 1758, in-12; plusieurs bonnes traductions de l'anglais, savoir : 3° *Histoire de la maison de Tudor*, de Hume, 1763, 6 vol. in-12; 4° *Histoire de la maison de Stuart*, 1776, 6 vol. in-12. M. Prévost avait publié une traduction de cet ouvrage en 1760. Il paraît que c'est la même, et que Madame Belot n'a fait que la retoucher. 5° *Histoire de la maison de Plantagenet*, 6 vol in-12;

6° *Mélanges de littérature anglaise*, 1759, 2 part. in-12. Cette dame épousa, en secondes noces, le président Darcy de Meynières, qui mourut vingt ans avant elle.

BELPUSI (Thomas), chevalier napolitain, ancien adjudant du génie, et aide-de-camp du général en chef Bonaparte, en Italie, était doué d'une intrépidité remarquable. Son attachement aux principes de la révolution française le porta à seconder de tous ses moyens celle qui eut lieu à Naples, en 1798. Après l'installation du nouveau gouvernement, il obtint le commandement d'une légion qui devait marcher à la rencontre de l'armée du cardinal Ruffo, réunie vers Bénévent. Cette ville lui ayant fermé ses portes, il commençait à la bombarder quand les troupes royales parurent et le contraignirent par leur nombre à lever le siège. Obligé de retourner à Naples, il défendit quelque temps cette capitale contre les efforts des Calabrois; mais son parti ayant succombé, malgré la vaillance du chef, la vengeance de la cour le fit excepter de la capitulation accordée aux Français. Jeté dans un cachot, Belpusi paya, peu de temps après, de sa tête, l'amour qu'il portait à sa patrie. L'état-major de la garde nationale napolitaine marcha au supplice avec lui. Naples serait-elle destinée à revoir encore la sanguinaire réaction de 1799! et peut-elle en perdre la mémoire dans la généreuse révolution dont les états du Midi donnent un si bel exemple à l'Europe?

BELSHAM (N.), historien anglais et l'un des partisans les plus vigoureux de l'opposition. Zélé défenseur des intérêts du peuple, M. Belsham a toujours fait preuve d'un patriotisme non équivoque. Ses ouvrages sont écrits avec clarté et empreints d'une teinte philosophique qui les rend dignes des lumières du siècle. Mais quelque estime qu'inspirent les talens honorables de M. Belsham, on peut reprocher à ce publiciste de manquer parfois d'impartialité et très-souvent de politesse dans sa critique. Cet oubli des convenances donne à ses ouvrages un caractère passionné, interdit à l'historien. M. Belsham, qui a écrit sur la révolution française, paraît n'en avoir pas bien saisi les causes, ce qui est peu excusable. Mais le célèbre Fox semble l'avoir jugé lorsqu'il disait, à propos des Mémoires du règne de Georges III, « comment » un homme, avec les yeux ou-» verts, peut-il écrire de cette ma-» nière? »

BELSUNCE (le comte de), de la même famille que le célèbre évêque de ce nom, naquit en Périgord, et prit le parti des armes. Il se trouvait, en 1790, major en second au régiment de Bourbon, en garnison à Caen, lorsque trois grenadiers, l'ayant accusé de leur avoir fait enlever une médaille qu'ils portaient en signe de récompense pour avoir bien mérité de la patrie, des attroupemens se formèrent autour de son logement. Il parvint à en sortir, et se réfugia à l'Hôtel-de-Ville; mais la foule en fureur l'y suivit, l'en arracha sous les yeux des magistrats immobiles, et le massacra. On exerça sur lui toutes les horreurs auxquelles, dans des temps de révolution, peut se livrer une populace égarée. Marat, qui, dans ses feuilles, avait déjà dénoncé le comte de Belsunce comme un *aristocrate*, fut peut-être une des causes de cet événement. On a dit, sans aucune espèce de preuve, que Charlotte Corday, qui poignarda le sanguinaire *ami du peuple*, ne le fit que pour venger la mort du comte de Belsunce, qu'elle aimait. Pourquoi ne pas laisser à un autre amour, celui de la patrie, l'honneur de ce crime généreux ?

BELZAIS-COURMENIL (Nicolas-Bernard-Joachim-Jean), fut membre de l'assemblée constituante et du corps-législatif, et chevalier de la légion-d'honneur. Né à Écouché, département de l'Orne, en 1747, d'une famille aisée et recommandable, il embrassa la profession d'avocat, et eut pour directeur dans ses premiers essais, M. Colas, son beau-frère, jurisconsulte distingué, et M. Goupil de Préfeln, qui devint son beau-père, et dont les travaux, à l'assemblée constituante, ont laissé des souvenirs si honorables. Les lumières et le désintéressement du jeune Belzais le portèrent bientôt à la magistrature. Nommé d'abord procureur du roi à l'élection, lors de la formation des assemblées provinciales, il fut procureur-syndic du bureau intermédiaire d'Argentan, et nommé, en 1789, député aux états-généraux. Ce fut lui qui proposa de diviser l'*écu tournois* en parties *décimales*, et qui fit depuis changer l'empreinte des monnaies. Lorsque cette assemblée eut terminé ses opérations, Belzais-Courmenil fut nommé maire de la commune d'Argentan. Grand propriétaire, il partageait son temps entre les travaux de l'administration et ceux de l'agriculture. Cet art, le premier de tous, sous le rapport de l'utilité du moins, lui a plus d'une obligation. Plusieurs essais, tentés par lui, obtinrent d'heureux résultats, qu'il a fait connaître par des mémoires rédigés avec autant de méthode que de clarté. En l'an 6, le corps électoral de son département l'ayant nommé au conseil des cinq-cents, il rentra dans la carrière législative, où il se fit remarquer par un excellent rapport sur les abus qui s'étaient introduits dans l'administration des hospices de Paris. Belzais-Courmenil eut l'honneur de présider le corps-législatif après les événemens du 18 brumaire. Lorsque ces fonctions eurent cessé, le gouvernement le nomma à la préfecture du département de l'Aisne, où il porta le fruit de sa longue expérience en agriculture. Il mourut, le 8 fructidor an 12, à l'âge de 55 ans.

BEMANI, natif de Milan, avait été envoyé à Lyon, par le gouvernement sarde, vers le milieu de 1793, pour fomenter la révolte qui éclata dans cette ville contre la convention nationale, le 29 mai de la même année. Cet étranger était parvenu à se faire nommer officier municipal, sans même avoir obtenu des lettres de naturalisation. Aussi, quand les troupes de la république s'emparèrent de la ville, le 9 octobre suivant, après un siége de soixante-dix jours, Bemani fut mis en jugement un des premiers, et condamné à être fusillé, comme agent instigateur des princes étrangers. Il marcha au supplice un livre à la main, et n'interrompit sa lecture que pour recevoir le coup mortel.

BEMETZRIEDER, (N.), né en Alsace, en 1748. Il embrassa d'abord l'état ecclésiastique, et porta l'habit de bénédictin, qu'il quitta pour se livrer à l'étude des sciences, et particulièrement à l'étude de la musique. S'étant chargé de l'enseigner à la fille de Diderot, il se lia avec lui, et dut à ce philosophe sa réputation. Il a laissé quelques ouvrages sur les principes de l'art musical. Le meilleur, qu'il avait composé pour son élève, est connu sous ce titre : *Leçons de clavecin, et principes d'harmonie*, in-4°, 1771. On l'attribua dans le temps à Diderot même. Bemetzrieder a aussi donné un *Essai philosophique sur la société et sur l'éducation*. En 1782, il s'était retiré à Londres. On croit qu'il vit encore.

BÉNARD DE LA GARDE. Négociant avant la révolution, il fut nommé, en septembre 1795, au conseil des cinq-cents, où il s'occupa presque exclusivement de questions relatives aux finances. Il fit néanmoins un rapport sur les moyens à employer pour réprimer les brigandages des *chauffeurs*; et à l'époque des négociations avec lord Malmesbury, envoyé d'Angleterre, il se déclara pour la paix, alléguant qu'elle serait plus utile à la France que la possession même de la Belgique. Peu de temps après, il fit restituer à leurs anciens propriétaires les actions de la banque de Saint-Charles, à Madrid, et celles de la compagnie des Philippines. Lorsque Gilbert-Desmolières proposa de retirer au directoire et au ministre des finances l'inspection des affaires de la trésorerie, M. Bénard vota en faveur de ce projet. Il obtint ensuite que l'on rapportât les lois rendues contre les fugitifs de Toulon. Après le 18 brumaire, il cessa de faire partie des assemblées législatives, et fut nommé à la sous-préfecture de Saint-Omer, qu'il conserva jusqu'en 1812.

BÉNARD DE MOUSSIGNIÈRES, propriétaire d'une manufacture de papiers peints, était maire du huitième arrondissement de Paris, lorsque le département de la Seine l'élut député au corps-législatif. Quoiqu'il eût reçu du roi, en 1814, des lettres de noblesse, il n'en conserva pas moins pendant les *cent jours* les fonctions de maire, et fut nommé, par le collége d'arrondissement de la Seine, membre de la chambre des représentans. Il signa l'adresse que le corps municipal présenta à Napoléon. Quelques mois après le second retour du roi, il fut remplacé dans les fonctions de maire.

BENAU (Joseph), natif de la ville de Gand, fit d'excellentes études à l'école centrale du département de l'Escaut, et s'adonna particulièrement à la poésie française, pour laquelle il montra du talent. Il fut un des premiers membres d'une société établie à Gand, dont le but est d'encourager la culture des lettres françaises. Benau, atteint d'une maladie de langueur, succomba à l'âge de 52 ans. La douceur de ses mœurs et ses connaissances le firent regretter de tous ses compatriotes. On a de lui *Dictionnaire français-flamand et flamand-français*, en deux volumes, fait sur le plan de celui de Desroches, et en outre des chansons et diverses pièces de poésie fugitive.

BENCIVENNI (Joseph), né en 1728, d'une ancienne famille de la Toscane. Justement distingué comme homme de lettres et comme administrateur, il s'est acquis des droits plus sûrs encore à l'estime de la postérité, par sa bienfaisance et par ses vertus. On a de lui : 1° la *Vie du Dante*, ouvrage très-estimé; 2° *Nouveau Dialogue des morts*; 3° *Éloge des hommes illustres de la Toscane*; 4° *Description de la Galerie de Florence*; 5° *Époques de l'Histoire florentine, jusqu'en* 1792. Il faut y joindre des *Dissertations académiques*, et quelques autres morceaux qui n'ont point paru sous son nom. Il a été directeur de l'académie de Florence, et a rempli plusieurs autres places. Il mourut dans cette ville, le 31 juillet 1808.

BENDA (Georges), naquit à Altbenatka, dans la Bohême, vers l'année 1721. En 1742, il était violon de la chapelle du roi de Prusse; dix ans plus tard, il quitta ces occupations pour celles de maître de chapelle du duc de Saxe-Gotha, après la mort de Stoelel. Autorisé à se rendre à Rome, en 1760, il y fit des études qui fortifièrent son talent. C'est à son retour de ce voyage qu'il donna l'opéra de *Ciroriconosciuto*, suivi, en 1766, de l'intermède *il Buon Marito*: ces deux ouvrages furent généralement applaudis. Il obtint dès lors la place de directeur de la chapelle du prince, dont les instances même, et celles de toute sa cour, n'empêchèrent pas Benda de donner sa démission, en 1780. Il se retira à Georgenthal, près de Gotha. En 1774 il avait fait jouer son célèbre opéra d'*Ariane à Naxos*, d'après les paroles de Wiéland. L'Allemagne n'avait pas encore eu d'opéra où l'orchestre seul et sans le secours du chant, exprimât les passions, et parvînt à peindre tous les sentimens. Cet ouvrage excita l'enthousiasme; on le joua sur la plupart des grands théâtres de l'Europe, et on le traduisit dans toutes les langues. L'auteur fut mandé pour en diriger la représentation dans plusieurs cours en Allemagne, et jusqu'à Paris, où toutefois le succès ne répondit pas entièrement à ses espérances. Il composa beaucoup d'autres morceaux, entre autres : six *Sonates* pour le clavecin, Berlin, 1757; *Médée*, duodrame, 1778; *Roméo et Juliette*, opéra, 1778; *der Holzbaner* (le Bûcheron), opéra, 1778; *Pygmalion*, monodrame, 1780; *Lucas et Barbe*, opéra, 1786; *Orphée*, opéra, 1787; enfin, *Plaintes de Benda*, cantate, 1791. Ce fut son dernier ouvrage; il renonça tout-à-fait à son art, et il disait que « la moindre fleur des prés lui fai- » sait plus de plaisir que toutes » les musiques du monde. » Ses dernières années se passèrent dans cette sorte d'insouciance; il mourut le 6 novembre 1795. Ses talens distingués ne l'avaient pas rendu très-heureux; il manquait de prévoyance, et il avait moins l'esprit de conduite, que le goût de la méditation. On retrouve dans ses compositions quelque chose de son caractère indépendant. Ses concerto servirent long-temps de modèles, ainsi que ses symphonies, qui ont été mises au rang de celles de Haydn, ou de Mozart. La manière de Benda est neuve et profonde : elle décèle et prouve un grand maître.

BENDER (Blaise Colombeau, baron de), feld-maréchal autrichien. Né en 1713, dans une petite ville du Brisgaw, et fils d'un artisan, il dut presque tout son avancement à son seul mérite. Il était fort jeune lorsqu'il entra au service, en qualité de cadet. Il fit la campagne de 1741, contre la Prusse, et ensuite vers le Hanovre, la guerre de *sept ans*, où il fut blessé plusieurs fois, et où il montra autant d'habileté que de courage. C'était alors un faible moyen d'obtenir des grades élevés : la noblesse souffrait rarement qu'on les prodiguât à des roturiers qui n'avaient que de la bravoure et des talens. A l'âge de 50 ans, Bender n'était encore que capitaine; mais une circonstance plus favorable décida de son sort. Un mariage secret l'avait uni à une princesse de la maison souveraine d'Issembourg. Le comte de ce nom s'indigna d'une telle alliance; mais Marie-Thérèse, à qui ses propres infortunes avaient inspiré plus d'indulgence, protégea ces époux. Afin de donner à la famille d'Issembourg quelque satisfaction, elle fit de Bender un baron du Saint-Empire, et elle le créa major. Malgré la durée de la paix qui survint ensuite, il se trouvait major-général, et commandant de la forteresse de Luxembourg. Lorsque l'insurrection éclata dans le Brabant, la ville de Luxembourg parut alors d'une telle importance, que le cabinet autrichien résolut de lui donner un gouverneur; on choisit le baron de Bender, dont on était sûr, et qui connaissait le pays. Il remplit ces fonctions avec un zèle et une activité remarquables à son âge. Peu de temps après il fut nommé lieutenant-général, et feld-zeugmeister. Bientôt les divisions qui éclatèrent entre les généraux Beaulieu, Latour et Corty, lui firent donner le commandement en chef de l'armée, dont en effet il dirigea les opérations; mais sans pouvoir être présent lorsqu'on attaqua les insurgés, qui, après plusieurs engagemens, se virent réduits à rendre Bruxelles. Il obtint alors le grade de feld-maréchal, et la grand'croix de l'ordre de Marie-Thérèse. Des infirmités l'empêchèrent de prendre une part active à la guerre de 1792 ; renfermé dans Luxembourg, il y fut attaqué, en 1794, et réduit à capituler, mais après plusieurs mois d'une défense d'autant plus honorable, que malgré ses demandes réitérées, il n'avait reçu aucun renfort. En quittant Luxembourg, Bender se rendit à Vienne, et alla prendre le commandement général de la Bohème : il y mourut le 20 novembre 1798, à l'âge de 85 ans.

BENEZECH (Pierre), naquit à Montpellier, en 1745. Avant la révolution, il était propriétaire des *Petites-Affiches* de Paris, et chef d'un bureau de correspondance qui existe encore. Sous le régime nouveau, dont il adopta les principes, il obtint la place de chef de la commission des armes, et la conserva jusqu'au commencement de l'an 4. Le directoire qui venait d'être installé, lui confia le ministère de l'intérieur; c'était un poste plus difficile. Malgré son zèle et ses talens, il subit la loi commune, et se vit fréquemment accusé. Les attaques réitérées des journalistes le fatiguèrent à un tel point qu'il offrit sa démission; mais le directoire ne voulut pas l'accepter. Il était dans la Belgique pour y organiser l'administration sur des bases semblables à celles qu'on avait adoptées en France, lorsqu'au mois de pluviôse an 5, il se trouva compromis dans la conspiration de Berthelot de la Villeheurnois et autres agens des princes français, comme devant être maintenu ministre de l'intérieur si le succès couronnait les espérances des conjurés. De retour à Paris, il se plaignit au directoire de ce que les papiers du parti royaliste l'avaient désigné sans y avoir donné lieu; il protesta de son dévouement, et rendit compte de ses opérations dans la Belgique. Quelque temps après, il publia des instructions sur la manière de célébrer les fêtes nationales. Cependant les événemens du 14 fructidor se préparaient; les liaisons de Benezech avec plusieurs personnages du parti clichien, et surtout les souvenirs qu'avait laissés l'affaire de Berthelot de la Villeheurnois, inspirèrent quelque défiance; et peu de jours avant cette journée décisive, M. François de Neufchâteau le remplaça au ministère de l'intérieur. Sous le consulat, Benezech devint conseiller-d'état et inspecteur du palais des Tuileries. L'assujettissement de cette dernière place lui fit bientôt désirer un changement de situation. Il profita de l'expédition de Saint-Domingue pour demander à passer dans cette colonie, où il avait des recouvremens considérables à faire au nom de sa femme, et où il se rendit avec sa famille en qualité de préfet colonial. Il mourut dans cette île en 1802. Ayant occupé de grandes places pendant plusieurs années, il ne laissa point de fortune, et cela seul le distinguerait honorablement de la plupart des hommes qui ont vécu à cette époque au milieu des affaires. Le gouvernement accorda une pension de 900 francs à chacune de ses deux filles.

BENEZET (Antoine), de la secte des Quakers. Il écrivit peu, mais il fit beaucoup de bien par ses bonnes œuvres. Sa vie entière fut dévouée à l'humanité : à peine est-il connu. Il pensait *que le plus grand acte de charité qu'un homme pût faire, était de souffrir avec patience les attaques de l'envie et l'injustice des hommes.* Les auteurs de biographies anglaises qui en ont parlé ont oublié de dire qu'il était Français. Il naquit à Saint-Quentin, en Picardie, en 1713. Sa famille, qui était considérée dans toute cette province, et qui professait la religion protestante, avait été bannie de France par suite de la révocation de l'édit de Nantes, et s'était établie à Londres, où Antoine fit ses études. Il exerçait l'état de tonnelier, lorsque en 1731, il suivit ses parens à Philadelphie. Ce fut là que le jeune Benezet, naturellement religieux et contemplatif, médita long-temps les moyens de soulager la misère de ses semblables, et particulièrement des hommes de couleur. Que peut un homme isolé, sans fortune, quand il s'agit d'une entreprise philanthropique ? Cependant, en 1742, on lui offrit la place d'instituteur de l'école anglaise des *Quakers*, dont il venait, ainsi que sa famille, d'embrasser les opinions religieuses. Depuis ce temps, le désintéressement, le zèle, la bienfaisance, remplirent tous ses momens. Il se consacra à l'instruction des noirs. La vie d'un pareil homme ne se fait remarquer ni par les oppositions, ni par les contrastes; elle est uniforme comme un beau ciel, toujours égale comme la vertu. En 1756, il aida de son crédit et de sa fortune les familles françaises transportées d'Acadie en Pensylvanie par mesure politique, et montra dans cette circonstance combien son ancienne patrie lui était chère encore. Nous ne citerons pas le peu d'ouvrages qu'il a publiés et qui sont tous en faveur de l'humanité souffrante. Nous nous bornerons à raconter ses touchantes funérailles. Cent nègres entouraient la bière et mêlaient leurs larmes à celles des Whigs et des Toris, réunis pour rendre un dernier hommage à un homme d'une grande vertu. Le cercueil s'étant arrêté, un officier américain, plein de sentiment et d'enthousiasme, s'écria : *J'aimerais mieux être Antoine Benezet, dans son drap mortuaire, que Washington lui-même dans toute sa gloire.* Benezet donnait peu de temps au sommeil, *créancier avide*, dit un Père de l'Église, *qui partage avec nous notre courte existence*. Sur la fin de sa vie, Benezet ne se nourrissait que de légumes ; ayant adopté cette idée de Pythagore, qu'il y a de la cruauté à se nourrir des animaux qui nous servent et nous sont si utiles. Il mourut au commencement de la révolution française.

BENGY-DE-PUYVALLÉE, fut député de la noblesse du Berri aux états-généraux, où d'abord il ne se fit point remarquer. Mais plus tard, à l'assemblée constituante, il se montra constamment opposé à la majorité, et fut du très-petit nombre des membres qui ne voulaient ni la division du royaume en départemens, ni la suppression des apanages des princes, etc. Il signa un des premiers la protestation des 12 et 15 septembre, contre les décrets de l'assemblée. Ce fut là toute sa vie politique.

BENIGSEN ou BENNINGSEN (Banteln-Levin-Auguste-Théophile, comte de), né dans le Hanovre, en 1745. Il passa de bonne heure en Russie, et s'y voua à la carrière des armes. Il se distingua particulièrement dans les guerres de Pologne, sous le règne de l'impératrice Catherine II. On cite de lui, comme un fait d'armes éclatant, un engagement de cavalerie, sous les murs de Wilna, dans lequel il commandait en personne, et qui eut pour résultat la destruction entière d'un corps considérable de fédérés polonais. Le comte Benigsen est un des principaux auteurs de la révolution de palais qui mit fin à la vie de Paul Ier. En 1806, l'empereur Alexandre lui confia le commandement de l'armée russe, laquelle devait agir comme auxiliaire des Prussiens, dans la guerre contre les Français. Mais avant que les armées de ces deux puissances se fussent réunies, le génie de l'empereur Napoléon avait déjà détruit la puissance prussienne dans les plaines de Jéna, et par une seule bataille, transporté le théâtre de la guerre, des bords de l'Elbe sur ceux de la Vistule. Presque toutes les forteresses prussiennes, regardées comme imprenables, avaient ouvert leurs portes aux vainqueurs, et Benigsen, après avoir recueilli les faibles débris de l'armée prussienne, ne songea plus qu'à défendre les frontières menacées de l'empire russe. L'affaire de Pultusk fait honneur à ce général, dans l'esprit des militaires éclairés. La bataille d'Eylau, la plus sanglante, peut-être, après celle de Mojaïsk, dont fassent mention les annales militaires, resta longtemps indécise; et il est à remarquer que Napoléon, sur la médaille qu'il fit frapper, pour perpétuer le souvenir de cette terrible journée, ne la désigne pas sous le nom de *victoire*, mais de *bataille d'Eylau*. Le génie militaire que Benigsen avait déployé dans cette campagne d'hiver, sembla tout-à-fait l'abandonner au printemps; la diversion qu'il voulut faire au siège de Dantzick, par l'attaque qu'il dirigea sur le corps du maréchal Ney, à Gutstadt, était beaucoup trop tardive. Dantzick ouvrit ses portes, et bientôt toute l'armée française se trouva réunie sous les murs d'Heilsberg : la nature rendait inexpugnable cette dernière position; l'armée russe ne la quitta que pour conserver ses communications avec Kœnisberg, les Français s'étant étendus considérablement sur leur gauche, le long de l'Alla. Benigsen marcha parallèlement à l'armée française, de l'autre côté de cette rivière. Arrivé à Friedland, il est difficile de concevoir comment il put se décider à accepter la bataille, en passant l'Alla, où il adossa son armée. Cette position rendait sa retraite extrêmement difficile; aussi la bataille de Friedland ne fut-elle bientôt plus, pour les Russes, qu'une déroute dont la paix de Tilsitt devint la suite inévitable. La bataille de Friedland fut remarquable, en ce que l'infanterie de la garde impériale russe y fut presque toute détruite à la baïonnette par notre infanterie de ligne, tandis que notre garde impériale demeura spectatrice du combat. L'empereur Napoléon, qui y commandait en personne, se souvint, au milieu de l'affaire, que ce jour était l'anniversaire de Marengo. Dans l'intervalle de 1807 à 1812, Benigsen ne prit aucune part, ni aux guerres de Turquie, ni à celles de Finlande, que la Russie eut à soutenir. En

1812, il arriva à l'armée, quelques jours avant la bataille de Mojaïsk, en qualité de chef d'état-major des armées russes, dont le commandement venait d'être confié au prince Kutusof. A la mort de ce prince, en 1813, il resta en Pologne, occupé de la formation d'une armée de réserve; il rejoignit les armées de la coalition européenne, assez à temps pour coopérer à la bataille de Leipsick. Lorsqu'à la suite de cette bataille les alliés se dirigèrent sur la France, Benigsen avec son armée marcha sur Hambourg, dont il forma le blocus : on sait que la ville, défendue par le maréchal Davoust, n'ouvrit ses portes que lorsque la guerre fut terminée. De retour en Russie, Benigsen commanda l'armée du Sud; mais bientôt l'âge avancé où il était parvenu, et les fatigues d'un long service, le forcèrent à songer au repos. Il est maintenant retiré dans le Hanovre, sa patrie, où il s'occupe, dit-on, à écrire des mémoires qui pourront jeter un grand jour sur l'histoire militaire de cette grande époque. Ses *Pensées sur quelques connaissances indispensables à un officier de cavalerie légère*, ont eu deux éditions, l'une à Riga, en 1794, et l'autre à Leipsick, en 1805.

BENINCASA (LE COMTE BARTHÉLEMY), né, en 1745, dans le duché de Modène, possède des connaissances très-étendues dans les sciences, la littérature, les beaux-arts, et particulièrement la musique. Il parle la langue française avec autant de facilité que l'italienne. En 1784, il revenait de Vienne, afin de recevoir de nouvelles instructions pour une mission diplomatique dont le duc de Modène l'avait chargé, lorsque des chagrins domestiques assez graves lui firent prendre la résolution de quitter sa maison pour toujours. Il repartit pour Vienne, se rendit ensuite à Venise, et s'attacha à la comtesse de Rosemberg, dame anglaise, mariée à un gentilhomme allemand. Cette dame avait une grande fortune et beaucoup d'esprit, et on lui attribua un ouvrage que le comte Benincasa publia en français, sans nom d'auteur, intitulé *les Morlaques*, in-8°, Venise, 1788. Quelques personnes cependant pensent que le comte n'en fut que le traducteur. Le comte Benincasa, après avoir conduit la comtesse de Rosemberg en Angleterre, vint en France, résida à Paris pendant plusieurs années, fréquentant les gens de lettres et les meilleures sociétés. Il se préparait à continuer ses voyages en Italie, mais la modicité de sa fortune ne lui permit pas d'effectuer ce projet. Il se vit donc obligé de se fixer à Milan, où il composa des articles de littérature et de spectacle pour le *Giornale Italiano*, qui s'imprimait par ordre du vice-président de la république italienne. Le comte Benincasa obtint la charge de directeur d'ordre des deux grands théâtres, et des jeux publics de cette ville. Lorsque l'empereur Napoléon devint roi d'Italie, il fut envoyé en mission près de son ami Dandolo, Vénitien, que ce prince avait nommé *proviéditeur général* de la Dalmatie. Pendant le séjour que le comte fit à Brescia, en revenant de remplir sa mission, il traduisit un ouvrage anglais sur la tragédie italienne. Cette traduction fut publiée sous ce titre : *Memoria storica sulla tragedia italiana, di Giuseppe Cooper-Walker*, 1 vol. in-4°. On ne peut douter que le comte de Benincasa n'ait rendu par cette traduction et les notes très-savantes dont il l'a accompagnée, un important service à la littérature italienne. De retour à Milan, il fut nommé secrétaire de la commission d'instruction publique et sous-directeur des théâtres royaux, emplois qu'il conserva jusqu'à l'abdication de l'empereur Napoléon, en 1814.

BENKENDORF (Ernest Louis de), général saxon, né à Anspach, le 5 juin 1711. Sa famille désirait qu'il suivît la carrière diplomatique ; mais il avait un goût décidé pour les armes. Il fut d'abord sous-lieutenant des gardes-du-corps de l'électeur de Saxe, Auguste III, roi de Pologne. La Saxe, qui dans la guerre de la succession s'était déclarée contre l'Autriche, et avait combattu comme alliée de la Prusse, adopta le système contraire dans la guerre de Hanovre. Ainsi Benkendorf, durant ces longues campagnes contre le grand Frédéric, se servit des principes même qu'il avait puisés à l'école prussienne dans la première guerre de Silésie. Sa propre valeur et celle de son régiment le firent remarquer dans presque toutes les affaires, particulièrement à la prise de Schweidnitz, au combat de Breslau, et surtout à la bataille de Kellin, dont il décida le succès par une charge contre l'infanterie prussienne, au moment où l'armée de l'Autriche se préparait à la retraite. Pendant cette guerre, où il avait su se concilier l'affection du soldat par ses manières affables, et l'estime des généraux par ses talens ou par son courage, il fut envoyé plusieurs fois à Vienne, à l'occasion du paiement des troupes ; il y fut reçu avec distinction par le prince de Kaunitz et par l'impératrice elle-même. La paix ne borna pas les espérances de Benkendorf. Dès son entrée au service, il donna des preuves d'attachement à la maison de Saxe, et il en fut récompensé par le grade de général : on lui fit à la cour l'accueil le plus flatteur. Le jour de son arrivée était celui de la naissance du prince Charles, depuis duc de Courlande ; on tirait le canon, et Benkendorf dit en riant : « Ou le prince est venu » au monde pour moi, ou je suis » venu à Dresde pour lui. » Cette sorte de pressentiment parut confirmée par l'amitié constante qui exista depuis entre le prince et le général. Toujours heureux, Benkendorf n'éprouva à la cour que de légers dégoûts, et il conserva, jusqu'à l'âge de 90 ans, une santé que semblaient ne pouvoir altérer ni les suites des fatigues militaires, ni même celles de son peu de modération dans les plaisirs. Il se livra surtout aux excès de la table ; il avoua lui-même, ou plutôt il prétendit que la passion du vin lui avait coûté plus de trois cent mille livres. Il mourut le 5 mai 1801.

BENNET, second fils du comte de Tonkarville, pair d'Angleterre. Il se distingua, en 1815, parmi les membres les plus décidés de l'opposition, dans la chambre des communes. Le 28 février, il demanda que le chancelier de l'échiquier rendît compte de l'emploi d'une somme de 4,000 livres sterling, remise au duc d'York pour les frais de réception des souverains étrangers. Il profita des débats qui eurent lieu le 13 mars, à l'occasion de la compagnie de la mer du Sud, pour se plaindre de ce qu'on avait envoyé l'ordre de la Jarretière à Ferdinand VII, et pour attaquer en général la conduite du ministère à l'égard des indépendans d'Amérique : il lui reprocha de n'avoir pas observé envers eux la neutralité promise, et de s'être opposé à leurs efforts pour la liberté, comme si l'Angleterre avait garanti aux Espagnols, par quelque traité, la possession de leurs colonies. On sait que depuis cette époque, de nouvelles considérations ont porté le gouvernement anglais à suivre un système différent. Le capitaine Bennet s'éleva ensuite contre les châtimens ignominieux infligés aux soldats. Il souhaitait, comme tous les hommes éclairés, qu'on fît disparaître enfin les traces de barbarie du code militaire des peuples dont les guerriers mettent l'honneur au-dessus de tout. Le 24 avril 1815, attendu l'importance des objets qui devaient se traiter dans la chambre, il demanda et il obtint le rappel des membres absens. Le 26 mai, plus français que beaucoup de Français, il s'éleva contre la proposition d'un subside de 5,000,000 sterling destinés aux frais de la guerre contre la France. Enfin, le 2 juin, M. Bennet, fidèle à ses principes pour le maintien de la liberté, parla contre l'établissement d'un collége royal militaire ; il craignait que cette institution, en favorisant le goût des armes, et par conséquent l'habitude de l'obéissance passive, n'entraînât le peuple anglais à se laisser ravir la liberté que sa constitution doit lui assurer.

BENNETT (Miss) a fait plusieurs bons romans. Il faut un talent distingué pour se faire remarquer près des Hannah Moore, des Morgan et des Edgeworth. Les caractères que trace miss Bennett ne s'écartent point de la nature : assez bien soutenus, ils sont d'un intérêt plus aimable que pressant. Née vers 1750, miss Bennett mourut il y a quelques années. Ses principales productions sont : *Rosa ou la Fille mendiante*, roman en 10 volumes, dont on ne regrette point l'étendue, qui dépasse de beaucoup les bornes ordinaires, et que Mme Brayer de Saint-Léon a traduit avec soin ; *Anna, ou l'Héritière Galloise*, trad. en fr. par Fontanelle ; les *Imprudences de la jeunesse*, trad. par Mme de Vasse, qui a cru pouvoir l'attribuer à miss Burney ; *Agnès de Courcy*, roman, etc.

BENOIST (P. V.), membre de la chambre *introuvable* en 1815, et de la chambre *retrouvée* en 1820. Il est né en Anjou, vers 1752, d'une famille de robe. Toute famille de robe n'est pas famille parlementaire.

Regarde dans ma chambre et dans ma garde-robe
Les portraits des Dandins; tous ont porté la robe.

Le père de M. Benoist n'était cependant pas un juge de village; il était lieutenant de la sénéchaussée d'Angers, charge qui devait passer à son fils. Élevé dans le cabinet de ce magistrat, et, pour nous servir de sa propre expression, né *homme de papier marqué*, M. Benoist se familiarisa dès l'enfance avec les affaires. Aussi peu de personnes s'y entendent-elles aussi-bien que lui. Avant d'être appelé à remplir des fonctions importantes dans l'administration, ou à coopérer avec les représentans de la nation à la confection des lois, il avait déjà donné des preuves non douteuses de sa capacité. Historiens que nous sommes, nous ne tairons pas que divers bruits se répandirent sur lui en 1794, lorsque les députés Chabot, Basire, Fabre d'Églantine et Delaunay d'Angers furent traduits devant le tribunal révolutionnaire, prévenus d'avoir altéré un décret de la convention nationale sur les comptes à rendre par la compagnie des Indes. Mais des suspicions ne sont pas des preuves; et M. Benoist est aussi irréprochable que telle personne à laquelle il était accolé. Il crut néanmoins devoir quitter Paris; l'innocent lui-même n'avait pas de meilleur parti à prendre sous ce régime. M. Benoist ne reparut qu'après l'installation du directoire. Ce gouvernement, dont les débuts avaient été si brillans, mais entre les mains duquel notre gloire militaire avait fini par s'atténuer, et nos calamités intérieures par s'accroître dans une proportion désespérante, était déjà réprouvé par l'opinion publique, quand M. Quinette, nommé ministre de l'intérieur, proposa à M. Benoist la place de secrétaire-général du même ministère. M. Benoist la refusa. Moins difficile après la révolution du 18 brumaire, il sollicita, il est vrai, la place de secrétaire-rédacteur du tribunat. Celle-là lui fut refusée. M. Maret, aujourd'hui duc de Bassano, le consola en l'admettant dans les bureaux de la secrétairerie d'état. Un an après, à la sollicitation de M. Scipion Mourgue, alors chef du secrétariat-général du ministère de l'intérieur, le ministre Chaptal le nomma chef de la division administrative, celle à laquelle ressortissent les préfectures, emploi qu'il conserva sous les ministères successifs de MM. de Champagny, Cretet, Montalivet, et de l'abbé de Montesquiou. Quelle que fût l'importance de cette place, elle ne satisfaisait pas l'ambition de M. Benoist. Fort de sa conscience, et certain de ce qu'il valait, il aspirait au conseil-d'état, ou tout au moins à une préfecture, mais en vain. Loin de favoriser ses projets d'avancement, Napoléon, par une exclusion injurieuse, refusa même à M. Benoist la décoration de la légion-d'honneur, qui avait été accordée à ses autres collègues, et ce n'est qu'à grand'peine qu'il l'admit plus tard dans l'ordre de la *Réunion*. Par suite de la même injustice, l'empereur ne voulut pas confirmer la nomination par laquelle le grand-maître Fontanes avait appelé M. Benoist au conseil de l'université impériale. Dans son désappointement, M. Benoist avait tourné les yeux d'un autre côté, antérieurement même à cette dernière injustice. Les trônes du midi de l'Europe étaient occupés par la famille de Napoléon : M. Benoist pensa que son expérience et son habileté lui pourraient obtenir, auprès d'un de ces nouveaux potentats, l'éminent emploi que l'empereur s'obstinait à lui refuser. Il ne se trompait pas. En effet, il eût été placé conformément à ses prétentions, auprès de la princesse Élisa, grande-duchesse de Toscane, sans l'invincible opposition que Napoléon, qui ne voulait ni le céder ni l'employer, apporta encore à l'exécution de ce projet. N'est-il pas naturel que M. Benoist, impatient de prendre un essor proportionné à ses forces, se soit multiplié en 1813 pour contribuer à la chute d'un gouvernement par lequel il avait été constamment emprisonné dans des fonctions inférieures? Il entra dans la garde nationale; mais quoiqu'il y fût officier, on ne peut pas l'accuser d'avoir été complice de ceux de ses camarades qui s'exposèrent pour défendre Paris dans la journée du 31 mars 1814. Cette époque fut pour lui celle de la justice. Le gouvernement provisoire le chargea, sous le titre de commissaire, de la direction du ministère de l'intérieur, jusqu'à l'arrivée de M. Beugnot, qui en avait été nommé ministre. Après l'entrée du roi, il obtint enfin le titre de conseiller-d'état qu'il avait si long-temps désiré. L'abbé de Montesquiou, digne appréciateur de tant de mérite, lui accorda une confiance sans bornes. Ce ministre, trop occupé par ses relations avec les chambres, et par ses recherches sur la valeur politique des mots, pour se livrer à tous les détails de l'administration, s'en était déchargé sur les chefs de division, auxquels il donna la signature. C'est à cette occasion que M. Benoist prit le titre de *directeur de la correspondance*, titre que ses collègues reçurent à la même occasion. Nommé depuis, en qualité de conseiller-d'état, directeur-général de la comptabilité des communes, il était pourvu d'une espèce de ministère quand l'événement du 20 mars vint ébranler sa fortune. Celui du 8 juillet la raffermit. Rappelé au conseil, après la seconde restauration, M. Benoist fut attaché au comité du contentieux. Il perdit toutefois la direction de la comptabilité des communes, qui fut ultérieurement supprimée par motif d'économie. Au mois de septembre suivant, les électeurs du département de Maine-et-Loire le nommèrent à la chambre des députés. Pendant la session de 1815 à 1816, il fit partie de la majorité et vota avec elle dans toutes les discussions, si ce n'est pourtant dans celle du 4 janvier, où il défendit les opinions du gouvernement dans un discours tellement scandaleux par sa modération, qu'il provoqua les murmures de ceux dont il obtenait ordinairement les approbations. M. Benoist ne fut pas insensible au mécontentement du côté droit, et se conduisit depuis non-seulement de manière à ne plus l'exciter, mais à se faire pardonner sa faute. L'excès de son zèle l'a même entraîné une fois à s'immoler pour l'intérêt public. M. Benoist a rempli avec une égale probité les fonctions qui lui avaient été confiées sous le consulat, sous l'empire et sous la monarchie. Dans un discours qu'il prononça sur les élections, le 24 février, et dans lequel il demandait que l'on fût admis à la chambre des députés à 30 ans, il semble cependant avoir peu de confiance dans les honnêtes gens qui ont servi sous ces divers régimes, et douter qu'ils puissent être fidèles à l'honneur, par cela même qu'ils ont été fidèles à leurs sermens successifs. « Songez-y bien, » s'écrie-t-il, dans cinq ans, les » jeunes gens qui ont 25 ans en au- » ront 30 (grande vérité)! Aucun » d'eux n'aura pris part aux évé- » nemens désastreux qui, depuis » vingt-cinq ans, couvrent notre » malheureux pays de deuil et de » calamités. Lorsqu'ils lèveront les » mains dans cette enceinte pour » prêter serment de fidélité, ils » n'auront point à se reprocher » d'en avoir prêté d'autres ; lors- » qu'ils se présenteront devant la » fille auguste de nos rois, elle ne » pourra lire dans leurs regards » inquiets, leurs remords et leurs » regrets ; *ils auront des mains* » *vierges,* un cœur pur, des âmes » sans reproche et sans honte. » L'orateur ne s'apercevait-il donc pas qu'on pourrait conclure de là qu'à commencer par lui, aucun député présent n'avait *les mains vierges, le cœur pur et l'âme sans reproche et sans honte?* Avec un peu de réflexion, il nous pardonnera sans doute de mieux aimer voir en lui un honnête homme qu'un bon logicien, et de ne pas adopter ses conclusions. M. Benoist, au reste, n'a peut-être erré dans cette circonstance que par le désir de ne plus être accusé d'un excès de modération. Les efforts qu'il a faits dans cette intention, ont été tellement multipliés depuis le jour de son erreur, que lorsque le gouvernement, croyant utile de revenir à un système plus modéré, eut prononcé, par l'ordonnance du 5 septembre 1816, la dissolution de la chambre, il crut devoir éloigner M. Benoist du conseil d'état, et le traiter, au jour de la réconciliation, comme les Juifs traitaient le bouc qu'ils chassaient dans le désert, en le chargeant de leurs iniquités. M. Benoist, à la vérité, fut rappelé au conseil en 1819. Si les principes auxquels le ministère s'est rattaché depuis cette époque, sont ceux-là même qu'il avait abjurés en 1816, on peut juger, par les variations de la fortune de M. Benoist, de celles qui se préparent pour la fortune publique, et M. Benoist peut être considéré comme un vrai baromètre politique. Si M. Benoist a été nommé par les *ultras,* nul commis n'est plus fidèle au vœu de ses commettans. C'est un des partisans les plus zélés des lois d'exceptions; ingénu même dans l'expression de ses désirs, comme le sont tous les gens passionnés, il ne dissimule pas qu'il travaille de toutes ses forces à l'achèvement de la contre-révolution, qu'il ne désespère pas d'opérer. Aussi s'est-il prononcé dans toutes les occasions contre le mode d'élection établi par la loi du 5 février, lequel probablement l'aurait écarté de la législature.

M. Benoist, libre alors de reprendre ses travaux littéraires, eût peut-être été plus utile encore à la société. Il est bon d'apprendre que pendant le temps où il était éloigné des fonctions publiques, M. Benoist s'était illustré par plusieurs articles d'économie politique ; s'il n'a rien inventé, traducteur infatigable, il a travaillé de compagnie à la traduction de plusieurs ouvrages anglais, soit graves comme les ouvrages d'Arthur Young, soit futiles comme le roman intitulé *le Moine*, et les effrayans romans de mistriss Radcliffe. M. Benoist spécule surtout sur la terreur. Mlle Delaville Leroux, son épouse, n'a pas peu contribué à appeler sur le nom de Benoist la célébrité qui s'y rattache à tant de titres. Cette dame s'est acquis dès long-temps, par son talent pour la peinture, une réputation qui n'a pas été inutile à l'intérêt comme à la gloire de la communauté. On ne peut que l'en louer. Rien de plus honorable que l'emploi du talent contre les rigueurs de la fortune. M. Benoist n'a pas toujours été pourvu d'emplois lucratifs. Dans les temps malheureux où il faisait ressource de sa plume, il était naturel que Mme Benoist tirât parti de son pinceau. Ce n'est pas toutefois à cette époque que les productions de Mme Benoist se sont le plus répandues dans toute la France, ou plutôt dans tout l'empire, où il était peu de chefs-lieux de département qui ne possédassent un portrait de Napoléon, sorti de l'atelier de cette artiste; c'est à l'époque où M. Benoist, chef de division au ministère de l'intérieur, réglait en cette qualité les budgets des communes. Mme Benoist, élève de David, a formé elle-même plusieurs élèves distingués. Entre ceux qui ont le plus répondu à ses soins, on cite M. Apparicio, Espagnol, auteur d'un tableau représentant le petit Joas interrogé par Athalie. Cette dame n'expose plus au salon de peinture depuis que son mari est conseiller-d'état et noble ; les beaux-arts cependant ne dérogent pas. Mme Benoist est cette *Émilie* tant célébrée par Demoustier ; c'est à elle que les *Lettres sur la Mythologie* sont adressées.

BENOISTON (Jean - Marie). Président, en 1791, du collége électoral du département de la Loire-Inférieure, il fut nommé député à l'assemblée législative, où il fit rendre, le 24 mai 1792, un décret de déportation contre les prêtres insermentés qui seraient dénoncés par vingt citoyens, et quelque temps après il présenta un rapport sur le mode de cette déportation. Après la session de cette assemblée, M. Benoiston devint membre du comité des domaines.

BENOISTON DE CHATEAUNEUF, est auteur de l'*Essai sur la poésie et les poètes français, aux* 12me, 13me *et* 14me *siècles*, in-8°, 1815.

BENOIT (Antoine - Vernier), né à Dôle en Franche-Comté, le 2 avril 1769, entra dans la congrégation des prêtres de la Mission à Paris. La suppression de cette société le jeta dans les emplois administratifs. En 1805, il fut admis dans les bureaux de la secrétairerie d'état, où il obtint bientôt un emploi supérieur. Honoré ensuite de la confiance et de l'amitié du duc de Bassano, ce ministre l'attacha à son cabinet, et ne s'en sépara plus. M. Benoit l'accompagna dans tous les voyages et dans toutes les campagnes qu'il fit à la suite de Napoléon, soit comme secrétaire d'état, soit comme ministre des relations extérieures. M. Benoit, qui avait cessé ses fonctions à l'époque de la restauration, les reprit pendant les *cent jours*, et les continua près du gouvernement provisoire. Au second retour du roi, sa fidélité et son attachement à la cause qu'il avait servie le rendirent suspect. Il sut que chaque jour il était l'objet des dénonciations les plus absurdes. Plus d'une fois il fut mandé à la police pour donner des explications sur sa conduite. Ces persécutions le décidèrent à chercher à l'étranger une liberté qu'il ne devait plus se flatter de trouver en France. Exilé volontaire, il eut en Suisse les honneurs des proscrits. Après avoir passé l'hiver de 1816 à Lausane, les membres du gouvernement de ce canton ne lui dissimulèrent pas qu'il n'était plus en leur pouvoir de lui permettre d'habiter plus long-temps cette terre de liberté. Résolu de fuir des hommes sans pitié pour le malheur, il se rendit à Genève, d'où il se proposait de passer en Italie; mais on ne lui en laissa pas le temps. Les compatriotes de J. J. Rousseau ne lui furent pas plus favorables que ceux de Guillaume Tell. Le 25 avril, à minuit, la maison qu'il habitait fut cernée et remplie de gendarmes;

un auditeur de la noble police de cette ville était à leur tête. Il s'empara des papiers et des effets de M. Benoit, ne lui permit pas de prendre une voiture, quoiqu'il dût être conduit sur-le-champ à Gex par une nuit affreuse, et le fit entraîner par ses gendarmes, qui le livrèrent à ceux de France venus jusqu'aux portes de Genève pour le recevoir. C'est ainsi qu'à Londres, en 1819, le gouvernement en usa envers le général Gourgaud. L'hospitalité suisse ressemble beaucoup à l'hospitalité anglaise. Certains journaux se hâtèrent d'annoncer cette extradition, et d'ajouter qu'il avait été trouvé sur M. Benoit des papiers de la plus haute importance. Ces papiers étaient si insignifians, qu'un mois après ils lui furent renvoyés, et qu'il était libre. Mais en cessant d'être gardé par des gendarmes, M. Benoit n'eut pas la faculté de revenir à Paris ou de quitter de nouveau la France. Il fut mis en surveillance à Orléans jusqu'au moment où les ministres jugèrent convenable de ne plus exercer cette branche du pouvoir arbitraire. M. Benoit, déjà membre de la légion-d'honneur, en avait été nommé officier pendant les *cent jours*. Ces distinctions honorables furent le seul fruit de ses longs et pénibles services, car il n'a pas même obtenu la modique pension qui lui était due. Libre et indépendant, M. Benoit s'est ouvert une nouvelle carrière comme écrivain politique. Il a fourni à la *Bibliothèque historique* des articles remarquables sur la religion et sur le droit constitutionnel. Sa brochure, *sur la*

Liberté des cultes et les concordats, est la seule où ces grandes questions aient été envisagées sous leur véritable point de vue. Dans son livre, *de la Liberté religieuse*, en remontant aux sources de cette liberté, il lui a donné des fondemens inébranlables, et en a déduit les rapports désormais nécessaires de la religion et de la politique. Si la hardiesse des principes et la nouveauté des conséquences ont empêché les écrivains patriotes de dire de cet ouvrage tout le bien qu'ils en pensent, les grossières injures qu'il a valu à son auteur, les regrets qu'ont exprimés ses adversaires, parce qu'il n'était pas au pouvoir des ministres d'un roi très-chrétien de l'envoyer à Botany-Bay, doivent le consoler du silence de ceux dont il cherchait le suffrage. M. Benoit se propose de publier incessamment un nouvel ouvrage ayant pour titre, *De la liberté et de la Souveraineté*.

BENOIT (Françoise-Albine-Puzin de la Martinière, femme), naquit à Lyon en 1724. Elle a donné plusieurs ouvrages estimés, entre autres, les suivans : 1° *Mes principes ou la vertu raisonnée*, 1759, in-12 ; 2° *l'Erreur des désirs*, 1769, 2 vol. in-12; 3° *Sophronie, ou Leçon d'une mère à sa fille*, 1769, in-12; 4° *Folie de la prudence humaine*, 1771, in-12. Le but de ce dernier ouvrage est de démontrer que tout est folie dans la prudence humaine. Il y a dans ce livre des idées saines et philosophiques. Madame Benoit a publié aussi plusieurs comédies : la meilleure, en deux actes et en prose, imitée de Goldoni, est intitulée, *le Triomphe de la probité*. Cette dame mourut à Lyon, en 1789.

BENONI (le P.), capucin, connu à Naples par ses prédications, avait beaucoup d'éloquence. Lorsque la révolution éclata dans le royaume des Deux-Siciles, en 1798, il en embrassa la cause avec enthousiasme, et lui consacra ses talens. C'était sur les places publiques que, l'évangile et le crucifix à la main, il haranguait le peuple et l'exhortait au nom du ciel à briser le joug du despotisme. Lorsque l'armée royale, commandée par le cardinal Ruffo, rentra dans Naples, le P. Benoni fut arrêté et condamné à mort avec un autre moine qui s'était également signalé dans cette noble cause.

BENTABOLLE (Pierre), était avocat avant la révolution, et s'en montra dès le principe un des partisans les plus exaltés. L'ardeur qu'il déploya dans la place de procureur-général-syndic du département du Bas-Rhin, le fit nommer député à la convention nationale. C'est alors qu'il donna le plus grand essor à la violence de son caractère; extrêmement entêté, et d'ailleurs dépourvu d'instruction, il se réunit aux démagogues de l'assemblée. Dans le procès du roi, il vota la mort sans sursis ni appel. Le général Dumouriez ayant perdu la bataille de Nerwinde, Bentabolle saisit cette occasion pour demander l'établissement d'une commission qui serait chargée d'examiner la conduite des généraux. Les succès des révoltés de la Vendée lui fournirent encore l'occasion de proposer de cesser toute affaire civile et criminelle, de former une armée de 40,000 hommes, de tirer le canon d'alarme, et de sonner le tocsin dans tous les départemens voisins de la capitale. Républicain de bonne foi, peut-être, mais sans talent et sans vertu, il regardait les *girondins* comme des ennemis de la liberté, et il se montra un de leurs ennemis les plus déclarés, lors de la révolution du 31 mai. Peu de temps après, il proposa la mise hors la loi de Félix Wimpfen, chef des fédérés du Calvados; et le 3 octobre de la même année, il s'opposa à ce que Ducos, Fonfrède et Vigié se défendissent à la tribune. Dans le mois d'août il fut envoyé en mission à l'armée du Nord, et il y destitua le général Hédouville. Bentabolle parut alors revenir à des idées moins exagérées, ou du moins il s'écarta souvent des principes qu'il avait d'abord adoptés. Il attesta le patriotisme d'Hérault de Séchelles, et dit qu'il regardait comme injuste pour quelques-uns d'entre eux le rappel des nobles et des prêtres qui étaient en mission. Le bon sens ne lui était cependant pas tout-à-fait revenu ; car le 9 janvier 1794, six mois après que Châlier eut été exécuté à Lyon, pendant la révolte de cette ville contre la convention, il n'eut pas honte de solliciter pour l'épouse de cet autre Marat, une pension égale à celle de la veuve de J. J. Rousseau, qu'il mettait bien au-dessous de Châlier. La mort de Danton, avec qui il avait eu des relations intimes, lui avait inspiré des craintes pour lui-même ; aussi avait-il juré une haine implacable à Robespierre. Après la révolution du 9 thermidor, il vota pour faire adopter des mesures favorables aux détenus d'après la loi des suspects, et pour faire rapporter le décret qui donnait aux deux comités le droit de faire arrêter les représentans du peuple. Le 15 vendémiaire an 3 (6 octobre 1794), il entra au comité de sûreté générale, et dès lors il se montra plus incertain que jamais entre ses anciens principes et ceux qu'il avait récemment adoptés. Après avoir dénoncé le libelle de Lebois, continuateur de Marat, connu sous le nom de l'*Ami du peuple*, il s'éleva contre l'*Orateur du peuple*, rédigé par Fréron. Ainsi on le vit presqu'en même temps voter contre la rentrée des députés mis hors la loi, s'opposer à la restitution des biens des personnes condamnées par le tribunal révolutionnaire, s'élever contre toute proposition de suspendre les radiations de la liste des émigrés; enfin se plaindre que ces derniers occupaient tous les emplois publics, et se prononcer contre la mise en jugement des terroristes. Tous ses actes, à cette époque, sont marqués au coin de l'intérêt personnel. Il fut un de ceux qui firent nommer le général Barras commandant de l'armée de l'intérieur. Il porta une accusation contre Henri Larivière, comme ayant assassiné les patriotes par la loi du 4 fructidor; fit rappeler Thibaudeau à l'ordre pour avoir qualifié la *commission des cinq* de chambre ardente, et demanda le réarmement des patriotes qui avaient défendu la convention. Après l'établissement de la constitution de l'an 3, il entra au conseil des cinq-cents. Dans le mois de floréal an 4, il parla en faveur d'un arrêté du directoire qui interdisait aux prévenus d'émigration l'entrée des assemblées publiques. Mais en même temps il s'opposa à la clôture des assemblées populaires, que demandait le directoire. Bentabolle s'éleva ensuite contre les dilapidateurs des deniers publics, et se plaignit des calomnies répandues contre lui au sujet d'une lettre dans laquelle on avançait, mais faussement, qu'il existait un projet de correspondance entre le directeur Rewbell et le général Bonaparte, et que lui Bentabolle entrait dans la confidence de ce projet. Après avoir demandé que les rebelles amnistiés fussent exclus des élections, il émit, quelques jours après, une opinion en faveur des personnes inscrites sur la liste des émigrés, qui n'avaient point porté les armes contre leur patrie. Bentabolle mourut à Paris, le 3 floréal an 6. Si sa conduite, sous le rapport politique, annonce de grandes erreurs, elle est du moins irréprochable sous le rapport de sa fortune, qui était et qui resta médiocre. Il avait une voix de stentor, et des prétentions très-mal fondées à l'éloquence. Il était aussi brave qu'emporté. A la suite d'une discussion violente avec Goupillau de Fontenay, il se battit avec lui, et le blessa d'un coup d'épée.

BENTHAM (Jérémie), l'un des plus profonds jurisconsultes de l'Angleterre, a fait une sorte de révolution dans l'étude des lois. C'est à Montesquieu qu'il doit le germe de ses doctrines, quoiqu'il ne partage pas toutes les opinions de ce grand homme sur ses traces, il s'est mis à la recherche de l'origine des lois; et sur ses principes, il a fondé les plans hardis et quelquefois périlleux de ses systèmes de législation. La grande idée qui domine chez Bentham, c'est que l'uniformité de jurisprudence est une chimère impraticable; que la jurisprudence de chaque peuple doit reposer sur les localités et les variétés de climat, de gouvernement, de coutumes, et que la politique doit être intimement liée à la morale. Il a également développé avec une grande supériorité le principe de l'*utilité*, qu'il regarde comme la base la plus sûre de la législation, et comme le régulateur le plus certain des rapports sociaux. Il prouve avec beaucoup de sagacité que ce principe de l'*utilité*, bien établi, n'a rien de contraire à la morale et à la justice, et c'est particulièrement lorsqu'il combat l'*ascétisme*, c'est-à-dire la doctrine qui tend à nous imposer des privations sans utilité, qu'il déploie toute l'originalité de ses vues. Il y a quelque chose de dédaigneux dans son langage, et d'amer dans son éloquence. On s'aperçoit aisément qu'il a peu d'estime pour l'espèce humaine. Il parle avec autorité, il écrit de conviction, et comme pour soulager son esprit et son cœur. Dès qu'il a produit, peu lui importe que l'ouvrage paraisse; plusieurs de ses meilleurs *Traités* ont été longtemps ensevelis dans son cabinet, et sa fameuse *Théorie des peines et des récompenses* y est restée pendant trente années ; un de ses amis, M. Dumont de Genève, a été obligé de lui en arracher le manuscrit, qu'il a publié en français. Inexplicable insouciance, chez un homme qui n'est point insensible à la gloire littéraire, qui répond avec amertume aux critiques des journalistes, et qui soigne ses ouvrages au point de les refondre ou du moins de les corriger presque tous à diverses reprises! Mais ce qui étonne davantage, et ce qu'on doit regarder comme un exemple curieux d'indifférence littéraire, c'est que malgré les éloges de l'*Édimbourg Review*, et des principaux journaux anglais, ni cet ouvrage célèbre, ni sa *Tactique des assemblées populaires,* n'ont encore paru en langue anglaise, tandis que déjà le professeur Runez, docteur en droit à l'université de Salamanque, en a préparé une traduction qu'il doit enrichir de ses *Commentaires*. M. Bentham est né à Londres, vers 1749; après de bonnes études il se destina au barreau ; mais un organe faible et une antipathie extrême pour l'éloquence verbeuse des avocats de son pays , le détournèrent de l'exercice de cette profession. Il étudia les lois en elles-mêmes; médita long-temps sur leurs rapports avec les gouvernemens, les hommes et les mœurs; alla résider quelque temps en Crimée; et, de retour en Angleterre, publia, sous le voile de l'anonyme, ses premiers ouvrages qui firent beaucoup de sensation : leur hardiesse paradoxale, leur vive et ferme dialectique captivèrent l'attention générale. Il commença par attaquer de front *Blackstone,* l'oracle de la jurisprudence anglaise, *dans ses fragmens sur le gouvernement* (1778, in-8°), puis le *Code* même des lois anglaises, dans son *Plan d'un Code pénal,* un volume in-4°, tiré d'abord à soixante exemplaires seulement. Il publia l'ouvrage intitulé : *Quelques Idées morales, établies depuis des siècles dans la défense de l'usure* (1787, in-8°). Bientôt après parut son *Introduction aux principes de la morale et de la législation* (1787, in-4°), où il développa son système de réforme. On le combattit vivement. M. Bentham a passé sa vie entière à défendre ces principes, à les systématiser. En 1791, il donna au public son *Panopticon* (3 vol. in-12), ouvrage philanthropique, dans lequel il s'occupe des moyens de rendre meilleurs les criminels détenus, au lieu de les dépraver, comme on fait dans presque toutes les prisons. C'est à l'occasion de ce livre que l'auteur écrivit ces paroles remarquables à un membre de l'assemblée législative de France : « Mais voulez-vous savoir jusqu'à quel point s'est élevée ma persuasion de l'importance de ce plan de réformation, et des grands succès que l'on peut en attendre? Qu'on me permette de construire une prison sur ce modèle, et je m'en fais le geôlier; ce geôlier ne veut point de salaire, et ne coûtera rien à la nation. » Ses *Traités de législation civile et pénale* (3 vol. in-8°, Paris, 1802), ouvrage classique, ont été mis en ordre par son ami M. Dumont, ainsi que sa *Théorie des peines et des récompenses*, dont nous avons parlé plus haut (1811, 2 vol. in-8°). M. Bentham a aussi publié quelques autres petits ouvrages, tels qu'une traduction du *Taureau blanc de Voltaire;* une *Chrestomathie*, etc., etc., que nous laissons aux bibliologues le soin d'énumérer. Il a écrit, en 1793, une *Lettre* curieuse à la convention nationale. Dans cette lettre, il expose son opinion sur les colonies, et sur la nécessité de les déclarer indépendantes. Il publia, en 1790, une *Esquisse* (et non un *Dessin*, comme il a plu à un biographe de traduire le mot anglais) *d'un plan nouveau pour l'organisation de la justice en France*. Le marquis de Landsdowne en envoya cent exemplaires au duc de La Rochefoucault, et ce vertueux philanthrope fit à l'assemblée constituante une motion pour faire traduire l'ouvrage à l'usage du comité de jurisprudence; mais la motion fut écartée par l'abbé Sieyes, dont les idées étaient très-différentes de celles de Bentham. Celui-ci reçut en revanche l'approbation de lord Grenville et de sir Samuel Romilly. Il a inséré quelques articles dans les *Annales d'agriculture* d'Arthur Young. On a encore de lui: *Plan d'une réforme parlementaire*, où il indique les moyens d'obtenir une représentation nationale réelle et non illusoire, 1818. *Réforme radicale*, 1819; *Pièces sur la confection des Codes et l'instruction publique*, 1817; *l'Administration des pauvres perfectionnée*, 1812; *Conseils aux cortès et à la nation espagnole*, traduits en espagnol par M. de Mora; l'auteur prouve dans cet ouvrage le danger d'établir une chambre haute. M. Bentham a adressé à ses amis, en Espagne, plusieurs lettres remarquables sur les affaires de ce pays, et sur la marche tenue par le ministère depuis le rétablissement du gouvernement constitutionnel. Ces *Lettres* sont inédites, on a lieu d'espérer qu'elles paraîtront bientôt en français. M. Bentham jouit encore, quoique âgé de 72 ans, de toutes ses facultés, et d'une santé excellente. Il semble être toujours dans toute la vigueur de son talent, et les années n'ont altéré en rien la chaleur de son âme. Jamais homme n'a été plus entièrement dépouillé des préjugés nationaux qui tendent à éloigner les peuples de l'estime mutuelle et de la bonne intelligence qui assureront peut-être un jour leur tranquillité. On doit considérer M. Bentham comme un des patriarches de cette famille européenne qui grandit avec le progrès des saines idées politiques, et qui au milieu des divisions que sèment les intrigues éphémères de la diplomatie, fraternise dans une éternelle paix, et correspond des points les plus éloignés du globe par le langage universel de la raison. M. Bentham est un vrai philosophe cosmopolite: tout homme qui aime la liberté et qui désire le bonheur de l'espèce humaine est son compatriote.

BENTHAM (JACQUES), antiquaire anglais, né en 1708, à Ély, fit ses études à Cambridge, au collège de la Trinité. Sa vie fut presque entièrement consacrée à l'étude et à de savantes recherches. Il publia, en 1771, in-4°: *Histoire et antiquités de l'église cathédrale d'Ély, depuis la fondation du monastère, en 675, jusqu'à l'an 1771.* Cet ouvrage, précédé d'une introduction, qui renferme des vues neuves et ingénieuses sur les architectures saxone, normande, et gothique, est très-estimé des Anglais. Bentham n'a point exécuté le plan qu'il avait formé d'une histoire générale de l'architecture ancienne en Angleterre. Après avoir occupé différentes cures dans les comtés de Cambridge et de Norfolck, il obtint une prébende dans le chapitre d'Ély, en 1779. Pendant le cours de sa longue carrière, tous ses travaux et toutes ses vues eurent toujours pour objet l'utilité publique. Il mourut en 1794, à l'age de 86 ans.

BENTINCK (LORD GUILLAUME-HENRI-CAVENDISH), né en 1774, frère cadet du duc de Portland, et gendre du comte de Gosford, fut nommé, en 1803, gouverneur de Madras. Après son retour des Indes, il partit pour la cour de Sicile avec le titre de ministre plénipotentiaire; mais sa mission n'était rien moins que pacifique, puisqu'il conduisait des troupes anglaises, dont sa qualité de lieutenant-général lui donnait le commandement. Son but, qui paraissait être de défendre l'île en cas d'attaque, était de fait de s'en emparer militairement, pour suivre le système adopté par l'Angleterre pendant tout le temps que devait durer la guerre contre l'empereur Napoléon. La reine de Naples ne se trompa point sur les intentions de lord Bentinck, et la conduite qu'il tint dans le pays contraignit bientôt cette princesse à s'en éloigner et à se retirer à Vienne. En 1812, un parlement sicilien s'assembla sous les auspices du général anglais. Une constitution, calquée sur celle de l'Angleterre, fut donnée à la Sicile; ce qui fit considérer lord Bentinck comme le principal moteur de cette révolution. Lorsque la domination anglaise fut établie, il se mit à la tête d'une expédition, qui alla débarquer en Catalogne, au mois de juillet 1813. L'armée anglo-sicilienne eut d'abord quelque succès, ayant commencé le siége de Taragonne, après avoir pénétré dans le royaume de Valence; mais à Villafranca elle fut repoussée avec perte. Lord Bentinck s'embarqua au mois d'octobre pour retourner à Palerme. Il y fit une proclamation dans laquelle, en se déclarant responsable du maintien de l'ordre, jusqu'à la mise en activité de la nouvelle constitution, et en menaçant de punir par un jugement militaire les mécontens qu'il qualifiait de perturbateurs du repos public, il fit croire aux Siciliens qu'ils avaient changé de maîtres, et que l'Angleterre seule exercerait l'autorité souveraine dans leur pays. Cependant tout paraissait dirigé dans l'intérêt du roi Ferdinand IV, et du prince héréditaire, son fils. Au commencement de 1814, lord Bentinck quitta la Sicile pour aller prendre le commandement d'une expédition sur les côtes de Toscane. Le roi Ferdinand (à qui le départ du général anglais rendait un peu d'autorité) lui témoigna néanmoins sa satisfaction. Le 14 mars, lord Bentinck publia à Livourne une proclamation, dans laquelle il excitait les peuples d'Italie à secouer le joug des Français. Il leur promettait de puissans secours de la Grande-Bretagne, et leur rappelait les efforts constans de cette puissance pour briser le sceptre de Napoléon. Dans le même temps, il s'empara de Gênes, y mit une garnison anglaise, et y commanda long-temps en maître. Il était encore en Toscane, lorsqu'en 1815 le roi de Naples, Joachim Murat, prévoyant sa chute prochaine, voulut se mettre en mesure de l'empêcher. On dut remarquer alors que le général anglais ne seconda nullement les opérations des Autrichiens, quand ils furent aux prises avec les troupes napolitaines, et qu'il resta parfaitement neutre. Cette inaction, probablement volontaire, dans un moment décisif, n'était pas propre à lui concilier la bienveillance du roi Ferdinand; aussi, lorsque ce prince fut rétabli sur le trône de Naples, et que lord Bentinck se présenta pour le féliciter, le monarque ne voulut point le recevoir. Cependant il parut depuis revenir de ses préventions, et il lui envoya à Rome son portrait enrichi de diamans; mais le fier Anglais, se souvenant de l'injure, ne voulut point accepter le présent. Lord Bentinck résida quelque temps à Rome : sa maison y était montée comme celle d'un prince, la pompe et la magnificence y régnaient, et ses compatriotes y étaient reçus avec toutes sortes d'honneurs. On croit qu'il était chargé d'une mission diplomatique secrète. Le comté de Nottingham le nomma membre de la chambre des communes, lorsqu'il rentra dans sa patrie.

BENTINCK (LE BARON DE), major des gardes hollandaises, général d'infanterie et commandant de l'ordre Teutonique, est issu d'une ancienne maison de Hollande. Il fit preuve de bravoure au combat de Lincelles, le 18 août 1793. Il accompagna à La Haye le prince Frédéric d'Orange, après la journée du 12 septembre, où ce prince fut blessé. Le 1er mai 1794, ce fut lui qui porta au stathouder la nouvelle de la capitulation de Landrecies. Au mois d'octobre, il fut chargé, conjointement avec le général Éliot, ministre britannique, d'engager le duc régnant de Brunswick à prendre le commandement des armées combinées, qui devaient défendre la Hollande. La rapidité des conquêtes de l'armée française rendit cette mission sans succès. Le baron de Bentinck voyant que ses services seraient désormais inutiles à la maison de Nassau, rentra dans sa patrie, où, pendant la domination impériale, il se tint constamment éloigné des affaires publiques. En 1815, le roi des Pays-Bas le nomma commandeur de l'ordre militaire de Guillaume. On l'avait, malgré son grand âge, conservé sur la liste des généraux.

BENVENUTI (CHARLES), jésuite italien, naquit à Livourne, au mois de février 1716. Entré au noviciat, à 16 ans, il ne prononça ses derniers vœux qu'à 34. La philosophie et les mathématiques avaient été le principal objet de ses études, ce qui ne l'empêcha pas néanmoins de cultiver avec succès l'éloquence et la poésie. Il professait la philosophie à Fermo, lorsqu'il fut appelé à remplir la chaire de mathématiques, vacante au collége romain, par l'absence du célèbre P. Boscowich, alors uniquement occupé de sa grande carte chorographique des états du pape. Pendant son séjour à Rome, le P. Benvenuti publia plusieurs ouvrages : 1° *Oraison funèbre de Louis Ancajani, évêque de Spolette*, 1755; 2° *Oratorio* pour être mis en musique, sous le titre de : *Christo presentato al tempio*. 3° *Synopsis physicæ generalis*, 1754, grand in-4°; 4° *de lumine Dissertatio physica*; 5° *Irriflessioni sul Gesuitismo*. Ce dernier ouvrage, qui est la réponse à un écrit publié contre les jésuites après la destruction de leur ordre, fut cause que l'on força son auteur à quitter Rome. Il se retira en Pologne, près du roi Stanislas Poniatowski, qui par estime pour ses talens l'avait nommé son théologien. Il mourut à Varsovie, au mois de septembre 1789, dans sa 74ᵐᵉ année.

BERA (N.), ancien avocat, membre de la chambres des représentans, en 1815. Il se prononça, dès le commencement de la révolution, en faveur des principes qui la déterminèrent. Il occupa plusieurs places sous le gouvernement impérial, obtint la décoration de la légion-d'honneur, et était, en 1814, procureur-général impérial à Poitiers, fonction que le retour du roi lui fit perdre. Il a publié les ouvrages suivans : 1° *Choix de plaidoyers prononcés sur des questions d'état, et des difficultés intéressantes élevées en interprétation du Code Napoléon et du code de procédure civile*, 1812, in-4°; 2° *Propositions d'un électeur du département de la Vienne*, 1815, in-8°. Il n'est pas inutile de faire remarquer que l'estime dont jouissait M. Béra, le fit nommer simultanément en 1815, député à la chambre des représentans, par le collége électoral du département de la Vienne, par le collége d'arrondissement de Montmorillon et par celui de Civray.

BÉRANGER (Pierre-Jean de), chansonnier, est né à Paris, en 1780, d'une famille pauvre, et qui ne doit à aucune distinction nobiliaire la particule qui précède son nom. Jeune encore il fut mis en apprentissage dans une imprimerie, et y apprit l'orthographe et les règles de la versification. C'est à quoi son éducation s'est bornée. Si l'éducation ne donne pas des aptitudes, elle les développe. Aussitôt que M. de Béranger eut acquis l'art d'exprimer ses idées, il s'abandonna au penchant irrésistible qui l'entraînait vers la poésie. Des essais dans le genre élevé lui valurent, en 1804, la protection de *Lucien*, qui, ainsi que l'a si ingénieusement dit M. de Fontanes, était dans la famille des Bonaparte, ce que fut dans celle des Médicis, *Laurent, proclamé père des lettres*. Lors de l'exil volontaire de son protecteur, M. de Béranger, en qui la gaieté n'est pas l'absence de la sensibilité, voulut lui dédier un recueil de poésies pastorales. Il en fut empêché par la suppression de la dédicace et de plusieurs autres morceaux empreints d'un sentiment de reconnaissance qui effaroucha la censure impériale. Lors de l'organisation de l'université, il accepta, dans le secrétariat de cette administration, une place des plus modiques, dont il est encore en possession. Dans les *cent jours*, on lui proposa les fonctions de *censeur*, honneur auquel le gouvernement de cette époque croyait aussi devoir attacher de grandes indemnités; il les refusa. M. de Béranger, qui n'avait encore rien publié par la voie de l'impression, était néanmoins déjà célèbre. Quelques chansons lui avaient fait prendre place au premier rang des chansonniers, non-seulement de l'époque présente, mais de toutes les époques. La chanson du *Sénateur* avait été chantée partout, par les sénateurs eux-mêmes; celle du *roi d'Yvetot* obtint encore plus de succès. Cela devait être. Jamais la satire avec plus d'innocence, ne s'était montrée si hardie, si naïve et si gaie. Le prince à qui s'adressait la leçon en rit lui-même; mais il n'en profita pas. Dix-huit mois après, les ennemis de la France décidaient à Paris de son sort et du nôtre. Très-différent du commun des poètes, M. de Béranger n'insulta pas l'homme qui n'était plus à craindre; il est vrai qu'en cela aussi très-différent d'eux, il ne l'avait pas flatté quand c'était un moyen de s'enrichir. C'est pendant l'occupation de la France par les troupes alliées que son talent s'augmenta encore par l'art avec lequel il sut étendre le domaine de la chanson. Notre grandeur passée, notre abaissement présent lui inspirèrent de nouveaux chants. Ils portent souvent le caractère de tristesse inséparable de semblables sujets, mais cette tristesse n'a rien que de noble; c'est l'expression du regret et non celui du découragement, et l'on sent que l'auteur de ces chants vraiment français, n'a jamais désespéré de la gloire nationale. Il en donne surtout la preuve dans sa chanson intitulée *la Sainte Alliance des peuples*, chanson composée en 1818, pour une fête donnée chez l'un des meilleurs Français qui existent, chez M. le duc de la Rochefoucault, à l'occasion de l'évacuation de la France par les troupes étrangères. En relisant ces strophes, modestement intitulées *couplets*, on ne peut s'empêcher de répéter avec M. Benjamin Constant: « Béranger fait des » odes sublimes, quand il ne croit » faire que de simples chansons. » Dans cette chanson, où la philanthropie la plus généreuse s'allie au plus pur patriotisme, la noblesse du style répond à l'élévation des idées. On y reconnaît un homme qui comprend ce dont il parle, et en parle de manière à se faire comprendre; mérite remarquable en tout temps, mais surtout en celui-ci, où tant de jongleurs rabaissent la politique à leur niveau, et fredonnent en patois de la halle des calembourgs sur des objets qu'ils n'entendent pas, et des calomnies sur des hommes qu'ils sont incapables d'apprécier. Ces gens-là ne sauraient parler sans faire des fautes de *français*. L'usage du jargon quelquefois si originalement expressif du bas peuple, ne doit pourtant pas être absolument interdit aux chansonniers, si le sujet qu'ils traitent peut le justifier. Qui peut le plus, peut le moins; M. de Béranger lui-même s'est servi de ce jargon avec succès quand, se travestissant dans une débauche d'esprit, il n'a pas dédaigné de faire assaut de gaieté avec ces chanteurs du Pont-Neuf, dans leur langue. Nous en citerons pour preuve la chanson intitulée *Paillasse*. Trompés par l'identité de ce nom, plusieurs biographes ont attribué à un homme dès longtemps honorablement connu dans les lettres, à M. Bérenger, en dernier lieu proviseur du lycée de Lyon, les premières chansons de celui-ci. Ce n'est pas au plus vieux des deux Béranger qu'il convient de s'en plaindre. M. de Béranger n'a publié jusqu'à ce jour qu'un petit volume intitulé : *Chansons morales et autres*, 1815. Indépendamment des qualités qui lui sont exclusivement propres, on retrouve dans ses *OEuvres* le naturel et la malignité de Blot, la verve originale et joyeuse de Collé, la naïveté élégante et facile de Panard, avec lesquels il rivalise et qu'il a presque toujours surpassés. M. de Béranger fait ses chansons comme le Bonhomme faisait ses fables. La collection de ces chansons, dont le nombre s'accroît dans la proportion avec laquelle les événemens se succèdent, serait aujourd'hui bien plus volumineux. Espérons que M. de Béranger ne la refusera pas toujours aux vœux du public. Espérons aussi qu'il y joindra ces idylles qui peuvent paraître aujourd'hui sans l'approbation d'un censeur même royal. Les littérateurs à qui elles ont été communiquées pensent que leur auteur n'est pas inférieur dans ce genre, à ce qu'il est dans celui où il s'est fait, sans y penser, la première réputation. En attendant la publication des *Idylles*, un couplet dérobé à la modestie de M. de Béranger prendra place dans le jugement des gens de goût, parmi les strophes les plus philosophiques et les plus gracieuses d'Horace et d'Anacréon :

> Du sommeil de la liberté
> Les rêves sont pénibles.
> Devenons insensibles
> Pour conserver notre gaité.
> Quand tout succombe,
> Faible colombe,
> Ma muse aussi sur des roses retombe.
> Lasse d'imiter l'aigle altier,
> Elle reprend son doux métier :
> Bacchus m'appelle et je rentre au quartier.
> Adieu donc, pauvre gloire,
> Déshéritons l'histoire,
> Venez amours, et versez-nous à boire.

BÉRARD (Joseph-Balthazard), né le 23 septembre 1763, à Briançon, département des Hautes-Alpes. C'est à Embrun et à Grenoble qu'il fit ses premières études; il ne vint à Paris qu'en 1782, pour se perfectionner dans les mathématiques, auxquelles il s'était déjà attaché avec beaucoup de succès. En 1786, il perdit la vue, en travaillant à un ouvrage qui est demeuré imparfait, sur le calcul des variations. Ce malheur l'avait décidé à retourner à Briançon, où il fut professeur de mathématiques; mais lorsque la révolution éclata, il en adopta les principes, et elle ne tarda pas à le distraire en partie de ses études. Il voulait une sage liberté: cette modération lui donna successivement pour adversaires, ou pour persécuteurs, les ennemis du nouvel ordre de choses, au nombre desquels nous mettons les anarchistes. En 1793, il fut envoyé à Marseille par son département, et il fut incarcéré en 1794. Il exerça depuis diverses fonctions, dans lesquelles il montra de l'intégrité, du courage, et des connaissances étendues. En l'an 4, il était commissaire près le tribunal correctionnel de Briançon, et en l'an 8, juge au tribunal civil de la même ville; il devint directeur de l'école secondaire. M. Bérard est membre de plusieurs sociétés savantes. On remarque parmi ses nombreux ouvrages : 1° *Manuel du citoyen, ou Code des devoirs de l'homme libre;* ce travail, publié en 1792, fut mentionné honorablement par l'assemblée législative. 2° *Entretien d'un curé jacobin avec un maître d'école,* brochure dirigée en 1794, contre le fanatisme, et qui, en 1815, a servi de prétexte à l'animosité. 3° *Mélanges physico-mathématiques,* publiés aux frais du ministère de l'intérieur, en 1798. (On y décrit diverses inventions de machines et d'instrumens, qui sont déposés au conservatoire des arts et métiers, et parmi lesquels on distingue sur tout un *photophore, ou porte-lumière,* et une *échelle stéganographique* adoptée par le ministre de la marine, pour correspondre énigmatiquement.) 4° *Opuscules mathématiques,* dans lesquels on trouve des méthodes nouvelles pour construire l'équation aux sections coniques, ainsi que la découverte d'un phénomène de la lumière, non encore aperçu, etc., in-8°, 1811; 5° *Statique des voûtes,* ouvrage unique en ce genre, destiné aux architectes - géomètres, et devenu classique en Europe. (On y développe une théorie rigoureuse, et qui manquait sur la poussée des voûtes.) in-4°, 1810. 6° *Application du calcul différentiel à la discussion et à la construction des équations des lignes courbes et surfaces courbes du second degré,* ouvrage regardé comme le plus complet, et le meilleur en ce genre, in-4°, 1813 ; 7° *Méthodes nouvelles pour déterminer les racines des équations, et les intégrales définies, simples ou doubles,* 1818. Cette méthode contient quatre découvertes distinctes, savoir : une théorie du jaugeage, fondée sur la courbure élastique des douves; une méthode nouvelle pour intégrer des fonctions d'une variable par approximation, méthode jugée la meilleure par l'académie des sciences, et dont M. Kramps de Strasbourg, rival en cela de M. Bérard, reconnut lui-même la supériorité; une méthode pour déterminer le nombre des racines imaginaires des équations de tous les degrés, méthode rectifiée depuis par l'auteur; enfin une manière nouvelle, et qui passe pour la plus sûre et la plus prompte, de déterminer les racines réelles des équations de tous les degrés. M. Bérard a encore trouvé une démonstration d'un fameux théorème de Fermat, proposé par l'académie des sciences, en 1816; et il a fait insérer un grand nombre de mémoires dans les Annales de mathématiques. Peu de géomètres ont plus contribué à reculer les bornes de la science. Ses ouvrages portent l'empreinte du génie de l'invention, et ne laisseraient pas soupçonner que l'auteur fût privé de la lumière. Les Anglais ont eu leur mathématicien aveugle; mais il y a plus d'invention dans les ouvrages de M. Bérard que dans ceux de Saunderson; on peut ajouter à sa gloire, qu'il a formé un grand nombre d'élèves distingués pour l'école polytechnique.

BERARDIER - DE - BATAUT (François-Joseph, abbé de), membre de l'assemblée constituante, naquit à Paris, en 1720. Il fut successivement docteur de Sorbonne, principal du collège de Quimper, principal, puis grand-maître du collège de Louis-le-Grand, et député du clergé de Paris aux états-généraux. Il vota constamment avec le côté droit, et signa la protestation du 12 septembre 1791, contre les décrets de cette assemblée. La douceur de son caractère l'avait fait chérir des élèves confiés à ses soins. Camille Desmoulins était de ce nombre, et malgré l'opposition de ses principes avec ceux de l'abbé Berardier, il lui adressa une épitre en vers, ayant pour titre *mes Adieux au collége*. Cette pièce était un tribut de reconnaissance et d'éloges. Camille Desmoulins, devenu membre de la convention, conserva toujours de l'estime pour son ancien précepteur; et, lorsque l'exaltation de son patriotisme lui fit naître l'idée de recevoir la bénédiction nuptiale au Champ-de-Mars, n'ayant pu déterminer M. Grégoire, évêque de Blois, à la lui donner, il voulut, par une bizarrerie qu'il serait difficile d'expliquer, la recevoir d'un prêtre insermenté, et il s'adressa à l'abbé Berardier, qui ne refusa point son ministère. La cérémonie eut lieu en présence de Saint-Just et de Robespierre. Quels témoins! Lors de la constitution civile du clergé, l'abbé Berardier publia un ouvrage qui eut quatorze éditions en six mois. Il est intitulé: *Principes de la foi sur le gouvernement de l'Église, en opposition avec la constitution civile du clergé, ou Réfutation du développement de l'opinion de M. Camus*, par un docteur en théologie. L'abbé Berardier était en prison à l'horrible époque des 2 et 3 septembre 1792; il fut sauvé par Camille Desmoulins, qui se souvint encore de l'instituteur qui l'avait élevé, et du prêtre qui l'avait marié. Il mourut au mois d'avril 1794.

BERAUD (Paul-Émilien), fut nommé, au mois de septembre 1795, membre du conseil des cinq-cents, par le département du Rhône. Il justifia la confiance de ses commettans, en défendant, le 4 juillet 1797, la ville de Lyon contre les attaques du directoire-exécutif, qui représentait cette ville comme un foyer de contre-révolution. Ce ne fut pas la seule occasion dans laquelle il embrassa avec chaleur les intérêts de cette cité, où il remplit depuis les fonctions de juge à la cour d'appel. Ce fut M. Beraud qui provoqua la discussion des lois relatives au divorce.

BERAUD (Marcellin), nommé, au mois de septembre 1792, par

le département de Rhône-et-Loire, député à la convention nationale; il vota, dans le procès du roi, la détention et le bannissement jusqu'à la paix; puis le sursis après la condamnation à mort. Membre du conseil des anciens, il en sortit au mois de mai 1797, et depuis cette époque ne reparut plus dans aucune assemblée législative.

BERAULT-BERCASTEL (Antoine-Henri), naquit dans les environs de Metz, au commencement du 18ᵐᵉ siècle. Ayant embrassé l'état ecclésiastique, il fut d'abord curé d'Omerville, en Vexin, puis chanoine de Noyon. Son goût le portait à la littérature; il fit paraître, en 1754, un poëme intitulé le *Serin des Canaries*; en 1756, la traduction d'un roman espagnol, sous le titre de *Voyages récréatifs de Quévédo*, et en 1761, un recueil d'*Idylles*. Un poëme en douze chants, sur la conquête de la *Terre promise*, peu digne de fixer l'attention sous le rapport littéraire, essuya, sous le rapport religieux, des critiques qui parurent fondées. On trouve en effet, dans cet ouvrage, un mélange ridicule de la Fable et de l'Écriture-Sainte, et des descriptions par trop profanes. Un ouvrage qui fait bien plus d'honneur à Berault-Bercastel, est une *Histoire ecclésiastique* en 24 volumes in-12, 1778 et années suivantes. Sans avoir le mérite de celle de l'abbé Fleury, elle était digne du succès qu'elle a obtenu, et qui se soutient encore. Bérault-Bercastel écrivit lui-même l'histoire de sa vie en six volumes, qui n'ont pas été publiés. On ne peut déterminer l'époque de sa mort, arrivée pendant la révolution.

BERBIGUIER (N.), né dans le Comtat Venaissin, en 1781. Il vint très-jeune à Paris, et fut admis comme élève au conservatoire de musique, contre le désir de sa famille, qui, sans doute, avait sur lui d'autres vues; il fit, dans l'étude de la flûte et dans la composition, des progrès rapides, et il remporta plusieurs prix. A peine sorti du Conservatoire, il donna, à des époques très-rapprochées, quatre *OEuvres de Sonates*; n°ˢ 1 et 2 *grands Solo*; trois *Scènes variées, avec divers accompagnemens*; *Charmant ruisseau*, air varié; sept *OEuvres de Duo, Trio pour deux flûtes et alto*; six *Concerto à grand orchestre*. Spécialement composées pour la flûte, toutes ces productions obtinrent à l'étranger les mêmes succès qu'elles avaient en France. En 1815, M. Berbiguier, voulant suivre le roi à Gand, s'enrôla dans les gardes-du-corps, compagnie de Grammont. Mais au retour de S. M., il fut licencié; il passa alors en qualité de lieutenant dans la légion de l'Ain.

BERCHOUX (Joseph). Né à Saint-Symphorien, en 1765, il fit ses études à Lyon, vint à Paris, où il publia quelques pièces de vers dont la gaieté maligne assura le succès, et fut nommé juge de paix dans sa ville natale: fonctions honorables qu'il exerce encore aujourd'hui. Le premier morceau qui le fit connaître, son épître sur l'éternelle usurpation des Grecs et des Romains, sur cette famille d'Agamemnon *qui ne finit jamais*, fut en même temps le principe et le terme de sa réputation littéraire. Le petit poëme intitulé la *Gastronomie*, dont M. Berchoux ne se déclara l'auteur qu'à la quatrième édition, a sans doute quelque chose d'original et de spirituel, mais la plaisanterie n'y est pas toujours assez fidèle au bon goût; la prétention à la gaieté s'y fait trop souvent sentir, et la facilité, presque partout un peu lâche, y dégénère en négligence. La *Danse, ou les Dieux de l'Opéra*, est encore inférieure à la *Gastronomie*: le plan de ce petit poëme est incohérent et bizarre, la critique amère, presque toujours injuste, et le style dénué de poésie. Le plus malheureux de ces poëmes, est celui qui a pour titre *Voltaire* : cette misérable diatribe contre l'un des dieux de notre Parnasse, contre le génie des siècles, a porté malheur à M. Berchoux; il y est resté fort au-dessous de lui-même, c'est dire assez jusqu'où il est descendu. M. Berchoux a travaillé aux deux *Quotidiennes*, de 1797 et de 1815. Dans la première, sous le nom de l'*Habitant de Mâcon*; dans la seconde, sous celui de *M. Muzard* : caractère qu'il soutient assez bien. S'il fallait en croire les frères Michaud, M. Berchoux aurait encore à se reprocher un roman publié en 1804, sous le titre du *Philosophe de Charenton*. Toujours portés à l'indulgence, nous aimons mieux croire que le héros d'un pareil ouvrage en est véritablement l'auteur.

BERCKHEIM (Frédéric-Sigismond, baron de), lieutenant-général et commandant de la légion-d'honneur, naquit à Ribauvillier, département du Haut-Rhin, le 9 mai 1775, d'une des plus anciennes familles de l'Alsace. Il entra à 14 ans, en qualité de sous-lieutenant, dans le régiment de Lamarck, infanterie allemande, parcourut rapidement les grades inférieurs, et se vit, avant l'âge de 30 ans, à la tête du 1ᵉʳ régiment de cuirassiers. Les bulletins de Heilsberg, de Friedland, d'Eckmuhl, d'Essling, de Wagram, de Znaïm, contiennent ses plus beaux titres de noblesse. C'est sur deux champs de bataille qu'il reçut, à quatre années de distance, les grades de général de brigade et de général de division. Il se couvrit de gloire à Polotsk, où il dégagea une grande partie de l'artillerie du 2me corps, enveloppée par la charge de la cavalerie ennemie; et à Borisow, où il se signala de la manière la plus distinguée : un ordre du jour annonça la belle conduite du général Berkheim. Napoléon, dont il était un des écuyers, lui confia, à l'époque de l'invasion de la France, la division de cavalerie formée des quatre régimens des gardes-d'honneur, et plus tard la levée en masse du Haut-Rhin, que les circonstances rendirent impossible. La récompense la plus flatteuse de ses concitoyens vint honorer les dernières années du général Berckheim. il fut deux fois choisi par eux pour leur représentant à la chambre des députés : s'il ne se distingua pas à la tribune par les talens de l'orateur, ses collègues surent toujours apprécier son patriotisme et sa loyauté, comme ses compagnons d'armes et ses ennemis avaient apprécié sa valeur et sa générosité. Il remplit, en 1818, les fonctions d'inspecteur-général de cavalerie, et mourut le 28 décembre 1819, à l'âge de 43 ans. Le général Berckheim joignait aux avantages d'une belle figure, l'aménité du caractère et l'élégance des manières. Il a fait à la fois le bonheur et la gloire de sa famille.

BERELTA (IGNACE), répétiteur à l'université de Pavie, a combattu de toute la force de sa dialectique les principes politiques de Verri et de Filangieri, de Stewart et de Lauderdale, de J. J. Rousseau et d'Helvétius. Son nom n'en reste pas moins enseveli sous le poids de ces noms célèbres; et ses argumens, qui ont pu obtenir de grands succès dans l'enceinte de son collége, en ont à peine dépassé les murs. Il professe, dit une biographie, la morale, l'histoire, la logique, le droit naturel, le droit des gens, le droit canon, l'économie politique, la théorie des beaux-arts, etc., etc. : c'est beaucoup. Le seul volume qu'il ait encore publié contient des choses trop superficielles pour donner une grande idée de cette omniscience. Il est intitulé : *Essai sur la dépendance mutuelle du perfectionnement moral et économique de l'espèce humaine, etc.* (Milan, 1812). Le perfectionnement des hommes dépend, suivant lui, de leur ignorance et de leur docilité; ce qui nous rappelle involontairement le perfectionnement de ces animaux que l'on engraisse en leur crevant les yeux.

BEREMAN (N.), célèbre médecin russe. C'est par ses soins que la Livonie reçut le bienfait de l'inoculation. Le succès le plus heureux et le plus complet couronna ses tentatives, qui furent récompensées, en outre, par une médaille d'or que lui décerna l'empereur Alexandre.

BÉRENGER (LE COMTE JEAN), conseiller-d'état, fils d'un ministre protestant, est né à Mens, village près de Grenoble (Isère), le 8 avril 1767. Avant la révolution, pharmacien, puis médecin de l'hôpital militaire de Grenoble, il fut nommé, en 1790, par le tiers-état du Dauphiné, député aux états-généraux, où il ne se fit remarquer que par sa réclamation relative à l'appel nominal du 20 octobre, sur le renvoi des ministres. Nommé en l'an 5 (1797), par le département de l'Isère, membre du conseil des cinq-cents, il attaqua le projet de Gilbert-des-Molières pour la suspension provisoire du paiement des bons et ordonnances délivrés par les ministres. Ce projet, qui avait été préparé dans le club aristocratique de Clichi, avait pour objet d'entraver la marche du directoire-exécutif, en paralysant tous les services, et de renverser la constitution de l'an 3. Le député Duplantier (de l'Ain) ayant présenté un projet sur la police des sociétés populaires, M. Bérenger combattit le projet comme insuffisant, et demanda que l'assemblée adoptât des mesures plus efficaces pour limiter l'influence de ces sociétés. Le 7 thermidor (27 juillet), il dénonça à la tribune l'*Ami des lois*, journal rédigé par Poultier et Sibuet, prétendant que dans un article signé de Leclerc (des Vosges), on provoquait l'égorgement des représentans du peuple. Le mois suivant, M. Bérenger vota contre l'envoi d'un message au directoire, proposé par le député Fargues, relatif à la situation de Paris, et au complot d'assassinat formé contre deux cent huit députés, se reposant entièrement de la sûreté du corps-législatif sur la fidélité de sa garde et le zèle des bons citoyens : « Non pas, ajouta-» t-il, que je doute de l'existen-» ce des projets les plus odieux » contre la représentation natio-» nale, mais parce que les faits al-» légués sont dénués de preuves. » Quelques jours après, il combattit la motion du député Leclerc (de Maine-et-Loire) sur les cultes, en assurant qu'elle cachait l'intention de faire consacrer l'établissement de la secte des théophilanthropes. Ce qui pouvait donner quelque probabilité à cette assertion, c'est que Laréveillère-Lépeaux, membre du directoire-exécutif, promoteur de la théophilanthropie, était de la même députation que Leclerc, son ami intime. Vers le même temps, M. Bérenger provoqua le renouvellement de la commission des finances, comme étant constamment restée au-dessous de sa mission. Au commencement de l'an 6 (octobre 1797), il fit examiner la question de savoir quel était le meilleur mode d'éducation pour les enfans de la patrie. Trois mois plus tard, il combattit avec succès la proposition faite au conseil des cinq-cents d'en éliminer Frédéric Hermann, un

de ses membres, comme parent d'émigré, et dans cette circonstance, M. de Bérenger réclama la garantie de l'indépendance et de l'intégralité de la représentation nationale. D'ailleurs le député qu'on voulait suspendre de ses fonctions législatives, prouva que l'inscription de ses parens sur la liste des émigrés était postérieure de deux ans à sa nomination. Au commencement de 1798, M. Bérenger émit son opinion sur l'organisation de l'école polytechnique; il parla ensuite sur l'adoption en général et sur ses effets. Bientôt après, il fit renvoyer la proposition d'autoriser le tribunal de cassation à se compléter lui-même, et parvint à faire rejeter la proposition du remplacement des membres de ce tribunal par le corps-législatif. Il appuya la formation d'une commission prise parmi les députés qui avaient combattu l'impôt sur le sel, pour le remplacer par quelque autre; il appuya également le projet d'un impôt sur le tabac, présenté par le député Bailleul. Il combattit l'idée des fabriques nationales de tabac, comme contraire à la liberté, et se prononça en faveur du projet du député Aubert, qui attribuait au directoire la nomination des préposés à l'octroi municipal. En l'an 7 (janvier 1799), il fit plusieurs propositions relatives au projet de retirement des monnaies de cuivre et de billon; et, fidèle au système qu'il avait adopté, de concourir au rétablissement des contributions indirectes, il défendit l'impôt du sel; combattit la proposition de déclarer la patrie en danger, et parla sur le projet du député Berlier, relatif à la liberté de la presse. Après la journée du 30 prairial de la même année (18 juin), où les directeurs Merlin, Laréveillère-Lépeaux et Rewbell furent renversés par les deux conseils, M. Bérenger prit vivement la défense de ces directeurs, qu'on proposait de mettre en accusation. Le mois suivant, en déclarant que la patrie était en danger, il demanda qu'on entendît les opposans à cette déclaration, afin que le peuple connût ses amis et ses ennemis. M. Bérenger joua un rôle marquant dans la révolution du 18 brumaire an 8 (9 novembre 1799), qui mit le pouvoir entre les mains du général Bonaparte. Il fit d'abord partie des commissions législatives, et devint bientôt membre du tribunat qui fut créé à cette époque. Il ne tarda pas à s'y faire remarquer, en attaquant avec force son collègue Benjamin Constant, qui soutenait avec raison qu'il était de l'essence du gouvernement représentatif que le tribunat fût considéré comme un corps d'opposition, chargé de discuter les projets de lois contradictoirement avec le conseil d'état. Dès lors, M. Bérenger contribua beaucoup à faire adopter tous les projets qui furent présentés pour les levées successives de conscrits, et, en réfutant les tribuns qui s'y opposaient, il exhortait tous les bons citoyens à faire, dans ces circonstances, cause commune avec le gouvernement. Nommé président, le 22 mai 1800, il ne s'occupa plus que d'objets de finance, et réfuta un projet sur un mode de contributions qu'il regardait comme désastreux et inconstitutionnel. Il discuta la même matière, au mois de janvier 1801, et fit ensuite, sur le budget de l'an 10, un rapport où il déclarait la France privée de tout système financier, sa législation en opposition avec l'intérêt général, et l'insuffisance des recettes. A la fin de septembre, il devint membre du conseil-d'état, section des finances, et, au mois de mars 1802, il obtint du premier consul de nombreuses marques de faveur. Il fit partie du conseil général d'administration de la guerre, fut nommé commandant de la légion-d'honneur et de l'ordre de la Réunion, puis conseiller-d'état à vie, enfin, directeur-général de la caisse d'amortissement. Reconnaissant de tant de bienfaits, M. Bérenger, nommé encore comte de l'empire, se chargea d'aller, comme orateur du gouvernement, développer, dans la séance du corps-législatif du 18 août 1807, les motifs et les dispositions du sénatus-consulte qui supprimait le tribunat, et donnait ses attributions à trois commissions du corps législatif. Il remplit cette mission avec beaucoup de zèle; et dès le lendemain, le sénatus-consulte organique eut force de loi pour modifier la constitution. Appelé, le 13 mai 1814, aux fonctions de directeur-général des contributions indirectes (jusqu'alors les *droits-réunis*), en remplacement de M. Français de Nantes, à qui l'on devait l'organisation de cette régie, M. Bérenger prêta, le 3 août, serment de fidélité au roi, en sa nouvelle qualité, et fut encore nommé membre du comité des finances. Le 1" octobre suivant, il développa, dans la chambre des députés, les motifs du projet de loi pour le monopole du tabac, et conclut à l'adoption de ce projet. Mais Napoléon ayant repris les rênes du gouvernement, en mars 1815, M. Bérenger fut remplacé par M. le comte Joubert, qui, à son tour, lui remit la place au second retour du roi, dans le mois de juillet suivant. M. Bérenger ne l'occupa que jusqu'en octobre, époque où M. le baron de Barante lui succéda. Pendant le peu de temps que M. Bérenger a exercé cette direction générale, il a eu le malheur de s'attirer l'animadversion des administrés, sans pouvoir se concilier l'attachement de ses propres employés. Mais il a conservé son poste de conseiller d'état, section des finances, auquel il avait été appelé par une ordonnance du roi, sous la date du 24 août 1815.

BÉRENGER (RAYMOND, COMTE DE), pair de France, d'une des plus anciennes familles du Dauphiné, tire moins d'illustration de la noblesse de son origine que de celle de son caractère. Le comte Raymond de Berenger pouvait sans doute retrouver de grands avantages personnels dans une restauration qui rendait aux anciens noms une partie de leur éclat et de leur influence. Il aima mieux rester fidèle à la raison qu'aux préjugés. Appelé à la chambre des pairs par l'ordonnance du 5 mars 1819, il y a constamment voté contre les lois d'exception et conformément aux principes de la monarchie constitutionnelle, dont il est un des plus fermes soutiens.

BÉRENGER (LAURENT-PIERRE), littérateur, est né à Riez, en Provence, le 28 novembre 1749. Avant la révolution, il était professeur de rhétorique au collége d'Orléans, et membre de plusieurs sociétés littéraires. Il fit paraître alors, dans le *Journal politique*, une satire intitulée *les Boulevarts de province*, qui produisit une assez vive sensation; et plus tard, il publia, dans le même journal, une *Fable* et le conte de *la Poule*, qui achevèrent de soulever contre lui les personnes qui crurent se reconnaître dans ses portraits : en sorte qu'elles parvinrent à faire supprimer la feuille dans laquelle ces pièces avaient paru. M. Bérenger fut même obligé de renoncer à sa chaire, et réduit à la pension de professeur émérite. Dès 1789, il donna sa démission de censeur royal, et offrit un don patriotique à l'assemblée nationale. Il a été longtemps fonctionnaire de l'instruction publique, et particulièrement inspecteur de l'académie à Lyon, après avoir été proviseur du lycée de cette ville. Voici la liste de ses nombreux ouvrages : 1° *le nouveau Règne*, 1774, in-8°; 2° *le Tribut de l'amitié, ou Epître à feu M. de La Serre*, 1778; 3° *l'Hiver, épître à mes livres*, 1781, in-8°; 4° *Portefeuille d'un troubadour*, Marseille, 1782, in-8°; 5° *Eloge de Reyrac*, 1783, in-8°; 6° *Poésies*, Paris, 1785, 2 vol. in-18; 7° *les Soirées provençales*, 1786, 3 vol. in-12; 8° *Recueil a-*

musant de voyages, en vers et en prose, Paris, 1783 à 1787. Il travailla à faire cette collection, avec Louis Couret de Villeneuve et d'autres littérateurs. 9° *Le Peuple instruit par ses propres vertus*, 1787, 2 vol. in-12, réimprimé en 1805, 3 vol. in-12; 10° *Ecole historique et morale du soldat et de l'officier*, 1788, 3 vol. in-12; 11° *le Mentor vertueux, moraliste et bienfaisant*, 1788, in-12; 12° *Esprit de Mably*, relativement à la morale et à la politique, 1789, 1 vol. in-8°; 13° *Esprit de Condillac*, 1789, in-8°; 14° *Nouvelles Pièces intéressantes*, servant de supplément à tout ce qu'on a publié sur les états-généraux et sur l'éducation des princes destinés à régner, 1790, 2 vol. in-8°; 15° *d'Anacharsis, ou Lettre d'un troubadour sur cet ouvrage*, 1789, in-8°; 16° *la Morale en action*, 1785, in-12. Le succès de cette compilation engagea l'oratorien Guibaud à lui donner une suite sous le titre de *Manuel de la jeunesse*, 1787, in-12. Mais la continuation n'obtint pas, à beaucoup près, un accueil aussi favorable. 17° *La Morale en exemples*, 1801, 3 vol. in-12; 18° *Fablier de la jeunesse et de l'âge mûr*, 1801, 2 vol. in-12; 19° *Nouveau Magasin des petits enfans*, 1802, 2 vol. in-12; 20° *Fablier en vers*, à l'usage de l'enfance et de la jeunesse, 1802, in-12; 21° *Recueil de Prières*, contenant toutes celles qui se trouvent dans la *Bible*, pour faire suite au *Psautier* de La Harpe, 1803, in-12; 22° *A l'abbé Delille*, pour l'engager à rentrer en France, épître en vers, 1802, in-4°; 23° *l'Arrivée de Bonaparte à Lyon*, Cantatille, in-4°; 24° *Aux Anglais, Vaticination*, stances, 1811, in-8°; 25° *la Terreur et les Terroristes*, 1814, in-8°; 26° une foule de *Poésies fugitives* insérées dans l'*Almanach des Muses*, dans divers ouvrages périodiques et dans d'autres recueils poétiques. Il a été confondu mal à propos, par quelques biographes, avec M. Pierre-Jean de Béranger (*voyez* BÉRANGER), si connu par des chansons, qui ont porté à un haut degré de perfection cette agréable partie de la littérature.

BÉRENGER (JEAN-PIERRE); historien, naquit à Genève, en 1740. Ses parens, qui n'étaient pas dans l'aisance, lui firent apprendre un métier; il ne tarda pas à y renoncer pour s'adonner uniquement aux études littéraires, vers lesquelles l'entraînait un goût irrésistible, fortifié encore par l'amour de la liberté, qui enflammait toutes les têtes genevoises. Étant d'origine étrangère, il faisait partie de la classe de ceux qu'on appelait *natifs*, et qui, d'après la législation de Genève, ne pouvaient jamais prétendre au droit de *citoyens*; il publia, en conséquence, divers écrits pour réclamer l'égalité politique en faveur de tous. Les deux partis n'ayant pu se concilier, en vinrent aux mains, et Berenger fut condamné à l'exil par un édit du conseil souverain, rendu le 10 février 1770. Réfugié à Lausanne, il y composa divers ouvrages, dont il continua la publication à Genève, quand il eut obtenu la permission d'y rentrer. En voici la liste : 1° *Histoire de Genève*, depuis son origine jusqu'à nos jours, 1772 et 1773, 6 vol. in-12. Dans cet ouvrage philosophique, l'auteur donna beaucoup plus de développemens à l'histoire contemporaine qu'à l'histoire ancienne, et le gouvernement, qui s'y trouvait peu ménagé, s'en vengea en faisant brûler le livre, ce qui était plus facile et plus expéditif que d'y répondre. Comme cette histoire se termine à l'année 1761, Francis d'Yvernois en a donné la continuation sous le titre de *Tableau historique et politique des révolutions de Genève*, 1782, in-12. 2° *Les Amans républicains, ou Lettres de Nicias et de Cynire*, 1782, 2 vol. in-8°. Ce roman politique, relatif aux troubles civils de Genève, ne manque pas d'intérêt, et est écrit d'un style animé. 3° *Histoire des trois voyages autour du monde par Cook*, mise à la portée de tous les esprits, 1795, 3 vol. in-8°; 4° *J. J. Rousseau justifié envers sa patrie*. Berenger publia cette apologie à une époque où l'auteur d'*Émile*, proscrit en France, était persécuté par ses compatriotes eux-mêmes. 5° Il donna la traduction française d'un roman anglais, intitulé *Laure et Auguste*, 1798, 2 vol. in-12; 6° l'édition la plus complète des *Œuvres d'Abauzit*, Londres (Hollande), 1773, 2 vol. in-8°. Berenger a mis en tête de cette collection un *Éloge* intéressant d'Abauzit, dans lequel il a développé la note de la *Nouvelle Héloïse*, où J. J. Rousseau rend une justice si éclatante aux vertus du moderne *Socrate* (c'est ainsi qu'il désigne Abauzit). 7° Une édition de la *Géographie de Busching*, abrégée dans les objets les moins intéressans, augmentée dans ceux d'un grand intérêt, retouchée partout, et ornée d'un précis de l'histoire de chaque état : Lausanne, 1776 et 1779, 12 vol. in-8°. 8° *Collection de tous les voyages faits autour du monde*, 1788 et 1790, 9 vol. in-8°. En 1795, il en a paru une seconde édition. 9° *Cours de géographie historique*, ancienne et moderne, par Osterwald, 1803, 2 vol. in-12, réimprimé en 1805; 10° une nouvelle édition du *Dictionnaire géographique* de Ladvocat, sous le nom de *Vosgien*, 1805, in-8°; 11° divers *Opuscules* de peu d'importance. 12° Enfin on lui a attribué la traduction française de l'*État des prisons de l'Europe*, par J. Howard, 1788, 2 vol in-8°. Mais des critiques modernes prétendent que c'est Mlle Kéralio qui a traduit l'ouvrage du philanthrope anglais. Berenger mourut à Genève, au mois de juin 1807, âgé de 67 ans.

BÉRENGER (N.), né à Valence (Drôme), procureur du roi près l'élection de la même ville, membre des états du Dauphiné, député à l'assemblée constituante, et président du tribunal criminel de la Drôme, depuis 1791 jusqu'à l'établissement des tribunaux d'appel. Il fut nommé alors conseiller à la cour de Grenoble, et en même temps conservé à la présidence du tribunal criminel de la Drôme; mais ayant refusé d'exécuter dans cette place des ordres qu'il jugeait arbitraires, il fut renvoyé par ce motif à la cour d'appel de Grenoble, où il siégea jusqu'en 1806, qu'il donna sa démission, et revint à Valence, où, depuis lors, il vit dans la retraite.

BERENGER (N.), fils du précédent, auditeur, et ensuite avocat-général près de la cour royale de Grenoble, est né à Valence. Il fut député en 1815, par le département de la Drôme, à la chambre des représentans, où il se fit remarquer parmi les membres les plus dévoués à la patrie. Le 8 juillet, jour de l'entrée du roi à Paris, il signa la protestation délibérée et rédigée chez M. Lanjuinais, se démit volontairement, et aussitôt la dissolution de la chambre des représentans, de ses fonctions de procureur-général près de la cour de Grenoble, et se retira dans ses foyers, où il est resté sans emploi. M. Berenger est auteur d'une traduction française des *Novelles de l'empereur Justinien*, en deux volumes in-4º, Metz, 1807, et de l'ouvrage intitulé : *de la Justice criminelle en France, d'après les lois permanentes, les lois d'exceptions et les doctrines des tribunaux*, 1 vol. in-8º, Paris, 1818. Dans cet ouvrage il expose les vices de nos lois criminelles, qui avaient été rédigées pour affermir le despotisme impérial, et signale l'arbitraire et les abus introduits dans l'administration de la justice depuis 1815.

BERESFORD (LE BARON SIR WILLIAM), général anglais. Nous laisserons les biographes anglais ou anglo-français vanter ses talens militaires, auxquels on eût peut-être donné moins d'éloges, s'ils n'avaient été constamment dirigés contre la France. Nous serons justes, ce qui nous dispensera de qualifier du nom de *héros* le lieutenant du duc de Wellington. Le général Beresford s'est trouvé opposé, dans tout le cours de sa vie militaire, aux armées françaises. En Portugal, c'est lui qui, par l'organisation des milices, a incorporé, pour ainsi dire, la résistance dans la masse du peuple. Devenu généralissime des troupes de ce royaume, il fit la guerre avec des succès divers : les circonstances, si défavorables à la France, et le double fanatisme de la religion et de la patrie, le secondèrent puissamment; et il leur dut plusieurs avantages, que les bulletins de la grande-armée atténuèrent peut-être, et que les gazettes de Londres ne manquèrent pas de grossir. Commandant en second, sous le duc de Wellington, il fit toutes les campagnes de 1812 et 1813. Le 10 novembre 1813, il commandait la droite et le centre de l'armée ennemie. En 1814, à la tête du corps le plus nombreux de cette armée, il pénétra en France, et fut l'un des premiers généraux ennemis qui touchèrent le sol français. Il commandait les colonnes du centre à la suite de la bataille d'Orthez; à Mont-de-Marsan, qu'il occupa bientôt, il s'empara d'un grand magasin de vivres. C'est lui qui, se rendant aux prières des fidèles sujets de Bordeaux, leur amena cette division anglaise, dont ils demandaient depuis longtemps l'arrivée. C'est à lui que M. Lynch, maire de Bordeaux, eut l'honneur de présenter les clefs de cette cité. Après avoir joui, pendant quelques jours, de la gloire de ce triomphe facile, le général anglais alla rejoindre le duc de Wellington, et prit part à la bataille de Toulouse, où le maréchal Soult ravit si glorieusement la victoire à l'armée anglaise, prodigieusement supérieure, et trop bien servie par la trahison et par la fortune. Le général Beresford fut créé baron le 6 mai suivant. Le voile obscur des négociations diplomatiques couvre le reste de sa vie politique. Il se rendit au Brésil, où il obtint plusieurs audiences du prince régent; revint, comme généralissime des armées de Portugal, à Lisbonne, où la révolution venait d'éclater, et où il ne lui fut pas permis de débarquer. De retour à Lisbonne, il y exerçait, en 1817, les fonctions de généralissime, lorsqu'une conspiration, dont le but était l'affranchissement du Portugal, faillit renverser la domination anglaise dans ce royaume. Le général Freyre, d'Audrade, et plusieurs autres officiers distingués, étaient à la tête de la conjuration. En cas de résistance, le général Beresford et les principaux officiers anglais devaient être sacrifiés. Mais la fortune ne seconda point les desseins des conjurés; le général anglais en fut informé, et il parvint à les déjouer. Le général Freyre, d'Audrade, et plusieurs autres, furent condamnés à mort. Une foule de personnages marquans furent arrêtés. Enfin le général Beresford ne négligea rien dans cette circonstance pour resserrer la dépendance d'un pays, que l'Angleterre regarderait encore comme une de ses colonies, si les Portugais ne s'étaient enfin souvenus que les voisins de l'héroïque Espagne avaient aussi un rang à reprendre parmi les nations libres. Bon tacticien et manœuvrier habile, le baron de Beresford n'est cependant pas un grand général; et les Anglais eux-mêmes ne placent ses talens que sur une ligne secondaire.

BÉRESFORD (Jean). A la tête de l'administration des revenus de l'Irlande, M. Béresford en est le véritable roi. C'est lui qui a dirigé cette union de l'Irlande et de la Grande-Bretagne, et cette fusion de deux parlemens, qui, suivant un orateur irlandais (Bushe), a *porté le coup de mort à l'existence de l'Irlande; suicide politique; transfiguration prétendue, qui a tout détruit.* M. Béresford, entouré de la foule de ses partisans qu'il a portés à toutes les places, influe sur les diverses branches du gouvernement, dirige les mesures du cabinet britannique, commande aux ministres et force la main aux gouverneurs. Fitz-Williams, qui avait aussi voulu *régner*, fut bientôt renversé par ce concurrent habile. M. Ord fit, en 1785, des propositions commerciales sans l'aveu de M. Béresford; elles n'eurent aucun succès. M. Béresford n'est cependant ni un orateur éloquent, ni un homme du monde. C'est un politique profond, d'un caractère extérieurement facile, qui cache son ambition sous un air d'indifférence et de modestie. Économiste habile, mais intéressé, il a su faire tourner à son profit ses talens et son expérience; *Quarante mille livres sterling*, pour lui et ses créatures, sortent chaque année

Bergasse.

du trésor britannique. Le palais qu'il a fait construire, sous le nom d'*Hôtel des douanes*, et dont il habite une grande partie, a coûté un demi-million de livres sterling (douze à treize millions de France), et c'est sur sa seule demande, et presque sans opposition, que le parlement a accordé cette somme énorme. Souvent accusé de corruption dans le parlement, il s'est toujours défendu de la manière la plus simple, et sans jamais s'émouvoir de ces *injustes imputations*. Cet homme si puissant est fils naturel de feu le marquis de Waterford. Il se distingua quelque temps au barreau; mais il se jeta dans la carrière politique, plus conforme à ses talens, plus utile à ses intérêts.

BERGASSE (Nicolas), né à Lyon en 1750, avocat en cette ville. Il jouissait déjà d'une réputation honorable quand il vint plaider au parlement de Paris. C'est là qu'il se montra rival des plus fameux avocats dans la lutte où il eut Beaumarchais pour adversaire, lutte fameuse où toutes les ressources du talent et de l'esprit furent déployées, où la véhémence et la malice eurent leur triomphe et leur scandale. (*Voyez* Beaumarchais.) En 1789, M. Bergasse fut député du tiers-état de Lyon aux états-généraux. On attendait beaucoup de lui. Par quelle singularité se condamna-t-il à jouer le rôle le plus nul sur ce théâtre où il semblait pouvoir jouer un si grand rôle? M. Bergasse, dès les premiers temps, parut rarement à l'assemblée; il y parla peu; et quoiqu'il se soit prononcé une fois en faveur de la réunion des trois ordres, il ne se rapprocha d'aucun parti, et quitta brusquement son poste, même avant l'époque de la défection de Mounier et de M. Lally-Tollendal, avec les opinions desquels les siennes semblaient avoir le plus d'analogie. Cette retraite, ou plutôt cette désertion, n'eut pas l'approbation des contemporains et n'aura pas celle de la postérité. On y voit plus de dédain que de timidité; mais l'orgueil, qui empêche de prendre part à un combat, n'a-t-il pas les mêmes résultats que la lâcheté? On croit devoir insister sur ce point par cela même que M. Bergasse avait un talent réel, et que par son silence et par sa défection il a trompé l'espérance du public et le vœu de ses commettans. Une brochure qu'il avait publiée, au commencement de la session, sous ce titre: *Cahier du tiers-état à l'assemblée des états-généraux*, 1789, et plusieurs autres ouvrages de circonstance sur *les Limites du pouvoir législatif et du pouvoir exécutif*, sur *les Tribunaux de haute trahison*, sur *la Liberté du commerce*, sur *les Finances*, sur *les Assignats*, avaient annoncé ce qu'il pouvait faire. Il rendit compte dans une autre brochure des motifs qui l'avaient porté à quitter l'assemblée, et présenta ensuite au public ses réflexions sur la constitution de 1791. Bientôt il sembla pencher vers le parti de la cour, et offrit aux princes divers plans qui restèrent sans exécution. En 1793, il fut incarcéré, amené de Tarbes à Paris, et sur le point d'être jugé par le tribunal révolutionnaire, le 9 thermidor lui sauva la vie. Dans la retraite où il a vécu depuis cette époque, il s'est livré à des spéculations métaphysiques, qu'un style brillant et une grande énergie ont distinguées du reste des productions de l'idéologie moderne. Plusieurs journaux ont recueilli des fragmens de son ouvrage sur la *Morale religieuse*; et en 1807, il a fait paraître un petit traité sur *l'Influence de la volonté et sur l'intelligence*. On connaît de lui quelques autres écrits de peu d'étendue, soit sur la politique, soit sur le magnétisme, et particulièrement sur la doctrine de Mesmer, dont M. Bergasse fut un des premiers et des plus zélés apôtres. Il a publié aussi sous un nom emprunté, un *Éloge du général d'Hautpoul*. L'empereur de Russie a rendu visite à M. Bergasse en 1815. Cet honneur lui en eût fait davantage à toute autre époque. Des ouvrages de M. Bergasse, celui qui a le plus contribué à sa célébrité, est sans contredit son mémoire dans l'affaire du banquier Kornman. On y remarque, entre autres, un passage de la plus haute éloquence, sur les conséquences funestes que la suspension de la justice peut exercer sur tous les intérêts de la société. Elles sont renfermées dans une interpellation adressée au roi lui-même, dans un moment où par suite des mesures prises par un ministère imprudent, les tribunaux supérieurs avaient cru pouvoir cesser de remplir leurs fonctions, ou plutôt leur devoir. Un seul trait dépare ce mémoire. Nous avons déjà relevé à l'article Beaumarchais ce trait, qui ne répugne pas moins au bon goût qu'à l'équité. Qu'on nous permette de rapporter à cette occasion un fait qui achevera de faire connaître l'homme que M. Bergasse a si injurieusement outragé. Il se rattache au procès de M. Kornman, et conséquemment n'est pas étranger à cet article. Beaumarchais, instruit qu'une dame du grand monde avait parlé de lui en société nombreuse avec autant de malignité que de légèreté à l'occasion de l'intérêt qu'il prenait à Mme Kornman, crut pouvoir prendre sa revanche et lui consacrer quelques pages dans le mémoire qu'il était prêt à publier sur le procès. La sœur de cette dame apprenant cela, prévit qu'un ridicule ineffaçable allait s'attacher à cette imprudente, et pour détourner le coup, elle n'hésita pas à s'adresser à Beaumarchais lui-même, qu'elle avait rencontré quelquefois dans le monde. A la suite d'une explication où les torts de l'agresseur n'avaient pas été plus dissimulés que les droits de l'offensé n'avaient été contestés, elle lui demanda le sacrifice de sa vengeance. « Connaissez-la tout » entière, dit Beaumarchais, » et il lui donne communication du passage signalé, qui égalait ce que sa plume si gaie et si mordante a tracé de plus piquant et de plus original. « C'est de ce morceau »là, madame, que vous demandez »le sacrifice, ajouta-t-il; vous ne »connaissez donc pas le cœur »d'un auteur? — Je connais vo»tre âme, c'est à elle que je m'a»dresse. Je sais que vous n'avez »rien fait de mieux; le succès » de ce morceau est certain, mais

» vous seriez désespéré du succès
» d'une vengeance plus cruelle
» que l'injure. Plus vous estimez
» ce morceau, plus, j'en suis cer-
» taine, vous trouverez d'honneur
» à en faire le sacrifice. » Beaumarchais, pour toute réponse, dé-
chira ces terribles pages, et les
jeta au feu. Nous tenons ce fait
de la médiatrice elle-même. Et
voilà l'homme qui, selon M. Bergasse, *suait le crime.*

BERGASSE-LAZIROULE
(GEORGES) marcha sur une route
assez différente de celle qu'a suivie son homonyme. Ancien officier d'artillerie, il fut député aux
états-généraux par le tiers-état de
Pamiers, et embrassa avec ardeur
les principes de la révolution, dont
il n'adopta pourtant pas toutes les
opérations. Il s'opposa vivement
à l'émission des assignats. « Cette
» mesure, suivant lui, détruisait
» les finances, et trompait le peuple. » Pendant les proscriptions révolutionnaires, il resta dans l'obscurité, et passa ensuite près des
tribunaux de l'Arriége, comme
substitut du commissaire du directoire. Membre du conseil des
cinq-cents, il appuya fortement
la célébration du 9 thermidor. Il
fut élu secrétaire; il parla pour et
contre l'impôt sur le sel, fit annuler l'élection de Treilhard au
directoire, et, en août 1799, demanda le maintien d'un article
qui ne frappait de déportation que
les prêtres perturbateurs et insermentés. Dans la même année, il
célébra dans un discours l'anniversaire du 18 fructidor. Éliminé
du corps-législatif, après le 18
brumaire, il a disparu depuis ce
temps de la scène politique, où il

s'était signalé entre les exagérés
de tous les partis, par la chaleur
avec laquelle il défendait les opinions modérées. Voilà probablement pourquoi les frères Michaud
l'ont surnommé Bergasse l'*Enragé* dans leur libelle biographique.

BERGE (FRANÇOIS), qu'il ne
faut pas confondre avec M. *Clau-
de-Denis Berge*, auteur d'une
Histoire du notariat, aussi sèche
que son sujet (1 vol. in-12, Paris, 1816), et notaire lui-même,
est né à Collioure, le 11 mai 1779.
C'est un des braves qui ont parcouru, depuis le commencement
de ce siècle, l'Europe tremblan-
te devant les armes françaises.
Élève d'artillerie, il ne tarda pas
à se distinguer, et fit avec gloire
les campagnes d'Égypte, de Prusse, de Pologne et d'Espagne. On
trouve son nom dans un rapport
officiel du 15 juin 1811, qui signale son courage dans le combat de Santa-Marta de Villalba.
Colonel d'artillerie, membre de la
légion-d'honneur, il fut nommé
chevalier de Saint-Louis, en 1814,
et fit partie de la commission chargée du classement du petit nombre des places de guerre qui nous
restent, et de leur armement assez inutile. En 1815, il servit dans
les campagnes du Midi de la France, sous les ordres du duc d'Angoulême, qui l'avait fait entrer
dans son état-major.

BERGERAS (PIERRE), est né
en 1738, à Salliez, près d'Orthez,
en Béarn (Basses-Pyrénées). Il
était, en 1789, avocat au parlement de Paris. L'année suivante,
s'étant retiré à Salliez, il devint
procureur-général-syndic de son

département, et fut élu, en 1791, membre de l'assemblée législative. Il n'y prit qu'une seule fois la parole pour s'opposer à l'admission du projet de Brissot sur les colonies. Il remplit ensuite les fonctions de président du tribunal civil du département des Basses-Pyrénées, depuis 1794 jusqu'en 1797, époque où il fut appelé au conseil des anciens. Il parut plusieurs fois à la tribune, et, dans la séance du 8 fructidor an 7 (26 août 1799), il combattit avec succès la résolution que le conseil des cinq-cents avait décrétée contre les émigrés naufragés à Calais. Après la révolution du 18 brumaire an 8 (9 novembre 1799), il fut admis au corps-législatif, dont il fit partie jusqu'en l'an 13, qu'il cessa toute fonction publique. M. Bergeras a été, dit-on, nommé, en 1814, maire de Salliez, par le duc de Wellington. Cette nomination, qui est antérieure à la bataille de Toulouse, perdue par le général étranger, figure d'une manière bizarre dans la vie politique d'un homme qui a été deux fois représentant de la nation.

BERGERET, capitaine de vaisseau, né à Bayonne, le 19 mai 1771, entra au service comme élève de la marine marchande, et à l'âge de 22 ans, fut fait capitaine de haut bord dans la marine militaire. Il eut alors le commandement de la frégate la *Virginie*, qui, dans le combat du 1er juin 1794, étonna les vieux marins des deux armées par l'audace et l'habileté de ses manœuvres. Après cette journée remarquable, la *Virginie* tint une croisière de quatre mois d'hiver sur les côtes d'Irlande, et fit plus de cent trente prises, sans que le capitaine Bergeret songeât à s'en approprier la moindre partie, et sans que le gouvernement de ce temps eût égard à ses brillans services. Au retour de cette campagne, la *Virginie* fut rencontrée aux atterrages de France, par une division anglaise, composée de cinq frégates et d'un vaisseau rasé, sous le commandement de sir Édouard Pellew (aujourd'hui lord Exmouth). Forcé d'accepter le combat contre des forces si supérieures, le capitaine Bergeret le soutint avec une opiniâtreté peut-être unique dans les fastes de la marine. Il mit hors de combat cinq frégates, se défendit long-temps contre le vaisseau rasé, et ne se rendit que lorsque tout espoir fut perdu. Presque tous ses braves compagnons avaient péri, et la frégate faisait eau de toutes parts. Le rapport au ministre de la marine anglaise, par l'amiral Pellew, suffirait pour immortaliser le capitaine Bergeret. Accueilli à Portsmouth avec le respect que commande et qu'obtient toujours la valeur, même lorsqu'elle est trahie par la fortune, le capitaine Bergeret ne tarda point à se signaler, par un trait admirable de caractère et de loyauté. Le gouvernement de la Grande-Bretagne ayant des craintes sur le sort de Sydney Smith, pris au Havre, et qu'on voulait juger comme incendiaire, envoya Bergeret à Paris, pour obtenir son échange contre le commodore anglais, à cette condition, que s'il ne réussissait pas, il reviendrait se constituer prisonnier. Après d'inuti-

les efforts pour déterminer cet é-
change. il voulut tenir sa parole,
et malgré les ordres les plus positifs du directoire, il s'échappa,
et alla, nouveau Régulus, se livrer au ressentiment des ennemis : les Anglais l'avaient menacé de le rendre responsable du
sort de Sidney Smith. La paix
d'Amiens a permis à Bergeret de
revoir sa patrie; mais il quitta le
service pour commander une expédition commerciale, et il se
trouvait à l'Ile-de-France, lorsque la guerre fut déclarée de nouveau. Le général Decaën, gouverneur de l'île, acheta pour l'état
le bâtiment de Bergeret, et lui en
laissa le commandement, en le
chargeant d'une mission dans l'Inde : c'était la *Psyché*, navire de
commerce armé en corvette, et
qui portait 26 canons de 8. Il fut
rencontré dans les eaux du Gan-
ge, par la frégate anglaise le *San
Fiorenzo*, portant 44 canons de
12 et 18. Le brave Bergeret soutint pendant sept heures, et à la
portée du pistolet, ce combat iné-
gal. Après avoir tenté plusieurs
fois l'abordage, et avoir perdu
tout son état-major, et plus de
150 hommes, voyant la *Psyché*
près de couler bas, il capitula ver-
balement avec le capitaine anglais. Il avait donné précédemment (lors de son départ de Bordeaux, avec la *Psyché*, pour l'Inde) une preuve nouvelle de son
caractère généreux. La mer était
houleuse : le jeune Bongars, qui
lui avait été confié par sa famille,
tomba dans les flots. En vain le capitaine excite ses matelots, le
temps est si mauvais, et le danger si grand que tout l'équipage
hésite. Alors Bergeret lui-même
s'élance dans la mer, et parvient
à sauver ce jeune homme qui périt dans le combat contre le *San
Fiorenzo*. En 1809, Bergeret commandait la division en rade de
l'île d'Aix : on l'accusa, à cette é-
poque, d'avoir, pour ne point
quitter le commandement en chef,
mis de la mauvaise volonté à se
réunir à l'escadre de Brest, commandée par le contre-amiral Wil-
laumez. Cette accusation est bien
grave, et est peut-être portée un
peu légèrement contre un homme
qui a donné des preuves d'un grand
désintéressement et d'un héroïsme peu commun.

BERGIER (Antoine), du Puy-
de-Dôme, était avocat avant la
révolution. Au mois de septembre 1795, son département le
nomma député au conseil des
cinq-cents. Il s'y occupa plus spécialement de finances, fit successivement divers rapports, et émit
des opinions sur les assignats et
autres papiers-monnaies, sur les
biens nationaux et communaux,
sur les baux et fermages, sur l'emprunt forcé, sur les contributions
directes, sur la trésorerie, sur les
rentes viagères, sur le régime hy-
pothécaire, sur les biens des parens d'émigrés, sur les pensions
militaires, etc. Il proposa de substituer, dans la Belgique, le régime constitutionnel au régime militaire. Il combattit avec persévérance, et fit enfin rapporter la
loi du 3 brumaire an 4 (24 octobre 1795), qui excluait des fonctions publiques, jusqu'à la paix,
les émigrés, leurs parens, les
provocateurs à la sédition, etc. Il
prononça diverses opinions sur la

procédure, sur l'incompétence des juges, sur les jugemens en dernier ressort, etc. Après la révolution du 18 brumaire an 8 (9 novembre 1799), il devint membre du corps-législatif, et il concourut, en cette qualité, au sénatus-consulte du 18 floréal an 10 (8 mai 1802), qui prorogeait pour dix ans le consulat de Napoléon Bonaparte. Voici la liste des ouvrages publiés par M. Bergier : 1° *Instruction facile sur l'exercice de la faculté de disposer à titre gratuit*, rétablie et réglée par la loi du 4 germinal an 8, 1800, in-12; 2° *Manuel général des magistrats, officiers et agens de la police judiciaire*, 1801, 2 vol. in-8°; 3° *Manuel spécial des officiers auxiliaires de la police de sûreté et des tribunaux de police simple*, 1801, in-8°; 4° *Traité-Manuel du dernier état des justices de paix*, 1801, in-8°; 5° *Mémoire sur l'urgente nécessité de revoir, d'amender et de perfectionner les nouveaux Codes*. 1815, in-8°. M. Bergier avait donné, en 1793, une édition des *Œuvres du jurisconsulte Ricard*, avec des *Additions* importantes et des *Notes* curieuses.

BERGIER (Nicolas-Sylvestre), littérateur, et fameux théologien, naquit à Darney, près de Mirecourt en Lorraine, le 31 décembre 1718. Il fut successivement professeur de théologie, curé pendant seize ans de Flanchebouche, village près de Baune en Franche-Comté (Doubs), principal du collége de Besançon, chanoine de l'église de Paris, et enfin confesseur du roi. Ayant remporté plusieurs prix à l'académie de Besançon, par des *Dissertations* savantes et de très-bons *Mémoires*, il fut agrégé à cette société littéraire, et devint bientôt aussi membre associé de l'académie des inscriptions et belles-lettres de Paris. Voici la notice des ouvrages de l'abbé Bergier : 1° *Élémens primitifs des langues, découverts par la comparaison des racines de l'hébreu avec celles du grec, du latin et du français*, Paris, 1764, in-12. La publication de cet ouvrage, fit obtenir à l'auteur la réputation d'un grammairien très-érudit. 2° *L'Origine des Dieux du paganisme, et le sens des fables découvert par une explication suivie (quoiqu'un peu forcée) des poésies d'Hésiode*, Paris, 1767, 2 vol. in-12. Cette interprétation de la mythologie, résultat d'un système ingénieux, eut toute la vogue d'une véritable nouveauté; la traduction d'Hésiode est encore estimée, bien qu'il en ait été publié de plus nouvelles depuis cette époque. 3° le *Déisme réfuté par lui-même*, Paris, 1765 et 1768, 2 vol. in-12. C'est une critique des opinions religieuses de l'auteur d'*Émile*. 4° *Certitude des preuves du christianisme,*, Paris, 1768, 2 vol. in-12. Réfutation du fameux *Examen critique des apologistes de la Religion chrétienne*, par Burigny, faussement attribué à Fréret, puis à l'abbé Morellet. Voltaire ne trouva pas cette réfutation indigne d'être réfutée elle-même, et il y répondit par les *Conseils raisonnables à un théologien*, qui sont un modèle de bonne plaisanterie. L'abbé Bergier crut devoir répliquer à son illustre adversaire. Il en eut un autre moins redoutable dans le baron prussien Clootz (devenu depuis trop fameux sous le nom d'*Anacharsis*, et sous le titre pompeux d'*Orateur du genre humain*), qui publia la *Certitude des preuves du mahométisme, ou Réfutation de l'examen critique des apologies de la religion mahométane*, Londres, 1780, et Paris, 1791, in-12. L'abbé Bergier reçut en récompense, du clergé, une pension de 2,000 livres, et un canonicat à l'église Notre-Dame de Paris:

> Dieu prodigue ses biens
> A ceux qui font vœu d'être siens.
> (LA FONTAINE.)

5° *Apologie de la Religion chrétienne*, contre l'auteur du *Christianisme dévoilé* (le baron d'Holbach ou Damilaville), Paris, 1769, 2 vol. in-12; 6° *Examen du matérialisme, ou Réfutation du système de la nature*, par Mirabaud (le baron d'Holbach), Paris, 1771, 2 vol. in-12; 7° *Traité historique et dogmatique de la vraie Religion*, avec la réfutation des erreurs qui lui ont été opposées dans les différens siècles, Paris, 1780, 12 vol. in-12. Quelques biographes ont prétendu, sans examen, que l'auteur y avait refondu ses écrits, publiés précédemment contre les incrédules; mais on sait maintenant qu'il avait rédigé ce grand traité sur des matériaux fournis par les ex-jésuites Grou et Guérin. 8° *Discours sur le mariage des protestans*, 1787, in-8°; 9° discours sur ce sujet: *Combien les mœurs donnent de lustre aux talens*, in-8°. L'académie de Besançon avait couronné ce discours. 10° *Quelle est la source de toute autorité?* Paris, 1789, in-8°. Cette petite brochure parut sous le voile de l'anonyme. 11° *Observations sur le divorce*, Paris et Besançon, 1790, in-8°; 12° *Dictionnaire théologique de l'Encyclopédie méthodique*, 3 vol. in-4°, dont on a publié à Liège, en 1789, 8 vol. in-8°, une nouvelle édition, à laquelle on a ajouté tous les articles des autres parties de l'Encyclopédie, relatifs à la théologie. 13° Enfin, *Principes de métaphysique*, qui font partie du *Cours d'études à l'usage de l'École-Militaire*. En général les ouvrages de l'abbé Bergier sont assez bien écrits, mais on y trouve trop de prolixité. Il mourut à Paris, le 9 avril 1790.

BERGIUS (PIERR-JONAS), savant suédois, naquit à Stockholm, où il exerça la double profession de médecin et de naturaliste, et fut nommé membre de l'académie des sciences de cette ville et de la société royale de Londres. M. Grubb, directeur de la compagnie des Indes de Suède, lui ayant fait présent d'un herbier considérable des plantes du cap de Bonne-Espérance, recueillies par Auge, jardinier collecteur entretenu dans cette colonie par le gouvernement de la Hollande, il en donna une description sous le titre de: *Descriptiones plantarum ex capite Bonæ-Spei*, plus connue sous le titre de *Flora Capensis*. Il a publié différens *Mémoires sur les plantes*, et fait connaître beaucoup de végétaux dont jusqu'alors les botanistes n'avaient pas même soupçonné l'existence. Il découvrit aussi un grand nombre de plantes exotiques, parmi lesquelles se trouve le nouveau genre que Linné lui a consacré sous le nom de *Bergia*. Il a su tirer du règne végétal une matière médicale composée des plantes officinales et de celles qui sont alimentaires : *Materia medica è regno vegetabili, sistens simplicia officinalia pariter atque culinaria*, Stockholm, 1778, in 8°; 1782, 2 vol. in-8°. Bergius publia, en 1780, un *Traité* sur les arbres fruitiers, et le fit suivre d'un ouvrage plein d'érudition sur l'état de la ville de Stockholm aux 15me et 16me siècles. Il était secondé dans ses savantes recherches par Benoist Bergius, son frère, livré comme lui à l'étude de l'histoire naturelle, et qui donna plusieurs ouvrages intéressans sur ce sujet. Benoît mourut en 1784. Ces deux frères, qui demeuraient ensemble, étaient propriétaires d'un vaste jardin, situé près de Stockholm, dans lequel ils cultivaient les plantes rares. L'académie de Stockholm a recueilli ce bel héritage que lui ont légué ces deux savans, avec une somme considérable destinée à l'établissement d'une chaire de jardinage ou d'agriculture. Pierre-Jonas Bergius mourut en 1791.

BERGKLINT (OLAUS), littérateur suédois, naquit dans les premières années du 18me siècle. Tout en exerçant avec un zèle pieux les fonctions de curé de village, il ne laissa pas de cultiver les belles-lettres avec succès. Historien philosophe, il a publié des *Écrits* sur la morale et la littérature pour l'instruction des jeunes gens. Mais il s'est distingué surtout comme poète, et ses compatriotes récitent avec enthousiasme l'*Ode sur les Revers*, qui passe pour être son chef-d'œuvre. Bergklint mourut il y a quelques années.

BERGOGNIÉ (ALEXANDRE-MARTIN-RÉNÉ), né à Agen, en 1784, remplit avec zèle des fonctions importantes sous le gouvernement impérial. Le 24 décembre 1809, il fut nommé auditeur au conseil-d'état, et en 1810, chargé de l'inspection des hôpitaux militaires. En 1811 et jusque vers le milieu de 1812, il faisait partie de la commission de révision des actes de l'administration militaire en Catalogne. Envoyé au quartier-général de la grande-armée, en 1812, il fit partie de l'expédition de Russie, ne rentra en France qu'au mois de février 1813, et fut bientôt nommé préfet du département du Jura. Après la première restauration, M. Bergognié, remplacé provisoirement dans ses fonctions, par ordre de M. de Champagne, commissaire du roi dans la 6me division militaire, fut destitué au mois d'octobre 1814. Pendant les *cent jours* il fut nommé préfet de la Haute-Loire; mais remplacé de nouveau après la seconde restauration, il n'a plus exercé depuis aucune fonction publique.

BERGOING (FRANÇOIS), médecin à Bordeaux. Député en septembre 1792, par le département de la Gironde, à la convention nationale, il vota, dans le procès du roi, l'appel au peuple, la détention et le sursis. Au commencement de mars 1793, le côté droit de la convention était menacé, parce que Marat l'avait désigné au peuple comme le point de ralliement de ses ennemis. Bergoing fut nommé membre de la commission des douze : cette commission, chargée de l'examen des arrêtés de la commune de Paris, véritable foyer de toutes les conspirations, provoqua, par l'énergie des mesures de répression qu'elle proposa contre un parti qu'il n'était plus possible d'abattre, l'insurrection du 31 mai. Bergoing fut mis en conséquence hors la loi, par décret du 3 octobre; mais il eut le bonheur de se soustraire à la proscription. Il rentra à la convention nationale après le 9 thermidor. Sa haine contre ce qu'on appelait *la Montagne*, n'avait fait que se fortifier pendant ses quatorze mois de mort civile. Aussi dans la journée du 1er prairial an 3 (20 mai 1795), qui lui rappelait celle du 31 mai, déploya-t-il tous ses moyens et fut-il un de ceux qui, par leur présence d'esprit et leur courage, arrachèrent la victoire aux féroces montagnards. Après cet événement, il devint membre du comité de sûreté générale. Il l'était encore au 13 vendémiaire an 4. Devenu membre du conseil des cinq-cents, il défendit la loi du 3 brumaire, qui excluait des fonctions publiques les parens d'émigrés, et se prononça fortement pour le maintien de cette loi. Ami de Barras, il prit une part active à la révolution du 18 fructidor an 5. Le mécontentement qu'il éprouva de n'avoir point été mis dans la confidence de ceux qui préparaient les événemens du 18 brumaire (ce qui devait l'étonner d'autant plus qu'il faisait partie de la cour du directeur Barras), le détermina à quitter ses fonctions législatives. Il fut cependant employé depuis dans le royaume de Naples, sous les rois Joseph Bonaparte et Joachim Murat. Il s'y trouvait encore en 1815. Bergoing, de retour en France, y est mort depuis quelques années.

BERGON (LE COMTE), commandeur de la légion-d'honneur, membre du conseil-d'état impérial, section des finances. Il fut successivement premier secrétaire d'intendance, chef au contrôle général, directeur de correspondance à l'administration de l'enregistrement et des domaines avant que celle des forêts en fût séparée. En exécution de la loi du 25 nivôse an 9, le premier consul nomma cinq administrateurs des forêts, par arrêté du 3 pluviôse de la même année : M. Bergon en fut le premier. Il entra au conseil-d'état, et fut nommé directeur-général, en 1806; il conserva l'une et l'autre de ces qualités jusqu'au retour de Napoléon, qui donna la direction des eaux et forêts au comte Guéhéneuc, père de la duchesse de Montebello. Après les *cent jours*, M. Bergon fut rétabli dans ses fonctions. Le 17 mai 1817, l'administration des forêts a été réunie à celle des domaines, et par conséquent la place de M. Bergon a été supprimée. Il est à la retraite; mais il se trouve encore sur la liste des conseillers-d'état en service extraordinaire. En 1815, il fut nommé président du collège électoral du département de l'Aveyron. Le général Dupont, également célèbre par ses succès en Italie et ses revers en Espagne, a épousé une fille de M. Bergon. Quoique le beau-père ne se soit pas ressenti de la disgrâce du gendre, il paraît qu'il conçut quelque déplaisir des poursuites dont ce dernier fut l'objet après la capitulation de Baylen. Cela le disposa peut-être à voir avec peu de chagrin les événemens qui amenèrent la chute de l'empire et cette série de désastres que suivit la restauration. La faveur dont fut comblé le général Dupont, nommé ministre de la guerre à cette époque, passa sans doute les espérances de son beau-père, sur qui elle s'étendit, et qui s'en est montré digne par les sentimens exprimés dans le discours qu'il adressa, le 17 avril 1814, au nom du conseil-d'état impérial, à Monsieur, comte d'Artois, lieutenant-général du royaume.

BÉRINGTON (Joseph) est né en Angleterre, dans le comté de Shropshire, de parens catholiques. Destiné à l'état ecclésiastique, il vint très-jeune en France, pour s'y livrer aux études qu'exige cet état; et, après les avoir faites à Saint-Omer, il remplit les fonctions du sacerdoce pendant vingt ans. De retour dans sa patrie, après ce nombre d'années, il devint curé de Buckland près d'Oxford, en 1814. Quoique, aux yeux de ses supérieurs, ses opinions parussent des moins orthodoxes, il eut le courage de ne point s'en écarter; ce qui prouvait à la fois une intime conviction et une louable fermeté. Il est auteur de plusieurs ouvrages de théologie et d'histoire, dont les principaux sont: *Histoire du règne de Henri II, et de Richard et Jean, ses fils*, 1790, in-4°; *Vies d'Abailard et d'Héloïse*, 1784, in-4°. Trois éditions de cet ouvrage en prouvèrent le succès: la dernière est de 1787. *Histoire littéraire du moyen âge*, 1814, in-4°; réimprimée en 1815, augmentée de deux appendix par l'auteur. L'*Histoire littéraire des huit premiers siècles de l'ère chrétienne*, que M. Boulard a publiée, est une traduction de l'*Histoire littéraire du moyen âge*, de M. Bérington.

BERINI (N.), graveur en pierres dures, dans le genre des antiques, né à Rome, fut élève du célèbre Picker, son compatriote, dont il devint le digne successeur. Lorsque la révolution française étendit ses progrès jusqu'en Italie, Berini, comme presque tous les artistes, embrassa avec enthousiasme la cause de la liberté. Obligé par suite de quitter sa patrie, il vint se réfugier à Milan. A l'époque où la république italienne fut changée en royaume, lorsque l'empereur Napoléon se préparait à se faire couronner roi d'Italie, les hommes qui s'étaient fait remarquer par leurs opinions républicaines devinrent suspects. Un incident singulier fit que Berini le parut plus que les autres. Le comte Caprara l'avait chargé de tailler une belle pierre dure, et d'y graver le portrait du nouveau souverain à qui il désirait en faire hommage. Le hasard voulut qu'une tache, qui avait la couleur du sang, se fit remarquer dans la pierre, précisément à la partie du cou. On soupçonna l'intention du graveur républicain, qui fut arrêté et renfermé pendant tout le temps que durèrent les fêtes du couronnement. C'est ainsi que les agens du pouvoir font aimer le prince. Il n'est pas dit que le courtisan qui a fourni la pierre ait été traité comme l'artiste qui l'a taillée. C'eût été tout aussi juste pourtant.

BERKELEY (GEORGES), second fils du célèbre évêque de Cloyne, en qui Pope reconnaissait toutes les vertus que l'on trouve sous le ciel, naquit à Londres, en 1733. Son père, qui prit soin de son éducation, l'avait emmené fort jeune en Irlande; mais il le renvoya en Angleterre, pour continuer ses études, qu'il acheva à Oxford. Berkeley entra dans les ordres, et devint chanoine de la cathédrale de Cantorbéry. Excellent prédicateur, il n'a laissé qu'un très-petit nombre de sermons, dont le plus remarquable est celui qu'il prononça en 1785, lors de l'anniversaire de la mort de Charles Ier, et qui a pour sujet, le *Danger des innovations violentes dans l'état, quelque spécieux qu'en soit le prétexte, démontré par l'exemple des règnes des deux premiers Stuarts*. La sixième édition de ce sermon parut en 1794, une année avant la mort de son auteur.

BERKENHOUT (JEAN), savant et littérateur anglais, naquit en 1730, à Leeds, dans le Yorkshire, où il fit ses premières études. Son père, qui voulait en faire un commerçant, comme il l'était lui-même, l'envoya étudier les langues étrangères dans les universités d'Allemagne, où il passa plusieurs années. Après avoir ensuite parcouru une grande partie de l'Europe, le jeune Berkenhout alla se fixer à Berlin, sous la direction d'un académicien, le baron de Bielfeldt, son parent. Renonçant bientôt au commerce, pour suivre la carrière militaire, il parvint rapidement au grade de capitaine d'infanterie, qu'il conserva en passant au service de l'Angleterre, sa patrie, en 1756. La paix ayant été conclue entre cette puissance et la France, en 1763, Berkenhout abandonna pour toujours la profession des armes, et alla étudier la médecine à l'université d'Édimbourg. C'est alors qu'il publia un ouvrage intitulé, *Clavis anglica linguæ botanicæ Linnæi*, qu'on peut regarder comme le premier vocabulaire botanique qui eût paru en anglais à cette époque. Il se rendit ensuite à Leyde, où il séjourna plusieurs années. Dès 1765, il avait obtenu, de l'université de cette ville, le diplôme de docteur en médecine. Revenu dans sa patrie, il se fixa à Isleworth dans le comté de Middlesex, et y publia une *Pharmacopœa Medici*, qui eut un grand succès. En 1778, le gouvernement anglais chargea Berkenhout d'une mission diplomatique auprès du congrès des États-Unis d'Amérique. Mais, soupçonné d'espionnage, il fut emprisonné à Philadelphie. Rendu à la liberté, il revint promptement à Londres, et obtint une pension du gouvernement. Voici la liste des principaux ouvrages de Berkenhout : 1° *Clavis anglica linguæ botanicæ Linnæi*. Ce dictionnaire, dont nous avons déjà parlé, parut en 1764, in-8°. 2° *Pharma-*

copœa *Medici*, dont une troisième édition a été donnée en 1782; 3° *Out-lines*, etc., c'est-à-dire, *Esquisses de l'histoire naturelle de la Grande-Bretagne et de l'Irlande*, 1769 et 1770, 3 vol. in-12. On a réimprimé plusieurs fois cet ouvrage, que les Anglais estiment particulièrement. 4° *Essai sur la morsure du chien enragé*, 1773; 5° *Symptomatologie*, ou traité des symptômes des maladies, 1774; 6° *Élémens de la théorie et de la pratique de la Chimie philosophique*, 1788; 7° *Biographia litteraria*, dont l'éditeur fut Robert Dodsley, littérateur et libraire anglais. 8° *Lucubrations on ways and means*, c'est-à-dire, *Recherches sur les voies et moyens*. C'est une dissertation financière sur l'actif et le passif du budjet. 9° Les *Lettres du comte de Tessin au roi de Suède*, traduites du suédois en anglais; 10° enfin d'autres *écrits* d'une moindre importance. Ce savant, qui réunissait à tant de connaissances variées, du goût pour la poésie et pour les beaux-arts, mourut en 1791, dans la 61ᵐᵉ année de son âge.

BERKHEY (JEAN LE-FRANCQ VAN), naturaliste, médecin et poète hollandais, naquit à Leyde, le 23 janvier 1729. Il se nommait Le-Francq, mais il prit le nom de Berkhey pour condescendre aux désirs de son aïeul maternel. Encouragé par d'habiles professeurs, le jeune Van Berkhey se livra à l'étude de l'anatomie, et forma, par suite, un des cabinets d'anatomie comparée les plus complets qu'il y eût en Hollande. Ce ne fut qu'à l'âge de 24 ans qu'il étudia le latin et le grec. Huit ans après, en 1761, il fut reçu docteur en médecine, et prononça à cette occasion un discours sous ce titre : *Expositio de structurâ florum qui dicuntur compositi*. En 1762, il alla se fixer à Amsterdam, en qualité de médecin, et s'occupa dès lors exclusivement de recherches sur l'histoire naturelle de la Hollande. Il écrivit, en langue hollandaise, un *Mémoire* sur les meilleurs moyens de préparer les terres hautes et basses dans cette contrée. La société des sciences de Harlem ayant établi un concours, accorda le prix à l'auteur de cette dissertation. C'est vers le même temps qu'il coopéra, soit pour les figures, soit pour les explications tant en latin qu'en français, à l'ouvrage curieux publié par le naturaliste Seba, en 3 vol. in-f°, sous le titre de : *Description d'une immense collection d'objets d'histoire naturelle*. Il alla ensuite se fixer à Lecervliet, où il composait des *Idylles hollandaises* pour se délasser de son grand ouvrage, l'*Histoire naturelle de la Hollande*, qu'il écrivit en hollandais, et fit paraître à Amsterdam, en 1769, 6 vol. in-8°. Cet ouvrage, recommandable par l'exactitude des recherches, lui fit une réputation européenne; et douze ans après, il en parut en langue française un abrégé intitulé : *Histoire géographique, physique, naturelle et civile de la Hollande*, Bouillon, 1781, 4 vol. in-12. En 1773, nommé professeur d'histoire naturelle à l'université de Leyde, Van Berkhey prononça, dans cette circonstance, un discours latin sur la situation favorable de la ville de Leyde pour cultiver l'étude de l'histoire naturelle : *De antiquâ et nobili urbe Lugduno Batavorum, suo situ ad historiæ naturalis delicias et exercitium opportunissimâ*. A la même époque il obtint, à la société poétique de La Haye, le premier prix de poésie hollandaise, par une pièce de vers dont le sujet était, l'*Éloge de la Reconnaissance*. Le 4 octobre 1774, on célébra, à Leyde, l'anniversaire de la levée d'un siége rigoureux que cette ville avait soutenu à pareil jour, deux siècles auparavant, contre les troupes espagnoles. Berkhey, désigné pour prononcer en public un discours en vers dans cette occasion solennelle, déploya une énergie toute patriotique, qui amena un incident digne d'être cité. Après avoir dépeint sous les couleurs les plus sombres et du ton le plus pathétique, la famine et tous les fléaux auxquels avaient été en proie les malheureux habitans de Leyde dans ce siége désastreux, il termina par cette péroraison : « Mes vœux seront toujours pour cette ville chérie; et lorsque ma voix, cassée par l'âge, ne pourra plus mêler à vos chants des chants harmonieux, elle *bégayera* et *sanglotera* ses vœux au son religieux de votre orgue; et si alors la haine osait encore menacer la prospérité de Leyde, que le premier boulet tombe sur ma tête! » *Et le second sur la mienne*, s'écria un homme du peuple, en levant son bonnet; l'auditoire partageant aussitôt cet enthousiasme patriotique, salua l'orateur par des acclamations unanimes. En 1776, Berkhey fit paraî-

tre le *Recueil* de ses poésies détachées, en 2 vol. in-8°. Cinq ans plus tard, en 1781, lorsque son fils s'embarquait pour une expédition guerrière, Berkhey lui adressa en vers hollandais une *Epitre* sous le titre d'*Adieux*, qui eut le plus grand succès. L'année suivante, il publia le *Triomphe de la liberté batave au combat naval du Doggers-Bank*, 2 vol. in-8°. Au commencement du 19me siècle, Berkhey fit paraître la continuation de son *Histoire naturelle de la Hollande*; c'est la partie qui traite des bestiaux. En 1807, l'explosion d'une barque chargée de poudre ayant fait sauter en partie la ville de Leyde, la maison de Berkhey fut renversée, et il se trouva enseveli sous les décombres, mais on l'en retira sans qu'il eût éprouvé d'accident. Pour le dédommager de cette perte, on le logea, aux frais de l'état, ainsi que beaucoup d'autres victimes de l'explosion, dans la *Maison du Bois* près de La Haye. Après la reconstruction de sa maison à Leyde, il revint l'habiter, et mourut dans cette ville, le 13 mars 1812, âgé de 83 ans. Sa longue carrière, qu'il finit dans un état voisin de l'indigence, avait été souvent traversée par des discussions politiques, littéraires ou scientifiques, qu'il ne chercha pas toujours à éviter ni à calmer. Indépendamment des ouvrages que nous avons cités, on lui doit encore les suivans en hollandais : 1° Les *Amours arcadiens* de Dichtlief et Glooroos; 2° des *Narrations académiques*; 3° *Histoire naturelle* d'après Raff; 4° *Mémoire sur l'usage de la cendre des* tourbes et du bois; 5° *Dissertation sur l'utilité d'une école vétérinaire;* 6° une nouvelle *Carte de Harlem.* Enfin, après la mort de Berkhey, on a publié le *Recueil* de ses poésies, Harlem, 1813, in-8°.

BERLIER (Théophile), avant la révolution, avocat au parlement de Dijon. Il était président du directoire du département de la Côte-d'Or, quand il fut, en 1792, député par ce département à la convention nationale : il avait alors 31 ans. Son opinion sur la question de savoir *si le monarque pouvait être mis en jugement,* fut le premier acte par lequel il se fit remarquer. Cette opinion, où il conclut pour l'affirmative, était raisonnée et écrite avec beaucoup de talent. M. Berlier vota la peine capitale dans le déplorable procès du mois de janvier suivant. Nommé membre du comité de législation, il fit, en cette qualité, plusieurs rapports, et émit diverses opinions sur des questions appartenantes, soit à l'ordre judiciaire, soit à l'ordre civil; plusieurs de ces rapports et opinions furent imprimés, et se ressentaient de cette exaltation qui semblait le partage de tous les hommes placés à la tête des affaires publiques. Vers l'époque du 31 mai 1793, M. Berlier fut nommé membre du comité de salut public, dans l'une des élections, alors mensuelles; mais il y resta si peu de temps, et y fit si peu de chose, se prêtant mal aux suggestions des hommes puissans de ce temps malheureux, que sa nomination même resta inconnue de plusieurs de ses collègues. Deux mois après, il fut chargé d'une mission près l'armée du Nord, et spécialement envoyé dans la ville de Dunkerque, alors assiégée par le duc d'York. Il s'acquitta de cette mission avec succès, et dirigea la partie administrative de la manière la moins onéreuse que put alors comporter l'état de guerre : il ne fit peser sur les citoyens aucune taxe arbitraire. Rentré à la convention, vers le milieu de frimaire (thermidor 1793), il fut, par décret, replacé, presque immédiatement après, au comité de législation. Ce comité était occupé alors d'un long et fastidieux travail. La *Loi rétroactive du 12 brumaire, sur les successions* (loi portée en l'absence de M. Berlier), avait besoin de nombreux développemens. On le chargea de les préparer; en conséquence, il présenta la loi du 17 nivôse an 2, et dans le mois suivant, les lois qui durent être le complement de la première. Il parla peu sur d'autres matières à cette époque, qui était celle de la plus grande effervescence révolutionnaire; il fit cependant, même avant le 9 thermidor, passer à l'*ordre du jour,* sur une pétition émanée de la société des jacobins, et qui tendait à interdire l'exercice de toute action civile, pour dettes ou autrement, sur les biens des défenseurs de la patrie. Il fallait assurément du courage et de l'adresse, pour faire rejeter une proposition venant d'une telle part, et qui, toute subversive qu'elle était de l'intérêt général, se présentait au premier aspect avec beaucoup de faveur dans la convention ante-thermidorienne.

Le 9 thermidor arriva, et l'on dut s'occuper de l'organisation provisoire d'un nouveau gouvernement : parmi divers projets présentés à ce sujet, celui de M. Berlier obtint la priorité et devint la base de la loi qui fut portée sur son rapport quelques jours plus tard. Presque dans le même temps, ce député fut envoyé dans les départemens du Nord et du Pas-de-Calais, qui avaient beaucoup souffert, le dernier surtout, pendant l'action révolutionnaire. M. Berlier avait à consoler un grand nombre de familles, et il le fit, mais en homme qui se tenait en garde contre toute réaction. Dans le mois de décembre 1794, il rentra à la convention, qui s'occupait alors de donner à la France une constitution autre que celle qui avait été promulguée l'année précédente; une commission de onze membres fut chargée de préparer ce travail : M. Berlier en fit partie. A ce travail, se liaient quelques questions dont la solution préalable devenait nécessaire, et qui furent le sujet de plusieurs rapports particuliers : telles étaient les questions sur le jury constitutionnaire, la gradualité des fonctions publiques, etc. M. Berlier émit sur ces matières, des opinions qui ne l'empêchèrent point de prendre part à d'autres dicussions importantes qui s'élevèrent dans la convention, notamment pour la restitution des biens des condamnés. Il s'unit aux orateurs qui la soutenaient juste et politique. Cependant, la réaction avait marché, et la convention menacée revenait à ceux de ses membres qu'elle regardait comme placés entre les extrêmes; environ un mois avant le 13 vendémiaire, M. Berlier fut presque en même temps porté au comité de salut public et à la présidence de la convention : dans ces momens critiques, il occupa le fauteuil avec sagesse et fermeté. C'est par-là qu'il termina sa carrière de *conventionnel*. Député au conseil des cinq-cents, tant par son propre département que par ceux du Nord et du Pas-de-Calais, qui se rappelaient son honorable conduite pendant ses missions, il parla dans ce conseil sur diverses questions de législation ordinaire : son opinion sur un rapport relatif aux biens Fourquevaux, et une sortie contre les prêtres perturbateurs de l'ordre constitutionnel, ont été dans cette session ce qu'on a remarqué le plus parmi ses discours. La session fut le terme de ses fonctions législatives, cette première fois; et sa sortie, par la voie du sort, eut lieu le dernier jour de floréal an 5. Quelques mois après, il fut nommé par le directoire substitut du commissaire près du tribunal de cassation. Il occupa cette place fort peu de temps; car il rentra le 1ᵉʳ prairial an 6 (mai 1807), au conseil des cinq-cents. Objet d'une double nomination des électeurs de Paris, qui cette année avaient fait *scission*, et s'étaient partagés en deux assemblées, dont l'une occupait le local de l'Institut, et l'autre celui de l'Oratoire, M. Berlier fut élu par toutes les deux. Depuis cette époque jusqu'au 18 brumaire, il parla sur diverses matières, mais le plus souvent sur des questions.

de législation civile. Toutefois nous devons mentionner spécialement ses discours sur la liberté de la presse; il en prononça deux à plusieurs mois d'intervalle, dont l'objet était, en respectant cette liberté, de trouver des mesures propres à réprimer la licence, et il proposa, au nom d'une commission spéciale, un projet de loi qui, adopté par le conseil des cinq-cents, fut ensuite rejeté par celui des anciens, de sorte que le problème que l'on crut un moment résolu, resta et restera peut-être long-temps sans l'être, vu l'extrême difficulté de tracer la limite entre l'usage et l'abus. M. Berlier fut appelé au fauteuil de la présidence dans la même session, et fut rapporteur d'un certain nombre de résolutions ou projets de loi sur les finances, matière sur laquelle il n'avait point parlé jusqu'alors; il fit aussi un rapport, qui fut converti en loi, sous la date du 14 ventôse an 7, sur les *domaines engagés;* travail important et d'une assez grande étendue, mais qui se plaçait hors de ce qu'on appelait alors les *questions politiques.* A cette dernière classe appartenait la loi des *Otages,* dont plusieurs biographies ont attribué le rapport ou la présentation à M. Berlier. Cela n'est pas littéralement exact; mais il est très-vrai qu'ému par les récits de plusieurs députés bretons, et regardant les moyens alors proposés comme les plus propres à arrêter le cours des assassinats de républicains, dans les départemens dits de la *Vendée,* il appuya ce discours de tout le poids de son éloquence, et produisit une impression beaucoup plus vive que le rapporteur lui-même; ainsi, l'on peut sans injustice lui attribuer une grande part dans cette mesure. Néanmoins, plusieurs mois après, lorsqu'on lui demandait comment il avait pu la concilier dans son esprit avec ses principes ordinairement modérés, on ne l'entendit répondre autre chose, sinon qu'il pouvait bien s'être trompé, mais qu'il était alors convaincu de son utilité. Peu de temps avant le 18 brumaire, il s'agissait d'organiser les *sociétés s'occupant de questions politiques;* parmi les opinions émises à ce sujet, celle de M. Berlier mérita d'être remarquée par des vues conciliatrices de la liberté individuelle avec l'ordre public. Là finit pour ce député ce que nous avons recueilli de plus remarquable parmi ses rapports, opinions et discours de tribune : nous avons négligé ce qui était d'un ordre inférieur. En général, il n'abusa pas de la parole; et même, comme il était doué d'une élocution facile et pure, on lui a plutôt adressé le reproche de n'avoir pas assez souvent usé de ses moyens en ce genre, surtout dans les momens de crises : mais ce reproche est sans fondement, ou ne peut s'adresser qu'à la médiocre étendue de sa voix, presque toujours couverte ou étouffée dans les discussions orageuses, notamment dans celles du 18 brumaire, où il ne put user une seule fois de la parole, qu'il avait fréquemment demandée. Comme il n'était point partisan de cette révolution, il ne fut pas membre des commissions chargées de l'organisation consulaire : il se croyait donc rentré dans la vie privée, et avait déjà rouvert son cabinet d'avocat, lorsque dès les premiers jours de nivôse an 8, il fut appelé au conseil d'état; cette nomination fut considérée, dans le temps, comme un effet du système d'amalgame qu'on annonçait vouloir mettre en pratique. Ce que l'on connaît de lui, depuis cette époque, consiste principalement dans les rapports qu'il a faits au corps-législatifs tant sous le consulat que sous l'empire : les plus importans sont relatifs à diverses parties des codes. On a remarqué que ces différens rapports sont moins que beaucoup d'autres, des mêmes époques, empreints de l'esprit de flatterie qui régnait envers le chef de l'état. La conduite de M. Berlier dans l'intérieur du conseil-d'état ne saurait nous être aussi bien connue que les faits précédens; toutefois il passe pour avoir défendu pied à pied les institutions de la république. On sait que lorsque le premier consul demanda à ses conseillers-d'état leur avis individuel et signé de chacun d'eux, sur la question de l'*hérédité du pouvoir*, ou, en d'autres termes, sur l'établissement de l'empire, M. Berlier fut de l'avis négatif: ce n'était pas le moyen d'obtenir les grandes faveurs; mais ce ne fut pas pour lui une cause d'exclusion. De même, quand M. Berlier vota contre le rétablissement des titres et dignités nobiliaires, il n'en fut pas moins créé *comte*, avec tous ses collègues de ce temps; à ce sujet on l'entendit plus d'une fois dire : *On nous ôte plus qu'on ne nous donne, en nous enlevant le droit de rire de ces colifichets*. Depuis 1800 jusqu'en 1814, M. Berlier joignit à ses autres fonctions, celles de président du conseil des prises maritimes. Parmi les hommes même qui le regardaient peut-être comme un législateur *un peu révolutionnaire*, il ne s'en est pas trouvé qui lui déniassent la qualité de *magistrat intègre*. M. Berlier fut un républicain pur. Ses mœurs naturellement douces durent tempérer un peu ce que ses principes avaient d'austère; il fit, dans ses missions proconsulaires, le moins de mal et le plus de bien qu'il put; il fut obligeant quand il crut ses services compatibles avec ses devoirs : voilà l'idée que s'en sont formée ceux qui l'ont connu, et si les hommes du parti opposé au sien, peuvent se croire en droit de le haïr à cause de ses opinions, il doit leur être plus difficile de lui refuser leur estime. La restauration le priva de toutes ses places. Pendant les *cent jours* il fut choisi par le gouvernement provisoire, pour remplir auprès de lui les fonctions de secrétaire-d'état. D'après cela il fut frappé de toute la rigueur de la loi du 12 janvier 1816, et a été banni en raison de son vote de 1793.

BERNADAU (Pierre), ancien avocat, est né à Bordeaux, le 11 août 1762. Il a publié un assez grand nombre d'ouvrages, qui l'ont fait recevoir dans diverses sociétés littéraires. Nous allons citer les principaux : 1° *Discours d'un poète gascon sur le globe aérostatique*, 1784, in-8°; 2° *Ta-*

bleau historique des assemblées de ville, 1788, in-8°; 3° *Abrégé de l'histoire des assemblées nationales*, 1790, in-8°; 4° le *Règne des quatre-vingt-dix électeurs de Bordeaux*, 1790, in-8°; 5° *du Serment à prêter par la garde nationale*, 1790, in-8°; 6° le *Conciliateur des blancs et des noirs*, 1790, in-8°; 7° la *Déclaration des droits de l'homme*, traduite en gascon, 1790, in-12; 8° *Projet de bureaux de secours pour la ville de Bordeaux*, 1790, in-8°; 9° *Étrennes républicaines*, an 3, in-18; 10° *Antiquités bordelaises*, 1797, in-8°; 11° *Notice historique sur un troubadour bordelais*, 1797, in-12; 12° *Décisions sur les ventes où il y a lésion*, 1797, in-8°. Cet ouvrage a été réimprimé plusieurs fois. 13° *Curiosités de la foire*, 1798, in-8°; 14° *Vies, portraits et parallèles de Domat, Furgole et Pothier*, 1798, in-12; 15° *Code commercial, maritime, colonial et des prises*, 1799; 16° *Étrennes historiques de la Gironde, pour l'an 7 et l'an 8*, in-8°; 17° *Annales historiques, civiles, littéraires et statistiques de Bordeaux*, 1803, in-4°, 18° le *Panthéon d'Aquitaine*; 19° plusieurs *Mémoires sur des affaires judiciaires*; 20° enfin, M. Bernadau a travaillé à la rédaction de divers journaux et autres ouvrages périodiques, tels que le *Courrier bordelais*, dont il a fait paraître les cinq premiers numéros en 1789, in-8°; la *Nouvelle du jour*, feuille périodique, 1790, in-8°, et le *Tableau de Bordeaux*, journal, en 1797 et 1798, in-4°.

BERNADOTTE (JEAN-BAPTISTE-JULES), roi de Suède et de Norwège sous le nom de CHARLES-JEAN, est né, le 26 janvier 1764, à Pau en Béarn, de parens estimés dans la bourgeoisie et la robe. Il n'avait pas encore terminé ses études en 1780, lorsque son goût dominant pour la profession des armes le fit entrer au service comme simple soldat. En 1789, il n'était encore que sergent. Il eut alors l'avancement le plus rapide; et cet avantage, il le dut bien moins à la faveur des circonstances qu'à son intelligence et à son intrépidité. Colonel en 1792, il s'était fait remarquer du général Custines dans les premières campagnes sur le Rhin. En 1793, il servit sous Kléber avec tant de distinction, qu'il obtint successivement le grade de général de brigade et celui de général de division. Ce fut en cette dernière qualité qu'il fit la campagne de 1794 à l'armée de Sambre-et-Meuse, et qu'il se trouva, le 26 juin de la même année, à la mémorable bataille de Fleurus, au gain de laquelle il contribua par ses talens et sa brillante valeur. Le passage du Rhin près de Neuwied étant effectué, Bernadotte s'empara d'Altorf le 15 août 1795 (28 thermidor an 4). Ce fut lui qui, à la tête de sa division placée en avant de Newmarck, protégea la retraite de l'armée française sous les ordres de Jourdan. Quelque temps après, il fut accusé par Duperron d'avoir, pendant cette retraite, livré au pillage la ville de Nuremberg. Bernadotte se plaignit au directoire de cette calomnie, et sa justification fut complète. En 1797, il se rendit avec sa division en Italie. A son arrivée,

Bernadotte, Roi de Suède.

une sorte de mésintelligence parut s'élever entre ses soldats et ceux des autres divisions de l'armée de Bonaparte; mais l'amour de la patrie et celui de la gloire réunirent bientôt ces braves, qui se distinguèrent également au passage du Tagliamento, et à la prise de Gradisca, que Bernadotte, soutenu par le général Serrurier, enleva de vive force le 19 mars. Le 24, il s'empara de Trieste, et fit arrêter, à Venise, le comte d'Antraigues, attaché à la légation russe. Ce personnage, renommé par son esprit d'intrigue, correspondait avec tous les ennemis de la France. Ses papiers furent envoyés au directoire, et ce fut, dit-on, leur examen qui décida la journée du 18 fructidor. On sait qu'à cette occasion les armées envoyèrent des adresses au directoire. Ce fut le premier essai de l'intervention de la force-armée dans le système du gouvernement, et il est remarquable que c'est Bonaparte qui en fut l'auteur. Bernadotte hésita quelque temps avant de suivre cet exemple. Le général en chef lui envoya, par son aide-de-camp Croisié, *l'ordre* d'assembler sa division, et de faire signer une adresse semblable à celles des divisions Masséna, Augereau et Joubert. On lui fit observer que son refus ferait croire à une mésintelligence entre les généraux, et que les ennemis de la république ne manqueraient pas d'en tirer parti. Bernadotte, cédant à ces considérations, envoya une adresse, non au général en chef, mais au directoire, et cette adresse ne ressemblait point à celles des autres divisions. Il partit ensuite pour Paris, avec la mission de présenter au directoire les drapeaux enlevés, à Peschiera, après la bataille de Rivoli. Les éloges mérités que le général en chef faisait de Bernadotte, ses qualités personnelles, ses sentimens patriotiques, firent concevoir de lui de grandes espérances. A l'époque de son arrivée à Paris, Marseille était livrée à l'anarchie; la réaction royaliste y faisait couler des flots de sang; Bernadotte fut envoyé dans cette malheureuse ville comme commandant la division militaire, et il parvint à y rétablir l'ordre. Bientôt après il alla reprendre son poste en Italie. Après le traité de Campo-Formio, il refusa de suivre Bonaparte à l'armée d'Angleterre. Les vues ultérieures de ce général étaient déjà soupçonnées; le directoire lui-même avait des craintes; et, pour avoir un général en chef en qui il pût avoir confiance, il donna à Bernadotte le commandement de l'armée d'Italie, laissé à Berthier par *interim*. Pendant que Bernadotte se rendait à son quartier-général, il reçut à Vérone une lettre de Bonaparte, qui lui mandait que bien qu'il eût vivement désiré l'avoir avec lui à l'armée d'Angleterre, il ne s'était pas opposé à sa nomination, parce qu'il espérait qu'il éclairerait les nouveaux républicains d'Italie, et leur donnerait une bonne direction. Mais au moment où Bernadotte, arrivé à Milan, croyait recevoir de Berthier le commandement de l'armée, celui-ci lui remit une lettre du directoire, qui l'envoyait ambassadeur à Vienne. Convaincu que ce changement était l'effet de la faiblesse du directoire et de l'ascendant de Bonaparte, Bernadotte refusait de se rendre à Vienne. Berthier lui représenta que son refus allait retarder l'exécution des ordres qu'il avait reçus lui-même de marcher sur Rome; que le directoire avait pensé qu'il fallait, dans cette circonstance, envoyer à Vienne un homme qui eût assez d'influence pour faire entendre à ce cabinet que la marche de l'armée française n'avait nullement pour but de détruire le gouvernement papal, mais seulement d'obtenir une réparation éclatante de l'assassinat du général Duphot. Berthier ajouta qu'il trouverait à Vienne des instructions dans ce sens. Bernadotte voyant alors une trop grande responsabilité à retarder, par son refus, la marche de l'armée, se rendit à Vienne, où sa loyauté connue lui valut un accueil très-distingué. Huit jours après, la Suisse était envahie, et Berthier avait proclamé la république romaine. La cour de Vienne gardait le silence; et Bernadotte, sentant le besoin de la circonspection, vécut d'une manière très-retirée. Ce fut à cette époque que certains journaux de Paris se déchaînèrent contre Bernadotte absent. On rappelait ses premières hésitations relativement aux adresses de l'armée d'Italie; on annonçait que les officiers et la suite de l'ambassadeur français à Vienne ne portaient la cocarde tricolore que dans l'intérieur de l'hôtel, conséquence naturelle, ajoutait-on, de la condescendance que Bernadotte avait montrée pour le cabinet de Vienne, après les préliminaires de Léoben, et à des époques antérieures. Le directoire envoya ces articles de journaux à Bernadotte, en lui écrivant « qu'il ne pouvait croire » qu'un général, qui avait si bien » servi la nation sous le drapeau » tricolore, négligeât de faire res- » pecter ses couleurs, et qu'il lui » *ordonnait* de faire distinguer » son hôtel par les couleurs na- » tionales, s'il ne l'avait déjà fait. » A l'instant même, l'hôtel de l'ambassadeur français arbora le drapeau tricolore, qui fut le prétexte, et qui donna le signal de l'émeute, dans laquelle, sans le sang-froid le plus rare, et l'intrépidité la plus active, Bernadotte eût éprouvé à Vienne le sort du général Duphot à Rome. Il serait triste de penser que ces deux événemens aient été le résultat des mêmes combinaisons. Bernadotte, après un tel éclat, ne pouvait rester à Vienne. Il envoya son rapport au directoire, et se rendit à Rastadt, pour y attendre des ordres ultérieurs. L'indifférence ou la faiblesse avec laquelle le directoire traita l'affaire de Vienne, décida Bernadotte à refuser l'ambassade de La Haie; ce fut du moins le motif apparent de cette conduite. Avant cette époque, il avait épousé la fille d'un des négocians les plus considérés et les plus estimables de Marseille, Mlle Eugénie Clary, sœur de l'épouse de Joseph Bonaparte, depuis roi d'Espagne. On assure que le père de Mlle Clary l'avait d'abord refusée à Bonaparte, et qu'il la destinait au général Duphot, depuis assassiné à Rome. En 1799, la guerre ayant été déclarée à l'Autriche, Bernadotte fut nommé général en chef de l'armée d'observation sur le Rhin. Les frontières garanties, le commerce de Manheim assuré, l'université d'Heidelberg protégée, le soulagement du pays opéré par des restrictions apportées au droit de réquisition, tels sont les actes qui signalèrent son commandement. Il chassa de Francfort les agens de l'Autriche, et fit retirer les émigrés français à vingt lieues au-delà des positions occupées par les armées de la république. Bientôt arriva la révolution du 30 prairial, qui fit sortir du directoire Merlin, Treilhard et La Réveillère-Lépeaux. Le parti qui venait de triompher, considérant dans Bernadotte le militaire plutôt que le citoyen, espéra trouver en lui un instrument docile, et l'éleva au ministère de la guerre. Le nouveau ministre, par sa fermeté et sa gestion, ne tarda point à tromper cette espérance. A peine installé, il écrivit aux généraux pour exciter leur patriotisme, et enflammer celui des armées. Il leur recommandait la discipline et l'unité d'action. Il confia le commandement en chef des armées des Alpes et d'Italie au général Championnet, antérieurement disgracié. Il invita, de la manière la plus pressante, le général Moreau à examiner la conduite des commandans qui, en Italie, avaient rendu les places fortes qui leur étaient confiées. Il fit incorporer dans les bataillons de leurs départemens les officiers qui étaient à Paris en réclamation. Enfin, sous le gouvernement le plus faible, et dans un temps où les revers de nos armées portaient le découragement dans toutes les âmes, il signala son ministère par une énergie et une activité remarquables à toutes les époques. Le pouvoir d'opinion, l'influence acquise par de tels moyens, portèrent ombrage au directoire, jaloux d'une autorité dont l'exercice plein et entier était au-dessus de ses forces. Bernadotte fut remplacé par le général Milet-Mureau; et le directoire, en annonçant au premier cette détermination, lui écrivit « qu'il » ne faisait en cela que céder au » vœu manifesté par le ministre, » de reprendre un service actif » dans les armées. » Bernadotte répondit qu'il n'avait jamais parlé de démission, demanda son traitement de réforme, et, voulant rester étranger aux intrigues qui s'ourdissaient à Paris, se retira à la campagne. Il ne prit aucune part à la révolution du 18 brumaire, qu'il désapprouva même assez hautement, ainsi que beaucoup d'autres. Cependant il fut nommé, après l'installation des consuls, conseiller-d'état et général en chef de l'armée de l'Ouest. Il battit, en diverses rencontres, les royalistes insurgés; et le 16 mai 1800 (16 floréal an 8), il empêcha le débarquement des Anglais à Quiberon. L'année suivante, le mauvais état de sa santé le força de remettre le commandement de son armée au général Laborde, ce qui donna lieu à différentes conjectures. Les uns prétendaient qu'il avait été empoisonné comme le général Hoche : c'était une calomnie. Les autres supposaient qu'il avait été disgracié par suite de la découverte d'une conspiration formée en Bretagne, contre le nouveau gouvernement, dans laquelle figuraient quelques officiers de son état-major, et dont il avait eu connaissance : c'était une autre calomnie. Ce qui pouvait donner naissance à de tels bruits, c'est que Bernadotte n'avait jamais été ni le courtisan, ni l'instrument, ni l'ami du premier consul. Il y avait toujours eu plus que de la froideur entre eux. Cette disposition avait pris le caractère d'une sorte d'hostilité, à l'époque de l'expédition de Saint-Domingue, dont le commandement, demandé par Bernadotte, fut donné au général Leclerc. Au passage de ce dernier à Rennes, pour se rendre à Brest, une explication très-vive, et où rien ne fut dissimulé, eut lieu entre ces deux généraux. Ce fait est positif. Ce qui l'est également, c'est l'antipathie qui éloigna Bernadotte de Bonaparte, quand il arriva sous ses ordres à l'armée d'Italie, et qu'il témoigna publiquement pour son général en chef, devenu premier consul. Aussi Joseph Bonaparte, son beau-frère, crut devoir se charger de les rapprocher. Cette pacification conserva toujours la couleur politique d'un traité de circonstance, prescrit par la nécessité. Au mois de mai 1804 (29 floréal an 12), Bernadotte reçut le bâton de maréchal d'empire et le commandement de l'armée d'Hanovre, en remplacement du maréchal Mortier, depuis duc de Trévise. Nommé, quelque temps après, chef de la 8ᵐᵉ cohorte de la légion-d'honneur, institution à la création de laquelle il s'était opiniâtrément opposé dans le conseil-d'état, il fut choisi, en mars 1805, malgré son absence, pour présider le collège électoral du département de Vaucluse. Le département des Hautes-Pyrénées le nomma candidat au sénat *conservateur*. Décoré, presque en même temps, des ordres de l'Aigle-Noir et de l'Aigle-Rouge de Prusse, de la grand'croix de Saint-Hubert de Bavière, il ne tarda point à quitter le pays d'Hanovre, avec la plus grande partie de ses troupes, pour marcher contre l'Autriche. Le 25 septembre, il arriva à Wurtsbourg, où il réunit les Bavarois à son corps d'armée. De là, il se dirigea sur Munich, où il entra, le 21 octobre; et le 30 du même mois, il s'empara de Salzbourg. A Austerlitz, il occupa le centre de l'armée, et eut une part signalée à la grande victoire qui a immortalisé cette journée. Créé prince souverain de Ponte-Corvo, le 5 juin 1806, il entra en campagne à la tête du 1ᵉʳ corps. Le 9 octobre, il battit 10,000 Prussiens; et le 10, il leur fit éprouver, avec la coopération du général Suchet, un second échec à Saalfeld, où périt le prince Louis de Prusse. Après la bataille d'Iéna, Bernadotte attaqua, le 17, à Halle, la réserve prussienne, commandée par le prince Eugène de Wirtemberg. Après l'avoir battu, il entra dans Halle. Le 25, il s'avança dans le Brandebourg, et arriva, le 6 novembre, avec les maréchaux Soult et Murat, devant Lubeck, où s'étaient retirés les débris de l'armée prussienne; là, il se livra un combat très-sanglant, à la suite duquel les Français entrèrent de vive force dans la ville, que les généraux français, malgré leurs efforts, ne purent entièrement garantir du pillage. La prise d'un nombre considérable de drapeaux, de soldats, d'officiers et de généraux, parmi lesquels on distinguait le duc de Brunswick-Oels et le général Blucher, furent le résultat de cette victoire. Le 8 du même mois, le boulevart de la monarchie prussienne, Magdebourg, fut obligé de se rendre; et le maréchal, prince de Ponte-Corvo, reçut l'ordre de marcher sur la Pologne, au-devant des Russes, qui arrivaient, un peu tard, au secours de la Prusse. Les généraux russes avaient formé le projet de couper l'empereur et la division Ney du reste de l'armée française, et ils s'avancèrent en force dans la plaine en avant de Mohrungen. Bernadotte avait reçu, la veille, l'ordre de se retirer sur le petit Strasbourg, à 7 ou 8 milles de Thorn; mais étant mieux instruit du mouvement des Russes qu'on ne l'était au quartier-général, il prit son parti en grand capitaine. Comme il n'y avait pas de temps à perdre, il réunit, de minuit à midi, tout son corps d'armée sur les plaines avant Mohrungen, où bientôt arriva la colonne russe, qui fut complètement battue. Par cette résolution, il sauva le quartier-général de l'empereur et la division du maréchal Ney; et ce qu'il y a de remarquable, c'est seulement dans les journaux étrangers qu'on lui a décerné le juste tribut d'éloges que méritait un service si important. Le 26 février, le maréchal Bernadotte assura, par la victoire remportée à Braumberg, la position de l'armée française. Des négociations avaient été entamées; mais ayant été rompues, deux colonnes russes tentèrent de passer la rivière à Spandau; Bernadotte les repoussa, après un combat meurtrier, dans lequel il fut grièvement blessé, et, obligé de se retirer, il prit, en 1808, le commandement d'un corps considérable de Français, d'Espagnols et de Hollandais, cantonnés dans les environs de Hambourg, et qui passèrent ensuite dans la Fionie et le Jutland. On sait comment le général espagnol La Romana s'échappa, à l'aide des Anglais, avec 10,000 hommes. Il n'emmena que ceux qui étaient en Fionie. La division Kindelan, qui se trouvait dans le Jutland, ne voulut pas se rendre aux ordres de La Romana. La modération du prince de Ponte-Corvo dans son gouvernement, la sagesse de son administration, ses efforts pour réparer les malheurs qui accablaient depuis long-temps ces contrées, lui concilièrent l'affection et l'estime de tous leurs habitans. Nous verrons bientôt le résultat de l'impression que la justice, l'humanité, les talens du général français, produisirent sur ces peuples. La guerre que l'Autriche déclara à la France, au commencement de 1809, ramena le prince de Ponte-Corvo sur le champ d'honneur. Il reçut le commandement du 9me corps, presque entièrement composé de Saxons; le 17 mai, il engagea et battit les

Autrichiens en avant du pont de Lintz. Ayant ensuite opéré sa jonction avec la grande-armée, il assista à la bataille de Wagram, où il était placé à l'aile gauche, contre laquelle le prince Charles dirigea des forces considérables. L'attaque fut des plus vives; les Saxons se battirent avec un courage admirable. Wagram fut pris et repris par eux. Pendant deux heures ils arrêtèrent les Autrichiens au milieu du village enflammé. Leur perte était considérable. Une division française, commandée par le général Dupas, faisait partie du 9ᵐᵉ corps. Le prince de Ponte-Corvo lui ordonna d'avancer pour soutenir les Saxons. Le général Dupas répondit qu'il avait ordre de garder sa position; cette réponse inattendue, de la part d'un général qui appartenait au corps d'armée à sa disposition, le frappa de surprise et d'indignation. Il s'occupa d'abord à sauver ce qui restait de Saxons, et après avoir acquis la certitude que le général Dupas avait en effet reçu des ordres supérieurs, contraires aux siens, il se rendit en hâte au quartier-général pour informer l'empereur de ce qui venait de se passer. Il se plaignit énergiquement de cette violation des règles militaires, et dit, entre autres choses, « que si c'était dans la vue » de le faire périr, on avait des » moyens moins odieux que celui » de sacrifier avec lui tant de bra- » ves gens. » Ce n'était ni de l'empereur, ni de son armée qu'il se plaignait, mais de celui ou de ceux qui, par haine ou par jalousie, s'étaient portés à ce qu'il considérait comme un véritable *guet-à-pens*. L'empereur le jugea ainsi, et chercha à le calmer, en lui disant « que c'était une de » ces erreurs ou de ces méprises » inévitables dans un si grand mou- » vement. » Mais Bernadotte ne voulant plus s'exposer à de pareilles chances, demanda et obtint son congé. Cette anecdote a été dénaturée dans plusieurs Biographies. Nous la tenons, telle qu'elle vient d'être racontée, d'un témoin oculaire. Il y avait quinze jours que Bernadotte était de retour à Paris, lorsqu'on reçut la nouvelle du débarquement des Anglais à Walcheren. Il fut chargé, par le conseil des ministres, de repousser cette agression. Malgré le mauvais état de sa santé, il n'écouta que la voix du devoir, et accepta sans hésiter cette nouvelle mission. Cependant les moyens de défense manquaient totalement. Le maréchal eut besoin de toute son activité pour créer des ressources. En un moment les gardes nationales furent organisées; la multiplicité des marches et des contre-marches trompa l'ennemi, qui crut que le général français avait à sa disposition des forces considérables. Dès le mois de septembre, Bernadotte força les Anglais d'évacuer l'île de Sud-Béveland, et, le 30 du même mois, celle de Walcheren. L'ennemi retiré, et la paix conclue avec l'Autriche, le prince de Ponte-Corvo remit son commandement au maréchal Bessières, et revint à Paris, où le roi de Saxe, alors dans cette capitale, lui conféra la décoration de l'ordre de Saint-Henri. Il vivait dans la retraite, ne s'occupant que du rétablissement de sa santé, lorsque la mort funeste du prince de Sleswig Augustenbourg, arrivée le 28 mai 1810, vint l'arracher à sa vie paisible. Les Suédois sentaient qu'ils avaient besoin d'un prince qui sût manier l'épée, et qui eût assez d'habileté dans l'administration pour réparer les maux qu'ils avaient soufferts. Le souvenir de ce qu'ils devaient au prince de Ponte-Corvo était encore présent à leur pensée; ils lui connaissaient toutes les qualités qu'ils pouvaient désirer. Les états furent assemblés après la mort du prince d'Augustenbourg, pour assurer la succession au trône ; ce furent ces états, composés des quatre ordres représentant la nation, qui, d'une voix unanime, après deux mois de recherches et de délibérations, proclamèrent le maréchal Bernadotte prince royal. Jamais légitimité n'eut une source plus pure. Le roi Charles XIII l'adopta pour son fils. On a beaucoup parlé de ce qui se passa alors entre Bernadotte et Napoléon. Voici à ce sujet des faits curieux et positifs. Lorsque la diète suédoise s'assembla à Orebro pour l'élection d'un prince royal, l'empereur, ne se doutant pas que l'on songeât au prince de Ponte-Corvo, qui lui-même ne savait encore rien à cet égard, témoigna le désir que le choix de la diète tombât sur le roi de Danemark. Il parut même, dans le *Journal de l'Empire*, qui était alors semi-officiel, un petit article de cinq à six lignes, qui indiquait ce choix. Le chargé d'affaires de France à Stockholm, Désaugiers, qui avait épousé une Danoise, prit cet article pour un indice certain de l'intention de l'empereur, et se hasarda même de donner une note dans ce sens. Mais dans l'intervalle, il était arrivé à Paris trois personnages marquans de la diète, chargés de sonder les dispositions du prince de Ponte-Corvo, dans le cas où il serait nommé. Il répondit qu'étant sujet de l'empereur, il ne pouvait disposer de lui-même sans son autorisation. Les députés obtinrent une audience de Napoléon, qui leur assura qu'il ne s'opposerait en rien à une élection libre de la diète; qu'il n'y voulait avoir aucune influence; mais que si leur choix tombait sur le prince de Ponte-Corvo, il consentirait à son élévation. Le jour même, il ordonna le rappel de Désaugiers. Il est donc certain que Napoléon ne fit aucun usage de son influence dans cette occasion. Le choix de la diète officiellement connu, le prince de Ponte-Corvo fit profession publique de la religion réformée dans laquelle il avait été élevé, et prit, le 2 octobre 1810, congé de l'empereur, qui lui promit différentes concessions en faveur de la Suède. Malgré ces assurances, leur liaison n'en devint pas plus intime. Nous voici parvenus à la partie la plus importante de la vie de Bernadotte, et qui a été diversement envisagée selon les intérêts ou les passions des divers historiens. Nous allons rapporter des faits qu'on ne peut contester, et qui peuvent servir de base à l'opinion des contemporains comme au jugement de l'avenir. Les relations entre la Suède et la

France, après l'élection du nouveau prince royal, furent d'abord très-amicales. Les demandes réitérées de Napoléon n'éprouvèrent aucun refus. Le prince royal alla même jusqu'à obtenir que la Suède, contre ses intérêts les plus manifestes, déclarât la guerre à la Grande-Bretagne. Napoléon commença bientôt à traiter le prince royal de Suède avec aussi peu de ménagement que les rois qu'il avait placés lui-même sur divers trônes, et qu'il considérait comme ses lieutenans. Mais Bernadotte n'était pas dans la même position que le roi Murat ou le roi Jérôme; il tenait son rang de la volonté librement exprimée de la nation suédoise, et les intérêts de cette nation devaient l'emporter chez lui sur les intérêts de Napoléon, même sur ses propres affections. Les Suédois se plaignaient des corsaires français qui saisissaient leurs bâtimens; les décisions mêmes du conseil des prises n'avaient plus d'autorité lorsqu'elles se trouvaient favorables aux Suédois. L'occupation imprévue de la Poméranie, sans que Napoléon daignât s'expliquer sur les motifs de cette agression, exalta le mécontentement de la Suède, mécontentement que l'ambassadeur Alquier, très-fidèle à ses instructions, ne cherchait nullement à affaiblir. Ces circonstances amenèrent l'entrevue du prince royal avec l'empereur Alexandre dans la ville d'Abo, en mars 1812, et le traité qui en fut la suite. Ainsi tombe le reproche que quelques biographes ont fait au prince royal de ne s'être déclaré contre Napoléon qu'après les revers de la campagne de Russie. La correspondance entre le prince et Napoléon qui a été publiée en 1813, divers documens authentiques que nous avons sous les yeux, prouvent que ce n'était point contre la France, mais seulement contre le despotisme de Napoléon, que le prince royal de Suède croyait avoir pris les armes. Cette distinction était classique à cette époque pour les ennemis de la France; elle était plus naturelle à Bernadotte. On assure que pendant la désastreuse campagne de 1813, il engagea l'empereur à conclure la paix. Ce n'était pas un motif pour l'y décider. Bernadotte aurait-il été trompé par les alliés dans tous les événemens postérieurs au passage du Rhin? on l'ignore jusqu'à présent; quoi qu'il en soit, ce prince a été jugé avec une grande sévérité, et a dû s'attendre à l'être ainsi, par les Français. Peut-être a-t-on trop oublié qu'il avait une nouvelle patrie, et qu'une nation généreuse et indépendante lui avait confié sa défense et le soin de son honneur. Rien n'avait plus mécontenté la Suède que la perte de la Finlande que Napoléon avait abandonnée à l'empereur Alexandre sans compensation. Peut-être aussi le prince royal de Suède s'était-il trop pressé de faire cause commune avec les nouveaux garans de sa future royauté : il le fit avec éclat, on ne peut en disconvenir. Le 18 mai 1813, il débarqua à Stralsund avec 30,000 Suédois. C'est là que Moreau, dont la position était tout-à-fait différente de celle de Bernadotte, le vit à son arrivée d'Amérique. Il serait à dé-

sirer que l'histoire pût recueillir l'entretien qu'ils eurent ensemble. Le prince royal de Suède entra en campagne après avoir réuni sous ses ordres une armée de 100,000 hommes, tant Suédois que Russes et Prussiens, qui formait sous le nom d'armée du Nord la droite de la grande-armée alliée. Il se mit en marche, et après avoir obtenu un succès à Gros-Beeren, il gagna, le 6 septembre 1813, la bataille de Donnewitz sur les maréchaux Ney et Oudinot. Cette victoire sauva Berlin, et décida du succès de la campagne en empêchant Napoléon de profiter des avantages considérables qu'il avait remportés à Dresde. Le prince royal se dirigea ensuite à marches forcées sur Leipsick, dans le dessein de couper la retraite de l'empereur. Il arriva assez à temps pour attaquer les 16, 17 et 18 octobre, et eut une part assez importante au succès de ces journées, dont les résultats ont été si déplorables pour la France. Le 17, il entra dans Leipsick avec l'empereur de Russie et le roi de Prusse. Après la bataille de Dennewitz, le prince royal écrivit au maréchal Ney une lettre qui se terminait ainsi : « Quoi-
» que les intérêts que nous ser-
» vons soient différens, j'ai du
» plaisir à penser que nos senti-
» mens sont toujours restés les mê-
» mes, et je saisirai avec le plus
» vif empressement toutes les oc-
» casions de vous assurer que je
» suis constant dans ceux que
» vous m'avez connus pour vous.
» Depuis long-temps nous rava-
» geons la terre, et nous n'avons
» encore rien fait pour l'humanité.
» La confiance dont vous jouissez
» à si juste titre auprès de l'em-
» pereur Napoléon, pourrait, ce
» me semble, être de quelque poids
» pour le déterminer à accepter en-
» fin la paix honorable et généra-
» le qu'on lui a offerte, et qu'il a
» repoussée. Cette gloire, prince,
» est digne d'un guerrier tel que
» vous; et le peuple français ran-
» gerait cet éminent service au
» nombre de ceux que nous lui
» rendions, il y a vingt ans, sous
» les murs de Saint-Quentin, en
» combattant pour son indépen-
» dance. » Dans le mois de décembre 1813, il arriva à Lubeck, et continua ensuite sa marche sur le Rhin; mais arrivé près de ce fleuve il hésita quelque temps à le passer. Enfin il entra dans Cologne, et publia une proclamation explicative de ses motifs, dont les derniers passages prouvent qu'en remplissant ses devoirs envers la Suède, il n'avait pas oublié son ancienne patrie. On sait qu'il était entièrement opposé au projet d'une invasion en France, qu'il fit tous ses efforts pour déterminer l'empereur Alexandre à s'arrêter sur le Rhin, et qu'il ne prit aucune part à la campagne, qui se termina par l'entrée des alliés à Paris; cette inaction lui a été vivement reprochée par le parti anti-libéral, ou plutôt anti-français. Ce ne fut qu'après l'abdication de Napoléon, que le prince royal vint à Paris. On a prétendu que des raisons politiques l'empêchèrent de faire un long séjour dans cette capitale. En effet, il ne tarda point à reprendre la route de la Suède, où la réception la plus flatteuse

l'attendait : son arrivée fut un véritable triomphe. La population entière de Stockholm, le roi lui-même, allèrent à sa rencontre. Les puissances alliées, et le Danemark par le traité de Kiel, avaient accordé la cession de la Norwège à la Suède. Le prince royal, à la tête de l'armée suédoise, renforcée par 15 à 20,000 Russes, et soutenue par une flotte anglaise, pouvait prendre possession de la Norwège, et l'incorporer sans obstacle à la Suède. Mais il ne regarda ni l'acte de cession, ni les traités avec les puissances alliées, comme des titres suffisans, et ce fut des Norwégiens eux-mêmes qu'il voulut obtenir leur réunion à la Suède. Il tâcha de les éclairer sur leurs vrais intérêts. Les représentans de cette nation s'assemblèrent pour se donner une constitution assortie aux besoins du pays, et fondée sur les droits légitimes des citoyens. Ce qu'il y a de plus remarquable, c'est que ce pacte fondamental est religieusement observé, qu'il n'est permis à aucun pouvoir ni à aucune faction d'y porter atteinte. Dans le mois d'août 1815, le prince royal visita la Norwège avec le prince Oscar son fils, et ils y furent reçus avec enthousiasme. Peu de temps après, il affecta un fonds de 200,000 rixdallers, à l'établissement d'une académie d'agriculture, et fit présent à la bibliothèque d'Upsal d'une précieuse collection de livres qui avait appartenu à l'évêque Nordin, célèbre par son savoir et ses talens. On a beaucoup parlé, dans le temps, d'une conspiration qui avait pour but de l'empoisonner, et qu'un traiteur, nommé Limborn, révéla. Le 14 mars 1817, l'instruction légale prouva qu'il n'y avait ni complot ni conspiration; que Limborn était un imposteur, qui par un mensonge officieux voulait se mettre en crédit, et il fut puni comme il le méritait. Une fausse politique aurait pu tirer parti de cet événement; mais une telle politique n'appartient qu'à la faiblesse ou à l'ineptie. Cependant l'occasion était offerte aux Suédois de manifester leurs sentimens pour le prince royal, et ils la saisirent avec empressement. Ils lui témoignèrent de la manière la moins équivoque, combien ils étaient disposés à prendre sa défense. Sa réponse à l'adresse des bourgeois de Stockholm, est très-remarquable. Nous n'en citerons que quelques passages : « Je vins au milieu »de vous, et j'apportai comme »titre et garantie, mon épée et »mes actions. Si j'avais pu vous »apporter une série d'ancêtres de-»puis le temps de *Charles Mar-*»*tel*, je l'aurais désiré, seulement »par rapport à vous. Pour moi, je »suis également fier des services »que j'ai rendus, et de la gloire »qui m'a élevé. Ces prétentions »se sont accrues par l'adoption du »roi, et le choix unanime d'un »peuple libre. Là-dessus je fonde »mes droits; et aussi long-temps »que l'honneur et la justice ne se-»ront point bannis de la terre, ces »droits seront plus légaux et plus »sacrés que si j'étais descen-»du d'*Odin*. L'Histoire montre »qu'aucun prince ne monta sur »le trône, si ce n'est par le choix »des peuples, ou par la conquête.

» Je ne me suis point frayé une
» voie à la succession du trône
» de Suède par les armes; le choix
» libre de la nation m'a appelé,
» et voilà le droit sur lequel je
» m'appuie. Rappelez-vous votre
» état à mon arrivée, et voyez ce
» que vous êtes maintenant!.... »
Ces belles paroles ont fait une
impression profonde sur les Suédois; l'histoire ne peut les oublier. Au commencement de 1818,
le roi Charles XIII, dont la santé
était très-affaiblie, fut atteint de la
maladie qui le conduisit au tombeau; il mourut le 5 février de
la même année, regretté du peuple, dont il s'était efforcé de faire le bonheur. Le prince royal
monta paisiblement sur le trône, prit le nom de CHARLES XIV,
annonça sa ferme détermination
de gouverner les deux royaumes d'après leurs lois fondamentales, et signa l'acte de garantie exigé par la constitution.
Le 7, il renouvela dans la diète
générale le serment exigé par la
loi, et reçut celui des états-généraux. Son couronnement, comme roi de Suède, eut lieu le 11
mai, à Stockholm, et le 7 septembre, à Drontheim, comme roi
de Norwège. Depuis l'époque de
son avénement au pouvoir, le roi
de Suède a été fidèle à ses promesses, il en est récompensé par
l'amour du peuple. De tous les rois
qui sont montés sur des trônes
de l'Europe depuis l'expulsion des
Stuarts, il est le seul étranger
qui y ait été appelé par le choix
libre d'une nation généreuse et
indépendante; il est aussi le seul
dont la puissance se soit affermie au milieu des orages, et
qui soit à l'abri des révolutions.
Sa fidélité dans l'exécution des
lois constitutionnelles, son respect pour les droits des citoyens,
sont des titres plus solides à la
vraie gloire, que ses plus brillans
exploits comme guerrier. Le prince Oscar, son fils, élevé dans les
mêmes principes, s'est déjà rendu cher aux peuples de la Scandinavie, par la loyauté de son caractère et son attachement à leurs
constitutions. Un décret des états-généraux lui accorde la faculté de gouverner le royaume en
cas de maladie du roi son père.
Cette marque signalée de confiance lui impose de grands devoirs à remplir, et prouve tout
l'attachement des Suédois à la nouvelle dynastie.

BERNARD (N.), lieutenant-général du génie. Distingué par
ses talens et par son courage, il
avait donné des preuves de l'un
et de l'autre dans toutes les campagnes de la révolution, comme
officier du génie; et cependant il
n'était encore que colonel lorsqu'il fut présenté à l'empereur,
qui le fit son aide-de-camp, et le
nomma successivement général
de brigade et général de division.
Le général Bernard, attaché à
Napoléon par la reconnaissance,
se rangea sous ses drapeaux pendant les *cent jours*. Il le suivit
dans la campagne de la Belgique,
se distingua aux batailles de Ligny
et de Waterloo, accompagna Napoléon jusqu'à Paris après cette
dernière et funeste affaire, et ne
le quitta qu'à son départ pour Rochefort. Depuis, le général Bernard est passé en Amérique, et
est entré au service des États-U-

nis en qualité d'officier-général dans l'armé du génie.

BERNARD (ADRIEN-ANTOINE), était, en 1791, président du tribunal de *Saintes,* que l'on lui donne quelquefois pour surnom. Il fut nommé par le département de la Charente-Inférieure, à l'assemblée législative, où il ne se fit point remarquer, et passa ensuite à la convention nationale, où il ne resta pas dans la même obscurité. Ses votes dans le procès de Louis XVI sont conçus en ces termes : « En ma qualité d'homme de bien, » je regarde ce prince comme cou- » pable, et je vote sa mort ». Dans la question de l'appel au peuple, il répondit que ce serait trop honorer le crime et le criminel. Nommé membre du comité de sûreté générale, il fut envoyé dans les départemens de la Côte-d'Or et de la Charente-Inférieure. De retour de cette mission, il devint secrétaire de la convention, et fut, après la chute de Robespierre, proposé par Barrère pour entrer au comité de salut public, en remplacement de l'un des membres expulsés par suite de cet événement. Tallien parvint à l'en écarter ; mais Bernard de Saintes rentra de nouveau au comité de sûreté générale. A la fin de l'an 2, étant président de la convention, il répondit en cette qualité aux plaintes faites par les jacobins, sur l'incarcération des patriotes, et l'élargissement des aristocrates et des suspects : « La convention, » dit-il, qui a vaincu toutes les fac- » tions, ne sera pas arrêtée par les » clameurs des aristocrates impru- » dens ; elle saura maintenir le » gouvernement révolutionnaire ; » elle reçoit avec plaisir les récla- » mations des patriotes opprimés ». Par suite des événemens du mois de prairial an 3, qui renversèrent le parti de Barrère, Bernard de Saintes fut décrété d'arrestation avec Robert Lindet, Jean-Bon-Saint-André, David et plusieurs autres membres des comités. Déclaré, par la loi du 5 fructidor suivant, inéligible au corps-législatif, il n'obtint sa liberté, malgré les plus vives réclamations, qu'après l'amnistie du 4 brumaire an 4. Il a rempli pendant le gouvernement impérial des fonctions judiciaires. En 1815, il fut envoyé, par le département de la Charente, à la chambre des représentans. Contraint bientôt de sortir de France, non-seulement comme *votant* et signataire de l'acte additionnel, mais encore comme proscrit spécialement par la liste dite des *trente-huit,* il se retira d'abord en Belgique, où il publia un écrit sur l'*Instruction publique,* et créa un journal intitulé le *Surveillant.* Quoique ces écrits ne fussent rien moins qu'hostiles, on le persécuta par cela seul qu'il savait écrire. Sur la réquisition de la diplomatie, le gouvernement des Pays-Bas lui donna l'ordre de quitter le royaume. C'était lui ordonner de quitter l'Europe ; il s'embarqua en mai 1816 pour les États-Unis ; fit, dit-on, naufrage sur les côtes de l'île de Madère, et arriva ensuite en Amérique, où il est mort depuis deux ans, s'il faut en croire des bruits que nous n'avons pu vérifier.

BERNARD DE SAINT-AFRIQUE, Ministre protestant avant la révolution, il espéra trouver dans le nouvel ordre de choses; des garanties contre les vexations auxquelles les religionnaires étaient livrés depuis long-temps. Mais il ne s'écarta jamais des principes de modération qui devaient faire remarquer sa conduite. Appelé en 1792 à la convention nationale, par le département de l'Aveyron, il vota, dans le procès de Louis XVI, la réclusion et le bannissement à la paix. Commissaire à l'armée du Nord en 1792, il fut, à son retour, élu secrétaire de l'assemblée, et passa, en 1795, au conseil des cinq-cents, dont il fut successivement secrétaire et président, et où il ne démentit point ses principes de tolérance politique et religieuse. Cet homme de bien est mort dans la retraite il y a quelques années. Bernard de Saint-Afrique avait épousé en secondes noces la mère du lieutenant-général Maurice Mathieu; il était également beau-père, mais à un autre titre, du général Rampon, à qui il avait donné sa fille. Son beau-fils et son gendre sont tous deux pairs de France.

BERNARD DES SABLONS (CLAUDE). Député à la convention nationale par le département de Seine-et-Marne, il vota, dans le procès de Louis XVI, la mort et le sursis. Après la chute du parti de la Gironde, il donna sa démission. Arrêté pour cet acte de timidité, il ne recouvra la liberté, et ne rentra à la convention qu'après la mort de Robespierre. En 1795, il devint membre du conseil des cinq-cents, d'où il sortit trois ans après. Depuis lors il n'a plus reparu dans les assemblées législatives, et n'a exercé aucune fonction publique.

BERNARDI (JOSEPH - ELZÉAR-DOMINIQUE), légiste profond, mais peut-être un peu trop attaché aux coutumes de l'ancienne monarchie, a très-bien commenté la *République de Cicéron*, et s'est fortement opposé aux actes de la république française. La classe de littérature ancienne de l'institut a mentionné honorablement son ouvrage (*de la République de Cicéron*); mais il est encore incertain si la conduite politique de M. Bernardi mérite les mêmes éloges que son érudition et son goût. Il est né à Montjeu, en Provence, le 16 mars 1751. Avant la révolution, il était lieutenant-général au siége du comté de Sault. Un *Éloge de Cujas* (1770, in-12); un *Discours sur la justice criminelle*, couronné par l'académie de Châlons-sur-Marne (1780); un *Essai sur les révolutions du droit français* (1782), et un *Mémoire sur les jugemens par jury*, couronné par l'académie des inscriptions (1789), l'avaient fait remarquer comme un jurisconsulte habile et un écrivain distingué, lorsque la révolution éclata. Il s'en déclara l'adversaire; refusa, dit-on, des fonctions importantes, qu'on voulait lui confier; accepta seulement une place de juge dans un tribunal de district; manifesta toujours des opinions contraires au vœu général, et fut destitué après le 10 août: il est tout simple que l'homme qui lutte contre le courant soit emporté par sa violence. Arrêté en 1793, il aurait péri infailliblement victime de cette époque désastreuse, sans l'insurrection des fédéralistes, qui le sauva. Il émigra, ne rentra dans sa patrie qu'après le 9 thermidor, et fut nommé député en l'an 5, par le département de Vaucluse, au conseil des cinq-cents. Les émigrés de Toulon, qui avaient appelé les Anglais en France, et contre lesquels la convention avait sévi, trouvèrent en lui un défenseur; il fit abroger les lois portées contre eux. La révolution du 18 fructidor annula sa nomination. Il publia, en 1796, son *Institution au droit français et criminel* (2me éd., 1800); et, à l'avénement du premier consul au trône, il se réfugia, suivant l'expression d'un biographe, dans les bureaux du ministère de la justice, où il est encore caché sous le titre de chef de division des affaires civiles. Il a donné, depuis ce temps, plusieurs ouvrages de jurisprudence, entre autres, *nouvelle Théorie des lois civiles* (1802); *Cours de droit civil français* (1803 et 1805, 4 vol. in-4°); *Observations sur l'ancienne constitution française, et sur les lois et les codes du gouvernement révolutionnaire, par un ancien jurisconsulte* (1814, in-8°); *de l'origine et des progrès de la Législation française* (1816, in-8°). Un de ses meilleurs ouvrages est son *Essai sur la vie, les lois et les écrits de Michel de l'Hopital* (1807). Il est un des collaborateurs de la *Biographie universelle*, et a coopéré à la rédaction de plusieurs journaux et ouvrages périodiques. Nommé, en 1812, membre de la seconde classe de l'institut, et admis, en 1816, à l'académie des inscriptions, il a reçu du roi deux distinctions bien différentes, le titre de censeur des journaux, et la croix de la légion-d'honneur.

BERNARDIN DE SAINT-PIERRE (JACQUES-HENRI). Il y a deux hommes à qui la gloire a fait perdre pour ainsi dire leur nom de famille; JEAN-JACQUES et BERNARDIN. Le nom de famille de celui-ci est SAINT-PIERRE, mais nous le plaçons sous le nom patronimique de BERNARDIN, où la plupart des lecteurs le chercheront sans doute. Un tel rapport est singulier entre ces deux écrivains, qui d'ailleurs ont encore d'autres ressemblances. Tous deux, disciples d'une philosophie qu'ils modifièrent et quittèrent souvent; tous deux éloquens, et puisant leur éloquence dans l'excessive sensibilité de leur âme; misanthropes par amour de l'humanité; méconnus et négligeant de se faire connaître; amis des idées nouvelles qui étaient belles et grandes; ennemis de tout préjugé et de tout despotisme, ils se virent, s'apprécièrent, et malgré une morosité, trop souvent excitée par les contrariétés, malgré la susceptibilité de leur caractère, et peut-être la rivalité de leur talent, ils s'aimèrent. Jean-Jacques Rousseau a porté dans le domaine de la pensée, dans les institutions sociales et dans les mœurs, le même esprit d'innovation et de système, que Bernardin de Saint-Pierre porta un peu plus tard dans l'étude de la nature. Le talent descriptif, l'onction, le naturel, la grâce originale de l'auteur de *Paul et Virginie*, suppléent à la verve, à l'éclat, à l'inimitable vigueur, au génie de l'auteur d'*Emile*. Plus subtile chez l'un,

Bernardin de St. Pierre.

vedet del. Fremy Sculp

plus profonde chez l'autre, la pensée, chez tous les deux, a quelque chose d'audacieux, de surnaturel. Bernardin de Saint-Pierre met la grâce du dessin, la magie du coloris, où Jean-Jacques Rousseau a employé le burin de la nature et de la vérité : le raisonnement vigoureux, la dialectique serrée, l'éloquence entraînante, remplacent chez le Génevois ces douces peintures, où semblent se confondre la facilité de Fénélon et l'élégance de Barthélemi. La vie de J. J. Rousseau a dû être plus agitée, plus malheureuse : il avait la source de son génie dans ses passions. Bernardin de Saint-Pierre, doué d'une sensibilité plus tendre et moins active, a su souffrir plus paisiblement. Non moins facile à s'affliger, il était plus aisé à consoler. J. J. Rousseau a fouillé le cœur humain : c'est dans la nature extérieure que Bernardin de Saint-Pierre a trouvé ses plus délicieux tableaux. Par un rapport non moins bizarre, et comme si la destinée s'était plu à soumettre aux mêmes épreuves le génie de ces deux hommes, tous deux passèrent leur jeunesse dans une sphère qui ne laissait rien à la pensée, et qui donnait tout à la vie active. Bernardin de Saint-Pierre, né au Havre, en 1737, d'une famille considérée, commença ses études à Rouen, fut conduit, dès l'âge de 12 ans, à la Martinique, par un oncle, capitaine de vaisseau; revint en France, où le rappelait sa santé délicate, et finit ses classes à Caen, sous les jésuites, qui n'oublièrent rien pour se l'attacher. Mais son père le destinait à être employé dans le service des ponts et chaussées. Il étudia les sciences exactes, dont plus tard il devait se servir contre elles-mêmes. Reçu ingénieur à 20 ans, il fit, sous M. de Saint-Germain, la campagne de Malte; eut à se plaindre des prétentions et de l'orgueil de certains nobles militaires; donna sa démission, et alla offrir ses services à Frédéric-le-Grand. S'ennuyant bientôt de la discipline mécanique des Prussiens, il passa en Russie, fut accueilli de l'ambitieuse Catherine II, se vit au moment de parvenir à une haute fortune; mais pénétrant les vues de l'impératrice sur la Pologne, il s'en indigna, trouva le moyen de les faire connaître au ministère français des affaires étrangères, puis quitta la Russie. Mais le cabinet russe, informé de ce qu'il avait écrit, le fit poursuivre et arrêter par des hullans. Le pistolet à la main, il leur résista longtemps, donna le temps à ses amis d'emporter ceux de ses papiers qui avaient quelque importance politique, et se laissa prendre quand on ne pouvait plus prendre que lui. Il réussit cependant à se sauver lui-même. M. de Breteuil, ambassadeur de France en Pologne, qu'il avait vu à son passage à Varsovie, le fit nommer capitaine-ingénieur de la colonie de l'Ile-de-France. Il ne reçut pas d'autre dédommagement de ce qu'il avait souffert; et son travail, qui lui avait nui, ne servit en rien à la Pologne. A l'Ile-de-France, de nouveaux chagrins l'attendaient; ses vues philanthropiques et vastes heurtèrent le mobile éternel des hommes, l'intérêt individuel. Il s'opposa à ce que l'île devînt une station militaire et un point d'appui pour le commerce des Indes; il sentit son cœur se révolter contre les abus de la puissance illimitée : il plaignit les esclaves et fut haï de leurs oppresseurs. Échoué sur l'île Bourbon, il ne reçut aucune indemnité du gouvernement. On se plaint toujours du mécontentement et de la misanthropie des hommes d'un grand talent. Mais on ne se représente pas la délicatesse exquise de ces âmes privilégiées, dont l'irritabilité tient au génie même, et dont la sensibilité n'est que trop souvent froissée, meurtrie par l'ingratitude d'un monde qu'ils s'efforcent de servir. « Les plus douces odeurs, dit Bacon, sont plus douces encore quand on les agite. » Beaucoup de chefs-d'œuvre ont été le fruit de grands chagrins. Bernardin de Saint-Pierre, que les injustices des hommes et de la fortune forcèrent à chercher des plaisirs dans la nature, contempla avec délices les magnificences singulières du ciel et du sol sous l'équateur, et prépara de loin la délicieuse pastorale de *Paul et Virginie*. D'autres ouvrages germaient aussi peu à peu dans cette tête plus méditative qu'ardente. Il avait cherché le bonheur dans l'agitation et les voyages. C'était la pensée qui seule pouvait lui offrir, sinon ce bonheur, du moins quelque joie et quelque repos. Il donna d'abord son *Voyage à l'Ile-de-France*, et prépara dans la retraite ses *Etudes de la nature*, qu'il publia, en 1784. Le premier de ces deux ouvrages avait déjà jeté quelques idées audacieuses dans le public.

La révolution grondait sourdement; mille signes annonçaient qu'elle allait éclater : tous les esprits et tous les yeux étaient fixés sur le volcan. Les *Etudes de la nature* parurent tout à coup comme une production d'un autre siècle et d'un autre monde, comme une belle fleur près du cratère prêt à vomir la flamme. Cet ouvrage n'attira d'abord à son auteur que des persécutions; certains savans murmurèrent, mais moins haut que les théologiens. Le clergé, qui accordait quelquefois des pensions aux gens de lettres dociles, scandalisé de ce qu'on osait parler de Dieu autrement que la *Bible*. raya de la liste l'homme hardi qui avait si éloquemment démontré l'existence de Dieu par la magnificence et le but de ses œuvres. Cependant l'ouvrage, à sa cinquième édition, prenait sa place parmi les plus belles productions littéraires du siècle. Moins scrupuleux que le clergé, le gouvernement, averti du mérite des *Etudes de la nature*, par leur succès, fit à l'auteur une pension de 1,000 francs. L'auteur donna 300 francs à sa sœur, 100 francs à une vieille domestique, se réserva le reste et vécut retiré. Louis XVI le nomma intendant du jardin des Plantes, à la place de Buffon, et en lui annonçant lui-même cette faveur, ajouta avec bonté : « Vos écrits, que j'ai lus, sont d'un honnête homme. » La révolution éclate : Bernardin de Saint-Pierre refuse l'électorat qui lui est offert, et se tient éloigné de toute fonction publique. Ses *Vœux d'un solitaire*, qu'il publia alors, sont trop purs et trop beaux pour leur époque : c'est le vol de la colombe au milieu des orages. Personne n'écouta la voix d'un homme qui n'avait de passion que le bien de l'humanité. Une suite aux *Vœux d'un solitaire*, donnée en 1791, porte le même caractère et eut le même sort. La plus profonde solitude qu'entourait et trahissait une grande célébrité, fut le choix du reste de sa vie. Deux fois il se maria à deux très-jeunes femmes, une fois à 54 ans, et l'autre à 64. Le philosophe n'avait pas songé qu'en rapprochant la jeunesse de la vieillesse, il rompait la plus douce et la plus délicate des harmonies de la nature. Soit par une sensibilité inquiète, soit par toute autre cause difficile à expliquer ici, il fut malheureux, et se plaignit. Une grande susceptibilité, une irritation vive contre les critiques les plus injustes, une continuelle maladie de nerfs, faisaient de cet homme si envié un être véritablement à plaindre. Cependant la gloire le comblait, et il était dans l'aisance. Professeur de morale à l'école normale, membre de l'institut, devenu possesseur d'OEragni, jolie maison de campagne près de Pontoise, il reçut la décoration de la légion-d'honneur, une pension de 2,000 francs, et une autre de 6,000 francs sur la cassette du prince Jérôme. Les nombreuses éditions de ses ouvrages avaient considérablement augmenté sa fortune. Le 21 janvier 1814, il s'éteignit dans sa maison de campagne, à 76 ans. Bernardin de Saint-Pierre est un des hommes dont cette époque s'honore le plus. Vers la fin d'un siècle où les arts s'égaraient presque tous dans de fausses routes, s'il erra, c'est en fait de sciences; et qui, sous ce rapport, ne s'est jamais trompé? Mais en fait de littérature, retrouvant la bonne route, il fut naïf, éloquent, original. Observateur judicieux, doué d'une imagination poétique, mais toujours fidèle et dévoué à la vérité, il a fait, dans son célèbre ouvrage des *Etudes de la nature*, une hymne à Dieu, qui ne périra qu'avec le sentiment du beau. Ses *Harmonies de la nature*, composées pendant les crises de la révolution, et au moment où toutes les harmonies sociales se confondaient pour se reproduire sous leurs véritables formes, offrent plus d'imagination peut-être, et une sensibilité moins pénétrante que les *Etudes*. Le roman de l'*Arcadie* est un tableau antique, peint par Apelle : tout y respire l'air des montagnes de la Grèce. Le *Café de Surate* est une piquante allégorie qui rappelle Voltaire. Avec moins de finesse et de trait, la *Chaumière indienne* est une délicieuse idylle, remarquable par un récit plein de charme, et une haute pensée philosophique. C'est la révolte de la nature contre la société, grande idée, qui a tourmenté les plus grands hommes, et qui, mystérieusement et sous d'autres formes, tourmente aujourd'hui le monde politique. Le drame de la *Mort de Socrate* semble dicté par J. J. Rousseau; quelques traits adoucis font reconnaître la plume délicate de Bernardin de Saint-Pierre. Cet homme célèbre avait la physionomie noble, douce, antique. Ses beaux cheveux, blonds dans la jeunesse, blancs dans un âge avancé, le faisaient paraître un esprit angélique à 20 ans, un apôtre ou un philosophe platonicien à 60. La jalousie ne devait pas épargner sa renommée, ni la malice sa sensibilité ombrageuse. Sur sa tombe même l'envie n'a pas expiré. Mais l'homme qui a tracé *Paul et Virginie*, celui qui a consacré sa vieillesse à l'instruction de ses enfans; celui qui, séparé de ses créanciers par des mers immenses, ne vécut que de riz et de maïs pour les satisfaire; celui qui, pressé par le besoin, et dans le pays où l'esclave est une propriété, aima mieux affranchir son nègre que de le vendre, cet homme, si bizarre qu'il fût, ne peut avoir été méchant. Avec un amour-propre très-irritable, il irrita beaucoup d'amours-propres, cela explique tout. Des théories de Bernardin de Saint-Pierre celle qui parut la plus hasardée est la *Théorie des marées;* elle donna lieu à de grandes réclamations de la part des savans. L'un d'eux, qui a joui d'une grande faveur sous plus d'un régime, profita de son crédit pour faire persécuter un homme qu'il eût dû se contenter de réfuter. Les physiciens sont quelquefois aussi intoléruns que les théologiens. La prévention que le mathématicien suivant la cour avait inspirée à Napoléon, qui d'abord avait recherché l'auteur des *Études* et de *Paul et Virginie*, ne s'est jamais entièrement dissipée. On la retrouve jusque dans la quotité de la pension qu'il accorda au premier écrivain de l'époque. Elle est de 2,000 fr.; il en donnait de 6,000 à l'auteur d'une tragédie qui lui plaisait. La pension de Bernardin de Saint-Pierre était assignée sur les bénéfices du *Journal de l'Empire* (antérieurement et postérieurement le *Journal des Débats*), feuille dans laquelle l'auteur des *Études de la nature* était habituellement déchiré. « Le plaisant » de cela, disait Bernardin de Saint-» Pierre, c'est que voilà les chiens » qui me mordent, obligés qu'ils » sont de tourner ma broche. »

BERNERON (FRANÇOIS, CHEVALIER DE), d'abord officier dans le corps de l'ancienne gendarmerie, passa aux Indes en 1784, et servit en qualité de capitaine dans le régiment de l'Ile-de-France; pendant les trois années qu'il résida dans ces contrées lointaines, le chevalier de Berneron fut envoyé successivement auprès de Tippo-Saëb et du pacha des Marattes, et s'acquitta avec beaucoup de distinction des différentes missions dont il fut chargé. De retour en France en 1790, il fut compris dans la nouvelle création des adjudans-généraux, et fut employé dans ce grade sous les ordres du maréchal Luckner, lorsque la guerre éclata en 1791. Il servit sous Dumouriez dans les campagnes de 1792 et de 1793. Chargé du siège de William-Stadt, il attaqua cette place sans succès. Le chevalier de Berneron, dévoué à la personne de Dumouriez et à ses projets, suivit le sort de ce général; il s'associa à sa révolte, et prit la fuite avec lui. Le chevalier de Berneron s'arrêta à Bruxelles, où il ne tarda pas à devenir suspect aux Autrichiens, qui l'arrêtèrent sous prétexte d'intrigues révolutionnaires, et le retinrent en prison pendant dix-huit mois. Il profita de la liberté, qui lui fut rendue aux sollicitations réitérées du général autrichien Clairfayt, contre lequel il avait combattu, pour aller rejoindre Dumouriez à Londres. Il y mourut dans l'obscurité et dans un état voisin de l'indigence.

BERNHARD (Henri-Emmanuel), fils d'un négociant de Breslau en Silésie, est né dans cette ville, en 1774. Littérateur, économiste, militaire, négociant, il s'est fait connaître sous ces différens rapports en Allemagne et en France. M. Bernhard appartient spécialement à l'époque présente, par la bizarrerie de sa vie politique. Après avoir servi dans l'artillerie prussienne, il se chargea de traiter auprès du gouvernement français des intérêts de quelques petits états d'Allemagne, et fut tour à tour secrétaire de Kellermann et du comte de Witzingerode. Historien, publiciste, traducteur et même poète, il a été nommé, sous le gouvernement impérial, censeur pour la littérature allemande, etc., etc. Il a traduit en allemand l'ouvrage de la célèbre miss Héléna Williams, sur les *Mœurs et les opinions en France, à la fin du 18.me siècle*, et a publié, en 1815, une brochure *sur l'illégalité de la Constitution de l'an 8*. Il a encore dans son portefeuille un *Essai dramatique* dans le genre lyrique. Plusieurs articles de lui sont insérés dans la *Biographie universelle*. Une ordonnance du roi, en date du 24 octobre 1814, l'a nommé censeur honoraire.

BERNHOLD (Jean-Michel), médecin célèbre, excellent praticien, mais qui n'a laissé aucun livre sur la science dont il s'est occupé toute sa vie, exerçait à Uffenheim en Bavière. Il a publié plusieurs ouvrages latins, avec des notes et des index. On estime son édition des *Distiques de Caton*, et celle de l'*Art de la cuisine*, ouvrage attribué à Apicius, et qui n'a, quoi qu'on en dise, qu'un rapport très-éloigné avec la médecine. Les éditions de *Theodorus Priscianus* et de *Lesbonius Targus*, sont moins recherchées. Bernhold, qui était né en 1736, mourut en 1797.

BERNI (Titus), fils de Frédéric Berni, de Ferrare, descendant du poète célèbre de ce nom, est né en 1788, à Bitonto, ville de la province de Bari. Après avoir étudié la littérature dans sa patrie, le jeune Berni se rendit à Naples, où il suivit les cours de jurisprudence du célèbre professeur Valletta. Ces nouvelles études ne lui firent point négliger les belles-lettres; il fut reçu membre de plusieurs sociétés littéraires, notamment de la *Sebezia*, dont il exerça l'emploi de secrétaire pendant plusieurs années. La pureté de ses mœurs et la noblesse de son caractère l'ont fait nommer à la députation nationale, comme s'il offrait le modèle du portrait qu'il avait tracé lui-même d'un vrai représentant du peuple, dans le n° 3 du journal l'*Impartial*, à la rédaction duquel il est attaché. Un grand nombre de ses compositions, en prose et en vers, sont répandues dans différens recueils. La traduction des meilleurs ouvrages grecs et latins sur la politique, dont on a déjà publié deux volumes, sans nom d'auteur, fait également honneur au talent et à la modestie de M. Berni.

BERNIER (Étienne-Alexandre), prédicateur vendéen, ancien curé de Saint-Laud, évêque d'Orléans, et membre de la légion-d'honneur, naquit à Daon, département de la Mayenne, le 31 octobre 1764. Ayant embrassé l'état ecclésiastique, il obtint, jeune encore, la cure de Saint-Laud, et s'y fit remarquer par un zèle prétendu apostolique. Lors de la révolution, il refusa de prêter le serment exigé par la constitution civile du clergé, et parvint à se soustraire à la déportation qui menaçait les prêtres insermentés. En 1793, il fut l'un des premiers instigateurs de la guerre de la Vendée; il se rendit à l'armée d'Anjou, où sa réputation l'avait précédé, ce qui le fit d'abord nommer membre du conseil supérieur du gouvernement insurrectionnel. Alors commença le rôle actif que le curé de Saint-Laud a joué dans cette guerre déplorable. L'abbé de Folleville, président de ce conseil, et soi-disant évêque d'Agra, perdit bientôt son influence: l'abbé Bernier, qui était insensiblement parvenu à le remplacer, devint aux yeux de son parti, l'*apôtre de la Vendée*. Il écrivait avec chaleur, s'exprimait avec facilité, et prêchait d'abondance. Sa voix était forte, et son éloquence fanatique entraînait facilement son grossier auditoire. Il ne négligeait d'ailleurs aucun moyen pour frapper une population crédule, et ce prétendu apôtre de Jésus-Christ semblait avoir pris Mahomet pour modèle. On assure (nous craindrions cependant de l'affirmer), qu'il osa célébrer la messe sur un autel formé des cadavres de républicains. A quel dieu, par quel pontife, pour quel culte, cet autel fut-il élevé?.. Dans un jour de bataille le curé de Saint-Laud donnait des conseils aux généraux, animait les soldats, et ne se laissait point décourager par les revers; mais ce zèle si ardent ne couvrait que l'hypocrisie d'ambitieux projets, et cette autorité qu'il exerçait sur l'armée ne servit qu'à en diviser les chefs. La défiance remplaça bientôt l'enthousiasme qu'il avait usurpé, et cette défiance dut être implacable. L'abbé Bernier fut accusé, après la défaite de Granville, d'avoir voulu quitter l'armée avec le prince de Talmont, pour passer en Angleterre. La déroute de Savenay, qui dispersa entièrement l'armée vendéenne, comprima l'effet de cette accusation; mais il dut long-temps se tenir caché en Bretagne. Dans sa retraite il écrivait des sermons, qu'il faisait passer aux habitans de la campagne, afin de les insurger de nouveau. Digne occupation d'un prêtre qui servait Dieu et le roi! Les malheureux paysans avaient assez de ses sermons, ils restèrent chez eux. L'abbé Bernier se décida alors à passer la Loire, et à reparaître à l'armée que commandait Charette. Il n'y fut que peu de jours, et se rendit près de Stofflet, qui, le lendemain de son arrivée, fit tuer l'infortuné Marigni, général royaliste, sur lequel des soupçons d'intelligence avec les républicains s'étaient élevés. Cette mort fut généralement attribuée au curé de Saint-Laud, dont l'empire était absolu sur l'esprit de Stofflet, simple garde-chasse, homme grossier et stupide. L'abbé Bernier devint, par ce moyen, le véritable chef de l'armée catholique et royale; et à l'époque du premier traité entre les généraux de la république et ceux de la Vendée, il fut choisi pour négociateur. Stofflet demeura fidèle, même quand Charette, rompant la paix, avait repris les armes. Mais cette fidélité céda bientôt, et l'abbé Bernier eut le triste plaisir de rallumer la guerre. Cette guerre ne fut pas longue : elle ne produisit que la perte de Stofflet, qui par les mesures qu'avait prises le général Hoche, ne put pas même rassembler son armée. Ce malheureux errait en fugitif, lorsque l'abbé Bernier que l'on poursuivait aussi, lui fit dire, le 25 février 1796, de venir le trouver dans une métairie où il était caché. Stofflet se rendit au lieu désigné, mais il n'y trouva point le curé de Saint-Laud; bientôt la maison fut investie par des troupes républicaines; le général vendéen fut pris et fusillé. Cette mort devint un nouveau grief contre le prêtre. Cependant, il eut encore assez d'adresse et de crédit pour s'emparer de l'esprit de M. d'Autichamp, successeur de Stofflet, et pour obtenir sa confiance. Il fut même nommé agent-général des armées catholiques, près des puissances étrangères. Mais, soit qu'il commençât à désespérer d'un parti sur lequel ses prédications n'avaient plus d'empire, soit qu'une autre influence le dominât lui-même, son ardeur guerrière parut tout à coup se ralentir; il refusa même de se rendre à Londres pour y remplir sa nouvelle mission, et fléchissant devant l'ennemi qu'il avait méprisé, il demanda au général Hoche, qui le lui accorda, un passe-port pour se retirer en Suisse. C'était une trahison; il feignit de partir, mais il resta caché dans le pays. L'esprit d'intrigue qui caractérisa cette retraite, dut faire naître de nouveaux soupçons dans son parti, et peut justifier les interprétations infamantes qui furent données à une conduite si étrange. Aussi, quand les hostilités recommencèrent, en 1799, l'abbé Bernier ne put-il pas parvenir à jouer aucun rôle dans la nouvelle guerre. Mais aussitôt que Napoléon eut pris en main les rênes du gouvernement, et qu'il s'occupa sérieusement de pacifier la Vendée, l'abbé Bernier ne manqua pas de saisir l'occasion de recouvrer une partie de son importance. La plupart des chefs montrait encore de l'hésitation, Bernier se présenta au gouvernement consulaire comme le représentant des Vendéens. L'idée exagérée qu'il donna de ses moyens et de son pouvoir, produisit d'abord quelque illusion : on écouta ses avis, on lui demanda beaucoup de renseignemens; mais on ne fut pas long-temps à s'apercevoir qu'il ne pouvait être que d'une utilité secondaire, et qu'il n'était réellement chargé que de sa propre amnistie. Pour tirer parti du nouveau converti,

on le fit prêcher à Paris, le jour anniversaire du 2 septembre, dans l'église des Carmes, où tant de prêtres avaient été massacrés; une foule nombreuse était rassemblée pour l'entendre. Le sujet, le lieu, auraient inspiré un véritable apôtre. Il eût pleuré sur les victimes des discordes civiles; il eût prêché au nom d'un Dieu de paix, la paix et le pardon: mais l'apôtre de la Vendée ne savait prêcher que la guerre et la vengeance; les os des martyrs ne l'inspiraient pas comme l'aspect des cadavres républicains : il ne pouvait être ému que par les meurtres qu'il avait ordonnés lui-même! l'auditoire ne fut frappé que de l'insensibilité du prédicateur. Après ces deux essais, le gouvernement en tenta un troisième qui ne fut guère plus heureux. Il choisit l'abbé Bernier pour être un des plénipotentiaires chargés de traiter du concordat avec l'envoyé du pape; mais il n'eut pas assez d'influence pour diriger cette négociation, ni pour obtenir le chapeau de cardinal, objet de tous ses vœux. Cependant il obtint, par forme de compensation, le siége d'Orléans. On put à cette occasion lui appliquer ce beau vers :
N'importe de quel bras Dieu daigne se servir.

Peu de temps après, le 1ᵉʳ octobre 1806, une fièvre bilieuse emporta, à Paris, l'évêque d'Orléans. « Veut-on le faire cardinal? disait-» on quand il fut question de con-» férer à l'abbé Bernier cette di-» gnité, que l'abbé Maury avait ob-» tenue à des titres plus pacifi-» ques: c'est dans le sang qu'il faut » teindre son chapeau. »

BERNIER (LOUIS-FRANÇOIS), était cultivateur à Passy en Valois, quand il fut élu, en 1791, membre de l'assemblée législative. En 1792, il entra à la convention. Ses principes populaires étant sans exagération, son langage et ses votes furent modérés. Dans le procès du roi, il se déclara pour la détention de ce prince jusqu'après l'acceptation de la constitution de 1793, et plus tard pour l'appel au peuple et pour le sursis. Après le 9 thermidor, il fut envoyé à Évreux, où il ordonna le désarmement des comités révolutionnaires. Assailli à coups de pierre, dans une insurrection au sujet des grains, il échappa, par un bonheur inespéré, à la fureur du peuple, et vint rendre compte à l'assemblée de sa mission et des périls qu'il avait courus. Membre du conseil des cinq-cents, il fut, après le 18 brumaire, nommé commissaire près le tribunal de première instance du 3ᵐᵉ arrondissement de Seine-et-Marne.

BERNIGAUD-DEGRANGE (N.) était lieutenant-général du bailliage de Châlons-sur-Saône, lorsqu'en 1789 il fut nommé député du *tiers* aux états-généraux. En 1790, il publia un *Recueil des erreurs et des bévues,* qu'il reprochait au comité des finances de l'assemblée constituante, et signa, contre les opérations de l'assemblée elle-même, les protestations des 12 et 15 septembre 1791. M. Bernigaud-Degrange rentra ensuite dans toute l'obscurité de la vie privée, et il ne fut plus question de lui qu'en 1814. A cette époque, il reçut du roi d'abord des lettres de noblesse, puis la décoration de la légion-d'honneur.

BERNIS (François Joachim de Pierres de), cardinal, comte de Lyon, archevêque d'Alby, membre de l'académie française, et dont l'histoire est liée à celle de la littérature et de la politique de son temps, naquit en 1715, à Saint-Marcel de l'Ardèche, d'une famille ancienne, mais peu favorisée de la fortune. Destiné à l'état ecclésiastique, il vint à Paris, passa quelques années au séminaire de Saint-Sulpice, où sa conduite peu canonique ne fut pas toujours applaudie du sévère Couturier, supérieur de cet établissement. Son début dans le monde fut brillant. L'abbé de Bernis avait reçu de la nature bien plus qu'il ne fallait pour réussir, partout ailleurs qu'au séminaire. Dans sa première jeunesse, c'était, dit Marmontel, « un poète galant, bien » joufflu, bien frais, bien poupin, » et qui, avec le *gentil Bernard*, » amusait de ses jolis vers les sou- » pers de Paris. » C'est vers ce temps-là que Voltaire lui écrivait :

> Votre muse vive et coquette,
> Cher abbé, me paraît plus faite
> Pour un souper avec l'amour
> Que pour un souper de poète.
> Venez demain chez Luxembourg,
> Venez, la tête couronnée
> De lauriers, de myrte, et de fleurs;
> Et que ma muse un peu fanée
> Se ranime par les couleurs
> Dont votre jeunesse est ornée.

Ces avantages, rehaussés de celui que donnait alors la naissance, préparèrent et assurèrent les succès de Bernis dans la société, mais ne le conduisirent pas d'abord à la fortune. Cet abbé, qui ne désirait que 6,000 livres de revenu, était alors si éloigné de les posséder, que faute d'argent pour payer un fiacre, il refusait souvent d'aller le soir en ville, et qu'il était passé en usage de lui donner un petit écu toutes les fois qu'il consentait à rester à souper, plaisanterie dont il ne se blessait pas. Sénac de Mélian ajoute même que, faute de couvertures, il empruntait les housses des mulets de M. de Fériol. La faveur dont l'abbé de Bernis jouissait dans le monde n'était pas un titre à celle du prélat qui distribuait alors les bénéfices ecclésiastiques. *Ne comptez sur rien*, lui dit-il, *tant que je vivrai.* — *J'attendrai, monseigneur*, répondit l'abbé. Ce mot qui, suivant Marmontel, fut adressé au théatin Boyer, évêque de Mirepoix, ou, selon Duclos, au cardinal de Fleury, fit sourire le ministre lui-même, mais ne le désarma pas. Pourvu d'un petit bénéfice simple, pour toute fortune, et du titre d'académicien pour toute dignité, Bernis *attendait*. Quelques madrigaux faits pour M.ᵐᵉ de Pompadour, moins sévère que le cardinal, lui firent obtenir tout à coup la protection de cette favorite, qui l'admit dans le mystère de ses amours, et l'employa même dans la rédaction de sa correspondance galante avec le roi. De membre qu'il était du chapitre noble de Brioude, il devint bientôt membre du chapitre plus noble de Lyon, auquel, en faveur de son admission, on accorda une décoration nouvelle. L'abbé, dès lors, prit le titre de comte; il fut logé au Louvre, dans un appartement que sa protectrice fit meubler. Le roi lui accorda une pension de 1,500 livres sur sa cassette, et bientôt le nomma ambassadeur à Venise. Le comte de Bernis ne se montra pas indigne de son élévation; il développa, dans plusieurs circonstances, une sagacité, une pénétration et une solidité d'esprit, qu'on pourrait ne pas attendre d'un poëte érotique. Il avait été nommé conseiller d'état pendant son absence. A son retour, il fut proposé pour l'ambassade de Pologne, à laquelle il ne fut point nommé, et pour celle de Madrid et de Vienne, auxquelles il fut successivement nommé, mais où il n'alla point. Entré au conseil-d'état, le 2 janvier 1757, il réussit à terminer les démêlés qui s'étaient élevés entre la cour et le parlement. Le pape Benoît XIV (Lambertini), frappé de la sagesse dont le comte de Bernis avait fait preuve dans une conciliation si difficile, le choisit pour médiateur d'un différent des plus graves, qui s'était élevé entre le saint-siége et la république de Venise. La conclusion de cette affaire, terminée à la satisfaction des deux parties, inspira tant d'estime au pape pour le négociateur, que dès lors il le désigna cardinal, engagement que la mort ne lui permit pas de remplir, mais que son successeur Clément XIII (le Vénitien Rezzonico) s'empressa d'acquitter. Cependant les négociations qui préparaient le traité conclu en 1756, entre le cabinet de Versailles et la cour de Vienne, étaient dirigées par l'abbé de Bernis, devenu ministre des affaires étrangères. Ce traité offensif et défensif qui devait étouffer les divisions existantes, depuis plus de deux cents ans, entre la maison de France et celle d'Autriche, contrariait les intérêts de la Prusse, que Bernis voulait ménager, mais contre laquelle Mme de Pompadour s'était déclarée. Frédéric se rejeta du côté de l'Angleterre, et rompit avec la France; alors commença cette guerre célèbre par tant de vicissitudes, par la prise de Berlin et par celle de Dresde, par nos succès à Minorque et surtout par nos revers à Rosbach. De grandes tribulations se mêlèrent bientôt aux faveurs que la fortune semblait s'être plu jusqu'alors à accumuler sur le ministre. La nation, après avoir applaudi au traité d'alliance, lui reprocha les désastres qui l'avaient suivi, désastres surtout imputables à l'impéritie ou à la corruption des généraux. Frédéric, qui versifiait même en perdant des batailles, avait écrit:

Évitez de Bernis la stérile abondance.

« Je ne crois pas, dit Voltaire, que » ce vers fût parvenu jusqu'à l'ab- » bé. » On affectait néanmoins de publier que, trop sensible à ce trait, Bernis avait sacrifié l'intérêt de l'état à celui de son amour-propre, imputation repoussée non-seulement par le noble caractère du cardinal, mais réfutée de la manière la plus victorieuse par Duclos, dont la plume n'a jamais écrit une ligne de flatterie. Bernis cependant, sacrifiant les intérêts de sa fortune à ceux de son pays, insistait pour la paix dans le conseil, ce qui lui aliéna Mme de Pompadour. Il entreprenait en même temps de réformer la dépense de la maison royale, ce qui

lui aliéna toute la cour. Désespérant de réussir, il demanda à se retirer, cette grâce lui fut refusée; on voulait le chasser; cette détermination, que Louis XV ne manifesta que plus tard, était invariablement prise par Mme de Pompadour, dont la vanité bourgeoise, séduite par quelques prévenances de Marie-Thérèse, avait épousé et servait à tort et à travers les intérêts de l'Autriche. Peu de temps après avoir reçu la barette des mains du roi, le cardinal reçut l'ordre de se retirer à Soissons. La lettre d'exil, écrite par Louis XV lui-même, sous la dictée de Mme de Pompadour, était ainsi conçue : « Votre tête lé-
» gère n'a pu soutenir le poids de
» mes bienfaits, allez-vous-en à
» votre abbaye pour servir d'exem-
» ple aux ingrats. *Signé* Louis. » Et Louis, si l'on croit Mme de Pompadour, ne s'était jamais pris d'un goût aussi vif pour personne que pour le cardinal de Bernis! cela se passait en 1758. Quand on pense que par-là le cardinal de Bernis fut dispensé de signer la paix honteuse qui termina, en 1763, la guerre de *sept-ans*, on peut regarder cette disgrâce comme une faveur; Bernis la soutint avec dignité, quoiqu'il n'en eût pas prévu toute l'étendue. Il avait attribué à la pourpre romaine une protection qu'elle ne lui assura pas. « Monsieur le cardinal, lui avait
» dit un courtisan le jour qu'il re-
» çut la calotte rouge, voilà un
» beau jour. — Dites plutôt que
» voilà un bon parapluie, répon-
» dit le cardinal, » que ce parapluie ne sauva pas de l'orage. Son exil dura jusqu'en 1764, c'est-à-dire jusqu'après la mort de Mme de Pompadour. Au bout de six ans, le courroux du roi s'étant apaisé, le cardinal fut nommé à l'archevêché d'Alby, et cinq après envoyé à Rome, en qualité d'ambassadeur, pour assister au conclave qui suivit la mort de Clément XIII. L'avis que Louis XV lui donnait de ce choix était ainsi conçu, et mérite d'être relaté : « Cette lettre est un peu différen-
» te de celle que je vous écrivis
» le... (ici se trouve la date de la
» lettre d'exil citée ci-dessus, car
» Louis XV avait de la mémoire.)
» Allez-vous-en à Rome, vous y
» aurez mon secret. Le cardinal de
» Luynes en crèvera, mais n'im-
» porte, etc. » Le cardinal de Bernis justifia la confiance du roi, et donna de nouvelles preuves de son habileté dans ce conclave et dans celui qui suivit, en 1774, la mort de Ganganelli (Clément XIV), et il contribua puissamment à l'absolue destruction des jésuites. L'ambassade du cardinal de Bernis, qui fut aussi honoré du titre de protecteur des églises de France, a laissé dans Rome un grand souvenir; on peut dire qu'il y régna. Jamais ambassadeur n'a mieux représenté son souverain. Sa magnificence et ses grandes manières élevèrent le palais de France au-dessus de toutes les maisons romaines et étrangères. Par une heureuse alliance des mœurs françaises à certains usages du pays qu'il eut le bon esprit de ne pas négliger, le cardinal donna au luxe de sa représentation un caractère de galanterie et de recherche que les dames appréciaient surtout, et dont elles

font encore un objet de comparaison. Son palais, ouvert aux étrangers comme aux Français, était une autre capitale dans celle du monde chrétien. Horace, et quelquefois Tibulle, en faisaient les honneurs avec une grâce qui ne dérogeait pas à la dignité de Mécène, au noble caractère que devait conserver l'ambassadeur du premier trône de l'Europe. « Monseigneur, lui écrivait alors » Voltaire :

» Ils disent que votre Éminence
» Au pays des processions
» Fait à toutes les nations
» Aimer et respecter la France. »

Tout, chez cet homme autrefois si frivole, avait un caractère d'utilité; les plaisirs, dont son palais était l'asile, n'étaient pas moins pour lui des moyens de succès que des distractions. Mais rien de durable ici-bas! Après avoir été pendant vingt-deux ans ouvert à tous les plaisirs, ce palais devint le refuge du malheur. Mesdames de France, filles de Louis XV, étant allées chercher à Rome, en 1791, une sécurité dont elles ne jouissaient plus en France, le cardinal les accueillit et les traita avec tous les égards dus à leur rang, jusqu'à l'époque de leur départ pour Trieste. Par suite des décrets de l'assemblée constituante, dépouillé de ses abbayes et privé de son archevêché sur le refus de prêter le serment exigé des ecclésiastiques, le cardinal de Bernis aurait terminé sa carrière dans un dénûment pareil à celui où il était quand il la commença, si le chevalier d'Azara ne lui eût fait obtenir de la cour d'Espagne une pension considérable. S'il échappa à la dé-

tresse, il n'a pas échappé aux chagrins : il mourut le 2 novembre 1794, âgé de 79 ans; sa constitution et sa tempérance lui promettaient une carrière plus longue. Son corps fut déposé dans un mausolée que lui érigèrent ses neveux, sur le modèle de celui du pape Corsini (Clément XII), et qui fut depuis transporté et placé dans la cathédrale de Nîmes. Son cœur, renfermé dans un autre monument, est resté à Rome, dans l'église de Saint-Louis des Français. Les œuvres du cardinal de Bernis ont été souvent réimprimées, et, quoi qu'on ait dit, elles méritaient de l'être. Si elles n'ont pas en général le caractère philosophique dont sont empreintes les poésies de Voltaire et de Chaulieu, elles en reproduisent quelquefois la grâce et la facilité. C'est justement, au reste, qu'on reproche à Bernis une profusion d'images, une surabondance de tableaux mythologiques, qui, à la longue, rendent fatigante la lecture de ses ouvrages. D'Alembert disait au sujet de ce poète, « si » l'on coupait les ailes à Zéphire et » aux Amours, on lui couperait les » vivres. » Voltaire l'appelait *Babet*, du nom d'une jolie bouquetière de ce temps-là, mot non moins gai et peut-être plus juste que l'autre; il ne constate après tout que la prodigalité, que le luxe et non la disette : l'éloge s'y mêle à la satire. Bernis, qui du temps de sa grandeur se désignait ainsi lui-même dans ses lettres à Voltaire, fut le premier à rire de ce sobriquet. Voltaire n'apporte pas autant de restrictions à l'opinion avantageuse qu'il ne pouvait refuser au jugement supérieur du cardinal, qu'à celle qu'il avait pour ses talens poétiques. On en trouve la preuve dans sa longue correspondance, qu'une estime réciproque avait établie entre ces deux illustres contemporains, correspondance également honorable pour tous les deux. Elle a été publiée, en 1799, par M. de Bourgoing. C'est dans ces lettres dictées par la raison la plus aimable et par le goût le plus sûr, et dont le charme n'est pas éclipsé par l'éclat des saillies qui abondaient sous la plume de Voltaire, qu'on apprend à bien connaître le cardinal de Bernis. On y retrouve à la fois l'homme du monde, l'homme de cour, l'homme d'état et l'homme de lettres; l'opinion que le cardinal avait de lui-même sous ce dernier rapport, s'y trouve exprimée de la manière la plus franche. « J'aime toujours les lettres, » dit-il, elles m'ont fait plus de » bien que je ne leur ai fait d'hon- » neur. » Le chevalier d'Azara fit imprimer à Parme, un an après la mort du cardinal, son poëme intitulé *la Religion vengée*. On l'a cru de la vieillesse du cardinal, c'est à tort. Ce poëme est dédié au roi Louis XV; et dans la signature qu'il met au bas de l'épitre dédicatoire, Bernis prend le titre de comte : cela prouve que cet ouvrage a été fait à l'époque où, devenu membre du chapitre de Lyon, l'abbé de Bernis commençait à prétendre aux plus hautes dignités de l'Église. Quoiqu'il ne soit pas dénué de mérite, ce poëme est moins estimé que celui de Louis Racine. Bernis avait remplacé à l'académie française, en 1744, l'abbé Gédoyn. Nous ne savons qui lui succéda. C'est lui qui a introduit dans la langue le mot *brillanté*, auquel l'académie a accordé droit de bourgeoisie.

BERNIS (François de Pierres, de), évêque de Damas, coadjuteur d'Alby, et député du clergé aux états-généraux, est neveu du précédent. Il fit constamment partie de la minorité, se prononça contre la suppression des dîmes, la constitution civile et la vente des biens du clergé; enfin il signa toutes les protestations de cette minorité contre les décrets de l'assemblée constituante. Il émigra en 1791, et ne rentra en France qu'en 1814, à la suite des princes. En 1816, il administra la confirmation dans plusieurs églises de Paris.

BERNIS (René de Pierres, comte de), autre neveu du cardinal, était chevalier de Malte, et âgé de 16 ans lorsqu'il émigra. Rentré en France, sous le gouvernement impérial, il vécut étranger aux affaires publiques. En 1814, Monsieur le nomma officier supérieur de ses gardes. Il accompagna ce prince à Laon, au mois de mars 1815, revint à Paris avec S. A. R., et fut chargé presque aussitôt d'une mission près du duc d'Angoulême, alors dans le midi de la France. Les événemens ayant obligé le prince de passer en Espagne, le chevalier de Bernis l'y suivit, et fut, peu de temps après, chargé d'une nouvelle mission pour l'intérieur de la France. Au commencement de juin 1815, il débarqua près d'Aiguemortes. En qualité de commissaire extraordinaire du roi, il devait organiser une vive résistance au gouvernement de Napoléon, dans les départemens de la Lozère et du Gard ; il s'établit à Beaucaire, et bientôt tout le pays qui se trouve entre cette ville et Aiguemortes fut soulevé. La population des deux départemens suivit cet exemple; et Nimes, que ce mouvement entraînait, ouvrit ses portes. C'est à cette époque malheureuse que d'horribles proscriptions commencèrent. Le sang français coula sous les yeux des autorités royales, qui ne prirent, pour s'y opposer, que des mesures insuffisantes. Le chevalier de Bernis cessa ses fonctions le 6 septembre 1815; il reçut de hauts témoignages de satisfaction de sa conduite, devint député des départemens qu'il avait insurgés, et se montra toujours digne de leur confiance dans cette trop fameuse chambre de 1815. Des réductions ayant eu lieu dans la garde de Monsieur, le chevalier de Bernis fut nommé inspecteur-général des gardes nationales de la Lozère.

BERNOULLI (Jean), originaire d'Anvers, d'une famille illustre par le nombre des savans qu'elle a produits, naquit à Bâle, le 4 novembre 1744. Il fit ses premières études dans cette ville, et les termina à Neufchâtel. S'étant attaché particulièrement à la philosophie, aux mathématiques et à l'astronomie, il fut appelé comme astronome à l'académie de Berlin; il n'avait alors que 19 ans. Quelques années après, le roi de Prusse lui ayant accordé l'autorisation de voyager, il visita d'abord l'Allemagne, l'Angleterre et la France, puis l'Italie, la Suisse, la Russie, la Pologne, et revint à Berlin, riche des connaissances qu'il avait puisées dans ces différens pays. En 1779, il fut nommé directeur de la classe de mathématiques de l'académie, et admis successivement au nombre des correspondans des académies de Saint-Pétersbourg, de Stockholm et de la société royale de Londres. Bernoulli fut toujours digne de sa haute réputation. Des nombreux ouvrages qu'il a laissés, nous rappellerons les principaux : 1° *de Historiâ inoculationis variolarum*, discours qu'il prononça à 13 ans, pour être reçu docteur en philosophie, et qui se trouve inséré dans le tome IV des *Épitres latines écrites à Haller*; 2° *Recueil pour les astronomes*, Berlin, 1772 et 1776, 3 vol. in-18; 3° *Lettres astronomiques*, 1781; 4° *Recueil de Voyages*, 16 vol., 1781 à 1785, en Allemagne; 5° *Archives pour l'histoire et pour la géographie*, 8 vol., 1783 à 1788, en Allemagne; 6° *Élémens d'algèbre d'Euler*, traduits de l'allemand, 2 vol. in-8°, Lyon, 1785. Bernoulli a publié, avec le professeur Hindenbourg, trois années du *Magasin pour les sciences mathématiques*. Il a donné, avec des remarques et des additions importantes, sous le titre de *Description historique et géographique de l'Inde* (3 vol. in-4°, Berlin, 1786), les travaux de Thieffenthaler, d'Anquetil-Duperron et de J. Roussel. Bernoulli mourut à Berlin, le 13 juillet 1807.

BERNOULLI (Jacques), frère

du précédent, naquit à Bâle, le 17 février 1759, et périt, à Saint-Pétersbourg, d'une attaque d'apoplexie, en se baignant dans la Néva, le 3 juillet 1789. Bernoulli, qui s'était fait recevoir licencié en droit, fut disciple de son oncle Daniel, et le remplaçait dans la chaire de physique, à l'université de Bâle, toutes les fois que les infirmités du professeur l'en éloignaient; mais il ne lui succéda point, parce que les places de l'académie se donnaient au sort. Après avoir voyagé pendant quelque temps, Bernoulli se fixa à Saint-Pétersbourg, où il devint professeur de mathématiques, et où il épousa une petite-fille d'Euler. Membre des académies de cette ville, de Bâle et de Turin, il soutint avec honneur le nom célèbre qu'il portait, et donna plusieurs savans mémoires dans le Recueil des *Nova Acta academ. Petropol.*, où l'on trouve (tom. VII) son éloge et la liste de ses ouvrages.

BERNSTEIN (Jean-Goltlob), chirurgien allemand, est auteur d'un grand nombre de *Traités* estimés sur l'art qu'il exerce et sur diverses parties de l'histoire naturelle. Le plus remarquable de ses ouvrages est intitulé : *Dictionnaire de chirurgie* (Gotha, 1783 et 1784, 2 vol. in-8°); il a eu plusieurs éditions sous différens titres. Les savans allemands citent avec éloge son *Traité systématique des bandages* (Iéna, 1797); son *Manuel pratique des accouchemens* (Leipsick, 1797, in-8°); son *Traité sur les luxations et les fractures* (Iéna, 1802, in-8°), etc., etc. On ne lui accorde pas des vues bien neuves, ni une érudition bien profonde, mais une grande exactitude d'observation. D'abord attaché au corps des mines à Ilmenau, ensuite valet-de-chambre du duc de Saxe-Weimar, il devint, en 1796, son chirurgien particulier. Il est aujourd'hui attaché au grand hôpital d'Iéna.

BERNSTORF (André-Pierre), fut un bon ministre, chose assez rare pour que le souvenir en soit conservé. On lui a néanmoins reproché des réformes inutiles et quelques dépenses dont il lui fut difficile de justifier l'emploi. Mais la liberté personnelle accordée aux laboureurs, le servage aboli dans le Danemark, le code criminel purgé d'une foule de coutumes barbares, l'abolition des monopoles, les finances conduites sur un plan économique et nouveau, sont d'assez importantes compensations des légères fautes de son administration. Un des plus grands bienfaits de la révolution française, est d'avoir favorisé par son exemple les vues utiles et philosophiques des gouvernemens étrangers. Le ministre Bernstorf était neveu de ce Jean-Hartwig Bernstorf qui fit affranchir tous ses vassaux, et auquel leur reconnaissance éleva sur le chemin de Copenhague un obélisque de granit : monument bien cher au cœur du philosophe. Le ministre Bernstorf naquit à Hanovre, le 28 août 1753. Conseiller du roi de Danemark, en 1769, il fut éloigné des affaires, en même temps que son oncle, par Struensée; mais il rentra au conseil après la chute du favori, et se retira de nouveau, quelques mois après; il ne devint l'âme du gouvernement danois et le chef réel de toute l'administration qu'en 1784, lorsque le prince royal prit les rênes de l'état. Son influence sur les destinées du Danemark date de cette époque. On le vit refuser constamment de prendre part aux coalitions que l'Europe monarchique préparait contre la France républicaine; il maintint la paix extérieure et la tranquillité intérieure de son pays, favorisa le commerce, profita de l'acharnement de plusieurs puissances contre la liberté française, pour couvrir la mer des vaisseaux de sa nation, et exploiter une mine que leur fureur aveugle abandonnait. Le ministre Bernstorf s'occupa avec sollicitude des intérêts du peuple, en même temps qu'il consolida le trône, et, par une exception peut-être unique, il tint le portefeuille jusqu'à la fin de sa vie. Ses infirmités seules l'empêchèrent dans ses dernières années de se livrer avec le même zèle à la direction des affaires publiques. Il mourut le 21 janvier 1797, regretté des grands, mais peu connu de l'Europe méridionale, à qui de pareils exemples seraient cependant bien utiles.

BERNSTORF (Frédéric, comte de) diplomate danois, est fils aîné d'André de Bernstorf. Rien de plus aride et de plus difficile à tracer que la biographie des diplomates. Il en est de leur histoire comme de celle des taupes, on sait plus généralement ce qu'ils sont que ce qu'ils font. Aussi la vie du comte de Bernstorf est-elle un mystère. Si nous disons que Frédéric de Bernstorf s'est rendu à Berlin, en 1805, en qualité de négociateur, de la part du roi de Danemark, dont il était le ministre; qu'il négocia en suite avec la France, et qu'en 1810 il donna sa démission : nous aurons cité des faits qui jettent aussi peu de lumières sur l'histoire du temps que sur celle de l'homme dont nous nous occupons. Quoi qu'il en soit, malgré les négociations, Copenhague fut bombardée, la marine danoise détruite, et Bernstorf se retira dans ses terres. En 1811, il fut envoyé à Paris, en qualité de ministre plénipotentiaire; puis à Vienne, en 1814, auprès du congrès et de l'empereur d'Autriche; il signa tous les traités et tous les arrangemens pris avec sa cour. En 1815, il accompagna l'empereur François à Paris, et fut accrédité près de l'empereur de Russie.

BÉROLDINGEN (François de), célèbre minéralogiste suisse, né à Saint-Gall, le 11 octobre 1740. Il est fondateur d'un système minéralogique, auquel on reproche des hypothèses et des lacunes, mais qui offre quelques rapprochemens ingénieux, de profondes connaissances, et des données nouvelles. Il ne jugea pas du fond de son cabinet les nombreux produits minéralogiques de la terre; il parcourut différens pays de montagnes, et observa la structure de ces irrégularités qui révèlent au naturaliste attentif, des secrets profondément cachés. Chanoine d'Osnabruck et d'Hildesheim, Béroldingen fut aussi membre de plusieurs sociétés savantes. Il mourut le 8 mars 1798, sans avoir pu développer un système dont les bases se trouvent exposées dans le premier et seul volume qu'il ait publié, sous ce titre : *Observations, doutes et questions sur la minéralogie en général, et sur un système naturel des minéraux en particulier*, 1778, in-8°, Hanovre. Ce système repose, non sur une série de rapports uniques qui enchaînent ordinairement les familles, mais sur la multiplicité de ces rapports qui les lient dans tous les sens et de mille manières. Outre plusieurs monographies sur divers points de la science minéralogique, il a donné une *Théorie nouvelle du Basalte*, et un essai fort estimé *sur les Volcans des temps anciens et modernes, considérés physiquement et minéralogiquement*, Manheim, 1791, in-8°. Les ouvrages de Béroldingen sont tous écrits en allemand, et n'ont pas été traduits en français.

BERQUIN (ARNAUD), surnommé, à juste titre, *l'ami des enfans*, naquit à Bordeaux, vers 1749. Dès l'âge de 25 ans, il s'annonça, d'une manière distinguée, dans la carrière des lettres, par des *Idylles* où respirent la grâce et le sentiment, et parmi lesquelles on distingue le *Pêcheur* et le *Petit Fleuve orgueilleux*, imitation heureuse de l'*Orgoglioso fiumicello*, de Métastase. Vers le même temps, en 1774, il mit en vers la scène de *Pygmalion*, par J. J. Rousseau. Mais il n'y réussit que très-imparfaitement; son style, naturellement doux et simple, ne put rendre poétiquement la force et la chaleur qui animent ce beau monologue, où l'on reconnaît la touche éloquente de l'auteur de la *Nouvelle Héloïse*. La scène de *Pygmalion*, mise en vers, est accompagnée d'estampes, où tous les mouvemens de la statue sont représentés. L'année suivante, Berquin publia les *Tableaux anglais*, recueil de fragmens composés en langue anglaise, 1775, in-8°; c'est une traduction de morceaux philosophiques choisis avec goût, soit dans les journaux, soit dans les autres ouvrages périodiques d'Angleterre. Un peu plus tard, il fit paraître ses *Romances*, dont le mérite ajouta à sa réputation. Nous citerons, entre autres, *Geneviève de Brabant*, et surtout celle qui commence par cette strophe :

Dors, mon enfant, clos ta paupière,
Tes cris me déchirent le cœur;
Dors mon enfant, ta pauvre mère
A bien assez de sa douleur.

Mais ce qui valut à cet auteur un nom en quelque sorte populaire, celui de l'*ami des enfans*, ce furent les nombreux ouvrages qu'il composa pour l'éducation, et où il rendit de grands services à la jeunesse, en proportionnant les instructions à son âge. A la tête de ces livres, on doit placer plus particulièrement celui qu'il publia sous le titre de l'*Ami des Enfans*, en six volumes in-12, qui parurent d'abord, chaque mois, par cahier. Cet ouvrage contient des contes et des dialogues, propres à faire aimer la vertu et haïr le vice. Dans cet ouvrage, composé pour l'enfance, Berquin a le mérite de ne rien offrir à ses lecteurs qui ne soit à la portée de leur intelligence : comme le prophète, il se fait petit avec les petits, et raccourcit sa taille sur la mesure de l'enfant qu'il veut instruire, mérite rare, et qui n'est pas toujours assez apprécié. L'académie française n'eut pas ce tort. En 1784, elle déclara l'*Ami des Enfans* le livre le plus utile qui eût été publié dans le cours de cette année; il est au moins le meilleur qui ait paru alors sur l'éducation. Il est en grande partie imité des ouvrages allemands du savant Weisse, mort en 1804; mais Berquin sut s'en approprier les beautés par un style pur et une morale douce; il y avait fait d'ailleurs beaucoup d'améliorations, et l'on peut dire qu'il remplit avec adresse le rôle de l'heureux plagiaire qui doit tuer l'auteur qu'il dépouille, et il l'a tué pour nous. Nous nous contenterons de citer les autres ouvrages de Berquin sur l'éducation : 1° *Lectures pour les enfans;* 2° l'*Ami de l'adolescence;* 3° *Sandfort et Merton;* 4° le *Petit Grandisson;* 5° *Bibliothèque des villages;* 6° le *Livre des familles;* 7° *Introduction familière à la connaissance de la nature.* C'est une imitation de l'anglais de miss Trimmer. La collection des *OEuvres de Berquin* a été publiée en 1803, 20 vol. in-18 ou in-12. Il fut un des rédacteurs du *Moniteur,* et travailla, avec Ginguené et Grouvelle, à la rédaction de la *Feuille villageoise.* Il mourut à Paris, le 21 décembre 1791, dans la 43ᵐᵉ année de son âge. Berquin était du caractère le plus doux et de l'humeur la plus pacifique. Il a pourtant fait une épigramme; elle porte sur le journal même auquel il travaillait:

<small>Ses feuilles ne sont pas le vain jouet du vent;
Avec trois *Moniteurs* on fait un paravent.</small>

Le fiel ne dominait pas le caractère d'un homme qui n'a que cette malice à se reprocher.

BERQUIN DU VALLON (N.), neveu du précédent, est né à Saint-Domingue. Ses titres littéraires sont peu connus; nous allons citer les principaux : *Vue de la colonie espagnole du Mississipi, ou des Provinces de la Louisiane et de la Floride occidentale, en l'an 1802* (Paris, 1803). Les habitans de la Louisiane réclamèrent contre plusieurs assertions de M. Berquin, et l'accusèrent d'ingratitude. En effet, c'était chez eux qu'il avait trouvé un asile, après l'incendie du Cap. *Aspasie,* tragédie en cinq actes (1805, in-8°); le *Retour des Bourbons,* ode (1814, in-8°); de *Saint-Domingue, considéré sous le point de vue de sa restauration prochaine,* et plusieurs brochures sur cette colonie, publiées en 1814. On trouve dans les ouvrages de M. Berquin, non l'élégance facile de son oncle, mais toute sa faiblesse et sa prolixité, et il n'a pas l'excuse d'avoir écrit pour des enfans.

BERR (Isaac de Turique), né à Nancy, fut l'un des premiers Israélites qui, dès le commencement de la révolution française, réclamèrent et soutinrent avec dignité leurs droits de citoyens; il publia plusieurs écrits pleins de sentimens patriotiques, religieux et tolérans. Il réfuta les sophismes fanatiques soutenus par M. de La Fare, évêque de Nancy; réclama l'établissement d'écoles israélites pour l'enseignement religieux; parla à la barre de l'assemblée constituante, au nom d'une députation juive; fut nommé conseiller municipal à Nancy, et fut encore un des premiers Israélites français qui réalisèrent en propriétés foncières une fortune honorablement acquise. En 1807, il défendit contre quelques assertions de M. Grégoire plusieurs passages du Talmud; mais il sut garder ce ton de modération toujours commandé par la décence, et nécessaire surtout envers l'un des évêques les plus tolérans qui aient existé. Appelé à siéger dans l'assemblée des députés israélites convoqués par l'empereur en 1807, il acquit une grande influence dans cette assemblée, remarquable par la sévérité de ses opinions et de ses doctrines, et coopéra efficacement à la réorganisation du culte israélite. Depuis cette époque, il vit retiré dans une terre (Turique), dont une ordonnance royale lui a permis d'ajouter le nom au sien. Ce respectable septuagénaire, heureux d'être né dans un siècle et dans un pays de tolérance et de lumières, jouit de la considération générale.

BERR (MICHEL), fils du précédent, est né à Nancy en 1784. Il fit ses études à l'école centrale de cette ville, et le premier de ses coreligionnaires, se voua à la profession d'avocat. Ses débuts à la cour criminelle de Nancy furent brillans; mais bientôt il se livra tout entier à la littérature, et fut aussi le premier Israélite admis dans les sociétés savantes de France. Il est membre de la société royale des antiquaires, de la société philotechnique, de l'athénée des arts de Paris, des académies de Nancy, Strasbourg, Nantes, Gottingue, etc. Il fut successivement membre de l'assemblée des Israélites convoquée à Paris en 1807, secrétaire du grand sanhédrin de France et d'Italie, chef de division au ministère de l'intérieur du royaume de Westphalie, chef de bureau à la préfecture de Nancy, etc. Il est membre du collége électoral de cette dernière ville; traducteur des *Gazettes allemandes* au ministère de l'intérieur, et l'un des rédacteurs de la *Revue Encyclopédique*. Parmi les nombreux articles qu'il a publiés dans divers journaux, on distingue l'*Éloge de Charles Villers*, les *Notices* sur le livre de Job, sur Bagosen, poète danois vivant, sur le philosophe juif Maimonide, sur Hartwigveselis, poète hébreu du 18.me siècle, sur Schiller, Iffland, et plusieurs autres écrivains allemands. Il fit, en 1816, à l'athénée de Paris, un cours de littérature allemande qui eut beaucoup de succès, et qu'on regrette de ne pas voir imprimé. Son premier ouvrage intitulé: *Appel à la justice des Nations et des Rois, ou Adresse d'un citoyen français au congrès de Lunéville, au nom de tous les habitans de l'Europe qui professent la religion juive* (Strasbourg, 1801), fut dédié à M. Grégoire, ancien évêque de Blois, et traduit en plusieurs langues. Il a publié à Metz, en 1808, l'*Appréciation du Monde*, ouvrage traduit de l'hébreu, de Bedrachi, philosophe juif du 13.me siècle, avec une préface et des notes; en 1814, une *lettre à M. le comte Lanjuinais*, son protecteur et son ami, lettre dans laquelle l'auteur montre beaucoup de courage et de patriotisme; l'*Éloge* de M. Abraham Furtado; une *Notice* sur le baron de Riouf; un écrit intitulé : *Du divorce chez les Israélites*, en réponse à un discours de M. de Bonald, à la chambre des députés de 1815; quelques ouvrages polémiques, à l'occasion de l'*Israélite français*, ouvrage auquel il refusa de coopérer; un pamphlet intitulé : *Observations sur un passage des quatre concordats de M. de Pradt*, énonçant que les Juifs n'ont jamais cru à l'immortalité de l'âme (ce qu'on pourrait induire du silence de la Bible sur cette matière, et des lois pénales de Moïse, qui sont toutes corporelles). *Abrégé de la Bible, et choix de morceaux de piété et de morale, à l'usage des Israélites de France*. Dans les Mémoires de l'académie de Nancy, se trouvent plusieurs morceaux intéressans du même écrivain, entre autres une *Dissertation sur la musique et sur l'élégie des Hébreux*; un *Éloge* de Bitaubé; des *Notices* sur plusieurs écrivains allemands, et sur d'illustres Lorrains. M. Michel Berr s'est constamment et fortement élevé contre la proscription impolitique attachée à sa secte, qui toutefois n'a pas encore rendu jusqu'à présent bien utile à la France, le juste bienfait de son émancipation. Plusieurs hommes distingués, tels que MM. Grégoire, Benjamin Constant, Aignan, et feu J. de Muller, le célèbre historiographe, l'ont cité avec éloge.

BERRIAT-SAINT-PRIX (JACQUES), né à Grenoble, en 1769, avocat, et professeur à l'école de droit de Paris, membre des académies de Grenoble et de Dijon, et des sociétés royales des antiquaires et académique des sciences de Paris. Gradué dès 1787, il a été successivement chef de division à l'administration du district de Grenoble (1791); archiviste du département de l'Isère, et aide-commissaire des guerres (1792); capitaine dans les compagnies franches (1793), et quartier-maître dans le 10me bataillon du même département (1794); élève de l'école normale et administrateur du district de Grenoble (1795); professeur de législation à l'école centrale de l'Isère (1796); enfin, professeur de procédure civile et de droit criminel à l'école de droit de Grenoble, en 1805, d'où il a été appelé à celle de Paris, en 1819. Voici la notice de ses principaux ouvrages. 1° Plusieurs *Opuscules* dans divers journaux ou collections littéraires et scientifiques, savoir : dans le *Magasin* et les *Annales encyclopédiques* de Millin, 1797 (an 5); *Mémoire sur la filature de la soie*, 1799 (an 8); *Notice sur le botaniste Liotard*, 1801 (an 9); idem *sur l'historien Valbonnais*, 1802 (an 10); *Description des repas d'Humbert II*; *Notice d'un manuscrit original d'Astezan*, 1805 (ans 13 et 14); *Observations sur les citations des auteurs profanes, et surtout d'Homère, dans les lois romaines*; *Recherches sur la législation criminelle et de police, au temps des dauphins*, 1806; *Annibal à Carthage, après la bataille de Zama*, 1809; *Discours sur les vices du langage judiciaire*; *Recher-*

ches sur *les divers modes de publication des lois*, 1811; *Remarques sur Massillon, d'Alembert et La Harpe*, 1814; *Observation sur l'abus du divorce et de l'adoption à Rome*; dans les *Mémoires d'économie publique*, 1800 (an 8), *Discours d'ouverture d'un cours d'économie politique*; dans les *Annales d'agriculture*, 1802 (an 10), *Mémoires sur l'engrais tiré du plâtre*, 1809; idem *sur l'engrais tiré des immondices et latrines*; dans la *Bibliothèque commerciale*, 1803, idem *sur le sérançage du chanvre*; dans les *Annales de statistique*, 1803, idem *sur les Progrès de la population de la France*; dans la *Thémis jurisconsulte*, 1820, idem *sur le refus qu'essuya Cujas à Toulouse*; dans les *Mémoires de la société des antiquaires*, 1821, *Histoire de l'université de Grenoble*; 2° *Annuaires statistiques de l'Isère, des années* 9 à 12 (1801 à 1804), 4 vol. in-16; 3° *l'Amour et la philosophie*, 1801, 5 vol. in-12; 4° *Cours de législation*, 2 vol. in-8°, 1803, 1804 (années 11 et 12). Dans le tome Ier est une *Histoire du droit*, dont on réimprime en ce moment une nouvelle édition; 5° *Éloge historique de M. Mounier*, 1806, in-8°; 6° *Observations sur les traductions des lois romaines*, 1807, in-8°; 7° *Discours sur les jouissances des gens de lettres*, 1807, in-8°; 8° *Cours sur les préliminaires du droit*, 1809, in-8°; 9° *Cours de procédure civile*, 2 vol. in-8°, première édition, 1808 à 1810; deuxième, 1810 à 1811; troisième, 1813; la quatrième paraîtra cette année. 10° *Cours de droit criminel*, 1 vol. in-8°, 1817; la deuxième édition paraîtra également cette année. 11° Enfin, on dit M. Berriat-Saint-Prix auteur d'une *Histoire ecclésiastique et politique de la ville de Grenoble*; mais cet ouvrage est encore inédit.

BERRUYER (Jean-François), gouverneur des Invalides, naquit à Lyon, le 6 janvier 1737, d'une famille de négocians estimés. Son goût pour l'état militaire lui fit prendre du service dès l'année 1753. Il s'enrôla comme volontaire dans le régiment d'infanterie d'Aumont, reçut le grade de sergent en 1756, fit la campagne de Minorque, et se trouva au siége de Mahon. Une action d'éclat, pendant la guerre de *sept ans*, et qui est digne d'être rapportée, lui mérita, en 1761, le grade d'officier; il avait, avec 60 hommes seulement, arrêté une colonne ennemie dans un défilé, où il reçut six coups de sabre et un coup de feu. Nommé lieutenant en 1762, un nouveau trait de bravoure lui valut le grade de capitaine en 1767. C'était à la retraite de Zigenheim, où il fit prisonnier le général Benevel, commandant de l'avant-garde prussienne, après un combat corps à corps, dans lequel il reçut quatre blessures. Berruyer fit ensuite les campagnes de Corse, et eut quelques relations dans cette île avec la famille Bonaparte. Lieutenant-colonel en 1787, il fut nommé colonel en 1791, et colonel général des carabiniers en 1792. La marche des troupes du roi de Prusse sur Paris donna lieu à la formation de l'armée de l'intérieur, dont le commandement fut confié à Berruyer. Il s'en montra digne par son amour pour la patrie, par son zèle à remplir ses devoirs, et par la fermeté avec laquelle il reprocha au gouvernement l'état de dénûment dans lequel on laissait l'armée. La même année, il fut nommé commandant en second de Paris. Général en chef de l'armée de l'Ouest en 1793, il remporta sur les Vendéens une victoire signalée, et s'empara de Chemillé. D'autres généraux étant moins heureux, on attribua les revers qu'ils éprouvèrent à la lenteur que Berruyer aurait mise à seconder leurs opérations; il fut mandé pour ce fait à la barre de la convention nationale, et accusé en même temps par le député Chasles de se montrer à l'armée avec un faste contraire aux principes républicains; mais Berruyer fut défendu par Choudieu et Goupilleau, et renvoyé à son poste. Blessé à l'affaire de Saumur, il revint à Paris, où il fut nommé inspecteur-général des armées des Alpes et d'Italie. Le 13 vendémiaire, il eut le commandement d'un corps formé spontanément en faveur de la convention, et mérita les éloges de l'assemblée pour les services qu'il lui rendit dans cette circonstance. Berruyer fut employé sous le gouvernement directorial, puis nommé gouverneur des Invalides, place qu'il occupa jusqu'à sa mort, arrivée le 17 avril 1804. Élevé au milieu des camps, Berruyer en avait conservé la franchise, la simplicité, et y avait fortifié son dévouement aux seuls intérêts de son pays.

BERRYER, avocat à la cour royale de Paris, s'est fait particulièrement connaître dans la cause du maire d'Anvers, qu'il défendit contre le gouvernement impérial, et dans la malheureuse affaire du maréchal Ney. M. Dupin le secondait de tout son talent; mais souvent interrompus dans le cours de leurs plaidoiries, ils ne purent ni l'un ni l'autre aborder les hautes questions politiques qui étaient seules convenables à cette cause si tristement célèbre. Leurs discours se sont quelquefois ressentis de la gêne de leur situation. M. Berryer, si remarquable par sa présence d'esprit, fut tellement troublé, une fois entre autres, qu'il désigna M. Bellart, *procureur-général*, par la qualification d'*accusateur public*. M. Berryer a un fils, qui est aussi avocat. Ce qu'il a fait de mieux jusqu'ici, c'est d'avoir défendu les généraux Debelle et Cambronne, au mois d'avril 1816; et ce qui lui est arrivé de plus heureux, est d'avoir été dénoncé, à cette occasion, au conseil de discipline des avocats, par M. le procureur général Bellart.

BERTÈCHE (LOUIS-FRANÇOIS) est né à Sedan, le 14 octobre 1764. A 15 ans, il entra volontaire au service de la marine, y fut nommé sous-lieutenant, en 1781, et fit, en cette qualité, les campagnes d'Amérique et de la Martinique. En 1786, il entra dans la compagnie écossaise des gendarmes du roi, à Lunéville, puis en 1791, dans la gendarmerie nationale, où il devint successivement lieutenant et capitaine. En 1792, à la bataille de Jem-

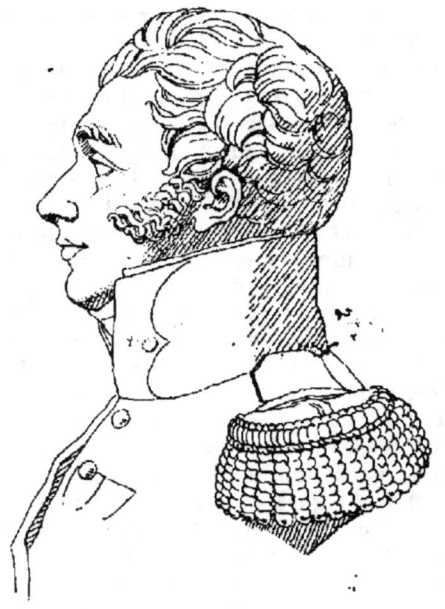

M.gr le Duc de Berry.

Autchiel.   Fremy del. et Sculp.

mapes, où il se distingua de la manière la plus éclatante, le général Beurnonville se trouva en danger. Le capitaine Bertêche accourt, combat et le dégage. Bientôt un peloton de dragons ennemis revient à la charge et les enveloppe tous deux. Le capitaine Bertêche ne voulut pas se rendre; mais prenant à deux mains son sabre, comme les vieux héros d'Homère, il tua douze dragons de sa propre main, et échappa aux autres, couvert de blessures. Il avait reçu quarante-un coups d'arme blanche et un coup de feu, qui, après l'avoir blessé au bras, avait tué son cheval. Il rentra au camp avec le général qu'il avait sauvé. Ce dernier, devenu ministre de la guerre, le présenta à la convention, qui lui décerna une couronne de chêne et lui donna un sabre-d'honneur. Lieutenant-colonel de gendarmerie, colonel du 10me régiment de chasseurs, enfin, commandant-général de l'école de Mars, il fut, après le 9 thermidor, accusé d'avoir servi le comité de salut public dans ses mesures les plus violentes. On ne peut déterminer au juste quel degré de croyance il faut accorder à ces accusations. Il parut, en 1795, à la barre de la convention, pour se justifier, et se retira dans sa ville natale avec une pension de retraite. Napoléon l'avait nommé commandant du château de Sedan.

BERTHÉLEMY (JEAN-SIMON), peintre habile dans la perspective, fut élève de Noël Hallé. Diderot lança plus d'une fois contre ces deux artistes ses plaisanteries désespérantes. Il reprochait à Berthélemy la froideur, l'embarras des groupes, et l'ignorance des effets de la lumière. Si on adopte ce jugement qui n'est peut-être pas celui qu'en porterait un artiste, on ne peut s'empêcher de reconnaître que Berthélemy réussissait assez souvent dans les plafonds. Il en a exécuté plusieurs, à Fontainebleau, au Muséum et au Luxembourg, qui étonnent l'œil plus souvent qu'ils ne le trompent. Né à Laon, le 5 mars 1743, il remporta le grand prix de peinture, et à son retour de Rome, il fut agrégé à l'académie de peinture. Le tableau qui lui mérita cet honneur, représentait le *Siége de Calais*. Il n'offrait pas cette énergie de conception dont un tel sujet avait besoin ; mais le dessin en était pur et la disposition savante. Il fit pendant la révolution plusieurs tableaux de circonstance, et mourut à Paris, le 1er mars 1811, étant professeur à l'École spéciale de dessin. Son genre tient le milieu entre la grâce efféminée et les contours incertains de Boucher, et le style dur d'une école plus moderne, qui trop souvent jette des statues peintes dans ses compositions, et croit avoir imité l'antique.

BERTHELOT (JULIEN, COMTE DE), né à Auray, avait servi dans la marine avant la révolution française. Cette révolution contrariant ses intérêts ou ses préjugés, il fut l'un des chefs les plus ardens de la Vendée. Lorsque tout espoir était perdu pour les royalistes, on le vit ranimer dans ces contrées malheureuses les étincelles mourantes de la guerre civile, et continuer à fatiguer de son zèle déplorable un pays dévasté, pour qui la paix devenait un premier besoin. En 1794, M. de Berthelot concerta avec le comte de Puisaye la jonction des forces de ce chef de Chouans avec les insurgés du Morbihan. Il commanda, en 1795, la cavalerie de ces mêmes insurgés; fut ensuite l'un des officiers de l'*armée rouge*, sous les ordres de M. de Tinténiac, et se jeta dans le département des Côtes-du-Nord, où il ne cessa qu'à la dernière extrémité, en 1800, de faire une petite guerre désastreuse pour ce pays. Il fut compris alors dans la pacification préparée par l'infortuné général Brune. M le comte de Berthelot s'établit épicier à Auray, et fut, quelque temps après, employé dans les douanes. En 1805, il s'embarqua, à Pont-Naval, sur un chasse-marée. On ne sait encore quel était son dessein; toutefois il fut soupçonné d'avoir voulu passer en Angleterre; et la gendarmerie le conduisit à Paris, où il fut détenu pendant plusieurs années.

BERTHEREAU (Georges-François), naquit à Belesme, le 29 mai 1732. Membre de la congrégation de Saint-Maur, il fut chargé par ses savans confrères, qui travaillaient à la collection des historiens de France, d'extraire des auteurs arabes tout ce qui avait rapport à l'histoire des Croisades. Savant lui-même, il connaissait parfaitement le grec et l'hébreu, mais non l'arabe. Il lui fallut apprendre cette langue, s'attacher à un Syrien pour la mieux connaître, et surmonter ensuite une foule de difficultés et de dégoûts, pour rassembler les extraits qui lui étaient demandés, et qu'il accompagna d'une version latine. Après trente ans de travaux pénibles, après avoir complété cette importante collection, qui formait deux énormes in-f°, il s'adressa au gouvernement pour les faire imprimer. Cette cour où l'on prodiguait l'or à des courtisans et à des courtisanes, trouva les dépenses beaucoup trop fortes. On prétendit que l'imprimerie royale ne possédait aucun caractère arabe; ce n'était qu'un prétexte. Le ministre Breteuil, un peu plus instruit apparemment qu'il n'appartient à un ministre, retrouva ces caractères, mais n'imprima point l'ouvrage. Berthereau fut profondément affecté de l'inutilité d'un si long travail. La révolution l'arracha à son ordre. Assailli de bonne heure par les infirmités de la vieillesse, il mourut le 26 mai 1794.

BERTHEREAU (Thomas), né le 22 novembre 1733, de la même famille que le précédent. Après avoir été président du tribunal de 1re instance du département de la Seine, il fut du nombre des commissaires chargés de la rédaction du *Code judiciaire*. Le 15 d'octobre 1815, M. Berthereau a été nommé, par le roi, président honoraire. En 1813, il avait été présenté comme candidat au sénat conservateur.

BERTHEREAU (l'abbé), curé du Teillier, dans le Maine, fut député, en 1789, aux états-généraux. Il accepta d'abord, et refusa ensuite, la constitution civile du clergé. Après s'être réuni aux communes, il protesta contre les mesures de l'assemblée nationale, et émigra en 1793. Cette mobilité d'opinion et de conduite le fit repousser des deux partis. L'abbé Berthereau est probablement mort, puisque dans les grands mouvemens politiques qui ont eu lieu depuis cette époque, on ne l'a vu paraître sous aucune bannière.

BERTHEVIN (JULES - JULIEN-GABRIEL), littérateur, né à Stockholm, en 1769, de parens français, originaires de Saint-Berthevin, près de Laval. Il fut amené en France, en 1771, par suite des révolutions de la Suède, et perdit, étant bien jeune encore, sa mère, et bientôt après son père, qui s'était acquis de la réputation comme chimiste. C'est à ce savant, inventeur de plusieurs procédés achetés par la manufacture de Sèvres, que l'on est redevable de l'importation des nitrières artificielles, dites *couches à la suédoise*. Le jeune Berthevin dut à l'amitié de quelques personnes qui avaient été liées avec ses parens, une bourse au collége d'Orléans, où il fit ses études avec beaucoup de succès ; il s'était attaché particulièrement à l'étude de la langue grecque, et avait mérité que le célèbre Villoison lui portât un vif intérêt. M. Berthevin publia, en 1790 et 1791, plusieurs brochures sur la révolution. En 1793, il se trouva impliqué dans l'affaire de Léonard Bourdon, et fut traduit au tribunal révolutionnaire. En 1796, il établit une maison de librairie à Orléans, et, en 1812, il vint à Paris, où il fut attaché au ministère de l'intérieur. On connaît de M. de Berthevin : 1°

Pauline et Moi, Paris, 1796 ; 2° *Médée*, traduction de l'allemand de Benda, Orléans, 1797 ; 3° *l'Assemblée à Cythère*, Orléans, 1798 ; 4° *Tombeau d'Elma*, Orléans, 1799 ; 5° *Henri IV peint par lui-même*, Paris, 1814. On le croit auteur, sous le nom de M. *Delanoë*, septembre 1815, des *Observations critiques sur le rapport fait au roi, le 15 août 1815, et sur le mémoire présenté au roi, dans le même mois, attribué au duc d'Otrante*.

BERTHÉZÈNE (JEAN-ÉTIENNE) occupa successivement divers emplois publics jusqu'à l'époque où le département du Gard le nomma député à la convention nationale. M. Berthezène ne s'attacha à aucune des factions qui divisèrent l'assemblée ; cependant, dans le procès du roi, il vota la mort. Sous le directoire, il devint membre du conseil des cinq-cents, d'où il sortit en 1797. Après le 18 brumaire, son département le porta au corps-législatif, où il siégea jusqu'en 1805. Il a quitté la France au mois de janvier 1816, par suite de la loi contre les *conventionnels votans*.

BERTHÉZÈNE (LE BARON), lieutenant-général, fils du précédent, est né en Provence, vers l'année 1780. Destiné, par sa famille, à l'état militaire, il parvint rapidement de grade en grade jusqu'à celui de major du 65me régiment de ligne. Colonel du 10me régiment d'infanterie légère, le 10 février 1807, il reçut dans le mois de juillet suivant, la décoration d'officier de la légion-d'honneur. Peu de temps après, il fut fait général de brigade, et, le 4 août

1813, général de division. En 1814, le roi le nomma chevalier de Saint-Louis. Après le retour de Napoléon de l'île d'Elbe, le ministre de la guerre chargea le baron Berthezène d'examiner les droits des officiers qui avaient obtenu de l'avancement sous le gouvernement royal, et de placer les officiers à demi-solde à la suite d'un des régimens de leur arme, afin qu'ils pussent jouir de leur traitement d'activité. Depuis le second retour du roi, ce général n'a point été employé.

BERTHIER (ALEXANDRE), PRINCE DE NEUFCHATEL ET DE WAGRAM. La vie du maréchal Berthier est le registre de la gloire militaire de la France, en sa qualité de chef d'état-major de nos plus grandes armées, sous leur plus grand capitaine, depuis 1794 jusqu'en 1814. Le tableau fidèle de ses services, durant cette longue et brillante période, tracé d'une manière si incomplète et si inexacte dans les autres Biographies, a dû fixer l'intérêt de ses compagnons d'armes, de ceux surtout qui, n'ayant plus rien à apprendre, mettent si justement leur honneur à ne rien oublier. Ils ont dû réclamer, et nous avons dû leur céder, cette partie de la tâche que nous nous sommes imposée. Notre ouvrage, consacré exclusivement à la grande époque qu'ils ont illustrée, est le patrimoine de tous ceux qui ont rendu la révolution glorieuse. L'engagement que nous avons pris pour la publication de ce volume ne nous a pas permis d'attendre la confection de leur important travail. Cette seule considération, qui sans doute doit être appréciée, nous a forcés à reporter au surnom de NEUFCHATEL l'article qui appartient au nom de BERTHIER : ainsi nous n'aurons dérogé à nos principes sur la légitimité des noms roturiers, qu'en faveur de celle de la vérité, dont la noblesse est incontestable.

BERTHIER (VICTOR-LÉOPOLD), frère du prince de Neufchâtel et de Wagram, naquit à Versailles, le 12 mai 1770. Il entra dans la compagnie des gardes de la porte, comme officier, en 1781, et fut, en 1785, nommé sous-lieutenant au régiment de la Fère. A l'époque de la révolution, son avancement devint rapide. Il servit d'abord sous les ordres du général Kellermann, et se distingua pendant la campagne de 1793, par plusieurs actions d'éclat, qui lui firent obtenir un sabre d'honneur. Il fit toutes les campagnes d'Italie, fut nommé, en 1794, ingénieur-géographe et chef de bataillon; en 1795, adjudant-général, et chef d'état-major de l'armée de Naples. Le grade de général de brigade lui fut donné sur le champ de bataille de la Trebia. Chargé, en 1801, de réorganiser les débris de l'armée d'Égypte, il se rendit à Toulon. Envoyé peu de temps après en Hollande, il devait être chargé d'un commandement pour la Louisiane, mais la cession de cette colonie au gouvernement des États-Unis fit contremander l'expédition. Le général Berthier passa ensuite à l'armée d'Hanovre, dont il devint chef d'état-major, avec le grade de général de division, en 1805. Il fut aussi nommé commandant

Berthier
Prince de Neufchatel.

Ier Pinxit

de la légion-d'honneur; et dans le mois de juin de la même année, il assista à la grande revue de l'armée prussienne rassemblée à Magdebourg, et reçut du roi de Prusse l'accueil le plus distingué. Il fit avec honneur les campagnes suivantes contre l'Autriche et la Prusse; se distingua en 1805 et 1806, à la bataille d'Austerlitz, à la prise de Lubeck, et contribua à la capitulation du corps prussien commandé par Blucher. Employé dans plusieurs négociations, il y montra autant de talent qu'il avait montré de bravoure sur le champ de bataille. Pour prix des services qu'il rendit à la cour de Bavière, il en reçut, après la reprise de Munich, la grande décoration de l'ordre du Lion. Victor-Léopold Berthier réunissait les talens administratifs aux talens militaires. C'était de plus un ingénieur fort instruit. Il mourut à Paris, le 21 mars 1807. M. Eckard a publié une *Notice historique* sur sa vie.

BERTHIER (César, comte), lieutenant-général, commandant de la légion - d'honneur, autre frère du prince de Neufchâtel. Il accompagna son frère Alexandre dans presque toutes ses campagnes, et rendit de grands services dans l'administration des armées. Après le 18 brumaire, il fut nommé inspecteur aux revues; et lorsque son frère Léopold partit pour l'Allemagne, il remplit sa place de chef d'état-major au gouvernement de Paris. Il eut le commandement d'une armée d'observation, formée sur les côtes de la Hollande, en 1805. Nommé général de division, en mars 1811, il fut, peu de temps après, nommé comte de l'empire. Il a rempli successivement les fonctions de gouverneur-général à Tabago et en Corse. En 1814, il reçut du roi la décoration de l'ordre de Saint-Louis. César Berthier est mort d'une apoplexie foudroyante, le 17 août 1819, à Grosbois, maison de campagne de la princesse de Neufchâtel, sa belle-sœur.

BERTHIER DE SAUVIGNY, d'une ancienne famille de robe, était, avant la révolution, conseiller-d'état et intendant de Paris. On le regardait comme un homme intègre et un habile administrateur; mais il passait pour un homme dur, et il ne jouissait d'aucune popularité. Au commencement du mois de juillet 1789, dès que l'on conçut des craintes sur l'exacte arrivée des subsistances, l'inimitié publique se manifesta; Berthier fut accusé, auprès des électeurs de Paris, d'avoir dirigé le camp formé vers Saint-Denis, d'y avoir distribué des cartouches, et d'avoir également spéculé sur les denrées nécessaires à la consommation des habitans de la capitale. Berthier venait de sortir de Paris; cette circonstance donna plus de poids à l'accusation, et quatre cents hommes, envoyés à sa poursuite, l'arrêtèrent à Compiègne. Instruite de son retour, la foule grossit devant l'Hôtel-de-Ville, où l'on venait de le ramener. Bientôt la fureur du peuple fut au comble, et l'on ne vit d'autre moyen de soustraire Berthier à sa vengeance que de le conduire en prison, en déclarant qu'on instruirait sur-le-champ son procès. Mais l'escorte trop faible le défendit en vain contre la multitude. Les plus furieux exigeaient qu'il baisât la tête de Foulon, son beau-père, qui lui était présentée par l'un d'eux. Berthier voulut résister; il s'empara du fusil d'un garde qui était resté auprès de lui; mais bientôt désarmé, il fut attaché à l'un des poteaux qui soutenaient les réverbères de la place, et on le perça de plusieurs coups de baïonnettes. Un misérable, dont heureusement on ignore et le nom et le pays, enfonçant son bras dans la poitrine de l'infortuné, en arracha le cœur que l'on plaça, ainsi que sa tête, au haut d'une pique, pour les porter en triomphe dans les rues de la ville. L'atrocité d'un crime si horrible excita l'indignation de tous les bons citoyens, et fit mal augurer d'une révolution louable et nécessaire dans son principe, mais qui était déshonorée par de tels excès. Ce n'est qu'en 1815, à Nîmes, qu'on retrouva, sous un autre fanatisme, d'aussi affreux attentats.

BERTHOIS (DE), colonel du génie, en 1792. Pendant la guerre d'Autriche, il dirigeait les fortifications de la place de Lille. Trop d'événemens funestes et difficile à expliquer, avaient persuadé aux soldats que plusieurs de leurs chefs trahissaient la France. L'attaque infructueuse de Mons, par Biron, les confirme dans cette idée; une défaite éprouvée entre Lille et Tournay, le 9 avril, accroît leur ressentiment; enfin ils prétendent que le colonel Berthois, qui ne dissimule pas son éloignement pour les principes de la révolution, a été cause du mauvais succès d'une affaire, en faisant entendre le cri de *sauve qui peut*: ils courent à sa maison, l'en arrachent, et le suspendent à un réverbère. Mais on l'avait soupçonné injustement; le 9 juin, l'assemblée législative rendit des honneurs à sa mémoire, et elle accorda à sa veuve une pension de 1,500 francs.

BERTHOLIO (L'ABBÉ ANTOINE-RÉNÉ-CONSTANCE), l'un des plus zélés défenseurs de la révolution, avait des relations très-actives avec tous ceux qui partageaient ses principes, et particulièrement avec les membres du *côté gauche* de l'assemblée nationale. En 1789, en qualité d'orateur d'une députation des électeurs de Paris, il présenta aux états-généraux un rameau d'olivier, et rendit compte des efforts de ses collègues pour pacifier les premiers mouvemens insurrectionnels qui se manifestèrent avant le 14 juillet, à l'occasion de deux gardes-françaises délivrés par le peuple. En 1790, il fit l'éloge des électeurs de l'année précédente, et publia un *ultimatum* adressé à l'évêque de Nancy, dont il combattait les principes religieux et politiques. Pendant le règne de la terreur, il eut la prudence de rester étranger aux affaires publiques; mais lors du congrès de Rastadt, il fut chargé des fonctions de secrétaire de la légation française. En l'an 7, il partit pour Rome en qualité de commissaire du directoire. Après la révolution du 18 brumaire, il devint grand-juge à la Guadeloupe, où il se rendit vers la fin de 1802. De retour

Berthelot

Hp. Boilly

en France, quelques années après, il fut nommé juge à la cour d'appel d'Amiens. Il mourut dans l'exercice de ses fonctions, le 2 juin 1812.

BERTHOLLET (Claude-Louis), un des premiers chimistes de notre âge, est né à Talloire en Savoie, vers 1756. Il exerçait la profession de docteur en médecine, et devint médecin du duc d'Orléans, grand-père du duc actuel. C'est en donnant des soins à ce prince que M. Berthollet observa les rapports qui existent entre la goutte et les affections des voies urinaires. En analysant les urines de son malade, pendant et après les crises arthritiques, il pensa que la surabondance d'acide phosphorique libre, dans la circulation des fluides animaux, pouvait donner naissance au rachitisme, et que la surabondance du phosphate de chaux, dans le même système, devait produire la goutte crétacée. Cette théorie a été adoptée par beaucoup de physiologistes. Il s'acquit une si grande réputation par ses connaissances et ses travaux chimiques, que dès 1780, à peine âgé de 24 ans, il fut nommé membre de l'académie des sciences, et successivement de plusieurs autres sociétés savantes de l'Europe. Lorsque M. Berthollet eut découvert le muriate suroxigéné de potasse, et la vive déflagration de ce sel sur les charbons, il en fit de la poudre de chasse, qui avait une force double à peu près de celle de la poudre ordinaire. C'est en répétant cette expérience à Essone, en présence de Lavoisier, que M. Letort, directeur des poudres et salpêtres, et Mlle Letort, sa sœur, furent tués par l'explosion du mortier où se faisait le mélange, et malgré les précautions prises pour prévenir cette explosion. Le 22 septembre 1794, M. Berthollet fut désigné pour faire partie de la commission d'agriculture et des arts; deux mois plus tard, il devint professeur de l'école normale, et l'année suivante, l'institut ayant été organisé, il fut un de ses premiers membres. En 1796, M. Berthollet fut envoyé en Italie, par le directoire, comme membre de la commission chargée du choix des tableaux, des statues et des autres objets précieux qui devaient être transférés à Paris, mais avec une mission plus spéciale pour ce qui pouvait concerner les sciences dans cette opération. Ce savant accompagna ensuite en Égypte le général Bonaparte, avec lequel il s'était lié en Italie. C'est en Égypte que M. Berthollet, en examinant les lacs de natrum, vit que la formation du carbonate de soude avait lieu par une décomposition contraire aux lois des affinités ordinaires. Il étudia ce phénomène, et reconnut que la puissance des masses changeait l'ordre des attractions. Il appliqua cette nouvelle loi chimique à plusieurs anomalies, et parvint à les expliquer. M. Berthollet revint en France, avec le général Bonaparte, au milieu d'octobre 1799. Il fut appelé au sénat conservateur, après la révolution du 18 brumaire an 8 (9 novembre 1799), et obtint successivement le titre de comte et celui de grand-officier de la légion-d'honneur. Au mois de mai 1804, il fut pourvu de la sénatorerie de Montpellier, où il se rendit l'année suivante; et le 14 mai 1806, il fut chargé de présider le collége électoral du département des Pyrénées-Orientales. Enfin, le 3 avril 1813, il reçut la grand'croix de l'ordre de la réunion. Son amitié pour M. le comte de Laplace, l'engagea à faire l'acquisition d'une maison de campagne à Arcueil. C'est dans cette maison, mitoyenne de celle de son collègue, qu'il établit un laboratoire d'essai, où il réunit un certain nombre de jeunes physiciens et chimistes, presque tous ses élèves, pour travailler avec lui au progrès de la science de l'analyse. Cette réunion prit le nom de *Société d'Arcueil*, et publia trois volumes de *Mémoires* du plus haut intérêt. On doit bien regretter qu'elle ait cessé ses travaux collectifs. Quels pas immenses auraient fais la physique et la chimie, par les efforts réunis de MM. Laplace, Berthollet, Thénard, Gay-Lussac, Humboldt, Decandolle, Collet-Descotils et Berthollet fils! L'ardent amour de M. Berthollet pour les progrès de la science chimique, auxquels il a tant contribué par ses travaux et par ses écrits, lui avait fait employer en expériences tous les revenus de ses places, et même une partie de son patrimoine, en sorte qu'il se vit réduit à réformer sa maison et à cesser d'aller à la cour. L'empereur ayant appris cet état de gêne, le fit appeler, et après lui avoir dit : « M. Ber-»thollet, j'ai toujours cent mille »écus au service de mes amis, » il lui fit compter cette somme; ce qui n'empêcha pas M. Bertholet de voter la déchéance de ce souverain, le 1ᵉʳ avril 1814, après avoir voté la création d'un gouvernement provisoire. Aussi M. Berthollet ne fit-il point partie de la chambre des pairs, que Napoléon, revenu de l'île d'Elbe, institua au mois de juin 1815; mais il fut maintenu de droit sur la liste des pairs que le roi fit dresser à son second retour, au mois d'août suivant. Le 4 janvier 1814, M. Berthollet prononça un discours funéraire sur la tombe de son digne ami et collaborateur, le célèbre chimiste Guyton-Morveau, qui venait de mourir. Ce fut un acte de courage. M. Guyton de Morveau avait, il est vrai, rendu de grands services à son pays; c'était un savant très-distingué, un citoyen très-estimable et très-courageux; mais il avait voté la mort de Louis XVI, et dans sa vieillesse il fut dépouillé de ses places et proscrit : faire son éloge quand tous les écrivains gagés s'efforçaient de flétrir sa mémoire, c'était presque un acte séditieux. Dans la chambre des pairs, où il siège, M. Berthollet s'est constamment montré le défenseur des principes constitutionnels; il y a fait plusieurs rapports intéressans sur les *fers*, sur les *poudres* et *salpêtres*, et présenté des vues utiles sur les *canaux de petites dimensions*. M. Berthollet a rendu son nom recommandable par les découvertes les plus précieuses, telles que celles de la composition de l'ammoniaque; par une foule de procédés aussi ingénieux qu'utiles, tels que la méthode pour conserver l'eau douce sur mer, en carbonisant les parois des tonneaux, le procédé pour donner l'apparence du coton au lin, au chanvre et au rebut même des filatures. M. Berthollet a découvert la nature du chlore et de l'acide hydrochlorique, l'argent fulminant, l'acide zoonique. Il a inventé un procédé pour dégager l'azote de la chair des animaux, en la traitant par l'acide nitrique. Il a éclairé la théorie des hydrosulfures alcalins, des sulfites, et de la coloration des végétaux. Il se distingua particulièrement en perfectionnant le blanchîment des substances végétales par l'acide muriatique oxigéné, et ce dernier procédé exécuté en grand dans les manufactures les plus considérables, y a fait adopter les mots *Berthollet*, *Berthollimètre*, *Bertholleur*, *Berthollien* et autres, formés du nom de l'inventeur de ces découvertes. Les ouvrages de M. Berthollet, sont : 1° *Observations sur l'air*, 1776 ; 2° *Précis d'une théorie sur la nature de l'acier*, sur ses préparations, etc., Paris, 1789, in-8°; 3° *Élémens de l'art de la teinture*, 1791, in-8°. En 1804, il en a donné une seconde édition en 2 vol. in-8°, à laquelle a coopéré son fils, A. B. Berthollet, mort en 1811. 4° *Description du blanchîment des toiles*, 1795, in-8°; 5° *Recherches sur les lois de l'affinité*, 1801, in-8°; 6° *Essai de statique chimique*, 1803, 2 vol. in-8°. Le but de cet ouvrage, fruit d'un génie supérieur, est d'exposer les causes qui peuvent faire varier les résultats de l'action chimique, ou du produit de l'affinité et de la quantité; d'examiner quelle est la dépendance mutuelle des propriétés chimiques des corps, comparées d'abord entre elles, et considérées ensuite dans les différentes substances; quelles sont les forces qui naissent de leur action dans les effets qui en proviennent, et quelles sont celles de ces forces qui concourent à ces effets ou qui leur sont opposées. B. Lambert a donné, à Londres, une traduction anglaise de cet excellent ouvrage, 1804, 2 vol in-8°; il en a paru une traduction italienne à Côme, par Dandolo. 7° *Cours de chimie des substances animales*, inséré dans le journal de l'école polytechnique; 8° *Méthode de nomenclature chimique*, publiée de concert avec les célèbres Lavoisier, Guyton-Morveau et Fourcroy, Paris, 1787, in-8°. Cet ouvrage, qui a tant contribué aux progrès de la chimie moderne, a été composé en grande partie par M. Berthollet. 9° Il a donné une édition avec des *Notes* de l'*Essai sur le phlogistique* et sur la constitution des acides, traduit de l'anglais, de Kirvan, Paris, 1788, in-8°. 10° Il a revu et publié, en société avec Desmarets, une édition de la traduction faite par C**, de l'*Instruction sur l'art de la teinture*, par Porner, 1791, in-8°; 11° il a aussi enrichi de *Notes* curieuses et d'un excellent *Discours préliminaire*, la traduction française, donnée par M. Riffault, du *Système de chimie* de Thomson, Paris, 1809, 9 vol. in-8°; 12° il a écrit un grand nombre de *Mémoires* intéressans qui sont répandus dans les recueils scientifiques, et particulièrement dans ceux de l'académie des sciences, de l'institut de France, de l'institut d'Égypte et de la société d'Arcueil. 13° Enfin, M. le comte Berthollet travaille depuis long-temps aux *Annales de chimie*, dont il a constamment fourni les articles les plus importans. Il est membre du comité des arts chimiques, de la société d'encouragement pour l'industrie nationale, de la société de vaccine et de la société philomatique.

BERTHOLON (N.), ami de Francklin, fut le premier qui introduisit en France l'usage des paratonnerres. Né à Lyon, où il mourut, en 1799, il entra dans la communauté de Saint-Lazare, devint professeur de physique à Montpellier, et professeur d'histoire à Lyon. Il a travaillé toute sa vie pour les concours académiques, et a laissé rarement passer une année sans remporter un ou deux prix. Ce genre de travail et de succès a été peu avantageux aux sciences. Bertholon n'a fait que répéter, en les coordonnant et en les présentant avec méthode et clarté, les idées d'autrui, ce qui ne semble pas suffisant pour être placé près des Francklin et des Boyle. Cependant les ouvrages de Bertholon ne sont pas sans quelque mérite. On y trouve des vues justes, et des théories bien expliquées. Telles sont ses *Preuves de l'efficacité des paratonnerres* (1783, in-4°); ses *Mémoires sur les moyens qui ont fait prospérer les manufactures de Lyon* (1782, in-8°); de *l'Electricité des météores*, etc., etc.

BERTHOUD (FERDINAND), horloger-mécanicien de la marine, pour les horloges à longitudes, a fait faire de grands progrès à la mécanique, à l'horlogerie, à l'art nautique, à la géographie et à l'astronomie. Il naquit le 19 mars 1727, à Plancemont, montagne du Jura, dans le comté de Neufchâtel. Son père, qui était bourgeois de Neufchâtel et Valengin, et en même temps architecte et justicier du Val-de-Travers, voulut d'abord lui faire suivre la carrière ecclésiastique. Mais la vocation du jeune Berthoud se déclara dès l'âge de 16 ans, d'une manière irrésistible, à la vue d'une horloge, dont, par un hasard heureux, il put examiner à loisir le mécanisme intérieur. Voulant seconder le penchant de son fils, M. Berthoud mit Ferdinand sous la direction d'un habile horloger, qui lui donna les premiers élémens de son art. Ferdinand Berthoud se livra dès lors à l'étude des mathématiques, de la mecanique et de l'horlogerie, et vint à Paris, en 1745, pour s'y perfectionner. Accueilli avec intérêt, encouragé dans ses études, il adopta la France pour sa patrie, s'y fixa, et l'on peut considérer comme productions inspirées par cette patrie nouvelle, tous les fruits des immenses travaux et des découvertes précieuses qui ont illustré sa longue carrière. Il ne se borna point à la science de l'horlogerie simple qu'il avait jusqu'alors pratiquée. Depuis long-temps la découverte des longitudes en mer, était l'objet des recherches des savans et des artistes les plus distingués, et même, depuis un siècle et demi, plusieurs souverains avaient à cet effet institué des récompenses. Le savant anglais, John Harrisson, qui travailla pendant trente-six ans pour trouver la solution du problème proposé, n'ayant rempli qu'imparfaitement les conditions exigées, n'obtint qu'une partie du prix, et le plan de son horloge est même resté inconnu. Sollicité de concourir pour le prix offert par le gouvernement anglais, Berthoud s'y refusa constamment, tant par attachement pour la France, que dans la crainte de nuire par la concurrence, à un homme qui avait passé tant d'années dans cette recherche. Mais il trouva un compétiteur digne de lui dans le célèbre Pierre Leroy, et ils firent l'un et l'autre des horloges à longitude, qui d'abord eurent un égal succès, bien qu'elles fussent organisées d'après des procédés différens. On reconnut un peu plus tard la supériorité de celles de Berthoud, qui depuis long-temps sont les seules employées dans la marine. Elles sont d'un très-haut prix, et généralement recherchées par tous les navigateurs, parce que leur marche est de la plus grande précision. Aussi Berthoud devint-il successivement membre de l'institut de France, de la société royale de Londres, et chevalier de la légion-d'honneur. Voici la note des principaux ouvrages qu'il a publiés : 1° L'*Art de conduire et de régler les pendules et les montres*, 1759, in-12, avec figures. Ce petit traité utile a eu un grand nombre d'éditions. 2° *Essais sur l'horlogerie*, 1763, 2 vol. in-4° avec 38 planches. L'auteur y traite de cet art, relativement à l'usage civil, à l'astronomie et à la navigation. Il traite également toutes les parties de la mesure du temps, la construction des montres, des pendules ordinaires, des horloges astronomiques. Il y a réuni ses premières recherches sur les horloges marines; enfin il y donne la théorie, la construction et la main-d'œuvre de ces machines. Une deuxième édition de l'ouvrage parut en 1786. 3° *Traité des horloges marines*, 1773, in-4°, avec 27 planches. Il contient la théorie, la construction, la main-d'œuvre de ces horloges, et la manière de les éprouver. 4° *Eclaircissements sur l'invention des nouvelles machines, proposées pour la détermination des longitudes en mer par la mesure du temps*, 1773, in-4°; 5° les *Longitudes par la mesure du temps, ou Méthode pour déterminer les longitudes en mer, avec le secours des horloges marines*, 1775, in-4°, avec une planche; 6° la *Mesure du temps appliquée à la navigation, ou Principes des horloges à longitudes*, 1782, in-8°; 7° *De la mesure du temps, ou Supplément au Traité des horloges marines et à l'Essai sur l'horlogerie*, 1787, in-4°, avec 17 planches ; 8° *Traité des montres à longitudes*, 1792, in-4°, avec 7 planches; 9° *Suite du Traité des montres à longitudes*, contenant la construction des montres à longitudes portatives, 1797, in-4°, avec 2 planches. 10° *Histoire de la mesure du temps par les horloges*, 1802, 2 vol. in-4°, avec 25 planches. L'auteur y présente aux amateurs des sciences, le recueil des inventions et des découvertes les plus importantes qui ont été faites par les horlogers sur la mesure du temps. 11° *Supplément au Traité des montres à longitudes*, suivi de la *Notice* des recherches faites depuis 1752 jusqu'en 1807, in-4°, avec une planche : l'auteur avait alors 80 ans, et l'on voit qu'il jouissait encore de la plénitude de ses facultés. Six ans auparavant, il avait même exécuté avec la plus grande précision un échappement libre pour une montre portative à longitudes. Indépendamment des nombreux ouvrages tant de théorie que de pratique dont nous avons fait l'énumération, Ferdinand Berthoud s'occupa constamment du soin de former de bons élèves, et ne cessa de les diriger jusqu'à sa mort, arrivée le 20 juin 1807, par suite d'une hydropisie de poitrine, dans une maison qu'il avait à Grolay, près de Montmorency.

BERTHOUD (Louis), élève et neveu du précédent, a suivi avec honneur les traces de son maître. C'est lui qui, à l'aide des châssis de compensation, a trouvé le moyen d'indiquer l'heure vraie, à une ou deux secondes près par année, même après les voyages les plus longs et les plus orageux. Membre de l'institut national, et horloger de la marine, il remporta, en 1798, le prix proposé par le gouvernement pour le perfectionnement des horloges marines. Berthoud, qui vivait retiré à Argenteuil, exécuta dans sa retraite plus de cent cinquante montres marines, et plusieurs montres compliquées, dont quelques-unes sont des répétitions à secondes, à équation par les aiguilles, etc. C'est dans cette même retraite qu'il forma quatre élèves qui lui avaient été confiés en exécution d'un décret de l'empereur. Son mérite et sa probité l'ont fait estimer de tous ceux qui l'ont connu. Il mourut le 17 septembre 1813. Il avait publié une brochure sous ce titre : *Entretien sur l'horlogerie à l'usage de la marine.*

BERTIN (Antoine, chevalier de), poète érotique, naquit à l'île Bourbon, le 10 octobre 1752. A 9 ans, il fut envoyé en France, et placé au collége du Plessis, où il fit d'excellentes études, et montra d'heureuses dispositions pour la poésie. Ayant d'abord suivi la carrière des armes, il fut fait chevalier de Saint-Louis, et obtint le grade de capitaine. En 1773, à peine âgé de 20 ans, le chevalier de Bertin fit imprimer un petit volume de vers, dont le peu de succès ne le découragea cependant pas. En 1782, il publia un recueil d'élégies en quatre livres, sous le titre des *Amours*, ouvrage charmant, qui semble inspiré par l'amour, et tracé par les grâces. Compatriote du chevalier de Parny, qui fut à la fois son ami, son guide et son rival dans la carrière poétique, le chevalier de Bertin partagea la célébrité de l'amant d'*Éléonore*, sans qu'aucun nuage altérât jamais leur tendre amitié, et leur touchante confraternité.

En amitié fidèle encor plus qu'en amour,
Tout ce qu'aima mon cœur, il l'aima plus d'un jour.

dit le chantre d'*Eucharis*, dans ses *Adieux aux Muses;* et en effet sa vie tout entière fut consacrée à l'amour et à l'amitié. En 1789, le chevalier de Bertin partit pour Saint-Domingue, où il devait épouser une jeune créole qu'il avait connue à Paris ; mais, le jour même du mariage, atteint d'une fièvre violente, il demanda que la cérémonie nuptiale fût faite dans son appartement : à peine était-elle terminée, qu'il tomba en faiblesse. Sa maladie dura dix-sept jours, pendant lesquels ses idées ne revinrent plus; il mourut à la fin de juin 1790, n'ayant pas atteint sa 38.me année. Les *Amours,* élégies; un *Voyage en Bourgogne,* en prose et en vers; quelques pièces fugitives, ont été imprimés sous le titre d'*OEuvres du chevalier de Bertin,* et ont eu plusieurs éditions (1785, 1802, 1806, 2 vol. in-18); elles sont dignes de leur succès. Le chevalier de Bertin, homme de bonne compagnie, a porté dans ses ouvrages ce goût exquis, cette galanterie française, qui s'allient si bien au genre gracieux qu'il avait adopté, et dans lequel il n'eut de rival et quelquefois de maître que son ami. Sentimens délicats, sensibilité vraie, pensées ingénieuses, images brillantes, talent des plus heureux, telles sont les qualités qui distinguent le chevalier de Bertin, et qui lui ont assigné sur le parnasse français un rang dont La Harpe, qu'il cite, avec l'abbé Delille, au nombre de ses amis, ne l'a pas jugé digne sans doute, puisqu'il ne parle de lui dans aucune partie de son *Cours de littérature.* On sait que La Harpe, bon juge des *anciens,* ne mérite pas toujours cet éloge lorsqu'il parle des *modernes.*

BERTIN (N.), commissaire à la suite de l'armée navale, en 1792, annonça le premier la révolution de Gênes, dont la présence d'une escadre française avait hâté l'explosion. Peu de temps après, il fut nommé commissaire de marine à Bordeaux. En 1798, il offrit au gouvernement onze bâtimens, au nom de plusieurs armateurs. Sous le gouvernement impérial, il devint préfet maritime du Havre, puis conseiller-d'état (section de la marine). Nommé, l'année suivante, préfet colonial de la Martinique, il ne put rester que deux ans dans cette colonie, où son pouvoir, trop éloigné de la métropole, était méconnu. Il revint en France, où depuis il a vécu loin des affaires.

BERTIN (RÉNÉ-JOSEPH-HYACINTHE), fils aîné du célèbre anatomiste Exupère-Joseph Bertin, est né le 10 avril 1767, à Gahard, près de Rennes. Reçu docteur en médecine à la faculté de Montpellier, il vint à Paris, où il se livrait plus spécialement à l'étude de l'anatomie comparée, lorsque dénoncé par des comités révolutionnaires, pour avoir donné, après le 10 août 1792, asile à M. Beaugeard, secrétaire des commandemens de la reine, il se retira en Bretagne, et s'y tint momentanément caché. Bientôt il obtint, au concours, le titre de médecin de 1re classe aux armées, où il fut employé depuis 1793 jusqu'en 1797, tant en France qu'en Italie. Il donna une traduction française d'un commentaire en italien, de la doctrine de Brown, par Weickard, sous le titre de *Doctrine médicale simplifiée,* Paris, 1798, 2 vol. in-8°; il ajouta à cet ouvrage un discours préliminaire, contenant la vie de Brown, l'analyse et la critique de sa doctrine. En 1798, le ministre de la marine l'envoya en Angleterre, en qualité d'inspecteur-général du service de santé des prisonniers français; il y passa un an, et publia (Paris, 1805) une traduction des *Élémens de médecine de Brown*. Nommé, en 1800, médecin des hôpitaux civils de Paris, il publia, l'année suivante, le compte qu'il avait rendu au gouvernement de sa mission en Angleterre, sous le titre de *quelques Observations critiques, philosophiques et médicales sur l'Angleterre, les Anglais, et sur les Français détenus dans les prisons de Plymouth*, Paris, 1801, in-8°. En 1807, M. Bertin fit, comme médecin, la campagne de Pologne et de Prusse. Après dix années d'observations dans l'un des hôpitaux dont il est le médecin en chef, il a publié un *Traité de la maladie vénérienne chez les enfans nouveau-nés, les femmes enceintes et les nourrices*, Paris, 1810, in-8°. Cet ouvrage qui manquait à la science, reçut un accueil favorable du monde savant, et a commencé la réputation médicale de son auteur. En 1814, M. Bertin a présenté à l'académie royale des sciences un mémoire important sur les maladies du cœur, fondé sur les observations qu'il a recueillies dans l'autre hôpital confié à ses soins (l'hospice Cochin); les idées nouvelles et les découvertes qui en étaient l'objet, ont été développées dans d'autres mémoires lus à l'académie des sciences, qui en a fait un rapport favorable. M. Bertin a publié dans différens journaux de médecine des *Mémoires* et des *Observations* sur l'anatomie pathologique et médicale, et le même rapport de l'académie des sciences annonce un nouvel ouvrage de ce médecin sur les *Maladies du cœur*, dont les mémoires déjà cités présentent une des bases principales. M. Bertin a été nommé, en 1814, par ordonnance du roi, chevalier de la légion-d'honneur; une nouvelle ordonnance, en date du 20 décembre 1820, l'a placé au nombre des membres titulaires de l'académie royale de médecine, qui sont chargés de désigner les autres membres de cette savante compagnie.

BERTIN (JEAN-FRANÇOIS), né à Paris, en 1770, se destina d'abord à l'état ecclésiastique; mais de prêtre qu'il voulait devenir, il se fit journaliste. Il pouvait bien être l'un et l'autre, sans tirer à conséquence. Tout ce que M. Bertin a écrit, est dans un esprit opposé à celui de la révolution, et cadre merveilleusement avec la politique des séminaires. Après le 9 novembre 1799, il fut l'un des associés du *Journal des Débats*, qui eut une grande prospérité sous le titre de *Journal de l'Empire*. En 1800, se trouvant impliqué dans une conspiration royaliste, M. Bertin passa quelque temps dans la prison du Temple, partit pour l'île d'Elbe, où il était exilé, et fut ensuite relégué à Florence. Après la première restauration, M. Bertin revint en France. Il suivit le roi à Gand, en mars 1815, et de retour à Paris, après les *cent jours*, il reprit sa rédaction au *Journal des Débats*.

BERTIN DE VAUX, l'un des propriétaires du *Journal des Débats*, dont il est aussi, comme son frère, M. J. F. Bertin, l'un des rédacteurs. En 1801, M. Bertin de Vaux forma une maison de banque. En 1805, juge au tribunal de commerce, il en fut le vice-président pendant plusieurs années. En septembre 1815, président le collége électoral du deuxième arrondissement, cette assemblée l'élut candidat à la chambre des députés. Au mois d'octobre suivant, M. Bertin de Vaux devint secrétaire-général du ministère de la police, et, en juillet 1816, secrétaire de la commission du budget. En 1820, de nouveau président du collége électoral du deuxième arrondissement de Paris, il a été nommé député à la chambre de cette année, où il siége au côté droit. Le 16 février 1821, il a prononcé une opinon remarquable contre le projet de loi relatif aux annuités.

BERTIN-DANTILLY, fils naturel de M. Bertin, ministre *des parties casuelles.* Il s'occupa long-temps de littérature, sans beaucoup de succès, et donna au théâtre des *Italiens,* depuis théâtre Feydeau, plusieurs pièces dont les titres mêmes sont oubliés. En 1797, ses spéculations changeant d'objet, Dantilly se fit journaliste, et publia le journal intitulé le *Thé,* où il écrivit contre le directoire avec une violence et une licence qui le firent plus remarquer que son talent. Proscrit au 18 fructidor, il échappa à la déportation et se retira à Hambourg. Nous ignorons ce qu'il est devenu depuis ce temps; nous ignorons même s'il existe.

BERTOLETTI (Antoine), d'abord officier supérieur de la garde royale italienne, et aujourd'hui général-major autrichien. Né à Milan, vers 1776, il fut partisan de la liberté française, et s'arma, avec un grand nombre de ses compatriotes, pour défendre les Français en Italie. Ayant étudié la théorie militaire, il passa rapidement des grades inférieurs à celui de capitaine, fit avec distinction les campagnes de 1797, 1798 et 1799, et mérita l'honneur d'être nommé chef de bataillon sur le champ de bataille même. Il se trouva en Italie, avec l'avant-garde de l'armée française, et se fit encore remarquer dans les campagnes suivantes, par sa bravoure, ses talens et son sang-froid. En 1803, il devint colonel; en 1806, colonel-major de la garde royale; et en 1807, général de brigade. En 1808, employé dans la guerre d'Espagne, il se signala de nouveau, soit en attaquant Valence, soit en défendant Taragone. Au commencement de juin 1812, cette dernière place, dépourvue de tout, était assiégée par lord Murray, à la tête de 28,000 Anglais, soutenus par 12,000 Espagnols. Le général Bertoletti la défendait avec 1,200 braves, tous décidés à mourir plutôt que de se rendre. Le général Mathieu Maurice, instruit de la position fâcheuse où se trouvait cette garnison, entreprit de la délivrer. Bien qu'il n'eût que 7,000 hommes à sa disposition, il partit de Barcelonne, le 17 juin, et vint attaquer les 40,000 assiégeans, avec tant de vigueur, que lord Murray leva le siége avec précipitation, et regagna ses vaisseaux en toute hâte, abandonnant tout le matériel de son armée, 20 pièces de gros calibre, et un nombre immense de projectiles. Le général Bertoletti avait déployé dans cette occasion, comme il l'avait fait dans toutes les autres, autant de courage que de présence d'esprit. Aussi fut-il décoré des divers ordres français et italiens. Enfin, en 1814, cet officier supérieur est entré, comme général-major, au service de l'Autriche.

BERTON (Henri-Montan), musicien-compositeur, est fils d'un compositeur également distingué, qui mourut en 1780, administrateur de l'académie royale de musique. Né à Paris, le 17 septembre 1767, Henri Berton étudia la musique dès l'âge de 6 ans, et atteignait à peine sa 13me année, quand il fut admis à l'orchestre de l'opéra en qualité de violon. Ne voulant pas s'en tenir à l'exécution, il prit un maître de composition, pour se livrer à ce genre d'étude; mais le professeur lui déclara qu'il n'y réussirait point. Le jeune Berton loin d'être rebuté par ce pronostic défavorable, n'en devint que plus ardent à consulter les ouvrages des grands maîtres, tels que Gluck, Piccini, et Sacchini, dont il est particulièrement l'élève; et il parvint, dit-on, à découvrir les secrets de l'art, en étudiant la belle partition de la *Frascatana*, opéra de Paësiello. Jaloux de soutenir la gloire d'un nom déjà illustré, et de le rendre plus célèbre encore, il sollicita Moline de lui confier pour le mettre en musique le poème de la *Dame invisible*, opéra-comique. Sacchini, à qui cette partition fut présentée, y remarqua tant de talent, qu'il donna au jeune compositeur les plus grands encouragemens, et l'engagea même à venir travailler chez lui, tous les jours. Il l'appelait son fils, et ne cessa de le guider dans ses études jusqu'à sa mort, arrivée en 1786. A la même époque, c'est-à-dire, à l'âge de 19 ans, M. Berton donna au concert spirituel plusieurs *Oratorio* de sa composition, qui obtinrent un brillant succès. La même année, 1786, il fit jouer son opéra du *Premier navigateur*. En 1787, les *Promesses de mariage*; *la Dame invisible*, sous le titre de l'*Amant à l'épreuve*; en 1789, *Cora*, en 3 actes; les *Brouilleries*; en 1790, les *Deux Sentinelles*; les *Rigueurs du Cloître*, petite pièce révolutionnaire, en 2 actes, par M. Fiévée (*voyez* Fiévée): en 1791, le *Nouveau d'Assas*; les *Deux Sous-lieutenans*; en 1792, *Eugène*; *Viala*; en 1793, *Tyrthée*; en 1797, *Ponce de Léon*, en trois actes, paroles et musique du même auteur: cet ouvrage prouve que M. Berton était moins bon poète que bon musicien. En 1798, le *Souper de famille*; le *Dénoûment inattendu*; *Montano et Stéphanie* (c'est le chef-d'œuvre de M. Berton); l'*Amour bizarre*; le *Délire*; le *Grand Deuil*; le *Concert interrompu*; *Aline, reine de Golconde*; *la Romance*; *Délia et Verdican*; en 1805, le *Vaisseau amiral*; en 1806, les *Maris garçons*, en 1809, le *Chevalier de Senanges*; *Ninon chez Mme de Sévigné*, en 1807, *Françoise de Foix*. M. Berton a fait, depuis cette époque, plusieurs ouvrages, entre autres, *Corisandre*, opéra-comique, joué en 1820. On lui doit encore quelques cantates,

Le Gal Bertrand.

Desève Sculp.

savoir: 1° *Thrasybule*, exécutée au théâtre olympique, dans la fête donnée par les généraux à l'empereur, lors de son sacre. 2° *Thésée*, exécutée à Bruxelles, au passage de Napoléon. 3° Le *Chant du retour*, après la campagne de 1806. 4° L'*Oriflamme*, tableau de circonstance en l'honneur de Napoléon, représenté en février 1814, et qui avait pour objet d'exciter une levée en masse, contre l'invasion étrangère. M. Berton y a travaillé en société avec MM. Méhul et Kreutzer. 5° Une foule d'autres morceaux composés par M. Dupaty. M. Berton a donné aussi un recueil de seize *canons*, et un grand nombre de jolies *romances*. Enfin, il est auteur de trois ouvrages sur son art; ils ont pour titre : 1° *Arbre généalogique des accords;* 2° *Méthode d'harmonie;* 3° *Dictionnaire des accords*. L'arbre généalogique a servi de base aux deux autres ouvrages. Dès la formation du conservatoire de musique, M. Berton y était entré comme professeur d'harmonie. De 1807 à 1809, il fut directeur de l'Opéra-Buffa, et devint ensuite chef du chant à l'académie de musique ; et au mois de juin 1816, il fut chargé d'examiner la composition musicale des opéras destinés à ce dernier théâtre. Il y a peu de compositeurs, même en Italie, qui aient obtenu plus de succès variés et aussi mérités que M. Berton. Ses deux fils ont suivi également la carrière des beaux-arts. L'un marche sur les traces de son père, et compose pour le théâtre; l'autre, dont la mort a brisé le pinceau, eût donné au nom de Berton une illustration nouvelle.

BERTRAND (Henri-Gratien, comte). Ce nom est un de ceux que l'époque actuelle recommande avec le plus de confiance à la postérité. Né en Touraine, d'une famille honorable, il s'éleva de grade en grade, et par la seule impulsion de ses talens et de ses services, aux premiers honneurs militaires. Henri Bertrand avait étudié pour entrer dans les ponts et chaussées; il servait dans la garde nationale au 10 août, et se jeta volontairement dans un bataillon qui se portait aux Tuileries pour y défendre les droits de la royauté constitutionnelle. Il est à remarquer que ce même jeune homme qui se distingua dans cette journée par son courage et son dévouement, qui faillit être tué pour la défense de Louis XVI, fut proscrit et condamné à mort, vingt-cinq ans après, pour avoir donné des preuves d'un dévouement et d'une fidélité semblables au nouveau monarque que la France s'était donné, et dont la fortune venait de renverser le trône. De 1795 à 1796, Bertrand fit, en qualité de sous-lieutenant, la guerre dans les Pyrénées. En 1797, il fit partie de l'ambassade envoyée à Constantinople. Employé dans l'expédition d'Égypte, il y fortifia plusieurs places, et ce fut là qu'il se fit, pour la première fois, remarquer de celui à la gloire et au malheur duquel il a dévoué le reste de sa vie. A peine âgé de 26 ans, il reçut à la fois, en Égypte, où il était resté après le départ de Bonaparte, les brevets de lieutenant-colonel, de colonel et de général de brigade, qui lui furent envoyés par le même vaisseau. Il se couvrit de gloire à la mémorable bataille d'Austerlitz, où le petit corps qu'il commandait s'empara de 19 pièces de canon, et fit un grand nombre de prisonniers. Ce fut après cette campagne que Napoléon l'admit au nombre de ses aides-de-camp. En 1807, il força Spandau à capituler, se distingua de la manière la plus brillante à Friedland, et reçut des éloges de l'empereur, qui n'en était pas prodigue. Ce fut le général Bertrand qui fit construire ces ponts hardis sur lesquels l'armée française passa le Danube pour se porter sur Wagram. La valeur et l'habileté qu'il déploya dans cette campagne, dans celles de Russie et de Saxe, le portèrent à un si haut degré dans l'estime de Napoléon, qu'il le nomma grand-maréchal de son palais, après la mort du général Duroc. A Lutzen, Weissig et Bautzen, le général Bertrand soutint la grande réputation qu'il s'était faite ; il combattit en diverses circonstances, et presque partout avec avantage, Bernadotte et Blucher, et se trouva à la fameuse bataille de Leipsick, où il protégea la retraite de l'armée, en s'emparant de Meissenfeld, et du pont sur la Sâalh ; il couvrit également la retraite, à la suite du combat d'Hanau ; et après le départ de l'empereur Napoléon, il commanda les glorieux débris de l'armée française, trahie par ses alliés sur le champ de bataille : enfin l'infatigable Bertrand se trouva partout où il y avait des périls insurmontables à braver. De retour à Paris, en 1814, il fut nommé aide-major général de la garde nationale. Après avoir partagé les faits d'armes de cette campagne en France, dont les revers égalent peut-être la gloire des plus brillans succès, le général Bertrand accompagna Napoléon à l'île d'Elbe, reparut en France avec lui, subit auprès de son chef l'arrêt de la fortune à Waterloo, et toujours plus dévoué, plus fidèle à mesure que le sort se montrait plus contraire, il le suivit sur le roc brûlant de Sainte-Hélène, où des vainqueurs d'un jour ont confiné l'homme qui les avait vaincus pendant vingt ans, et dont ils avaient adoré la puissance. Un conseil de guerre convoqué à Paris, le 7 mai 1816, a condamné à mort par contumace le général Bertrand : nous laissons à la postérité le soin de confirmer ou de casser un pareil jugement ; les contemporains, sous l'influence des intérêts, des passions et des événemens qui l'ont dicté, doivent se borner au plus simple récit des faits.

BERTRAND (Edme-Victor), maréchal-de-camp, officier de la légion-d'honneur, naquit le 21 juillet 1769, à Gérodof, département de l'Aube. Nommé capitaine au 3me bataillon de l'Aube, le 19 août 1792, il fit les campagnes de 1792 et 1793, aux armées du Nord et de l'intérieur, comme capitaine dans le 1er bataillon de la 58me demi-brigade d'infanterie de ligne. Admis dans la 74me, il y servit en qualité de chef de bataillon, à la défense de la ville du Cap, à Saint-Domingue, où il se distingua particulièrement, et où il fut blessé d'une balle qui le traversa de part en part. A son retour en France, il fut employé, comme chef de bataillon, au 19ᵐᵉ de ligne. Blessé encore le 15 pluviôse an 11, au siége de Dantzick, où il se signala par des faits d'armes brillans, il reçut la décoration de la légion-d'honneur, le 19 mai 1807. Ses blessures et ses nouveaux services furent récompensés par le grade de major du même régiment, le 24 mai 1809; à Lintz et vers la même époque, il obtint une dotation de 2,000 francs en Westphalie. Le 14 janvier 1813, il fut nommé colonel du 139ᵐᵉ de ligne, qu'il commandait aux batailles de Lutzen et Bautzen; ce régiment, composé des gardes nationales du Cher, eut beaucoup à souffrir dans ces deux affaires. A Lutzen, trois porte-aigles ayant été successivement tués, le colonel s'empara de l'aigle; et, quoique blessé de quatre coups de feu, il se tint pendant toute la journée à la tête de son corps, qui eut l'honneur de contribuer puissamment à la victoire, en enlevant jusqu'à trois fois, à la baïonnette, un position difficile, défendue avec opiniâtreté par des forces supérieures et une artillerie formidable. Une conduite si glorieuse ne resta point sans récompense. Le colonel Bertrand reçut sur le champ de bataille les éloges des maréchaux qui entouraient l'empereur, et qui lui dirent, en l'embrassant: « Colonel, vous » avez sauvé l'armée. » A la suite de cette bataille, si glorieuse pour l'infanterie française, le colonel Bertrand, reçut le 16 août 1813, la croix d'officier de la légion-d'honneur, et eut en même temps la satisfaction, non moins douce, d'obtenir des grâces nombreuses pour son régiment. Le 30 du même mois, élevé au grade de général de brigade, il commandait, à la bataille de Leipsick, une brigade de la 32ᵐᵉ division. C'est là que le général fut frappé d'un coup de feu. Sa blessure, qui d'abord ne fut pas jugée mortelle, s'aggrava par les fatigues d'une retraite précipitée. Le courage du général, qui se soutenait dans les souffrances, lui donna la force de revoir sa patrie. A peine de retour au sein de sa famille, il mourut à Vermandovillers, le 15 janvier 1814.

BERTRAND (Antoine-Marie), maire de Lyon, était un commerçant de cette ville, distingué par sa probité, par sa bienfaisance et par toutes les autres qualités sociales. Dès le commencement de la révolution, il se montra partisan zélé de la liberté, et fut porté aux fonctions de maire par le vœu de ses concitoyens, à la fin de 1792. Quelques sections de la ville s'étant mises en rébellion dans les premiers jours de février 1793, contre les députés que la convention nationale y avait envoyés en mission, Bertrand se réunit à ces commissaires pour faire respecter leur autorité, et, le 29 mai suivant, il y eut un combat dans les rues entre les sections armées et les troupes qui formaient la garnison. Quelque temps après, il se rendit à Paris, où il fréquenta les sociétés populaires. Plus tard, impliqué dans la conspiration de Babeuf, il fut renvoyé d'accusation. Mais, attiré dans un des pièges tendus aux amis ardens de la liberté, il fut arrêté au camp de Grenelle, et renvoyé, avec ses co-accusés, devant une commisison militaire, qui le condamna à mort, le 18 vendémiaire an 5 (9 octobre 1796).

BERTRAND (Antoine), avocat à Saint-Flour, et procureur du roi près le bailliage de cette ville, fut nommé, en 1789, député à l'assemblée constituante, puis successivement député-suppléant à la convention, membre de cette assemblée après le supplice de Carrier, membre du conseil des anciens, etc., etc. Sous-préfet de Saint-Flour après le 18 brumaire, il conserva cette place jusqu'à l'époque des destitutions, en 1815.

BERTRAND (Isaac), fut nommé, au mois de septembre 1795, au conseil des cinq-cents. Il devint membre du comité des finances de cette assemblée, où il appuya toutes les propositions faites au nom du directoire sur cette importante matière. Le 14 août 1798, il fit un rapport dans lequel un impôt sur le sel était demandé, ce qui donna lieu à une discussion assez vive : l'impôt fut rejeté. M. Bertrand sortit à la fin de la session, et ne reparut plus depuis dans nos assemblées législatives.

BERTRAND (Dominique), auteur de plusieurs ouvrages sur l'économie politique et le commerce, était, avant la révolution, directeur de l'agence d'Afrique. Depuis cette époque, il fut membre de diverses commissions temporaires qui remplacèrent le ministère de l'intérieur, et dans toutes attaché à la section de l'administration du commerce. Il fut même nommé secrétaire de l'administration du commerce lors de sa création, et il remplit ces fonctions jusqu'en 1816, époque de sa retraite. Le 24 août 1815, le roi l'avait nommé conseiller-d'état honoraire.

BERTRAND DE MONTFORT, fut, en 1789, nommé par le tiers-état de la province du Dauphiné, député aux états-généraux. Il se prononça, dans cette assemblée, contre tous les décrets qui assuraient la régénération politique de la France, et il vota constamment avec la minorité, dont il signa les protestations, pressentant sans doute qu'un jour il appartiendrait lui-même à la classe des privilégiés. Après le retour du roi, en 1814, M. Bertrand de Montfort, dont la carrière politique avait été aussi bornée que peu remarquable, obtint des lettres de noblesse.

BERTRAND (l'abbé), ami de Buffon, de Daubenton, et des plus célèbres naturalistes de son temps, professeur de physique et d'astronomie à Dijon, membre de l'académie de cette ville, est connu par des dissertations et des mémoires sur les sciences qu'il professait. Un sentiment généreux lui fit désirer d'être du nombre des personnes que le gouvernement envoyait à la recherche de La Peyrouse ; il monta l'une des frégates de l'expédition, et mourut bientôt du scorbut, sans avoir pu rendre son voyage utile à la science.

BERTRAND DE GESLIN (N.), ancien maire de Nantes, baron, chevalier de la légion-d'honneur, est fils d'un négociant estimable.

Il embrassa le parti des armes, se distingua dans les premières campagnes de la révolution, et fut nommé chef de bataillon. Depuis, s'étant fixé à Nantes, il devint maire de cette ville sous le gouvernement impérial. Président du collége électoral du département de la Loire-Inférieure, en 1809, il fut chargé de se rendre à Paris, pour complimenter l'empereur, à l'occasion de la paix de Vienne: mission qu'il remplit au gré de ses commettans. Ce fut peu de temps après qu'il reçut le titre de baron et la décoration de la légion-d'honneur. Après la retraite de Moscow, au mois de janvier 1813, il offrit, au nom des Nantais, cinquante cavaliers armés et équipés. En 1814, le gouvernement royal le destitua de ses fonctions de maire, qu'il reprit pendant les *cent jours*, en même temps qu'il fut député à la chambre des représentans. Dès le mois de juillet 1815, la seconde restauration le rendit de nouveau à la vie privée, dans laquelle il jouit de toute l'estime de ses concitoyens.

BERTRAND DE LA HOSDINIÈRE (Charles-Ambroise), ou Bertrand du Calvados, et dont on a fait deux personnes différentes dans plusieurs biographies, était procureur du roi à Falaise, avant la révolution; il fut nommé, en septembre 1792, député à la convention nationale, par le département de l'Orne. Dans le procès du roi, Bertrand de la Hosdinière vota la mort, et par une singularité remarquable, accusa Garat, alors ministre de la justice, d'avoir soustrait du procès les pièces qui se trouvaient trop favorables à ce prince. Ce fut à sa demande qu'on arrêta Achille Viard, soupçonné d'être un agent de l'Angleterre. Bertrand de la Hosdinière fit décréter le partage des biens communaux, fut membre de la fameuse commission des douze, qui précéda les événemens du 31 mai 1793, et donna sa démission avant cette journée. Il fut cependant arrêté sur la proposition de Bourdon de l'Oise, le 2 juin de la même année; mais il obtint sa liberté quelques jours après, Saint Just ayant pris sa défense; après la session, il devint commissaire du directoire-exécutif, dans son département. En l'an 6, nommé au conseil des cinq-cents, par le département du Calvados, il hésita quelque temps entre les deux partis qui divisaient le conseil, et finit par se déclarer en faveur de celui qui se prononçait déjà contre le directoire. Le 23 juillet 1798, on créa, sur sa proposition, une commission chargée de pourvoir aux moyens de découvrir les émigrés qui se cachaient sous des noms supposés. Il dénonça les rédacteurs de feuilles périodiques, et en général tous les écrivains qui calomniaient les institutions républicaines; il fut l'un des plus ardens défenseurs de la liberté de la presse, et il préluda de cette manière à la chute de Merlin, Treilhard, et Laréveillère-Lépeaux. Bientôt il les attaqua sans aucun ménagement, leur reprochant leurs concussions et la conduite que tenaient près des puissances étrangères les agens qu'ils avaient envoyés, tels que Rapinat, Rivaud, Trouvé et Faypoult; il terminait en invitant, au nom de la patrie, le *triumvirat directorial*, à quitter un poste que l'opinion générale ne le trouvait plus digne d'occuper. Après la journée du 30 prairial, on demanda que les ex-directeurs fussent mis en jugement, et qu'on rétablît pour eux cette loi des Athéniens appelée ostracisme. Il fit sentir l'inconstitutionnalité de cette mesure, et se prononça fortement contre ceux qui l'avaient proposée. Il défendit l'élection de l'abbé Sieyes, au directoire, attaquée par une partie de l'assemblée, et parla avec tant de véhémence contre les jacobins, qui, disait-il, cherchaient à tirer le plus grand avantage des événemens du 30 prairial, qu'il perdit toute sa popularité. Cependant, il appuya fortement la proposition faite par Jourdan de déclarer la patrie en danger. A Saint-Cloud, il essaya de s'opposer à la révolution du 18 brumaire, en proposant que l'on ôtât le commandement des grenadiers du corps-législatif au général Bonaparte : résistance inutile! Le général triompha par la seule force des choses, et le législateur fut du nombre des membres qu'un décret rendu le lendemain excluait du conseil. D'après la loi du 12 janvier 1816, qui exile de France les *conventionnels votans*, Bertrand du Calvados se retira dans le royaume des Pays-Bas, où il mourut, vers 1819.

BERTRAND DE MOLLEVILLE (ANTOINE-FRANÇOIS), né à Toulouse, en 1744. Le marquis de Molleville est un des descendans de Jean Bertrand, ou Bertrandi, qui, dans le 16me siècle, fut cardinal et chancelier. Sous le ministère du chancelier Maupeou, le jeune Bertrand de Molleville devint maître des requêtes et intendant de la province de Bretagne. En 1775, il défendit la mémoire du chancelier Bertrand, que Condorcet avait attaquée dans son *Éloge du chancelier de l'Hospital;* mais il ne publia cette apologie qu'après l'avoir communiquée à Condorcet lui-même. Bientôt les parlemens opposèrent au ministère une résistance qui finit par leur exil. En qualité de commissaire du roi, et de concert avec M. le comte de Thiars, M. Bertrand de Molleville fut chargé de la mission difficile de dissoudre le parlement de Rennes : la jeunesse de cette ville s'arma en faveur de ses magistrats, et les commissaires du roi durent s'estimer heureux de n'y pas perdre la vie. Opposé aux principes nouveaux, dès le commencement de la révolution, M. Bertrand de Molleville fut nommé, le 4 octobre 1791, ministre de la marine, en remplacement du contre-amiral Thévenard. A la fin du même mois, le nouveau ministre fit un rapport sur l'état et l'organisation de la marine, et sur la manière d'établir le service dans les ports et arsenaux. M. Bertrand de Molleville paraissait attaché à Louis XVI; mais il restait imbu de cette fausse maxime, que la liberté des peuples est nécessairement orageuse. Comme tant d'autres, il croyait inhérens à cette liberté même, les excès qui résultent presque toujours des entraves qu'on multiplie contre elle avec une funeste persévérance. Se refusant dès lors aux concessions demandées par ceux qui connaissaient mieux leur siècle, il compromit la cause royale, et il fut lui-même victime de cette opiniâtreté. Le comité de marine se déclare, et les dénonciations se multiplient contre le ministre. Les députés du Finistère, et particulièrement Cavelier, l'accusent, le 7 décembre, d'avoir trompé le corps-législatif dans les états de revue des officiers de la marine de Brest, et d'avoir employé des *aristocrates* pour l'expédition de Saint-Domingue. Le 13, M. Bertrand de Molleville se justifie, dans un Mémoire dont l'assemblée ordonne l'impression. Ordinairement mal accueilli, le 19 du même mois il fut entendu avec moins de défaveur, lorsqu'il attribua les malheurs de Saint-Domingue aux amis des noirs, et qu'il parla avec modération des moyens qui, selon lui, pouvaient arrêter ces maux. Mais la séance du 13 janvier suivant lui fut très-contraire. Il avait été de nouveau dénoncé par le député Cavelier, ainsi que par l'employé d'une maison de commerce dans l'Inde; et, ce jour-là, le comité de marine ayant présenté un rapport sur son Mémoire relatif aux officiers en congé, on vit se réunir contre ce ministre, après une discussion très-orageuse, les membres du côté gauche, et ceux même du côté droit qui, voulant un roi constitutionnel, craignaient les suites du penchant qu'avaient les ministres pour l'ancienne manière de gouverner. Le ministère crut devoir assister en corps à la séance du 19, où M. Bertrand de Molleville fut accusé de nouveau. C'est le député Charles Duval qui, cette fois, porta la parole contre le ministre de la marine. Réduit à satisfaire l'assemblée sur quelques points, il annonça la destitution du marquis de Vaudreuil, officier-général, qu'on regardait comme un des ennemis les plus décidés de la révolution. L'affaire fut ajournée; mais le 1er février, un rapport du comité de marine en ramena la discussion. On y reprochait au ministre de s'opposer secrètement à l'émancipation des noirs. En effet, la perte de Saint-Domingue devint le fruit de ces menées sourdes, de ces mesures contradictoires que provoquaient, par une égale imprudence, ceux qui voulaient y abolir subitement la servitude, et ceux qui prétendaient l'y prolonger indéfiniment. Les avis furent très-partagés au sujet de M. Bertrand de Molleville. L'assemblée déclara qu'il n'y avait point lieu à accusation; cependant, le lendemain, elle chargea Hérault de Séchelles de présenter sur la conduite du ministre un rapport que l'on mit aussitôt sous les yeux du roi, et auquel S. M. répondit *qu'elle conservait sa confiance à son ministre, malgré les dénonciations élevées contre lui.* Mais c'était, chez ce monarque, un malheur de plus de montrer quelquefois une fermeté qu'il ne pouvait conserver. Ceux qui l'entouraient lui faisaient entreprendre continuellement ce qu'ils ne devaient pas achever eux-mêmes. On sentit, mais trop tard, que

M. Bertrand de Molleville ne pouvait plus rester au ministère, et ses collègues l'engagèrent enfin à donner sa démission. Le roi lui confia aussitôt la direction d'une police secrète, destinée tant à surveiller les démarches des partisans de la révolution, qu'à procurer à la cour un peu plus d'influence sur la garde nationale, et parmi les principaux habitans de Paris. Deux mois après, M. Bertrand de Molleville fut dénoncé aux jacobins comme un des principaux membres du comité autrichien. Il adressa dans cette occasion, au tribunal de police correctionnelle, une plainte à laquelle le funeste sort de Larivière empêcha de donner quelque suite. Ce juge de paix avait admis la plainte; mais on lui reprochait à lui-même des poursuites illégales contre plusieurs députés, et un décret d'accusation fut lancé contre lui. M. Bertrand de Molleville continuait à faire tout ce qui dépendait de lui, soit en faveur du monarque qu'il compromettait en croyant le servir, soit pour arrêter le cours d'une révolution dont il était loin de se former une juste idée. Il crut devoir présenter au roi un plan conçu par Buot, juge de paix, que ce prince lui avait adjoint comme agent principal. Il s'agissait d'affaiblir l'ascendant que les tribunes de l'assemblée conservaient pendant les délibérations. Ce projet mesquin n'eut d'autre résultat que la mort de son auteur. Après avoir concerté, pour l'évasion du roi, une nouvelle tentative, dont le succès eût été douteux, indépendamment même de toute indiscrétion, M. Bertrand de Molleville eut le bonheur d'échapper lui-même : il avait été décrété d'accusation le 15 août, d'après un rapport de Cohier. Il surmonta beaucoup d'obstacles, et se rendit en Angleterre, où il s'occupa de travaux littéraires, jusqu'à sa rentrée en France après les événemens de 1814. Son *Histoire de la révolution de France* (10 vol. in-8°, Paris, 1801 et 1803) renferme le détail de ce qui se passa sous ses yeux jusqu'à la mort du roi. Il l'avait publiée à Londres, en 1802, sous le titre d'*Annales de la révolution française* (9 vol. in-8°). Cet ouvrage est écrit avec quelque talent; mais le dévouement le plus louable d'ailleurs, ne justifie pas tant de préventions contre les avantages mêmes que la révolution a produits. On reproche à l'auteur une foule d'inexactitudes dans le récit des faits, et même des calomnies que rien ne peut justifier. On a aussi de lui : *Costumes des états héréditaires de la maison d'Autriche*, consistant en 50 gravures coloriées, dont les descriptions ainsi que l'introduction ont été rédigées par M. B. de M., in-f°, anglais-français, traduction anglaise de M. Dallas, Londres, 1804. L'*Histoire d'Angleterre, depuis l'invasion des Romains jusqu'à la paix de 1763, avec des Tables généalogiques et politiques* (Paris, 1815, 6 vol. in-8°), est estimée pour son exactitude; elle avait d'abord paru en anglais, à Londres, en 5 vol. in-8°. Enfin, en 1816, M. de Molleville a publié des *Mémoires particuliers pour servir à l'histoire de la fin du règne de Louis XVI,* Paris, 2 vol. in-8°; et dont une traduction anglaise avait été imprimée à Londres, en 1797. Cet ouvrage, dicté par la passion, ne mérite aucune confiance.

BERTUCH (Frédéric-Justin), né à Weymar, en 1746. Infatigable compilateur, la liste des ouvrages qu'il a publiés est si longue, et tant d'auteurs vivans ou morts y retrouveraient leurs richesses littéraires, que nous nous contenterons de citer les principales. *Copies pour mes amis* (Altenbourg, 1770, in-8°); *Pandora, ou Calendrier du luxe et des modes* (Leipsick, in-12, 1787 et années suivantes); *Polyxène*, monodrame lyrique (Weymar, 1793); *Tables d'histoire naturelle* (1806), in-4°, etc., etc. Il a coopéré à une foule d'entreprises littéraires, telles que la *Bibliothèque des Francs-Maçons* ; les *Archives pour l'éthnographie et la linguistique;* le *Comptoir d'industrie,* de Weymar; la *Gazette littéraire universelle ;* les *Éphémérides géographiques*, etc., etc. Nous ne faisons pas entrer dans cette nomenclature ses nombreuses traductions du français, de l'anglais, du portugais et de l'espagnol. Destiné à la carrière ecclésiastique, il suivit bientôt une autre route, devint secrétaire du cabinet près du duc de Weymar et conseiller de légation, en 1785. Il se retira des affaires, en 1796; et c'est à ses loisirs, depuis cette époque, qu'est due cette collection d'ouvrages qui a mieux servi sa fortune que sa réputation.

BERVIC (Charles-Clément-Balvay), graveur, naquit à Paris, en 1756, et étudia son art sous la direction de Georges Wille. S'étant fait, dès son début dans la carrière des beaux-arts, un nom célèbre, il fut admis, en 1784, au nombre des membres de l'académie royale de peinture; et peu de temps après, Louis XVI lui accorda un logement au Louvre. L'œuvre de cet artiste est fort recherché, mais il se borne aux sujets suivans : le *Repos* et la *Demande acceptée,* deux estampes d'après Lépicié; le *Portrait de Linné,* d'après Roslin; un *Portrait de M. de Vergennes,* dessiné par Bervic lui-même, d'après nature, et celui de *M. Senac de Meilhan,* d'après Duplessis; le *grand Portrait en pied de Louis XVI,* d'après le tableau de M. Callet : (estampe remarquable et fort recherchée, et assez rare, la planche ayant été cassée à l'époque de 1793); *l'Innocence,* d'après M. Mérimée; une petite gravure du *saint Jean,* de Raphaël, pour la galerie de Florence; *l'Éducation d'Achille,* d'après M. Regnault; *l'Enlèvement de Déjanire,* d'après le Guide (sujet qui fait pendant à cette dernière estampe), et le *Groupe de Laocoon,* pour la collection du muséum de Laurent et Robillard : tels sont les principaux ouvrages de cet artiste, qui se porte fort bien aujourd'hui, quoique plusieurs biographes l'aient tué depuis long-temps. Un burin ferme et brillant, un dessin pur et correct, le mérite peu commun de reproduire les beautés du tableau original, sont le caractère tout particulier du talent de M. Bervic, et l'on doit bien regretter que la faiblesse de sa vue nous ait privés d'un plus grand nombre de ses productions, qui aurait enrichi les cabinets des amateurs. Nommé membre de l'institut, à l'époque de la création de la section de gravure, M. Bervic n'oublia point que c'est toujours par les encouragemens qu'on stimule le génie; et les jeunes artistes doivent à ses vives sollicitations le rétablissement du grand prix pour cette partie des arts, dont la distribution avait été interrompue pendant près d'un siècle. Ce célèbre graveur, déjà décoré de l'ordre de la Réunion, vient d'obtenir celui de la légion-d'honneur.

BESLAY (CHARLES-LELEU-BERNARD), membre du corps-législatif pour le département des Côtes-du-Nord. Il adhéra en 1814 à la déchéance de l'empereur; parla dans la discussion sur le budget, et dans plusieurs autres circonstances; fit partie, en 1815, de la chambre des représentans, et de la commission choisie dans son sein pour faire un rapport sur les subsistances et transports militaires, à fournir par réquisition. M. Beslay, réélu après la rentrée du roi, vota avec la minorité de la chambre. Négociant, il parla dans les diverses sessions sur des objets relatifs au commerce, le budget, les douanes, etc. Dans celle de 1818 à 1819, il s'éleva, lui dix-huitième, contre l'ordre du jour que proposait la commission, sur les pétitions en faveur du rappel des bannis. Dans celle de 1819 à 1820, il vota contre les lois d'exception, et était du nombre des quatre-vingt-quinze députés qui s'opposèrent inutilement à l'adoption de la nouvelle loi des élections. Dans la séance du 20 mars 1820, il fit, sur les subsistances, un rapport qui mérita l'approbation de tous les députés constitutionnels.

BESSIÈRES (JEAN-BAPTISTE), duc d'Istrie, maréchal d'empire, colonel-général de la cavalerie de la garde impériale, président à vie du collége électoral de la Haute-Garonne, grand-aigle de la légion-d'honneur, commandeur de la Couronne-de-Fer, grand'croix des ordres du Christ de Portugal, de Saint-Henri de Saxe, de l'Aigle d'or de Wurtemberg, de Saint-Léopold d'Autriche, etc., né à Preissac (département du Lot), le 6 août 1768, et tué d'un boulet de canon, le 1er mai 1813, la veille de la bataille de Lutzen. Le maréchal Bessières entra, en décembre 1791, dans la garde constitutionnelle de Louis XVI. Au 10 août, il fut assez heureux pour pouvoir sauver, au péril de sa vie, plusieurs personnes de la maison de la reine. Au mois de novembre 1792, il passa, en qualité d'adjudant-sous-officier, dans les chasseurs à cheval de la légion des Pyrénées, et devint successivement capitaine dans le 22me régiment de chasseurs à cheval. Il se fit remarquer à l'armée d'Espagne, dans les affaires de Bascara, Besalu, Lafluvia, et dans les combats qui se livrèrent au milieu des plaines de Figuières. Son courage éclata bientôt dans la valeureuse armée d'Italie. A la tête de 6 chasseurs du 22me, Bessières enleva 2 canons aux Autrichiens au combat de Roveredo. Dans une autre af-

Le M.ᵃˡ Bessières

Alp. Roilly Sculp.

faire, s'étant précipité sur une batterie ennemie, son cheval est tué. Il s'élance alors sur une pièce; les canonniers ennemis le sabrent : deux de ses chasseurs volent vers lui, et, avec leur secours, il prend et emmène la pièce de canon. Ces actions d'éclat fixèrent l'attention du général Bonaparte, qui lui donna le commandement de ses guides. Ce corps, qui fut le premier noyau de la garde impériale, commençait alors cette haute renommée de bravoure à laquelle il est parvenu, toujours sous les ordres de son digne chef. Colonel des guides pendant l'expédition d'Égypte, Bessières se signala devant Saint-Jean-d'Acre et à la bataille d'Aboukir. A Marengo, le général Bessières, *jaloux de donner à la troupe d'élite qu'il commande, l'honneur de la dernière charge, s'élance sur l'ennemi, le fait plier, et détermine sa retraite générale en portant le trouble et l'effroi dans ses rangs.* (Rapport du maréchal Berthier.) Le général Bessières fut compris dans la promotion des maréchaux de l'empire, du 19 mai 1804, et élevé à la dignité de duc d'Istrie, en mars 1808. Il fut envoyé, cette même année, en qualité d'ambassadeur et ministre plénipotentiaire, près la cour de Wurtemberg, à l'occasion du mariage du prince Jérôme. Constamment attaché à la garde impériale, chargé toujours de son commandement, le maréchal y joignit celui d'un corps de cavalerie de l'armée. Pendant la campagne de 1805, en avant de Brum, sur la route d'Olmutz, à la tête de la cavalerie de la garde et de la division des cuirassiers d'Hautpoul, il culbuta et mit en déroute 6,000 cavaliers russes, qui formaient l'arrière-garde de Kutuzow, enfonça la garde noble russe, et perça le centre de l'armée ennemie, qui perdit dans cette charge 27 pièces de canon. Pendant la campagne de Russie, le maréchal, commandant le 2me corps de réserve de cavalerie, composé de 5 divisions, servit de la manière la plus brillante aux fameuses batailles de Iéna, Heilsberg et Friedland. A Biezem, en avant de Thorn, il enleva aux Prussiens 5 pièces de canon, 2 étendards et fit 800 prisonniers. A la bataille d'Eylau, la cavalerie de la garde, commandée par le maréchal, jointe aux divisions Milhaud, Klein, Grouchy et d'Hautpoul, avait exécuté, sur l'aile droite de l'armée russe, une charge terrible, qui culbuta 20,000 hommes d'infanterie, et leur fit perdre leur artillerie. Le maréchal eut un cheval tué au milieu de cette charge. En 1808, le maréchal Bessières reçut le commandement de l'une des armées qui entrèrent en Espagne, et qui prit le nom de 2me corps. Il établit d'abord son quartier-général à Burgos. Bientôt, par son activité, ses bonnes dispositions, et surtout par une administration douce et paternelle, il eut calmé ou dissipé les insurrections qui éclataient dans ces provinces. Cependant Cuesta, qui était parvenu à organiser une armée espagnole, forte de 40,000 hommes, marchait pour couper la communication de Madrid avec la France. Quoique le maréchal n'eût pas plus de 13 à 14.000 hommes, il se porta au-devant de

Cuesta, attaqua son armée rangée en bataille sur les hauteurs de Medina-de-rio-Secco, et défendue par 40 pièces en batterie. Les Espagnols furent mis dans une déroute complète, et laissèrent sur le champ de bataille 900 hommes tués, 6,000 prisonniers, leur artillerie, les munitions, etc.; le coup d'œil et les dispositions du maréchal assurèrent le succès de cette victoire, qui fut assez vivement disputée : mais la gloire qu'il venait d'acquérir fut complète par les ordres qu'il donna pour sauver des horreurs du pillage une ville qui venait d'être enlevée de vive force. Il poursuivit l'ennemi sur Benavente, Léon, etc., où il prit une quantité considérable de fusils anglais, de munitions, etc. On assure qu'à la nouvelle de cette victoire, l'empereur dit : *C'est une seconde bataille de Villaviciosa; Bessières a mis mon frère Joseph sur le trône d'Espagne.* Le maréchal fit avec une très-grande activité la fin de cette campagne (de 1808); et, à la tête de la cavalerie, il exécuta des charges très-brillantes, à la bataille de Burgos et au combat de Sommosierra. La nature de son service forçait le duc d'Istrie à se transporter successivement sur chacun des théâtres de guerre où se dirigeait Napoléon : et par cela il fut souvent privé des commandemens d'armées agissant isolément, auxquels il avait acquis de si justes droits. Il fit la campagne d'Allemagne, en 1809, comme commandant la cavalerie de la garde, avec une réserve des troupes de la même arme. Après avoir culbuté un gros corps de cavalerie vers Landshut, il contribua puissamment aux avantages obtenus devant cette ville. L'empereur le chargea de suivre les 5me et 6me corps autrichiens dans leur retraite sur l'Inn, avec deux divisions d'infanterie et la brigade Marulaz. Le général Hiller était supérieur en forces : le maréchal, par des dispositions habiles et une attitude vigoureuse, contint le général ennemi, lui disputa le terrain, et le frustra des avantages que sa position et sa supériorité pouvaient lui faire espérer. Le maréchal Bessières contribua également aux succès obtenus par le corps du maréchal Masséna à Ébersberg. A la bataille d'Esling, l'archiduc Charles menaçait le centre de l'armée française, à peu près dégarni de troupes entre Esling et Aspern : il était de la plus haute importance qu'il ne pût y pénétrer. Le maréchal Bessières, à la tête de la cavalerie de l'armée, chargea les colonnes autrichiennes. Il dut déployer sur ce point le plus brillant courage, car cette charge était une sorte de dévouement. Il fallut se précipiter tête baissée sur l'ennemi, et *à tout prix* empêcher qu'il ne s'établît au milieu de notre centre. Le général d'Espagne, plusieurs colonels, un grand nombre d'officiers y périrent; mais les Autrichiens furent repoussés, et mis dans un tel désordre, qu'ils ne purent recommencer cette attaque. Le maréchal contribua puissamment à la mémorable victoire de Wagram, en chargeant avec toute la cavalerie de l'armée, sur le flanc des colonnes autrichiennes. Au milieu de cette charge il fut atteint d'un boulet qui le renversa de cheval. L'empereur lui dit : *Bessières, voilà un beau boulet : il a fait pleurer ma garde.* En effet, ces braves n'avaient pu retenir leurs larmes en voyant tomber un chef qu'ils adoraient. Le duc d'Istrie remplaça le prince de Ponte-Corvo dans le commandement de l'armée du Nord, chargée de reconquérir Flessingue sur les Anglais. Par la sagesse de ses mesures, et par son activité, il hâta le moment de la reddition de cette place. Les difficultés de la guerre d'Espagne réclamaient la présence du maréchal : il y avait laissé de nobles et de touchans souvenirs. Il y fut envoyé, en 1811, comme gouverneur de la Vieille-Castille et du royaume de Léon, et comme commandant en chef l'armée du Nord. Son retour dans ce pays fut un véritable triomphe pour lui, et causa une grande joie aux habitans. Là, il put déployer toute la générosité et toute la fermeté de son caractère, ainsi que la bonté de son cœur et ses connaissances dans la haute administration. Lorsque l'armée anglaise s'approcha de ces contrées, il seconda autant qu'il fut en lui les efforts du maréchal Masséna, et se rendit même auprès de lui pendant la bataille de Fuente d'Onoro. Le duc d'Istrie fit la campagne de Russie avec la garde, et comme commandant en chef un grand corps de cavalerie. La facilité des triomphes obtenus pendant notre marche victorieuse sur Moscow, laissa peu à faire à ce corps d'élite. Mais au retour, lorsque la garde se trouva conservée presque seule, au milieu des débris de cette armée frappée de tous les fléaux, le maréchal Bessières, comme tous ses compagnons d'armes, eut de fréquentes occasions de déployer une force et une activité admirables. A l'ouverture de la campagne de 1813, le duc d'Istrie se trouvait appelé à un commandement qui devait montrer, dans leur vrai jour, toutes les ressources de ses talens militaires : il commandait en chef toute la cavalerie de l'armée. Le 1er mai, la veille de la bataille de Lutzen, le maréchal pressait l'attaque du défilé de Rippach, et se portait, selon sa coutume, au plus fort du danger, à la tête de nos tirailleurs à pied. Au moment où ce défilé était emporté, le maréchal fut frappé dans la poitrine, d'un boulet qui le laissa sans vie. Sa mort fut cachée à l'armée, jusqu'à ce qu'elle eût reçu une sorte de compensation dans l'importante victoire du lendemain. Le duc d'Istrie retenu auprès de l'empereur, par son service de colonel-général de la garde, a attaché son nom à tout ce qui s'est fait de grand et de merveilleux dans le temps de nos triomphes. Il porta à la cour les vertus du vrai citoyen ; il s'y fit distinguer entre ses rivaux de gloire, par la fidélité, la franchise, la loyauté, et surtout par une qualité trop rare, celle d'oser dire la vérité à ceux qu'on cherche toujours à tromper, et de persister dans des conseils sages que le dévouement inspire quelquefois, mais qu'il ne fait pas toujours pardonner. On admirait dans le duc d'Istrie cette inépuisable bonté, cette simplicité antique, et cette douce familiarité avec les héros de cette immortelle garde, d'où il se glorifiait d'être sorti : familiarité touchante, qui rendait populaire la plus illustre dignité des armées! Par la douceur et la vigilance de ses soins administratifs, il ne se fit pas moins chérir des peuples vaincus que de ses propres soldats, et à sa mort, au milieu d'une guerre envenimée, l'Espagne en donna une preuve bien touchante : les villes et villages des provinces du nord, non occupés par nos troupes, firent célébrer des services funèbres en son honneur; irrécusables témoignages de sa conduite et de leur reconnaissance! Le maréchal les avait protégés et secourus autant que le permettaient ses devoirs dans le commandement militaire. Dès son arrivée à Valladolid, il avait ouvert les prisons, et rendu à la liberté tous ceux que des mesures arbitraires ou trop rigoureuses y retenaient; il avait fait restituer aussi aux familles beaucoup d'objets confisqués. A la suppression des couvens, il avait mis tous ses soins à la conservation de leur argenterie, qui fut déposée dans les autres églises. Ses diverses campagnes, en Autriche, en Prusse, en Pologne, furent toutes marquées par des traits de désintéressement et de bienfaisance. Sa famille en a retrouvé des souvenirs bien profonds dans ces mêmes lieux, qu'elle a parcourus depuis. A Moscow, pendant l'incendie, une foule d'habitans mourant de faim, se réfugia dans son palais, comme dans un lieu d'asile, sous la protection de sa renommée. Le maréchal était au moment de se mettre à table : touché de tant de misère, il dit à son état-major, *Messieurs, allons chercher un dîner ailleurs*, et il ordonna de faire asseoir à sa table cette foule affamée, en se dérobant à sa reconnaissance. Pendant la retraite de Russie, il sauva la vie à plusieurs personnes. Autant occupé de secourir ses soldats, que de s'opposer aux poursuites de l'ennemi, il se chargea d'un enfant dont la mère venait de mourir au passage de la Bérézina. Il est une foule de traits pareils de bienfaisance, bien plus touchans encore, étant alliés à tant d'héroïsme. Sa modestie les cachait avec une sorte de pudeur; ce n'est que du hasard ou de la reconnaissance qu'on a pu en apprendre quelques-uns. Le duc d'Istrie a laissé une famille sans fortune, et accablée de dettes occasionées par cet appareil de grandeur dans laquelle sa dignité l'obligeait à vivre. Sa veuve est un modèle accompli de toutes les vertus. Son fils a reçu, dans la dignité de pair, une juste récompense de cette gloire que le maréchal avait si noblement et si chèrement acquise.

BESSIÈRES (Bertrand, baron), frère du maréchal, né en 1773, à Cahors. Il entra de bonne heure dans la carrière des armes, et après avoir fait les campagnes d'Italie et d'Égypte, sous le général en chef Bonaparte, il passa à l'armée d'Allemagne commandée par le général Moreau, et se distingua à la bataille d'Hohenlinden. Le courage qu'il montra à Austerlitz, lui mérita le grade de général de brigade, qu'il reçut le 24 décembre 1805. En 1808, il passa en Espagne, et contribua par son sang-froid et sa valeur, au succès d'un grand nombre d'engagemens dans la Catalogne. Ce fut surtout à l'attaque du pont *del Rey*, en décembre 1809, où douze pièces de canon furent enlevées à l'ennemi, que le général Bessières se fit remarquer; mais des différens qu'il eut avec le général Duhesme, lui firent quitter l'Espagne en 1810. Il fit alors partie de la grande armée, jusqu'à l'époque de l'abdication de l'empereur. Nommé chevalier de Saint-Louis et commandant de la place de Besançon, il quitta cette ville, après les événemens du mois de mars 1815, pour aller prendre le commandement du département de Lot-et-Garonne. La rentrée du roi et des troupes étrangères, fit perdre cette fonction au général Bessières : il se retira dans sa famille, près de Cahors, et remit entre les mains d'un juge une déposition en faveur du maréchal Ney; elle a été lue dans le procès, et imprimée avec les autres pièces.

BESSIÈRES (JULIEN), cousin du maréchal, né, en 1774, dans le Languedoc. Il fit partie de l'expédition d'Égypte en qualité de savant. Les services qu'il rendit à ses compatriotes par des recherches utiles, le firent remarquer du général en chef, qui lui confia une mission diplomatique en Afrique. C'était dans le temps que l'espagnol BADIA parcourait ce pays sous le nom d'Aly-Bey; M. Bessières se lia intimement avec lui, et l'on a même prétendu qu'il travailla à la rédaction du voyage de ce célèbre voyageur. M. Bessières alla à Venise, en qualité de consul-général du golfe Adriatique. En 1807, il obtint la décoration de la légion-d'honneur, et fut nommé, à la fin de la même année, préfet du département du Gers. Après le rétablissement du gouvernement royal, il passa à la préfecture de l'Aveyron; et n'en fut pas moins nommé, par Napoléon, au mois d'avril 1815, à la préfecture de l'Arriège. Il perdit cette place au second retour des Bourbons; mais en 1818, il a été nommé maître des requêtes attaché au comité de liquidation.

BESSIÈRES, lieutenant-général. Ce nom est guerrier, mais le général Bessières n'est ni frère, ni même parent du maréchal duc d'Istrie, quoique les autres biographes prétendent le contraire. Il se signala à la bataille d'Austerlitz, étant à la tête du 11me régiment de chasseurs à cheval. Nommé général de brigade quelques jours après cette victoire, il entra en Espagne, dès le commencement de la guerre, et donna de grandes preuves de bravoure dans différentes circonstances, et notamment à Lobrégat, le 30 mai 1808, et près d'Astorga, dans le mois d'avril 1811. Le général Bessières passa en 1812 à la grande-armée, fit la campagne de Russie, et mérita d'être mentionné honorablement dans le bulletin qui rendit compte de la bataille de la Moskowa. Le roi, en 1814, lui donna la croix de Saint-Louis; et après le départ de ce monarque pour la Belgique, le général Bessières devint maire de Montauban, qui le nomma son député à la chambre des représentans en 1815. Après la seconde abdication de Napoléon, le général Bessières a cessé de remplir les fonctions de maire.

BESSON (ALEXANDRE), membre de la convention, put dire comme tant d'autres membres de cette fameuse assemblée : *nos numerus sumus*, ect. Né à Salins en Franche-Comté, vers 1756, il était, avant la révolution, notaire au village d'Amancey. Il adopta avec chaleur les nouvelles idées, devint administrateur du département du Doubs, député à l'assemblée législative, puis à la convention, où il vota la mort de Louis XVI, et fut envoyé dans les départemens de la Gironde, du Jura, de la Dordogne, et de Lot-et-Garonne. Il rentra ensuite dans l'obscurité de la vie privée. En 1815, pendant les *cent jours*, il crut devoir adhérer à l'acte additionnel, et paraître au champ de mai comme électeur. Compris dans la catégorie des *conventionnels votans*, il est aujourd'hui frappé d'un exil dont il est à désirer que le mot de M. de Serre n'ait pas fixé le terme.

BESSON (L. E.) est né à Lyon, d'une famille de finance, attachée aux états de Bourgogne, et qui fut violemment persécutée en 1793. Élève de l'école polytechnique, M. Besson en sortant de cette école fut nommé auditeur au conseil-d'état. Attaché en cette qualité à l'administration de Paris, il y fut chargé par M. le comte Frochot, alors préfet du département de la Seine, de plusieurs missions de confiance, telles que l'inspection des caisses, l'acquisition de propriétés pour l'utilité publique, etc., etc. Nommé secrétaire-général de cette préfecture, et maître des requêtes honoraire, il a rempli ces importantes fonctions avec autant de zèle que de talent. Le jour de la conspiration de Mallet, il présidait le conseil de recrutement. Lors de la seconde invasion des armées étrangères, ce fut à la bonne organisation que M. Besson avait établie dans les bureaux de l'Hôtel-de-Ville, qu'on dut la révocation de l'intendant qui avait été désigné par le général Sacken pour administrer Paris. Malgré ses services, des intrigues de bureaux bien ordinaires, bien cruelles et bien nuisibles, provoquèrent le déplacement de M. Besson. Il avait un tort réel : c'était d'être peu agréable au fonctionnaire qui a eu le malheur de remplacer au département de la Seine, un des plus habiles et des plus vertueux administrateurs dont Paris ait conservé la mémoire; en qui on ne peut s'empêcher toutefois de reconnaître aussi une rare habileté, puisqu'elle lui a valu une égale confiance sous les deux régimes. Au second retour du roi, M. Besson fut destitué. Il fut nommé de nouveau, en 1815, maître des requêtes en service extraordinaire. Il n'a, depuis cette époque, été appelé à d'autres fonctions publiques qu'à celles d'*électeur* et d'*officier de la garde nationale*. L'estime et la confiance publiques le dédommagent honorablement des caprices ou des rigueurs du pouvoir.

BÉTHISY (EUGÈNE-EUSTACHE COMTE DE), lieutenant-général, né le 5 janvier 1739, d'une famille très-ancienne, entra en 1750, comme enseigne dans le régiment du prince de Rohan-Rochefort, son cousin. En 1756, il assista au premier siége du fort Saint-Philippe ; dans la guerre de *sept-ans* il fut grièvement blessé à la bataille de Warbourg, en 1760, où il enleva aux Anglais un canon dont ils venaient de s'emparer : cette action le fit nommer chevalier de Saint-Louis. En 1762, colonel en second des grenadiers royaux de Cambis, il reçut du prince de Condé, sur le champ de bataille de Johansberg même, la promesse d'une pension qui, en effet, lui fut accordée. Le comte de Béthisy rentra en France à la paix, obtint successivement divers régimens et commandemens militaires; et au commencement de la révolution, il émigra, et servit avec beaucoup de distinction dans l'armée de Condé. A l'époque où l'armée royaliste se retira en Russie, M. de Béthisy prit du service auprès de l'empereur d'Autriche. En 1816, il fut nommé gouverneur de la 12ᵐᵉ division militaire.

BÉTHISY (COMTE CHARLES, DE), fils du précédent, capitaine de cavalerie en 1788, émigra en 1791, et fit toutes les campagnes de la révolution, contre la France. Il reçut quatre blessures, et prit, à Bergstein, un canon aux ennemis, c'est-à-dire aux Français, ce qui lui valut la croix de Saint-Louis. M. de Béthisy fit également, en 1794 et 1795, les campagnes de Hollande, comme lieutenant-colonel des hussards de Rohan. En 1814, il fut nommé lieutenant dans les gardes-du-corps, compagnie de Luxembourg, et en 1816, commandant d'une brigade d'infanterie de la garde du roi. Député, cette même année, par le département du Nord à la chambre, qu'on nomma un moment *introuvable*, et qu'en 1820 on a bien *retrouvée*, il appuya avec véhémence la motion pour l'exil des *régicides*. On peut lui appliquer cet éloge donné à un orateur ancien : *la langue est un glaive*. Il prouva *éloquemment* que la clémence n'était pas une vertu de saison, et que la chambre pouvait, *devait même* se montrer plus sévère que le roi ; dans aucun discours prononcé à la tribune des assemblées les plus exagérées, on ne rencontre rien de plus violent que cette apologie de la sévérité, que cette philippique contre le pardon, l'union et l'oubli. La récompense d'un tel discours ne se fit pas attendre. Deux jours après l'avoir prononcé, M. de Béthisy fut porté à la présidence du second bureau de la chambre. On le retrouve parmi les juges du général de Belle (mars 1816). Il vient d'être une seconde fois nommé député à la chambre de 1820, par le même département. C'est au comte Charles de Béthisy qu'appartient la fameuse clameur *vive le roi, quand même....!*

BÉTHISY (LE VICOMTE DE), lieutenant-général, oncle du précédent, a fait la guerre d'Amérique, avec M. de La Fayette, et ne l'a pas faite à la France. Il est mort en 1816.

BÉTHISY (HENRI-BENOÎT-JULES DE), évêque d'Uzès, est frère du précédent. Sa notice historique est devenue, sous la plume orthodoxe des auteurs d'une autre Biographie, l'histoire édifiante, complète et fort longue de toutes les affaires ecclésiastiques, depuis à peu près trente ans. Nous nous bornerons aux faits qui se rapportent à M. l'évêque d'Uzès. Né au château de Mézières, diocèse d'Amiens (Somme), le 28 juillet 1744, M. de Béthisy fut nommé vicaire-général de M. de Talleyrand, archevêque de Reims, et en 1780, évêque d'Uzès. Député par le clergé aux états-généraux, ce prélat fut le défenseur le plus ardent et le plus immuable de l'ancienne constitution ecclésiastique : les dîmes, la circonscription des diocèses, l'autorité du pape, furent tour à tour soutenues par lui; il s'opposa de toutes ses forces à la constitution civile du clergé. C'était combattre *pro aris et focis*. Le succès ne répondant pas à son attente, en 1792, M. de Béthisy émigra, passa de Flandre en Allemagne, d'Allemagne en Hollande, et revint à Paris, quatre jours après la mort de Louis XVI. Il se hâta de repartir, et se réfugia en Angleterre. Cette contrée *hospitalière*, comme l'appelle un historien de circonstance, qui oublie que l'*alien bill* y est en vigueur depuis vingt ans, lui offrit un asile; ajoutons qu'elle y avait son intérêt. L'évêque d'Uzès se trouvait à Londres à l'époque de la mort de Pie VI et des négociations de Pie VII avec la France. On demandait aux évêques leur démission solennelle; le refus des uns, la soumission des autres, les réclamations d'un tiers-parti, peuvent être des objets fort intéressans dans les *Annales de l'Église*; il n'en est pas de même pour les nôtres. Nous dirons simplement que trente-sept prélats, plus M. d'Uzès, protestèrent contre ces démarches. Ce fut lui que le gouvernement anglais chargea de distribuer des secours aux émigrés qui se trouvaient à Londres. Après longues années, en 1814, on le vit reparaître aux Tuileries, puis retourner aussitôt en Angleterre. Au commencement de 1816, Louis XVIII lui fit demander sa démission, ainsi qu'aux autres évêques réfugiés à Londres. Dans une assemblée solennelle, l'évêque d'Uzès fut d'avis *d'aller se jeter aux pieds du roi*, et de conférer avec S. M. sur cet important objet. Les autres évêques résolurent d'envoyer des démissions *conditionnelles*, ce qui détermina sans doute M. de Béthisy à envoyer la sienne, à laquelle il ajouta : *qu'il jugerait par lui-même de l'utilité de cette démarche;* phrase qui pourrait expliquer un refus de démission, mais qui, jointe à une démission, est tout au moins inutile. Il est mort à Londres en 1817.

BÉTHUNE. Famille ancienne dont les membres vivans ont beaucoup de prénoms et quelques titres. Nous allons les citer dans la hiérarchie établie par la différence de l'âge. Le marquis *Maximilien-Guillaume-Auguste* DE BÉTHUNE, fils du prince de ce nom, né en 1744, émigra en 1792, servit dans l'armée de Condé, fut fait chambellan du roi de Prusse, et en 1814, nommé, par le roi de France, lieutenant-colonel de cavalerie. — Le comte *Albert-Marie-Joseph-Charles-Eugène-*

Maximilien DE BÉTHUNE, né en 1776, frère du précédent, et chevalier de Saint-Louis, est aujourd'hui colonel du premier régiment des cuirassiers.—Le comte *Marie-Aimé-Bernard-Antoine-Joseph-Eugène-Maximilien* DE BÉTHUNE, frère des précédens, né le 2 juillet 1777, chevalier de Saint-Jean-de-Jérusalem, était, en 1816, chambellan du roi des Pays-Bas.—Son frère, *Philippe-Joseph-François-Eugène-Maximilien* comte DE BÉTHUNE, aujourd'hui capitaine de la garde nationale de Compiègne, est né le 14 janvier 1780. — Le comte *Félix-Ferdinand-François-Philippe* DE BÉTHUNE, frère des précédens, chevalier de Saint-Jean-de-Jérusalem, est né le 5 décembre 1783. Les cinq frères ont à eux seuls vingt-six noms de baptême, sans compter les noms de terre, etc. Une douzaine de familles aussi richement pourvues de prénoms, épuiserait le calendrier.

BETTINELLI (XAVIER), l'un des plus célèbres littérateurs de l'Italie, naquit à Mantoue le 18 juillet 1718. Il étudia dans les colléges de Mantoue et de Bologne, sous la direction des jésuites, et entra dans leur société en 1736. Il passa à Brescia, en 1739, et y enseigna les belles-lettres jusqu'en 1744, époque où quelques poésies, qu'il avait composées pour les écoles, commencèrent à faire remarquer en lui un talent dont une extrême timidité arrêtait l'essor. Plusieurs savans distingués qui se trouvaient alors à Brescia, et particulièrement le cardinal Quirini, l'encouragèrent à cultiver les belles-lettres. C'est à Bologne qu'il devait assurer sa réputation. Envoyé dans cette ville afin d'y achever son cours de théologie, il fit jouer sur le théâtre de son collége une tragédie intitulée *Jonathas*, qui, bien qu'inférieure aux pièces que le P. Granelli, autre jésuite célèbre, avait composées pour la même destination, obtint des succès mérités. Ces encouragemens donnés par un public éclairé et difficile, enflammèrent l'imagination du jeune Bettinelli, mais l'étude des belles-lettres ne lui fit pourtant pas négliger celle des sciences. Ses liaisons avec le célèbre Manfredi, lui fournirent les moyens d'acquérir de grandes connaissances dans l'astronomie, et il mérita l'estime et l'amitié des savans Zanotti et Algarotti, qui semblaient initiés dans tous les secrets de la nature. En 1748, étant allé à Venise professer la rhétorique, il publia quelques épîtres en vers un peu libres. Là, comme à Bologne, il fut admis dans la société des personnes les plus illustres. En 1751, il fut nommé directeur du collége des nobles à Parme. Ce collége était le plus renommé de toute l'Italie. Il y enseigna la poésie, l'histoire, les humanités, en dirigea le théâtre (occupation assez singulière pour un jésuite), et il y fit représenter son *Démétrius Poliorcètes*, qui fut accueilli de la manière la plus favorable. En 1785, de compagnie avec deux princes allemands qui l'avaient prié de vouloir bien les diriger dans leurs voyages, il parcourut une partie de l'Allemagne, de l'Italie et de la France, où le désir de connaître Voltaire l'avait appelé. Ce fut pendant ce voyage qu'il termina ses fameuses *Lettres de Virgile aux Arcades*. Ces lettres, qui contiennent quelques hérésies littéraires, lui firent beaucoup d'ennemis. Il séjourna plusieurs mois à Paris, au collége de Louis-le-Grand, puis alla à Nancy présenter son hommage au roi Stanislas, qui l'accueillit avec bonté. Il se rendit ensuite aux *Délices*, près de Genève, où il eut la satisfaction d'être admis chez cet homme dont le nom immortel est et sera l'orgueil et l'honneur de la France, tant que sa langue, universelle aujourd'hui, ne sera pas tombée en désuétude et en oubli. Voltaire fit au poète italien l'accueil le plus flatteur. Le P. Bettinelli lui avait adressé ses Lettres de Virgile; l'auteur de la *Henriade* répondit à cette politesse en lui envoyant une édition de ses œuvres, accompagnée du quatrain suivant :

> Compatricte de Virgile,
> Et son secrétaire aujourd'hui,
> C'est à vous d'écrire sous lui;
> Vous avez son âme et son style.

Le P. Bettinelli, qui depuis longtemps s'était abstenu de prêcher à cause de la faiblesse de sa poitrine, cédant à de nouvelles sollicitations, remonta en chaire à Véronne. Le temps qu'il donnait à ses sermons, ne l'empêchait pas de professer les belles-lettres. C'est à cette occasion que le chevalier Pindemonte disait, en parlant des *Poésies champêtres*: « Le » P. Bettinelli convertit la jeunes» se à Dieu dans l'église, et au bon » goût dans sa maison.» Après la suppression de l'ordre des jésuites, en 1773, il retourna dans son pays natal et s'y livra exclusivement à des travaux littéraires pendant l'espace de vingt-trois ans. Une dame pour laquelle il avait beaucoup d'estime, lui ayant fait le reproche de ce que parmi ses nombreux ouvrages il ne s'en trouvait aucun en l'honneur du beau sexe, il s'excusa sur l'habit qu'il avait porté et sur son âge. L'excuse, toute bonne qu'elle était, ne fut point admise; la dame réitéra ses instances, et le ci-devant jésuite fit paraître successivement ses *Lettres à Lesbie sur les épigrammes*, ses *Lettres sur les beaux-arts*, ses vingt-quatre *Dialogues sur l'amour*. Ces ouvrages furent publiés en 1796. Celui qui a pour titre : *de l'Enthousiasme des beaux-arts*, les avait précédés. C'est l'un de ceux qui sont écrits avec le plus de pureté. Le P. Bettinelli mourut le 13 septembre 1808, à l'âge de 90 ans, ayant conservé jusqu'à sa dernière heure sa gaieté et la vivacité de son esprit.

BETTONI (Nicolas), de Brescia, typographe distingué et homme de lettres. En 1807, il imprima avec le plus grand soin une tragédie posthume d'Alfieri, intitulée *Alceste*. Le vice-roi d'Italie, Eugène de Beauharnais, charmé de la belle exécution typographique de cet ouvrage, en témoigna sa satisfaction à l'auteur, dont il estimait d'ailleurs l'instruction et les talens, et lui fit présent d'une boîte d'or. M. Bettoni, encouragé par le suffrage du prince, s'occupa d'une édition complète des œuvres d'*Euripide*, et publia une traduction italienne de *Tite-Live*. Auteur de quelques lettres intéressantes, qui eurent du succès, il fut reçu membre de l'Athénée de Brescia. M. Bettoni, protégé par le gouvernement dans ses travaux et dans son commerce, établit une nouvelle imprimerie à Venise, et entreprit la publication des *Retratti degli illustri Italiani*, grand in 4°; ouvrage d'un grand intérêt, et qui faisait connaître, par des portraits et des notices biographiques bien faites, les hommes célèbres de l'Italie.

BEUCHOT (Adrien-Jean-Quentin), né à Paris le 13 mars 1777. Littérateur et bibliographe distingué, M. Beuchot est connu par différentes notices dans la *Biographie universelle;* notamment celles des *Elzévir* et d'Albert *Fabricius*, et par la *Bibliographie de la France ou Journal de la librairie depuis la fin de* 1811. A l'âge de 17 ans, M. Beuchot suivit, en qualité d'aide-chirurgien, un bataillon d'infanterie qui se rendait à l'armée des Alpes. De retour à Paris, il s'occupa de recherches bibliographiques. En 1814, il publia une brochure qui fut réimprimée quatre fois dans la même année, non compris les contre-façons (la première édition parut dans le *Moniteur*, le *Journal de l'Empire*, aujourd'hui *Journal des Débats*, et autres feuilles du temps), et qui a pour titre : *Oraison funèbre de Napoléon Bonaparte, par une société de gens de lettres, prononcée au Luxembourg, au palais Bourbon, au Palais-Royal et ailleurs*. La malignité publique fit la fortune de l'ouvrage, où se trouvaient réunis tous les éloges et jusqu'aux flatteries les plus basses que Napoléon avait reçus dans sa prospérité, et qui contrastaient étrangement avec les injures et les outrages dont les mêmes auteurs l'accablaient dans sa haute infortune. En 1815, pendant les *cent jours*, M. Beuchot publia une brochure dans laquelle il déclarait, avec autant de courage que de franchise, son opposition à l'acte additionnel aux constitutions de l'empire. L'*Oraison funèbre* et cette protestation lui firent attribuer le *Dictionnaire des girouettes* (1815), et plus tard le *Dictionnaire des immobiles par un homme qui n'a rien juré et n'ose jurer de rien*. Il garda le silence sur cette dernière supposition; mais il réclama contre la première, et fit insérer sa lettre dans les journaux. On sait maintenant que le *Dictionnaire des girouettes*, ouvrage dont le titre seul fait le mérite, et dont le *Nain jaune* avait donné l'idée, est de feu le comte *Proisy d'Eppe*. M. Beuchot est éditeur du *Voltaire* en 50 vol., qui se trouve chez Mme Ve Perronneau, et du *Dictionnaire de Bayle* en 16 vol. in-8°, imprimé par Desoer.

BEUGNOT (Jacques-Claude, comte), né à Bar-sur-Aube, en 1761, était lieutenant-général du présidial de cette ville, en 1788. Lors de la division de la France en départemens, il fut élu procureur général-syndic de celui de l'Aube, qui, trois ans après, le nomma député à l'assemblée législative. Il demanda que les fonctionnaires assermentés reçussent seuls des traitemens du gouvernement, et fut un des plus zélés défenseurs de la liberté des cultes. Au commencement de 1792, il combattit le projet d'aperçu des dépenses de l'année, et, le 21 janvier, il manifesta fortement son opinion pour que la cour de Vienne s'expliquât sur son adhésion au traité de Pilnitz. Le 17 avril de la même année, il s'éleva contre la proposition faite par Condorcet, pour que la nomination des commissaires de la trésorerie appartînt au peuple, et il demanda qu'elle émanât du roi. Le 3 mai, M. Beugnot désigna les journalistes Carra et Marat comme auteurs de la mort du général Théobald Dillon, tué à Lille par ses soldats; il provoqua et obtint contre Marat un décret d'accusation. Peu de jours après, il proposa que l'assemblée examinât toutes les pièces dans l'affaire du général depuis maréchal de Rochambeau, et du ministre Duport-Dutertre. Il dénonça au pouvoir exécutif la municipalité de Paris, et le ministre de la justice, relativement à la feuille incendiaire dite l'*Ami du peuple*. Après le 10 août, il cessa de siéger à l'assemblée. En vertu de la loi des suspects, promulguée le 17 septembre 1793, il fut conduit à la Conciergerie dans le mois d'octobre de la même année, puis transféré à la Force, d'où il ne sortit qu'après le 9 thermidor. Depuis cette époque, jusqu'à la révolution du 18 brumaire, M. Beugnot resta ignoré; mais Lucien Bonaparte, alors ministre de l'intérieur, se l'attacha en qualité de conseiller intime. M. Beugnot, chargé de l'organisation nouvelle de ce ministère, s'occupa de la nomination des premiers préfets. Il fut nommé lui-même à la préfecture de la Seine-Inférieure. On remarque ce passage dans le discours d'installation, qu'il prononça à Rouen : « *Les enfans de la vieille Neustrie n'ont pas encore oublié le chemin de la Grande-Bretagne; nos pères lui portèrent des fers, et Bonaparte n'était pas à leur tête ! Le héros et le père des Français, et trente millions de bras vous seconderont.* Au mois de mars 1806, M. Beugnot fut nommé conseiller-d'état, section de l'intérieur, et remplacé dans ses fonctions de préfet, par M. Savoye Rollin; la même année il présida le collége électoral de la Haute-Marne. En 1807, l'empereur le chargea de l'organisation du royaume de Westphalie, qu'il destinait à son frère Jérôme, et dont M. Beugnot devint le ministre des finances. Au mois de mai 1808, étant de retour à Paris, M. Beugnot rentra au conseil-d'état; en juillet suivant, il partit pour le grand-duché de Berg et de Clèves en qualité de commissaire impérial et de ministre des finances. Ce fut à cet époque qu'il reçut de l'empereur le titre de comte, et qu'il fut nommé officier de la légion-d'honneur. La fatale retraite de Leipsick força M. Beugnot à quitter l'administration du grand-duché, et à rentrer en France, où il arriva au mois de novembre 1813. Une maladie grave de M. Duplantier, préfet du département du Nord, ayant donné lieu à la nomination d'un préfet par *interim*, M. Beugnot fut chargé de ces fonctions, un mois après son retour. En 1814, au mois d'avril, le gouvernement provisoire lui adressa à Lille, où il se trouvait, sa nomination en qualité de commissaire au département ou ministère de l'intérieur. M. Beugnot se rendit en hâte à Paris, et borna, pour ainsi dire, ses travaux administratifs, qui d'ailleurs ne durèrent que quelques semaines, à l'érection en plâtre de la statue de Henri IV, sur le terre-plein du Pont-Neuf. Il fut nommé par le roi, le 18 mai, au ministère de la police, transformé en direction-générale, ministère ou direction qu'il compara si heureusement à une goutte d'huile, qui filtre dans les ressorts du gouvernement, et les empêche de faire du bruit ; ce qui semble une parodie de ce mot du soldat : *il faut plumer la poule sans la faire crier.* Un des actes les plus gais de ce ministère de M. Beugnot, est sans doute cette fameuse ordonnance sur la célébration forcée du dimanche, qui mettait l'embargo sur les déjeuners, et celle sur la fête-dieu : on disait, les processions passeront, mais les déjeuners ne passeront pas. De plaisantes caricatures, et quelques calembourgs, firent bonne et convenable justice de l'administration de M. Beugnot à la police. Il en fut consolé par le ministère de la marine, où probablement on regardait l'île d'Elbe comme une colonie française. Ce fut alors, en effet, que Napoléon et son bataillon en partirent pour rentrer dans la mère-patrie : ce qui décida tout naturellement M. Beugnot à aller rejoindre à Gand la famille royale. Le ministère de la marine ne lui fut pourtant pas rendu; mais au retour du roi, M. Beugnot fut chargé de la direction-générale des postes, et l'occupa pendant trois mois. En septembre 1815, quand cette direction lui eut été retirée, il fut, par forme de consolation, nommé ministre-d'état, et membre du conseil privé. Député à la chambre de 1815, par le collége électoral du département de la Marne, il eut l'honneur d'être de la minorité de cette chambre, si déplorablement fameuse. En décembre suivant, chargé, en qualité de rapporteur, d'examiner le projet de loi sur la création de 7 millions de rentes, pour garantir les paiemens à effectuer aux souverains de la coalition, il proposa d'adopter purement et simplement ce projet. En 1816, il insista vivement pour que les pensions accordées aux ecclésiastiques mariés leur fussent continuées; et il fut l'un des membres qui examinèrent la proposition sur la responsabilité des ministres. L'ordonnance du roi du 5 septembre fut rendue, et M. Beugnot devint président du collége électoral de la Seine-Inférieure; il y fut nommé député, ainsi que par le collége de la Haute-Marne ; dans le cours de cette même session, il opta pour le département de la Seine-Inférieure, et siégea au côté gauche (seconde section). En décembre 1817, il proposa un amendement au projet de loi sur la liberté de la presse. Dans un rapport sur le budget, il demanda la prorogation de six douzièmes des contributions directes pour 1818, et démontra que cette mesure était commandée par la nécessité; il demanda en outre, qu'on ouvrît au ministre des finances un crédit provisoire de 184,200,000 francs, formant les six douzièmes des quatre contributions de 1817. Lors de la présentation de la loi sur le recrutement, il dit : « Il » ne faut pas qu'on voie plus long-» temps des officiers à peine con-» nus, s'élever au premier rang » de la milice, et scandaliser la » France, qui les voit finir sans » les avoir vus commencer. » En mars 1818, il discuta le budget et plusieurs projets soumis à l'assemblée par M. Graverend et par M. le duc de Gaëte. En mars 1819, il fit un rapport sur la proposition de la chambre des pairs, présenté par M. Barthélemy, pour changer le mode d'élection ; et quand on s'occupa de la discussion du second projet de loi sur la liberté et les délits de la presse, il combattit l'opinion de M. de La Bourdonnaye, et il fit très-bien. M. Beugnot est un de ces hommes que l'on attend à la nécrologie. Il y a peu de gens dans les affaires, qui aient une aussi grande clientelle de souvenirs. Il est ministre -d'état et toujours député. C'est une double sinécure, que le budget rend laborieuse chaque année; les opinions qu'il émit l'année dernière à la tribune, lors de sa discussion, furent souvent de beaux souvenirs des grands principes de la liberté, et de nouveaux témoignages du talent éminemment pur et oratoire qui a distingué M. Beugnot dans toutes les assemblées. Il est le rapporteur perpétuel de la commission du budget; ce qui rend cette tâche si difficile, c'est le précepte de l'Évangile : *non potest servire Deo et Mammonæ*.

BEURMANN (F. A. BARON DE), maréchal - de - camp, d'une famille noble d'Alsace. Il prit de bonne heure le parti des armes, et s'enrôla dans la cavalerie comme simple soldat. Il mérita par sa bravoure et ses talens les grades et les distinctions qui lui furent successivement accordés. Le 2 décembre 1805, à la bataille d'Austerlitz, où il servit comme chef d'escadron dans la garde impériale, l'empereur, en récompense de la bravoure qu'il avait déployée, le nomma colonel du 17me régiment de dragons. Passé à l'armée d'Espagne, il soutint l'honneur de ses premiers faits d'armes. Le 3 août 1809, il traversa le Tage à la tête de son régiment, près de Talaveyra, et prit à l'ennemi 5 pièces de canon et 10 caissons. En mai 1811, lorsque les Français se rendirent maîtres de Figuières, il fit prendre la fuite aux troupes espagnoles qui voulaient secourir cette place. Le 6 août de la même année, il fut nommé général de brigade. En 1813, devant les murs de Taragone, il mit en déroute l'armée anglaise, qui en faisait le siège. Étant à la tête des troupes qui revenaient d'Espagne, le dévouement avec lequel il s'opposa, en 1814, à l'invasion de la France par les puissances coalisées, est digne des plus grands éloges. Le premier novembre de la même année, il reçut du roi la croix de Saint-Louis, et ensuite celle du Mérite militaire. Après le retour de Napoléon de l'île d'Elbe, le général Beurmann servit avec un nouveau zèle, et fut mis à la demi-solde, après la seconde restauration. Son frère, comme lui général de ca-

Le M.ᵃˡ Beurnonville

Rathier pinx.   Fromy del et Sculp.

valerie, ayant encouru la disgrâce de Napoléon, se tua à Metz.

BEURNONVILLE (Pierre-Riel, comte de), né le 10 mai 1752, à Champignolle, en Bourgogne. On le destinait à l'état ecclésiastique; mais il s'attacha plus particulièrement aux sciences exactes, dans l'intention de prendre le parti des armes. Il fut d'abord inscrit comme surnuméraire parmi les gendarmes de la reine, et bientôt il partit pour les Indes, comme simple soldat, sur la flotte aux ordres du brave et célèbre bailli de Suffren. Il fit un mariage avantageux, et fut nommé major de la milice de l'île Bourbon. Mais le commandant de cette île l'ayant destitué, il revint en France, où il n'obtint d'autre satisfaction que la croix de Saint-Louis. Frappé des inconvéniens de l'arbitraire, il accueillit les espérances d'un nouvel ordre de choses. Toutefois, malgré son penchant pour les principes de la révolution, il acheta une charge d'officier dans la garde suisse du comte de Provence, aujourd'hui Louis XVIII, et fut successivement nommé maréchal-de-camp et lieutenant-général. Il était, en cette dernière qualité, à l'armée du Nord, où il se distingua dans plusieurs rencontres, et où il fit de sa propre main quatre émigrés prisonniers. Dumouriez, qui le nommait son *Ajax*, et qui lui donnait toute sa confiance, le chargea de rédiger les rapports qu'il envoyait à Paris, au sujet des succès obtenus contre les Autrichiens. Au mois de novembre 1792, il prit le commandement d'un corps d'armée, se porta sur Trèves, et eut avec l'ennemi divers engagemens, dans lesquels il ne fut pas toujours heureux. Le compte qu'il rendit de l'affaire de Grewenmacher, porta qu'après trois heures d'un combat opiniâtre, et une perte de 1,000 hommes de la part de l'ennemi, les Français n'avaient eu à regretter que le *petit doigt d'un chasseur*. Les mauvais plaisans de l'armée dirent qu'il avait été retrouvé. Dès le commencement de 1793, des plaintes s'élevèrent contre le général Beurnonville, plusieurs officiers de l'armée du Nord, et quelques habitans de Bruxelles, l'accusaient d'incivisme; le général s'en plaignit à la convention, qui le nomma, peu de jours après, ministre de la guerre. Il ne tarda pas à être dénoncé par une section de Paris. Alors, se croyant plus fait, dit-il lui-même, *pour servir son pays de son épée que de sa plume*, il offrit sa démission, qui ne fut acceptée qu'à la suite de débats assez vifs; mais bientôt il fut rappelé au ministère. Quelque temps après, des assassins pénétrèrent dans son appartement; il ne leur échappa qu'en s'élançant dans le jardin, dont il franchit les murs, et il se sauva dans une maison voisine. Ce fut à cette époque que Dumouriez lui proposa d'entrer dans les projets pour lesquels il était d'intelligence avec les Autrichiens, contre le gouvernement français. Le général Beurnonville dénonça ces propositions au comité de défense générale; et le comité le chargea, conjointement avec les commissaires Camus, Bancal, Quinette et Lamarque, de la mission secrète de s'emparer de Dumouriez à Saint-Amand, où il était avec son état-major. Averti du but de leur voyage, le général Dumouriez fit arrêter son *Ajax* et les commissaires, dès qu'ils se présentèrent, et les hussards de Berchiny les conduisirent au quartier du prince de Cobourg. Le général Beurnonville chercha à s'échapper, et reçut un coup de sabre. Lorsque les cinq prisonniers protestèrent contre ces violences, le général Clairfait leur répondit froidement : *c'est pour votre bien*. Le général Beurnonville fut d'abord conduit en Bohême, où il éprouva une maladie grave, pendant sa détention à Égra. Il fut ensuite transféré à Olmutz, en Moravie; et ce n'est qu'après vingt-un mois que les cinq captifs furent échangés à Bâle, contre la fille de Louis XVI, aujourd'hui Madame, duchesse d'Angoulême. Nonobstant ces infortunes, les dénonciations se multiplièrent encore contre ce général. Dubois de Crancé, Laporte, et même les généraux Berruyer, Custines et Ligonier l'accusèrent, et Robespierre voulait le faire condamner à mort à son retour; mais la convention eut assez de force pour résister à une pareille barbarie. Bientôt le commandement de l'armée de Sambre-et-Meuse lui fut donné, et la victoire lui fit oublier ses malheurs. Après la journée du 18 fructidor, qui éloigna les directeurs Barthélemy et Carnot, le comité de Clichy, à qui cette défaite n'avait pas ôté toute espérance, prétendait faire entrer le général Beurnonville au directoire. Les directeurs restés en place s'y opposèrent fortement : ils l'envoyèrent à la tête de l'armée de Hollande; mais n'ayant pas voulu en conserver le commandement, il fut nommé inspecteur-général d'infanterie. Le général Beurnonville paraît n'avoir pas été tout-à-fait étranger aux événemens du 18 brumaire. Durant son séjour à Berlin, où, bientôt après, il se rendit en qualité d'ambassadeur, il se procura des pièces secrètes saisies entre les mains des membres du comité royal, à Bareuth. Ces pièces contenaient les plans et attestaient les desseins du parti royaliste : il les remit au premier consul, qui le fit grand-officier de la légion-d'honneur, et le nomma à l'ambassade de Madrid. A son retour d'Espagne, le général Beurnonville épousa Mlle de Durfort. Le 5 février 1805, il fut nommé sénateur, et bientôt titulaire de la sénatorerie de Limoges. En 1808, il obtint le titre de comte de l'empire; en 1809, la sénatorerie de Florence, à la place de celle de Limoges; enfin, en 1813, la grand'croix de l'ordre de la Réunion. La même année, au mois de décembre, l'empereur l'envoya dans la 2me division, en qualité de commissaire extraordinaire, pour y organiser des moyens de défense, et pour engager les habitants à détruire eux-mêmes les ressources que le pays pouvait offrir à l'ennemi. De retour de cette mission qui eut peu de succès, le général Beurnonville seconda d'autres desseins. Le 1er avril 1814, il provoqua vivement la création d'un gouvernement provisoire, ainsi que la déchéance de l'empereur et de sa famille. Quelques jours après, et en qualité de membre du nouveau gouvernement, il s'opposa à la régence de l'impératrice, et vota en faveur de la famille royale. Il avait été nommé provisoirement conseiller-d'état par le comte d'Artois; le 4 juin, le roi le fit ministre d'état et pair de France, et, le 4 juillet, S. M. confirma son titre de grand'croix de la légion-d'honneur. Aux approches du 20 mars, M. de Beurnonville n'attendit pas à Paris Napoléon, dont il avait peu à espérer : il suivit le roi, et rentra en France à la suite de l'armée anglaise et prussienne. C'est alors qu'il fit partie du conseil privé de S. M., et fut nommé président d'une commission destinée par le duc de Feltre à *épurer* l'armée. En 1815, il présida le collége électoral du département de la Moselle. En 1816, le 3 mai, il devint commandeur de l'ordre de Saint-Louis, et, le 3 juillet, maréchal de France.

BEUTLER (Jean-Henri-Chrétien), né à Suhl, canton d'Henneberg, en Franconie, le 10 octobre 1759. De 1784 à 1788, Beutler devint professeur à l'école de Salzmann, à Schnepfenthal; en 1791, recteur et premier professeur du collége de Waltershausen, duché de Gotha; en 1802, pasteur à Zelle, ville du même duché, et inspecteur-adjoint des églises et écoles de cet arrondissement. Beutler a publié, en allemand, un grand nombre d'ouvrages, dont les principaux, que nous allons citer, jouissent de beaucoup d'estime dans la patrie de l'auteur, mais ces ouvrages n'ont point été traduits en français : *Table générale des journaux et gazettes allemandes*, avec une notice raisonnée de tous les ouvrages périodiques publiés depuis un siècle, et une table de tous les auteurs qui y ont travaillé; *Vie du docteur Glaser*, rédigée d'après ses manuscrits, et notice de ses différens ouvrages; l'*Ecole de la sagesse*, mise en vers pour les professeurs et pour les élèves (pièce souvent réimprimée); *Heilmann, ou Instruction* pour atteindre une vieillesse heureuse et paisible.

BÉVIÈRE, était notaire à Paris, où il jouissait de la réputation d'un homme distingué dans sa profession par ses talens et par sa probité, lorsqu'il fut nommé, en 1789, député du tiers aux états-généraux. L'assemblée constituante ayant terminé sa session, il reprit ses fonctions de notaire. En 1800, il fut nommé maire du 4me arrondissement de Paris. Quelque temps après il reçut la décoration de la légion-d'honneur, et en novembre 1804, il fut compris au nombre des membres du sénat.

BÉWICK (John), naquit en Angleterre, où il mourut le 5 décembre 1795. Il cultiva les arts, les sciences et la littérature, et perfectionna la gravure sur bois. Il a publié, en 1790, in-8°, *History of quadrupeds*, Newcastle; et, en 1797, in-8°, *History of britisch birds, with figures engraved on wood.*

BEXON (Scipion-Jérôme), avocat et criminaliste distingué, décoré de l'ordre du Lion de Bavière, frère de l'abbé Bexon, l'un des collaborateurs de Buffon à l'*Histoire naturelle*, est né à Remiremont, en Lorraine, vers 1753. Dès l'âge de 22 ans, en 1775, il fut reçu avocat; en 1784, nommé officier du ministère public à Remiremont; en 1787, conseiller intime de la princesse Louise-Adélaïde de Bourbon; en 1789, procureur de la commune et commissaire du roi : il exerça ces dernières fonctions jusqu'en 1792. En 1793 et 1794, il fut successivement accusateur militaire, accusateur public, et président d'un comité de bienfaisance à Caen. En 1796, il fut appelé à la présidence du tribunal criminel de Paris, qu'il remplit jusqu'au commencement de 1799, époque de son remplacement par M. Hémart. Électeur de Paris, en 1798, il avait fait partie de l'assemblée scissionnaire, séante à l'Oratoire, dont les nominations furent annulées. En 1800, il devint vice-président du tribunal de première instance, et présida, en cette qualité, la chambre de police correctionnelle, qui ordonna la mise en liberté des individus déjà acquittés de la participation directe aux faits de l'accusation portée contre le général Moreau. M. Bexon conserva ses fonctions de vice-président, jusqu'au 24 mars 1808, qu'il fut révoqué par un décret qui ordonnait l'épuration des tribunaux. M. Bexon ne dut cette révocation qu'à l'esprit d'opposition qu'il manifestait au gouvernement impérial. Il n'en a point pour cela été indemnisé sous le gouvernement du roi. Depuis 1808, il a repris son ancienne profession d'avocat, qu'il exerce toujours avec autant de talent que de succès. Dans l'affaire dite des *Patriotes de 1816*, il défendit Desbaunes, ancien garde-du-corps de Monsieur; mais il ne put le sauver. Il a publié plusieurs ouvrages sur la jurisprudence, et particulièrement sur la législation criminelle. Nous allons citer les principaux : 1° *Journal de la justice civile, criminelle, commerciale et militaire*, 1796; 2° *Mémoire adressé au gouvernement français, sur la forme de la procédure par jurés, et sur l'utilité d'un tribunal de correction paternelle*, 1799; 3° *Parallèle des lois pénales de l'Angleterre et de la France, et Considérations sur les moyens de rendre celles-ci plus utiles*, 1800, in-8°; 4° *Développement de la théorie des lois criminelles*, par la comparaison de plusieurs législations anciennes et modernes, 1802, 2 vol. in-8°. Cet ouvrage important, dont l'auteur fit hommage au corps-législatif, lui valut la grande médaille d'or de l'académie de Berlin. Quatre ans plus tard, M. Besson fut chargé de rédiger le code criminel du royaume de Bavière, et, bientôt après, celui du royaume d'Italie. 5° *Application de la théorie de la législation pénale, ou Code de la sûreté publique et particulière*, 1807, in-f°; 6° *du Pouvoir judiciaire en France, et de son inamovibilité*, 1814, in-8°; 7° *de la Liberté de la presse, et des Moyens d'en prévenir et d'en réprimer les abus*, 1814, in-8°. Tous les ouvrages de M. Bexon annoncent, dans leur auteur, une grande connaissance de la théorie des lois, des vues sages, beaucoup de méthode, et un talent remarquable pour exposer ses idées.

BEYERAND (N.) Reconnu par le premier consul pour un des plus braves de l'armée, il fut envoyé dans les Pyrénées en qualité de général de brigade. Le 14 août 1795, à l'affaire de la Fluvia, ses troupes et lui se firent particulièrement remarquer. En 1796, il força avec Joubert les retranchemens du fameux camp de Céva, en Piémont, et perdit la vie à la bataille de Lonado, au mois d'août de la même année.

BEYERLÉ (B. P. L.), ancien conseiller au parlement de Nancy. On a de lui : *Traduction en français d'une lettre allemande de M. Granmann, sur la proportion entre l'or et l'argent, sur les monnaies de France*, etc., in-8°, 1788; *Essais préliminaires ou observations sur les monnaies, pour servir de supplément à la première partie de l'Encyclopédie méthodique*, in-4°, 1788; *Projet contre la vente de l'argent*, in-8°, 1791; *Almanach des femmes célèbres*, 2 vol. in-8°, 1788. De concert avec M. d'Arbigny, il a aussi composé : *Notice sur le nouveau système des poids et mesures, en ce qui concerne l'orfévrerie*, in-4°, 1799.

BEYME (N.), né en Prusse, d'abord jurisconsulte, et aujourd'hui ministre. Il est fils d'un chirurgien des armées. Né en 1770, Beyme a fait ses études au collége des Orphelins de Halle, où il s'est distingué. Devenu, par son seul mérite, conseiller de la chambre de justice, c'est parmi les membres de cette chambre que Frédéric-Guillaume III le choisit pour successeur de Mencken, conseiller du cabinet. Les préjugés de la noblesse allemande plièrent devant le savoir et le crédit de Beyme; mais les courtisans se liguèrent contre l'élévation d'un parvenu. Ils ourdirent d'obscures intrigues dont il triompha par sa fermeté. Beyme gagna de plus en plus la confiance du roi; et chaque jour voyait s'affaiblir l'influence des ministres, dont la haine cessa de s'imposer des bornes. Alors il supplia le roi d'apaiser cette fureur, en créant un second conseiller du cabinet. Lombard fut choisi; mais celui-ci était encore un roturier. La cour s'indigna, et l'on ne peut prévoir ce qui serait arrivé, si l'armée française ne s'était emparée de Berlin. Beyme, devenu ministre de la justice, parut dès lors n'avoir plus aucune part aux affaires; mais il continuait à donner des conseils, que le gouvernement mettait à profit. Cependant on le pressait d'accepter des titres de noblesse, qu'il refusa constamment jusqu'en janvier 1816, où il se montra moins fier. En 1815, il avait été nommé grand-chancelier, et président de la commission chargée de rédiger un plan de constitution. Depuis ce temps, il a rempli différentes missions. Beyme a une fermeté calme, et des vues libérales et généreuses; malheureusement il a rarement eu le courage de les développer et de les suivre.

BEYSSER (JEAN-MICHEL), ne se battit point en aventurier dans les Indes-Orientales, comme le prétendent les auteurs d'une biographie; mais il y servit dans des corps français de troupes réglées. Né à Ribauvillers, en Alsace, il devint chirurgien-major dans l'Inde, passa ensuite, comme capitaine, au service de Hollande, et ne rentra en France qu'au commencement de la révolution, dont il embrassa la cause. Devenu major des dragons de Lorient, il dissipa, en 1791, les premiers rassemblemens d'insurgés dans ce département. Général de brigade, il repoussa les Vendéens devant Nantes, et remporta plusieurs autres avantages notables. Mais ayant désapprouvé le 31 mai, il fut dénoncé par Héraut-de-Séchelles, et mis hors la loi. Rendu ensuite à ses fonctions, il battit l'ennemi, fut battu lui-même, blessé dangereusement, et arrêté, sous prétexte qu'il s'était laissé battre exprès. Condamné à mort dans l'affaire d'Hébert et Ronsin, à laquelle on rattacha la sienne, il marcha au supplice comme il avait marché à l'ennemi, et chanta, avant de monter sur l'échafaud, des couplets qu'il avait composés en prison. On a remarqué que le général Beysser, qui n'avait pas 40 ans, et son accusateur, Héraut-de-Séchelles, étaient deux des plus beaux hommes qu'il y eût en France.

BEYTZ (Joseph-François de), est né à Bruges. Substitut du procureur-général du conseil de la Flandre autrichienne, et greffier en chef du magistrat de la ville de Bruges, il fut, après la réunion de la Belgique, député par le département de la Lys, au conseil des cinq-cents, où il prit une part assez active aux délibérations de ce corps. Il proposa l'exclusion des anciens nobles de toute fonction publique; plaida avec énergie la cause des rentiers de l'état, que l'on voulait dépouiller; et demanda que le corps-législatif s'entourât de satellites, et le directoire de grenadiers. Dans la même séance où il avait fait, et sans succès, cette proposition un peu turque, il accusa le ministre Duval d'une foule d'arrestations injustes, bien qu'elles fussent légales, et que la forme des mandats d'arrêt fût alors inattaquable. On doit sans doute attribuer cette diversité de votes et de propositions à une impartialité qui gardait un exact équilibre entre tous les partis. Proscrit après le 18 brumaire, auquel il s'était opposé, il fut quelque temps sous la surveillance de la police, et ne sortit de cette situation pénible que pour être nommé préfet de Loir-et-Cher. Bientôt il sollicita, en place de cette préfecture, les fonctions de commissaire du gouvernement près du tribunal d'appel de Bruxelles, et les obtint. Après la nouvelle organisation judiciaire, il devint procureur-général-impérial; reçut, en 1804, la croix de la légion-d'honneur; fut nommé, dans la même année, inspecteur-général des études de droit à Bruxelles; puis, en 1810, procureur-général près la cour impériale de La Haie, et enfin premier président de celle de Bruxelles. Les événemens de 1814 l'ont rendu à la vie privée.

BÉZARD (François Simon), fut d'abord avocat. Mais au commencement de la révolution il quitta le barreau; de 1789 à 1792, il remplit différentes fonctions publiques, et fut député par le département de l'Oise à la convention nationale, dès la formation de cette assemblée. Le 20 novembre 1793, il demanda que les prêtres mariés ne fussent ni déportés ni détenus. Dans le procès du roi il vota la mort et l'exécution dans les vingt-quatre heures. Ce fut, au rapport des diverses biographies, sur sa proposition, le 11 février 1794, que la convention réhabilita la mémoire de Calas, et réintégra sa famille dans ses biens : réhabilitation que Voltaire avait le premier provoquée et obtenue. Élu membre du comité de législation, et nommé secrétaire de ce comité, le 6 mars de la même année, il fit rendre un décret portant que les ecclésiastiques réfractaires ne pourraient appeler de leurs jugemens; et peu de jours après fit ordonner la confiscation des biens de ceux qui seraient bannis, déportés ou reclus. A l'époque du 9 thermidor, il reçut une mission pour la Vendée, et la remplit avec une grande modération. Compris dans les deux tiers des conventionnels qui firent partie des deux conseils, il devint membre du conseil des cinq-cents. Là il osa demander que le directoire fût investi du pouvoir de remplacer les juges. Nommé secrétaire, il proposa de rayer de la liste des émigrés, les noms des députés qui y avaient été inscrits à la suite des événemens du 31 mai. Le 21 janvier 1796, il demanda et obtint l'impression et l'envoi dans les départemens, du discours que Treilhard avait prononcé comme président, à l'occasion de l'anniversaire de la mort du roi. Le 3 avril suivant, il s'éleva contre les loteries. Peu de jours après, il appuya le projet d'Audouin contre les parens des émigrés, assurant que ce projet était le seul capable de sauver la république. Il voulut, mais inutilement, que le papier-monnaie, jusqu'alors reçu en paiement, ne fût regardé que comme un simple à-compte. Le 2 mai de la même année, il appuya un nouveau projet de loi concernant les prêtres insermentés. Le 24, il fut chargé, par une commission spéciale, de proposer une résolution favorable aux héritiers des Chouans et des Vendéens. A la fin de la session, qui n'était pas éloignée, il sortit du conseil, et devint substitut du commissaire du directoire près le tribunal de cassation. En 1798, il fut réélu au conseil des cinq-cents, et en 1800, il passa au tribunat, qui dès ses premières séances le nomma l'un de ses secrétaires. Compris dans le premier cinquième des membres éliminés, il sortit du tribunat, le 16 ventôse an 10 (7 mars 1802), et devint, quelque temps après, procureur impérial près le tribunal civil de Fontainebleau. En 1811, il fut nommé conseiller à la cour impériale d'Amiens. En 1814, il perdit cette place; en 1816, compris dans la catégorie des *conventionnels votans*, il fut forcé de s'expatrier.

BEZBORODKO (Alexandre, prince), naquit en 1742, dans une terre de son père, située dans la petite Russie. Il fit d'excellentes études à l'université de Kief, et entra immédiatement après au service, comme officier dans un régiment d'infanterie. Dans la guerre avec la Turquie, il fut attaché au maréchal comte Romantzof, en qualité de secrétaire pour les affaires de la Valachie et de la Moldavie. Aux fêtes de la paix avec les Turcs, en 1775, l'impératrice Catherine II le nomma secrétaire d'état avec le titre de colonel; puis il fut nommé successivement conseiller privé, maître de la cour, et enfin, membre du collége des affaires étrangères. Il dut un avancement si rapide au talent qu'il avait de rédiger avec une promptitude et une correction extraordinaires. Un jour que l'impératrice l'avait chargé de la rédaction d'un ukase, il perdit de vue cet objet, et revint auprès d'elle sans s'en être occupé. La princesse demanda aussitôt à voir le projet, et Bezborodko, sans se déconcerter, tire de sa poche une feuille de papier, où il paraît lire, sans la moindre hésitation, l'ukase projeté. Catherine en approuve la rédaction, et prend la feuille pour la signer; mais s'apercevant alors seulement que le papier sur lequel son secrétaire a semblé lire l'ukase, ne contient qu'un écrit insignifiant, loin de blâmer sa ruse, elle le complimenta sur son extrême facilité, et ce fut là, dit-on, l'origine de sa fortune. La haute faveur dont il jouissait ne l'empêcha pas toutefois d'éprouver une mortification à laquelle il ne dut pas être insensible. On prétend qu'il persécutait une jolie danseuse, parce qu'elle avait refusé sa *protection*. L'impératrice reprocha hautement à Bezborodko son injustice, et lui imposa même l'obligation de fournir une dot pour marier cette jeune fille. En 1791, après la mort du maréchal prince Potemkin, il fut envoyé à Jassy, avec le titre de grand plénipotentiaire, pour traiter avec la porte Ottomane, de la paix qu'il signa. A son retour à Saint-Pétersbourg, il fut récompensé par l'ordre de Saint-André, et obtint alors un immense crédit; mais il ne tarda pas à être supplanté par le favori Platon Zouboff, qui ne lui laissa presque plus d'influence. Cependant, au couronnement de l'empereur Paul, en 1797, il fut créé prince, avec le titre d'altesse, et promu au grade de chancelier. Il occupa cette place jusqu'au mois de mars 1799, qu'il mourut, à Saint-Pétersbourg, à la suite de plusieurs attaques de paralysie. Cet homme distingué était doué d'un esprit vif et profond; ses connaissances étaient aussi variées qu'étendues, et sa mémoire tenait du prodige. Ses amis, dans sa jeunesse, l'ont mise plusieurs fois à une épreuve bien singulière. On le réveillait dans son premier sommeil, et on lui faisait des questions sur les époques précises des événemens les plus reculés: à moitié endormi, il répondait toujours avec une exactitude imperturbable. Voyageant un jour avec plusieurs personnes, la conversation tomba par hasard sur un vieux militaire nommé commandant dans une petite forteresse au pied du Caucase; le prince Bezborodko fit aussitôt l'histoire de tous les commandans de cette forteresse, en les désignant l'un après l'autre, par leur nom, leur rang, et l'espace de temps pendant lequel ils occupèrent ce commandement. Un de ceux qui l'écoutaient, s'imaginant qu'il pouvait y avoir un peu de charlatanisme dans cet effort de mémoire, nota les noms et les dates cités, prit des informations au collège de la guerre, et trouva, à son grand étonnement, que Bezborodko ne s'était trompé sur aucun point. Il laissa une fortune immense qu'il devait en grande partie à la munificence de l'empereur Paul, qui d'un trait de plume lui donna, un jour, deux cent cinquante mille roubles de rente. Le prince Bezborodko aimait passionnément les arts; il a laissé une belle collection de tableaux ; son peintre favori était Vernet ; il avait réuni trente-deux de ses ouvrages dont il avait orné les murs de sa chambre à coucher. Il ne s'était pas marié, et toute sa fortune passa à son frère. Constamment occupé des affaires des relations extérieures, on n'a trouvé dans ses papiers, ni mémoires, ni même aucun fragment historique; mais ses instructions aux ambassadeurs, ses dépêches officielles et ses manifestes, sont généralement cités comme des modèles. La facilité avec laquelle il travaillait a été donnée à bien peu de ministres. Pour gagner du temps, il écrivait au crayon, et d'une manière si abrégée, qu'un seul de ses secrétaires pouvait déchiffrer son écriture. Le comte Simon Worontzof, ambassadeur de Russie à Londres, fut son ami.

BEZENVAL (Pierre-Victor, baron de), que d'autres biographes écrivent Besenval. De l'esprit, quelques talens, n'annoncent pas toujours un vrai mérite. M. de Bezenval possédait de brillantes qualités, il y joignait beaucoup d'ambition; on le crut longtemps un homme distingué, mais la révolution survint, et sa nullité fut bientôt reconnue. Né à Soleure, en 1722, d'une famille que l'on croit originaire de la Savoie, il entra au service dès l'âge de 9 ans, dans le régiment des gardes-suisses, commandé par son père. Il fit la campagne de 1735, celle de 1748, en Bohême, en qualité d'aide-de-camp du maréchal de Broglie, et enfin celles d'Hanovre. Il montra de la valeur dans cette longue guerre, et prit part aux affaires d'Asteinbeck, de Filinghausen et de Clostercamp. M. de Bezenval désirait vivement et se donna beaucoup de peine pour arriver au commandement en chef; mais il ne parvint qu'au grade de maréchal-de-camp, qu'il reçut en 1757. Après la paix de 1762, il se transporta sur un théâtre, où son esprit, sa figure, l'originalité de ses manières devaient le faire remarquer. Il eut de grands succès à la cour, sous tous les rapports; alors les officiers suisses étaient à la mode. Parvenu au grade de lieutenant-général, il fut nommé inspecteur-général des Suisses et Grisons, et grand'croix de l'ordre de Saint-Louis. Le crédit que M. de Bezenval avait obtenu dans l'esprit de la reine Marie-Antoinette, s'accroissait chaque jour, et devint tel, qu'avec plus de fermeté et d'élévation, il aurait pu le faire servir à l'intérêt de la royauté. Mais ce général n'était point à la hauteur de l'époque célèbre de 1789. Quelques intrigues de femmes et quelques renvois de ministres, furent les seuls actes par lesquels il signala sa faveur. Cependant M. de Bezenval ne cessait de se prononcer pour ce que l'on appelait alors les mesures énergiques : c'est le mot des courtisans quand ils ont peur. Il censurait la conduite incertaine des conseillers du roi, avec une amertume qui contrastait trop avec sa propre faiblesse. A l'affaire du 14 juillet, on lui confia le commandement de l'intérieur, et il gâta tout par ses irrésolutions. On vit alors qu'il était plus facile à M. de Bezenval de briller à la cour, que de la défendre. Nous avons vu de grands hommes d'état de salons, disparaître tout à coup quand ils ont été ministres. Toutefois après cette journée, M. de Bezenval sentit tout ce qu'il avait à craindre pour lui-même, et il prit la fuite; mais arrêté à Villenaux, il fut enfermé dans la tour de Brie-Comte-Robert. Après une assez longue détention, il fut envoyé à Paris, et traduit devant le Châtelet, malgré les efforts de M. Necker, alors ministre, pour obtenir sa liberté. Ce fait seul prouve combien la révolution était forte dès sa naissance. L'instruction de son procès, ses propres aveux, prouvaient qu'il avait eu des intelligences, au 14 juillet, avec le gouverneur et le commandant de la Bastille, MM. de Launay et de Pujet. Cependant l'intervention de la cour, et surtout celle de Mirabeau, que les amis de M. de Bezenval intéressèrent en sa faveur, parvinrent à le faire déclarer innocent. Il se retira aussitôt des affaires, et vécut dans l'obscurité la plus profonde, jusqu'à l'époque de sa mort, arrivée le 27 juin 1794. C'est sans doute à cette obscurité que le baron de Bezenval dut la tranquillité dans laquelle il passa ses derniers jours; car, *malgré l'idée de bonheur qu'il avait lui-même attachée au fatalisme de son existence*, son nom était devenu trop odieux au peuple, pour qu'il eût pu sauver sa vie, lorsque tant d'hommes beaucoup moins suspects la perdirent, si le gouvernement d'alors eût eu connaissance de la retraite où il vivait à Paris. On a de lui des épigrammes et des couplets assez scandaleux, sur quelques aventures galantes de la cour. Le vicomte de Ségur, son héritier, n'a pas eu honte de les faire paraître, de 1805 à 1807, sous le titre de *Mémoires*, en 4 vol. in-8°. La famille du général a désavoué ces productions, probablement sorties de la plume de M. de Bezenval, mais que son légataire n'aurait pas dû publier, s'il avait eu un sentiment plus juste du respect qu'il devait à la mémoire de son bienfaiteur.

FIN DU SECOND VOLUME.

SUPPLÉMENT

DU PREMIER VOLUME.

ABBÉ (JEAN-NICOLAS-LOUIS, BARON), né à Trépail, département de la Marne, le 28 août 1764, entra au service, en 1784, comme soldat, au régiment de Barrois, et se trouva à Toulon, lors des troubles qui éclatèrent dans cette ville en 1789; il était alors sous-officier. Nommé sous-lieutenant, en 1793, il fit les premières campagnes de la révolution dans le Piémont, et se distingua dans un grand nombre d'actions partielles, dans l'une desquelles il fut blessé d'un coup de feu. Il passa bientôt, avec le grade de lieutenant, à l'état-major de l'armée qui, sous les ordres du général en chef Bonaparte, s'illustra par de si nombreux et de si brillans faits d'armes. Ce brave se trouva et se distingua à presque toutes les affaires qui eurent lieu dans cette campagne, au passage du Pô, à celui du pont de Lodi, à Castiglione, à Rivoli, au pont d'Arcole, aux combats de Saint-George et de la Favorite, enfin à Mantoue, où il fut de nouveau blessé. Nommé capitaine à la suite du 8me régiment de dragons, le 1er nivôse an 6, il resta en Italie, et se rendit maître de Novarre, le 6 nivôse an 7, par un stratagème audacieux et presque incroyable. Il monta de nuit avec huit grenadiers dans deux voitures de poste, se présenta aux portes de cette ville, comme envoyé par le général en chef. Le pont-levis fut baissé, et lorsque la seconde voiture fut arrivée, les quatre portières s'ouvrirent, et le capitaine Abbé, avec ses huit grenadiers, s'élança le sabre à la main sur la garde à peine réveillée, et donna le temps à un corps de troupes de la division Victor de venir achever le désarmement de la garnison. L'occupation de Novarre était de la plus haute importance pour les opérations de l'armée. Chargé ensuite de présenter au directoire les drapeaux pris sur les troupes piémontaises, le capitaine Abbé reçut un sabre d'honneur et le grade de chef d'escadron. De retour en Italie, où commandait alors le général Scherer, il rendit des services importans à l'armée de Naples, dont il couvrit la retraite, et se distingua à la bataille de Novi; il remplissait les fonctions d'aide-de-camp, auprès du général en chef Joubert. Il quitta le siège de Gênes pour passer à l'armée du Danube, comme aide-de-camp du général de division Leclerc, et prit part aux affaires d'Engen, de Moëskirch, de Meningen, etc. Il fit ensuite partie de l'armée de

Portugal; et après la paix avec cette puissance, il s'embarqua avec le général Leclerc pour Saint-Domingue, où il donna de nouvelles preuves de son intrépidité et de ses talens militaires. Rentré en France, il fut nommé colonel du 23ᵐᵉ régiment d'infanterie légère, qui était alors en Corse. Il en alla prendre le commandement, passa, en 1806, à l'armée d'Italie, et, quelque temps après, à l'armée qui, sous les ordres de Masséna, devait faire la conquête du royaume de Naples. Nommé général de brigade, par suite des services signalés qu'il avait rendus à la bataille de Sainte-Euphémie en Calabre, il décida le gain de celle de Milato, lorsqu'elle était désespérée, en se portant audacieusement, au pas de charge, sur le flanc droit de l'armée anglo-sicilienne, avec seulement six compagnies de réserve. Pendant la même campagne, il prit d'assaut le fort de Seilla, et fut le premier qui monta sur les remparts. Retiré à Naples, par suite des blessures qu'il avait reçues, il quitta bientôt cette ville pour se rendre à l'armée commandée par le prince Eugène, lors de la campagne de 1809. Un jour l'histoire tracera l'heureuse époque où deux armées, que les hasards de la guerre séparent depuis long-temps, vont être réunies par une gloire commune. Déjà elles s'entrevoient; une généreuse rivalité les enflamme, la distance qui existe encore est bientôt franchie, les étendards se confondent au nom de la même patrie, et les soldats se saluent du cri de victoire. Le général Abbé, après avoir contribué au gain de la bataille de Raab, fut le premier Français qui eut l'honneur de mettre le pied sur le plateau du village qui donna son nom à la célèbre bataille de Wagram. Après le traité de Vienne, il put rentrer dans sa patrie; mais la guerre d'Espagne le rappela sous les drapeaux. Il pensait, avec raison, que ce pays, théâtre d'une guerre si conforme à celle qu'il avait faite en Calabre, pouvait servir de développement aux connaissances de l'officier-général. Fort de son expérience, il l'applique avec une activité incroyable sur ce nouveau terrain qu'il croyait reconnaître. Il oppose aux partidas espagnols les partisans français. Partout où l'ennemi se montre, partout il est battu. Abandonné à lui-même avec 1,800 hommes, le général Abbé attaque O'Donnel, qui en a 8,000, et il le bat à Tévisa. Au siége de Tortose, il prend le gouverneur de cette ville dans une attaque, et, par-là, décide la reddition de la place. Il a tout l'honneur des combats de Checa et de Villelle. Pendant le siége de Taragone, il eut une part importante à l'assaut qui enleva cette place. Peu après, il s'empara de vive force du Mont-Serra, forteresse regardée comme imprenable. Ces belles actions furent récompensées par le grade de général de division. C'est en cette qualité que le général Abbé se rend dans la Navarre, dont il est, peu de temps après, nommé gouverneur, et parvient à augmenter sa réputation de guerrier intrépide et instruit. Il livre vingt-six combats qui sont autant de victoires.

Rentré en France par suite de la guerre de Russie, il se défend avec avantage contre sept brigades ennemies, et il est enfin choisi par le duc de Dalmatie pour commander la garnison de Bayonne. Cette ville est bientôt bloquée. Le général Abbé soutient différens combats, se maintient dans ses positions, et dans une sortie des plus vigoureuses, il fait éprouver à l'ennemi une perte de 3000 hommes, et fait prisonnier le général anglais. Enfin il a la gloire de conserver à sa patrie cette importante clef des frontières françaises. Il soutint dignement l'épreuve des *cent jours*. Dès que le départ du roi eut fait place aux cohortes étrangères, il se renferma dans Béfort, et montra de nouveau ce que peut la valeur française. Après la bataille de Waterloo, il dut rendre la place qu'il commandait à l'archiduc Ferdinand, qui lui accorda une capitulation honorable. Le général Abbé, retiré à Châlons-sur-Marne, sait prouver dans sa retraite qu'il possède les vertus civiles, comme il a prouvé sur le champ de bataille qu'il réunit les connaissances et les vertus guerrières. Il est commandeur de la légion-d'honneur et chevalier de Saint-Louis.

Les renseignemens qui ont servi à la rédaction des articles ARRIGHI dans le premier volume, étant inexacts et incomplets, nous nous en sommes procuré de nouveaux, et nous allons rétablir les faits en publiant d'autres notices sur les membres de cette famille. On ne devra conserver des anciens articles que le dernier (page 267), celui du capitaine ARRIGHI (Antoine), qui est exact, et où il manque seulement ces mots, après le prénom : *de la famille des précédens*. Cet article doit suivre immédiatement ceux que l'on va lire.

ARRIGHI (DUC DE PADOUE), général de division, grand-officier de la légion-d'honneur, etc., est parent de Napoléon. Il entra très-jeune dans la carrière militaire, qu'il parcourut avec honneur, et fut d'abord aide-de-camp du général Alexandre Berthier, depuis prince de Neufchâtel. Il fit la campagne d'Égypte, et fut nommé capitaine, sur le champ de bataille, au combat de Salehieh, après la bataille des Pyramides. Désigné pour monter à l'assaut, avec les grenadiers d'élite, aux siéges de Jaffa et de Saint-Jean-d'Acre, il reçut des blessures très-graves, et fut laissé pour mort à l'assaut de Saint-Jean-d'Acre. De retour en Europe, il fut nommé chef d'escadron sur le champ de bataille de Marengo, et devint bientôt colonel du 1er régiment de dragons. C'est en cette qualité, qu'à la tête de ce corps et du 2me régiment de la même arme, il chargea et culbuta, à l'affaire de Wertingen, près d'Ulm, deux régimens de cuirassiers que soutenait un corps de grenadiers hongrois. Dans cette charge, il fit mettre bas les armes à un bataillon, prit six pièces de canon et plusieurs centaines de cuirassiers. Enfin, malgré plusieurs blessures, il ne quitta le champ de bataille qu'après la victoire. Le colonel Arrighi donna de nouvelles preuves de sa valeur à la mémorable bataille d'Austerlitz, et ayant refusé le grade de général de brigade, il reçut de l'empereur le commandement des dragons de sa garde, le 19 mai 1806. Nommé général de brigade sur le champ de bataille de Friedland, et peu de temps après duc de Padoue, il fit la campagne de 1809 en Autriche, et à la bataille d'Esling, fut élevé au grade de général de division, en remplacement du général Espagne, tué dans cette affaire à la tête de la troisième division de cuirassiers. En février 1812, le général Arrighi épousa la fille du comte Henri de Montesquiou, alors chambellan de l'empereur. Pendant la campagne de Russie, Napoléon lui confia le commandement en chef de toutes les cohortes, qui, l'année suivante, montrèrent tant de valeur dans la campagne de Saxe. Il fut encore chargé de l'inspection et de l'armement de toutes les places des côtes du Nord, depuis l'Eure jusqu'à la Somme, et il sut rendre inutiles toutes les tentatives des Anglais sur les côtes de la Hollande, principalement sur l'île de Walcheren. Pendant que l'on traitait de l'armistice qui suivit les batailles de Lutzen et de Bautzen, le général Arrighi fut attaqué, à Leipsick, par les comtes Woronzow et Czernichef. Ces généraux, dans l'intention de couper les communications de l'armée française, et de s'emparer des magasins et des convois qui devaient la compléter et l'alimenter, s'étaient portés en poste sur cette ville, avec 15,000 hommes d'élite des armées russe et prussienne.

Le général Arrighi, sans artillerie, et n'ayant que quelques bataillons et quelques escadrons, sut, par sa contenance et son adresse, imposer à un tel point au général Woronzow, qu'il vit aux avant-postes, que celui-ci, après quelques escarmouches, se retira à Potsdam, position qu'il occupait auparavant. La ville de Leipsick envoya au général Arrighi une députation pour le remercier de cet important service, et lui offrir tous les secours dont ses troupes pouvaient avoir besoin. Il eut ensuite, pendant le reste de cette campagne, le commandement du 3ᵐᵉ corps de cavalerie, et s'acquit beaucoup de gloire, pendant la journée du 18 octobre, à la défense des faubourgs de Leipsick. En 1814, il fut mis à la tête d'un corps d'infanterie qui combattit jusque sous les murs de Paris. Dans cette campagne, il protégea la retraite des corps des ducs de Raguse et de Trévise, dans les plaines de la Champagne; et malgré plusieurs charges successives faites par le grand-duc Constantin à la tête de toute la cavalerie, et d'une artillerie légère, nombreuse et bien servie, ses bataillons, formés en carrés, ne furent jamais entamés. Au retour de Napoléon de l'île d'Elbe, il entra à la chambre des pairs, et partit pour la Corse, dans les premiers jours de mai, en qualité de commissaire extraordinaire. Dès son arrivée, le duc de Padoue établit son quartier-général dans la place de Calvi, qu'il fortifia, et il annonça, par de grands préparatifs, qu'il était déterminé à la plus vigoureuse résistance si on venaît l'attaquer. La bataille de Waterloo ne changea rien à ses dispositions, mais le but seulement en fut différent; il tenta de rendre la Corse indépendante. Le général Arrighi n'eut, dans cette circonstance, que le mérite d'avoir fait une entreprise généreuse ; il put à peine lever quelque argent et un petit nombre d'hommes. Compris dans l'ordonnance du roi, du 24 juillet 1815, et dans celle du 16 janvier 1816, il se retira à Trieste. Il a été rappelé par l'ordonnance du 19 novembre 1820. C'est par erreur que l'on a dit que le duc de Padoue avait reçu la croix de Saint-Louis.

ARRIGHI (HYACINTHE), père du précédent, et cousin-germain par alliance de la mère de Napoléon. Il était avocat-général du roi en Corse, et fut, au commencement du règne de Louis XVI, du nombre des commissaires envoyés en France par cette île. Commissaire de la république près l'administration centrale de son pays, il fut exilé avec le reste de sa famille, comme partisan du gouvernement français, lorsque Paoli livra la Corse aux Anglais. Après le 18 brumaire, M. Arrighi entra au corps-législatif, fut ensuite nommé préfet du Liamone, et enfin de toute la Corse, lorsque cette île ne forma plus qu'un département. Il avait perdu cette place, lorsque Napoléon revint de l'île d'Elbe. M. Arrighi fut alors nommé président de la junte qui avait été créée jusqu'à l'arrivée de son commissaire extraordinaire. Il est baron et officier de la légion-d'honneur.

ARRIGHI (ANTOINE - LOUIS), frère du précédent, était vicaire-général de l'île d'Elbe, lors de sa réunion à la France; il fut ensuite nommé évêque d'Acqui. M. Arrighi est un homme distingué par son esprit et son patriotisme. L'empereur, qui avait pour lui beaucoup d'estime et d'affection, le fit baron de l'empire et officier de la légion-d'honneur.

ARRIGHI (JOSEPH - PHILIPPE), frère du précédent, chanoine honoraire de la cathédrale de Pise, et de l'église métropolitaine de Florence. Lorsque Napoléon quitta la France, après les événemens de 1814, M. Arrighi était vicaire - général d'Ajaccio, et de la principauté de Piombino. La conduite qu'il tint dans cette circonstance, prouva qu'il était moins attaché à la fortune de l'empereur qu'à sa personne. Trois jours après l'arrivée de ce prince à l'île d'Elbe, il publia un mandement remarquable, dans lequel il félicitait les habitans de lui donner asile. Après la seconde abdication, M. Arrighi quitta l'île d'Elbe et se retira en Corse. Il est membre de la légion-d'honneur.

ARRIGHI (JEAN), cousin des précédens, a été député suppléant de l'île de Corse à la convention nationale, où il ne prit séance que le 18 vendémiaire an 3. Il sollicita des secours en faveur des Corses réfugiés sur le continent, et obtint un décret qui les leur accordait. Dans la même année, il fut nommé membre de la commission chargée d'examiner la conduite de Joseph Lebon. Après la dissolution de la convention, en l'an 4, il entra au conseil des cinq-cents, où, l'année suivante, il s'éleva contre le projet d'annuler les élections de la Corse, qui avaient eu lieu avant la promulgation de la constitution. Après la révolution du 18 brumaire, il entra au corps-législatif, et fit partie de la commission chargée de proposer un travail pour la radiation des émigrés.

FIN DU SUPPLÉMENT.

ERRATA DU PREMIER VOLUME.

Liste des membres du sénat-conservateur.

Le nom du général LEGRAND, nommé le 5 avril 1813, a été omis dans cette liste.

Tableau chronologique.

Page LX, *au lieu de* légat létéré, *lisez* à latere.
Page LXII, *après* Mort du duc d'Enghien, *supprimez* le reste de la ligne et la suivante.
Ibid., *au lieu de* Pichegru s'étrangle, *lisez* est trouvé mort.
Page LXIV, *au lieu de* Presbourg, *lisez* Saint-Pétersbourg.
Page LXXVIII, 20e ligne, *au lieu de* duc de Vienne, *lisez* duc de Vicence.

Biographie.

AIGOIN, page 61, 1re colonne, *au lieu de* Davesne, *lisez* Devaisne.
 Sept lignes plus bas, *au lieu de* : a occupé ensuite, etc., jusqu'au point, *lisez* : fut nommé administrateur des droits d'entrée et d'octrois de Paris.
 A l'avant-dernière ligne, *au lieu de* Gantelu, *lisez* Banthelu.
ALBON (comte). M. le comte d'Albon a déclaré dans les journaux que le commissaire des guerres d'*Albon* (page 84, 2e colonne) n'était point de sa famille.
ALMÉRAS, page 127, ligne 4, *après* armes, *ajoutez* : Il était adjudant-général au siége de Toulon en 1793.
 Dix lignes plus bas, *au lieu du* Gard, *lisez* de la Drôme.
 Et un peu plus au-dessous, *au lieu de* : où il se distingua, et le reste de l'article, *lisez* : fut nommé en l'an 8 général de brigade par le général en chef de l'armée d'Orient sur le champ de bataille d'Héliopolis, où il fut grièvement blessé; il fut blessé de nouveau à la bataille de Wagram, où il commandait une des brigades de la division Lamarque (corps d'armée de Macdonald); il le fut encore à la bataille de la Moskowa, où il reprit, à la tête de sa brigade, la grande redoute de droite. Il obtint le grade de général de division à la suite de cette affaire.
AMBRUGEAC (le comte Valon d'). Par suite de transposition typographique, les articles de MM. d'Ambrugeac ont été en partie confondus. On doit les rétablir ainsi : Page 149, 30e ligne, 2e colonne, *au lieu de* : Il rentra en France, etc., *lisez* : Il partit pour la Guadeloupe avec l'expédition française, et de là fut envoyé à Saint-Domingue, où il servit sous les ordres du général Laveaux, aujourd'hui membre de la chambre des députés; il fut très-bien accueilli de Toussaint-Louverture, et revint en France porteur de communications, qui ne furent pas agréées du premier consul, alors occupé de la funeste expédition de Saint-Domingue.

Même article, page 150, 1re colonne, *au lieu de* : S. M. nomma en 1815, et tout le reste de l'article, *lisez* : Depuis les *cent jours*, pendant lesquels M. d'Ambrugeac fut occupé à réorganiser la Vendée, non-seulement il n'a point été employé, mais il a même été destitué. En 1818, il fut nommé l'un des officiers-généraux du corps royal d'état-major, et, en 1820, chevalier de l'ordre royal de la légion-d'honneur.

Ambrugeac (le comte Louis d'), page 150, 1re colonne, 5e ligne, *au lieu de* : Il commandait un corps de hullans britanniques, *lisez* : Il était sous-officier dans un corps, etc.

Deux lignes après, *supprimez* ces mots : comme chef de bataillon.

Deuxième colonne, 2e ligne, après : comme régiment de ligne, *lisez* : S. M. le nomma en 1815 commandant de la première brigade de la garde royale, etc.

Anthoine, baron de Saint-Joseph, page 206, 2e colonne, *au lieu de* : relever, *lisez* : élever.

Arenberg (le prince Prosper d'), page 237, 1re colonne, 13e ligne, *au lieu de* : La même année il leva, etc., jusqu'au point, *lisez* : Il fut autorisé à former un régiment de cavalerie étrangère qui s'appela d'abord le régiment de chevau-légers d'Arenberg, et qui, quelque temps après, fut organisé en régiment de chasseurs à cheval de la garde, et prit, dans cette arme, le n° 27. En 1801, le prince d'Arenberg partit pour l'Espagne à la tête de ce régiment.

Même page, 2e colonne, *supprimez* les deux dernières lignes de l'article.

Arenberg (Auguste, prince d'), page 238, 3e ligne, *au lieu de* Englebert, *lisez* Engelbert.

Dix lignes plus bas, après : Il passa dans l'Inde, etc., *lisez* : Ce régiment passa dans l'Inde; mais le comte de Lamarck ne quitta point la France.

Sept lignes après, *au lieu de* 1814, *lisez* 1784.

Deuxième colonne, avant-dernière ligne de l'article, après : ancien membre, *lisez* : du côté gauche, etc.

Arnold, page 262, 1re colonne, *au lieu de* vols frauduleux, *lisez* actes.

www.ingramcontent.com/pod-product-compliance
Lightning Source LLC
Chambersburg PA
CBHW071717230426
43670CB00008B/1044